Enfoques

Curso intermedio de lengua española

THIRD EDITION

Blanco | Colbert

Instructor's Annotated Edition

Enfoques

Curso intermedio de lengua española

THIRD EDITION

Blanco | Colbert

VISTA HIGHER LEARNING
Boston, Massachusetts

Publisher: José A. Blanco
Executive Editor: Sarah Kenney
Managing Editors: Eugenia Corbo, Paola Rios Schaaf (Technology)
Project Manager: Raquel Rodríguez Muñoz
Editors: Lauren Krolick, Anne Wagner (Technology), Carolina Zapata Pérez
Production and Design Director: Marta Kimball
Senior Designer: Sarah Cole
Design and Production Team: Manuela Arango, Aracelly Arredondo Palacio, Oscar Díez, Natalia González Peña, Mauricio Henao, Jhoany Jiménez, Susan Prentiss, Nick Ventullo

Student Edition ISBN: 978-1-60576-874-8

Instructor's Annotated Edition ISBN: 978-1-60576-883-0

Library of Congress Card Number: 2010934548

1 2 3 4 5 6 7 8 9 RM 16 15 14 13 12 11 10

Instructor's Annotated Edition

Table of Contents

The Vista Higher Learning Story

Your Specialized Foreign Language Publisher

Independent, specialized, and privately owned, Vista Higher Learning was founded in 2000 with one mission: to raise the teaching and learning of world languages to a higher level. This mission is based on the following beliefs:

- It is essential to prepare students for a world in which learning another language is a necessity, not a luxury.
- Language learning should be fun and rewarding, and all students should have the tools necessary for achieving success.
- Students who experience success learning a language will be more likely to continue their language studies both inside and outside the classroom.

With this in mind, we decided to take a fresh look at all aspects of language instructional materials. Because we are specialized, we dedicate 100 percent of our resources to this goal and base every decision on how well it supports language learning.

That is where you come in. Since our founding, we have relied on the continuous and invaluable feedback from language instructors and students nationwide. This partnership has proved to be the cornerstone of our success by allowing us to constantly improve our programs to meet your instructional needs.

The result? Programs that make language learning exciting, relevant, and effective through:

- an unprecedented access to resources
- a wide variety of contemporary, authentic materials
- the integration of text, technology, and media, and
- a bold and engaging textbook design

By focusing on our singular passion, we let you focus on yours.

The Vista Higher Learning Team

VISTA
HIGHER LEARNING

31 St. James Avenue Boston, MA 02116-4104 TOLLFREE: 800-618-7375
TELEPHONE: 617-426-4910 FAX: 617-426-5209 www.vistahigherlearning.com

Getting to Know ENFOQUES

ENFOQUES, Third Edition, is an intermediate Spanish program designed to provide students with an active and rewarding learning experience to strengthen their language skills and develop their cultural competency. **ENFOQUES** takes an interactive, communicative approach. It focuses on real communication as it develops and consolidates students' speaking, listening, reading, and writing skills in meaningful contexts. **ENFOQUES** also stresses cultural competency, which plays an integral role in language learning. Here are just some of the key features of **ENFOQUES**.

- **a unique video program** The **ENFOQUES Fotonovela Video** provides engaging input through a specially shot sitcom video; the **ENFOQUES Film Collection** provides authentic contemporary short films by Hispanic filmmakers; the **Flash Cultura** cultural video provides authentic footage from throughout the Spanish-speaking world. Each lesson of the book has one sitcom episode, one short film, and one cultural segment.
- **innovative video integration** The **Fotonovela Video** episodes are cohesively integrated with the student textbook in each lesson's four-page **Fotonovela** section and in captioned video stills in the **Estructura** sections. **Cinemateca** sections integrate the feature films, offering pre- and post-viewing activities. The **Enfoques** section presents the theme-based **Flash Cultura** episode and provides pre- and post-viewing support.
- **recycling of major grammatical structures** The textbook focuses on structures key to basic communication, such as narrating past events, talking about the future, and expressing emotions and opinions. The **Manual de gramática** in the appendix offers additional practice for every grammar point, as well as additional explanations.
- **robust cultural presentation** The entire Spanish-speaking world is covered in the **Enfoques** and **Cultura** readings, with additional coverage in the **Flash Cultura** video.
- **communicative practice** The two-part practice sequence for every grammar point progresses from directed, meaningful **Práctica** exercises to open-ended, interactive **Comunicación** activities.
- **development of reading skills** Literary and cultural readings in each lesson expose students to a wide range of text types by classical and contemporary male and female writers from all over the Spanish-speaking world. Each is supported by a full page of pre- and post-reading activities.
- **development of oral and written skills** The **Comunicación** and **Atando cabos** sections provide abundant opportunities for students to hone their oral and written communication skills.
- **student-friendly design** A highly-structured, color-coded design based on spreads of two facing pages serves to eliminate "bad breaks" and makes each lesson easy to navigate.
- **ties to other disciplines** Language learning connects with other disciplines through vibrant works of fine art, award-winning films, classic and contemporary works of literature, and much more.

To get the most out of pages IAE-7–IAE-16 in your **ENFOQUES** Instructor's Annotated Edition, you should familiarize yourself with the front matter to the **ENFOQUES** Student Text, especially the Introduction (p. iii) and the Ancillaries (pp. xxiv–xxv).

Getting to Know Your *Instructor's Annotated Edition*

The *Instructor's Annotated Edition* (IAE) of **ENFOQUES** includes various teaching resources. For your convenience, answers to all discrete exercises have been overprinted on the student text pages. In addition, marginal annotations complement and support varied teaching styles, extend the rich contents of the student text, and save you time in class preparation and course management. The annotations are suggestions; they are not meant to be prescriptive or limiting. Here are some examples of the types of annotations you will find in **ENFOQUES.**

- **Preview** Suggestions for introducing a reading, film, or theme, introducing new vocabulary, recycling old vocabulary, etc.
- **Named or numbered annotations** Ideas for presenting, varying, expanding, or altering activities to suit your students' needs
- **Variación léxica** Alternate words and expressions used in the Spanish-speaking world or additional information related to specific vocabulary items
- **Teaching option** Ideas for supplemental games, drills, activities, and projects to reinforce or expand upon core material, along with cultural information and resources, reading and writing strategies, and suggestions for outside research and projects
- **Conexión personal, Contexto cultural,** and **Análisis literario** Teaching suggestions and expansion activities keyed to the subsections in **Antes de leer**
- **Synopsis** Summaries in the **Fotonovela** and **Cinemateca** sections that recap the video modules
- **National Standards Icons** Special icons that indicate when a lesson section or subsection is closely linked to one or more of the Five C's of the *Standards for Foreign Language Learning:* Communication, Cultures, Connections, Comparisons, and Communities
- **Instructional Resources** A correlation to student and instructor supplements available to reinforce each lesson section or subsection. These abbreviations appear in the listings:

WB	Workbook in the Student Activities Manual/WebSAM
LM	Lab Manual in the Student Activities Manual/WebSAM
VM	Video Manual in the Student Activities Manual/WebSAM
SAM Answer Key	Student Activities Manual Answer Key
DVD	Video Program on DVD
Supersite	**ENFOQUES** Supersite (**enfoques.vhlcentral.com**)

Please access the ENFOQUES Supersite at enfoques.vhlcentral.com for additional instructional resources.

ENFOQUES and the *Standards for Foreign Language Learning*

Since 1982, when the *ACTFL Proficiency Guidelines* was first published, that seminal document and its subsequent revisions have influenced the teaching of modern languages in the United States. **ENFOQUES** was written with the concerns and philosophy of the *ACTFL Proficiency Guidelines* in mind. It emphasizes an interactive, proficiency-oriented approach to the teaching of language and culture.

The pedagogy behind **ENFOQUES** was also informed from its inception by the *Standards for Foreign Language Learning in the 21st Century.* First published under the auspices of the *National Standards in Foreign Language Education Project*, the Standards are organized into five goal areas, often called the Five C's: Communication, Cultures, Connections, Comparisons, and Communities.

Since **ENFOQUES** takes a communicative approach to the teaching of Spanish, the Communications goal is an integral part of the student text. For example, the diverse formats in **Comunicación, Atando cabos, Después de ver,** and **Después de leer** engage students in communicative exchanges; providing, obtaining, or interpreting information; and expressing feelings, emotions, or opinions. Activity types include discussion topics, role-plays, interviews, oral presentations, and much more. The two **Atando cabos** sections teach strategies for effective oral and written communication and guide students in presenting information, concepts, and ideas to their classmates on a wide range of topics. **¡A conversar!** develops students' interpreting skills through problem-solving tasks. **¡A escribir!** focuses on written interpersonal communication through various types of practical and creative writing tasks, such as letters, e-mail messages, and brief anecdotes.

The Cultures goal is most evident in the literary and cultural readings, the **Enfoques** sections, the **Cinemateca** sections, the **Contexto cultural** subsections in **Antes de leer,** and the fine art pieces and quotes on the opening pages of the **Lecturas** sections. All of these sections expose students to multiple facets of practices, products, and perspectives of the Spanish-speaking world. These sections also fulfill the Connections goal because students acquire information and learn to recognize distinctive cultural viewpoints through them.

Students can work toward the Connections and Communities goals when they use the **Conexión Internet** references in the **Enfoques** sections and when they access the information or activities on the **ENFOQUES** Supersite. Finally, the **Estructura** sections, with their clear, comprehensive explanations, reflect the Comparisons goal. In addition, special Standards icons appear on the pages of your IAE to call out sections that have a particularly strong relationship with the Standards. You will find many more connections to the Standards as you work with the student textbook and the **ENFOQUES** video-based sections.

General Teaching Considerations

Orienting Students to the Student Textbook

You may want to spend some time orienting students to the **ENFOQUES** textbook on the first day. Have students flip through **Lección 1**. Explain that all lessons are organized in the same manner so they will always know "where they are" in the textbook. Emphasize that all sections are self-contained, occupying either a full page or spreads of two facing pages. Call students' attention to the use of color and/or boxes to highlight important information in charts, word lists, and activities. Also point out how the major sections of each lesson are color-coded for easy navigation: red for **Contextos**, blue for **Fotonovela**, light green for **Enfoques**, purple for **Estructura**, green for **Cinemateca**, and magenta for **Lecturas**. Then point out the **¡Atención!** sidebars and explain that these boxes provide useful lexical and grammatical information related to the material they are studying.

Flexible Lesson Organization

To meet the needs of diverse teaching styles, institutions, and instructional objectives, **ENFOQUES** has a flexible lesson organization. You can begin with the lesson opening page and progress sequentially through the lesson. If you do not want to devote class time to teaching grammar or reading the literary and cultural selections, you can assign them for outside study, freeing up class time for other purposes like developing listening, speaking, or writing skills, and working with the video. Similarly, all **¡A escribir!** activities can be assigned as homework. You might even prefer to skip some sections entirely or use them only periodically, depending on students' interests and time constraints. If you plan on using the **ENFOQUES** Testing Program, however, be aware that the quizzes and exams contain sections based on language presented in **Contextos, Estructura,** and **Fotonovela**.

Identifying Active Vocabulary

All boldfaced words and expressions appearing with the photos and thematic lists in the **Contextos** section are considered active vocabulary. In addition, the words and expressions in the **Expresiones útiles** boxes in the **Fotonovela** section, as well as words in charts, word lists, and sample sentences in the **Estructura** section are also part of the active vocabulary load. All words and expressions in the **Vocabulario** boxes in the **Cinemateca, Literatura,** and **Cultura** sections are also considered active vocabulary. Note that regional variations presented in the **Enfoques** section and marginal glosses from the readings and film captions are presented for recognition only. They are not included in testing materials, although you may wish to make them active vocabulary for your course. The additional terms and lexical variations provided in the annotations of the Instructor's Annotated Edition are considered optional, as well.

Maintaining a Writing Portfolio

Since students are building their writing skills at this level, you might want to have them maintain a portfolio of the written work they produce so they can periodically review their progress. You might also suggest that they keep a running list of the most common grammatical or spelling errors they make when writing. They can then refer to that list when editing and revising each assignment before handing it in for grading.

Suggestions for Using *Contextos*

Lesson Vocabulary

- Introduce the lesson theme by having students describe and discuss the photos or other visuals.
- Introduce the lesson theme by having students brainstorm a list of possible topics, themes, or situations related to the lesson title.
- To prepare students for new material, have them review what they already know about each theme by brainstorming related vocabulary words they have already learned.
- Introduce the new vocabulary by providing comprehensible input in the form of a description or narration or through the use of audiovisual materials or readings.
- Introduce the new vocabulary using interactive class games such as Charades or Twenty Questions.

Práctica

- The **Práctica** exercises can be done orally as class, pair, or group activities. They may also be assigned as written homework.

Comunicación

- Insist on using only Spanish with these activities. Encourage students to use language creatively.
- Have students form pairs or groups quickly, or assign students to pairs and groups.
- Assign or rotate partners and group members as necessary to ensure a greater variety of communicative exchanges.
- Allow sufficient time for pairs or groups to complete the **Comunicación** activities (between five and fifteen minutes, depending on the activity), but do not give them too much time or they may lapse into English and socialize. Always give students a time limit for each activity before they begin.
- Circulate around the room and monitor students to make sure they are on task. Provide guidance as needed and note common errors for future review.
- Remind students to jot down information during pair and group discussion activities so they can refer to them when they report the results to the class.

Suggestions for Using *Fotonovela*

The **Fotonovela** section in the student text and the episodes of the **ENFOQUES Fotonovela Video** were created as interlocking pieces. All photos in the **Fotonovela** section are actual video stills from the corresponding **Fotonovela Video** episode. The printed conversations are shortened versions of the **Fotonovela** episode. Both the **Fotonovela** conversations and their expanded video versions represent comprehensible input at the discourse level; they were purposely written to use language from the corresponding lesson's **Contextos** and **Estructura** sections. Thus, as of **Lección 2,** they recycle known language, preview grammar points students will study later in the lesson, and, in keeping with the concept of "i + 1," contain a small amount of unknown language.

Since the **Fotonovela** section in the text and the **ENFOQUES Fotonovela Video** are so closely connected, you may use them in different ways. For instance, you can use the **Fotonovela** section as an advance organizer, presenting it before showing the video. You can also show the **Fotonovela Video** episode first and follow up with the **Fotonovela** section in the text, or you can show the video at the end of the lesson as a culminating activity. You can even use the **Fotonovela** text section as a stand-alone, video-independent section.

Begin by showing the first one or two episodes in class to familiarize students with the characters, story line, and style. After that, you might show the video in class or assign them for viewing outside the classroom. For each episode, there are **Comprensión** and **Ampliación** activities in the **Fotonovela** section of the corresponding textbook lesson and additional activities in the Video Manual section of the Student Activities Manual.

You might also want to use the **ENFOQUES Fotonovela Video** in class when working with the **Estructura** sections. You could play the sections of the video that correspond to the video stills in the grammar explanations or show parts of the video and ask students to identify certain grammar points.

Suggestions for Using *Enfoques*

- Focus students' attention on the photographs and other visual aids, asking questions about them or having students describe them. You could also have them search for more information about the people, places, or things in each photograph online.
- Check student comprehension of the cultural readings by asking comprehension questions as they read and by completing the activities in the **¿Qué aprendiste?** section.
- Assign the readings for homework and have students create their own comprehension questions or activities. During the next class, put students in pairs or small groups to check each other's comprehension of the readings as you monitor their work.
- Have students work in small groups in order to answer the questions or discuss the observations on the **¿Qué aprendiste?** page. Ask each group to appoint a spokesperson for each item and have that person report the results of the group to the whole class.
- Watch the **Flash Cultura** episode in class and check comprehension by completing the corresponding activities. You may also assign this video and its Supersite practice as homework, and go over the printed activities in class the following day.

Suggestions for Using *Estructura*

Grammar Explanations

- Explain the grammar in Spanish and try to keep explanations to a minimum, about three to five minutes for each point. Grammar explanations can be assigned as homework so that class time can be devoted to the **Práctica** and **Comunicación** activities.
- Have students locate examples of the grammar points in the **Fotonovela** or **Lecturas** sections.
- Use the additional practice and/or explanations in the **Manual de gramática** to address any additional needs your students may have.

Práctica and *Comunicación*

- The **Práctica** exercises can be done orally as a class or in pairs and groups. They may also be assigned as written homework.
- For suggestions on using the **Comunicación** activities, see page IAE-11.
- Assign the activities in the **Manual de gramática** for additional practice as needed.

Suggestions for Using *Cinemateca*

The **Cinemateca** sections and the twelve films of the **ENFOQUES Film Collection** were created as interlocking pieces. The short feature films provide comprehensible input and offer rich and unique opportunities to build students' listening skills and cultural awareness. The **Cinemateca** sections provide activities designed to help students have successful viewing experiences.

Depending on your teaching preferences and school facilities, you might show the films in class or assign them for viewing outside the classroom. You could begin by showing the first one in class to teach students how to approach viewing a film and listening to natural speech. After that, you could work in class only with the **Cinemateca** section and have students view the films outside of class. No matter which approach you choose, students have the support they need to view the films independently and process them in a meaningful way.

For each film, there are **Antes de ver** (pre-viewing) and **Después de ver** (post-viewing) activities, as well as vocabulary support, in the **Cinemateca** section of the corresponding textbook lesson. In addition, the photos and abbreviated dialogues on the **Escenas** page provide helpful visual and comprehension references. Here are some strategies for viewing the films in class:

- Before showing the film, preview the vocabulary and have students complete the **Antes de ver** section. Then have them read through the **Escenas** dialogues and look at the stills.
- Tell students that they are not expected to understand every word as they watch the film. Emphasize that they should concentrate on listening for the gist of what is being said.
- Play the film and have them complete the **Después de ver** activities.
- If students have difficulty understanding the film, replay one or more key segments. Alternatively, you could pause the film at key points and ask students to recap what they saw.

Suggestions for Using *Lecturas*

Fine Art Pieces and Quotes

- Have students share their opinions on the fine art and explain how it relates to the lesson theme. They could also describe the style (realistic, abstract, impressionistic, traditional, etc.) and other elements of the work.
- Have students discuss the quote and how it relates to the lesson theme and fine art piece. Also ask them whether they agree or disagree with the quote and to explain their answers.
- Have students comment on the fine art piece on the first page of **Lecturas** with respect to subject matter, theme, style, use of color, and perspective. They could also compare it to other works of art in the lesson or other lessons.

Antes de leer

- The **Antes de leer** activities can be done orally as class, pair, or group activities. This section may also be assigned as homework.
- Provide additional examples for **Análisis literario** or ask students to come up with examples.
- Ask students personalized questions using the words and expressions in **Vocabulario** or have students create sentences with them.

Literary and Cultural Readings

- Talk to students about how to become effective readers in Spanish. Point out the importance of using reading strategies. Encourage them to read every selection more than once. Explain that they should read the entire text through first to gain a general understanding of the plot or main ideas and the theme(s), without stopping to look up words. Then, they should read the text again for a more in-depth understanding of the material, interrelationships, and some details. At this point, they should try to complete the **Después de leer** activities. If they have difficulty completing an activity, suggest that they reread the text to find specific information that will help them complete the activity.
- Discourage students from translating the readings into English or relying on a dictionary. Tell them that reading directly in the language will help them grasp the meaning better and improve their ability to discuss the reading in Spanish.
- Always ask students how the reading relates to the lesson theme, and have them summarize the reading orally or in writing.

Después de leer

- The **Después de leer** activities can be assigned as written homework unless they involve pair or group work. They may also be done orally as class, pair, or group activities. For example, **Escribir** activities may be done in class as pair or group compositions.
- Insist on the use of only Spanish during these activities. Encourage students to use language creatively.
- Have students form pairs or groups quickly, or assign students to pairs and groups. Allow sufficient time for students to complete the activities (between five and fifteen minutes, depending on the activity), but do not give them too much time or they may lapse into English and socialize. Always give students a time limit for an activity before they begin.
- Circulate around the room and monitor students to make sure they are on task. Provide guidance as needed and note common errors for future review.
- Remind students to jot down information during the pair activities and group discussions. Have students report the results of these activities to the class.
- If you wish to evaluate students' performance in speaking activities like role-plays or interviews, you could assign grades of 0–3: 3 = well done, 2 = satisfactory, 1 = needs improvement, and 0 = no credit or absence.

Suggestions for Using *Atando cabos*

¡A conversar!

- Allow sufficient class time for oral presentations. Encourage students to be creative and to use visuals. For variety, you could ask them to videotape their presentations.
- Have each group create a comprehension exercise (true/false statements, questions, matching, or fill-in-the-blank sentences) to give the class after their presentation.
- Explain to students how you will grade their presentations. For example, the following rubric could be used or adapted to suit your needs.

Evaluation

Criteria	Scale		Scoring
Appropriate details	1 2 3 4	Excellent	26–28 points
Organization	1 2 3 4	Good	21–25 points
Control of vocabulary	1 2 3 4	Satisfactory	16–20 points
Grammatical accuracy	1 2 3 4	Unsatisfactory	<15 points
Mechanics	1 2 3 4		
Fluency/Pronunciation	1 2 3 4		
Level of interest/Use of visuals	1 2 3 4		

¡A escribir!

- The **¡A escribir!** activities can be assigned as written homework unless they involve pair or group work. They may also be done orally as class, pair, or group activities.
- Encourage students to be creative in their writing, but remind them to use vocabulary they know, rather than relying on a dictionary.
- Allow class time for peer review of drafts; remind students to be tactful in their comments.
- Make a list of frequent errors and review the material with the class or have students correct the errors in groups.
- Explain to students the criteria that you will use to grade their writing. For example, this rubric could be used or adapted to suit your needs.

Evaluation

Criteria	Scale		Scoring
Appropriate details	1 2 3 4	Excellent	18–20 points
Organization	1 2 3 4	Good	14–17 points
Use of vocabulary	1 2 3 4	Satisfactory	10–13 points
Grammatical accuracy	1 2 3 4	Unsatisfactory	<10 points
Mechanics	1 2 3 4		

Enfoques

Curso intermedio de lengua española

THIRD EDITION

Blanco | Colbert

Boston, Massachusetts

Publisher: José A. Blanco

Executive Editor: Sarah Kenney

Managing Editors: Eugenia Corbo, Paola Rios Schaaf (Technology)

Project Manager: Raquel Rodríguez Muñoz

Editors: Lauren Krolick, Anne Wagner (Technology), Carolina Zapata Pérez

Production and Design Director: Marta Kimball

Senior Designer: Sarah Cole

Design and Production Team: Manuela Arango, Aracelly Arredondo Palacio, Oscar Díez, Natalia González Peña, Mauricio Henao, Jhoany Jiménez, Susan Prentiss, Nick Ventullo

Student Edition ISBN: 978-1-60576-874-8

Instructor's Annotated Edition ISBN: 978-1-60576-883-0

Library of Congress Card Number: 2010934548

1 2 3 4 5 6 7 8 9 RM 16 15 14 13 12 11 10

Introduction

Bienvenido a ENFOQUES, Third Edition, an intermediate Spanish program designed to provide you with an active and rewarding learning experience as you continue to strengthen your language skills and develop your cultural competency.

Here are some of the features you will encounter in **ENFOQUES, Third Edition.**

- An emphasis on authentic language and practical vocabulary for you to use in communicating in real-life situations
- Clear, comprehensive grammar explanations that graphically highlight important concepts
- Abundant guided and communicative activities that will help you develop confidence in your ability to communicate in Spanish
- Three video-based sections—one directly connected to the **ENFOQUES Fotonovela Video,** one based on the **Flash Cultura** cultural segments, and one featuring the **ENFOQUES Film Collection**
- Literary and cultural readings that recognize and celebrate the diversity of the Spanish-speaking world and its people
- Ongoing development of your reading, speaking, writing, and listening skills
- Consistent integration of important cultural concepts and insights into the daily lives of native Spanish speakers
- A complete set of print and technology ancillaries to make learning Spanish easier for you

New to the Third Edition

ENFOQUES, Third Edition, offers many new features to students and instructors that make this edition even better than the last.

- **NEW!** Due to overwhelming popularity, each lesson's **Flash Cultura** video episode now has in-text pre-, while-, and post-viewing support in the **Enfoques** textbook section.
- **Refreshed!** Based on user feedback, the **Lecturas** and **Cinemateca** sections have new selections for the Third Edition. A new film and cultural reading in Lesson 1 and new literary readings in Lessons 3 and 12 update and enhance these popular sections.
- **Updated!** The **ENFOQUES** Supersite now has even more features to make language learning easier, including audio record-and-compare activities, VoiceBoard for threaded discussions, a powerful bilingual dictionary, and more. See page xxvi for more information.

ENFOQUES has twelve lessons organized in exactly the same way. To familiarize yourself with the textbook's organization, turn to page x and take the **ENFOQUES** at-a-glance tour.

Table of Contents

Table of Contents

CONTEXTOS

introduces the lesson theme and vocabulary.

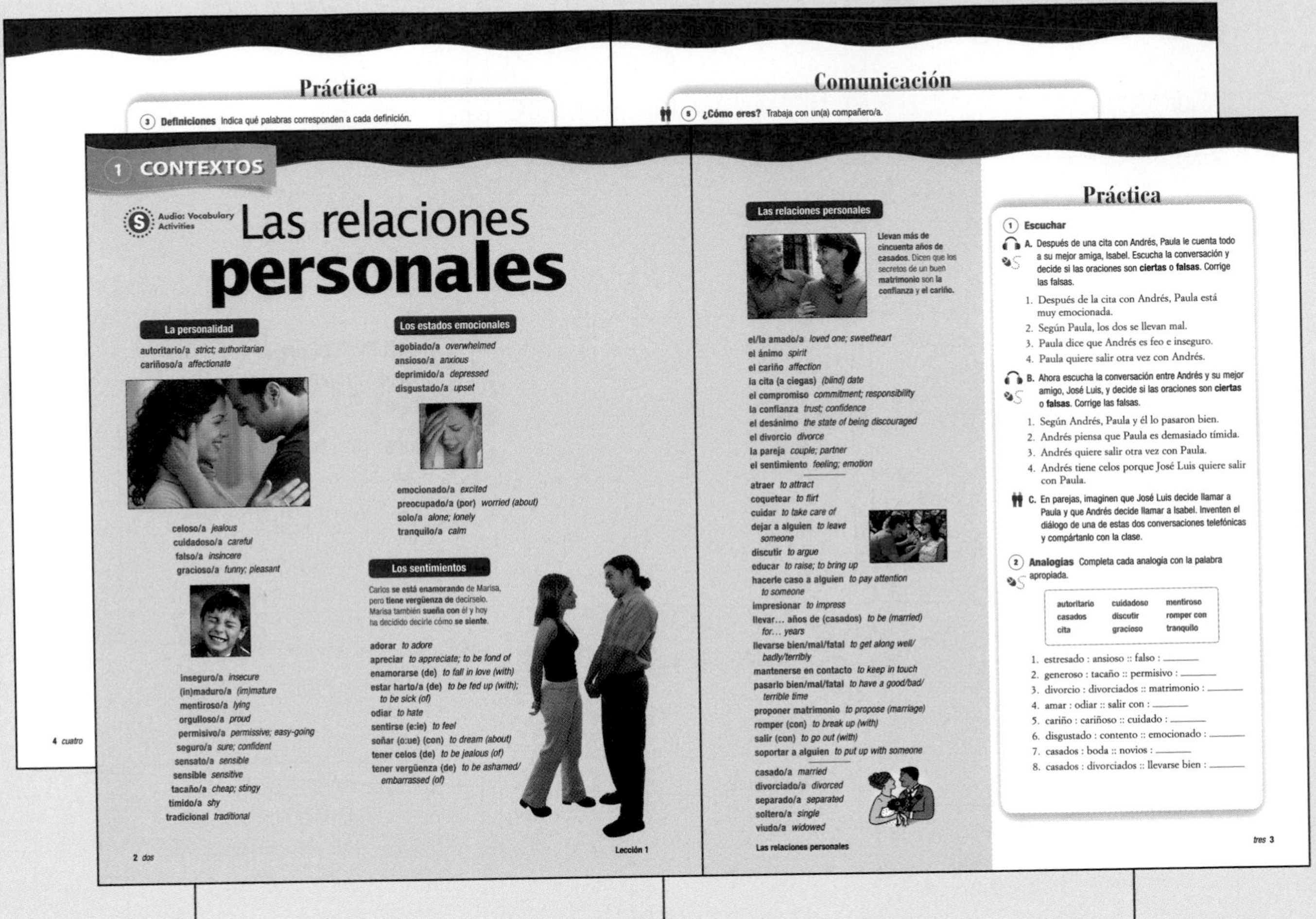

Práctica

3 **Definiciones** Indica qué palabras corresponden a cada definición.

4 cuatro

Comunicación

5 **¿Cómo eres?** Trabaja con un(a) compañero/a.

1 CONTEXTOS

Audio: Vocabulary Activities

Las relaciones **personales**

La personalidad

autoritario/a *strict; authoritarian*
cariñoso/a *affectionate*
celoso/a *jealous*
cuidadoso/a *careful*
falso/a *insincere*
gracioso/a *funny; pleasant*
inseguro/a *insecure*
(in)maduro/a *(im)mature*
mentiroso/a *lying*
orgulloso/a *proud*
permisivo/a *permissive; easy-going*
seguro/a *sure; confident*
sensato/a *sensible*
sensible *sensitive*
tacaño/a *cheap; stingy*
tímido/a *shy*
tradicional *traditional*

Los estados emocionales

agobiado/a *overwhelmed*
ansioso/a *anxious*
deprimido/a *depressed*
disgustado/a *upset*
emocionado/a *excited*
preocupado/a (por) *worried (about)*
solo/a *alone; lonely*
tranquilo/a *calm*

Los sentimientos

Carlos **se está enamorando** de Marisa, pero **tiene vergüenza de** decírselo. Marisa también **sueña con** él y hoy ha decidido decirle cómo **se siente**.

adorar *to adore*
apreciar *to appreciate; to be fond of*
enamorarse (de) *to fall in love (with)*
estar harto/a (de) *to be fed up (with); to be sick (of)*
odiar *to hate*
sentirse (e:ie) *to feel*
soñar (o:ue) (con) *to dream (about)*
tener celos (de) *to be jealous (of)*
tener vergüenza (de) *to be ashamed/embarrassed (of)*

2 dos

Lección 1

Las relaciones personales

Llevan más de cincuenta años de casados. Dicen que los secretos de un buen **matrimonio** son la **confianza** y **el cariño.**

el/la amado/a *loved one; sweetheart*
el ánimo *spirit*
el cariño *affection*
la cita (a ciegas) *(blind) date*
el compromiso *commitment; responsibility*
la confianza *trust; confidence*
el desánimo *the state of being discouraged*
el divorcio *divorce*
la pareja *couple; partner*
el sentimiento *feeling; emotion*

atraer *to attract*
coquetear *to flirt*
cuidar *to take care of*
dejar a alguien *to leave someone*
discutir *to argue*
educar *to raise; to bring up*
hacerle caso a alguien *to pay attention to someone*
impresionar *to impress*
llevar... años de (casados) *to be (married) for... years*
llevarse bien/mal/fatal *to get along well/badly/terribly*
mantenerse en contacto *to keep in touch*
pasarlo bien/mal/fatal *to have a good/bad/terrible time*
proponer matrimonio *to propose (marriage)*
romper (con) *to break up (with)*
salir (con) *to go out (with)*
soportar a alguien *to put up with someone*

casado/a *married*
divorciado/a *divorced*
separado/a *separated*
soltero/a *single*
viudo/a *widowed*

Las relaciones personales

Práctica

1 **Escuchar**

A. Después de una cita con Andrés, Paula le cuenta todo a su mejor amiga, Isabel. Escucha la conversación y decide si las oraciones son **ciertas** o **falsas**. Corrige las falsas.

1. Después de la cita con Andrés, Paula está muy emocionada.
2. Según Paula, los dos se llevan mal.
3. Paula dice que Andrés es feo e inseguro.
4. Paula quiere salir otra vez con Andrés.

B. Ahora escucha la conversación entre Andrés y su mejor amigo, José Luis, y decide si las oraciones son **ciertas** o **falsas**. Corrige las falsas.

1. Según Andrés, Paula y él lo pasaron bien.
2. Andrés piensa que Paula es demasiado tímida.
3. Andrés quiere salir otra vez con Paula.
4. Andrés tiene celos porque José Luis quiere salir con Paula.

C. En parejas, imaginen que José Luis decide llamar a Paula y que Andrés decide llamar a Isabel. Inventen el diálogo de una de estas dos conversaciones telefónicas y compártanlo con la clase.

2 **Analogías** Completa cada analogía con la palabra apropiada.

autoritario	cuidadoso	mentiroso
casados	discutir	romper con
cita	gracioso	tranquilo

1. estresado : ansioso :: falso : ______
2. generoso : tacaño :: permisivo : ______
3. divorcio : divorciados :: matrimonio : ______
4. amar : odiar :: salir con : ______
5. cariño : cariñoso :: cuidado : ______
6. disgustado : contento :: emocionado : ______
7. casados : boda :: novios : ______
8. casados : divorciados :: llevarse bien : ______

tres 3

Art Dynamic, full-color photos and illustrations visually illustrate each category.

Vocabulary Relevant theme-related vocabulary appears in easy-to-study thematic lists.

Icons Icons let you know which activities are listening, pair, or group activities.

Práctica This set of guided exercises uses a variety of formats to reinforce the new vocabulary.

Comunicación These open-ended activities have you use the words and expressions for personalized communication as you interact with a partner, a small group, or the entire class.

Supersite Supersite icons at the top and bottom of the page alert you to the resources and additional practice available online.

FOTONOVELA

is a situational comedy about the everyday adventures of a magazine staff.

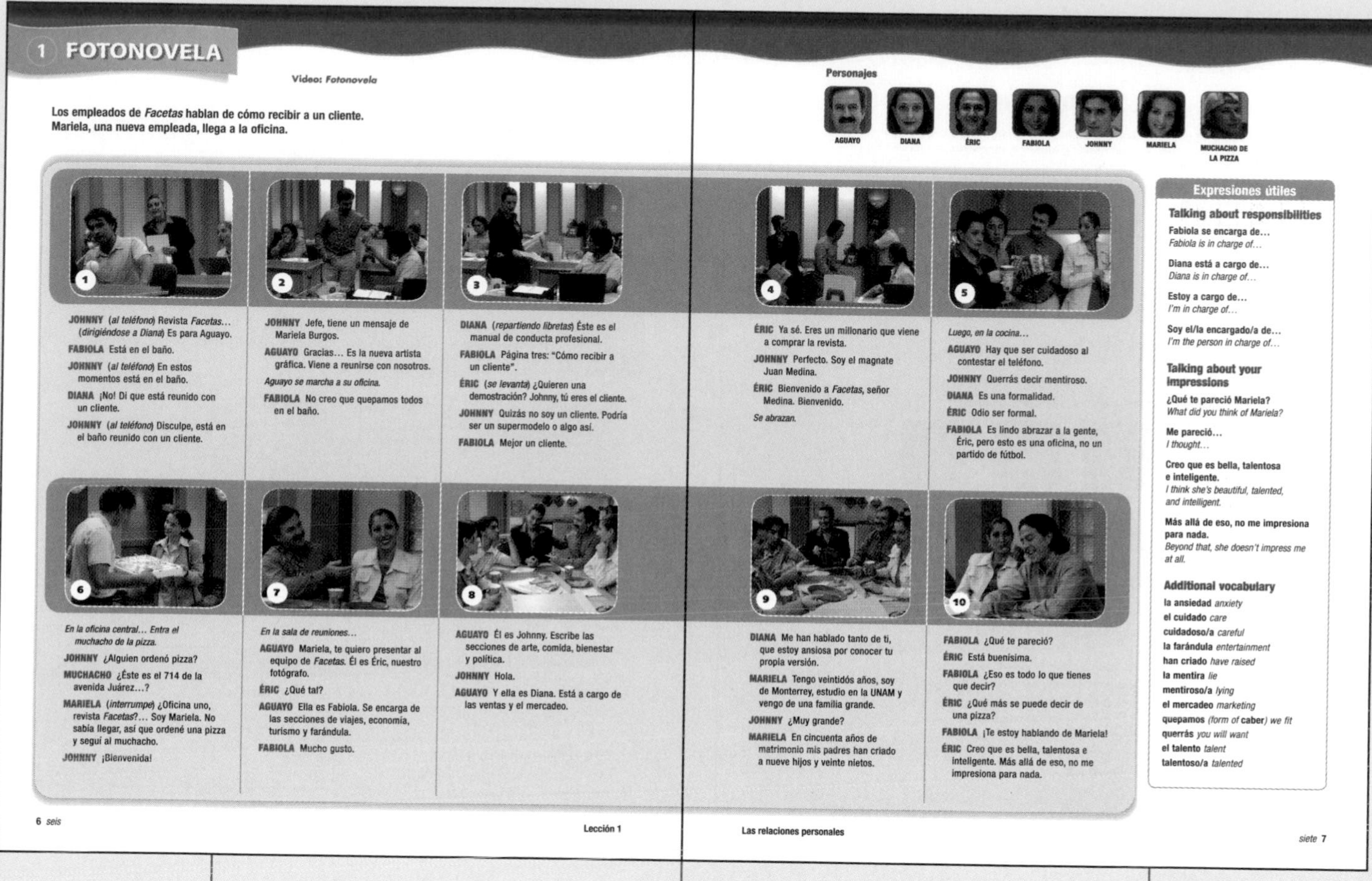

1 FOTONOVELA

Video: *Fotonovela*

Los empleados de *Facetas* hablan de cómo recibir a un cliente. Mariela, una nueva empleada, llega a la oficina.

Personajes: AGUAYO, DIANA, ÉRIC, FABIOLA, JOHNNY, MARIELA, MUCHACHO DE LA PIZZA

1
JOHNNY (*al teléfono*) Revista *Facetas*... (*dirigiéndose a Diana*) Es para Aguayo.
FABIOLA Está en el baño.
JOHNNY (*al teléfono*) En estos momentos está en el baño.
DIANA ¡No! Di que está reunido con un cliente.
JOHNNY (*al teléfono*) Disculpe, está en el baño reunido con un cliente.

2
JOHNNY Jefe, tiene un mensaje de Mariela Burgos.
AGUAYO Gracias... Es la nueva artista gráfica. Viene a reunirse con nosotros.
Aguayo se marcha a su oficina.
FABIOLA No creo que quepamos todos en el baño.

3
DIANA (*repartiendo libretas*) Éste es el manual de conducta profesional.
FABIOLA Página tres: "Cómo recibir a un cliente".
ÉRIC (*se levanta*) ¿Quieren una demostración? Johnny, tú eres el cliente.
JOHNNY Quizás no soy un cliente. Podría ser un supermodelo o algo así.
FABIOLA Mejor un cliente.

4
ÉRIC Ya sé. Eres un millonario que viene a comprar la revista.
JOHNNY Perfecto. Soy el magnate Juan Medina.
ÉRIC Bienvenido a *Facetas*, señor Medina. Bienvenido.
Se abrazan.

5
Luego, en la cocina...
AGUAYO Hay que ser cuidadoso al contestar el teléfono.
JOHNNY Querrás decir mentiroso.
DIANA Es una formalidad.
ÉRIC Odio ser formal.
FABIOLA Es lindo abrazar a la gente, Éric, pero esto es una oficina, no un partido de fútbol.

6
En la oficina central... Entra el muchacho de la pizza.
JOHNNY ¿Alguien ordenó pizza?
MUCHACHO ¿Éste es el 714 de la avenida Juárez...?
MARIELA (*interrumpe*) ¿Oficina uno, revista *Facetas*?... Soy Mariela. No sabía llegar, así que ordené una pizza y seguí al muchacho.
JOHNNY ¡Bienvenida!

7
En la sala de reuniones...
AGUAYO Mariela, te quiero presentar al equipo de *Facetas*. Él es Éric, nuestro fotógrafo.
ÉRIC ¿Qué tal?
AGUAYO Ella es Fabiola. Se encarga de las secciones de viajes, economía, turismo y farándula.
FABIOLA Mucho gusto.

8
AGUAYO Él es Johnny. Escribe las secciones de arte, comida, bienestar y política.
JOHNNY Hola.
AGUAYO Y ella es Diana. Está a cargo de las ventas y el mercadeo.

9
DIANA Me han hablado tanto de ti, que estoy ansiosa por conocer tu propia versión.
MARIELA Tengo veintidós años, soy de Monterrey, estudio en la UNAM y vengo de una familia grande.
JOHNNY ¿Muy grande?
MARIELA En cincuenta años de matrimonio mis padres han criado a nueve hijos y veinte nietos.

10
FABIOLA ¿Qué te pareció?
ÉRIC Está buenísima.
FABIOLA ¿Eso es todo lo que tienes que decir?
ÉRIC ¿Qué más se puede decir de una pizza?
FABIOLA ¡Te estoy hablando de Mariela!
ÉRIC Creo que es bella, talentosa e inteligente. Más allá de eso, no me impresiona para nada.

Expresiones útiles

Talking about responsibilities

Fabiola se encarga de... *Fabiola is in charge of...*
Diana está a cargo de... *Diana is in charge of...*
Estoy a cargo de... *I'm in charge of...*
Soy el/la encargado/a de... *I'm the person in charge of...*

Talking about your impressions

¿Qué te pareció Mariela? *What did you think of Mariela?*
Me pareció... *I thought...*
Creo que es bella, talentosa e inteligente. *I think she's beautiful, talented, and intelligent.*
Más allá de eso, no me impresiona para nada. *Beyond that, she doesn't impress me at all.*

Additional vocabulary

la ansiedad *anxiety*
el cuidado *care*
cuidadoso/a *careful*
la farándula *entertainment*
han criado *have raised*
la mentira *lie*
mentiroso/a *lying*
el mercadeo *marketing*
quepamos *(form of* **caber***) we fit*
querrás *you will want*
el talento *talent*
talentoso/a *talented*

6 *seis* Lección 1 Las relaciones personales *siete* 7

Personajes The photo-based conversations take place among a cast of recurring characters—six people who work for a magazine called *Facetas* in Mexico City.

Fotonovela Video The **Fotonovela** episodes appear in the textbook's video program. To learn more about the video, turn to page xxii.

Conversations The engaging conversations incorporate vocabulary from the **Contextos** section and preview grammar structures you will study in the **Estructura** section, all within a comprehensible context.

Expresiones útiles New, active words and expressions are organized by function, so you can concentrate on using them for real-life, practical purposes.

Comprensión & Ampliación

reinforce and expand upon the *Fotonovela.*

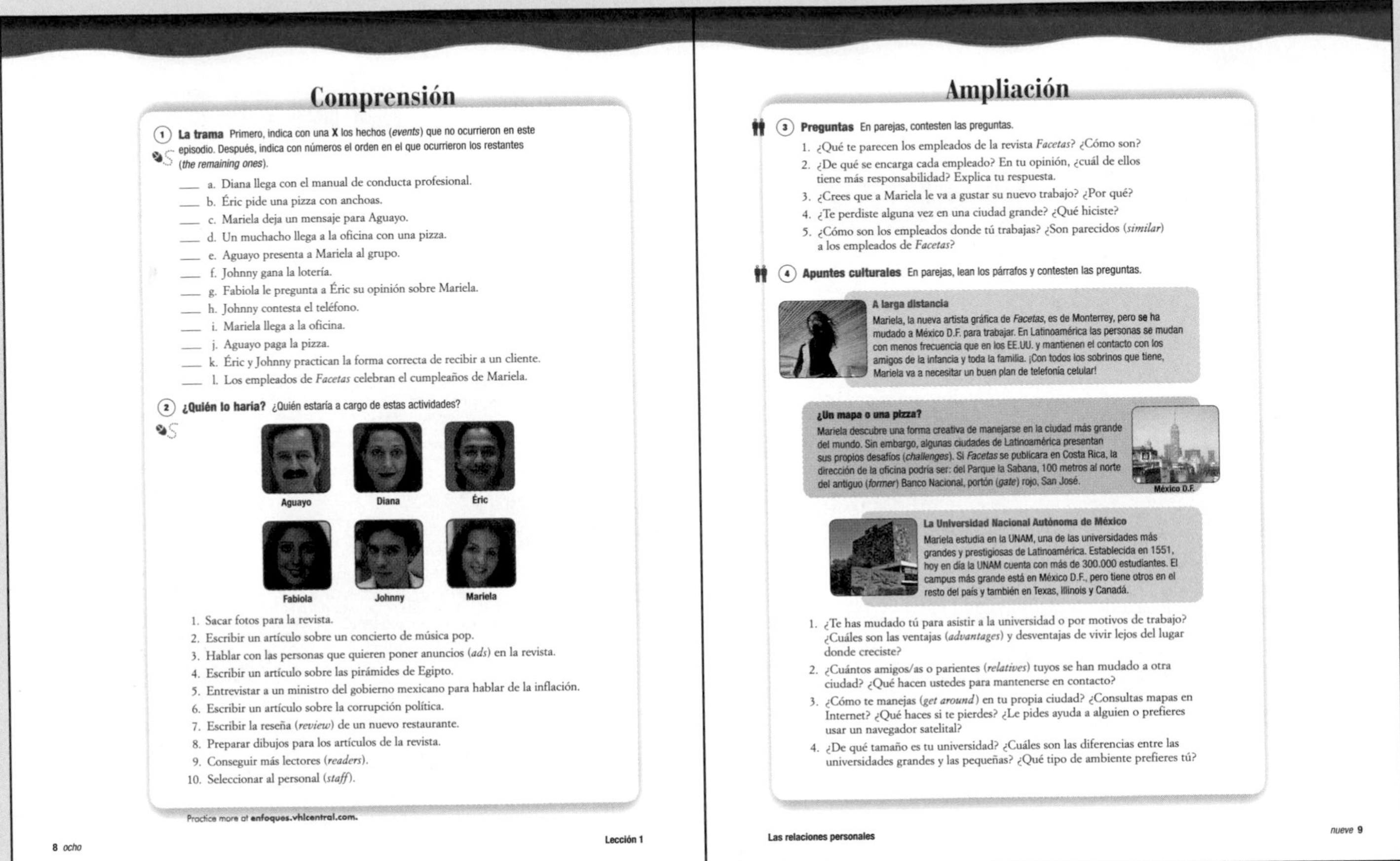

Comprensión

1 **La trama** Primero, indica con una **X** los hechos (*events*) que no ocurrieron en este episodio. Después, indica con números el orden en el que ocurrieron los restantes (*the remaining ones*).

___ a. Diana llega con el manual de conducta profesional.
___ b. Éric pide una pizza con anchoas.
___ c. Mariela deja un mensaje para Aguayo.
___ d. Un muchacho llega a la oficina con una pizza.
___ e. Aguayo presenta a Mariela al grupo.
___ f. Johnny gana la lotería.
___ g. Fabiola le pregunta a Éric su opinión sobre Mariela.
___ h. Johnny contesta el teléfono.
___ i. Mariela llega a la oficina.
___ j. Aguayo paga la pizza.
___ k. Éric y Johnny practican la forma correcta de recibir a un cliente.
___ l. Los empleados de *Facetas* celebran el cumpleaños de Mariela.

2 **¿Quién lo haría?** ¿Quién estaría a cargo de estas actividades?

Aguayo · Diana · Éric · Fabiola · Johnny · Mariela

1. Sacar fotos para la revista.
2. Escribir un artículo sobre un concierto de música pop.
3. Hablar con las personas que quieren poner anuncios (*ads*) en la revista.
4. Escribir un artículo sobre las pirámides de Egipto.
5. Entrevistar a un ministro del gobierno mexicano para hablar de la inflación.
6. Escribir un artículo sobre la corrupción política.
7. Escribir la reseña (*review*) de un nuevo restaurante.
8. Preparar dibujos para los artículos de la revista.
9. Conseguir más lectores (*readers*).
10. Seleccionar al personal (*staff*).

Practice more at **enfoques.vhlcentral.com.**

8 *ocho* — Lección 1

Ampliación

3 **Preguntas** En parejas, contesten las preguntas.

1. ¿Qué te parecen los empleados de la revista *Facetas*? ¿Cómo son?
2. ¿De qué se encarga cada empleado? En tu opinión, ¿cuál de ellos tiene más responsabilidad? Explica tu respuesta.
3. ¿Crees que a Mariela le va a gustar su nuevo trabajo? ¿Por qué?
4. ¿Te perdiste alguna vez en una ciudad grande? ¿Qué hiciste?
5. ¿Cómo son los empleados donde tú trabajas? ¿Son parecidos (*similar*) a los empleados de *Facetas*?

4 **Apuntes culturales** En parejas, lean los párrafos y contesten las preguntas.

A larga distancia
Mariela, la nueva artista gráfica de *Facetas*, es de Monterrey, pero se ha mudado a México D.F. para trabajar. En Latinoamérica las personas se mudan con menos frecuencia que en los EE.UU. y mantienen el contacto con los amigos de la infancia y toda la familia. ¡Con todos los sobrinos que tiene, Mariela va a necesitar un buen plan de telefonía celular!

¿Un mapa o una pizza?
Mariela descubre una forma creativa de manejarse en la ciudad más grande del mundo. Sin embargo, algunas ciudades de Latinoamérica presentan sus propios desafíos (*challenges*). Si *Facetas* se publicara en Costa Rica, la dirección de la oficina podría ser: del Parque la Sabana, 100 metros al norte del antiguo (*former*) Banco Nacional, portón (*gate*) rojo, San José.

México D.F.

La Universidad Nacional Autónoma de México
Mariela estudia en la UNAM, una de las universidades más grandes y prestigiosas de Latinoamérica. Establecida en 1551, hoy en día la UNAM cuenta con más de 300.000 estudiantes. El campus más grande está en México D.F., pero tiene otros en el resto del país y también en Texas, Illinois y Canadá.

1. ¿Te has mudado tú para asistir a la universidad o por motivos de trabajo? ¿Cuáles son las ventajas (*advantages*) y desventajas de vivir lejos del lugar donde creciste?
2. ¿Cuántos amigos/as o parientes (*relatives*) tuyos se han mudado a otra ciudad? ¿Qué hacen ustedes para mantenerse en contacto?
3. ¿Cómo te manejas (*get around*) en tu propia ciudad? ¿Consultas mapas en Internet? ¿Qué haces si te pierdes? ¿Le pides ayuda a alguien o prefieres usar un navegador satelital?
4. ¿De qué tamaño es tu universidad? ¿Cuáles son las diferencias entre las universidades grandes y las pequeñas? ¿Qué tipo de ambiente prefieres tú?

Las relaciones personales — *nueve* 9

Comprensión These exercises check your basic understanding of the **Fotonovela** conversations.

Ampliación Communicative activities take a step further, asking you to apply or react to the content in a personalized way.

Apuntes culturales Cultural notes illustrated with photographs provide additional reading practice and important cultural information related to **Fotonovela**. Follow-up questions check comprehension and expand on the topics.

ENFOQUES

explores cultural topics related to the lesson theme, focused by region.

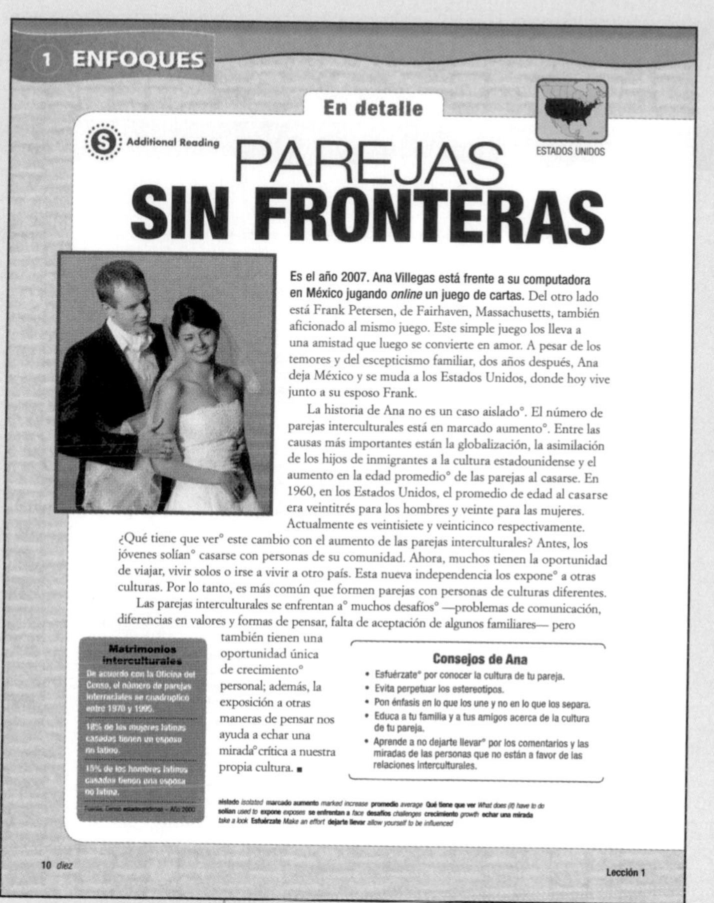

1 ENFOQUES

En detalle

Additional Reading

ESTADOS UNIDOS

PAREJAS SIN FRONTERAS

Es el año 2007. Ana Villegas está frente a su computadora en México jugando *online* un juego de cartas. Del otro lado está Frank Petersen, de Fairhaven, Massachusetts, también aficionado al mismo juego. Este simple juego los lleva a una amistad que luego se convierte en amor. A pesar de los temores y del escepticismo familiar, dos años después, Ana deja México y se muda a los Estados Unidos, donde hoy vive junto a su esposo Frank.

La historia de Ana no es un caso aislado°. El número de parejas interculturales está en marcado aumento°. Entre las causas más importantes están la globalización, la asimilación de los hijos de inmigrantes a la cultura estadounidense y el aumento en la edad promedio° de las parejas al casarse. En 1960, en los Estados Unidos, el promedio de edad al casarse era veintitrés para los hombres y veinte para las mujeres. Actualmente es veintisiete y veinticinco respectivamente. ¿Qué tiene que ver° este cambio con el aumento de las parejas interculturales? Antes, los jóvenes solían° casarse con personas de su comunidad. Ahora, muchos tienen la oportunidad de viajar, vivir solos o irse a vivir a otro país. Esta nueva independencia los expone° a otras culturas. Por lo tanto, es más común que formen parejas con personas de culturas diferentes.

Las parejas interculturales se enfrentan a° muchos desafíos° —problemas de comunicación, diferencias en valores y formas de pensar, falta de aceptación de algunos familiares— pero también tienen una oportunidad única de crecimiento° personal; además, la exposición a otras maneras de pensar nos ayuda a echar una mirada° crítica a nuestra propia cultura. ■

Matrimonios interculturales

De acuerdo con la Oficina del Censo, el número de parejas interraciales se cuadruplicó entre 1970 y 1995.

18% de las mujeres latinas casadas tienen un esposo no latino.

15% de los hombres latinos casados tienen una esposa no latina.

Fuente: Censo estadounidense – Año 2000

Consejos de Ana

- Esfuérzate° por conocer la cultura de tu pareja.
- Evita perpetuar los estereotipos.
- Pon énfasis en lo que los une y no en lo que los separa.
- Educa a tu familia y a tus amigos acerca de la cultura de tu pareja.
- Aprende a no dejarte llevar° por los comentarios y las miradas de las personas que no están a favor de las relaciones interculturales.

aislado *isolated* **marcado aumento** *marked increase* **promedio** *average* **Qué tiene que ver** *What does (it) have to do* **solían** *used to* **expone** *exposes* **se enfrentan a** *face* **desafíos** *challenges* **crecimiento** *growth* **echar una mirada** *take a look* **Esfuérzate** *Make an effort* **dejarte llevar** *allow yourself to be influenced*

10 *diez* Lección 1

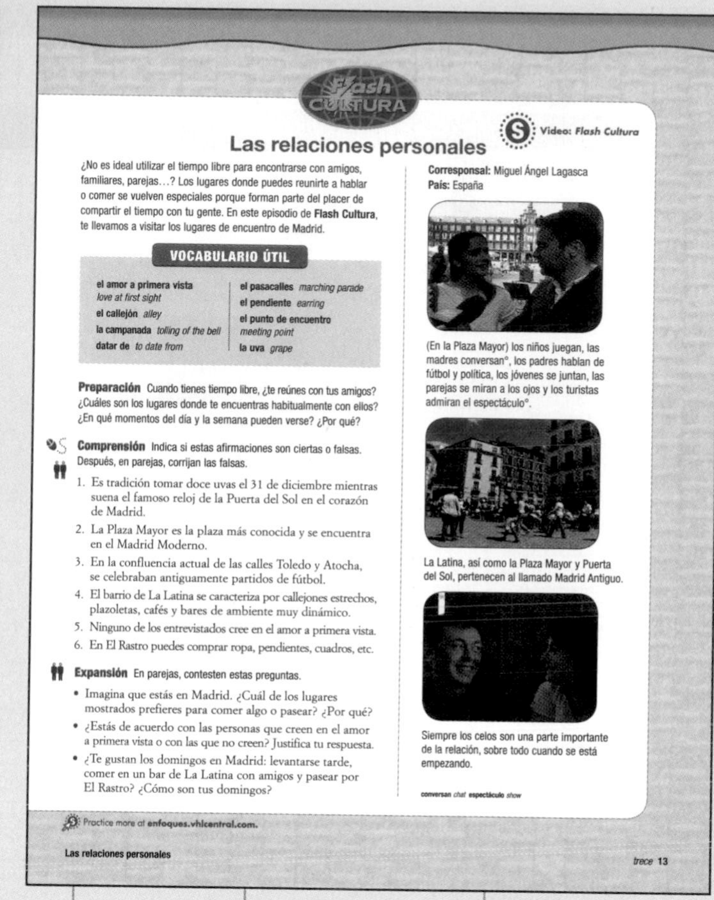

Flash Cultura

Las relaciones personales

Video: *Flash Cultura*

¿No es ideal utilizar el tiempo libre para encontrarse con amigos, familiares, parejas…? Los lugares donde puedes reunirte a hablar o comer se vuelven especiales porque forman parte del placer de compartir el tiempo con tu gente. En este episodio de **Flash Cultura**, te llevamos a visitar los lugares de encuentro de Madrid.

VOCABULARIO ÚTIL

el amor a primera vista *love at first sight*
el callejón *alley*
la campanada *tolling of the bell*
datar de *to date from*
el pasacalles *marching parade*
el pendiente *earring*
el punto de encuentro *meeting point*
la uva *grape*

Preparación Cuando tienes tiempo libre, ¿te reúnes con tus amigos? ¿Cuáles son los lugares donde te encuentras habitualmente con ellos? ¿En qué momentos del día y la semana pueden verse? ¿Por qué?

Comprensión Indica si estas afirmaciones son ciertas o falsas. Después, en parejas, corrijan las falsas.

1. Es tradición tomar doce uvas el 31 de diciembre mientras suena el famoso reloj de la Puerta del Sol en el corazón de Madrid.
2. La Plaza Mayor es la plaza más conocida y se encuentra en el Madrid Moderno.
3. En la confluencia actual de las calles Toledo y Atocha, se celebraban antiguamente partidos de fútbol.
4. El barrio de La Latina se caracteriza por callejones estrechos, plazoletas, cafés y bares de ambiente muy dinámico.
5. Ninguno de los entrevistados cree en el amor a primera vista.
6. En El Rastro puedes comprar ropa, pendientes, cuadros, etc.

Expansión En parejas, contesten estas preguntas.

- Imagina que estás en Madrid. ¿Cuál de los lugares mostrados prefieres para comer algo o pasear? ¿Por qué?
- ¿Estás de acuerdo con las personas que creen en el amor a primera vista o con las que no creen? Justifica tu respuesta.
- ¿Te gustan los domingos en Madrid: levantarse tarde, comer en un bar de La Latina con amigos y pasear por El Rastro? ¿Cómo son tus domingos?

Corresponsal: Miguel Ángel Lagasca
País: España

(En la Plaza Mayor) los niños juegan, las madres conversan°, los padres hablan de fútbol y política, los jóvenes se juntan, las parejas se miran a los ojos y los turistas admiran el espectáculo°.

La Latina, así como la Plaza Mayor y Puerta del Sol, pertenecen al llamado Madrid Antiguo.

Siempre los celos son una parte importante de la relación, sobre todo cuando se está empezando.

conversan *chat* **espectáculo** *show*

Practice more at **enfoques.vhlcentral.com.**

Las relaciones personales *trece* 13

En detalle & Perfil Feature articles expand on topics related to the lesson theme, supported by photos, maps, and graphical features.

Flash Cultura This specially-shot video in the form of a news broadcast expands on the themes and topics of the feature articles. In-text pre- and post-viewing practice supports your comprehension.

El mundo hispanohablante & Así lo decimos Lexical and comparative features highlight traditions, customs, and trends throughout the Spanish-speaking world.

Activities Comprehension, open-ended, and project-based activities in **¿Qué aprendiste?** check your understanding of the material and lead to further exploration.

Supersite An icon indicates that additional content is available on the **ENFOQUES** Supersite (**enfoques.vhlcentral.com**).

ESTRUCTURA

uses graphic design to facilitate learning Spanish grammar.

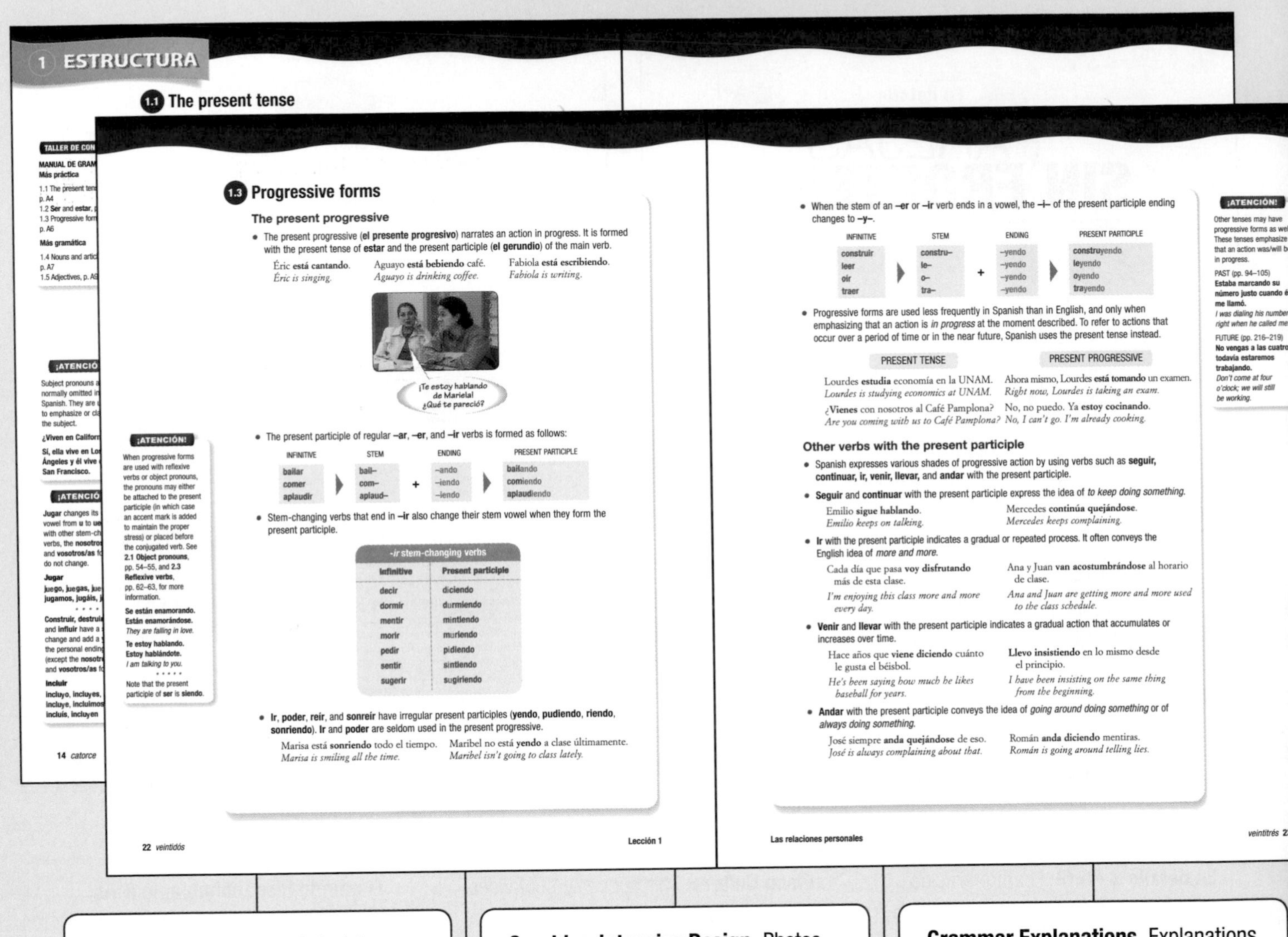

1 ESTRUCTURA

1.1 The present tense

1.3 Progressive forms

The present progressive

- The present progressive (**el presente progresivo**) narrates an action in progress. It is formed with the present tense of **estar** and the present participle (**el gerundio**) of the main verb.

Éric **está cantando**. *Éric is singing.* Aguayo **está bebiendo** café. *Aguayo is drinking coffee.* Fabiola **está escribiendo**. *Fabiola is writing.*

- The present participle of regular **–ar**, **–er**, and **–ir** verbs is formed as follows:

INFINITIVE	STEM	ENDING	PRESENT PARTICIPLE
bailar	bail–	–ando	bailando
comer	com–	–iendo	comiendo
aplaudir	aplaud–	–iendo	aplaudiendo

- Stem-changing verbs that end in **–ir** also change their stem vowel when they form the present participle.

-ir stem-changing verbs

Infinitive	Present participle
decir	diciendo
dormir	durmiendo
mentir	mintiendo
morir	muriendo
pedir	pidiendo
sentir	sintiendo
sugerir	sugiriendo

- **Ir**, **poder**, **reír**, and **sonreír** have irregular present participles (**yendo**, **pudiendo**, **riendo**, **sonriendo**). **Ir** and **poder** are seldom used in the present progressive.

Marisa está **sonriendo** todo el tiempo. *Marisa is smiling all the time.* Maribel no está **yendo** a clase últimamente. *Maribel isn't going to class lately.*

¡ATENCIÓN!

When progressive forms are used with reflexive verbs or object pronouns, the pronouns may either be attached to the present participle (in which case an accent mark is added to maintain the proper stress) or placed before the conjugated verb. See **2.1 Object pronouns**, pp. 54–55, and **2.3 Reflexive verbs**, pp. 62–63, for more information.

Se están enamorando. **Están enamorándose.** *They are falling in love.*

Te estoy hablando. **Estoy hablándote.** *I am talking to you.*

Note that the present participle of **ser** is **siendo**.

22 *veintidós* Lección 1

- When the stem of an **–er** or **–ir** verb ends in a vowel, the **–i–** of the present participle ending changes to **–y–**.

INFINITIVE	STEM	ENDING	PRESENT PARTICIPLE
construir	constru–	–yendo	construyendo
leer	le–	–yendo	leyendo
oír	o–	–yendo	oyendo
traer	tra–	–yendo	trayendo

- Progressive forms are used less frequently in Spanish than in English, and only when emphasizing that an action is *in progress* at the moment described. To refer to actions that occur over a period of time or in the near future, Spanish uses the present tense instead.

PRESENT TENSE	PRESENT PROGRESSIVE
Lourdes **estudia** economía en la UNAM. *Lourdes is studying economics at UNAM.*	Ahora mismo, Lourdes **está tomando** un examen. *Right now, Lourdes is taking an exam.*
¿**Vienes** con nosotros al Café Pamplona? *Are you coming with us to Café Pamplona?*	No, no puedo. Ya **estoy cocinando**. *No, I can't go. I'm already cooking.*

Other verbs with the present participle

- Spanish expresses various shades of progressive action by using verbs such as **seguir, continuar, ir, venir, llevar,** and **andar** with the present participle.
- **Seguir** and **continuar** with the present participle express the idea of *to keep doing something.*

Emilio **sigue hablando**. *Emilio keeps on talking.* Mercedes **continúa quejándose**. *Mercedes keeps complaining.*

- **Ir** with the present participle indicates a gradual or repeated process. It often conveys the English idea of *more and more.*

Cada día que pasa **voy disfrutando** más de esta clase. *I'm enjoying this class more and more every day.* Ana y Juan **van acostumbrándose** al horario de clase. *Ana and Juan are getting more and more used to the class schedule.*

- **Venir** and **llevar** with the present participle indicates a gradual action that accumulates or increases over time.

Hace años que **viene diciendo** cuánto le gusta el béisbol. *He's been saying how much he likes baseball for years.* **Llevo insistiendo** en lo mismo desde el principio. *I have been insisting on the same thing from the beginning.*

- **Andar** with the present participle conveys the idea of *going around doing something* or of *always doing something.*

José siempre **anda quejándose** de eso. *José is always complaining about that.* Román **anda diciendo** mentiras. *Román is going around telling lies.*

¡ATENCIÓN!

Other tenses may have progressive forms as well. These tenses emphasize that an action was/will be in progress.

PAST (pp. 94–105) **Estaba marcando su número justo cuando él me llamó.** *I was dialing his number right when he called me.*

FUTURE (pp. 216–219) **No vengas a las cuatro; todavía estaremos trabajando.** *Don't come at four o'clock; we will still be working.*

Las relaciones personales *veintitrés* 23

Charts and Diagrams Colorful, easy-to-understand charts and diagrams highlight key grammatical structures and forms, as well as important related vocabulary.

Graphics-intensive Design Photos from the video link the lesson's video episode and **Fotonovela** section with the grammar explanations.

Grammar Explanations Explanations are written in clear, concise language for comprehensibility.

Scope and Sequence A balanced grammar scope and sequence presents three grammar points per lesson.

Manual de gramática References to pages in the appendix lead you to **Más gramática.** Here, passive grammar points provide you with more practice for review and/or expansion purposes.

ESTRUCTURA

provides activities for controlled practice and communication.

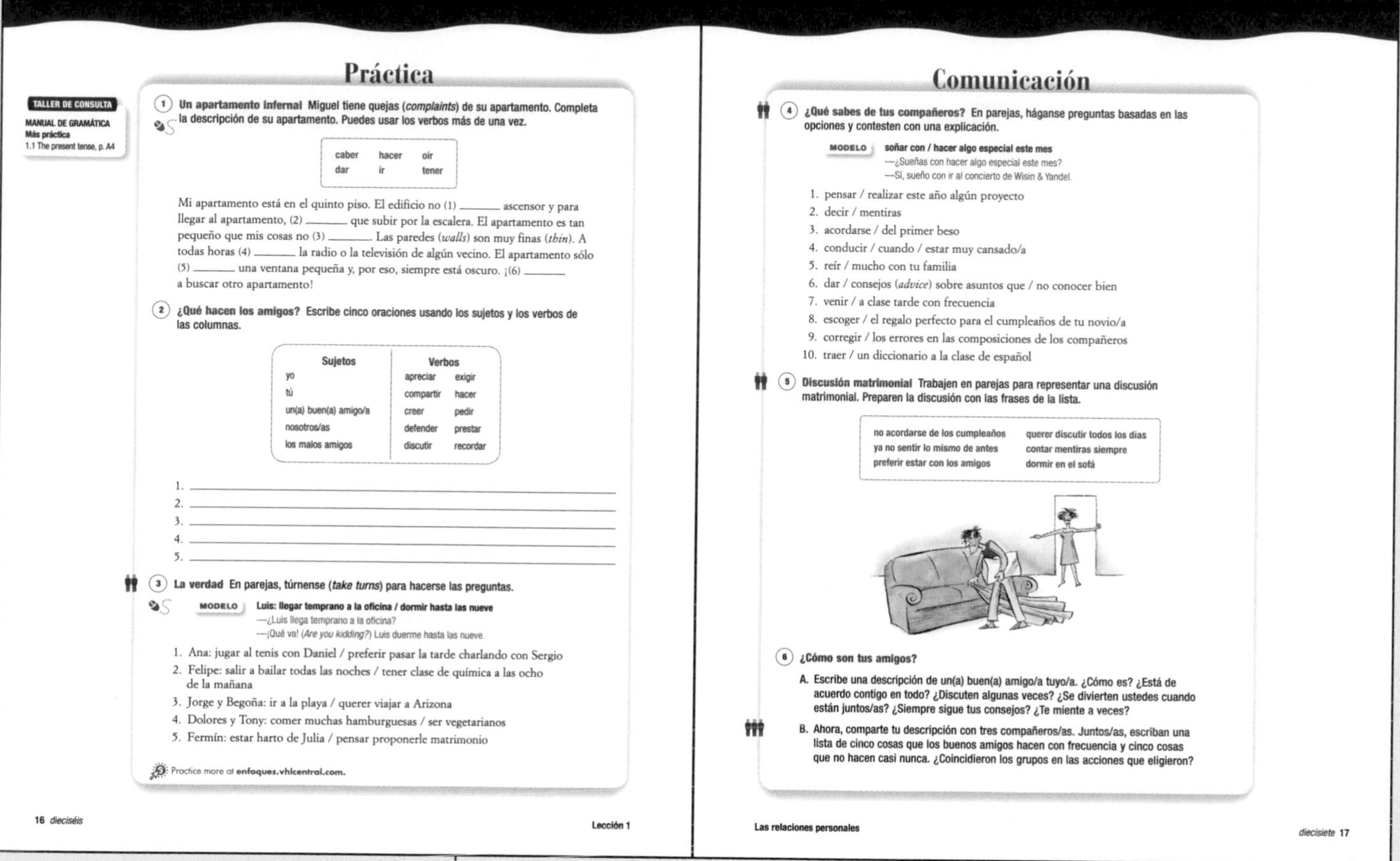

Práctica

TALLER DE CONSULTA
MANUAL DE GRAMÁTICA
Más práctica
1.1 The present tense, p. A4

1 **Un apartamento infernal** Miguel tiene quejas (*complaints*) de su apartamento. Completa la descripción de su apartamento. Puedes usar los verbos más de una vez.

caber hacer oír
dar ir tener

Mi apartamento está en el quinto piso. El edificio no (1) _______ ascensor y para llegar al apartamento, (2) _______ que subir por la escalera. El apartamento es tan pequeño que mis cosas no (3) _______. Las paredes (*walls*) son muy finas (*thin*). A todas horas (4) _______ la radio o la televisión de algún vecino. El apartamento sólo (5) _______ una ventana pequeña y, por eso, siempre está oscuro. ¡(6) _______ a buscar otro apartamento!

2 **¿Qué hacen los amigos?** Escribe cinco oraciones usando los sujetos y los verbos de las columnas.

Sujetos	Verbos	
yo	apreciar	exigir
tú	compartir	hacer
un(a) buen(a) amigo/a	creer	pedir
nosotros/as	defender	prestar
los malos amigos	discutir	recordar

1. _______
2. _______
3. _______
4. _______
5. _______

3 **La verdad** En parejas, túrnense (*take turns*) para hacerse las preguntas.

MODELO Luis: llegar temprano a la oficina / dormir hasta las nueve
—¿Luis llega temprano a la oficina?
—¡Qué va! (*Are you kidding?*) Luis duerme hasta las nueve.

1. Ana: jugar al tenis con Daniel / preferir pasar la tarde charlando con Sergio
2. Felipe: salir a bailar todas las noches / tener clase de química a las ocho de la mañana
3. Jorge y Begoña: ir a la playa / querer viajar a Arizona
4. Dolores y Tony: comer muchas hamburguesas / ser vegetarianos
5. Fermín: estar harto de Julia / pensar proponerle matrimonio

Practice more at **enfoques.vhlcentral.com.**

16 *dieciséis* Lección 1

Comunicación

4 **¿Qué sabes de tus compañeros?** En parejas, háganse preguntas basadas en las opciones y contesten con una explicación.

MODELO soñar con / hacer algo especial este mes
—¿Sueñas con hacer algo especial este mes?
—Sí, sueño con ir al concierto de Wisin & Yandel.

1. pensar / realizar este año algún proyecto
2. decir / mentiras
3. acordarse / del primer beso
4. conducir / cuando / estar muy cansado/a
5. reír / mucho con tu familia
6. dar / consejos (*advice*) sobre asuntos que / no conocer bien
7. venir / a clase tarde con frecuencia
8. escoger / el regalo perfecto para el cumpleaños de tu novio/a
9. corregir / los errores en las composiciones de los compañeros
10. traer / un diccionario a la clase de español

5 **Discusión matrimonial** Trabajen en parejas para representar una discusión matrimonial. Preparen la discusión con las frases de la lista.

no acordarse de los cumpleaños | querer discutir todos los días
ya no sentir lo mismo de antes | contar mentiras siempre
preferir estar con los amigos | dormir en el sofá

6 **¿Cómo son tus amigos?**

A. Escribe una descripción de un(a) buen(a) amigo/a tuyo/a. ¿Cómo es? ¿Está de acuerdo contigo en todo? ¿Discuten algunas veces? ¿Se divierten ustedes cuando están juntos/as? ¿Siempre sigue tus consejos? ¿Te miente a veces?

B. Ahora, comparte tu descripción con tres compañeros/as. Juntos/as, escriban una lista de cinco cosas que los buenos amigos hacen con frecuencia y cinco cosas que no hacen casi nunca. ¿Coincidieron los grupos en las acciones que eligieron?

Las relaciones personales *diecisiete* 17

Práctica The first set of activities provides directed exercises in contexts that combine current and previously learned vocabulary with the grammar point you are studying.

Comunicación The second set of activities prompts personalized communication using the lesson's grammar and vocabulary. These activities take place with a partner, in small groups, or with the entire class.

Supersite Icons let you know exactly what material is available online: activities from the book, additional resources, and extra practice. See page xxvi for more information.

Manual de gramática References to pages in the appendix lead you to **Más práctica,** additional directed and open-ended practice for every grammar point in the book.

CINEMATECA

appears in every lesson, integrating pre-, while-, and post-viewing activities for an authentic short film.

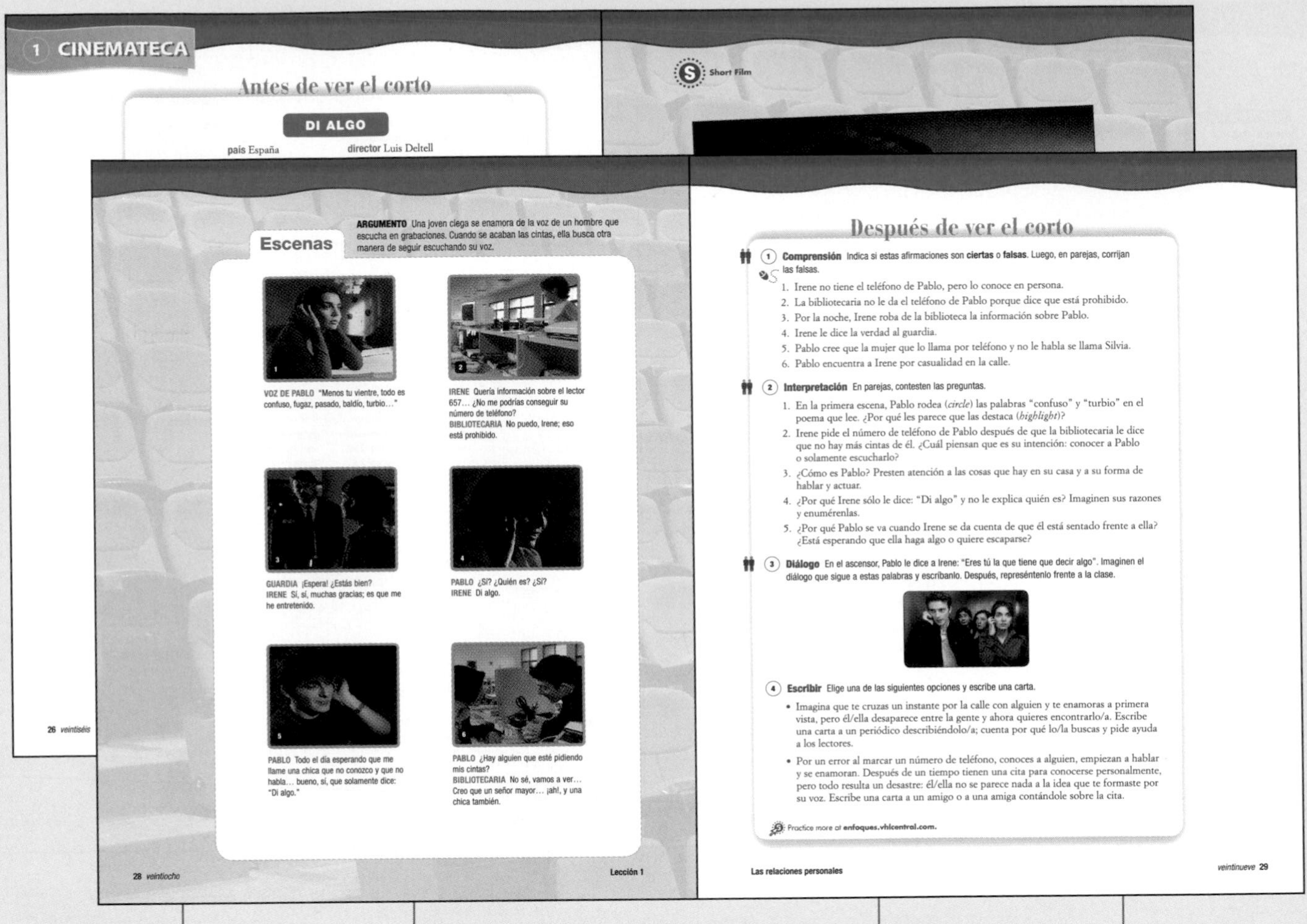

Escenas Video stills with excerpts of the dialogue help you to focus on key events and ideas as you watch the film.

Cortometrajes Twelve dramatic short films from the Spanish-speaking world provide authentic language input with four pages of support. All films are available for viewing on the Supersite.

Antes de ver... Pre-viewing activities prepare you to view the film. **Vocabulario** calls out vocabulary key to understanding the film.

Después de ver... Post-viewing activities check your comprehension and guide you through interpreting the film and reacting to it.

LECTURAS
opens in a visually dramatic way.

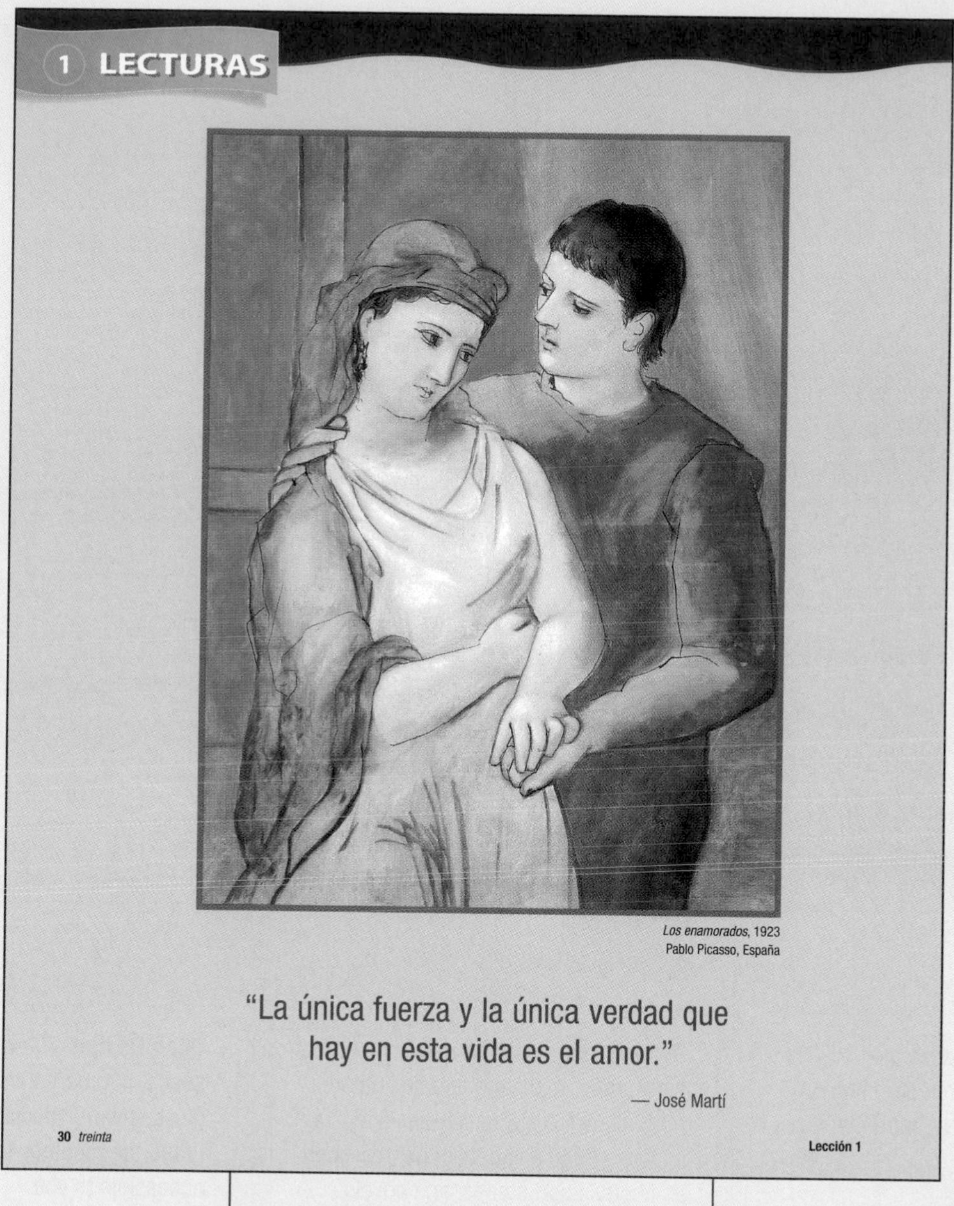

1 LECTURAS

Los enamorados, 1923
Pablo Picasso, España

"La única fuerza y la única verdad que hay en esta vida es el amor."

— José Martí

30 *treinta*

Lección 1

Fine Art A fine art piece by a Spanish-speaking artist illustrates an aspect of the lesson's theme and exposes you to a broad spectrum of works created by male and female artists from different areas of the Spanish-speaking world.

Quotation Quotations by Spanish speakers from around the world and across the ages provide thought-provoking insights into the lesson's theme.

LECTURAS

presents a literary selection that expands on the lesson's theme.

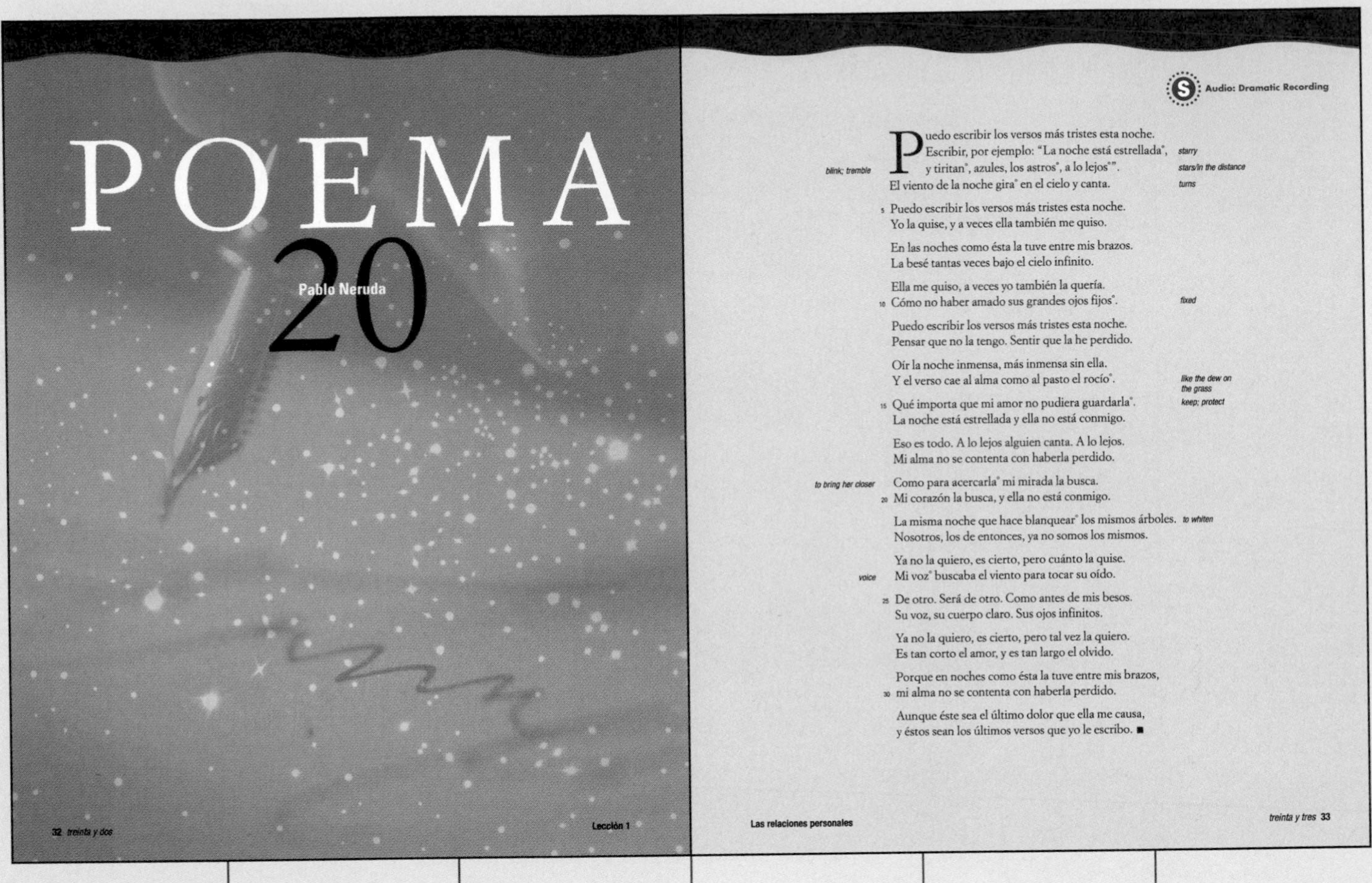

POEMA 20

Pablo Neruda

Audio: Dramatic Recording

Puedo escribir los versos más tristes esta noche.
Escribir, por ejemplo: "La noche está estrellada*,
y tiritan*, azules, los astros*, a lo lejos*".
El viento de la noche gira* en el cielo y canta.

Puedo escribir los versos más tristes esta noche.
Yo la quise, y a veces ella también me quiso.

En las noches como ésta la tuve entre mis brazos.
La besé tantas veces bajo el cielo infinito.

Ella me quiso, a veces yo también la quería.
Cómo no haber amado sus grandes ojos fijos*.

Puedo escribir los versos más tristes esta noche.
Pensar que no la tengo. Sentir que la he perdido.

Oír la noche inmensa, más inmensa sin ella.
Y el verso cae al alma como al pasto el rocío*.

Qué importa que mi amor no pudiera guardarla*.
La noche está estrellada y ella no está conmigo.

Eso es todo. A lo lejos alguien canta. A lo lejos.
Mi alma no se contenta con haberla perdido.

Como para acercarla* mi mirada la busca.
Mi corazón la busca, y ella no está conmigo.

La misma noche que hace blanquear* los mismos árboles.
Nosotros, los de entonces, ya no somos los mismos.

Ya no la quiero, es cierto, pero cuánto la quise.
Mi voz* buscaba el viento para tocar su oído.

De otro. Será de otro. Como antes de mis besos.
Su voz, su cuerpo claro. Sus ojos infinitos.

Ya no la quiero, es cierto, pero tal vez la quiero.
Es tan corto el amor, y es tan largo el olvido.

Porque en noches como ésta la tuve entre mis brazos,
mi alma no se contenta con haberla perdido.

Aunque éste sea el último dolor que ella me causa,
y éstos sean los últimos versos que yo le escribo. ■

blink; tremble · *starry* · *stars/in the distance* · *turns* · *fixed* · *like the dew on the grass* · *keep; protect* · *to bring her closer* · *to whiten* · *voice*

32 treinta y dos · Lección 1 · Las relaciones personales · treinta y tres 33

Sobre el autor Biographical information focuses your attention on important information about the authors and their works.

Diverse Texts Theme-related texts from high-profile male and female authors from all over the Spanish-speaking world expose you to a variety of genres, such as poetry, short stories, and novels.

Open Design The type size, open space, numbered lines, and marginal glosses were specially designed to make the readings inviting and highly accessible to you.

Análisis literario Explanations and practice of literary techniques central to the reading give you the support you need to analyze literature in Spanish.

Conexión personal Personalized questions prompt you to think about the theme of the reading as it relates to your own life and experiences.

LECTURAS

also features an article on cultural topics related to the lesson theme.

Sonia Sotomayor:

la niña que soñaba

Sonia Sotomayor era una niña que soñaba. Y, según cuenta, lo que soñaba era convertirse en detective, igual que su heroína favorita, Nancy Drew. Sin embargo, a los ocho años, tras un diagnóstico de diabetes, sus médicos le recomendaron que pensara en una carrera menos agitada. Entonces, sin recortar sus aspiraciones ni resignarse a menos, encontró un nuevo modelo en otro héroe de ficción: Perry Mason, el abogado encarnado° en televisión por Raymond Burr. "Iba a ir a la universidad e iba a convertirme en abogada: y supe esto cuando tenía diez años. Y no es una broma" declaró ella en 1998.

Audio: Reading

Robin Kar, secretario de Sonia Sotomayor en 1988–1989, afirma que la jueza no sólo tiene una historia asombrosa°, sino que además es una persona asombrosa. Y cuenta que, en la corte, ella no solamente conocía a sus pares°, como los otros jueces y políticos, sino que también se preocupaba por conocer a todos los porteros, los empleados de la cafetería y los conserjes°, y todos la apreciaban mucho.

En su discurso de aceptación de la nominación a la Corte Suprema, Sonia Sotomayor explicó su propia visión de sí misma: "Soy una persona nada extraordinaria que ha tenido la dicha de tener oportunidades y experiencias extraordinarias." Pero ni siquiera sus sueños más descabellados° podían prepararla para lo que ocurrió en mayo de 2009, cuando Barack Obama la nominó como candidata a la Corte Suprema de Justicia de Estados Unidos. En su discurso, el presidente destacó el "viaje extraordinario" de la jueza, desde sus modestos comienzos hasta la cima° del sistema judicial. Para él, los sueños son importantes y Sonia Sotomayor es la encarnación del sueño americano.

Nació en el Bronx, en Nueva York, el 25 de junio de 1954, y creció en un barrio de viviendas subsidiadas°. Sus padres, puertorriqueños, habían llegado a Estados Unidos durante la Segunda Guerra Mundial. Su padre, que había estudiado sólo hasta tercer grado y no hablaba inglés, murió cuando Sonia tenía nueve años, y su madre, Celina, tuvo que trabajar seis días a la semana como enfermera para criarlos° a ella y a su hermano menor. Como la señora Sotomayor consideraba que una buena educación era fundamental, les compró a sus hijos la Enciclopedia Británica y los envió a una escuela católica para que recibieran la mejor instrucción posible. Seguramente los resultados superaron también sus expectativas: Sonia estudió en las universidades de Princeton y Yale, y su hermano Juan estudió en la Universidad de Nueva York, y ahora es médico y profesor en la Universidad de Siracusa.

Sonia Sotomayor trabajó durante cinco años como asistente del fiscal de Manhattan, Robert Morgenthau (quien inspiró el personaje del fiscal del distrito Adam Schiff en la serie de televisión *Law and Order*). Luego se dedicó al derecho corporativo y más tarde fue jueza de primera instancia de la Corte Federal de Distrito antes de ser nombrada jueza de Distrito de la Corte Federal de Apelaciones. En 2009 se convirtió en la primera hispana —y la tercera mujer en toda la historia— en llegar a la Corte Suprema de Justicia de Estados Unidos, donde suelen tratarse cuestiones tan controvertidas como el aborto, la pena de muerte, el derecho a la posesión de armas, etc.

Cuando el presidente Obama nominó a la jueza Sotomayor para su nuevo cargo, Celina Sotomayor escuchaba desde la primera fila° con los ojos llenos de lágrimas. En su discurso de aceptación, Sonia la señaló como "la inspiración de toda mi vida". Tal vez, en el fondo, lo que soñaba realmente la niña del Bronx era ser, como su madre, una "sabia mujer latina". ■

played by; amazing; peers; janitors; wildest; height; housing project; raise them; front row

Cómo Sotomayor salvó al béisbol

En 1994, de manera unilateral, los propietarios de los equipos de las Grandes Ligas de béisbol implantaron un tope (*limit*) salarial; esto fue rechazado por los jugadores y su sindicato, que declararon una huelga (*strike*). El caso llegó a Sonia Sotomayor, en ese entonces la jueza más joven del Distrito Sur de Nueva York, en 1995. Ella escuchó los argumentos de las dos partes y anunció su dictamen (*ruling*) a favor de los jugadores. Logró acabar así con la huelga que llevaba ya 232 días y, además, ganarse el título de "salvadora del béisbol".

36 *treinta y seis* Lección 1 | Las relaciones personales *treinta y siete* 37

Appealing Topics The **Cultura** readings present a unique range of topics that expose you to the people, traditions, and accomplishments of the different cultures of the Spanish-speaking world.

Open Design The same open design used in the first selection, including numbered lines and marginal glosses, helps make the **Cultura** readings accessible to you.

Vocabulario A vocabulary box lists words and expressions key to the reading.

Contexto cultural The selection is introduced by culturally relevant background information about the theme of the reading.

Post-reading Activities These exercises check your understanding of key ideas and guide you in analyzing, interpreting, and reacting to the content.

Atando cabos
develops your speaking and writing skills.

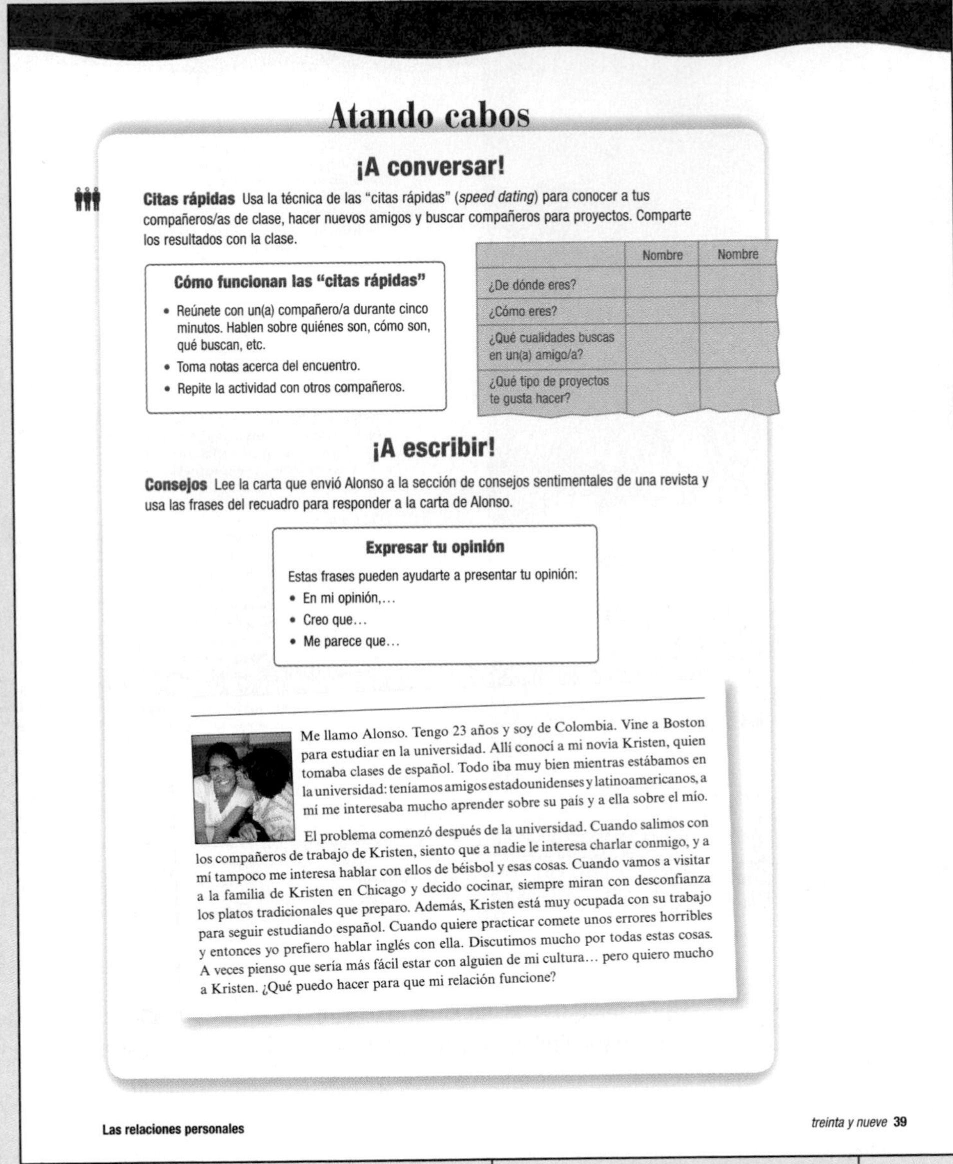

Atando cabos

¡A conversar!

Citas rápidas Usa la técnica de las "citas rápidas" (*speed dating*) para conocer a tus compañeros/as de clase, hacer nuevos amigos y buscar compañeros para proyectos. Comparte los resultados con la clase.

Cómo funcionan las "citas rápidas"

- Reúnete con un(a) compañero/a durante cinco minutos. Hablen sobre quiénes son, cómo son, qué buscan, etc.
- Toma notas acerca del encuentro.
- Repite la actividad con otros compañeros.

	Nombre	Nombre
¿De dónde eres?		
¿Cómo eres?		
¿Qué cualidades buscas en un(a) amigo/a?		
¿Qué tipo de proyectos te gusta hacer?		

¡A escribir!

Consejos Lee la carta que envió Alonso a la sección de consejos sentimentales de una revista y usa las frases del recuadro para responder a la carta de Alonso.

Expresar tu opinión

Estas frases pueden ayudarte a presentar tu opinión:

- En mi opinión,...
- Creo que...
- Me parece que...

Me llamo Alonso. Tengo 23 años y soy de Colombia. Vine a Boston para estudiar en la universidad. Allí conocí a mi novia Kristen, quien tomaba clases de español. Todo iba muy bien mientras estábamos en la universidad: teníamos amigos estadounidenses y latinoamericanos, a mí me interesaba mucho aprender sobre su país y a ella sobre el mío.

El problema comenzó después de la universidad. Cuando salimos con los compañeros de trabajo de Kristen, siento que a nadie le interesa charlar conmigo, y a mí tampoco me interesa hablar con ellos de béisbol y esas cosas. Cuando vamos a visitar a la familia de Kristen en Chicago y decido cocinar, siempre miran con desconfianza los platos tradicionales que preparo. Además, Kristen está muy ocupada con su trabajo para seguir estudiando español. Cuando quiere practicar comete unos errores horribles y entonces yo prefiero hablar inglés con ella. Discutimos mucho por todas estas cosas. A veces pienso que sería más fácil estar con alguien de mi cultura... pero quiero mucho a Kristen. ¿Qué puedo hacer para que mi relación funcione?

Las relaciones personales — *treinta y nueve* 39

¡A conversar! Step-by-step tasks and problem-solving situations engage you in discussion in pairs, small groups, or with the entire class.

Thematic Readings and Realia These texts serve as springboards for discussion and writing while providing frameworks to help you use language creatively.

¡A escribir! This section provides an engaging, real-life writing task—letters, e-mails, anecdotes, etc.—spun off from the lesson theme.

VOCABULARIO

summarizes the active vocabulary in each lesson.

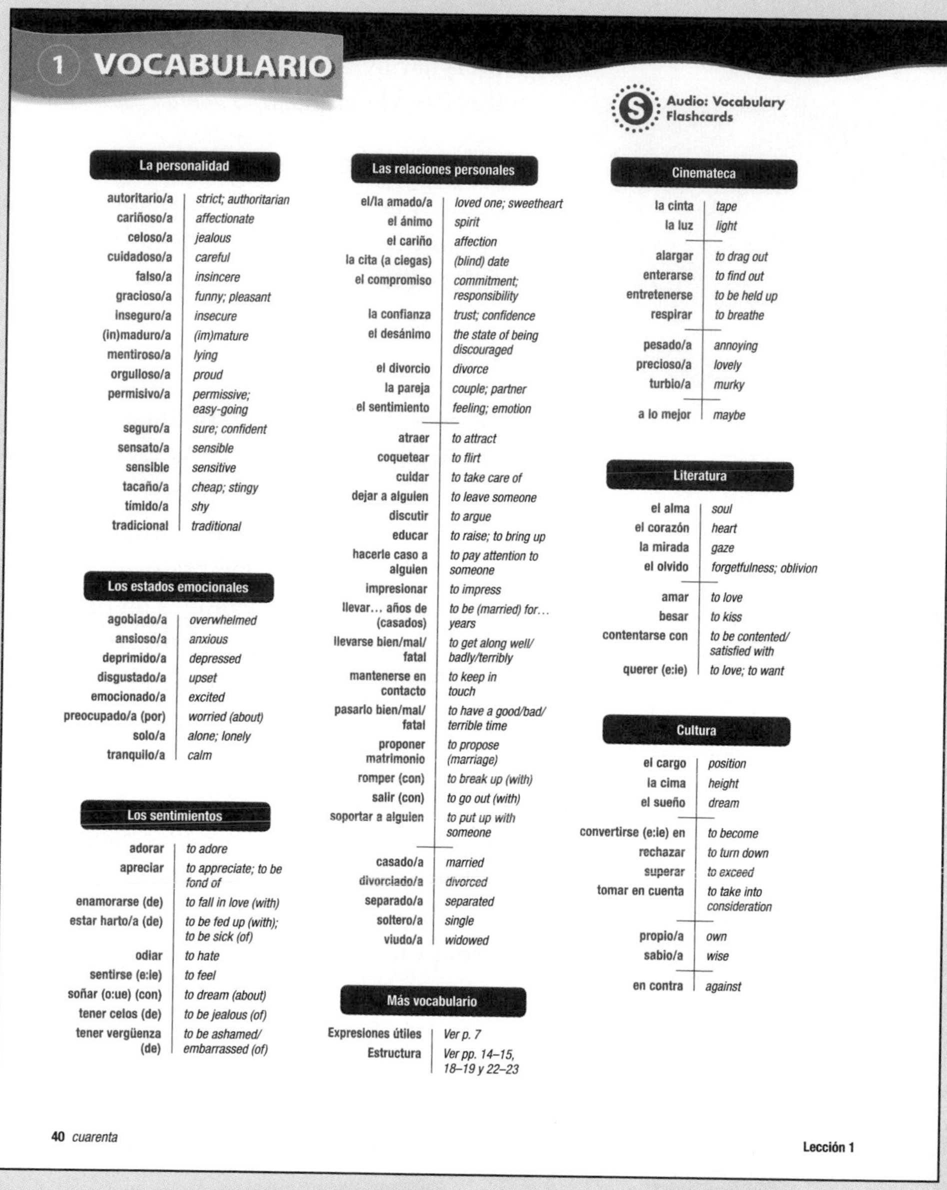

1 VOCABULARIO

Audio: Vocabulary Flashcards

La personalidad

autoritario/a	*strict; authoritarian*
cariñoso/a	*affectionate*
celoso/a	*jealous*
cuidadoso/a	*careful*
falso/a	*insincere*
gracioso/a	*funny; pleasant*
inseguro/a	*insecure*
(in)maduro/a	*(im)mature*
mentiroso/a	*lying*
orgulloso/a	*proud*
permisivo/a	*permissive; easy-going*
seguro/a	*sure; confident*
sensato/a	*sensible*
sensible	*sensitive*
tacaño/a	*cheap; stingy*
tímido/a	*shy*
tradicional	*traditional*

Los estados emocionales

agobiado/a	*overwhelmed*
ansioso/a	*anxious*
deprimido/a	*depressed*
disgustado/a	*upset*
emocionado/a	*excited*
preocupado/a (por)	*worried (about)*
solo/a	*alone; lonely*
tranquilo/a	*calm*

Los sentimientos

adorar	*to adore*
apreciar	*to appreciate; to be fond of*
enamorarse (de)	*to fall in love (with)*
estar harto/a (de)	*to be fed up (with); to be sick (of)*
odiar	*to hate*
sentirse (e:ie)	*to feel*
soñar (o:ue) (con)	*to dream (about)*
tener celos (de)	*to be jealous (of)*
tener vergüenza (de)	*to be ashamed/ embarrassed (of)*

Las relaciones personales

el/la amado/a	*loved one; sweetheart*
el ánimo	*spirit*
el cariño	*affection*
la cita (a ciegas)	*(blind) date*
el compromiso	*commitment; responsibility*
la confianza	*trust; confidence*
el desánimo	*the state of being discouraged*
el divorcio	*divorce*
la pareja	*couple; partner*
el sentimiento	*feeling; emotion*
atraer	*to attract*
coquetear	*to flirt*
cuidar	*to take care of*
dejar a alguien	*to leave someone*
discutir	*to argue*
educar	*to raise; to bring up*
hacerle caso a alguien	*to pay attention to someone*
impresionar	*to impress*
llevar... años de (casados)	*to be (married) for... years*
llevarse bien/mal/ fatal	*to get along well/ badly/terribly*
mantenerse en contacto	*to keep in touch*
pasarlo bien/mal/ fatal	*to have a good/bad/ terrible time*
proponer matrimonio	*to propose (marriage)*
romper (con)	*to break up (with)*
salir (con)	*to go out (with)*
soportar a alguien	*to put up with someone*
casado/a	*married*
divorciado/a	*divorced*
separado/a	*separated*
soltero/a	*single*
viudo/a	*widowed*

Más vocabulario

Expresiones útiles	*Ver p. 7*
Estructura	*Ver pp. 14–15, 18–19 y 22–23*

Cinemateca

la cinta	*tape*
la luz	*light*
alargar	*to drag out*
enterarse	*to find out*
entretenerse	*to be held up*
respirar	*to breathe*
pesado/a	*annoying*
precioso/a	*lovely*
turbio/a	*murky*
a lo mejor	*maybe*

Literatura

el alma	*soul*
el corazón	*heart*
la mirada	*gaze*
el olvido	*forgetfulness; oblivion*
amar	*to love*
besar	*to kiss*
contentarse con	*to be contented/ satisfied with*
querer (e:ie)	*to love; to want*

Cultura

el cargo	*position*
la cima	*height*
el sueño	*dream*
convertirse (e:ie) en	*to become*
rechazar	*to turn down*
superar	*to exceed*
tomar en cuenta	*to take into consideration*
propio/a	*own*
sabio/a	*wise*
en contra	*against*

40 *cuarenta*

Lección 1

ENFOQUES, Third Edition, Video Programs

Fotonovela Video

An episode in the format of a sitcom accompanies each lesson in **ENFOQUES**. These episodes portray the everyday lives and adventures of the staff working at the lifestyle magazine *Facetas,* based in Mexico City.

The **Fotonovela** section in each textbook lesson is actually an abbreviated version of the dramatic episode featured in the video. Therefore, each **Fotonovela** section can be done before you see the corresponding video episode, after it, or as a stand-alone section.

Besides providing entertainment, the video serves as a useful learning tool. As you watch the episodes, you will observe the characters interacting in various situations and using real-world language that reflects the vocabulary and grammar you are studying. In addition, because language learning is an ongoing, cumulative process, you will find that the dramatic segments carefully combine new vocabulary and grammar with previously taught language as the video progresses.

The Cast

Here are the main characters you will meet when you watch the **ENFOQUES** video:

Mariela Burgos

José Raúl Aguayo

Diana González

Éric Vargas

Juan (Johnny) Medina

Fabiola Ledesma

Flash Cultura

The overwhelmingly popular **Flash Cultura** video provides an entertaining and authentic complement to the **Enfoques** section of each lesson. Correspondents from various Spanish-speaking countries report on aspects of life in their countries, conducting street interviews with residents along the way. These episodes draw attention to similarities and differences between Spanish-speaking countries and the U.S., while highlighting fascinating aspects of the target culture.

Film Collection

The **ENFOQUES** Film Collection contains the short films by Hispanic filmmakers that are the basis for the **Cinemateca** section of every lesson. These award-winning films offer entertaining and thought-provoking opportunities to build your listening comprehension skills and your cultural knowledge of the Spanish-speaking world.

Film Synopses

NEW! Lección 1 *Di algo* (Spain) A young blind woman falls in love with a man based on his voice. The only problem is that she has never heard him in person... just on a recording.

Lección 2 *Espíritu deportivo* (México) At the funeral of a deceased soccer star, his teammates argue the lineup of their famous match against Brazil.

Lección 3 *Adiós mamá* (México) A man is grocery shopping alone on an ordinary day when a chance meeting makes him the focus of an elderly woman's existential conflict, with a surprising result.

Lección 4 *Éramos pocos* (España) **Oscar nominated!** After being abandoned by his wife, a father and son enlist the help of her mother to keep house.

Lección 5 *El anillo* (Puerto Rico) Every object has its own story to tell.

Lección 6 *El día menos pensado* (México) A city ends up without potable water; people must decide whether to flee or stand and guard what little water they have left.

Lección 7 *Happy Cool* (Argentina) A man decides to wait out a recession by having himself cryogenically frozen until better economic times.

Lección 8 *Clown* (España) Companies will go to any length to collect what is due to them… and to make sure they have hired the right person for the job.

Lección 9 *Sintonía* (España) Stuck in traffic, the only way a man can get the attention of a woman is to figure out which radio station she's listening to and call in.

Lección 10 *Las viandas* (España) In a restaurant where food is art, a customer learns whether it is possible to have too much of a good thing.

Lección 11 *El rincón de Venezuela* (Venezuela/Estados Unidos) It's enough of a struggle for one immigrant family to keep their restaurant afloat without having to mediate the political preferences of their patrons.

Lección 12 *Un pedazo de tierra* (México/Estados Unidos; producción argentina) In honoring their great-great-grandfather's dying wish, two brothers learn about themselves and the people that came before them.

Icons

Familiarize yourself with these icons that appear throughout **ENFOQUES**.

Supersite content available

Activity available on Supersite

Audio activity

Pair activity

Group activity

Text next to the Supersite icon will let you know exactly what type of content is available online. Additional practice on the Supersite, not included in the textbook, is indicated with this icon feature: Practice more at **enfoques.vhlcentral.com.**

Student Ancillaries

Student Activities Manual

The Student Activities Manual consists of the Workbook, the Lab Manual, and the Video Manual. The Workbook activities provide additional practice of the vocabulary and grammar for each textbook lesson. The Lab Manual activities for each textbook lesson focus on building your listening comprehension skills in Spanish. The Video Manual includes pre-, while-, and post-viewing activities for the **ENFOQUES Fotonovela Video.**

Lab Audio Program

The Lab Audio Program, available as MP3 files on the **ENFOQUES** Supersite, contains the recordings to be used with the activities of the Lab Manual.

Textbook Audio Program

The Textbook Audio Program comprises all of the audio recordings that correspond to the audio icons and activities in your text. These MP3 files are available on the **ENFOQUES** Supersite.

ENFOQUES Fotonovela Video DVD

This DVD includes the complete **Fotonovela** Video in twelve dramatic episodes done in the style of a situational comedy.

Supersite (enfoques.vhlcentral.com) 

Free with each purchase of a new student text, the **ENFOQUES, Third Edition,** Supersite Access Code delivers a wide range of online resources to you. Audio, video, and auto-graded practice directly correlate to your textbook and go beyond it. See page xxvi for more information.

Supersite Plus

In addition to the resources on the **ENFOQUES** Supersite, this option offers a WebSAM and Wimba Pronto. See p. xxvi.

Instructor Ancillaries

In addition to the student ancillaries, all of which are available to the instructor, these supplements are also available.

Instructor's Annotated Edition

The Instructor's Annotated Edition (IAE) provides a wealth of information designed to support classroom teaching. The IAE contains answers to exercises overprinted on the page, cultural information, suggestions for implementing and extending student activities, supplemental activities, and cross-references to student and instructor ancillaries.

Supersite (enfoques.vhlcentral.com)

The **Enfoques, Third Edition** Supersite provides a wealth of instructional resources, including a powerful gradebook and course management system. Here are some of the resources available for instructors on the Supersite.

- **Instructor's Resource Manual**
  The Instructor's Resource Manual contains teaching suggestions, textbook and lab audioscripts, scripts and translations for all three video programs, plus textbook and SAM answer keys.
- **Testing Program with Audio**
  The Testing Program contains four quizzes for each of the textbook's twelve lessons and exams for Lessons 1–3, 4–6, 7–9, and 10–12, as well as two exams for Lessons 1–6 and 7–12. All assessments include sections on listening comprehension, vocabulary, grammar, and communication. Optional reading sections are also provided. Listening scripts, answer keys, and audio files are also included. The Testing Program is available in three formats: ready-to-print PDFs, editable word-processing files, and in a powerful Test Generator.
- **Overheads**
  Overhead materials include selected illustrations and **Estructura** charts from the textbook, as well as maps of all Spanish-speaking countries.
- **Student Activities Manual Answer Key**
  This component includes answer keys for all discrete-answer activities in the Student Activities Manual. A print version is available to students upon instructor request.

Supersite Plus

In addition to the resources on the **ENFOQUES** Supersite, this option offers a WebSAM and Wimba Pronto. See p. xxvi.

Instructor's DVD Set

This DVD set contains the **Fotonovela** DVD, the Film Collection DVD, and the **Flash Cultura** DVD. All video content has subtitles and is also available online.

Supersite

The **ENFOQUES** Supersite provides a wealth of resources for both students and instructors. Icons indicate exactly which resources are available on the Supersite for each strand of every lesson.

For Students

Student resources, available through a Supersite code, are provided free-of-charge with the purchase of a new student text. Here is an example of what you will find at **enfoques.vhlcentral.com:**

- Activities from the student text, with auto-grading
- Additional practice for each and every textbook section

Practice more at **enfoques.vhlcentral.com.**

- Record & Submit oral assessment activities
- Three video programs—**Fotonovela, Flash Cultura**, and the **ENFOQUES Film Collection**—in streaming video
- MP3 files for the complete **ENFOQUES** Textbook, Lab, and Testing Programs
- **NEW!** Oxford Spanish Mini Dictionary
- **NEW!** Flashcards with audio
- **NEW!** Wimba Voice Board

For Instructors

Instructors have access to the entire student site, as well as these key resources:

- The entire Instructor Ancillary package, Testing Program, and Instructor Resources, in downloadable and printable formats
- A robust course management system
- Voice Board capabilities for you to create additional activities
- And much, much more…

Supersiteplus

In addition to the resources already listed, Supersite Plus offers:

- **WebSAM** The online, interactive Student Activities Manual includes audio record-submit activities, auto-grading for select activities, and a single gradebook for Supersite and WebSAM activities.
- **Wimba Pronto** Extend communication beyond the classroom with this powerful tool that features synchronous chat, online tutoring, online office hour capabilities, and more.

Reviewers

On behalf of its writers and editors, Vista Higher Learning expresses its sincere appreciation to the many professors nationwide who reviewed **ENFOQUES, Second Edition**. Their insights, ideas, and detailed comments were invaluable to the final product.

Melody Allan
Cochise College, AZ

Ashley Allen
Louisiana State University, LA

Amanda Leanne Angleton
North Georgia College and State University, GA

Devaughn Aubert
Louisiana State University, LA

Michelle Beil
North Central University, MN

Ilan Beitscher
Lehigh University, PA

Deaweh Benson
Spelman College, GA

Keilee Blades
Spelman College, GA

Caitlyn A. Blanchard
Louisiana State University, LA

Chelcea Boesiger
University of Wisconsin-Eau Claire, WI

Kari Brizendine
Pierce College, CA

Jake Broesch
University of Wisconsin-Eau Claire, WI

Caroline Bruff
Lehigh University, PA

Victoria Carter
Spelman College, GA

Thomas Chapman
Louisiana State University, LA

Marina A. Cutaia
Louisiana State University, LA

Jessica Dinac
Spelman College, GA

Janelle Duckett
Spelman College, GA

Lindsay Elliottsmith
Louisiana State University, LA

Kevin Gannon
University of Notre Dame, IN

Grant George
Louisiana State University, LA

Ashley Gilbert
North Georgia College and State University, GA

Colin Goodman
St. John's University, MN

Elysse Hamlin
Anderson University, IN

Brendan Hannon
Lehigh University, PA

Erika Hansen
University of Notre Dame, IN

Justin Hensel
Louisiana State University, LA

Jenna Hersan
University of Wisconsin-Eau Claire, WI

Michael Heumann
Louisiana State University, LA

Kelley Higgins
Lehigh University, PA

Rachel Jantz
Hope College, MI

Ciara Jordan
Spelman College, GA

Vicky Kaniaru
North Georgia College and State University, GA

Amanda Kass
University of Wisconsin-Eau Claire, WI

Angela Keas
Ohio North University, OH

Brittney Keller
Spelman College, GA

Sean Kivi
University of Houston, TX

Lara Kovant
Lehigh University, PA

Natassia Kwan
University of Notre Dame, IN

Allie LeBlanc
Louisiana State University, LA

Lauren Levenson
Louisiana State University, LA

Ashley Lowe
University of Mary Hardin-Baylor, TX

Lisa Luk
Bentley University, MA

Mary Kate Lyons
University of Notre Dame, IN

Rebekah Maltempi
Louisiana State University, LA

Jessica Mankin
Western Michigan University, MI

Tracy Mart
Louisiana State University, LA

Jennifer McCusker
Lehigh University, PA

Jennifer McFarland
University of Houston, TX

Patrick McHugh
University of Notre Dame, IN

Cymone McNeil
Spelman College, GA

Melanie R. Mills
University of Houston, TX

Brittany Moore
Spelman College, GA

Nedra Moore
Valdosta State University, GA

Audrey Nobles
Trinity University, TX

Lacey Noon
College of Saint Benedict, MN

John Owen
Lehigh University, PA

Katherine Patin
University of Notre Dame, IN

Keri Post
Louisiana State University, LA

Kristin Quinn
Spelman College, GA

LáDawn Robinson
Florida College, FL

Alain Saizonou
Bellevue Community College, WA

Haley Schmitt
Louisiana State University, LA

Ashley Sciora
Lehigh University, GA

Courtney Sholar
Spelman College, GA

Ashley Sullivan
Spelman College, GA

Brita Thielen
College of Saint Benedict, MN

Brittani Thomas
Spelman College, GA

Moriah Thomas
Spelman College, GA

Gina Turchiarelli
Louisiana State University, LA

Laura Veaze
Louisiana State University, LA

Katherine Virag
Louisiana State University, LA

Stephen Wallis
Lehigh University, PA

Kyrin Wharton
Spelman College, GA

Adelia Wilder
Spelman College, GA

Kathryn Wilken
Louisiana State University, LA

Britne Williams
Spelman College, GA

Katie Wozniak
St. Cloud State University, MN

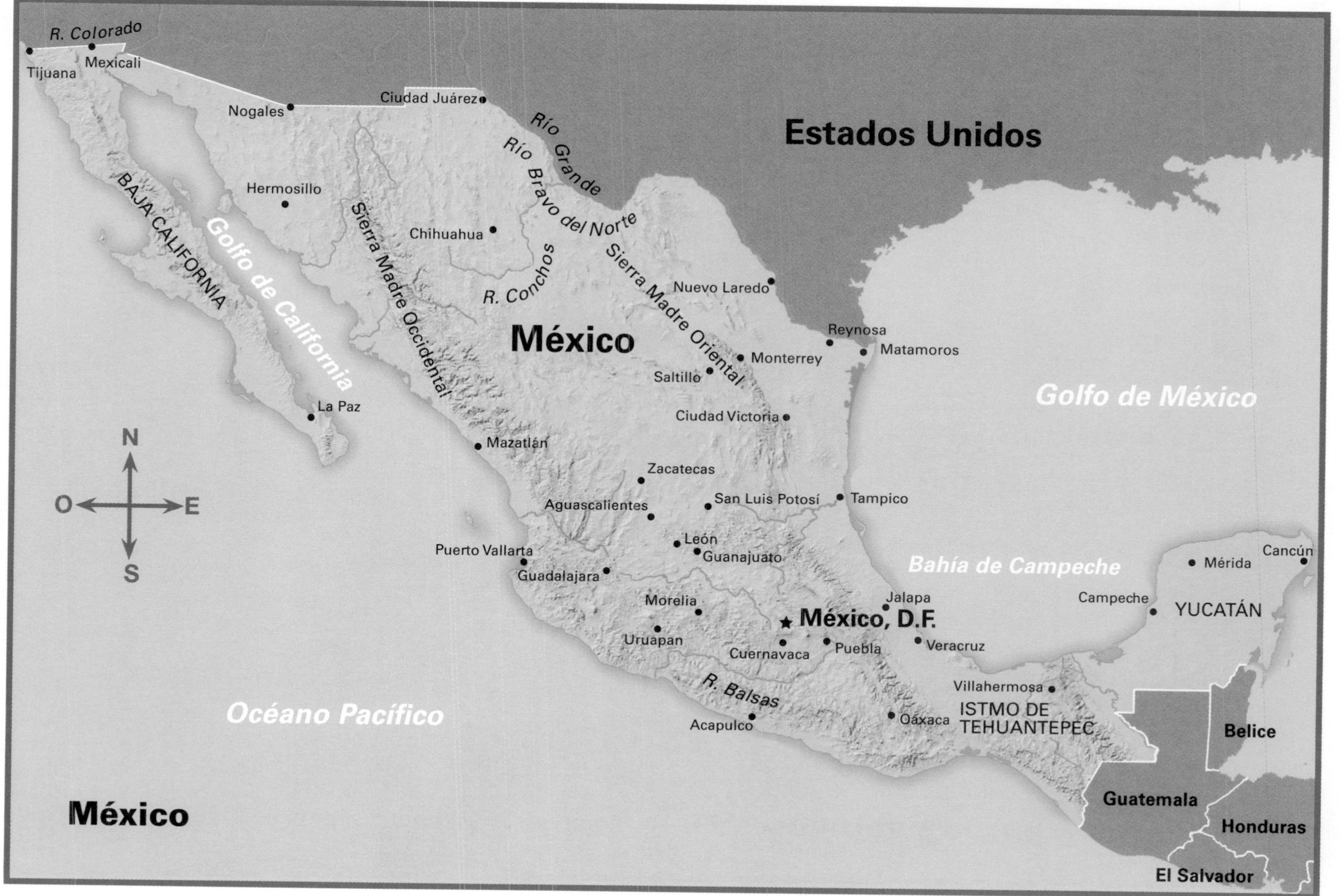
México
Estados Unidos
Golfo de México
Bahía de Campeche
Océano Pacífico
Golfo de California
BAJA CALIFORNIA
Sierra Madre Occidental
Sierra Madre Oriental
Río Grande
Río Bravo del Norte
R. Conchos
R. Colorado
R. Balsas
YUCATÁN
ISTMO DE TEHUANTEPEC
Belice
Guatemala
Honduras
El Salvador
Tijuana
Mexicali
Nogales
Hermosillo
Ciudad Juárez
Chihuahua
La Paz
Mazatlán
Nuevo Laredo
Monterrey
Saltillo
Reynosa
Matamoros
Ciudad Victoria
Tampico
Zacatecas
San Luis Potosí
Aguascalientes
León
Guanajuato
Puerto Vallarta
Guadalajara
Morelia
Uruapan
México, D.F.
Cuernavaca
Puebla
Jalapa
Veracruz
Acapulco
Oaxaca
Villahermosa
Campeche
Mérida
Cancún
N
S
E
O
México

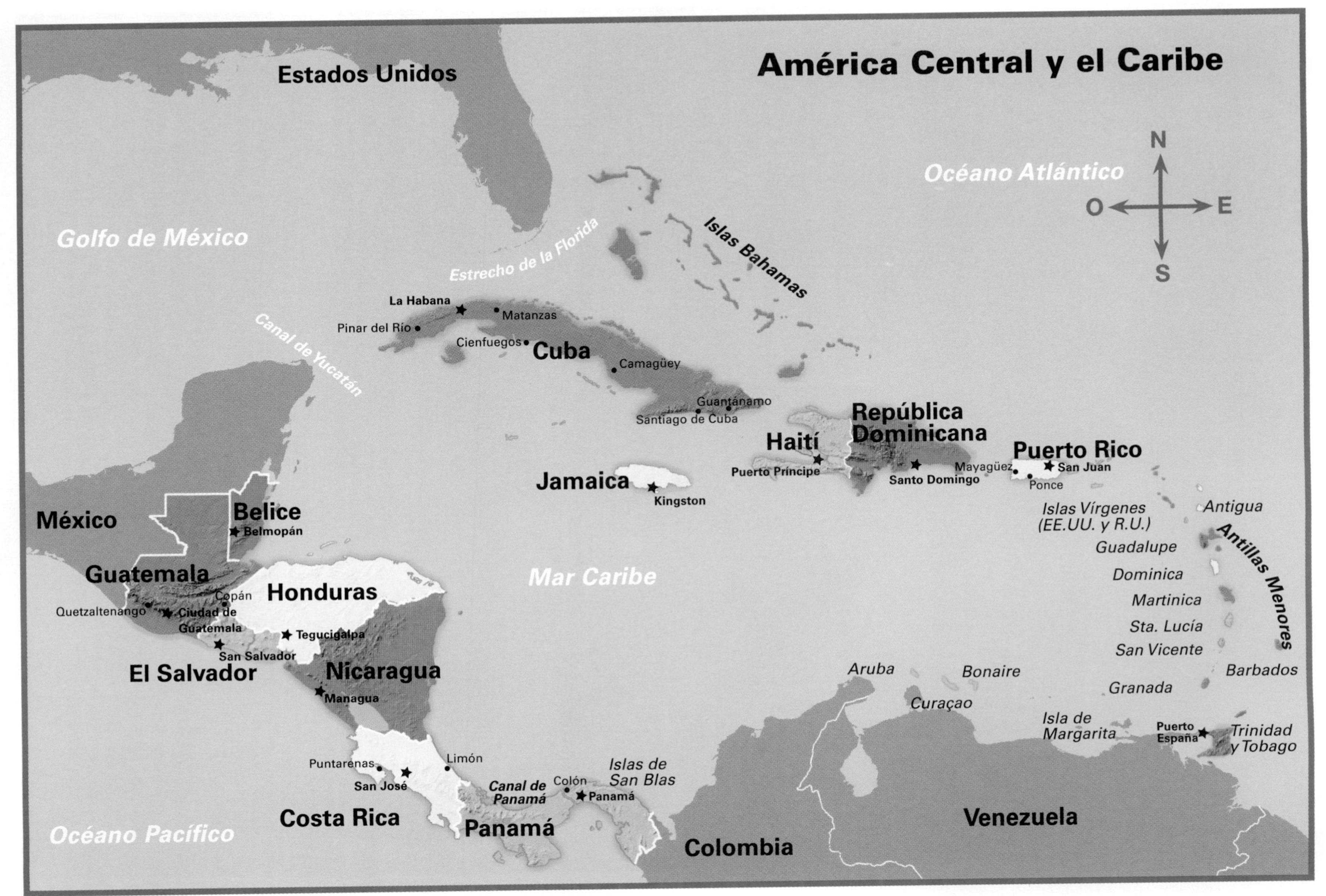
América Central y el Caribe
Estados Unidos
Océano Atlántico
N
O
E
S
Golfo de México
Estrecho de la Florida
Islas Bahamas
Canal de Yucatán
La Habana
Matanzas
Pinar del Río
Cienfuegos
Cuba
Camagüey
Guantánamo
Santiago de Cuba
República Dominicana
Haití
Puerto Príncipe
Santo Domingo
Puerto Rico
Mayagüez
San Juan
Ponce
Jamaica
Kingston
México
Belice
Belmopán
Guatemala
Copán
Quetzaltenango
Ciudad de Guatemala
Honduras
Tegucigalpa
San Salvador
El Salvador
Nicaragua
Managua
Mar Caribe
Islas Vírgenes (EE.UU. y R.U.)
Antigua
Antillas Menores
Guadalupe
Dominica
Martinica
Sta. Lucía
San Vicente
Barbados
Granada
Aruba
Bonaire
Curaçao
Isla de Margarita
Puerto España
Trinidad y Tobago
Puntarenas
San José
Limón
Canal de Panamá
Colón
Panamá
Islas de San Blas
Costa Rica
Panamá
Venezuela
Colombia
Océano Pacífico

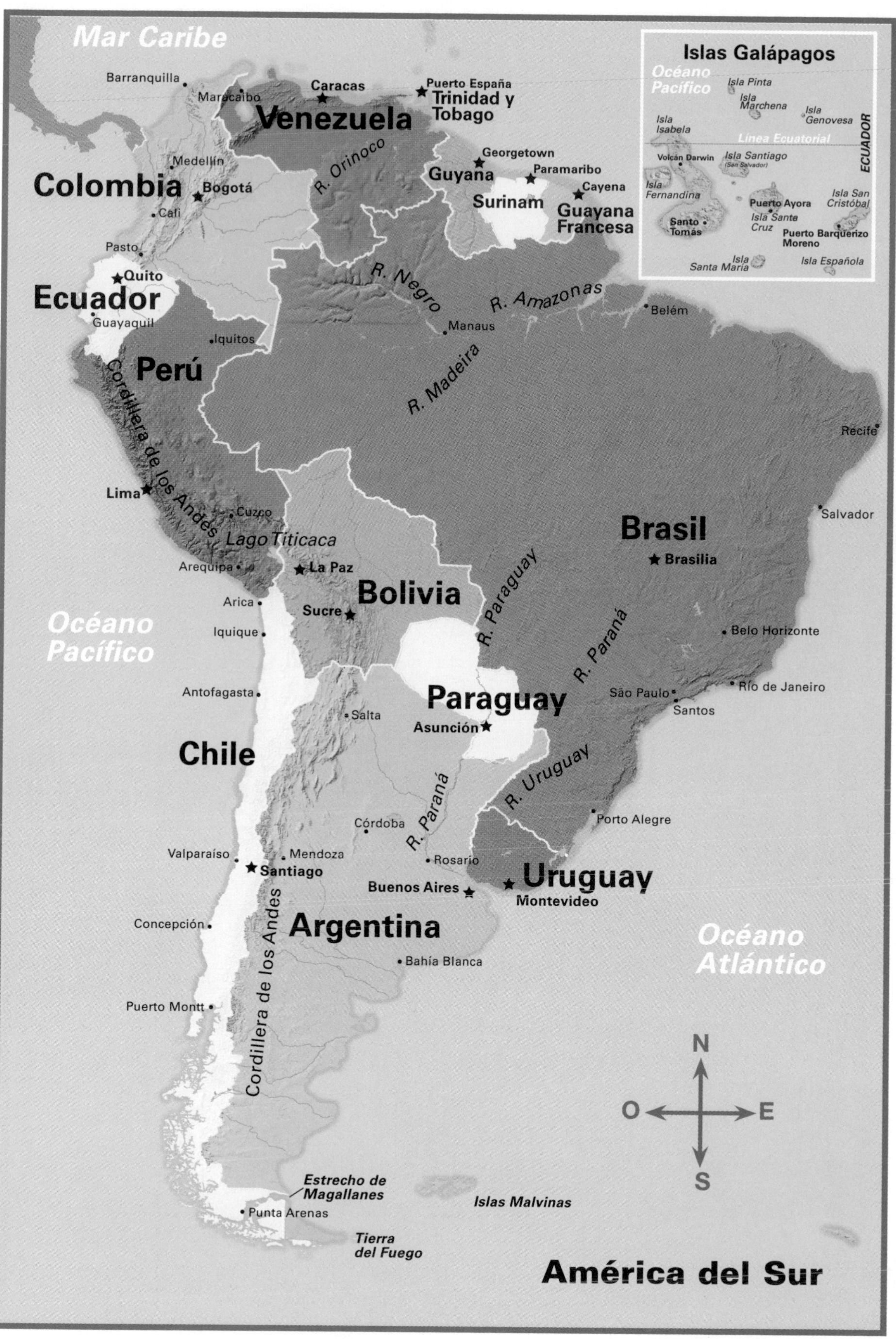

Mar Caribe
Islas Galápagos
Océano Pacífico
Isla Pinta
Isla Marchena
Isla Genovesa
Isla Isabela
Línea Ecuatorial
ECUADOR
Volcán Darwin
Isla Santiago (San Salvador)
Isla Fernandina
Puerto Ayora
Isla San Cristóbal
Santo Tomás
Isla Sante Cruz
Puerto Barquerizo Moreno
Isla Santa María
Isla Española
Barranquilla
Maracaibo
Caracas
Puerto España
Trinidad y Tobago
Venezuela
R. Orinoco
Georgetown
Guyana
Paramaribo
Surinam
Cayena
Guayana Francesa
Medellín
Colombia
Bogotá
Cali
Pasto
Quito
Ecuador
Guayaquil
Iquitos
R. Negro
R. Amazonas
Belém
Manaus
R. Madeira
Perú
Cordillera de los Andes
Recife
Lima
Cuzco
Lago Titicaca
Salvador
Brasil
Brasilia
Arequipa
La Paz
Bolivia
Arica
Sucre
R. Paraguay
R. Paraná
Océano Pacífico
Iquique
Belo Horizonte
Antofagasta
Paraguay
São Paulo
Río de Janeiro
Santos
Salta
Asunción
Chile
R. Uruguay
R. Paraná
Córdoba
Porto Alegre
Valparaíso
Mendoza
Rosario
Santiago
Uruguay
Buenos Aires
Montevideo
Concepción
Cordillera de los Andes
Argentina
Océano Atlántico
Bahía Blanca
Puerto Montt
N
O
E
S
Estrecho de Magallanes
Islas Malvinas
Punta Arenas
Tierra del Fuego
América del Sur

España
Mar Cantábrico
Océano Atlántico
Portugal
Lisboa
Setúbal
Oporto
Braga
Coimbra
Serra da Estrela
La Coruña
GALICIA
Pontevedra
Vigo
Avilés
Gijón
Oviedo
ASTURIAS
Santander
CANTABRIA
Bilbao
San Sebastián
PAÍS VASCO
Pamplona
NAVARRA
Pirineos
Andorra
CATALUÑA
Gerona
Barcelona
Tarragona
Lérida
Zaragoza
ARAGÓN
Burgos
LA RIOJA
Soria
Palencia
Valladolid
Zamora
CASTILLA-LEÓN
Salamanca
Segovia
Ávila
España
Madrid
Toledo
COMUNIDAD VALENCIANA
Valencia
Cáceres
EXTREMADURA
Mérida
Badajoz
CASTILLA-LA MANCHA
Ciudad Real
Albacete
Alicante
Murcia
Cartagena
Sierra Morena
Córdoba
Jaén
ANDALUCÍA
Sevilla
Huelva
Granada
Sierra Nevada
Almería
Málaga
Cádiz
Algeciras
Gibraltar (R.U.)
Ceuta (Esp.)
Estrecho de Gibraltar
Melilla (Esp.)
Marruecos
Islas Baleares
Menorca
Palma
Mallorca
Ibiza
Formentera
Mar Mediterráneo
N
O
E
S
Islas Canarias
La Palma
Santa Cruz de la Palma
Tenerife
Santa Cruz de Tenerife
Gomera
Hierro
Las Palmas
Gran Canaria
Lanzarote
Arrecife
Puerto del Rosario
Fuerteventura
Marruecos
Océano Atlántico

Las relaciones personales

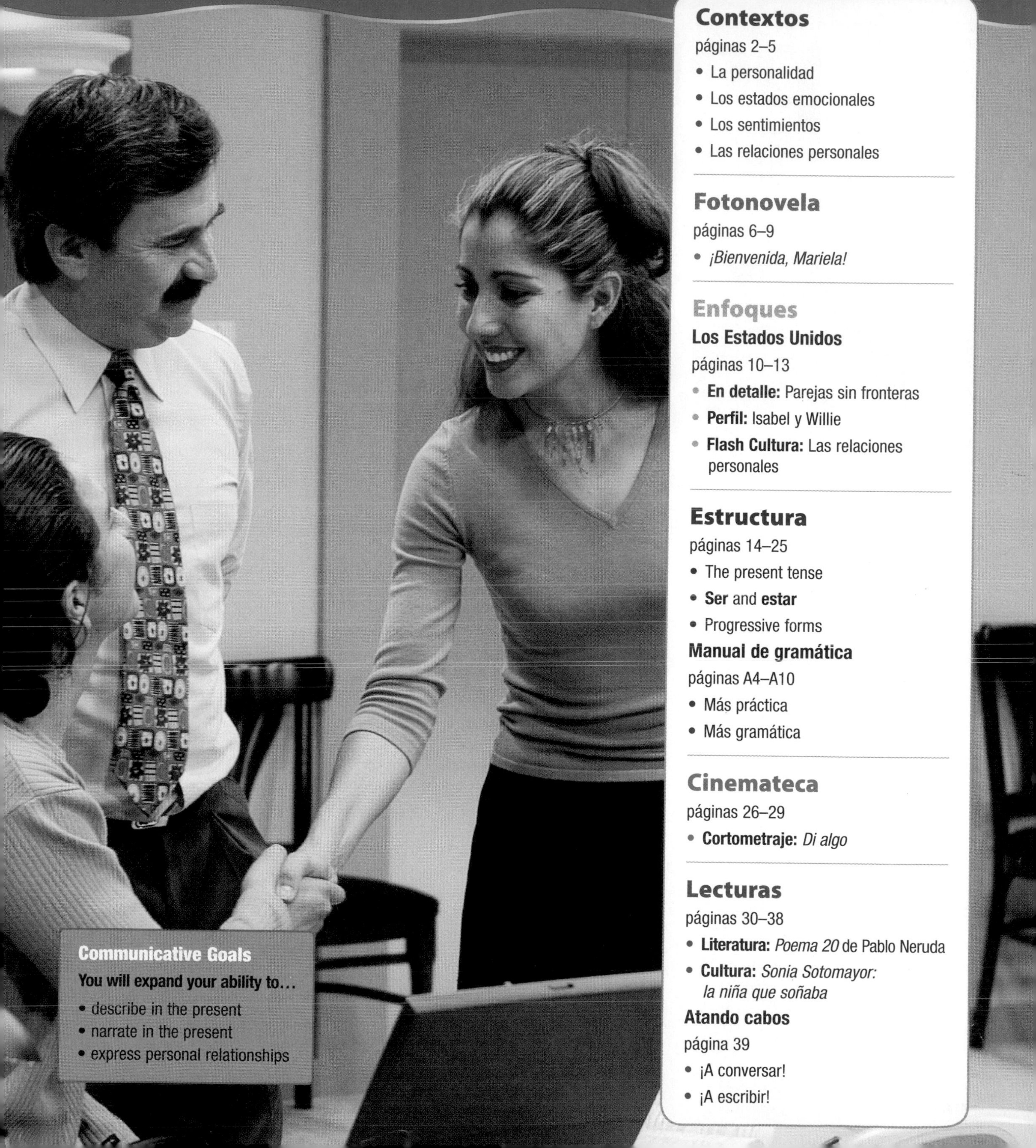

Communicative Goals

You will expand your ability to...
- describe in the present
- narrate in the present
- express personal relationships

Las relaciones personales

INSTRUCTIONAL RESOURCES
Supersite: Audioscripts, Textbook/SAM AK, Textbook/Lab MP3s
SAM/WebSAM: WB, LM

Note: SAM: Student Activities Manual AK: Answer Key WB: Workbook LM: Lab Manual VM: Video Manual

Preview Read and discuss the photos and captions on pp. 2–3. Have students point out vocabulary words they already know from **Contextos**, as well as related vocabulary from introductory Spanish. Ask heritage speakers if they know any other terms for the words presented.

La personalidad

autoritario/a *strict; authoritarian*
cariñoso/a *affectionate*

celoso/a *jealous*
cuidadoso/a *careful*
falso/a *insincere*
gracioso/a *funny; pleasant*

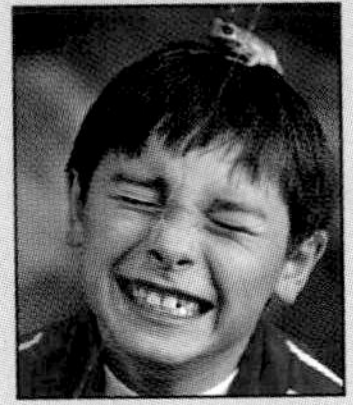

inseguro/a *insecure*
(in)maduro/a *(im)mature*
mentiroso/a *lying*
orgulloso/a *proud*
permisivo/a *permissive; easy-going*
seguro/a *sure; confident*
sensato/a *sensible*
sensible *sensitive*
tacaño/a *cheap; stingy*
tímido/a *shy*
tradicional *traditional*

Los estados emocionales

agobiado/a *overwhelmed*
ansioso/a *anxious*
deprimido/a *depressed*
disgustado/a *upset*

emocionado/a *excited*
preocupado/a (por) *worried (about)*
solo/a *alone; lonely*
tranquilo/a *calm*

Los sentimientos

Carlos **se está enamorando** de Marisa, pero **tiene vergüenza de** decírselo. Marisa también **sueña con** él y hoy ha decidido decirle cómo **se siente**.

adorar *to adore*
apreciar *to appreciate; to be fond of*
enamorarse (de) *to fall in love (with)*
estar harto/a (de) *to be fed up (with); to be sick (of)*
odiar *to hate*
sentirse (e:ie) *to feel*
soñar (o:ue) (con) *to dream (about)*
tener celos (de) *to be jealous (of)*
tener vergüenza (de) *to be ashamed/ embarrassed (of)*

Variación léxica
cariñoso/a ⟷ afectuoso/a
disgustado/a ⟷ enfadado/a
coquetear ⟷ flirtear
Point out that **coquetear/flirtear** are not as widely used in the Spanish-speaking world as *to flirt* is in English.

Las relaciones personales

Llevan más de cincuenta años de casados. Dicen que los secretos de un buen **matrimonio** son **la confianza** y **el cariño.**

el/la amado/a *loved one; sweetheart*
el ánimo *spirit*
el cariño *affection*
la cita (a ciegas) *(blind) date*
el compromiso *commitment; responsibility*
la confianza *trust; confidence*
el desánimo *the state of being discouraged*
el divorcio *divorce*
la pareja *couple; partner*
el sentimiento *feeling; emotion*

atraer *to attract*
coquetear *to flirt*
cuidar *to take care of*
dejar a alguien *to leave someone*
discutir *to argue*
educar *to raise; to bring up*
hacerle caso a alguien *to pay attention to someone*
impresionar *to impress*
llevar... años de (casados) *to be (married) for... years*
llevarse bien/mal/fatal *to get along well/badly/terribly*
mantenerse en contacto *to keep in touch*
pasarlo bien/mal/fatal *to have a good/bad/terrible time*
proponer matrimonio *to propose (marriage)*
romper (con) *to break up (with)*
salir (con) *to go out (with)*
soportar a alguien *to put up with someone*

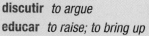

casado/a *married*
divorciado/a *divorced*
separado/a *separated*
soltero/a *single*
viudo/a *widowed*

Práctica

① Have students read the statements before listening to the dialogues. Play each dialogue twice and go over the answers as a class.

1 Escuchar

A. Después de una cita con Andrés, Paula le cuenta todo a su mejor amiga, Isabel. Escucha la conversación y decide si las oraciones son **ciertas** o **falsas**. Corrige las falsas.

1. Después de la cita con Andrés, Paula está muy emocionada. Cierto.
2. Según Paula, los dos se llevan mal. Falso. Según Paula, los dos se llevan muy bien.
3. Paula dice que Andrés es feo e inseguro. Falso. Paula dice que Andrés es guapo y seguro.
4. Paula quiere salir otra vez con Andrés. Cierto.

B. Ahora escucha la conversación entre Andrés y su mejor amigo, José Luis, y decide si las oraciones son **ciertas** o **falsas**. Corrige las falsas.

1. Según Andrés, Paula y él lo pasaron bien. Falso. Según Andrés, lo pasaron fatal.
2. Andrés piensa que Paula es demasiado tímida. Cierto.
3. Andrés quiere salir otra vez con Paula. Falso. Andrés no quiere salir otra vez con Paula.
4. Andrés tiene celos porque José Luis quiere salir con Paula. Falso. Andrés no tiene nada de celos.

C. En parejas, imaginen que José Luis decide llamar a Paula y que Andrés decide llamar a Isabel. Inventen el diálogo de una de estas dos conversaciones telefónicas y compártanlo con la clase.

2 Analogías

Completa cada analogía con la palabra apropiada.

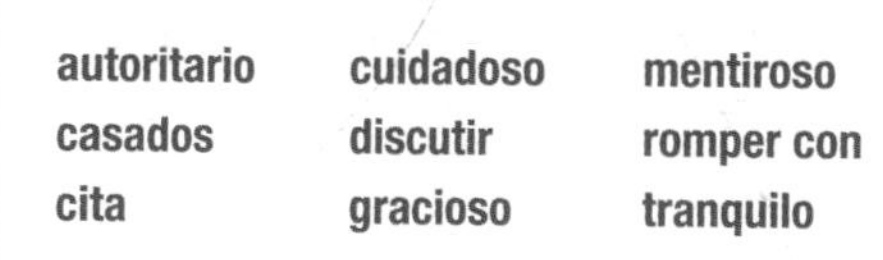

autoritario	cuidadoso	mentiroso
casados	discutir	romper con
cita	gracioso	tranquilo

1. estresado : ansioso :: falso : mentiroso
2. generoso : tacaño :: permisivo : autoritario
3. divorcio : divorciados :: matrimonio : casados
4. amar : odiar :: salir con : romper con
5. cariño : cariñoso :: cuidado : cuidadoso
6. disgustado : contento :: emocionado : tranquilo
7. casados : boda :: novios : cita
8. casados : divorciados :: llevarse bien : discutir

② Ask a volunteer to model the first item.

Teaching option Ask students to write five adjectives or characteristics that describe the ideal friend or parent. Then, in pairs, have students explain which characteristics the person should have and why.

Práctica

③ Additional examples: **Tiene un buen sentido del humor. (gracioso/a) Aún no se ha casado. (soltero/a) No quiere que su novio/a sea amigo/a de otros/as hombres/mujeres. (celoso/a)**

3 Definiciones Indica qué palabras corresponden a cada definición.

b 1. Compromiso entre dos o más personas sobre el lugar, la fecha y la hora para encontrarse.
d 2. Que sufre de tristeza o desánimo.
f 3. Enseñar a una persona a comportarse según ciertas normas.
g 4. Prestarle atención a alguien.
h 5. Conjunto formado por dos personas o cosas que se complementan o son semejantes, como, por ejemplo, hombre y mujer.
a 6. Estimar o reconocer el valor de algo o de alguien.

a. apreciar
b. cita
c. cuidar
d. deprimido/a
e. discutir
f. educar
g. hacerle caso
h. pareja
i. viudo/a

④ To check students' comprehension, have them identify the twins by asking questions. Ex: **¿Quién es sincero? (Mauricio) ¿Quién es tradicional? (Lucía)**

4 Contrarios Mauricio y Lucía son gemelos (*twins*), pero tienen personalidades muy distintas. Completa las descripciones con los adjetivos adecuados.

MODELO **Mauricio siempre es muy seguro, pero Lucía es...** insegura.

1. Mauricio es un hombre sincero, pero Lucía es... falsa/mentirosa.
2. Mauricio es muy generoso con su dinero, pero Lucía es... tacaña.
3. No sabes lo sociable que es Mauricio, pero Lucía es muy... tímida.
4. Mauricio es permisivo con sus hijos, pero Lucía es... autoritaria.
5. A Mauricio le gusta estar con gente, pero Lucía prefiere estar... sola.
6. Todos piensan que Mauricio es moderno, pero que Lucía es... tradicional.
7. Mauricio se porta (*behaves*) como adulto, pero Lucía es muy... inmadura.
8. Mauricio es muy modesto, pero Lucía es muy... orgullosa.
9. Mauricio es muy..., pero Lucía es muy... Answers will vary.
10. A Mauricio le gusta..., pero Lucía prefiere... Answers will vary.

 Practice more at **enfoques.vhlcentral.com.**

Comunicación

5 **¿Cómo eres?** Trabaja con un(a) compañero/a.

A. Contesta las preguntas del test.

Sí	A veces	No	
☐	☐	☐	1. ¿Te pones ansioso/a cuando estás con gente?
☐	☐	☐	2. ¿Te molesta mostrar tus emociones?
☐	☐	☐	3. ¿Tienes miedo de iniciar una conversación?
☐	☐	☐	4. ¿Te pone nervioso/a la idea de tener una cita a ciegas?
☐	☐	☐	5. ¿Te intimida coquetear con una persona que no conoces?
☐	☐	☐	6. ¿Tienes vergüenza de hablar en público?
☐	☐	☐	7. ¿Piensas mucho antes de tomar una decisión?
☐	☐	☐	8. ¿Te gusta estar solo/a?
☐	☐	☐	9. ¿Piensas que tus sentimientos están bien controlados?
☐	☐	☐	10. ¿Te llevas bien con personas muy tímidas?

Clave

Sí	=	0 puntos
A veces	=	1 punto
No	=	2 puntos

Resultados

0 a 3	Eres muy introvertido/a.
4 a 7	Tiendes a ser introvertido/a.
8 a 11	No eres ni introvertido/a ni extrovertido/a.
12 a 16	Tiendes a ser extrovertido/a.
17 a 20	Eres muy extrovertido/a.

B. Ahora suma (*add up*) los puntos. ¿Cuál es el resultado del test? ¿Estás de acuerdo? Comenta tu resultado y tu opinión con tu compañero/a.

6 **Problemas y consejos**

A. En grupos de cuatro, elijan una de estas situaciones. Inventen más detalles para describir la situación. Básense en estas preguntas.

> ¿Quiénes son los personajes?
> ¿Cuánto tiempo llevan juntos?
> ¿Cuál es su relación?
> ¿Cómo empezó la situación?

1. Intercambian miradas (*glances*). Él se pregunta si ella está coqueteando con él.
2. Quiere mucho a su esposo/a, pero él/ella tiene celos de todo el mundo. Él/Ella no soporta que su pareja sea tan celosa.
3. Hacen una buena pareja, pero él nunca le va a proponer matrimonio.
4. Se conocieron en una cita a ciegas y se llevaron fatal.
5. Se quieren, pero siempre están discutiendo por cualquier cosa.

B. Ahora, escriban un breve correo electrónico en el que uno de los personajes describe su problema y le pide consejos a un(a) amigo/a. Lean el mensaje a la clase para que sus compañeros ofrezcan sus consejos. Después, decidan quién tiene los mejores consejos para cada situación.

NATIONAL communication STANDARDS

5 Have students do this exercise in pairs as an interview and report the final results to the class.

5 Have students add at least two of their own questions using the lesson vocabulary, and revise the scoring.

6 Part B: If class time is limited, have students exchange and discuss their e-mails with another group.

Los empleados de *Facetas* hablan de cómo recibir a un cliente. Mariela, una nueva empleada, llega a la oficina.

Synopsis
- The *Facetas* magazine employees discuss appropriate ways of greeting clients.
- Mariela, the new graphic designer, arrives at the office.
- Éric gives Fabiola his impression of Mariela.

JOHNNY (*al teléfono*) Revista *Facetas*... (*dirigiéndose a Diana*) Es para Aguayo.

FABIOLA Está en el baño.

JOHNNY (*al teléfono*) En estos momentos está en el baño.

DIANA ¡No! Di que está reunido con un cliente.

JOHNNY (*al teléfono*) Disculpe, está en el baño reunido con un cliente.

JOHNNY Jefe, tiene un mensaje de Mariela Burgos.

AGUAYO Gracias... Es la nueva artista gráfica. Viene a reunirse con nosotros.

Aguayo se marcha a su oficina.

FABIOLA No creo que quepamos todos en el baño.

DIANA (*repartiendo libretas*) Éste es el manual de conducta profesional.

FABIOLA Página tres: "Cómo recibir a un cliente".

ÉRIC (*se levanta*) ¿Quieren una demostración? Johnny, tú eres el cliente.

JOHNNY Quizás no soy un cliente. Podría ser un supermodelo o algo así.

FABIOLA Mejor un cliente.

En la oficina central... Entra el muchacho de la pizza.

JOHNNY ¿Alguien ordenó pizza?

MUCHACHO ¿Éste es el 714 de la avenida Juárez...?

MARIELA (*interrumpe*) ¿Oficina uno, revista *Facetas*?... Soy Mariela. No sabía llegar, así que ordené una pizza y seguí al muchacho.

JOHNNY ¡Bienvenida!

En la sala de reuniones...

AGUAYO Mariela, te quiero presentar al equipo de *Facetas*. Él es Éric, nuestro fotógrafo.

ÉRIC ¿Qué tal?

AGUAYO Ella es Fabiola. Se encarga de las secciones de viajes, economía, turismo y farándula.

FABIOLA Mucho gusto.

AGUAYO Él es Johnny. Escribe las secciones de arte, comida, bienestar y política.

JOHNNY Hola.

AGUAYO Y ella es Diana. Está a cargo de las ventas y el mercadeo.

Preview Have students quickly scan the **Fotonovela** and make a list of the cognates they find. Ask them to predict what this episode is about based on the visuals and the cognates.

INSTRUCTIONAL RESOURCES **Supersite/DVD:** Fotonovela; **Supersite:** Script & Translation, SAM AK; **SAM/WebSAM:** VM

Personajes

AGUAYO

DIANA

ÉRIC

FABIOLA

JOHNNY

MARIELA

MUCHACHO DE LA PIZZA

4

ÉRIC Ya sé. Eres un millonario que viene a comprar la revista.

JOHNNY Perfecto. Soy el magnate Juan Medina.

ÉRIC Bienvenido a *Facetas*, señor Medina. Bienvenido.

Se abrazan.

5

Luego, en la cocina...

AGUAYO Hay que ser cuidadoso al contestar el teléfono.

JOHNNY Querrás decir mentiroso.

DIANA Es una formalidad.

ÉRIC Odio ser formal.

FABIOLA Es lindo abrazar a la gente, Éric, pero esto es una oficina, no un partido de fútbol.

9

DIANA Me han hablado tanto de ti, que estoy ansiosa por conocer tu propia versión.

MARIELA Tengo veintidós años, soy de Monterrey, estudio en la UNAM y vengo de una familia grande.

JOHNNY ¿Muy grande?

MARIELA En cincuenta años de matrimonio mis padres han criado a nueve hijos y veinte nietos.

10

FABIOLA ¿Qué te pareció?

ÉRIC Está buenísima.

FABIOLA ¿Eso es todo lo que tienes que decir?

ÉRIC ¿Qué más se puede decir de una pizza?

FABIOLA ¡Te estoy hablando de Mariela!

ÉRIC Creo que es bella, talentosa e inteligente. Más allá de eso, no me impresiona para nada.

Teaching option Play the first half of this video module and ask the class to describe what they saw and to predict what will happen in the second half. Then play the entire video module and have the class summarize the plot.

Expresiones útiles

Talking about responsibilities

Fabiola se encarga de...
Fabiola is in charge of...

Diana está a cargo de...
Diana is in charge of...

Estoy a cargo de...
I'm in charge of...

Soy el/la encargado/a de...
I'm the person in charge of...

Talking about your impressions

¿Qué te pareció Mariela?
What did you think of Mariela?

Me pareció...
I thought...

Creo que es bella, talentosa e inteligente.
I think she's beautiful, talented, and intelligent.

Más allá de eso, no me impresiona para nada.
Beyond that, she doesn't impress me at all.

Additional vocabulary

la ansiedad *anxiety*
el cuidado *care*
cuidadoso/a *careful*
la farándula *entertainment*
han criado *have raised*
la mentira *lie*
mentiroso/a *lying*
el mercadeo *marketing*
quepamos *(form of* **caber***) we fit*
querrás *you will want*
el talento *talent*
talentoso/a *talented*

Teaching option Point out that words and expressions in **Expresiones útiles** are considered active vocabulary.

Comprensión

① Have students invent one or two events that might precede or follow those listed.

1 **La trama** Primero, indica con una **X** los hechos (*events*) que no ocurrieron en este episodio. Después, indica con números el orden en el que ocurrieron los restantes (*the remaining ones*).

__3__ a. Diana llega con el manual de conducta profesional.
__X__ b. Éric pide una pizza con anchoas.
__2__ c. Mariela deja un mensaje para Aguayo.
__5__ d. Un muchacho llega a la oficina con una pizza.
__7__ e. Aguayo presenta a Mariela al grupo.
__X__ f. Johnny gana la lotería.
__8__ g. Fabiola le pregunta a Éric su opinión sobre Mariela.
__1__ h. Johnny contesta el teléfono.
__6__ i. Mariela llega a la oficina.
__X__ j. Aguayo paga la pizza.
__4__ k. Éric y Johnny practican la forma correcta de recibir a un cliente.
__X__ l. Los empleados de *Facetas* celebran el cumpleaños de Mariela.

② To give students more practice in using the present tense, ask them to respond in complete sentences.

2 **¿Quién lo haría?** ¿Quién estaría a cargo de estas actividades?

Aguayo

Diana

Éric

Fabiola

Johnny

Mariela

1. Sacar fotos para la revista. Éric.
2. Escribir un artículo sobre un concierto de música pop. Fabiola
3. Hablar con las personas que quieren poner anuncios (*ads*) en la revista. Diana
4. Escribir un artículo sobre las pirámides de Egipto. Fabiola
5. Entrevistar a un ministro del gobierno mexicano para hablar de la inflación. Fabiola
6. Escribir un artículo sobre la corrupción política. Johnny
7. Escribir la reseña (*review*) de un nuevo restaurante. Johnny
8. Preparar dibujos para los artículos de la revista. Mariela
9. Conseguir más lectores (*readers*). Diana
10. Seleccionar al personal (*staff*). Aguayo

Practice more at **enfoques.vhlcentral.com.**

Ampliación

③ **Preguntas** En parejas, contesten las preguntas.

1. ¿Qué te parecen los empleados de la revista *Facetas*? ¿Cómo son?
2. ¿De qué se encarga cada empleado? En tu opinión, ¿cuál de ellos tiene más responsabilidad? Explica tu respuesta.
3. ¿Crees que a Mariela le va a gustar su nuevo trabajo? ¿Por qué?
4. ¿Te perdiste alguna vez en una ciudad grande? ¿Qué hiciste?
5. ¿Cómo son los empleados donde tú trabajas? ¿Son parecidos (*similar*) a los empleados de *Facetas*?

④ **Apuntes culturales** En parejas, lean los párrafos y contesten las preguntas.

A larga distancia

Mariela, la nueva artista gráfica de *Facetas*, es de Monterrey, pero se ha mudado a México D.F. para trabajar. En Latinoamérica las personas se mudan con menos frecuencia que en los EE.UU. y mantienen el contacto con los amigos de la infancia y toda la familia. ¡Con todos los sobrinos que tiene, Mariela va a necesitar un buen plan de telefonía celular!

¿Un mapa o una pizza?

Mariela descubre una forma creativa de manejarse en la ciudad más grande del mundo. Sin embargo, algunas ciudades de Latinoamérica presentan sus propios desafíos (*challenges*). Si *Facetas* se publicara en Costa Rica, la dirección de la oficina podría ser: del Parque la Sabana, 100 metros al norte del antiguo (*former*) Banco Nacional, portón (*gate*) rojo, San José.

México D.F.

La Universidad Nacional Autónoma de México

Mariela estudia en la UNAM, una de las universidades más grandes y prestigiosas de Latinoamérica. Establecida en 1551, hoy en día la UNAM cuenta con más de 300.000 estudiantes. El campus más grande está en México D.F., pero tiene otros en el resto del país y también en Texas, Illinois y Canadá.

1. ¿Te has mudado tú para asistir a la universidad o por motivos de trabajo? ¿Cuáles son las ventajas (*advantages*) y desventajas de vivir lejos del lugar donde creciste?
2. ¿Cuántos amigos/as o parientes (*relatives*) tuyos se han mudado a otra ciudad? ¿Qué hacen ustedes para mantenerse en contacto?
3. ¿Cómo te manejas (*get around*) en tu propia ciudad? ¿Consultas mapas en Internet? ¿Qué haces si te pierdes? ¿Le pides ayuda a alguien o prefieres usar un navegador satelital?
4. ¿De qué tamaño es tu universidad? ¿Cuáles son las diferencias entre las universidades grandes y las pequeñas? ¿Qué tipo de ambiente prefieres tú?

③ Have students use the Internet to research some popular magazines in the Spanish-speaking world and take notes about each magazine to share with the class.

④ Have volunteers read the paragraphs aloud. Follow up with comprehension questions. Ex: **¿De dónde es Mariela? ¿En qué se diferencian las direcciones de los edificios en San José de las direcciones en los EE.UU.? ¿Dónde están algunos de los campus de la UNAM?**

④ Ask volunteers to share their partners' responses with the class. Follow up with additional discussion questions. Ex: **¿Te mudarías a otro país por motivos de trabajo? ¿Cuál es la ciudad más grande que conoces?**

NATIONAL STANDARDS communities cultures connections

INSTRUCTIONAL RESOURCES
Supersite/DVD: Flash Cultura; Supersite: Script & Translation

En detalle

ESTADOS UNIDOS

Additional Reading

PAREJAS SIN FRONTERAS

Es el año 2007. Ana Villegas está frente a su computadora en México jugando *online* un juego de cartas. Del otro lado está Frank Petersen, de Fairhaven, Massachusetts, también aficionado al mismo juego. Este simple juego los lleva a una amistad que luego se convierte en amor. A pesar de los temores y del escepticismo familiar, dos años después, Ana deja México y se muda a los Estados Unidos, donde hoy vive junto a su esposo Frank.

La historia de Ana no es un caso aislado°. El número de parejas interculturales está en marcado aumento°. Entre las causas más importantes están la globalización, la asimilación de los hijos de inmigrantes a la cultura estadounidense y el aumento en la edad promedio° de las parejas al casarse. En 1960, en los Estados Unidos, el promedio de edad al casarse era veintitrés para los hombres y veinte para las mujeres. Actualmente es veintisiete y veinticinco respectivamente. ¿Qué tiene que ver° este cambio con el aumento de las parejas interculturales? Antes, los jóvenes solían° casarse con personas de su comunidad. Ahora, muchos tienen la oportunidad de viajar, vivir solos o irse a vivir a otro país. Esta nueva independencia los expone° a otras culturas. Por lo tanto, es más común que formen parejas con personas de culturas diferentes.

Las parejas interculturales se enfrentan a° muchos desafíos° —problemas de comunicación, diferencias en valores y formas de pensar, falta de aceptación de algunos familiares— pero también tienen una oportunidad única de crecimiento° personal; además, la exposición a otras maneras de pensar nos ayuda a echar una mirada° crítica a nuestra propia cultura. ■

Matrimonios interculturales

De acuerdo con la Oficina del Censo, el número de parejas interraciales se cuadruplicó entre 1970 y 1995.

18% de las mujeres latinas casadas tienen un esposo no latino.

15% de los hombres latinos casados tienen una esposa no latina.

Fuente: Censo estadounidense – Año 2000

Consejos de Ana

- Esfuérzate° por conocer la cultura de tu pareja.
- Evita perpetuar los estereotipos.
- Pon énfasis en lo que los une y no en lo que los separa.
- Educa a tu familia y a tus amigos acerca de la cultura de tu pareja.
- Aprende a no dejarte llevar° por los comentarios y las miradas de las personas que no están a favor de las relaciones interculturales.

aislado *isolated* **marcado aumento** *marked increase* **promedio** *average* **Qué tiene que ver** *What does (it) have to do* **solían** *used to* **expone** *exposes* **se enfrentan a** *face* **desafíos** *challenges* **crecimiento** *growth* **echar una mirada** *take a look* **Esfuérzate** *Make an effort* **dejarte llevar** *allow yourself to be influenced*

Perfil Assign groups to research other famous intercultural couples. Have them write a short profile.

ASÍ LO DECIMOS

Las relaciones

chavo/a (Méx.) *boyfriend/girlfriend*
enamorado/a (Pe.) *boyfriend/girlfriend*

amorcito *dear, honey*
cariño *dear, honey*
cielo *dear, honey*

estar de novio(s) *to be dating someone*
estar en pareja con (Esp.) *to be dating someone*
ponerse de novio/a (con) *to start dating someone*

estar bueno/a *to be attractive*
estar padre (Méx.) *to be attractive*

EL MUNDO HISPANOHABLANTE

Las relaciones

Tendencias

Aunque en la mayoría de los países hispanos ya no hay reglas fijas, es costumbre que el hombre invite° en los primeros encuentros.

En los Estados Unidos, cada vez más latinos participan en citas rápidas° para encontrar pareja.

Costumbres

Cada 23 de abril se celebra en Cataluña y otras comunidades de España el Día de San Jorge, en conmemoración a la leyenda del héroe que mató a un dragón para rescatar a una princesa. En este día el hombre regala una rosa a su persona querida, y ésta le regala un libro.

En algunos pueblos de México, como Zacatecas, es costumbre que las mujeres y los hombres solteros vayan a caminar solos o en grupos alrededor de la plaza los domingos. Las mujeres y los hombres caminan en dirección contraria para poder observarse mutuamente.

PERFIL

ISABEL Y WILLIE

La escritora chilena Isabel Allende y el abogado estadounidense Willie Gordon comparten el amor por el arte y la compañía de buenos amigos. Allende conoció a su esposo durante la presentación de su novela *De amor y de sombra* en California en 1988. Gordon admiraba la obra y el talento de esta escritora latinoamericana, y Allende no tardó° en enamorarse de él. Una vez, Gordon hizo un chiste° sobre el matrimonio en una cena con un grupo de personas. Dijo que nunca se volvería a casar a menos que no le quedara otro remedio. Allende se enojó y le dijo que ella había dejado todo por él —su cultura y su gente—, y que éste no le ofrecía ningún compromiso. Así, al día siguiente, Gordon le respondió: "Vale°, me caso." Isabel Allende y Willie Gordon se casaron ese mismo año y, desde entonces, viven en un tranquilo barrio californiano.

de amor y de sombra
isabel allende

"Echo de menos la familia y el idioma, el sentido del humor, porque nadie me tiene que explicar un chiste en Chile, mientras que acá no los entiendo." (Isabel Allende)

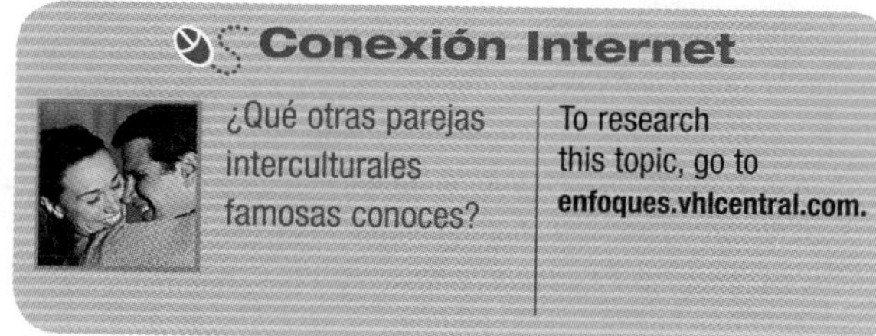
Conexión Internet
¿Qué otras parejas interculturales famosas conoces?
To research this topic, go to **enfoques.vhlcentral.com.**

no tardó *didn't take long* **chiste** *joke* **Vale** *OK* **invite** *pays* **citas rápidas** *speed dating*

Así lo decimos and **El mundo hispanohablante** Ask heritage speakers to expand the **Así lo decimos** list to include words and expressions that are commonly used in their culture or country of origin. Ask volunteers to describe dating traditions they have learned from their parents or grandparents.

¿Qué aprendiste?

1 ¿Cierto o falso? Indica si estas afirmaciones son **ciertas** o **falsas**. Corrige las falsas.

1. Al principio, las familias de Ana y Frank no confiaban en el éxito de la relación. Cierto.
2. El número de parejas interculturales está aumentando poco a poco. Falso. Está en marcado aumento.
3. Actualmente, la edad promedio al casarse es veinticinco para los hombres y veintisiete para las mujeres. Falso. La edad promedio al casarse es veintisiete para los hombres y veinticinco para las mujeres.
4. En el pasado, era común entre los jóvenes casarse con gente de otras culturas. Falso. En el pasado, los jóvenes solían casarse con personas de su comunidad.
5. Oportunidades como viajar, vivir solos, estudiar o vivir lejos de casa permiten que los jóvenes expandan su círculo y conozcan a gente de otras culturas. Cierto.
6. La exposición a otras culturas puede afectar nuestra forma de pensar sobre nuestra propia cultura. Cierto.
7. El número de parejas interraciales se triplicó entre 1970 y 1995. Falso. El número de parejas interraciales se cuadruplicó.
8. Ana aconseja prestar mucha atención a las diferencias en la pareja. Falso. Aconseja poner énfasis en lo que los une y no en lo que los separa.
9. Según Ana, es importante que tu familia y tus amigos aprendan acerca de la cultura de tu pareja. Cierto.
10. Ana recomienda no dejarse llevar por las opiniones de las personas con prejuicios (*prejudiced*). Cierto.

2 Completar Completa las oraciones.

1. Willie Gordon sentía __fascinación__ por las obras de Isabel Allende.
   a. cariño b. indiferencia c. fascinación
2. Allende __se enojó__ por una broma que Gordon hizo sobre el casamiento.
   a. se sintió feliz b. se enojó c. se rio
3. En México, también se utiliza la palabra __chava__ para decir *novia*.
   a. enamorada b. chiquilla c. chava
4. Actualmente, es popular para los latinos en los EE.UU. participar en __citas rápidas__.
   a. citas rápidas b. citas a ciegas
   c. citas en Internet

3 Preguntas Contesta las preguntas.

1. ¿Crees que el Día de San Valentín es importante para celebrar la amistad y el amor o es una excusa para gastar dinero?
2. ¿Es fácil conocer gente *online*? ¿Por qué?
3. ¿Cuáles son otros de los desafíos a los que se enfrentan las parejas interculturales?
4. ¿Cuál es el consejo más importante que da Ana? ¿Por qué?

4 Opiniones En parejas, escriban cuatro beneficios y cuatro desafíos (*challenges*) de las relaciones interculturales. Traten de no repetir los del artículo.

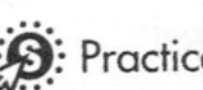
Practice more at **enfoques.vhlcentral.com.**

PROYECTO

Buscar pareja en Internet

Imagina que decides buscar pareja por Internet. Siempre te interesó salir con alguien de otra cultura. Escribe tu perfil para un sitio de citas por Internet. En tus descripciones, usa el vocabulario de la sección **Contextos** y el vocabulario aprendido en esta sección. Tu perfil debe incluir como mínimo:

- una descripción de cómo eres
- una descripción de lo que buscas
- una explicación de por qué te interesa conocer a alguien de otra cultura
- otra información que consideres importante

Proyecto Have students use at least five new vocabulary words in their profiles.

Las relaciones personales

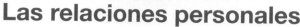

Video: *Flash Cultura*

¿No es ideal utilizar el tiempo libre para encontrarse con amigos, familiares, parejas…? Los lugares donde puedes reunirte a hablar o comer se vuelven especiales porque forman parte del placer de compartir el tiempo con tu gente. En este episodio de **Flash Cultura**, te llevamos a visitar los lugares de encuentro de Madrid.

VOCABULARIO ÚTIL

el amor a primera vista *love at first sight*
el callejón *alley*
la campanada *tolling of the bell*
datar de *to date from*
el pasacalles *marching parade*
el pendiente *earring*
el punto de encuentro *meeting point*
la uva *grape*

Preparación Cuando tienes tiempo libre, ¿te reúnes con tus amigos? ¿Cuáles son los lugares donde te encuentras habitualmente con ellos? ¿En qué momentos del día y la semana pueden verse? ¿Por qué?

Comprensión Indica si estas afirmaciones son ciertas o falsas. Después, en parejas, corrijan las falsas.

1. Es tradición tomar doce uvas el 31 de diciembre mientras suena el famoso reloj de la Puerta del Sol en el corazón de Madrid. Cierto.
2. La Plaza Mayor es la plaza más conocida y se encuentra en el Madrid Moderno. Falso. La Plaza Mayor se encuentra en el Madrid Antiguo.
3. En la confluencia actual de las calles Toledo y Atocha, se celebraban antiguamente partidos de fútbol. Falso. En la confluencia de las calles Toledo y Atocha, se celebraba el mercado principal de Madrid.
4. El barrio de La Latina se caracteriza por callejones estrechos, plazoletas, cafés y bares de ambiente muy dinámico. Cierto.
5. Ninguno de los entrevistados cree en el amor a primera vista. Falso. Algunos de ellos creen en el amor a primera vista.
6. En El Rastro puedes comprar ropa, pendientes, cuadros, etc. Cierto.

Expansión En parejas, contesten estas preguntas.

- Imagina que estás en Madrid. ¿Cuál de los lugares mostrados prefieres para comer algo o pasear? ¿Por qué?
- ¿Estás de acuerdo con las personas que creen en el amor a primera vista o con las que no creen? Justifica tu respuesta.
- ¿Te gustan los domingos en Madrid: levantarse tarde, comer en un bar de La Latina con amigos y pasear por El Rastro? ¿Cómo son tus domingos?

Corresponsal: Miguel Ángel Lagasca
País: España

(En la Plaza Mayor) los niños juegan, las madres conversan°, los padres hablan de fútbol y política, los jóvenes se juntan, las parejas se miran a los ojos y los turistas admiran el espectáculo°.

La Latina, así como la Plaza Mayor y Puerta del Sol, pertenecen al llamado Madrid Antiguo.

Siempre los celos son una parte importante de la relación, sobre todo cuando se está empezando.

conversan *chat* **espectáculo** *show*

Practice more at **enfoques.vhlcentral.com.**

INSTRUCTIONAL RESOURCES
Supersite: Textbook/SAM AK, Lab MP3s, Audioscripts
SAM/WebSAM: WB, LM

TALLER DE CONSULTA

MANUAL DE GRAMÁTICA
Más práctica

1.1 The present tense, p. A4
1.2 **Ser** and **estar**, p. A5
1.3 Progressive forms, p. A6

Más gramática

1.4 Nouns and articles, p. A7
1.5 Adjectives, p. A9

Point out that all active verbs from **ENFOQUES** are listed in the appendix.
Review the difference between verb stems and verb endings.

¡ATENCIÓN!

Subject pronouns are normally omitted in Spanish. They are used to emphasize or clarify the subject.

¿Viven en California?

Sí, ella vive en Los Ángeles y él vive en San Francisco.

¡ATENCIÓN!

Jugar changes its stem vowel from **u** to **ue**. As with other stem-changing verbs, the **nosotros/as** and **vosotros/as** forms do not change.

Jugar
juego, juegas, juega, jugamos, jugáis, juegan

• • • •

Construir, destruir, incluir, and **influir** have a spelling change and add a **y** before the personal endings (except the **nosotros/as** and **vosotros/as** forms).

incluir
incluyo, incluyes, incluye, incluimos, incluís, incluyen

1.1 The present tense

NATIONAL STANDARDS comparisons

Regular *–ar*, *–er*, and *–ir* verbs

- The present tense (**el presente**) of regular verbs is formed by dropping the infinitive ending (**–ar, –er**, or **–ir**) and adding personal endings.

The present tense of regular verbs

	hablar *to speak*	**beber** *to drink*	**vivir** *to live*
yo	**hablo**	**bebo**	**vivo**
tú	**hablas**	**bebes**	**vives**
Ud./él/ella	**habla**	**bebe**	**vive**
nosotros/as	**hablamos**	**bebemos**	**vivimos**
vosotros/as	**habláis**	**bebéis**	**vivís**
Uds./ellos/ellas	**hablan**	**beben**	**viven**

- The present tense is used to express actions or situations that are going on at the present time and to express general truths.

¿Por qué **rompes** conmigo?
Why are you breaking up with me?

Porque no te **amo**.
Because I don't love you.

- The present tense is also used to express habitual actions or actions that will take place in the near future.

Mis padres me **escriben** con frecuencia.
My parents write to me often.

Mañana les **mando** una carta larga.
Tomorrow I'm sending them a long letter.

Stem-changing verbs

- Some verbs have stem changes in the present tense. In many **–ar** and **–er** verbs, **e** changes to **ie**, and **o** changes to **ue**. In some **–ir** verbs, **e** changes to **i**. The **nosotros/as** and **vosotros/as** forms never have a stem change in the present tense.

Stem-changing verbs

e:ie	**o:ue**	**e:i**
pensar *to think*	**poder** *to be able to; can*	**pedir** *to ask for*
pienso	**puedo**	**pido**
piensas	**puedes**	**pides**
piensa	**puede**	**pide**
pensamos	**podemos**	**pedimos**
pensáis	**podéis**	**pedís**
piensan	**pueden**	**piden**

Irregular *yo* forms

- Many –**er** and –**ir** verbs have irregular **yo** forms in the present tense. Verbs ending in –**cer** or –**cir** change to –**zco** in the **yo** form; those ending in –**ger** or –**gir** change to –**jo**. Several verbs have irregular –**go** endings, and a few have individual irregularities.

Ending in -go		Ending in -zco	
caer *to fall*	**yo caigo**	**conducir** *to drive*	**yo conduzco**
distinguir *to distinguish*	**yo distingo**	**conocer** *to know*	**yo conozco**
hacer *to do; to make*	**yo hago**	**crecer** *to grow*	**yo crezco**
poner *to put; to place*	**yo pongo**	**obedecer** *to obey*	**yo obedezco**
salir *to leave; to go out*	**yo salgo**	**parecer** *to seem*	**yo parezco**
traer *to bring*	**yo traigo**	**producir** *to produce*	**yo produzco**
valer *to be worth*	**yo valgo**	**traducir** *to translate*	**yo traduzco**
Ending in -jo		**Other verbs**	
dirigir *to direct; to manage*	**yo dirijo**	**caber** *to fit*	**yo quepo**
escoger *to choose*	**yo escojo**	**saber** *to know*	**yo sé**
exigir *to demand*	**yo exijo**	**ver** *to see*	**yo veo**
proteger *to protect*	**yo protejo**		

- Verbs with prefixes follow these same patterns.

reconocer *to recognize*	**yo reconozco**	**oponer** *to oppose*	**yo opongo**
deshacer *to undo*	**yo deshago**	**proponer** *to propose*	**yo propongo**
rehacer *to re-make; to re-do*	**yo rehago**	**suponer** *to suppose*	**yo supongo**
aparecer *to appear*	**yo aparezco**	**atraer** *to attract*	**yo atraigo**
desaparecer *to disappear*	**yo desaparezco**	**contraer** *to contract*	**yo contraigo**
componer *to make up*	**yo compongo**	**distraer** *to distract*	**yo distraigo**

Irregular verbs

- Other commonly used verbs in Spanish are irregular in the present tense or combine a stem change with an irregular **yo** form or other spelling change.

dar *to give*	**decir** *to say*	**estar** *to be*	**ir** *to go*	**oír** *to hear*	**ser** *to be*	**tener** *to have*	**venir** *to come*
doy	digo	estoy	voy	oigo	soy	tengo	vengo
das	dices	estás	vas	oyes	eres	tienes	vienes
da	dice	está	va	oye	es	tiene	viene
damos	decimos	estamos	vamos	oímos	somos	tenemos	venimos
dais	decís	estáis	vais	oís	sois	tenéis	venís
dan	dicen	están	van	oyen	son	tienen	vienen

¡ATENCIÓN!

Some verbs with irregular **yo** forms have stem changes as well.

conseguir (e:i) → consigo
to obtain

corregir (e:i) → corrijo
to correct

elegir (e:i) → elijo
to choose

seguir (e:i) → sigo
to follow

torcer (o:ue) → tuerzo
to twist

Explain that verbs ending in –**ger** and –**gir** change to –**jo** in order to preserve the hard **g** sound of the infinitive. Likewise, **distinguir** drops the **u** in the **yo** form in order to maintain correct pronunciation with the soft **g** sound.

Práctica

TALLER DE CONSULTA

MANUAL DE GRAMÁTICA
Más práctica
1.1 The present tense, p. A4

① Ask students to describe their own apartments, dorm rooms, or bedrooms.

1 **Un apartamento infernal** Miguel tiene quejas (*complaints*) de su apartamento. Completa la descripción de su apartamento. Puedes usar los verbos más de una vez.

caber	hacer	oír
dar	ir	tener

Mi apartamento está en el quinto piso. El edificio no (1) ___tiene___ ascensor y para llegar al apartamento, (2) ___tengo___ que subir por la escalera. El apartamento es tan pequeño que mis cosas no (3) ___caben___. Las paredes (*walls*) son muy finas (*thin*). A todas horas (4) ___oigo___ la radio o la televisión de algún vecino. El apartamento sólo (5) ___tiene___ una ventana pequeña y, por eso, siempre está oscuro. ¡(6) ___Voy___ a buscar otro apartamento!

② Model one or two sentences with the class.

② In pairs, have students check each other's work.

② Encourage students who finish early to write a sentence using each verb.

2 **¿Qué hacen los amigos?** Escribe cinco oraciones usando los sujetos y los verbos de las columnas.

Sujetos	Verbos	
yo	apreciar	exigir
tú	compartir	hacer
un(a) buen(a) amigo/a	creer	pedir
nosotros/as	defender	prestar
los malos amigos	discutir	recordar

1. ______________________________
2. ______________________________
3. ______________________________
4. ______________________________
5. ______________________________

3 **La verdad** En parejas, túrnense (*take turns*) para hacerse las preguntas.

MODELO **Luis: llegar temprano a la oficina / dormir hasta las nueve**
—¿Luis llega temprano a la oficina?
—¡Qué va! (*Are you kidding?*) Luis duerme hasta las nueve.

1. Ana: jugar al tenis con Daniel / preferir pasar la tarde charlando con Sergio
2. Felipe: salir a bailar todas las noches / tener clase de química a las ocho de la mañana
3. Jorge y Begoña: ir a la playa / querer viajar a Arizona
4. Dolores y Tony: comer muchas hamburguesas / ser vegetarianos
5. Fermín: estar harto de Julia / pensar proponerle matrimonio

 Practice more at **enfoques.vhlcentral.com.**

Comunicación

4 **¿Qué sabes de tus compañeros?** En parejas, háganse preguntas basadas en las opciones y contesten con una explicación.

MODELO **soñar con / hacer algo especial este mes**
—¿Sueñas con hacer algo especial este mes?
—Sí, sueño con ir al concierto de Wisin & Yandel.

1. pensar / realizar este año algún proyecto
2. decir / mentiras
3. acordarse / del primer beso
4. conducir / cuando / estar muy cansado/a
5. reír / mucho con tu familia
6. dar / consejos (*advice*) sobre asuntos que / no conocer bien
7. venir / a clase tarde con frecuencia
8. escoger / el regalo perfecto para el cumpleaños de tu novio/a
9. corregir / los errores en las composiciones de los compañeros
10. traer / un diccionario a la clase de español

④ Encourage students to add at least one topic to the list. Ask them to share their partner's statements with the class.

5 **Discusión matrimonial** Trabajen en parejas para representar una discusión matrimonial. Preparen la discusión con las frases de la lista.

no acordarse de los cumpleaños	querer discutir todos los días
ya no sentir lo mismo de antes	contar mentiras siempre
preferir estar con los amigos	dormir en el sofá

⑤ Ask volunteers to perform their role-plays for the class.

6 **¿Cómo son tus amigos?**

A. Escribe una descripción de un(a) buen(a) amigo/a tuyo/a. ¿Cómo es? ¿Está de acuerdo contigo en todo? ¿Discuten algunas veces? ¿Se divierten ustedes cuando están juntos/as? ¿Siempre sigue tus consejos? ¿Te miente a veces?

B. Ahora, comparte tu descripción con tres compañeros/as. Juntos/as, escriban una lista de cinco cosas que los buenos amigos hacen con frecuencia y cinco cosas que no hacen casi nunca. ¿Coincidieron los grupos en las acciones que eligieron?

⑥ Part B: Ask each group to share its list with the class. Write their answers on the board and discuss.

1.2 *Ser* and *estar*

INSTRUCTIONAL RESOURCES
Supersite: Textbook/SAM AK, Lab MP3s, Audioscripts
SAM/WebSAM: WB, LM

Revista Facetas... Es para Aguayo.

En estos momentos está en el baño.

¡ATENCIÓN!

Ser and **estar** both mean *to be*, but they are not interchangeable. **Ser** is used to express the idea of permanence, such as inherent or unchanging qualities and characteristics. **Estar** is used to express temporality, including qualities or conditions that change with time.

Ask if students remember the different uses of **ser** and **estar** before presenting the grammar explanation.

Have volunteers offer sentences using the two verbs, or ask questions that prompt the use of **ser** and **estar** in their responses. Use the students' examples to help them deduce the general uses of each verb.

Uses of *ser*

Nationality and place of origin	Mis padres **son** argentinos, pero yo **soy** de Florida.
Profession or occupation	El señor López **es** periodista.
Characteristics of people, animals, and things	El clima de Miami **es** caluroso.
Generalizations	Las relaciones personales **son** complejas.
Possession	La guitarra **es** del tío Guillermo.
Material of composition	El suéter **es** de pura lana.
Time, date, or season	**Son** las doce de la mañana.
Where or when an event takes place	La fiesta **es** en el apartamento de Carlos; **es** el sábado a las nueve de la noche.

Uses of *estar*

Location or spatial relationships	La clínica **está** en la próxima calle.
Health	Hoy **estoy** enfermo. ¿Cómo **estás** tú?
Physical states and conditions	Todas las ventanas **están** limpias.
Emotional states	¿Marisa **está** contenta con Javier?
Certain weather expressions	¿**Está** nublado o **está** despejado hoy en Toronto?
Ongoing actions (progressive tenses)	Paula **está** escribiendo invitaciones para su boda.
Results of actions (past participles)	La tienda **está** cerrada.

Ser and *estar* with adjectives

- **Ser** is used with adjectives to describe inherent, expected qualities. **Estar** is used to describe temporary or variable qualities, or a change in appearance or condition.

¿Cómo **son** tus padres?
What are your parents like?

La casa **es** muy pequeña.
The house is very small.

¿Cómo **estás**, Miguel?
How are you, Miguel?

¡**Están** tan enojados!
They're so angry!

- With most descriptive adjectives, either **ser** or **estar** can be used, but the meaning of each statement is different.

Julio **es alto**.
Julio is tall. (that is, a tall person)

Dolores **es alegre**.
Dolores is cheerful. (that is, a cheerful person)

Juan Carlos **es** un hombre **guapo**.
Juan Carlos is a handsome man.

¡Ay, qué **alta estás**, Adriana!
How tall you're getting, Adriana!

El jefe **está alegre** hoy. ¿Qué le pasa?
The boss is cheerful today. What's up with him?

¡Manuel, **estás** tan **guapo**!
Manuel, you look so handsome!

- Some adjectives have two different meanings depending on whether they are used with **ser** or **estar**.

ser + [*adjective*]	estar + [*adjective*]
La clase de contabilidad **es aburrida**. *The accounting class is* ***boring***.	**Estoy aburrida** con la clase. *I am* ***bored*** *with the class.*
Ese chico **es listo**. *That boy is* ***smart***.	**Estoy listo** para todo. *I'm* ***ready*** *for anything.*
No **soy rico**, pero vivo bien. *I'm not* ***rich***, *but I live well.*	¡El pan **está** tan **rico**! *The bread is* ***delicious***!
La actriz **es buena**. *The actress is* ***good***.	La actriz **está buena**. *The actress is* ***good-looking.***
El coche **es seguro**. *The car is* ***safe***.	Juan no **está seguro** de la noticia. *Juan isn't* ***sure*** *of the news.*
Los aguacates **son verdes**. *Avocados are* ***green***.	Esta banana **está verde**. *This banana is* ***not ripe***.
Javier **es** muy **vivo**. *Javier is very* ***sharp***.	¿Todavía **está vivo** el autor? *Is the author still* ***living***?
Pedro **es** un hombre **libre**. *Pedro is a* ***free*** *man.*	Esta noche no **estoy libre**. ¡Lo siento! *Tonight I am not* ***available***. *Sorry!*

TALLER DE CONSULTA

Remember that adjectives must agree in gender and number with the person(s) or thing(s) that they modify. See the **Manual de gramática, 1.4**, p. A7, and **1.5**, p. A9.

¡ATENCIÓN!

Estar, not **ser**, is used with **muerto/a**.

Bécquer, el autor de las *Rimas*, está muerto.

Bécquer, the author of Rimas, *is dead.*

To help students remember the different meanings of these adjectives, remind them that when used with **ser** they describe inherent qualities, while the meanings associated with **estar** describe temporary or variable qualities. Point out that **muerto/a** is an exception to this general rule. Also, point out that in Spain **estar malo/a** is used to mean *to be ill*.

Práctica

TALLER DE CONSULTA

MANUAL DE GRAMÁTICA
Más práctica
1.2 **Ser** and **estar**, p. A5

① Go over students' answers as a class to check comprehension. Ask students to explain why **ser** or **estar** is used in each case.

② As a follow-up, have students write a different story about Emilio and Jimena using **ser** and **estar**.

1 **La boda de Emilio y Jimena** Completa cada oración de la primera columna con la terminación más lógica de la segunda columna. Suggested answers

__f__ 1. La boda es
__c__ 2. La iglesia está
__h__ 3. El cielo está
__e__ 4. La madre de Emilio está
__b__ 5. El padre de Jimena está
__d__ 6. Todos los invitados están
__a__ 7. El mariachi que toca en la boda es
__g__ 8. En mi opinión, las bodas son

a. de San Antonio, Texas.
b. deprimido por los gastos.
c. en la calle Zarzamora.
d. esperando a que entren la novia (*bride*) y su padre.
e. contenta con la novia.
f. a las tres de la tarde.
g. muy divertidas.
h. totalmente despejado.

2 **La luna de miel** Completa el párrafo en el que se describe la luna de miel (*honeymoon*) que van a pasar Jimena y Emilio. Usa formas de **ser** y **estar**.

Emilio y Jimena van a pasar su luna de miel en Miami, Florida. Miami (1) ___es___ una ciudad preciosa. (2) ___Está___ en la costa este de Florida y tiene playas muy bonitas. El clima (3) ___es___ tropical. Jimena y Emilio (4) ___están___ interesados en visitar la Pequeña Habana. Jimena (5) ___es___ fanática de la música cubana. Y Emilio (6) ___está___ muy entusiasmado por conocer el parque Máximo Gómez, donde las personas van a jugar dominó. Los dos (7) ___son___ aficionados a la comida caribeña. Quieren ir a todos los restaurantes que (8) ___están___ en la Calle Ocho. Cada día van a probar un plato diferente. Algunos de los platos que piensan probar (9) ___son___ el congrí, los tostones y el bistec palomilla. Después de pasar una semana en Miami, la pareja va a (10) ___estar___ cansada pero muy contenta.

Practice more at **enfoques.vhlcentral.com.**

Comunicación

3 Entrevistas

A. En parejas, usen la lista como guía para entrevistarse. Usen **ser** o **estar** en las preguntas y respuestas.

origen	estudios actuales
nacionalidad	sentimientos actuales
personalidad	lugar donde vive/trabaja
personalidad de los padres	actividades actuales
salud	

B. Cambien de pareja y cuéntenle a su compañero/a lo que descubrieron (*found out*) sobre el/la compañero/a entrevistado/a.

4 ¿Dónde estamos? En grupos de cuatro, elijan una ciudad en la que supuestamente están de viaje. Sus compañeros deberán adivinar de qué ciudad se trata. Pueden elegir una de las ciudades de las fotos u otra ciudad.

Buenos Aires, Argentina

Quito, Ecuador

Madrid, España

Lima, Perú

San José, Costa Rica

México, D.F., México

- Hagan cinco afirmaciones sobre la ciudad elegida usando **ser** o **estar** para dar pistas (*clues*) a sus compañeros.
- Si las pistas no son suficientes, sus compañeros pueden hacer preguntas con **ser** o **estar** cuya respuesta sea **sí** o **no**.
- Algunos temas para las afirmaciones o para las preguntas pueden ser: características generales de la ciudad, ubicación, comidas típicas, actividades que se pueden hacer, historia, arquitectura, etc.

INSTRUCTIONAL RESOURCES
Supersite: Textbook/SAM AK, Lab MP3s, Audioscripts
SAM/WebSAM: WB, LM

Remind students that the present participle in English is [*verb*] + *-ing*.

1.3 Progressive forms

The present progressive

- The present progressive (**el presente progresivo**) narrates an action in progress. It is formed with the present tense of **estar** and the present participle (**el gerundio**) of the main verb.

Éric **está cantando**.
Éric is singing.

Aguayo **está bebiendo** café.
Aguayo is drinking coffee.

Fabiola **está escribiendo**.
Fabiola is writing.

¡ATENCIÓN!

When progressive forms are used with reflexive verbs or object pronouns, the pronouns may either be attached to the present participle (in which case an accent mark is added to maintain the proper stress) or placed before the conjugated verb. See **2.1 Object pronouns**, pp. 54–55, and **2.3 Reflexive verbs**, pp. 62–63, for more information.

Se están enamorando.
Están enamorándose.
They are falling in love.

Te estoy hablando.
Estoy hablándote.
I am talking to you.

• • • • •

Note that the present participle of **ser** is **siendo**.

- The present participle of regular **–ar**, **–er**, and **–ir** verbs is formed as follows:

INFINITIVE		STEM		ENDING		PRESENT PARTICIPLE
bailar	▶	**bail–**	+	**–ando**	▶	**bailando**
comer	▶	**com–**	+	**–iendo**	▶	**comiendo**
aplaudir	▶	**aplaud–**	+	**–iendo**	▶	**aplaudiendo**

- Stem-changing verbs that end in **–ir** also change their stem vowel when they form the present participle.

***-ir* stem-changing verbs**

Infinitive	Present participle
decir	diciendo
dormir	durmiendo
mentir	mintiendo
morir	muriendo
pedir	pidiendo
sentir	sintiendo
sugerir	sugiriendo

- **Ir**, **poder**, **reír**, and **sonreír** have irregular present participles (**yendo**, **pudiendo**, **riendo**, **sonriendo**). **Ir** and **poder** are seldom used in the present progressive.

Marisa está **sonriendo** todo el tiempo.
Marisa is smiling all the time.

Maribel no está **yendo** a clase últimamente.
Maribel isn't going to class lately.

- When the stem of an **–er** or **–ir** verb ends in a vowel, the **–i–** of the present participle ending changes to **–y–**.

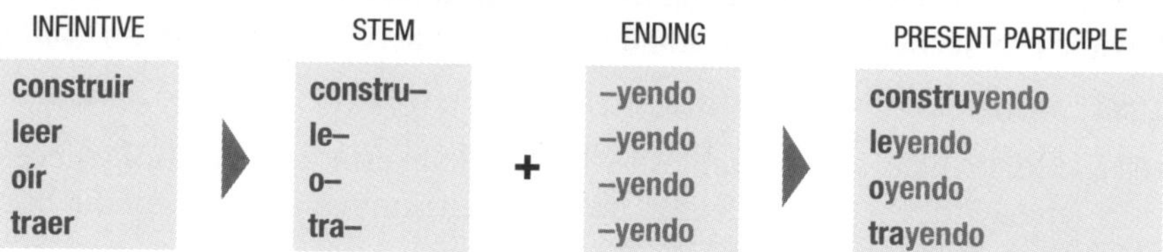

INFINITIVE		STEM		ENDING		PRESENT PARTICIPLE
construir	▶	**constru–**	+	**–yendo**	▶	**construyendo**
leer		**le–**		**–yendo**		**leyendo**
oír		**o–**		**–yendo**		**oyendo**
traer		**tra–**		**–yendo**		**trayendo**

- Progressive forms are used less frequently in Spanish than in English, and only when emphasizing that an action is *in progress* at the moment described. To refer to actions that occur over a period of time or in the near future, Spanish uses the present tense instead.

PRESENT TENSE	PRESENT PROGRESSIVE
Lourdes **estudia** economía en la UNAM. *Lourdes is studying economics at UNAM.*	Ahora mismo, Lourdes **está tomando** un examen. *Right now, Lourdes is taking an exam.*
¿**Vienes** con nosotros al Café Pamplona? *Are you coming with us to Café Pamplona?*	No, no puedo. Ya **estoy cocinando**. *No, I can't go. I'm already cooking.*

Other verbs with the present participle

- Spanish expresses various shades of progressive action by using verbs such as **seguir, continuar, ir, venir, llevar,** and **andar** with the present participle.
- **Seguir** and **continuar** with the present participle express the idea of *to keep doing something.*

Emilio **sigue hablando**.
Emilio keeps on talking.

Mercedes **continúa quejándose**.
Mercedes keeps complaining.

- **Ir** with the present participle indicates a gradual or repeated process. It often conveys the English idea of *more and more.*

Cada día que pasa **voy disfrutando** más de esta clase.
I'm enjoying this class more and more every day.

Ana y Juan **van acostumbrándose** al horario de clase.
Ana and Juan are getting more and more used to the class schedule.

- **Venir** and **llevar** with the present participle indicates a gradual action that accumulates or increases over time.

Hace años que **viene diciendo** cuánto le gusta el béisbol.
He's been saying how much he likes baseball for years.

Llevo insistiendo en lo mismo desde el principio.
I have been insisting on the same thing from the beginning.

- **Andar** with the present participle conveys the idea of *going around doing something* or of *always doing something.*

José siempre **anda quejándose** de eso.
José is always complaining about that.

Román **anda diciendo** mentiras.
Román is going around telling lies.

¡ATENCIÓN!

Other tenses may have progressive forms as well. These tenses emphasize that an action was/will be in progress.

PAST (pp. 94–105)
Estaba marcando su número justo cuando él me llamó.
I was dialing his number right when he called me.

FUTURE (pp. 216–219)
No vengas a las cuatro; todavía estaremos trabajando.
Don't come at four o'clock; we will still be working.

Write **seguir**, **continuar**, **ir**, **venir**, **llevar**, and **andar** and subject pronouns on cards. Divide the class in groups. Have students take turns to represent their team. Pick a card with a subject pronoun and a card with a verb. The representative from each group should write the correct conjugated form on the board. The team that writes it correctly first gets a point. The team with the most points wins the game.

Práctica

TALLER DE CONSULTA

MANUAL DE GRAMÁTICA
Más práctica

1.3 Progressive forms, p. A6

① Model the activity by having a volunteer complete the first sentence.

① **Una conversación telefónica** Daniel es nuevo en la ciudad y no sabe cómo llegar al estadio de fútbol. Decide llamar a su ex novia Alicia para que le explique cómo encontrarlo. Completa la conversación con la forma correcta del gerundio (*present participle*).

ALICIA ¿Aló?

DANIEL Hola Alicia, soy Daniel; estoy buscando el estadio de fútbol y necesito que me ayudes… Llevo (1) ___caminando___ (caminar) más de media hora por el centro y sigo perdido.

ALICIA ¿Dónde estás?

DANIEL No estoy muy seguro, no encuentro el nombre de la calle. Pero estoy (2) ___viendo___ (ver) un centro comercial a mi izquierda y más allá parece que están (3) ___construyendo___ (construir) un estadio de fútbol. (4) ___Hablando___ (hablar) de fútbol, ¿dónde tengo mis boletos? ¡He perdido mis entradas!

ALICIA Madre mía, ¡sigues (5) ___siendo___ (ser) un desastre! Algún día te va a pasar algo serio.

DANIEL ¡Siempre andas (6) ___pensando___ (pensar) lo peor!

ALICIA ¡Y tú siempre estás (7) ___olvidándote___ (olvidarse) de todo!

DANIEL ¡Ya estamos (8) ___discutiendo___ (discutir) otra vez!

② Use the present progressive to ask open-ended questions about the pictures. Ex: **¿Con quién se está casando el Sr. Soto?**

② **Organizar un festival** El señor Ramírez quiere organizar un festival, pero todos los artistas que quiere contratar están ocupados. Su asistente le cuenta lo que están haciendo. En parejas, dramaticen la situación utilizando el presente progresivo.

MODELO **Elga Navarro / descansar**
—¿Qué está haciendo Elga Navarro?
—Elga Navarro está descansando en una clínica.

1. Juliana Paredes / bailar

2. Emilio Soto / casarse

3. Aurora Gris / recoger un premio

4. Héctor Rojas / jugar a las cartas

 Practice more at **enfoques.vhlcentral.com.**

Comunicación

3 **Una cita** En parejas, representen una conversación en la que Alexa y Guille intentan buscar una hora del día para reunirse.

MODELO

ALEXA ¿Nos vemos a las diez de la mañana para estudiar?
GUILLE No puedo, voy a estar durmiendo. ¿Qué te parece a las 12?

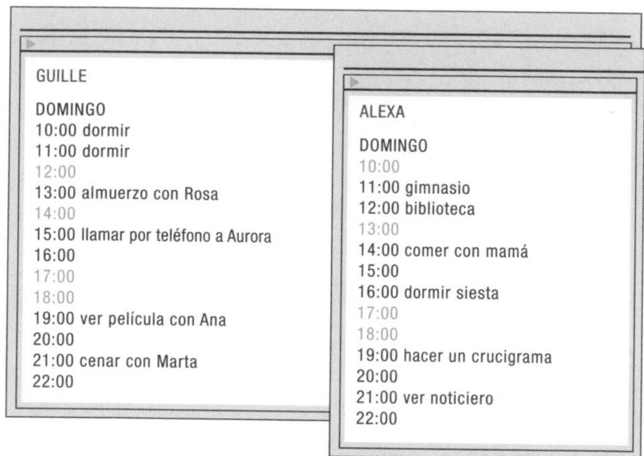

GUILLE

DOMINGO
10:00 dormir
11:00 dormir
12:00
13:00 almuerzo con Rosa
14:00
15:00 llamar por teléfono a Aurora
16:00
17:00
18:00
19:00 ver película con Ana
20:00
21:00 cenar con Marta
22:00

ALEXA

DOMINGO
10:00
11:00 gimnasio
12:00 biblioteca
13:00
14:00 comer con mamá
15:00
16:00 dormir siesta
17:00
18:00
19:00 hacer un crucigrama
20:00
21:00 ver noticiero
22:00

③ If students finish early, have them write down their own schedules for the next two days and repeat the activity with their partners.

4 **Síntesis** Tu psicólogo utiliza la hipnosis para hacerte recordar los momentos más importantes de tu pasado. En parejas, dramaticen la conversación entre el doctor Felipe y su paciente, utilizando verbos en el presente y el presente progresivo. Elijan una situación de la lista o inventen otro tema. Sean creativos/as.

MODELO

DR. FELIPE Estás volviendo al momento de conocer a tu primer amor. ¿Qué están haciendo?
PACIENTE Estoy caminando por la calle... una mujer preciosa me está saludando...
DR. FELIPE Muy bien, muy bien. ¿Y qué estás pensando? ¿Cómo te sientes?
PACIENTE Estoy pensando que esto es el amor a primera vista. Me siento... ¡Ay, no! Me estoy cayendo en medio de la calle, ¡enfrente de ella!

tu primer amor	**el nacimiento de un(a) hermano/a**
un viaje importante	**el mejor/peor momento de tu vida**

④ For each situation listed, call on one or two pairs to perform their role-plays for the class.

Antes de ver el corto

INSTRUCTIONAL RESOURCES
Supersite/DVD: Film Collection
Supersite: Script & Translation

DI ALGO

país España
duración 15 minutos
director Luis Deltell
protagonistas Irene, Pablo, bibliotecaria

Vocabulario

a lo mejor *maybe*	**la luz** *light*
alargar *to drag out*	**pesado/a** *annoying*
la cinta *tape*	**precioso/a** *lovely*
enterarse *to find out*	**respirar** *to breathe*
entretenerse *to be held up*	**turbio/a** *murky*

1 Vocabulario Completa las oraciones.

1. Cuando hay tormenta, parece que la noche se ___alarga___ infinitamente.
2. Mucha gente le teme a la oscuridad y no puede ___respirar___ tranquila hasta que enciende la ___luz___.
3. Finalmente hoy ___nos enteramos___ de que fue la bibliotecaria quien se llevó las ___cintas___ con las grabaciones de las entrevistas.
4. Cerca del bosque hay un lago que antes era ___precioso___, pero ahora el agua está muy ___turbia___ porque está contaminada.

2 Tú y las citas

A. Completa el test sobre el mundo de las citas.

Tú y las citas

1. Si acabas de conocer a una persona que te gusta:
- **a.** La invitas a salir.
- **b.** La sigues secretamente durante varios días para ver cómo se comporta.
- **c.** Te escondes en un rincón y la admiras desde lejos.

2. Un amigo te propone presentarte a alguien que conoce:
- **a.** Aceptas enseguida.
- **b.** Haces muchas preguntas sobre la persona antes de decidir.
- **c.** Dices que no: las citas con extraños te ponen nervioso/a.

3. Antes de una cita:
- **a.** Vas a comprar ropa nueva y te arreglas bien para causar una buena impresión.
- **b.** Le pides a un par de amigos/as que vayan al mismo restaurante, por si acaso.
- **c.** Te da un ataque de nervios y casi llamas para cancelar.

4. En la conversación:
- **a.** Muestras interés por la otra persona, le cuentas acerca de ti y actúas tal como eres.
- **b.** Haces más preguntas de las que tú contestas.
- **c.** Evitas contar mucho sobre ti. Prefieres guardar información para una segunda cita.

B. En parejas, comparen sus respuestas. ¿Tienen actitudes similares o son muy diferentes? ¿Por qué?

Teaching option
Ask students about love stories they know in real life that started in amazing or curious ways; they may also tell about disastrous dates, and finally vote for the best first meeting in a love story and the worst date ever.

Practice more at **enfoques.vhlcentral.com.**

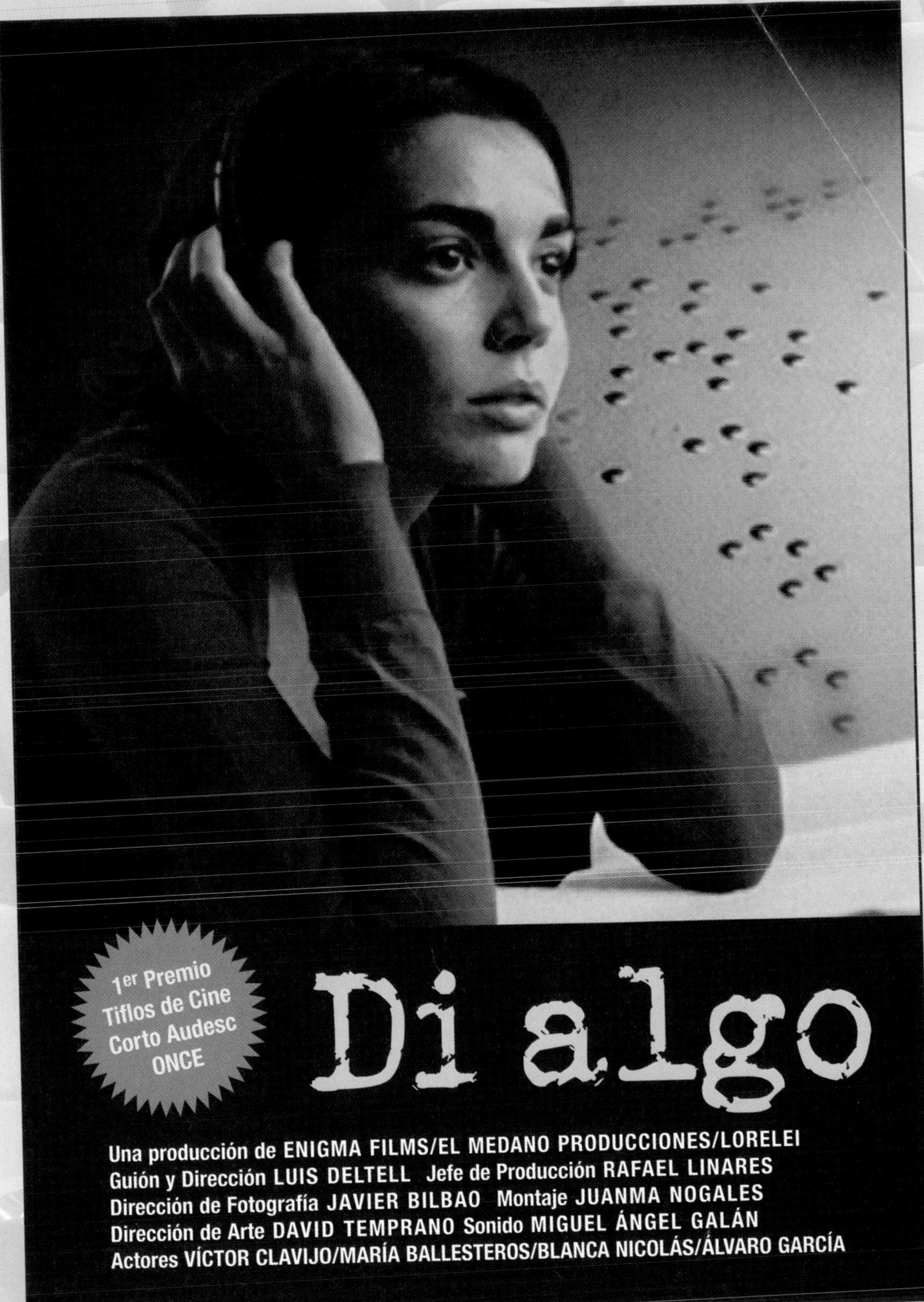
1er Premio
Tiflos de Cine
Corto Audesc
ONCE
Di algo
Una producción de ENIGMA FILMS/EL MEDANO PRODUCCIONES/LORELEI
Guión y Dirección LUIS DELTELL Jefe de Producción RAFAEL LINARES
Dirección de Fotografía JAVIER BILBAO Montaje JUANMA NOGALES
Dirección de Arte DAVID TEMPRANO Sonido MIGUEL ÁNGEL GALÁN
Actores VÍCTOR CLAVIJO/MARÍA BALLESTEROS/BLANCA NICOLÁS/ÁLVARO GARCÍA

Synopsis A blind girl falls in love with the voice of an audio book reader. She finds out his telephone number and starts calling him without saying anything other than: "Say something." When he begins to fall for this unknown woman, he will set out to find her too.

Escenas

ARGUMENTO Una joven ciega se enamora de la voz de un hombre que escucha en grabaciones. Cuando se acaban las cintas, ella busca otra manera de seguir escuchando su voz.

VOZ DE PABLO "Menos tu vientre, todo es confuso, fugaz, pasado, baldío, turbio..."

IRENE Quería información sobre el lector 657... ¿No me podrías conseguir su número de teléfono?
BIBLIOTECARIA No puedo, Irene; eso está prohibido.

GUARDIA ¡Espera! ¿Estás bien?
IRENE Sí, sí, muchas gracias; es que me he entretenido.

PABLO ¿Sí? ¿Quién es? ¿Sí?
IRENE Di algo.

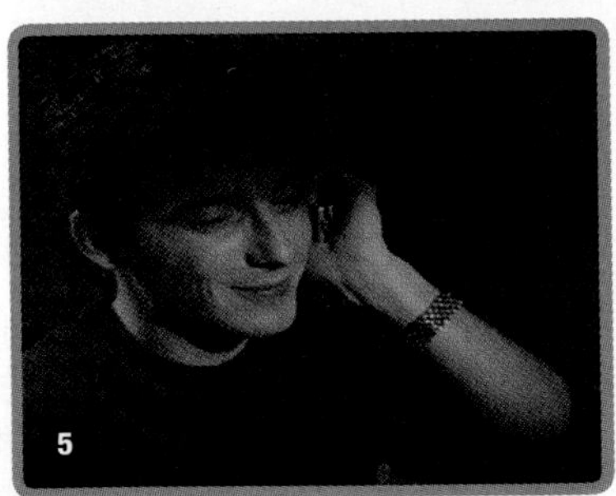

PABLO Todo el día esperando que me llame una chica que no conozco y que no habla... bueno, sí, que solamente dice: "Di algo."

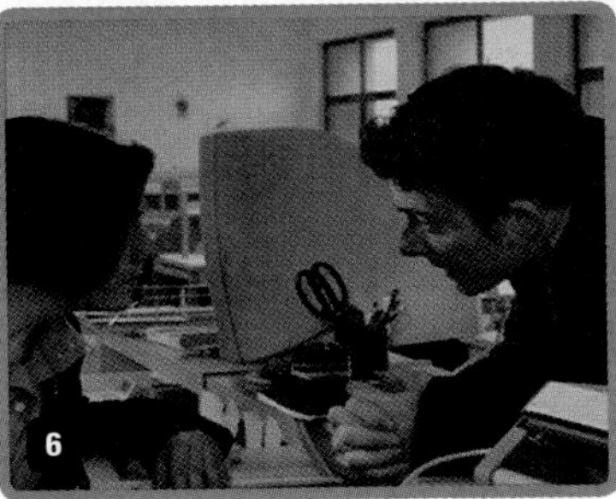

PABLO ¿Hay alguien que esté pidiendo mis cintas?
BIBLIOTECARIA No sé, vamos a ver... Creo que un señor mayor... ¡ah!, y una chica también.

Preview Have students imagine what the story of the short film is and what happens right after the sixth scene; ask them to suggest different endings. **¿Conocen alguna película donde la pareja protagonista no se conoce hasta el final?**

Teaching option Have students read the poems "**Menos tu vientre todo es confuso**" by Miguel Hernández, "**Te beberé el cabello**" by Antonio Gamoneda, and "**Compañera de hoy**" by Alfonso Costafreda. Ask them to highlight the main words and analyze the theme of the poems. Then, they may explain their poem to the rest of the class and find whether there is a connection between the three of them.

Después de ver el corto

1 Comprensión Indica si estas afirmaciones son **ciertas** o **falsas**. Luego, en parejas, corrijan las falsas.

1. Irene no tiene el teléfono de Pablo, pero lo conoce en persona.
   Falso. Irene no conoce a Pablo en persona.
2. La bibliotecaria no le da el teléfono de Pablo porque dice que está prohibido.
   Cierto.
3. Por la noche, Irene roba de la biblioteca la información sobre Pablo.
   Cierto.
4. Irene le dice la verdad al guardia.
   Falso. Le miente.
5. Pablo cree que la mujer que lo llama por teléfono y no le habla se llama Silvia.
   Cierto.
6. Pablo encuentra a Irene por casualidad en la calle.
   Falso. Pablo va a buscar a Irene a la biblioteca y allí la encuentra.

2 Interpretación En parejas, contesten las preguntas.

1. En la primera escena, Pablo rodea (*circle*) las palabras "confuso" y "turbio" en el poema que lee. ¿Por qué les parece que las destaca (*highlight*)?
2. Irene pide el número de teléfono de Pablo después de que la bibliotecaria le dice que no hay más cintas de él. ¿Cuál piensan que es su intención: conocer a Pablo o solamente escucharlo?
3. ¿Cómo es Pablo? Presten atención a las cosas que hay en su casa y a su forma de hablar y actuar.
4. ¿Por qué Irene sólo le dice: "Di algo" y no le explica quién es? Imaginen sus razones y enumérenlas.
5. ¿Por qué Pablo se va cuando Irene se da cuenta de que él está sentado frente a ella? ¿Está esperando que ella haga algo o quiere escaparse?

3 Diálogo En el ascensor, Pablo le dice a Irene: "Eres tú la que tiene que decir algo". Imaginen el diálogo que sigue a estas palabras y escríbanlo. Después, represéntenlo frente a la clase.

4 Escribir Elige una de las siguientes opciones y escribe una carta.

- Imagina que te cruzas un instante por la calle con alguien y te enamoras a primera vista, pero él/ella desaparece entre la gente y ahora quieres encontrarlo/a. Escribe una carta a un periódico describiéndolo/a; cuenta por qué lo/la buscas y pide ayuda a los lectores.
- Por un error al marcar un número de teléfono, conoces a alguien, empiezan a hablar y se enamoran. Después de un tiempo tienen una cita para conocerse personalmente, pero todo resulta un desastre: él/ella no se parece nada a la idea que te formaste por su voz. Escribe una carta a un amigo o a una amiga contándole sobre la cita.

Practice more at **enfoques.vhlcentral.com.**

(1) Ask students: **¿Cómo pueden averiguar el teléfono o el correo electrónico de una persona?** Have them suggest different ways of searching (asking around, Facebook, ads in the papers, etc.)

Have students discuss the importance of names for our identities, and also for communication and relationships. You may refer them to the famous line from *Romeo and Juliet* that begins "What's in a name?" **¿El nombre de una persona es especial? ¿En qué situación prefieres dar un nombre falso? ¿Por qué?**

(2) Have students reflect on how we express love (in our families, in friendships, in relationships): **¿Cómo decimos "Te quiero"?** They may make a list of gestures or words that communicate our feeling to others.

(3) Have students tell whether they prefer tragic love stories or love stories with a happy ending, and why (if some students say they don't like love stories, ask them to elaborate the reasons). Then they may talk about their favorite love story (in film or books). What was the best part?

(3) As a follow-up, ask students: **¿Por qué las historias de amor son tan populares? ¿*Di algo* es una historia de amor eficaz? ¿Por qué?** You can ask students to list the characteristics of a good romantic story, and try to find some of them in the short.

Los enamorados, 1923
Pablo Picasso, España

"La única fuerza y la única verdad que hay en esta vida es el amor."

— José Martí

NATIONAL STANDARDS connections cultures

Antes de leer

Poema 20

Sobre el autor

Ya de muy joven, el chileno Ricardo Eliecer Neftalí Reyes Basoalto —tal fue el nombre que sus padres dieron a **Pablo Neruda** (1904–1973) al nacer— mostraba inclinación por la poesía. En 1924, con tan sólo veinte años, publicó el libro que lo lanzó (*launched*) a la fama: *Veinte poemas de amor y una canción desesperada*. Además de poeta, fue diplomático y político. El amor fue sólo uno de los temas de su extensa obra: también escribió poesía surrealista y poesía con fuerte contenido histórico y político. Su *Canto general* lleva a los lectores en un viaje por la historia de América Latina desde los tiempos precolombinos hasta el siglo XX. En 1971, recibió el Premio Nobel de Literatura.

Sobre el autor Preview the article **Las casas de Neruda**, page 370.

Vocabulario

el alma *soul*	**el corazón** *heart*
amar *to love*	**la mirada** *gaze*
besar *to kiss*	**el olvido** *forgetfulness; oblivion*
contentarse con *to be contented/satisfied with*	**querer (e:ie)** *to love; to want*

Vocabulario
As a variant, show students famous paintings or photographs related to the **Literatura** theme and have them describe the images using the new vocabulary.

Poema Completa este poema con las opciones correctas.

Quiero (1) ___besarte___ (besarte/amarte) porque te (2) ___quiero___ (quiero/olvido),
pero tú te alejas y desde lejos me miras.

Mi (3) ___corazón___ (corazón/olvido) no (4) ___se contenta___ (quiere/se contenta)
con una (5) ___mirada___ (alma/mirada) triste.

Entonces me voy y sólo espero el (6) ___olvido___ (corazón/olvido).

Conexión personal ¿Has estado enamorado/a alguna vez? ¿Te gusta leer poesía? ¿Has escrito alguna vez una carta o un poema de amor?

Conexión personal
Ask volunteers to answer these questions. If they cannot or are unwilling to answer these questions about themselves, ask them to talk about people they know, or even about similar situations in films, television, music, etc.

Análisis literario: la personificación

La personificación es una figura retórica (*figure of speech*) que consiste en atribuir cualidades propias de los seres humanos a objetos inanimados (cosas, conceptos abstractos) o a la naturaleza. Observa estos ejemplos de personificación: *me despertó el llanto* (crying) *del violín; tu silencio habla de dolores pasados; las estrellas nos miraban mientras la ciudad sonreía.* En *Poema 20*, Pablo Neruda utiliza este recurso en varias ocasiones. Mientras lees el poema, prepara una lista de las personificaciones. ¿Qué cualidad humana atribuye el poeta al objeto?

Análisis literario
Supply other examples of personification with which students might be familiar, such as "the **angry** storm subsided."

 Practice more at **enfoques.vhlcentral.com.**

POEMA 20

Pablo Neruda

Preview Before discussing the poem, give students a few minutes to read the poem aloud to a partner. Remind them that it is not necessary to understand every single word, especially during the first read-through.

Puedo escribir los versos más tristes esta noche.
Escribir, por ejemplo: "La noche está estrellada°, *starry*
y tiritan°, azules, los astros°, a lo lejos°". *blink; tremble* *stars/in the distance*
El viento de la noche gira° en el cielo y canta. *turns*

Puedo escribir los versos más tristes esta noche.
Yo la quise, y a veces ella también me quiso.

En las noches como ésta la tuve entre mis brazos.
La besé tantas veces bajo el cielo infinito.

Ella me quiso, a veces yo también la quería.
Cómo no haber amado sus grandes ojos fijos°. *fixed*

Puedo escribir los versos más tristes esta noche.
Pensar que no la tengo. Sentir que la he perdido.

Oír la noche inmensa, más inmensa sin ella.
Y el verso cae al alma como al pasto el rocío°. *like the dew on the grass*

Qué importa que mi amor no pudiera guardarla°. *keep; protect*
La noche está estrellada y ella no está conmigo.

Eso es todo. A lo lejos alguien canta. A lo lejos.
Mi alma no se contenta con haberla perdido.

Como para acercarla° mi mirada la busca. *to bring her closer*
Mi corazón la busca, y ella no está conmigo.

La misma noche que hace blanquear° los mismos árboles. *to whiten*
Nosotros, los de entonces, ya no somos los mismos.

Ya no la quiero, es cierto, pero cuánto la quise.
Mi voz° buscaba el viento para tocar su oído. *voice*

De otro. Será de otro. Como antes de mis besos.
Su voz, su cuerpo claro. Sus ojos infinitos.

Ya no la quiero, es cierto, pero tal vez la quiero.
Es tan corto el amor, y es tan largo el olvido.

Porque en noches como ésta la tuve entre mis brazos,
mi alma no se contenta con haberla perdido.

Aunque éste sea el último dolor que ella me causa,
y éstos sean los últimos versos que yo le escribo. ■

Teaching option
Have students work in groups to answer these questions. Then have them share their answers with the class.

1. **¿Qué palabras y frases usa el poeta para describir la noche?**
2. **¿Qué palabras y frases usa el poeta para describir a su amada?**
3. **¿Qué palabras y frases usa el poeta para describir cómo se siente?**

Después de leer

Poema 20

Pablo Neruda

1 Have students work in pairs to write two more questions about the poem. They should exchange papers with another pair, and answer the questions. Then have pairs switch papers again to check the answers.

1 Comprensión Contesta las preguntas con oraciones completas.

1. ¿Quién habla en este poema? Un hombre enamorado. / Un poeta habla en este poema.
2. ¿De quién habla el poeta? El poeta habla de su amada. / El poeta habla de su antigua/ex novia.
3. ¿Cuál es el tema del poema? El tema del poema es el amor.
4. ¿Qué momento del día es? Es de noche.
5. ¿Sigue el poeta enamorado? Da un ejemplo del poema. El poeta no lo sabe. Ejemplo: "Ya no la quiero, es cierto, pero tal vez la quiero."

2 Analizar Lee el poema otra vez para contestar las preguntas con oraciones completas.

1. ¿Qué personificaciones hay en el poema y qué efecto transmiten? Explica tu respuesta.
2. ¿Tienen importancia las repeticiones en el poema? Explica por qué.
3. La voz poética habla sobre su amada, pero no le habla directamente a ella. ¿A quién crees que le habla la voz poética en este caso?
4. ¿Qué sentimientos provoca el poema en los lectores?

3 Ask students to work in small groups to discuss the answers to these questions. One student from each group will be responsible for summarizing the group's ideas for each question for the rest of the class.

3 Interpretar Contesta las preguntas con oraciones completas.

1. ¿Cómo se siente el poeta? Da un ejemplo del poema.
2. ¿Es importante que sea de noche? Razona tu respuesta.
3. Explica con tus propias palabras este verso: "Es tan corto el amor, y es tan largo el olvido".
4. Explica el significado de estos versos y su importancia en el poema. ¿Por qué el poeta escribe una oración "entre comillas"?

Puedo escribir los versos más tristes esta noche.
Escribir, por ejemplo: "La noche está estrellada,
y tiritan, azules, los astros, a lo lejos".

4 Ask students if they know other examples of metafiction.

4 Metaficción En grupos de tres, lean esta definición y busquen ejemplos de metaficción en el poema de Neruda. ¿Qué efecto tiene este recurso en el poema?

> **"La metaficción consiste en reflexionar dentro de una obra de ficción sobre la misma obra."**

5 Have a few groups of students act out their dialogues in front of the class.

5 Give students the option of writing a story from the point of view of the woman in the poem, explaining what happened in her own words. Was it an unrequited love, a fading love, or a case of opposites attracting?

5 Imaginar En parejas, imaginen la historia de amor entre el poeta y su amada. Preparen una conversación en la que se despiden para siempre. Inspírense en algunos de los versos del poema.

6 Personificar Escribe un párrafo en el que atribuyes cualidades humanas a un objeto.

MODELO Tengo en mi cuarto una estrella de mar. Me cuenta historias de piratas…

Practice more at **enfoques.vhlcentral.com.**

Antes de leer

Vocabulario

el cargo *position*	**rechazar** *to turn down*
la cima *height*	**sabio/a** *wise*
convertirse (e:ie) en *to become*	**el sueño** *dream*
en contra *against*	**superar** *to exceed*
propio/a *own*	**tomar en cuenta** *to take into consideration*

 **Oraciones incompletas** Completa este párrafo con las palabras del vocabulario.

El (1) __sueño__ de muchas jóvenes es encontrar a su príncipe azul y (2) __convertirse__ en heroínas de historias románticas. Otras mujeres buscan una profesión y un (3) __cargo__ que les permitan beneficiar a toda la sociedad. Lo importante es no (4) __tomar en cuenta__ las opiniones y las circunstancias (5) __en contra__ de ese proyecto. Tal vez, un día, ninguna mujer tendrá que sacrificar su vida personal para llegar a la (6) __cima__ de su carrera.

Conexión personal ¿Con qué soñabas cuando eras pequeño/a? ¿Qué querías ser de grande? ¿Tienes todavía las mismas metas que tenías de niño/a o has cambiado? ¿Crees que vas a alcanzar tus metas?

Contexto cultural

Una frase pronunciada por Sonia Sotomayor en 2001 causó gran revuelo (*commotion*) y despertó posiciones en contra y a favor. Sus provocadoras palabras fueron: "Quiero pensar que una sabia mujer latina, con su riqueza de experiencias, puede tomar mejores decisiones que un sabio hombre blanco que no ha vivido esa vida." Sotomayor después se excusó diciendo que se había expresado mal. Pero esta declaración generó los cuestionamientos más importantes a su nominación a la Corte Suprema y, paralelamente, grupos en Facebook, camisetas y carteles la tomaron como una reafirmación de la identidad femenina latina. ¿Qué opinas tú? ¿Influyen nuestro origen, género y experiencias en las decisiones que tomamos? Si así lo crees, ¿piensas que este hecho es positivo o negativo? ¿Crees que es posible dejar de lado los sentimientos y el pasado para tomar en cuenta solamente la ley? ¿O crees que la subjetividad puede tener lugar en la justicia?

 Practice more at **enfoques.vhlcentral.com.**

Ask students whether they have had a bad experience due to something they said backfiring or being misinterpreted. Did they stand by their words and try to explain them better, or did they withdraw? Why?

As a follow-up you might write this saying on the board and ask the class to discuss its meaning. **"Las palabras están vivas. Si las cortas, sangran."** Ralph Waldo Emerson

Preview Ask the class to discuss political correctness, and if it might make us more hesitant to express ourselves.

Sonia Sotomayor:

la niña que soñaba

Sonia Sotomayor era una niña que soñaba. Y, según cuenta, lo que soñaba era convertirse en detective, igual que su heroína favorita, Nancy Drew. Sin embargo, a los ocho años, tras un diagnóstico de diabetes, sus médicos le recomendaron que pensara en una carrera menos agitada. Entonces, sin recortar sus aspiraciones ni resignarse a menos, encontró un nuevo modelo en otro héroe de ficción: Perry Mason, el abogado encarnado° en televisión por Raymond Burr. "Iba a ir a la universidad e iba a convertirme en abogada: y supe esto cuando tenía diez años. Y no es una broma" declaró ella en 1998.

°*played*

Robin Kar, secretario de Sonia Sotomayor en 1988–1989, afirma que la jueza no sólo tiene una historia asombrosa°, sino que además es una persona asombrosa. Y cuenta que, en la corte, ella no solamente conocía a sus pares°, como los otros jueces y políticos, sino que también se preocupaba por conocer a todos los porteros, los empleados de la cafetería y los conserjes°, y todos la apreciaban mucho.

amazing · *peers* · *janitors*

En su discurso de aceptación de la nominación a la Corte Suprema, Sonia Sotomayor explicó su propia visión de sí misma: "Soy una persona nada extraordinaria que ha tenido la dicha de tener oportunidades y experiencias extraordinarias." Pero ni siquiera sus sueños más descabellados° podían prepararla para lo que ocurrió en mayo de 2009, cuando Barack Obama la nominó como candidata a la Corte Suprema de Justicia de Estados Unidos. En su discurso, el presidente destacó el "viaje extraordinario" de la jueza, desde sus modestos comienzos hasta la cima° del sistema judicial. Para él, los sueños son importantes y Sonia Sotomayor es la encarnación del sueño americano.

wildest · *height*

Nació en el Bronx, en Nueva York, el 25 de junio de 1954, y creció en un barrio de viviendas subsidiadas°. Sus padres, puertorriqueños, habían llegado a Estados Unidos durante la Segunda Guerra Mundial. Su padre, que había estudiado sólo hasta tercer grado y no hablaba inglés, murió cuando Sonia tenía nueve años, y su madre, Celina, tuvo que trabajar seis días a la semana como enfermera para criarlos° a ella y a su hermano menor. Como la señora Sotomayor consideraba que una buena educación era fundamental, les compró a sus hijos la Enciclopedia Británica y los envió a una escuela católica para que recibieran la mejor instrucción posible. Seguramente los resultados superaron también sus expectativas: Sonia estudió en las universidades de Princeton y Yale, y su hermano Juan estudió en la Universidad de Nueva York, y ahora es médico y profesor en la Universidad de Siracusa.

housing project · *raise them*

Sonia Sotomayor trabajó durante cinco años como asistente del fiscal de Manhattan, Robert Morgenthau (quien inspiró el personaje del fiscal del distrito Adam Schiff en la serie de televisión *Law and Order*). Luego se dedicó al derecho corporativo y más tarde fue jueza de primera instancia de la Corte Federal de Distrito antes de ser nombrada jueza de Distrito de la Corte Federal de Apelaciones. En 2009 se convirtió en la primera hispana —y la tercera mujer en toda la historia— en llegar a la Corte Suprema de Justicia de Estados Unidos, donde suelen tratarse cuestiones tan controvertidas como el aborto, la pena de muerte, el derecho a la posesión de armas, etc.

Cuando el presidente Obama nominó a la jueza Sotomayor para su nuevo cargo, Celina Sotomayor escuchaba desde la primera fila° con los ojos llenos de lágrimas. En su discurso de aceptación, Sonia la señaló como "la inspiración de toda mi vida". Tal vez, en el fondo, lo que soñaba realmente la niña del Bronx era ser, como su madre, una "sabia mujer latina". ■

front row

Cómo Sotomayor salvó al béisbol

En 1994, de manera unilateral, los propietarios de los equipos de las Grandes Ligas de béisbol implantaron un tope (*limit*) salarial; esto fue rechazado por los jugadores y su sindicato, que declararon una huelga (*strike*). El caso llegó a Sonia Sotomayor, en ese entonces la jueza más joven del Distrito Sur de Nueva York, en 1995. Ella escuchó los argumentos de las dos partes y anunció su dictamen (*ruling*) a favor de los jugadores. Logró acabar así con la huelga que llevaba ya 232 días y, además, ganarse el título de "salvadora del béisbol".

Después de leer

① Ask students: **¿Creen que algunas personas tienen más posibilidades que otras para alcanzar sus sueños (debido a su género, educación, situación económica, raza, etc.)?**

1 Comprensión Indica si las siguientes oraciones son **ciertas** o **falsas**. Luego, en parejas, corrijan las falsas.

1. Sonia Sotomayor se considera una persona extraordinaria. Falso. Sonia Sotomayor se considera una persona nada extraordinaria que tuvo oportunidades y experiencias extraordinarias.
2. Ella conocía a todos los empleados de la corte, desde los jueces hasta los conserjes. Cierto.
3. De pequeña, Sonia quería ser detective como Nancy Drew. Cierto.
4. Sus padres eran neoyorquinos. Falso. Sus padres eran puertorriqueños.
5. Celina Sotomayor trabajaba como vendedora de enciclopedias para mantener a sus hijos. Falso. Celina Sotomayor trabajaba como enfermera.
6. Sonia fue la inspiración de un personaje de la serie de televisión *Law and Order*. Falso. Su jefe, Robert Morgenthau, inspiró un personaje de la serie *Law and Order*.

② For an expansion activity, assign small groups to research and write brief profiles of other famous women holding positions of responsibility and power in the U.S. (Hillary Clinton, Nancy Pelosi, Condoleezza Rice, Elena Kagan, etc.). Ask: **¿El hecho de que sean mujeres las ayuda o las perjudica?**

2 Interpretación En parejas, contesten las preguntas con oraciones completas y justifiquen sus respuestas.

1. ¿Les parece que la historia de Sonia Sotomayor es extraordinaria? ¿Por qué?
2. ¿En qué sentido piensan que su madre es "la inspiración de su vida"?
3. ¿Creen que su carrera es una prueba de que el sueño americano existe?
4. ¿Piensas que ella, como mujer y como hispana, y con la historia de su vida, puede asegurar un mejor debate en la Corte Suprema? ¿Por qué?
5. ¿Les parece que la experiencia de vida es más importante, menos importante o igualmente importante para las personas que los estudios que tengan? ¿Por qué?

③ Have students discuss the influence parents have in shaping their children's goals and behaviors. Tell them that Abraham Lincoln also said: "All that I am or hope to be, I owe to my mother." Ask them to find other examples of famous people that give all the credit to their parents.

3 Retrato

A. En las elecciones presidenciales de Estados Unidos en 2008, los dos candidatos también señalaron a sus madres como una inspiración fundamental de sus vidas. En parejas, lean y comenten las citas.

> "Sé que (mi madre) fue el espíritu más bondadoso y generoso que jamás he conocido y que lo mejor de mí se lo debo a ella." Barack Obama, *Los sueños de mi padre*

> "Roberta McCain nos inculcó su amor a la vida, su profundo interés en el mundo, su fortaleza y su creencia de que todos tenemos que usar nuestras oportunidades para hacernos útiles a nuestro país. No estaría esta noche aquí si no fuera por la fortaleza de su carácter." John McCain, Discurso de aceptación en la Convención Republicana

B. Escriban al menos cuatro oraciones sobre cómo imaginan que es Celina Sotomayor. ¿Qué dirían de ella sus hijos? Luego, compartan sus oraciones con la clase y comparen sus descripciones.

MODELO Celina es una mujer trabajadora. Ella no está de acuerdo con perder el tiempo y quiere que sus hijos estudien y mejoren. Es paciente, pero está llena de energía...

4 Modelos de vida Escribe una entrada de blog en la que hablas sobre una persona sabia a la que admiras. Describe su personalidad y su historia y explica por qué es importante para ti.

 Practice more at **enfoques.vhlcentral.com.**

Atando cabos

¡A conversar!

Citas rápidas Usa la técnica de las "citas rápidas" (*speed dating*) para conocer a tus compañeros/as de clase, hacer nuevos amigos y buscar compañeros para proyectos. Comparte los resultados con la clase.

Cómo funcionan las "citas rápidas"

- Reúnete con un(a) compañero/a durante cinco minutos. Hablen sobre quiénes son, cómo son, qué buscan, etc.
- Toma notas acerca del encuentro.
- Repite la actividad con otros compañeros.

	Nombre	Nombre
¿De dónde eres?		
¿Cómo eres?		
¿Qué cualidades buscas en un(a) amigo/a?		
¿Qué tipo de proyectos te gusta hacer?		

¡A escribir!

Consejos Lee la carta que envió Alonso a la sección de consejos sentimentales de una revista y usa las frases del recuadro para responderla.

Expresar tu opinión

Estas frases pueden ayudarte a presentar tu opinión:

- En mi opinión,...
- Creo que...
- Me parece que...

Me llamo Alonso. Tengo 23 años y soy de Colombia. Vine a Boston para estudiar en la universidad. Allí conocí a mi novia Kristen, quien tomaba clases de español. Todo iba muy bien mientras estábamos en la universidad: teníamos amigos estadounidenses y latinoamericanos, a mí me interesaba mucho aprender sobre su país y a ella sobre el mío.

El problema comenzó después de la universidad. Cuando salimos con los compañeros de trabajo de Kristen, siento que a nadie le interesa charlar conmigo, y a mí tampoco me interesa hablar con ellos de béisbol y esas cosas. Cuando vamos a visitar a la familia de Kristen en Chicago y decido cocinar, siempre miran con desconfianza los platos tradicionales que preparo. Además, Kristen está muy ocupada con su trabajo para seguir estudiando español. Cuando quiere practicar comete unos errores horribles y entonces yo prefiero hablar inglés con ella. Discutimos mucho por todas estas cosas. A veces pienso que sería más fácil estar con alguien de mi cultura... pero quiero mucho a Kristen. ¿Qué puedo hacer para que mi relación funcione?

¡A conversar!
As a follow-up activity, have students answer these discussion questions in small groups.

1. **¿Participarían (o participaron alguna vez) en un evento de "citas rápidas" para conocer gente?**
2. **¿Qué oportunidades ofrece la universidad/escuela para conocer gente de otras culturas?**
3. **¿Qué buscan cuando conocen personas nuevas? ¿Les importa más que la personalidad sea compatible o que tengan pasatiempos similares?**
4. **¿Qué consejos le darían a un(a) estudiante a quien le resulta difícil conocer gente nueva?**

¡A escribir!
Before students begin writing, have them organize the information in two lists: things that Alonso should improve or change, and things that his girlfriend should improve or change.

1 VOCABULARIO

La personalidad

autoritario/a	*strict; authoritarian*
cariñoso/a	*affectionate*
celoso/a	*jealous*
cuidadoso/a	*careful*
falso/a	*insincere*
gracioso/a	*funny; pleasant*
inseguro/a	*insecure*
(in)maduro/a	*(im)mature*
mentiroso/a	*lying*
orgulloso/a	*proud*
permisivo/a	*permissive; easy-going*
seguro/a	*sure; confident*
sensato/a	*sensible*
sensible	*sensitive*
tacaño/a	*cheap; stingy*
tímido/a	*shy*
tradicional	*traditional*

Los estados emocionales

agobiado/a	*overwhelmed*
ansioso/a	*anxious*
deprimido/a	*depressed*
disgustado/a	*upset*
emocionado/a	*excited*
preocupado/a (por)	*worried (about)*
solo/a	*alone; lonely*
tranquilo/a	*calm*

Los sentimientos

adorar	*to adore*
apreciar	*to appreciate; to be fond of*
enamorarse (de)	*to fall in love (with)*
estar harto/a (de)	*to be fed up (with); to be sick (of)*
odiar	*to hate*
sentirse (e:ie)	*to feel*
soñar (o:ue) (con)	*to dream (about)*
tener celos (de)	*to be jealous (of)*
tener vergüenza (de)	*to be ashamed/ embarrassed (of)*

INSTRUCTIONAL RESOURCES
Supersite: Testing Program

Las relaciones personales

el/la amado/a	*loved one; sweetheart*
el ánimo	*spirit*
el cariño	*affection*
la cita (a ciegas)	*(blind) date*
el compromiso	*commitment; responsibility*
la confianza	*trust; confidence*
el desánimo	*the state of being discouraged*
el divorcio	*divorce*
la pareja	*couple; partner*
el sentimiento	*feeling; emotion*
atraer	*to attract*
coquetear	*to flirt*
cuidar	*to take care of*
dejar a alguien	*to leave someone*
discutir	*to argue*
educar	*to raise; to bring up*
hacerle caso a alguien	*to pay attention to someone*
impresionar	*to impress*
llevar... años de (casados)	*to be (married) for... years*
llevarse bien/mal/ fatal	*to get along well/ badly/terribly*
mantenerse en contacto	*to keep in touch*
pasarlo bien/mal/ fatal	*to have a good/bad/ terrible time*
proponer matrimonio	*to propose (marriage)*
romper (con)	*to break up (with)*
salir (con)	*to go out (with)*
soportar a alguien	*to put up with someone*
casado/a	*married*
divorciado/a	*divorced*
separado/a	*separated*
soltero/a	*single*
viudo/a	*widowed*

Más vocabulario

Expresiones útiles	*Ver p. 7*
Estructura	*Ver pp. 14–15, 18–19 y 22–23*

Cinemateca

la cinta	*tape*
la luz	*light*
alargar	*to drag out*
enterarse	*to find out*
entretenerse	*to be held up*
respirar	*to breathe*
pesado/a	*annoying*
precioso/a	*lovely*
turbio/a	*murky*
a lo mejor	*maybe*

Literatura

el alma	*soul*
el corazón	*heart*
la mirada	*gaze*
el olvido	*forgetfulness; oblivion*
amar	*to love*
besar	*to kiss*
contentarse con	*to be contented/ satisfied with*
querer (e:ie)	*to love; to want*

Cultura

el cargo	*position*
la cima	*height*
el sueño	*dream*
convertirse (e:ie) en	*to become*
rechazar	*to turn down*
superar	*to exceed*
tomar en cuenta	*to take into consideration*
propio/a	*own*
sabio/a	*wise*
en contra	*against*

Las diversiones

2

Communicative Goals

You will expand your ability to...

- avoid redundancy
- express personal likes and dislikes
- describe your daily routine and activities

Preview Ask students about their extracurricular activities: **¿Qué les gusta hacer en su tiempo libre? ¿Salen entre semana o sólo los fines de semana? ¿Con quiénes salen?** Review names of sports in Spanish: **el béisbol, el tenis,** etc.

Audio: Vocabulary Activities

INSTRUCTIONAL RESOURCES
Supersite: Audioscripts, Textbook/SAM AK, Textbook/Lab MP3s
SAM/WebSAM: WB, LM

Las diversiones

La música y el teatro

Mis amigos y yo tenemos un **grupo musical.** Yo soy el cantante. Ayer fue nuestro segundo **concierto.** Esperamos grabar pronto nuestro primer **álbum.**

el álbum *album*
el asiento *seat*
el/la cantante *singer*
el concierto *concert*
el conjunto/grupo musical *musical group; band*
el escenario *scenery; stage*
el espectáculo *show*
el estreno *premiere; debut*
la función *performance (theater; movie)*
el/la músico/a *musician*
la obra de teatro *play*
la taquilla *box office*

aplaudir *to applaud*
conseguir (e:i) boletos/entradas *to get tickets*
hacer cola *to wait in line*
poner un disco compacto *to play a CD*

Tell students that sports clubs are very popular in the Spanish-speaking world. Sports clubs are institutions or organizations oriented to several sports for both professionals and amateurs. Some also organize other events, such as dinners, summer camp for young members, etc.

Los lugares de recreo

el cine *movie theater; cinema*
el circo *circus*
la discoteca *discotheque; dance club*

la feria *fair*
el festival *festival*
el parque de atracciones *amusement park*
el zoológico *zoo*

Los deportes

el/la árbitro/a *referee*
el campeón/la campeona *champion*
el campeonato *championship*
el club deportivo *sports club*
el/la deportista *athlete*
el empate *tie (game)*
el/la entrenador(a) *coach; trainer*
el equipo *team*
el/la espectador(a) *spectator*
el torneo *tournament*

anotar/marcar (un gol/un punto) *to score (a goal/a point)*
desafiar *to challenge*
empatar *to tie (games)*
ganar/perder (e:ie) un partido *to win/lose a game*
vencer *to defeat*

Variación léxica
hacer cola ⟷ hacer fila
anotar/marcar un gol ⟷ meter un gol
vencer ⟷ derrotar
la televisión ⟷ la tele

Las diversiones

Ricardo y sus amigos **se reúnen** todos los sábados. Les **gustan el billar** y **el boliche**, y son verdaderos **aficionados** a **las cartas**.

el ajedrez *chess*
el billar *billiards*
el boliche *bowling*
las cartas/los naipes *(playing) cards*
los dardos *darts*
el juego de mesa *board game*
el pasatiempo *pastime*
la televisión *television*
el tiempo libre/los ratos libres *free time*
el videojuego *video game*

aburrirse *to get bored*
alquilar una película *to get/rent a movie*
brindar *to make a toast*
celebrar/festejar *to celebrate*
dar un paseo *to take a stroll/walk*
disfrutar (de) *to enjoy*
divertirse (e:ie) *to have fun*

Teaching option Have students work with a partner to write a movie advertisement for a recent film. Then have students read their ads to the class. Students should vote on whether they would see the film or not based on the ad.

entretener(se) (e:ie) *to entertain, amuse (oneself)*
gustar *to like*
reunirse (con) *to get together (with)*
salir (a comer) *to go out (to eat)*

aficionado/a (a) *fond of; a fan (of)*
animado/a *lively*
divertido/a *fun*
entretenido/a *entertaining*

① Part A: Have volunteers read the questions aloud before listening to the conversation.

Práctica

1 Escuchar

A. Mauricio y Joaquín están haciendo planes para el fin de semana. Quieren ir al cine, pero no logran ponerse de acuerdo. Escucha la conversación y contesta las preguntas con oraciones completas.

1. ¿Cuándo planean ir al cine Mauricio y Joaquín? Planean ir al cine el sábado.
2. ¿Qué película quiere ver Joaquín? Joaquín quiere ver *Los invasores de la galaxia*.
3. ¿Por qué Mauricio no quiere verla? Porque hay que hacer cola para los estrenos y no le gusta la ciencia ficción.
4. ¿Qué alternativa sugiere Mauricio? Mauricio sugiere ver un documental sobre el campeonato nacional de fútbol.
5. ¿Qué le pasa a Joaquín cuando mira documentales? Joaquín se aburre cuando mira documentales.

B. Ahora escucha el anuncio radial de *Los invasores de la galaxia* y decide si las oraciones son **ciertas** o **falsas**. Corrige las falsas.

1. Este fin de semana, estrenan una película de ciencia ficción. Cierto.
2. *Los invasores de la galaxia* ya se estrenó en otros lugares. Cierto.
3. La película tuvo poco éxito en Europa. Falso. Ganó tres premios en varios festivales europeos.
4. Si compras cuatro boletos, te regalan la banda sonora (*soundtrack*). Falso. Te regalan la banda sonora si compras cinco boletos.
5. Si te vistes de extraterrestre, te regalan un boleto para una fiesta exclusiva. Cierto.
6. El estreno de la película es a las nueve de la mañana. Falso. La taquilla abre a las nueve de la mañana.

C. En parejas, imaginen que, después de escuchar el anuncio radial, Joaquín trata de convencer a Mauricio para ir a ver *Los invasores de la galaxia*. Inventen la conversación entre Mauricio y Joaquín, y compártanla con la clase.

2 Relaciones Escoge la palabra que no está relacionada.

1. película (estrenar / dirigir / empatar)
2. obra de teatro (boleto / campeonato / taquilla)
3. concierto (vencer / aplaudir / hacer cola)
4. juego de mesa (ajedrez / naipes / videojuego)
5. celebrar (divertirse / aburrirse / disfrutar)
6. partido (deportista / árbitro / circo)

② To check comprehension, ask students to create sentences linking the related words. Ex: **1. La película se estrena este viernes. No sé quién la dirige.**

Práctica

③ In pairs, have students add three more items to the activity for **circo, feria,** and **festival.**

3 ¿Dónde están? Indica dónde están estas personas.

e 1. Llegamos muy temprano, pero hay una cola enorme. El hombre que vende los boletos parece estar de muy mal humor.

g 2. Hoy es el cumpleaños de mi hermana menor. En lugar de celebrarlo en casa, quiere pasar el día acá, con los tigres y los elefantes.

a 3. Una red (*net*), una pelota amarilla y dos deportistas. ¿Quién será la campeona?

b 4. Hay máquinas que suben, bajan, dan vueltas hacia la derecha y hacia la izquierda. La más espectacular dibuja un laberinto de líneas en el aire.

h 5. ¿Cómo puede ser que cuatro personas hagan tanto ruido en un campo de fútbol lleno de gente? Mi novia se está divirtiendo mucho, pero ¡yo no entiendo nada de lo que cantan!

d 6. ¡Qué nervios! ¿Qué pasa si se abre el telón y me olvido de lo que tengo que decir?

a. un torneo de tenis
b. un parque de atracciones
c. un cine
d. un escenario
e. una taquilla
f. una discoteca
g. un zoológico
h. un concierto de rock

④ After completing the activity, have students act out the dialogue with a partner.

4 Goles y fiestas Completa la conversación.

aburrirte	**celebrar**	**equipo**
animadas	**disfruten**	**espectadores**
árbitro	**divertidos**	**ganar**
campeonato	**empate**	**televisión**

PEDRO Mario, ¿todavía estás mirando (1) televisión? ¿No ves que vamos a llegar tarde?

MARIO Lo siento, pero no puedo ir a la fiesta de tu novia. Pasan un partido de fútbol.

PEDRO Pero las fiestas de mi novia son más (2) animadas y más entretenidas que cualquier partido de fútbol. Todos los partidos son iguales… Veintidós tontos corriendo detrás de una pelota, los (3) espectadores gritando (*shouting*) como locos y el (4) árbitro pitando (*whistling*) sin parar.

MARIO Hoy no me puedes convencer. Es la final del (5) campeonato y estoy seguro de que mi (6) equipo favorito va a (7) ganar.

PEDRO ¿Y no vas a (8) aburrirte, aquí solito, mientras todos tus amigos bailan?

MARIO ¡Jamás! ¡Todos vienen a ver el partido conmigo! Y después vamos a (9) celebrar la victoria.

PEDRO Que (10) disfruten del partido. Ya me voy… Espera, mi novia me está llamando al celular… ¿Qué me dices, amor? ¿Que la fiesta es aquí en mi casa? ¿Que tú también quieres ver el partido? ¡Ay, yo me rindo (*give up*)!

Practice more at **enfoques.vhlcentral.com.**

Comunicación

5 **Diversiones**

A. Sin consultar con tu compañero/a, prepara una lista de cinco actividades que crees que le gustan a él/ella. Escoge actividades del recuadro y añade otras.

jugar al ajedrez	**ir a la feria**
practicar deportes en un club	**jugar videojuegos**
ir al estreno de una película	**bailar en una discoteca**
mirar televisión	**jugar al boliche**
escuchar música clásica	**salir a cenar con amigos**

B. Ahora habla con tu compañero/a para confirmar tus predicciones. Sigue el modelo.

MODELO —Creo que te gusta jugar al ajedrez.
—Es verdad, juego siempre que puedo. / —Te equivocas, me aburre. ¿Y a ti?

5 As an expansion activity, ask students at random about their partners' favorite activities. Then ask if their initial guesses were correct.

6 **Lo mejor** En grupos de cuatro, imaginen que son editores/as de un periódico local y quieren publicar la lista anual de *Lo mejor de la ciudad.*

A. Primero, escojan las categorías que quieren premiar (*to award*).

Lo mejor de la ciudad

Mejor cine ________	Mejor festival de arte ________
Mejor discoteca ________	Mejor restaurante para celebrar un cumpleaños ________
Mejor espectáculo sobre hielo ________	Mejor grupo musical en vivo (*live*) ________
Mejor equipo deportivo ________	Mejor ... ________
Mejor parque para pasear ________	

B. Luego preparen una encuesta (*survey*) y entrevisten a sus compañeros/as de clase. Anoten las respuestas.

C. Ahora compartan los resultados con la clase y decidan qué lugares y eventos recibirán el premio *Lo mejor.*

6 As an outside project, have students pick a city in the Spanish-speaking world and research the highlights of that city. They should prepare a similar list and present it to the class.

7 **Un fin de semana extraordinario** Dos amigos/as con personalidades muy diferentes tienen que pasar un fin de semana juntos/as en una ciudad que nunca han visitado. Hacen muchas sugerencias interesantes, pero todo lo que una persona propone, la otra lo rechaza con alguna explicación absurda, y viceversa. En parejas, improvisen una conversación utilizando las palabras del vocabulario.

MODELO —¿Vamos al parque de atracciones? Es muy divertido.
—No, me mareo (*get dizzy*) en la montaña rusa (*roller coaster*)...

7 For a cultural expansion activity, bring in travel brochures from cities in the Spanish-speaking world (or have students print out travel information in Spanish from the Internet). Have pairs choose a city and base their conversation on the information they have read.

2 FOTONOVELA

Los empleados de *Facetas* hablan de las diversiones. Johnny trata de ayudar a Éric. Mariela habla de sus planes.

Synopsis

- Johnny cheers Éric up by suggesting he use humor to attract women.
- Mariela is thrilled because she obtained tickets to a rock concert.
- Mariela intends to remove the guitarist's shirt.
- Mariela rips open Éric's shirt and scatters buttons all over the floor.

NATIONAL STANDARDS communication cultures

JOHNNY ¿Y a ti? ¿Qué te pasa?

ÉRIC Estoy deprimido.

JOHNNY Anímate, es fin de semana.

ÉRIC A veces me siento solo e inútil.

JOHNNY ¿Solo? No, hombre, yo estoy aquí; pero inútil…

JOHNNY Necesitas divertirte.

ÉRIC Lo que necesito es una chica. No tienes idea de lo que es vivir solo.

JOHNNY No, pero me lo estoy imaginando. El problema de vivir solo es que siempre te toca lavar los platos.

ÉRIC Las chicas piensan que soy aburrido.

JOHNNY No seas pesimista.

ÉRIC Soy un optimista con experiencia. Lo he intentado todo: el cine, la discoteca, el teatro… Nada funciona.

JOHNNY Tienes que contarles chistes. Si las haces reír, ¡*boom*! Se enamoran.

ÉRIC ¿De veras?

JOHNNY Seguro.

Mariela viene a hablar con ellos.

MARIELA ¡Los conseguí! ¡Los conseguí!

FABIOLA ¿Conseguiste qué?

MARIELA Los últimos boletos para el concierto de rock de esta noche.

FABIOLA ¿Cómo se llama el grupo?

MARIELA Distorsión. Aquí tengo el disco compacto. ¿Lo quieren oír?

FABIOLA (*mirando el reloj*) Uy, ¡qué tarde es!

Luego, en el escritorio de Diana…

ÉRIC Diana, ¿te puedo contar un chiste?

DIANA Estoy algo ocupada.

ÉRIC Es que se lo tengo que contar a una mujer.

DIANA Hay dos mujeres más en la oficina.

ÉRIC Temo que se rían cuando se lo cuente.

DIANA ¡Es un chiste!

ÉRIC Temo que se rían de mí y no del chiste.

DIANA ¿Qué te hace pensar que yo me voy a reír del chiste y no de ti?

ÉRIC No sé. Tú eres una persona seria.

DIANA ¿Y por qué se lo tienes que contar a una mujer?

ÉRIC Es un truco para conquistarlas.

Diana se ríe muchísimo.

INSTRUCTIONAL RESOURCES Supersite/DVD: Fotonovela; **Supersite:** Script & Translation, SAM AK; **SAM/WebSAM:** VM

Preview Have students predict what will happen based on the video stills.

Personajes

AGUAYO

DIANA

ÉRIC

FABIOLA

JOHNNY

MARIELA

Johnny dibuja muchos puntos en la pizarra.

JOHNNY ¿Te sabes el chiste de la fiesta de puntos? Es un clásico... Hay una fiesta de puntos... Todos están divirtiéndose y pasándola bien. Y entonces entra un asterisco... y todos lo miran asombrados. Y el asterisco les dice: "¿Qué? ¿Nunca han visto un punto despeinado?"

Mariela entra con dos boletos en la mano y comienza a besarlos.

MARIELA Sí, sí. Me encanta, me encanta...

FABIOLA Te lo dije.

AGUAYO ¿Me dijiste qué?

FABIOLA Que ella no parecía muy normal.

MARIELA Deséenme suerte.

AGUAYO ¿Suerte? ¿En qué?

MARIELA Esta noche le voy a quitar la camisa al guitarrista de Distorsión.

JOHNNY No, no lo harás.

MARIELA Voy a intentarlo.

ÉRIC Si crees que es tan fácil quitarle la camisa a un tipo, ¿por qué no practicas conmigo?

Mariela intenta quitarle la camisa a Éric.

Al final del día, en la cocina...

AGUAYO ¿Alguien quiere café?

JOHNNY ¿Lo hiciste tú o sólo lo estás sirviendo?

AGUAYO Sólo lo estoy sirviendo.

JOHNNY Yo quiero una taza.

ÉRIC Yo quiero una taza.

Expresiones útiles

Talking about whose turn it is

Siempre te toca lavar los platos.
It's always your turn to wash the dishes.

A Johnny le toca hacer el café.
It's Johnny's turn to make coffee.

¿A quién le toca pagar la cuenta?
Whose turn is it to pay the bill?

¿Todavía no me toca?
Is it my turn yet?

Encouraging other people

¡Anímate! *Cheer up! (sing.)*

¡Anímense! *Cheer up! (pl.)*

No seas pesimista.
Don't be pessimistic. (sing.)

No sean pesimistas.
Don't be pessimistic. (pl.)

Wishing someone well

¡Buen fin de semana!
Have a nice weekend!

¡Pásalo bien!
Have a good time! (sing.)

¡Pásenlo bien!
Have a good time! (pl.)

¡Que te diviertas!
Have fun! (sing.)

¡Que se diviertan!
Have fun! (pl.)

Additional vocabulary

contar *to tell*
inútil *useless*
el punto *period; point*
el tipo *guy*
el truco *trick*

Teaching option Play the entire video. Have students take notes as they watch and then work in groups to create a plot summary.

Comprensión

① Have students create questions that correspond to each item. Ex: **¿Es verdad que Éric está deprimido?**

① Ask students to create two more items and exchange them with a partner.

② Model the activity by doing the first sentence as a group. Ask volunteers to explain why choices **a** and **b** are incorrect.

③ Part A: Ask students to make up different **respuestas** for Éric.

1 ¿Cierto o falso? Decide si estas oraciones son **ciertas** o **falsas**. Corrige las falsas.

Cierto	Falso	
☑	☐	1. Éric está deprimido.
☐	☑	2. A Éric le gusta vivir solo. A Éric no le gusta vivir solo.
☐	☑	3. Según Johnny, hay que ser serio para enamorar a las mujeres. Según Johnny, hay que contarles chistes.
☐	☑	4. Diana se ríe del chiste de Éric. Éric no logra contarle el chiste.
☐	☑	5. Fabiola quiere escuchar la música de Distorsión. Fabiola no la quiere escuchar.
☑	☐	6. Mariela quiere quitarle la camisa al guitarrista de Distorsión.
☐	☑	7. Aguayo preparó el café. Sólo lo sirve, no lo preparó él.
☑	☐	8. Johnny quiere beber café porque no lo preparó Aguayo.

2 Seleccionar Selecciona la respuesta que especifica de qué hablan Johnny y Éric.

1. ¿Qué te pasa? → ¿Qué te pasa __c__?
   a. a Johnny b. al fin de semana c. a ti
2. Tienes que contarles chistes. → Les tienes que contar chistes __b__.
   a. a los amigos b. a todas las chicas c. a Mariela y a Diana
3. Tengo que contárselo a una mujer. → Tengo que contarle a una mujer __a__.
   a. el chiste b. el concierto de rock c. el cuento
4. Temo que se rían cuando se lo cuente. → Temo que __b__ se rían cuando se lo cuente.
   a. Mariela y Aguayo b. las mujeres c. Diana, Fabiola y Mariela
5. No, pero me lo estoy imaginando. → No, pero me estoy imaginando __b__.
   a. el fin de semana b. lo que es vivir solo c. lavar los platos
6. ¿Lo hiciste tú o lo hizo Aguayo? → ¿Hiciste tú __c__ o lo hizo Aguayo?
   a. el boleto b. la taza c. el café

3 Consejos

A. Un amigo le da consejos a Éric para salir con una chica, pero él no acepta ninguno. Lee los consejos y emparéjalos (*match them*) con las respuestas de Éric.

Consejos del amigo	Respuestas de Éric
__d__ 1. ¡Ve con ella al concierto de rock!	a. Siempre me duermo viendo películas.
__c__ 2. Pregúntale si quiere ver el partido.	b. No conozco ninguna discoteca.
__a__ 3. Llévala al cine.	c. No me gustan los deportes.
__e__ 4. Invítala al parque de atracciones.	d. Va a mirar al guitarrista y no a mí.
__b__ 5. Puedes invitarla a bailar.	e. Las alturas (*heights*) me dan miedo.

B. En parejas, preparen cinco recomendaciones más para Éric y dramaticen la situación: uno/a de ustedes es Éric y la otra persona es su amigo/a. Luego intercambien los papeles.

Practice more at **enfoques.vhlcentral.com.**

Ampliación

4 Tu turno

A. Ahora te toca a ti darle consejos a Éric para conquistar a una chica. Escríbele un email con consejos útiles.

De:
Para: Éric <eric@facetas.mx >
Asunto: Consejos

Hola, Éric:
¿Cómo estás?
Me he enterado de que estás teniendo problemas para conquistar a las chicas. Bueno, eso tiene solución: lo primero que tienes que hacer es…

B. Ahora, presenten sus consejos a la clase y decidan cuáles son los mejores consejos.

5 Apuntes culturales En parejas, lean los párrafos y contesten las preguntas.

Piropos para enamorar

Johnny le asegura a Éric que para enamorar a las chicas hay que hacerlas reír. En el mundo hispano, los hombres suelen decirles a las mujeres piropos (*compliments*) graciosos. ¿Piensas que Éric tendrá éxito con este piropo? *"Si la belleza fuera pecado (sin), tú ya estarías en el infierno."* ¿Y qué tal con éste? *"¿Empezó la primavera? Acabo de ver la primera flor."*

La mejor taza de café

A Éric y a Johnny no les gusta el café que prepara Aguayo. Ellos lo prefieren más intenso… ¡a lo cubano! En Cuba, el café se toma fuerte, con mucha azúcar y se sirve en pequeñas tacitas (*little cups*). No puede faltar en el desayuno, ni después de las comidas. No le vendría nada mal al jefe una receta de **café cubano**, ¿verdad?

Café Tacvba

El rock mexicano

Mariela está contenta porque consiguió boletos para un concierto de rock. El rock mexicano se caracteriza por la riqueza de estilos, producida por la fusión con otros ritmos como boleros, rancheras, reggae y jazz. **Maná, Maldita Vecindad** y **Café Tacvba** (pronunciado Café Tacuba) son algunas de las bandas más populares.

1. ¿Existen expresiones similares a los piropos en tu cultura? Da ejemplos.
2. En tu país, ¿cómo se toma el café? ¿Cuándo se toma? ¿Cómo te gusta a ti?
3. ¿Conoces a otros músicos mexicanos y del mundo hispano? ¿A qué género pertenece su música?
4. ¿Fuiste alguna vez a un concierto de rock? ¿A qué banda o cantante viste?

(5) Have students work in pairs to create a dialogue in which Éric tries to use **piropos** to pick up a girl he does not know. Have volunteers share their dialogues with the class. Here are other examples: **¿De qué juguetería te escapaste, muñeca?; ¡Quién fuera reloj para ser dueño de tu tiempo!**

(5) Students will learn more about the coffee industry in Latin America in **Lección 5**. (See *La Ruta del Café*, p. 172.)

Teaching option Play a song or music video from a popular Mexican rock band. Encourage students to share their impressions of the music. Ex: **¿Les gustaría ir a un concierto de este grupo? ¿Dónde se tocaría este tipo de música? ¿Es parecido al rock de tu país? ¿Por qué?**

INSTRUCTIONAL RESOURCES
Supersite/DVD: Flash Cultura; **Supersite:** Script & Translation

En detalle

MÉXICO

Additional Reading

El nuevo CINE MEXICANO

Salma Hayek

México vivió la época dorada de su cine en los años cuarenta. Pasada esa etapa°, la industria cinematográfica mexicana perdió fuerza. Ha tardado casi medio siglo en volver a brillar, pero ahora ha vuelto al panorama internacional con gran vigor°. Este resurgir°, en parte, se debe al apoyo que las instituciones gubernamentales han dado al mundo del cine. En gran medida, también se debe al trabajo de una nueva generación de creadores que ha logrado triunfar en las pantallas de todo el mundo.

En 1992, *Como agua para chocolate* de Alfonso Arau batió° récords de taquilla. Esta película, que puso en imágenes el realismo mágico que tanto éxito tenía en la literatura, despertó el interés por el cine mexicano. Las películas empezaron a disfrutar de una mayor distribución, y muchos directores y actores se convirtieron en estrellas internacionales.

Alejandro González Iñárritu

El éxito también se vio reflejado en el dinero recaudado° y en las nominaciones y los premios° recibidos. Hoy día, los rostros° de Salma Hayek, Gael García Bernal y Diego Luna, entre otros, pueden verse no sólo en el cine, sino también en revistas y programas de televisión de todo el mundo. Muchos artistas alternan su trabajo entre Estados Unidos y México. En el año 2000, el enorme éxito de *Amores perros* impulsó la carrera de su director, Alejandro González Iñárritu, que poco tiempo después dirigió *21 Grams* en tierras estadounidenses. Otros directores que trabajan en los dos países son Guillermo del Toro (*Blade II*, *El laberinto del fauno*, *Hellboy* y *Hellboy II: The Golden Army*) y Alfonso Cuarón. Después del éxito alcanzado° con *Y tu mamá también*, Cuarón dirigió la tercera película de *Harry Potter*. La nueva generación de artistas mexicanos está demostrando que está preparada para reclamar su puesto en el cine mundial. ■

Algunas películas premiadas

Año	Película	Premio
1992	**Como agua para chocolate**	Premio Ariel
1996	**El callejón de los milagros**	Premio Goya
2000	**La ley de Herodes**	Sundance – Premio al Cine Latinoamericano
2000	**Amores perros**	Chicago – Hugo de Oro a la Mejor Película
2001	**Y tu mamá también**	Venecia – Mejor Guión
2007	**El laberinto del fauno**	Tres premios Oscar

etapa *era* **vigor** *energy* **resurgir** *revival* **batió** *broke* **recaudado** *collected* **premios** *awards* **rostros** *faces* **alcanzado** *reached*

Teaching option If there are heritage speakers in the class, ask them if they are familiar with Mexican cinema and if they have any recommendations.

El mundo hispanohablante Ask students: **¿A quién le gusta ver los premios Oscar? ¿A quién no le gusta? ¿Por qué? ¿Qué otros premios y festivales de cine conocen?**

Perfil Have students create a time line of Gael García Bernal's career based on the article.

ASÍ LO DECIMOS

Las diversiones

chido/a (Méx.) *cool*
copado/a (Arg.) *cool*
mola (Esp.) *cool*
guay (Esp.) *cool*
bacanal (Nic.) *cool*

salir de parranda *to go out and have fun*
rumbear (Col. y Ven.) *to go out and have fun*
ir/salir de juerga *to go out and have fun*

la rola (Nic. y Méx.) *song*
el tema *song*
temazo *hit*

EL MUNDO HISPANOHABLANTE

Los premios de cine

Cada año, distintos países hispanoamericanos premian las mejores películas nacionales y extranjeras.

En México, el premio **Ariel** es la máxima distinción otorgada° a los mejores trabajos cinematográficos mexicanos. La estatuilla° representa el triunfo del espíritu y el deseo de ascensión.

En España, los premios más prestigiosos son los **Goya**. La Academia de Artes y Ciencias Cinematográficas de España entrega estos premios a producciones nacionales en un festival en Madrid. Las estatuillas reciben ese nombre por el pintor Francisco de Goya.

Penélope Cruz recibe el premio Goya

En Argentina, el Festival de Cine Internacional de Mar del Plata premia películas nacionales e internacionales. El galardón° se llama **Astor** en homenaje al compositor de tango Astor Piazzolla, quien nació en la ciudad de Mar del Plata.

En Cuba, el Festival Internacional de La Habana entrega los premios **Coral**. Aunque predomina el cine latinoamericano, el festival también convoca a producciones de todas partes del mundo.

PERFIL

GAEL GARCÍA BERNAL

Gael García Bernal es una de las figuras más representativas del cine mexicano contemporáneo. Empieza a actuar en el teatro con tan sólo cinco años, de la mano de sus padres, también actores. Pasa pronto a trabajar en telenovelas°. Siendo adolescente, Gael entra en el mundo del cine. Su intuición y su talento lo llevan a renunciar a la fama fácil y, a los diecisiete años, se va a Londres para estudiar arte dramático. Tres años después, regresa a México lleno de confianza y no se asusta° a la hora de representar ningún papel, por controvertido o difícil que sea. A partir de ese momento, participa en algunas de las películas más emblemáticas del cine en español de los últimos años: *Amores perros*, *Y tu mamá también* y *Diarios de motocicleta*. Actualmente, Gael trabaja también del otro lado de las cámaras como director y productor, y participa activamente en la promoción del cine mexicano.

"Es muy importante que el cine latino se mantenga muy específico, pero que al mismo tiempo sus temas sean universales." (Alfonso Cuarón)

Conexión Internet

¿Qué función tiene el Instituto Mexicano de Cinematografía?

To research this topic, go to **enfoques.vhlcentral.com.**

telenovelas *soap operas* **no se asusta** *doesn't get scared*
otorgada *given* **estatuilla** *statuette* **galardón** *award*

¿Qué aprendiste?

1 ¿Cierto o falso? Indica si estas afirmaciones son **ciertas** o **falsas**. Corrige las falsas.

1. La época dorada del cine mexicano fue en los años cincuenta. Falso. La época dorada del cine mexicano fue en los años cuarenta.
2. El gobierno mexicano ha apoyado los nuevos proyectos de cine. Cierto.
3. El director de *Como agua para chocolate* es Diego Luna. Falso. El director de *Como agua para chocolate* es Alfonso Arau.
4. El éxito de *Como agua para chocolate* despertó el interés por el cine mexicano. Cierto.
5. Los artistas mexicanos van a Estados Unidos y no vuelven a trabajar en su país. Falso. Normalmente alternan su trabajo entre los dos países.
6. La película *Amores perros* es del año 2002. Falso. La película *Amores perros* es del año 2000.
7. Alfonso Cuarón dirigió *21 Grams*. Falso. Alejandro González Iñárritu dirigió *21 Grams*.
8. Guillermo del Toro actuó en *El laberinto del fauno*. Falso. Guillermo del Toro dirigió *El laberinto del fauno*.

2 Completar Completa las oraciones.

1. Los premios del Festival Internacional de La Habana se llaman __Coral__.
2. Los premios Astor se entregan en la ciudad argentina de __Mar del Plata__.
3. Los premios cinematográficos más prestigiosos de España son los __Goya__.
4. A los jóvenes venezolanos les gusta salir a __rumbear__.
5. Cuando una canción tiene mucho éxito, se dice que es un __temazo__.

3 Preguntas Contesta las preguntas con oraciones completas. Some answers will vary.

1. ¿A qué se dedican los padres de Gael García Bernal? Los padres de Gael García Bernal también son actores.
2. ¿A qué edad comenzó a trabajar como actor Gael García Bernal? Comenzó a trabajar como actor cuando tenía cinco años.
3. ¿Qué hizo en Londres Gael García Bernal? Estudió arte dramático.
4. ¿Gael García Bernal evita los papeles controvertidos? No, no teme actuar en papeles controvertidos o difíciles.
5. ¿Qué otras actividades relacionadas con el cine realiza Gael García Bernal además de actuar? También es director y productor, y trabaja para promover el cine mexicano.
6. Según Alfonso Cuarón, ¿cómo deben ser los temas del cine latino? Los temas deben ser específicos y al mismo tiempo universales.
7. ¿Crees que es positivo que directores y actores de habla hispana se muden (*move*) a Hollywood? ¿Por qué?
8. Cuando decides ver una película, ¿qué factores tienes en cuenta? ¿Por qué?

4 Opiniones En parejas, escriban en qué se diferencian y en qué se parecen el cine de Hollywood y el cine internacional. Usen estas preguntas como guía.

- ¿Cuáles son las carecterísticas de cada tipo de cine?
- ¿En qué tipo de cine se invierte más dinero?
- ¿Qué diferencias hay entre el perfil de los actores de Hollywoood y el perfil de los actores internacionales? ¿En qué se parecen?

Practice more at **enfoques.vhlcentral.com.**

PROYECTO

María Félix

La época de oro

Durante la época de oro del cine mexicano, actores como María Félix o Pedro Infante, y directores como Emilio Fernández e Ismael Rodríguez llevaron el acento mexicano más allá de sus fronteras.

Investiga sobre uno de estos artistas y escribe una biografía de tres párrafos.

Debes incluir:

- datos biográficos
- trabajos principales del/de la artista
- contribución al cine mexicano

Siguiendo el estilo usado en el perfil de Gael García Bernal, escribe tu texto usando el tiempo presente.

(2) For an additional comprehension check, ask related questions about each activity item. Ex: **1. ¿En qué país se dan los Premios Goya? ¿Y el Ariel? 2. ¿Qué premio de cine se da en Madrid? ¿Y en Argentina?**

(4) Before completing the activity, ask volunteers to name foreign films they have seen. Encourage heritage speakers to describe films from their families' home countries.
Proyecto Have students use at least five new vocabulary words in their biographies.

El cine mexicano

Ya has leído sobre el cine mexicano, su época dorada y su resurgimiento en los últimos años. Ahora mira este episodio de **Flash Cultura** para conocer cómo se promueve actualmente el cine en ese país.

VOCABULARIO ÚTIL

el auge *boom, peak*	**el guión** *script*
el ciclo *series*	**la muestra** *festival*
difundir *to spread*	**la sala** *movie theater*
fomentar *to promote*	**tener un papel** *to play a role*

Preparación ¿Te gusta ir al cine? ¿Qué clase de películas prefieres ver? ¿Eres aficionado/a a algún género en especial?

Comprensión Indica si estas afirmaciones son ciertas o falsas. Después, en parejas, corrijan las falsas.

1. A los mexicanos no les gustan las películas nacionales, sino solamente las norteamericanas. Falso. A los mexicanos les gustan las películas nacionales y también las norteamericanas.
2. La Cineteca es una cadena de cines con salas en todo el país. Falso. La Cineteca es una espacio específico para los amantes del Séptimo Arte.
3. Cuando van al cine, los mexicanos comen palomitas. Cierto.
4. En los ciclos, se presentan películas de un solo tema o un solo director. Cierto.
5. El Instituto Mexicano de Cinematografía tiene como objetivo hacer famosos a los actores mexicanos. Falso. Tiene como objetivo fomentar la producción de películas mexicanas, realizar coproducciones con otros países y apoyar la promoción del cine de México en todo el mundo.
6. En el año 1989, el cine mexicano no tenía salas ni público en México. Cierto.

Expansión En parejas, contesten estas preguntas.

- ¿Te molesta tener que leer subtítulos en la pantalla cuando miras películas extranjeras?
- ¿Te sorprende que una película pueda ser un "hijo creativo", como dice la actriz Vanesa Bauche? Justifica tu respuesta.
- ¿Es importante para el cine de un país tener identidad propia? ¿Cómo se logra eso? Piensen en películas estadounidenses que cumplan con esas características y hagan una lista.

Practice more at **enfoques.vhlcentral.com.**

Corresponsal: Carlos López
País: México

En la Muestra Internacional de Cine que se lleva a cabo° en otoño, se presentan películas de todo el mundo.

La Cineteca cuenta con° el Centro de Documentación e Investigación, donde puedes encontrar 9 mil libros, 5 mil guiones inéditos° y 20 años de notas de prensa.

Las películas de este país se han vuelto realmente importantes gracias al trabajo de... actores y actrices como Salma Hayek, Gael García Bernal y Diego Luna, entre muchos otros.

se lleva a cabo *takes place* **cuenta con** *has* **guiones inéditos** *unpublished scripts*

INSTRUCTIONAL RESOURCES
Supersite: Textbook/SAM AK, Lab MP3s, Audioscripts
SAM/WebSAM: WB, LM

TALLER DE CONSULTA

MANUAL DE GRAMÁTICA
Más práctica

Más gramática

¡ATENCIÓN!

Lo can be used to refer to a thing or idea that has no gender.

—¿Vas a aceptar la oferta?
—Lo voy a pensar.

—*Are you going to accept the offer?*
—*I'll think about it.*

The neuter **lo** is covered in detail in **9.3**, p. 342.

¡ATENCIÓN!

It is standard usage in Spanish to repeat the indirect object.

Esta noche **le** voy a quitar la camisa **al guitarrista**.

Les regalé boletos **a mis amigos.**

Point out that direct and indirect object pronouns differ only in the **Ud./él/ella** and **Uds./ellos/ellas** forms.

2.1 Object pronouns

- Pronouns are words that take the place of nouns. Direct object pronouns replace the noun that directly receives the action of the verb. Indirect object pronouns identify *to whom/what* or *for whom* an action is done.

Indirect object pronouns		Direct object pronouns	
me	**nos**	**me**	**nos**
te	**os**	**te**	**os**
le	**les**	**lo/la**	**los/las**

Position of object pronouns

- Direct and indirect object pronouns (**los pronombres de complemento directo e indirecto**) precede the conjugated verb.

INDIRECT OBJECT	DIRECT OBJECT
Carla siempre **me** da entradas para el teatro. *Carla always gives me tickets to the theater.*	Ella **las** consigue gratis. *She gets them for free.*
No **le** compro más juegos de mesa. *I'm not buying him any more board games.*	Nunca **los** juega. *He never plays them.*

- When the verb is an infinitive construction, object pronouns may either be attached to the infinitive or placed before the conjugated verb.

INDIRECT OBJECT	DIRECT OBJECT
Vamos a dar**le** un regalo. **Le** vamos a dar un regalo.	Voy a hacer**lo** enseguida. **Lo** voy a hacer enseguida.
Tienes que hablar**nos** de la película. **Nos** tienes que hablar de la película.	Van a ver**la** mañana. **La** van a ver mañana.

- When the verb is progressive form, object pronouns may either be attached to the present participle or placed before the conjugated verb.

INDIRECT OBJECT	DIRECT OBJECT
Pedro está cantándo**me** una canción. Pedro **me** está cantando una canción.	Está cantándo**la** muy mal. **La** está cantando muy mal.

Double object pronouns

- The indirect object pronoun precedes the direct object pronoun when they are used together in a sentence.

Me mandaron **los boletos** por correo.
Te exijo **una respuesta** ahora mismo.

Me los mandaron por correo.
Te la exijo ahora mismo.

- **Le** and **les** change to **se** when they are used with **lo**, **la**, **los**, or **las**.

Le da **los libros** a Ricardo.
Le enseña **las invitaciones** a Elena.

Se los da.
Se las enseña.

Prepositional pronouns

Prepositional pronouns			
mí *me; myself*	**él** *him; it*	**nosotros/as** *us; ourselves*	**ellos** *them*
ti *you; yourself*	**ella** *her; it*	**vosotros/as** *you; yourselves*	**ellas** *them*
Ud. *you; yourself*	**sí** *himself; herself; itself*	**Uds.** *you; yourselves*	**sí** *themselves*
sí *yourself (formal)*		**sí** *yourselves (formal)*	

- Prepositional pronouns function as the objects of prepositions. Except for **mí**, **ti**, and **sí**, these pronouns are the same as the subject pronouns.

¿Qué piensas de **ella**? — Ay, mi amor, sólo pienso en **ti**.
¿Lo compraron para **mí** o para Javier? — Lo compramos para **él**.

- The indirect object can be repeated with the construction **a** + *[prepositional pronoun]* to provide clarity or emphasis.

¿Te gusta aquel cantante? — ¡**A mí** me fascina!
¿A quién se lo dieron? — Se lo dieron **a ella**.

- The adjective **mismo(s)/a(s)** is usually added to clarify or emphasize the relationship between the subject and the object.

José se lo regaló a **él**.
José gave it to him (someone else).

José se lo regaló a **sí mismo**.
José gave it to himself.

- When **mí**, **ti**, and **sí** are used with **con**, they become **conmigo**, **contigo**, and **consigo**.

¿Quieres ir **conmigo** al parque de atracciones?
Do you want to go to the amusement park with me?

Laura siempre lleva su computadora portátil **consigo**.
Laura always brings her laptop with her.

- These prepositions are used with **tú** and **yo** instead of **mí** and **ti**: **entre**, **excepto**, **incluso**, **menos**, **salvo**, **según**.

Todos están de acuerdo **menos tú** y **yo**.
Everyone is in agreement except you and me.

Entre tú y **yo**, Juan me cae mal.
Between you and me, I can't stand Juan.

¡ATENCIÓN!

When object pronouns are attached to infinitives, participles, or commands, a written accent is often required to maintain proper word stress.

Infinitive
cantármela

Present participle
escribiéndole

Command
acompáñeme

For more information on using object pronouns with commands, see **4.2**, pp. 140–141.

Teach students the mnemonic device "ID" in order to remember that indirect object pronouns always precede direct object pronouns.

Point out that **mismo/a(s)** may be used with any prepositional pronoun, not just the third person.
Ex: **Hablo de mí misma.**

When **excepto, incluso, menos,** and **salvo** are followed by another preposition, use **mí** and **ti**.

Todos comen pizza excepto tú. but
Voy a comprar pizza para todos excepto para ti.

Práctica

TALLER DE CONSULTA

MANUAL DE GRAMÁTICA
Más práctica

2.1 Object pronouns, p. A11

① Model the exercise by commenting on different students. Ex: **Siempre veo a Joe en el café estudiantil. Lo veo a él y a su novia.**

1 **Dos buenas amigas** **Dos amigas, Rosa y Marina, están en un café hablando de unos conocidos. Selecciona las personas de la lista que corresponden a los pronombres subrayados (*underlined*).**

a Antoñito	**a mí**
a Antoñito y a Maite	**a nosotras**
a Maite	**a ti**
a ustedes	

ROSA Siempre <u>lo</u>(1) veo bailando en la discoteca Club 49.
MARINA ¿<u>Te</u>(2) saluda?
ROSA Nunca. Yo creo que no <u>me</u>(3) saluda porque tiene miedo de que se lo diga a su novia.
MARINA ¿Su novia? Hace siglos que no sé nada de ella. Un día de éstos <u>la</u>(4) tengo que llamar.
ROSA ¿Quieres que <u>los</u>(5) invitemos a ir con nosotras a la fiesta del viernes?
MARINA Sí. Es una buena idea. A ver qué <u>nos</u>(6) dice Antoñito de su afición a las discotecas.

1. a Antoñito
2. a ti
3. a mí
4. a Maite
5. a Antoñito y a Maite
6. a nosotras

② Have the students rewrite the dialogue as a narrative.

2 **Una pareja menos** **Completa las oraciones con una de estas expresiones: conmigo, contigo, consigo.**

ANTOÑITO Ya estamos otra vez. (1) Contigo siempre tengo problemas.
MAITE ¿Qué te crees tú? ¿Que yo siempre me divierto (2) contigo?
ANTOÑITO Tú eres la que siempre quiere ir (3) conmigo a la discoteca.
MAITE Eso no es verdad. A mí no me gusta salir (4) contigo. ¡Ni loca!
ANTOÑITO No te preocupes. Muchas chicas quieren estar (5) conmigo. Siempre veo a Rosa en el Club 49. A ella seguro que le gusta.
MAITE ¿A Rosa? A ella no le gusta ni estar (6) consigo misma. ¡Es una falsa!

③ Pair up the students. Have them write a list of five suggestions they would make about you to future students. Then ask different students to read their suggestions aloud.

3 **Una fiesta muy ruidosa** **Martín y Luisa han organizado una fiesta muy ruidosa (*noisy*) en su casa y un vecino ha llamado a la policía. El policía les aconseja lo que deben hacer para evitar más problemas. Reescribe los consejos cambiando las palabras subrayadas por los pronombres de complemento directo e indirecto correctos.**

1. Traten amablemente <u>a la policía</u>. Trátenla amablemente.
2. Tienen que pedirle <u>perdón a sus vecinos</u>. Tienen que pedírselo./Se lo tienen que pedir.
3. No pueden contratar <u>a un grupo musical</u> sin permiso. No pueden contratarlo sin permiso./No lo pueden contratar sin permiso.
4. Tienen que poner <u>la música</u> muy baja. Tienen que ponerla muy baja./La tienen que poner muy baja.
5. No deben servirles <u>bebidas alcohólicas a los menores de edad</u>. No deben servírselas./No se las deben servir.
6. No pueden organizar <u>fiestas</u> nunca más. No pueden organizarlas nunca más./No las pueden organizar nunca más.

Practice more at **enfoques.vhlcentral.com.**

Comunicación

4 **La fiesta** En parejas, túrnense para contestar las preguntas usando pronombres de complemento directo o indirecto según sea necesario.

1. ¿Te gusta organizar fiestas? ¿Cuándo fue la última vez que organizaste una? ¿Por qué la organizaste?
2. ¿Invitaste a muchas personas? ¿A quiénes invitaste?
3. ¿Qué tipo de música escucharon? ¿Bailaron también?
4. ¿Qué les ofreciste de comer a los invitados en tu fiesta?
5. ¿Trajeron algo? ¿Qué trajeron? ¿Para quién?

5 **¿En qué piensas?** Piensa en algunos de los objetos típicos que ves en la clase o en tu casa (un cuadro, una maleta, un mapa, etc.). Tu compañero/a debe adivinar el objeto que tienes en mente haciéndote preguntas con pronombres.

MODELO **Tú piensas en: un libro**
—Estoy pensando en algo que uso para estudiar.
—¿Lo usas mucho?
—Sí, lo uso para aprender español.
—¿Lo compraste?
—Sí, lo compré en una librería.

6 **Una persona famosa** En parejas, escriban una entrevista con una persona famosa. Utilicen estas cinco preguntas y escriban cuatro más. Incluyan pronombres en las respuestas. Después, representen la entrevista ante la clase.

MODELO **—¿Quién prepara la comida en tu casa?**
—Mi cocinero la prepara.

1. ¿Visitas frecuentemente a tus amigos/as?
2. ¿Ves mucho la televisión?
3. ¿Quién conduce tu carro?
4. ¿Preparas tus maletas cuando viajas?
5. ¿Evitas a los fotógrafos?

7 **Fama** María Estela Pérez es una actriz de cine que debe encontrarse con sus *fans,* pero, como no sabe dónde dejó su agenda, no recuerda a qué hora es el encuentro. En grupos de cuatro, miren la ilustración e inventen una historia inspirándose en ella. Utilicen por lo menos cinco pronombres de complemento directo e indirecto.

4 Call on students to summarize their partners' responses.

4 Have students work in pairs to create three more questions with direct and indirect pronouns. Then have them trade questions with another pair and answer them.

5 As a variant, divide the class into two teams and play the same game. You may wish to have them draw from a bag of names to ensure that both masculine and feminine, singular and plural object pronouns are used.

6 Preview the exercise by asking students similar questions about their own lives.

2.2 *Gustar* and similar verbs

INSTRUCTIONAL RESOURCES
Supersite: Textbook/SAM AK, Lab MP3s, Audioscripts
SAM/WebSAM: WB, LM

Me encanta el grupo Distorsión.

No me gusta nada la música rock.

To preview the material, ask students questions using **gustar**, **encantar**, and **molestar**. Emphasize the use of the indirect object pronoun in the questions.

Briefly review indirect object pronouns and remind students that they describe to whom or for whom an action is performed. See **2.1**, pp. 54–55.

Explain that subject pronouns like **yo** are not usually used with verbs like **gustar**. Point out that **Yo me gusta** is never correct.

- Though **gustar** is translated as *to like* in English, its literal meaning is *to please*. **Gustar** is preceded by an indirect object pronoun indicating *the person who is pleased*. It is followed by a noun indicating *the thing or person that pleases*.

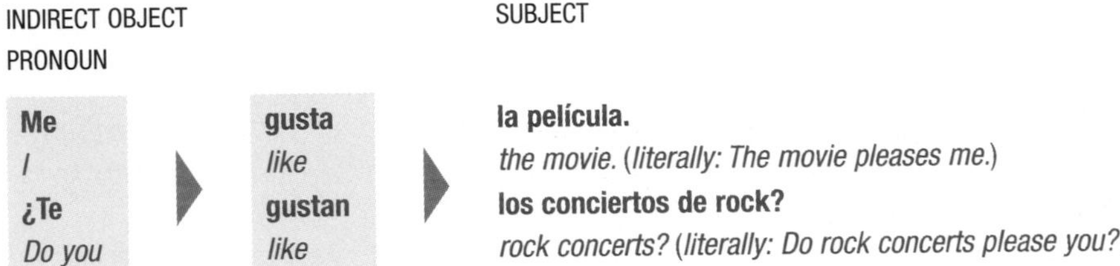

INDIRECT OBJECT PRONOUN		SUBJECT
Me	**gusta**	**la película.**
I	*like*	*the movie.* (*literally: The movie pleases me.*)
¿Te	**gustan**	**los conciertos de rock?**
Do you	*like*	*rock concerts?* (*literally: Do rock concerts please you?*)

- Because *the thing or person that pleases* is the subject, **gustar** agrees in person and number with it. Most commonly the subject is third person singular or plural.

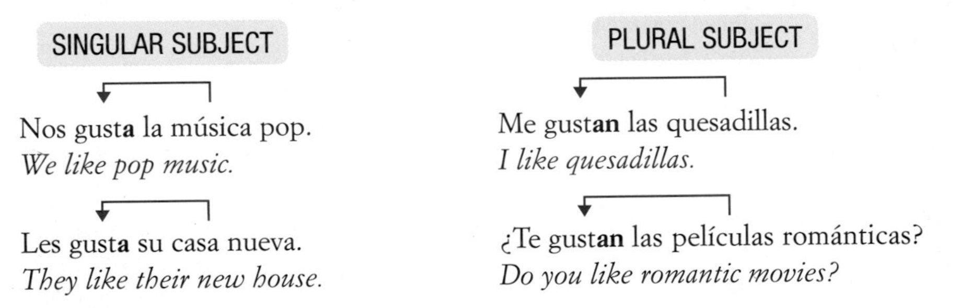

SINGULAR SUBJECT	PLURAL SUBJECT
Nos gust**a** la música pop.	Me gust**an** las quesadillas.
We like pop music.	*I like quesadillas.*
Les gust**a** su casa nueva.	¿Te gust**an** las películas románticas?
They like their new house.	*Do you like romantic movies?*

- When **gustar** is followed by one or more verbs in the infinitive, the singular form of **gustar** is always used.

No nos **gusta** llegar tarde.
We don't like to arrive late.

Les **gusta** cantar y bailar.
They like to sing and dance.

- **Gustar** is often used in the conditional (**me gustaría**, etc.) to soften a request.

Me **gustaría** un refresco con hielo, por favor.
I would like a soda with ice, please.

¿Te **gustaría** salir a cenar esta noche conmigo?
Would you like to go out to dinner with me tonight?

Verbs like *gustar*

- Many verbs follow the same pattern as **gustar**.

aburrir *to bore*	**hacer falta** *to miss*
caer bien/mal *to get along well/badly with*	**importar** *to be important to; to matter*
disgustar *to upset*	**interesar** *to be interesting to; to interest*
doler *to hurt; to ache*	**molestar** *to bother; to annoy*
encantar *to like very much*	**preocupar** *to worry*
faltar *to lack; to need*	**quedar** *to be left over; to fit (clothing)*
fascinar *to fascinate; to like very much*	**sorprender** *to surprise*

¡**Me fascina** el álbum!
I love the album!

A Sandra **le disgusta** esa situación.
That situation upsets Sandra.

¿**Te molesta** si voy contigo?
Will it bother you if I come along?

Le duelen las rodillas.
Her knees hurt.

- The indirect object can be repeated using the construction **a** + [*prepositional pronoun*] or **a** + [*noun*]. This construction allows the speaker to emphasize or clarify who is pleased, bothered, etc.

A ella no le gusta bailar, pero **a él** sí.
She doesn't like to dance, but he does.

A Felipe le molesta ir de compras.
Shopping bothers Felipe.

- **Faltar** expresses what someone or something lacks and **quedar** what someone or something has left. **Quedar** is also used to talk about how clothing fits or looks on someone.

Le falta dinero.
He's short of money.

A la impresora no **le queda** papel.
The printer is out of paper.

Me faltan dos pesos.
I need two pesos.

Esa falda **te queda** bien.
That skirt fits you well.

¿Qué te hace falta en la vida?
Discoteca Paladio

To introduce verbs like **gustar**, ask students questions. Ex: **¿Les importan mucho sus calificaciones en esta clase? ¿Cuántas semanas quedan para el final del semestre?**

Point out that the reflexive verb **quedarse** (*to stay*) has a different meaning than **quedar** (*to fit; to arrange; to meet*).

Práctica

TALLER DE CONSULTA

MANUAL DE GRAMÁTICA
Más práctica

2.2 **Gustar** and similar verbs, p. A12

1 For additional practice, call on volunteers to describe Miguel and César's problems. Ex: **A Miguel le encanta vivir con César, pero le preocupan algunas cosas.**

1 For additional practice, write a list of verbs like **gustar** on the board. Have students use at least three of the verbs to add to the dialogue, describing more problems between Miguel and César.

2 Call on volunteers to give their partners' response. Ex: **Según tu compañero/a, ¿qué le preocupa al presidente?** Ask the class: **¿Están ustedes de acuerdo?**

3 Remind students that the conditional is often used with verbs like **gustar** to soften a request. Ex: **¿Te interesaría ir al gimnasio?** *Would you be interested in going to the gym?*

1 Completar Miguel y César son compañeros de cuarto y tienen algunos problemas. Hoy se han reunido para discutirlos. Completa su conversación con la forma correcta de los verbos entre paréntesis.

MIGUEL Mira, César, a mí (1) ___me encanta___ (encantar) vivir contigo, pero la verdad es que (2) ___me preocupan___ (preocupar) algunas cosas.

CÉSAR De acuerdo. A mí también (3) ___me disgustan___ (disgustar) algunas cosas de ti.

MIGUEL Bueno, para empezar no (4) ___me gusta___ (gustar) que pongas la música tan alta cuando vienen tus amigos. Tus amigos (5) ___me caen___ (caer) muy bien, pero, a veces, hacen mucho ruido y no me dejan dormir.

CÉSAR Sí, claro, lo entiendo. Pues mira, Miguel, a mí (6) ___me molesta___ (molestar) que no laves los platos después de comer. Además, tampoco sacas la basura.

MIGUEL Es verdad. Pues... vamos a intentar cambiar estas cosas. ¿Te parece?

CÉSAR ¡(7) ___Me fascina___ (fascinar) la idea! Yo bajo la música cuando vengan mis amigos y tú lavas los platos y sacas la basura más a menudo. ¿De acuerdo?

2 Preguntar Túrnense para hacerse preguntas sobre estos temas siguiendo el modelo.

MODELO **a tu padre / fascinar**
—¿Qué crees que le fascina a tu padre?
—Pues, no sé. Creo que le fascina dormir.

1. al presidente / preocupar
2. a tu hermano/a / encantar
3. a ti / fascinar
4. a tus padres / gustar
5. a tu profesor(a) de español / disgustar
6. a ustedes / importar
7. a tu novio/a / molestar
8. a tu compañero/a de clase / faltar

3 Conversar En parejas, pregúntense si les gustaría hacer las actividades relacionadas con las fotos. Utilicen los verbos **aburrir, disgustar, encantar, fascinar, interesar** y **molestar**. Sigan el modelo.

MODELO —¿Te molestaría ir al parque de atracciones?
—No, me encantaría.

 Practice more at **enfoques.vhlcentral.com.**

Comunicación

4 **Extrañas aficiones** Trabajen en grupos de cuatro. Miren las ilustraciones e imaginen qué les gusta, interesa o molesta a estas personas.

1. 

2. 

3. 

4. 

5 **¿Qué te gusta?** En parejas, pregúntense si les gustan o no las personas, cosas y actividades de la lista. Utilicen verbos similares a **gustar** y contesten las preguntas.

Penélope Cruz	**dormir los fines de semana**
salir con tus amigos	**hacer bromas**
las películas de misterio	**los discos de Christina Aguilera**
practicar algún deporte	**ir a discotecas**
Javier Bardem	**las películas extranjeras**

6 **¿A quién le gusta?** Trabajen en grupos de cuatro.

A. Preparen una lista de cinco pasatiempos y cinco lugares de recreo. Luego circulen por la clase para ver a quiénes les gustan los lugares y las actividades de la lista.

B. Ahora escriban un párrafo breve para describir los gustos de sus compañeros. Utilicen **gustar** y otros verbos similares. Compartan su párrafo con la clase.

MODELO A Luisa y a Simón les fascina el restaurante Acapulco, pero a Celia no le gusta. A todos nos gusta ir al cine, menos a Carlos, porque…

(4) Model the activity by doing the first illustration as a class. Ex: **A mi abuela Clotilde le fascina salir a pasear en su motocicleta, pero a ella le molesta cuando...**

(4) For additional practice, have students repeat the activity with pictures from magazines or newspapers.

(5) Take a survey of students' answers and write the results on the board.

(6) Part B: Have groups do a peer-edit of each other's paragraphs before sharing them with the class.

INSTRUCTIONAL RESOURCES
Supersite: Textbook/SAM AK, Lab MP3s, Audioscripts
SAM/WebSAM: WB, LM

Remind students that most reflexive verbs in Spanish do not require reflexive pronouns (*myself, yourself,* etc.) in English. Ex: **Jaime se despertó.** *Jaime woke up.* However, English does make frequent use of possessive adjectives, where in Spanish a definite article would be used. Ex: **Me pongo los zapatos.** *I'm putting on my shoes.*

2.3 Reflexive verbs

- In a reflexive construction, the subject of the verb both performs and receives the action. Reflexive verbs (**verbos reflexivos**) always use reflexive pronouns (**me**, **te**, **se**, **nos**, **os**, **se**).

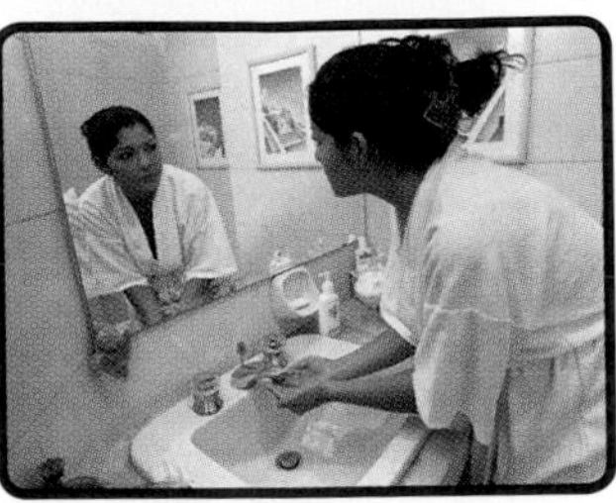

Reflexive verbs

Elena **se lava** la cara.

Non-reflexive verb

Elena **lava** los platos.

Reflexive verbs	
lavarse *to wash (oneself)*	
yo	**me lavo**
tú	**te lavas**
Ud./él/ella	**se lava**
nosotros/as	**nos lavamos**
vosotros/as	**os laváis**
Uds./ellos/ellas	**se lavan**

- Many of the verbs used to describe daily routines and personal care are reflexive.

acostarse (o:ue) *to go to bed*
afeitarse *to shave*
bañarse *to take a bath*
cepillarse *to brush (hair/teeth)*
despertarse (e:ie) *to wake up*
dormirse (o:ue) *to fall sleep*
ducharse *to take a shower*
lavarse *to wash (oneself)*
levantarse *to get up*
maquillarse *to put on make-up*
peinarse *to comb (one's hair)*
ponerse *to put on (clothing)*
quitarse *to take off (clothing)*
secarse *to dry off*
vestirse (e:i) *to get dressed*

- In Spanish, most transitive verbs can also be used as reflexive verbs to indicate that the subject performs the action to or for himself or herself.

Félix **divirtió** a los invitados con sus chistes.
Félix amused the guests with his jokes.

Félix **se divirtió** en la fiesta.
Félix had fun at the party.

Ana **acostó** a los gemelos antes de las nueve.
Ana put the twins to bed before nine.

Ana **se acostó** muy tarde.
Ana went to bed very late.

¡ATENCIÓN!

A transitive verb is one that takes a direct object.

Mariela compró dos boletos.
Mariela bought two tickets.

Johnny contó un chiste.
Johnny told a joke.

- Many verbs change meaning when they are used with a reflexive pronoun.

aburrir *to bore*	**aburrirse** *to get bored*
acordar (o:ue) *to agree*	**acordarse (de) (o:ue)** *to remember*
comer *to eat*	**comerse** *to eat up*
dormir (o:ue) *to sleep*	**dormirse (o:ue)** *to fall asleep*
ir *to go*	**irse (de)** *to go away (from)*
llevar *to carry*	**llevarse** *to carry away*
mudar *to change*	**mudarse** *to move (change residence)*
parecer *to seem*	**parecerse (a)** *to resemble; to look like*
poner *to put*	**ponerse** *to put on (clothing, make-up)*
quitar *to take away*	**quitarse** *to take off (clothing)*

Write several sentence pairs on the board to illustrate the differences in meaning. Ex: **Pareces cansado.** *You seem tired.* **Te pareces a tu madre.** *You look like your mother.*

- Some Spanish verbs and expressions are used in the reflexive even though their English equivalents may not be. Many of these are followed by the prepositions **a**, **de**, and **en**.

acercarse (a) *to approach*	**fijarse (en)** *to take notice (of)*
arrepentirse (de) (e:ie) *to regret*	**morirse (de) (o:ue)** *to die (of)*
atreverse (a) *to dare (to)*	**olvidarse (de)** *to forget (about)*
convertirse (en) (e:ie) *to become*	**preocuparse (por)** *to worry (about)*
darse cuenta (de) *to realize*	**quejarse (de)** *to complain (about)*
enterarse (de) *to find out (about)*	**sorprenderse (de)** *to be surprised (about)*

Have the class play charades using the reflexive verbs listed on pp. 62–63.

- *To get* or *to become* is frequently expressed in Spanish by the reflexive verb **ponerse** + [*adjective*].

Pilar **se pone** muy nerviosa antes del torneo.
Pilar gets very nervous before the tournament.

Si no duermo bien, **me pongo insoportable**.
If I don't sleep well, I become unbearable.

¡ATENCIÓN!

Hacerse and **volverse** can also mean *to become*.

Se ha hecho cantante.
He has become a singer.

¿**Te has vuelto** loco/a?
Have you gone mad?

- In the plural, reflexive verbs can express reciprocal actions done *to one another*.

Los dos equipos **se saludan** antes de comenzar el partido.
The two teams greet each other at the start of the game.

¡Los entrenadores **se están peleando** otra vez!
The coaches are fighting again!

The use of **se** with indirect object pronouns to express unplanned events is covered in **11.2**, pp. 410–411. Ex: **Se me perdieron las llaves.**

- The reflexive pronoun precedes the direct object pronoun when they are used together in a sentence.

¿**Te** comiste el pastel?
Did you eat the whole cake?

Sí, **me lo** comí.
Yes, I ate it all up.

¡ATENCIÓN!

When used with infinitives and present participles, reflexive pronouns follow the same rules of placement as object pronouns. See **2.1**, pp. 54–55.

Práctica

TALLER DE CONSULTA

MANUAL DE GRAMÁTICA
Más práctica

2.3 Reflexive verbs, p. A13

(1) For additional practice, ask students about their own schedules. Ex: **¿A qué hora te levantas? ¿Quién se maquilla?**

(2) Tell students to imagine that Silvia's grandfather is 103 years old. Have them describe his Saturday schedule.

1 Los lunes por la mañana Completa el párrafo sobre lo que hacen Carlos y su esposa Elena los lunes por la mañana. Utiliza la forma correcta de los verbos reflexivos correspondientes.

acostarse	irse	ponerse
afeitarse	lavarse	quitarse
cepillarse	levantarse	secarse
ducharse	maquillarse	vestirse

Los domingos por la noche, Carlos y Elena (1) __se acuestan__ tarde y por la mañana tardan mucho en despertarse. Carlos es el que (2) __se levanta__ primero, (3) __se quita__ el pijama y (4) __se ducha__ con agua fría. Después, Carlos (5) __se afeita__ la barba. Cuando Carlos termina, Elena entra al baño. Mientras ella termina de ducharse, de (6) __secarse__ el pelo y de (7) __maquillarse__, Carlos prepara el desayuno. Cuando Elena está lista, Carlos y ella desayunan, luego (8) __se cepillan__ los dientes y (9) __se lavan__ las manos. Después, los dos (10) __se visten__ con ropa elegante y (11) __se van__ al trabajo. Carlos (12) __se pone__ la corbata en el carro; Elena maneja.

2 Todos los sábados

A. En parejas, describan la rutina que sigue Silvia todos los sábados, según los dibujos.
Sample answers.

1. 

Se levanta/despierta a las nueve.

2. 

Se baña a las diez.

3. 

Se viste a las once menos cuarto.

4. 

Se maquilla a las doce menos diez.

B. ¿Qué hacen los sábados por la mañana los amigos y familiares de Silvia? Imaginen sus rutinas. Utilicen verbos reflexivos y sean creativos.

 Practice more at **enfoques.vhlcentral.com.**

Comunicación

NATIONAL communication STANDARDS

3 **¿Y tú?** En parejas, túrnense para hacerse las preguntas. Contesten con oraciones completas y expliquen sus respuestas.

1. ¿A qué hora te despiertas normalmente los sábados por la mañana? ¿Por qué?
2. ¿Te duermes en las clases?
3. ¿A qué hora te acuestas normalmente los fines de semana?
4. ¿A qué hora te duchas durante la semana?
5. ¿Te levantas siempre a la misma hora que te despiertas? ¿Por qué?
6. ¿Qué te pones para salir los fines de semana? ¿Y tus amigos/as?
7. ¿Cuándo te vistes elegantemente?
8. ¿Te diviertes cuando vas a una fiesta? ¿Y cuando vas a una reunión familiar?
9. ¿Te fijas en la ropa que lleva la gente?
10. ¿Te preocupas por tu imagen?

11. ¿De qué se quejan tus amigos/as normalmente? ¿Y tus padres u otros miembros de la familia?
12. ¿Conoces a alguien que se preocupe constantemente por todo?
13. ¿Te arrepientes a menudo de las cosas que haces?
14. ¿Te peleas con tus amigos/as? ¿Y con tu novio/a?
15. ¿Te sorprende alguna costumbre o hábito de tus amigos/as?

③ Call on students to report their partners' responses.

4 **Síntesis** Imagina que estás en un café y que ves a tu antiguo/a novio/a coqueteando con alguien. ¿Qué haces? Trabajen en grupos para representar la escena. Utilicen por lo menos cinco verbos de la lista y cinco pronombres de complemento directo e indirecto.

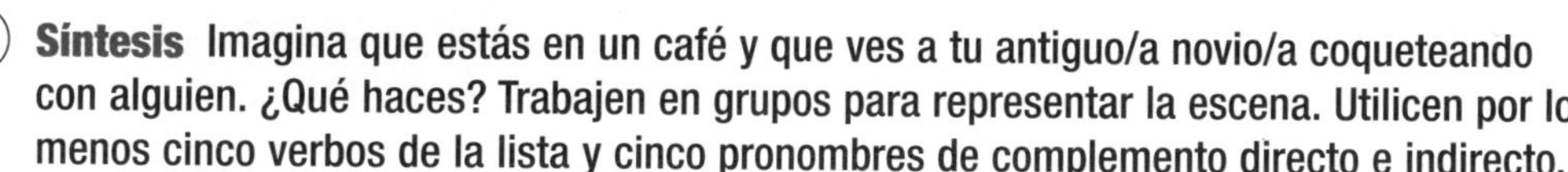

acercarse	darse cuenta	hacer falta	olvidarse
arrepentirse	disgustar	interesar	preocuparse
caer bien/mal	gustar	irse	sorprender

④ As a follow-up writing assignment, have students write an e-mail to send to their ex.

INSTRUCTIONAL RESOURCES
Supersite/DVD: Film Collection
Supersite: Script & Translation

Tell students that they are about to watch an example of **el nuevo cine mexicano** that they learned about on pp. 50–51.

Variación léxica
el Mundial ⟷ la Copa Mundial
el balón ⟷ la pelota

① Have different volunteers read the commentaries aloud as if they were sports radio announcers. Then have the class vote on the best announcers.

② Before beginning the activity, survey the class on their favorite sports to play and/or watch.

Antes de ver el corto

ESPÍRITU DEPORTIVO

país México
duración 11 minutos

director Javier Bourges
protagonistas futbolista muerto, esposa, amigos, grupo de jóvenes

Vocabulario

¡Aguas! *Watch out! (Mex.)*
el ataúd *casket*
el balón *ball*
el campeonato *championship*
la cancha *field*
deber (dinero) *to owe (money)*
deshecho/a *devastated*
enterrado/a *buried*
la misa *mass*
mujeriego *womanizer*
el Mundial *World Cup*
patear *to kick*
la prueba *proof*
la señal *sign*

1 Comentaristas deportivos Completa la conversación entre los comentaristas deportivos.

COMENTARISTA 1 Emocionante comienzo del (1) __Mundial__ de Fútbol. La (2) __cancha__ está llena. El capitán patea el (3) __balón__, el arquero (*goalie*) no logra frenarlo (*stop it*) y... ¡gooooool!

COMENTARISTA 2 ¡Muy emocionante el debut de Sánchez como capitán! Debemos contar al público que sólo hace siete días murió el abuelo de Sánchez. El jugador casi no llega a tiempo para el primer partido porque no quiso dejar de ir a una (4) __misa__ en el cementerio donde ahora está (5) __enterrado__ su abuelo.

2 Comentar En parejas, túrnense para hacerse las preguntas.

1. ¿Qué papel tiene el deporte en tu vida?
2. ¿Qué deporte practicabas cuando eras niño/a?
3. ¿Quién es tu deportista favorito/a? ¿Por qué?
4. Observa los fotogramas. ¿Qué está sucediendo en cada uno?
5. Piensa en el título del cortometraje. ¿Qué es para ti el “espíritu deportivo”?
6. Observa el afiche del cortometraje. ¿Crees que la historia será una comedia o un drama?

Practice more at **enfoques.vhlcentral.com.**

Have students look at the movie poster. Ask: **En su opinión, ¿qué puede significar el dibujo del balón con alas de ángel y cuernos de diablo? ¿Tiene que ver con el título de este cortometraje?**

GANADOR DEL 3er CONCURSO NACIONAL DE PROYECTOS DE CORTOMETRAJE, MÉXICO 2004

espíritu deportivo

Una Producción de CONACULTA/INSTITUTO MEXICANO DE CINEMATOGRAFÍA Guión y Dirección JAVIER BOURGES
Fotografía SERGEI SALDÍVAR TANAKA Edición JAVIER BOURGES Diseño Sonoro AURORA OJEDA
Música EDUARDO GAMBOA Dirección de Arte ÁLVARO CHÁVEZ
Actores MAX KERLOW/MA. ELENA OLIVARES/PEPE URCELAY/FAMESIO DE BERNAL/JOSÉ L. AVENDAÑO/
RAFAEL G. MIYAGUI/VÍCTOR H. ARANA/JOSÉ L. HUERTA/BALTIMORE BELTRÁN/LUIS ÁVILA/RENÉ CAMPERO/
GEORGINA GONZÁLEZ/MA. FERNANDA GARCÍA

ARGUMENTO El futbolista Efrén "El Corsario" Moreno ha muerto de un ataque al corazón. Su familia y amigos lo están velando°.

Synopsis At the funeral of a Mexican former soccer star, the teammates of the deceased argue over the lineup of the team that defeated Brazil. The proof is on the soccer ball signed by the players, which is about to be buried with the deceased.

Preview Divide the class into groups of five and assign a role to each student. Have students read the dialogue aloud, then ask them to characterize "El Tacho." Ask: **¿Creen que es un hablador, como dice Maraca, o que realmente jugó en el famoso partido contra Brasil?** Keep a tally of students' opinions on the board, both before and after viewing the film.

REPORTERA Sin duda, extrañaremos al autor de aquel gran gol de chilena° con el que eliminamos a Brasil del Mundial de Honduras de 1957.

REPORTERA Don Tacho, ¿es cierto que usted dio el pase para aquel famoso gol?
TACHO Claro que sí, yo le mandé como veinte pases al área penal, pero él nada más anotó esa sola vez.

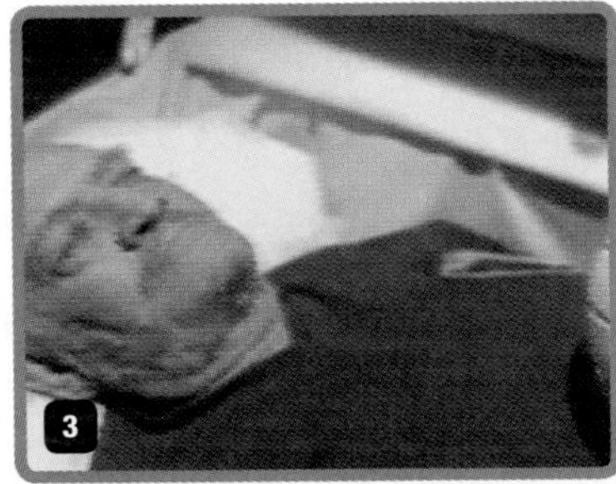

JUANITA Quiso ser enterrado con el balón de fútbol con las firmas de todos los que jugaron con él en aquel partido con Uru... con... con Brasil. Se irá a la tumba° con sus trofeos° y con su uniforme, como un gran héroe.

MARACA Tacho, eres un hablador. Estás mal. Tú ni siquiera fuiste a ese Mundial. Es más, cien pesos a que te lo compruebo.
TACHO Y cien pesos más que estuve en el juego.

MARACA A ver, ¿dónde está tu firma?
TACHO Aquí debe estar... ¡Ya la borraron!
(Molesto porque no encuentra su firma y patea el balón.)

(El balón cae sobre la guitarra de un grupo de jóvenes y la rompe.)
HUGO Si no le pagan la guitarra aquí a mi carnal°, no les regresamos° su balón. ¿Cómo ven?

velando *holding a wake* **de chilena** *scissor kick* **tumba** *grave* **trofeos** *trophies* **carnal** *buddy* **regresamos** *give back*

Después de ver el corto

1 **Oraciones** Indica si estas oraciones son **ciertas** o **falsas**. Luego, en parejas, corrijan las falsas.

1. El Corsario Moreno es un jugador famoso del fútbol mexicano de los años 50. Cierto.
2. El Corsario Moreno murió en un accidente de tráfico. Falso. El Corsario Moreno murió de un ataque al corazón.
3. México ganó contra Brasil en el Mundial de 1957 con un gol que metió El Tacho. Falso. El gol lo metió El Corsario.
4. Según El Tacho, él pasó muchas veces el balón a El Corsario, pero El Corsario anotó sólo una vez. Cierto.
5. El balón de El Corsario tiene las firmas de los que jugaron contra Brasil. Cierto.
6. La misa le cuesta a Juanita doscientos pesos. Falso. No le cuesta nada.
7. Cuando El Tacho patea el balón, el balón cae sobre la guitarra y la rompe. Cierto.
8. El Tacho jugaba como portero en la selección nacional. Falso. El Tacho jugaba como delantero.
9. El Tacho y sus amigos pierden el partido en el parque. Falso. El Tacho y sus amigos ganan el partido.
10. El Corsario ayuda a El Tacho y a sus amigos a ganar el partido. Cierto.

2 **Interpretar** En parejas, contesten las preguntas.

1. ¿Crees que El Tacho jugó en el partido contra Brasil?
2. ¿Piensas que el sacerdote admira a El Corsario Moreno? ¿Cómo lo sabes?
3. ¿Quién se queda con el balón al final?
4. ¿Por qué crees que El Corsario regresa voluntariamente al ataúd?
5. ¿Crees que el cortometraje tiene un final feliz?

3 **Eres médium** En parejas, imaginen que uno/a de ustedes es médium. El/La otro/a es una de las personas de la lista. Escriban una entrevista. Luego, compártanla con la clase.

- Lucille Ball
- Mohandas "Mahatma" Gandhi
- Frida Kahlo
- Martin Luther King, Jr.
- Abraham Lincoln
- Paul Newman
- Eva Perón
- Babe Ruth
- William Shakespeare

4 **El fantasma** En grupos de cuatro, escriban un diálogo; luego, dos miembros del grupo deben representarlo frente a la clase.

- Imaginen que el fantasma de un(a) deportista famoso/a regresa de la tumba para darle consejos a un(a) joven aspirante.
- Le cuenta de qué se arrepiente, qué cosas volvería a hacer o qué cambiaría, le explica su filosofía de vida y cuál fue su mayor triunfo.
- Finalmente, le entrega un amuleto relacionado con su carrera deportiva.

Practice more at **enfoques.vhlcentral.com.**

1 To check comprehension, call on volunteers to answer the questions.

2 Have students write two additional questions and exchange papers with another pair.

3 Model the activity by selecting a well-known Hispanic figure from the past and moving back and forth as you act out both roles. Ex. 1: **Sr. Diego Rivera, ¿qué otras profesiones, además de la de pintor, le interesan? DR: Me interesa la política. ¡Tal vez debo presentarme como candidato para la presidencia de México! (Se ríe.)** Ex. 2: **Sr. Miguel de Cervantes, ¿cómo se le ocurrió la idea de Don Quijote? MC: Era un personaje que aparecía constantemente en mis sueños y un día decidí escribir sobre él. Así fue como conseguí no soñar nunca más con él.** Ex. 3: **Sr. Miguel de Cervantes, ¿quién es más sabio, don Quijote o Sancho Panza? MC: Los dos son sabios a su manera. Sancho Panza es iletrado y no tiene muy buenos modales, pero dice verdades universales y ve la realidad tal como es; don Quijote ha leído muchos libros y posee muchos conocimientos de los sabios, pero en la vida diaria vive en las nubes.**

Calesita en la plaza, 1999
Aldo Severi, Argentina

"No está la felicidad en vivir, sino en saber vivir."

— Diego de Saavedra Fajardo

Antes de leer

Idilio

Sobre el autor

Mario Benedetti (1920–2009) nació en Tacuarembó, Uruguay. Su volumen de cuentos publicado en 1959, *Montevideanos*, lo consagró como escritor, y dos años más tarde alcanzó fama internacional con su segunda novela, *La tregua*, con un fuerte contenido sociopolítico. Tras diez años de exilio en Argentina, Perú, Cuba y España, regresó a Uruguay en 1983. El exilio que lo alejó de su patria y de su familia dejó una profunda huella (*mark*) tanto en su vida personal como en su obra literaria. Benedetti incursionó en todos los géneros (*genres*): poesía, cuento, novela y ensayo. El amor, lo cotidiano, la ausencia, el retorno y el recuerdo son temas constantes en la obra de este prolífico escritor. En 1999, ganó el Premio Reina Sofía de Poesía Iberoamericana.

Teaching option Discuss the quote on p. 70. Ask the class: **¿Qué significa "saber vivir" para ustedes?**

Vocabulario

colocar *to place (an object)*
hondo/a *deep*
la imagen *image; picture*
la pantalla *(television) screen*
por primera/última vez *for the first/last time*
redondo/a *round*
señalar *to point to; to signal*
el televisor *television set*

Practicar Completa las oraciones con palabras o frases del vocabulario.

1. Voy a __colocar__ el televisor sobre la mesa.
2. Julio me __señaló__ la calle que debo tomar, pero no quiso ir conmigo.
3. En lo más __hondo__ de mi corazón, guardo el recuerdo de mi primera novela.
4. Ayer salí __por primera vez__ en la televisión y me invitaron a participar en otro programa la semana que viene.

Conexión personal ¿Cómo te entretenías cuando eras niño/a? ¿A qué jugabas? ¿Mirabas mucha televisión? ¿Tus padres establecían límites y horarios? ¿Qué harás tú cuando tengas hijos?

Conexión personal Ask: **¿Qué importancia tiene la televisión en la vida diaria? ¿Cuáles son las ventajas y desventajas que tiene la televisión para los niños? ¿Es realista prohibir que la vean?**

Análisis literario: las formas verbales

Las formas verbales son un factor muy importante para tener en cuenta al analizar obras literarias. La elección de formas verbales es una decisión deliberada del autor y afecta al tono del texto. El uso de un registro formal o informal puede hacer el texto más o menos cercano al lector. La elección de tiempos verbales también puede tener efectos como involucrar o distanciar al lector, dar o quitar formalidad, hacer que la narración parezca más oral, etc. A medida que lees *Idilio*, presta atención a los tiempos verbales que usa Benedetti. ¿Qué tono dan a la historia estas elecciones deliberadas del autor?

Análisis literario Have students recall a work of fiction they have recently read. Ask: **¿Qué tono utiliza el autor en su obra de ficción? ¿Les parece formal o informal? ¿Por qué? ¿Cómo afecta el tono al lector?**

 Practice more at **enfoques.vhlcentral.com.**

IDILIO

Preview Ask students to think about this question before reading the text: **¿Creen que es posible confundir la ficción con la realidad al ver la televisión?**

half-opened

La noche en que colocan a Osvaldo (tres años recién cumplidos) por primera vez frente a un televisor (se exhibe un drama británico de hondas resonancias), queda hipnotizado, la boca entreabierta°, los ojos redondos de estupor.

surrendered to the magic

washes pots and pans

La madre lo ve tan entregado al sortilegio° de las imágenes que se va tranquilamente a la cocina. Allí, mientras friega ollas y sartenes°, se olvida del niño. Horas más tarde se acuerda, pero piensa: "Se habrá dormido". Se seca las manos y va a buscarlo al living.

empty; blank

La pantalla está vacía°, pero Osvaldo se mantiene en la misma postura y con igual mirada extática.

orders

—Vamos. A dormir —conmina° la madre.

—No —dice Osvaldo con determinación.

—¿Ah, no? ¿Se puede saber por qué?

—Estoy esperando.

—¿A quién?

—A ella.

Y señaló el televisor.

—Ah. ¿Quién es ella?

—Ella.

innocent; naïve

Y Osvaldo vuelve a señalar la pantalla. Luego sonríe, candoroso°, esperanzado, exultante.

—Me dijo: "querido". ■

Teaching option Before reading the selection, have students underline all verbs and identify the most common verb tense (present tense). After reading the text, ask how the author's use of present tense affects the tone of the story.

Después de leer

Idilio

Mario Benedetti

① Ask additional comprehension questions. Ex: **¿Por qué dice Osvaldo que no quiere irse a dormir? ¿Qué expresión tiene Osvaldo antes de decir "querido"?**

1 Comprensión Contesta las preguntas con oraciones completas.

1. ¿Cómo se llama el protagonista de esta historia?
   El protagonista se llama Osvaldo.
2. ¿Cómo se queda el niño cuando está por primera vez delante del televisor? El niño se queda hipnotizado, con la boca entreabierta y los ojos redondos de estupor.
3. ¿Qué hace la madre mientras Osvaldo mira la televisión?
   La madre va tranquilamente a la cocina y friega (lava) ollas y sartenes.
4. Cuando la madre va a buscarlo horas más tarde, ¿cómo está la pantalla?
   Cuando la madre vuelve, la pantalla está vacía.
5. ¿Qué piensa Osvaldo que le dice la televisión?
   Osvaldo piensa que la televisión le dice "querido".

2 Interpretar Contesta las preguntas.

1. Según Osvaldo, ¿quién le dijo "querido"? ¿Qué explicación lógica le puedes dar a esta situación?
2. En el cuento, la madre se olvida del hijo por varias horas. ¿Crees que este hecho es importante en la historia? ¿Crees que el final sería distinto si se tratara sólo de unos minutos frente al televisor?
3. ¿Crees que la televisión puede ser adictiva para los niños? ¿Y para los adultos? ¿Qué consecuencias crees que tiene la adicción a la televisión?

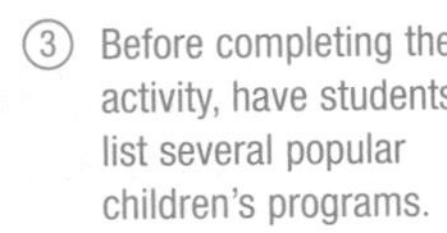

③ Before completing the activity, have students list several popular children's programs.

3 Imaginar En grupos, imaginen que un grupo de padres solicita una audiencia con el/la director(a) de programación infantil de una popular cadena de televisión. Los padres quieren sugerir cambios en la programación del canal. Miren la programación y, después, contesten las preguntas.

CANAL 7

6:00	6:30	7:00	8:00	9:15	10:00
Trucos para la escuela Cómo causar una buena impresión con poco esfuerzo	**Naturaleza viva** Documentales	**Mi familia latina** Divertida comedia sobre un joven estadounidense que va a México como estudiante de intercambio	**Historias policiales** Ladrones, crímenes y accidentes	**Buenas y curiosas** Noticiero alternativo que presenta noticias buenas y divertidas de todo el mundo	**Dibujos animados clásicos** Conoce los dibujos animados que miraban tus padres

- ¿Qué programas quieren pedir que cambien? ¿Por qué?
- ¿Qué programas deben seguir en la programación?
- ¿Qué otros tipos de programas se pueden incluir?
- ¿Harían cambios en los horarios? ¿Qué cambios harían?

④ If students have trouble coming up with ideas, suggest that they think of a time when they might have believed something they saw on TV.

④ Have students read their anecdotes aloud to the class. Encourage classmates to ask detailed questions.

4 Escribir Piensa en alguna anécdota divertida de cuando eras niño/a. Cuenta la anécdota en un párrafo usando el tiempo presente.

MODELO Un día estoy con mi hermano en el patio de mi casa jugando a la pelota. De repente, …

Practice more at **enfoques.vhlcentral.com.**

Antes de leer

Vocabulario

la corrida *bullfight*	**el ruedo** *bullring*
lidiar *to fight bulls*	**torear** *to fight bulls in the bullring*
el/la matador(a) *bullfighter who kills the bull*	**el toreo** *bullfighting*
la plaza de toros *bullfighting stadium*	**el/la torero/a** *bullfighter*
	el traje de luces *bullfighter's outfit (lit. costume of lights)*

El toreo Completa las oraciones con palabras y frases del vocabulario.

1. Ernest Hemingway era un aficionado al ___toreo___. Asistió a muchas ___corridas___ y las describió en detalle en sus obras.
2. El ___matador___ es la persona que mata al toro al final. Siempre lleva un ___traje de luces___ de colores brillantes.
3. Manolete fue un ___torero___ español muy famoso que fue herido por un toro y que murió al poco tiempo.
4. No se permite que el público baje al ___ruedo___ porque los toros pueden ser muy peligrosos.

Conexión personal ¿Conoces alguna costumbre local o alguna tradición estadounidense que cause mucha controversia? ¿Hay deportes que resultan muy problemáticos o controvertidos para algunas personas? ¿Por qué? ¿Cuál es tu opinión al respecto?

Contexto cultural

En Fresnillo, México, en 1940 una mujer tomó una espada y se puso un traje de luces —una blusa y falda bordadas de adornos brillantes— para promover la causa de la igualdad en un terreno casi completamente dominado por los hombres: el toreo. **Juanita Cruz** había nacido en Madrid en 1917, cuando aún no se permitía a las mujeres torear a pie en el ruedo. En batalla constante contra obstáculos legales, Cruz consiguió lidiar en múltiples novilladas (*bullfights with young bulls*) en su país. Pero cuando terminó la guerra civil, al ver que Franco imponía estrictamente las leyes de prohibición del toreo a las mujeres, Cruz dejó España con rumbo a (*headed for*) México y se convirtió en torera oficial. Fue todo un fenómeno, la primera gran matadora de la historia, y en el proceso abrió camino para otras mujeres, como las españolas Cristina Sánchez y Mari Paz Vega. Hoy día la presencia de toreras añade sólo un nivel más a la controversia constante y a veces apasionada que marca el toreo. ¿Cuál es tu impresión? ¿Cambia la imagen del toreo con toreras lidiando junto a toreros?

 Practice more at **enfoques.vhlcentral.com.**

Preview Invite students to answer the question: **¿Qué controversia presenta el toreo en general? ¿Les parece un acto cultural o de maltrato?**

El toreo To generate discussion using the vocabulary, ask students: **¿Qué saben acerca de los toros en la cultura hispana a través del cine o la literatura?**

Contexto cultural Ask students questions to spark discussion: **¿Les sorprende que haya mujeres que también se dediquen al toreo? En su opinión, ¿qué tipo de mujer se dedicaría al toreo?**

Contexto cultural Provide information about other famous female bullfighters, such as **La Reverte** and Conchita Cintrón. In 1908, the Spanish **La Reverte,** María Salomé Rodríguez, pretended to be a man in order to bullfight. In Perú, Cintrón was only allowed to bullfight on horseback since the laws of the time prohibited women from bullfighting on foot.

Teaching option Have students research and write a brief profile about a female bullfighter mentioned in **Contexto cultural** or in another source.

Audio: Reading

El toreo: ¿Cultura o tortura?

Hay pocas cosas tan emblemáticas en el mundo hispano, y a la vez tan polémicas, como el toreo. Los días de corrida, hasta cuarenta mil aficionados se sientan en la Plaza Monumental de México, la plaza de toros más grande del mundo. Sin embargo, la opinión pública está profundamente dividida: algunos defienden con orgullo esta tradición que sobrevive desde tiempos antiguos y otros se levantan en protesta antes del final.

Point out that in countries where bullfighting is popular, bullfighters constitute an elite class. They enjoy celebrity status alongside movie stars, models, musicians, etc.

Las raíces° del toreo son diversas. Los celtibéricos dejaron en España restos de templos circulares, precursores de las plazas actuales, donde sacrificaban animales. Los griegos y romanos practicaban la matanza° ritual de toros en ceremonias públicas sagradas. Sin embargo, fue en la España del siglo XVIII donde se desarrolló° la corrida que conocemos y se introdujeron la muleta, una capa muy fácil de manejar, y el estoque, la espada del matador.

El aficionado de hoy considera que el toreo es más un rito° que un espectáculo, ciertamente no un deporte. Es una lucha desigual, a muerte, entre una persona —armada con sólo la capa la mayor parte del tiempo— y el toro, bestia que pesa° hasta más de media tonelada. El torero se prepara para el duelo como para una ceremonia: se viste con el traje de luces tradicional y actúa dirigido por el ritmo de la música. Se enfrenta al animal con su arte y su inteligencia, y generalmente gana, aunque no siempre. El riesgo° de una cornada° grave forma parte de la realidad del torero, que en su baile peligroso muestra su talento y su belleza. Para el defensor de las corridas, no matar al toro al final es como jugar con él, una falta de respeto al animal, al público y a la tradición.

> **"El toreo es cabeza y plasticidad, porque a fuerza siempre gana el toro."**

Quienes se oponen a las corridas dicen que es una lucha injusta y cruel. Hay gente que piensa que el toreo es una barbarie° similar a la de los juegos de los romanos, una costumbre primitiva que no tiene sentido en una sociedad moderna y civilizada. Protestan contra la crueldad de una muerte lenta y prolongada, dedicada al entretenimiento. En respuesta a las protestas, en algunos países ha aparecido una alternativa, la "corrida sin sangre°", donde no se permite hacer daño físico° al toro. Pero otros sostienen que esta corrida tortura igualmente a la bestia y, por tanto, han prohibido el toreo por completo. En julio de 2010, el Parlamento catalán abolió las corridas de toros en Cataluña, España, con 68 votos a favor de la prohibición y 55 en contra.

Por último, a algunas personas les indigna la idea machista de que sólo un hombre tiene la fuerza y el coraje para lidiar. Las toreras pioneras como Juanita Cruz tuvieron que coserse° su propio traje de luces, con falda en vez de pantalón, y cruzar océanos para poder ejercer su profesión. Incluso en tiempos recientes, algunos toreros célebres como el español Jesulín de Ubrique se han negado° a lidiar junto a una mujer.

La torera más famosa de nuestra época, Cristina Sánchez, sostiene que no es necesario ser hombre para lidiar con éxito: "El toreo es cabeza y plasticidad°, porque a fuerza siempre gana el toro." En su opinión, el derecho de torear es incuestionable, una parte de la cultura hispana. No obstante, su profesión provoca tanta división que a veces el duelo entre la bestia y la persona es empequeñecido° por la batalla entre las personas. ■

raíces origins; matanza slaughter; desarrolló developed; rito rite, ceremony; pesa weighs; riesgo risk; cornada goring; barbarie savagery; corrida sin sangre bloodless bullfight; hacer daño físico to hurt; coserse to sew; se han negado have refused; plasticidad agility; empequeñecido dwarfed

¿Dónde hay corridas?

Toreo legalizado: España, México, Colombia, Ecuador, Perú, Venezuela

Corridas sin sangre: Bolivia, Nicaragua, Estados Unidos

Toreo ilegalizado: Argentina, Chile, Cuba, Uruguay

¡Olé! ¡Olé!

El público también tiene su papel en las corridas: evalúa el talento del torero. La interjección "¡olé!" se oye frecuentemente para celebrar una acción particularmente brillante y expresar admiración. De origen árabe, contiene la palabra "alá" (Dios) y significa literalmente "¡por Dios!".

Teaching option Write this quote from the article on the board: **El toreo es cabeza y plasticidad, porque a fuerza siempre gana el toro**. Ask students to write a paragraph explaining their interpretation of the quote as it relates to women's role in bullfighting.

Después de leer

El toreo: ¿cultura o tortura?

(1) Ask additional comprehension questions. Ex: **¿Por qué la gente compara el toreo con los juegos romanos? ¿Qué torero español se negó a lidiar junto a una mujer?**

1 Comprensión Responde a las preguntas con oraciones completas.

1. ¿En qué país se encuentra la plaza de toros más grande del mundo?
   Se encuentra en México.
2. ¿Qué hacían los celtibéricos en sus templos circulares?
   Sacrificaban animales.
3. ¿Qué es el toreo según un aficionado?
   Es un rito, una lucha a muerte entre la bestia y el torero.
4. ¿Cómo se prepara el torero para la corrida?
   Se pone el traje de luces y actúa dirigido por el ritmo de la música.
5. Para quienes se oponen al toreo, ¿cuáles son algunos de los problemas?
   Es una lucha injusta y cruel. Se prolonga la muerte del toro para el entretenimiento de las personas.
6. ¿Qué es una "corrida sin sangre"?
   Es una corrida en que no se hace daño físico al toro.
7. ¿Qué sucedió en Cataluña en julio de 2010?
   El Parlamento catalán abolió las corridas de toros en Cataluña.
8. Según Cristina Sánchez, ¿sólo los hombres pueden lidiar bien?
   No, no es necesario ser hombre para lidiar con éxito.

(2) For item 2, divide the class into two groups to debate the cultural merits of bullfighting. One group should defend traditional bullfighting as a necessary component of Hispanic culture. The other group should criticize it and propose the **corridas sin sangre** as an alternative.

2 Opinión Responde a las preguntas con oraciones completas.

1. ¿Te gustaría asistir a una corrida? ¿Por qué?
2. ¿Qué opinas del duelo entre toro y torero/a? ¿Hay algún aspecto especialmente problemático para ti?
3. ¿Qué piensas de las alternativas al toreo tradicional como la "corrida sin sangre"? ¿Es una solución adecuada para proteger a los animales?
4. En tu opinión, ¿es más cruel la vida de un toro destinado al toreo o la de una vaca destinada a una carnicería?

3 ¿Qué piensan? Trabajen en parejas para contestar las preguntas. Luego compartan sus respuestas con la clase.

1. Un eslogan conocido en las protestas antitaurinas es: "Tortura no es arte ni cultura". ¿Qué significa esta frase?
2. ¿Hay acciones cuestionables que se justifiquen porque son parte de una costumbre o tradición? ¿Cuál es la postura de ustedes en el debate? ¿Por qué?
3. ¿Es apropiado tener una opinión sobre las tradiciones de culturas diferentes a la tuya o es necesario aceptar sin criticar?
4. ¿Creen que el gobierno tiene derecho a reglamentar (*regulate*) o prohibir tradiciones o costumbres? Den ejemplos.

(4) Review related vocabulary with the class before assigning the writing activity.

(4) Have students exchange their postcards and write responses to their classmates.

4 Postales Imagina que viajaste a algún país donde son legales las corridas de toros y tus amigos te invitaron a una corrida. Escribe una postal a tu familia para contarles qué sucedió. Usa estas preguntas como guía: ¿Aceptaste la invitación o no? ¿Por qué? Si fuiste a la corrida, ¿qué te pareció? ¿Te sentiste obligado/a a asistir por respeto a la cultura local?

MODELO Querida familia: Les escribo desde Guadalajara, una ciudad al noroeste de México. No saben dónde me llevaron mis amigos este fin de semana...

5 Animales En parejas, hagan una lista de tradiciones, costumbres o deportes en los que las personas utilizan a los animales como entretenimiento. Después, compartan su lista con el resto de la clase y debatan sobre qué actividades son perjudiciales para los animales y cuáles no. Justifiquen sus respuestas.

Practice more at **enfoques.vhlcentral.com.**

Atando cabos

¡A conversar!

La música y el deporte Trabajen en grupos de cuatro o cinco para preparar una presentación sobre un(a) cantante o deportista latino/a famoso/a.

Presentaciones

Tema: Pueden preparar una presentación sobre un(a) cantante o deportista famoso/a que les guste.

Investigación: Busquen información en Internet o en la biblioteca. Una vez reunida la información necesaria, elijan los puntos más importantes y seleccionen material audiovisual. Informen a su profesor(a) acerca de estos materiales para contar con los medios necesarios el día de la presentación.

Organización: Hagan un esquema (*outline*) que los ayude a planear la presentación.

Presentación: Traten de promover la participación a través de preguntas y alternen la charla con los materiales audiovisuales. Recuerden tener a mano los materiales de la investigación para responder preguntas adicionales de sus compañeros.

¡A conversar!

- Brainstorm a list of famous singers and sports players from the Spanish-speaking world. Encourage heritage speakers to add to the list.
- As a class, discuss the major components that should be covered in the presentation.

¡A escribir!

Correo electrónico Imagina que tus padres vienen a visitarte por un fin de semana. Llevas varios días haciendo planes para que el fin de semana sea perfecto y tienes miedo de que tu novio/a se olvide de los planes y meta la pata (*put one's foot in one's mouth*). Mándale un mensaje por correo electrónico para recordarle los planes y lo que debe hacer.

Plan de redacción

Un saludo informal: Comienza tu mensaje con un saludo informal, como: **Hola**, **Qué tal**, **Qué onda**, etc.

Contenido: Organiza tus ideas para no olvidarte de nada.

1. Escribe una breve introducción para recordarle a tu novio/a qué cosas les gustan a tus padres y qué cosas no. Puedes usar estas expresiones: **(no) les gusta**, **les fascina**, **les encanta**, **les aburre**, **(no) les interesa**, **(no) les molesta**.
2. Recuérdale que tus padres son formales y elegantes, y explícale que tiene que arreglarse un poco para la ocasión. Usa expresiones como: **quitarse el arete**, **afeitarse**, **vestirse mejor**, **peinarse**, etc.
3. Recuérdale dónde van a encontrarse.

Despedida: Termina el mensaje con un saludo informal de despedida.

¡A escribir!

- Review the use of verbs like **gustar** before assigning the activity. Help students create a list on the board of common phrases to open and close informal letters and e-mails.

Audio: Vocabulary Flashcards

La música y el teatro

el álbum	*album*
el asiento	*seat*
el/la cantante	*singer*
el concierto	*concert*
el conjunto/grupo musical	*musical group; band*
el escenario	*scenery; stage*
el espectáculo	*show*
el estreno	*premiere; debut*
la función	*performance (theater; movie)*
el/la músico/a	*musician*
la obra de teatro	*play*
la taquilla	*box office*
aplaudir	*to applaud*
conseguir (e:i) boletos/entradas	*to get tickets*
hacer cola	*to wait in line*
poner un disco compacto	*to play a CD*

Los lugares de recreo

el cine	*movie theater; cinema*
el circo	*circus*
la discoteca	*discotheque; dance club*
la feria	*fair*
el festival	*festival*
el parque de atracciones	*amusement park*
el zoológico	*zoo*

Los deportes

el/la árbitro/a	*referee*
el campeón/la campeona	*champion*
el campeonato	*championship*
el club deportivo	*sports club*
el/la deportista	*athlete*
el empate	*tie (game)*
el/la entrenador(a)	*coach; trainer*
el equipo	*team*
el/la espectador(a)	*spectator*
el torneo	*tournament*
anotar/marcar (un gol/un punto)	*to score (a goal/ a point)*
desafiar	*to challenge*
empatar	*to tie (games)*
ganar/perder (e:ie) un partido	*to win/lose a game*
vencer	*to defeat*

INSTRUCTIONAL RESOURCES
Supersite: Testing Program

Las diversiones

el ajedrez	*chess*
el billar	*billiards*
el boliche	*bowling*
las cartas/los naipes	*(playing) cards*
los dardos	*darts*
el juego de mesa	*board game*
el pasatiempo	*pastime*
la televisión	*television*
el tiempo libre/los ratos libres	*free time*
el videojuego	*video game*
aburrirse	*to get bored*
alquilar una película	*to get/rent a movie*
brindar	*to make a toast*
celebrar/festejar	*to celebrate*
dar un paseo	*to take a stroll/walk*
disfrutar (de)	*to enjoy*
divertirse (e:ie)	*to have fun*
entretener(se) (e:ie)	*to entertain, amuse (oneself)*
gustar	*to like*
reunirse (con)	*to get together (with)*
salir (a comer)	*to go out (to eat)*
aficionado/a (a)	*fond of; a fan (of)*
animado/a	*lively*
divertido/a	*fun*
entretenido/a	*entertaining*

Más vocabulario

Expresiones útiles	*Ver p. 47*
Estructura	*Ver pp. 54–55, 58–59 y 62–63*

Cinemateca

el ataúd	*casket*
el balón	*ball*
el campeonato	*championship*
la cancha	*field*
la misa	*mass*
el Mundial	*World Cup*
la prueba	*proof*
la señal	*sign*
deber (dinero)	*to owe (money)*
patear	*to kick*
deshecho/a	*devastated*
enterrado/a	*buried*
mujeriego	*womanizer*
¡Aguas!	*Watch out! (Mex.)*

Literatura

la imagen	*image; picture*
la pantalla	*(television) screen*
el televisor	*television set*
colocar	*to place (an object)*
señalar	*to point to; to signal*
hondo/a	*deep*
redondo/a	*round*
por primera/última vez	*for the first/last time*

Cultura

la corrida	*bullfight*
el/la matador(a)	*bullfighter who kills the bull*
la plaza de toros	*bullfighting stadium*
el ruedo	*bullring*
el toreo	*bullfighting*
el/la torero/a	*bullfighter*
el traje de luces	*bullfighter's outfit (lit. costume of lights)*
lidiar	*to fight bulls*
torear	*to fight bulls in the bullring*

La vida diaria

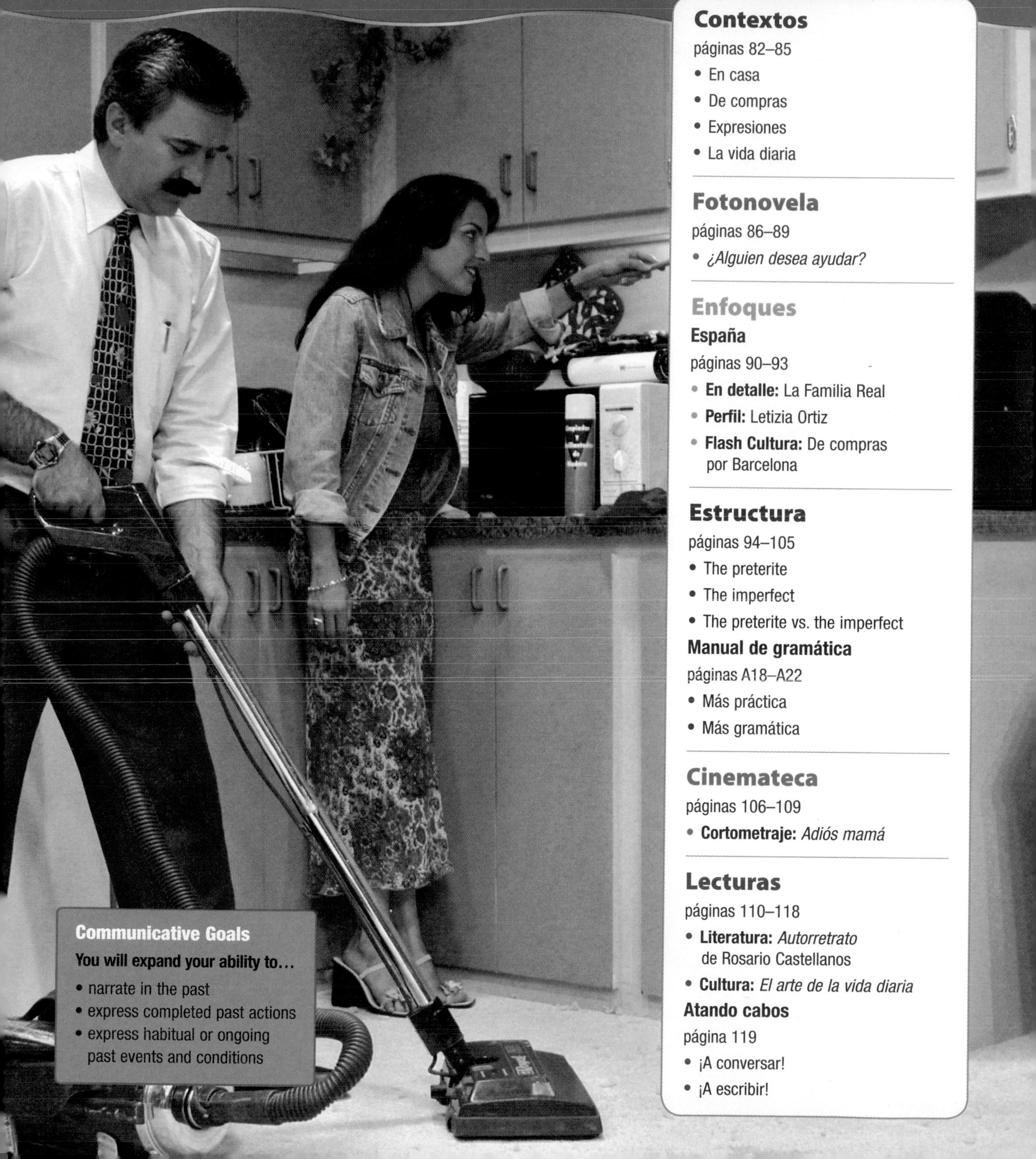

Communicative Goals

You will expand your ability to...
- narrate in the past
- express completed past actions
- express habitual or ongoing past events and conditions

INSTRUCTIONAL RESOURCES
SUPERSITE: Audioscripts, Textbook/SAM AK, Textbook/Lab MP3s
SAM/WEBSAM: WB, LM

La vida diaria

Preview Ask students to talk about their daily agendas and how they keep track of their personal lives. Ex: **¿Tienen muchas responsabilidades en la escuela? ¿En el trabajo? ¿Cómo se organizan en la vida personal?** Recycle previously learned vocabulary, such as rooms of the house and clothing.

En casa

el balcón *balcony*

la escalera *staircase*
el hogar *home; fireplace*
la limpieza *cleaning*
los muebles *furniture*
los quehaceres *chores*

apagar *to turn off*
barrer *to sweep*
calentar (e:ie) *to warm up*
cocinar *to cook*
encender (e:ie) *to turn on*
freír (e:i) *to fry*
hervir (e:ie) *to boil*
lavar *to wash*
limpiar *to clean*
pasar la aspiradora *to vacuum*
poner/quitar la mesa *to set/clear the table*
quitar el polvo *to dust*
tocar el timbre *to ring the doorbell*

De compras

el centro comercial *mall*
el dinero en efectivo *cash*
la ganga *bargain*
el probador *dressing room*
el reembolso *refund*
el supermercado *supermarket*
la tarjeta de crédito/débito *credit/debit card*

devolver (o:ue) *to return (items)*
hacer mandados *to run errands*
ir de compras *to go shopping*
probarse (o:ue) *to try on*
seleccionar *to select; to pick out*

auténtico/a *real; genuine*
barato/a *cheap; inexpensive*
caro/a *expensive*

Camila **fue de compras** al **supermercado**, decidida a gastar lo menos posible. **Seleccionó** los productos más **baratos** y pagó con **dinero en efectivo**.

Expresiones

a menudo *frequently; often*
a propósito *on purpose*
a tiempo *on time*
a veces *sometimes*
apenas *hardly; scarcely*
así *like this; so*
bastante *quite; enough*
casi *almost*
casi nunca *rarely*
de repente *suddenly*
de vez en cuando *now and then; once in a while*
en aquel entonces *at that time*
en el acto *immediately; on the spot*
enseguida *right away*
por casualidad *by chance*

Point out that **bastante** can be used as an adjective or adverb. Ex: **Tenemos bastante trabajo.** (adjective) **Tenemos que trabajar bastante.** (adverb)

Teaching option
Have students create a survey with adverbs from the **Expresiones** list. Ex: **¿Con qué frecuencia vas al cine?**
a) **a menudo**
b) **a veces**
c) **casi nunca**

Variación léxica
barato/a ⟷ económico/a
caro/a ⟷ costoso/a
hacer mandados ⟷ hacer recados

La vida diaria

Desde que comenzó a trabajar en un restaurante, Emilia ha tenido que **acostumbrarse** al **horario** de chef. ¡La nueva **rutina** no es tan fácil! **Suele** volver a la casa después de la medianoche.

la agenda *datebook*
la costumbre *custom; habit*
el horario *schedule*
la rutina *routine*
la soledad *solitude; loneliness*

acostumbrarse (a) *to get used to; to grow accustomed (to)*
arreglarse *to get ready*
averiguar *to find out; to check*
probar (o:ue) (a) *to try*
soler (o:ue) *to be in the habit of; to be used to*

atrasado/a *late*
cotidiano/a *everyday*
diario/a *daily*
inesperado/a *unexpected*

Práctica

1 Escuchar

A. Escucha lo que dice Julián y luego decide si las oraciones son **ciertas** o **falsas**. Corrige las falsas.

1. Julián tiene muchas cosas que hacer. Cierto.
2. Julián está en un supermercado. Falso. Julián está en su casa.
3. Julián tiene que quitar el polvo de los muebles y pasar la aspiradora. Cierto.
4. Él siempre sabe dónde está todo. Falso. Él nunca sabe dónde deja las cosas.
5. Él encuentra su tarjeta de crédito debajo de la escalera. Cierto.
6. Julián recibe una visita inesperada. Cierto.

B. Escucha la conversación entre Julián y la visita inesperada y después contesta las preguntas con oraciones completas.

1. ¿Quién está tocando el timbre? María está tocando el timbre.
2. ¿Qué tiene que hacer ella? Tiene que ir al centro comercial.
3. ¿Qué quiere devolver? Quiere devolver unos pantalones.
4. ¿Eran caros los pantalones? No. Los pantalones eran una ganga.
5. ¿Qué hace Julián antes de ir al centro comercial con ella? Julián se arregla.
6. ¿Es seguro que María puede devolver los pantalones? ¿Por qué? No, porque a veces no dan reembolsos.

2 No pertenece

Indica qué palabra no pertenece a cada grupo.

1. limpiar–pasar la aspiradora–barrer–calentar
2. de repente–auténtico–casi nunca–enseguida
3. balcón–escalera–muebles–soler
4. hacer mandados–a tiempo–ir de compras–probarse
5. costumbre–rutina–cotidiano–apagar
6. quitar el polvo–barato–caro–ganga
7. quehaceres–hogar–soledad–limpieza
8. barrer–acostumbrarse–soler–cotidiano

(2) For an extra challenge, have volunteers explain what the other words have in common.

Práctica

③ To preview this activity, ask questions using words from the box. Ex: **¿Qué haces a diario? ¿Llegas a tiempo a clase? ¿Sueles comer en clase?**

3 **Julián y María** Completa el párrafo con las palabras o expresiones de la lista.

a diario	cotidiano	horario	soledad
a tiempo	en aquel entonces	por casualidad	soler

Julián y María se conocieron un día (1) ___por casualidad___ en el supermercado. Julián estaba muy contento por haber conocido a María porque, (2) ___en aquel entonces___, él era nuevo en el barrio y no conocía a nadie. A él no le gusta la (3) ___soledad___. Desde aquel día, se ven casi (4) ___a diario___. Durante la semana, ellos (5) ___suelen___ quedar para tomar un café después del trabajo, pues los dos tienen (6) ___horarios___ similares.

4 **Una agenda muy ocupada** Sara tiene mucho que hacer antes de su cita con Carlos esta noche. Ha apuntado todo en su agenda, pero está muy atrasada.

A. En parejas, comparen el horario de Sara con la hora en que realmente logra hacer (*accomplishes*) cada actividad.

VIERNES, 15 DE OCTUBRE

1:00 *¡Hacer mandados!*	5:00 *Hacer la limpieza*
2:00 *Banco: nueva tarjeta de débito*	6:00 *Cocinar, poner la mesa*
3:00 *Centro comercial: comprar vestido*	7:00 *Arreglarme*
4:00 *Supermercado: pollo, arroz, verduras*	8:00 *Cita con Carlos* ♡

④ Review the phrase **lograr** + [*infinitive*] used in the model. Encourage students to use this phrase in their answers.

MODELO —¿A qué hora recoge (*does she pick*) la nueva tarjeta de débito?
—Sara quiere recogerla a las dos, pero no logra hacerlo hasta las dos y media.

2:30

1. 4:00

2. 5:30

3. 6:45

4. 7:30

5. 7:45

6. 8:00

B. Ahora improvisen una conversación entre Carlos y Sara. ¿Creen que los dos lo pasan bien? ¿Creen que van a tener otra cita?

Practice more at **enfoques.vhlcentral.com.**

Comunicación

5 Los quehaceres

A. En grupos de cuatro, túrnense para preguntar con qué frecuencia sus compañeros hacen los quehaceres de la lista. Combinen palabras de cada columna en sus respuestas y añadan sus propias ideas.

barrer	**almuerzo**	**todos los días**
cocinar	**aspiradora**	**a menudo**
lavar	**balcón**	**a veces**
limpiar	**cuarto**	**de vez en cuando**
pasar	**polvo**	**casi nunca**
quitar	**ropa**	**nunca**

MODELO —¿Con qué frecuencia barres el balcón?
—Lo barro de vez en cuando, especialmente si vienen invitados.

B. Ahora compartan la información con la clase y decidan quién es la persona más ordenada y la más desordenada.

6 Agendas personales

A. Primero, escribe tu horario para esta semana. Incluye algunas costumbres de tu rutina diaria y también actividades inesperadas de esta semana.

lunes ____________________

martes ____________________

miércoles ____________________

jueves ____________________

viernes ____________________

sábado ____________________

domingo ____________________

B. En parejas, pregúntense sobre sus horarios. Comparen sus rutinas diarias y los eventos de esta semana. ¿Tienen costumbres parecidas? ¿Tienen algunas actividades en común? ¿Cuáles?

C. Utiliza la información para escribir un párrafo breve sobre la vida cotidiana de tu compañero/a. ¿Le gusta la rutina? ¿Disfruta de lo inesperado? ¿Llena su agenda con actividades sociales o prefiere estar en casa? Comparte tu párrafo con la clase.

(5) Have students pretend they disagree with their classmates. Have them refute the sentences using opposite adverbs. Ex: **¡Qué va! Casi nunca barres el balcón.**

(6) Part B: Have pairs create two columns called **similitudes** and **diferencias** in order to help them organize their comparisons of the two schedules.

(6) For an expansion activity, bring in a school social calendar. Using the schedules created in Part A, have students discuss which events they could attend and which they could not. Point out that students should use **asistir a** for *to attend.*

3 FOTONOVELA

Diana y Fabiola conversan sobre la vida diaria. Aguayo pide ayuda con la limpieza, pero casi todos tienen excusas.

Synopsis

- Aguayo's vacuum cleaner does not work until Mariela kicks it.
- Aguayo tries in vain to recruit everyone to help him clean the office.
- Fabiola and Johnny fight over pastries.
- Éric finds a mound of dust on his desk, stashed there by Mariela.

FABIOLA Odio los lunes.

DIANA Cuando tengas tres hijos, un marido y una suegra, odiarás los fines de semana.

FABIOLA ¿Discutes a menudo con tu familia?

DIANA Siempre tenemos discusiones. La mitad las ganan mis hijos y mi esposo. Mi suegra gana la otra mitad.

FABIOLA ¿Te ayudan en las tareas del hogar?

DIANA Ayudan, pero casi no hay tiempo para nada. Hoy tengo que ir de compras con la mayor de mis hijas.

FABIOLA ¿Y por qué no va ella sola?

DIANA Hay tres grupos que gastan el dinero ajeno, Fabiola: los políticos, los ladrones y los hijos… Los tres necesitan supervisión.

FABIOLA Tengan cuidado en las tiendas. Hace dos meses andaba de compras y me robaron la tarjeta de crédito.

DIANA ¿Y fuiste a la policía?

FABIOLA No.

DIANA ¿Lo dices así, tranquilamente? Te van a arruinar.

FABIOLA No creas. El que me la robó la usa menos que yo.

Más tarde en la cocina…

AGUAYO El señor de la limpieza dejó un recado diciendo que estaba enfermo. Voy a pasar la aspiradora a la hora del almuerzo. Si alguien desea ayudar…

FABIOLA Tengo una agenda muy llena para el almuerzo.

DIANA Yo tengo una reunión con un cliente.

ÉRIC Tengo que… Tengo que ir al banco. Sí. Voy a pedir un préstamo.

JOHNNY Yo tengo que ir al dentista. No voy desde la última vez… Necesito una limpieza.

Aguayo y Mariela se quedan solos.

Diana regresa del almuerzo con unos dulces.

DIANA Les traje unos dulces para premiar su esfuerzo.

AGUAYO Gracias. Los probaría todos, pero estoy a dieta.

DIANA ¡Qué bien! Yo también estoy a dieta.

MARIELA ¡Pero si estás comiendo!

DIANA Sí, pero sin ganas.

INSTRUCTIONAL RESOURCES
Supersite/DVD: Fotonovela; **Supersite:** Script & Translation, SAM AK; **SAM/WebSAM:** VM

Preview Ask: **¿Cómo son los lunes para ustedes? ¿Han trabajado alguna vez en una oficina? ¿Qué les parece la rutina de la oficina?**

Personajes

AGUAYO

DIANA

ÉRIC

FABIOLA

JOHNNY

MARIELA

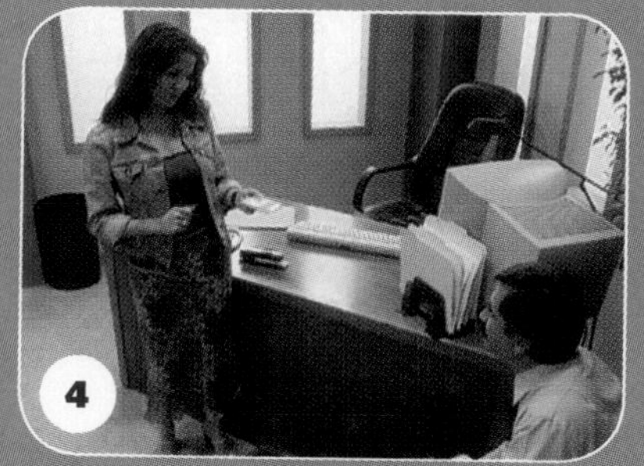

En la oficina de Aguayo...

MARIELA ¿Necesita ayuda?

AGUAYO No logro hacer que funcione.

MARIELA Creo que Diana tiene una pequeña caja de herramientas.

AGUAYO ¡Cierto!

Aguayo sale de la oficina. Mariela le da una patada a la aspiradora.

AGUAYO ¡Aceite lubricante y cinta adhesiva! ¿Son todas las herramientas que tienes?

DIANA ¡Claro! Es todo lo que necesito. La cinta para lo que se mueva y el aceite para lo que no se mueva.

Se escucha el ruido de la aspiradora encendida.

AGUAYO Oye... ¿Cómo lo lograste?

MARIELA Fácil... Me acordé de mi ex.

Fabiola y Johnny llegan a la oficina. Mariela está terminando de limpiar.

JOHNNY ¡Qué pena que no llegué a tiempo para ayudarte!

FABIOLA Lo mismo digo yo. Y eso que almorcé tan deprisa que no comí postre.

MARIELA Si gustan, quedan dos dulces en la cocina. Están riquísimos... (*habla sola mirando el aerosol*) Y no hubiera sido mala idea echarles un poco de esto.

Johnny y Fabiola vuelven de la cocina.

JOHNNY Qué descortés eres, Fabiola. Si yo hubiera llegado primero, te habría dejado el dulce grande a ti.

FABIOLA ¿De qué te quejas, entonces? Tienes lo que querías y yo también. Por cierto, ¿no estuviste en el dentista?

JOHNNY Los dulces son la mejor anestesia.

Expresiones útiles

Talking about the past

No llegué a tiempo para ayudarte.
I didn't get here on time to help you.

¿Y fuiste a la policía?
And did you go to the police?

El señor de la limpieza dejó un recado.
The janitor left a message.

Tienes lo que querías.
You have what you wanted.

Estaba enfermo.
He was sick.

Expressing strong dislikes

¡Odio... !
I hate...!

¡No me gusta nada... !
I don't like... at all!

Detesto...
I detest...

No soporto...
I can't stand...

Estoy harto/a de...
I am fed up with...

Additional vocabulary

acordarse *to remember*
ajeno/a *somebody else's*
andar *to be (doing something); to walk*
la caja de herramientas *toolbox*
el ladrón/la ladrona *thief*
lograr *to manage to; to achieve*
la mitad *half*
la patada *kick*
premiar *to give a prize*
¡Qué pena! *What a shame!*

Variación léxica
acordarse ⟷ recordar
¡Claro! ⟷ ¡Claro que sí!
No soporto... ⟷ No aguanto...
¡Qué pena! ⟷ ¡Qué lástima!

Teaching option Play the entire video. Have students take notes on the characters and describe their attitudes and personalities.

Comprensión

(1) Have students write three sentences using **tengo que.**

(2) For further practice, have students create questions based on the exercise. Point out the written difference between **¿por qué?** and **porque.** Ex: **¿Por qué Diana odia los fines de semana? Porque Diana discute con su familia.**

(3) To spark discussion, ask questions such as: **¿A quién le gustan los lunes? ¿Con quién sueles almorzar?**

Teaching option Have students role-play a situation between an employer and employee in which they must negotiate a work schedule. The company is understaffed and the employee is involved in many extracurricular activities.

1 **¿Quién lo dijo?** Indica quién dijo estas oraciones.

Aguayo

Diana

Éric

Fabiola

Johnny

Mariela

Mariela 1. ¿Necesita ayuda?
Aguayo 2. Si alguien desea ayudar…
Fabiola 3. Tengo una agenda muy llena.
Diana 4. Tengo una reunión con un cliente.
Éric 5. Tengo que ir al banco.
Johnny 6. Tengo que ir al dentista.

2 **Relacionar** Escribe oraciones que conecten las frases de las dos columnas usando **porque**.

f 1. Diana odia los fines de semana…	a. está a dieta.
e 2. Diana quiere ir de compras con su hija…	b. el ladrón usa la tarjeta de crédito menos que ella.
c 3. Fabiola dice que tengan cuidado en las tiendas…	c. hace dos meses le robaron la tarjeta de crédito.
b 4. Fabiola no fue a la policía…	d. el señor que limpia está enfermo.
d 5. Aguayo pasará la aspiradora…	e. no quiere que gaste mucho dinero.
a 6. Aguayo no prueba los dulces…	f. discute mucho con su familia.

3 **Seleccionar** Selecciona la opción que expresa la misma idea.

1. Odio los lunes.
   (a.) No soporto los lunes. b. No detesto los lunes. c. Me gustan los lunes.
2. Tengo una agenda muy llena para el almuerzo.
   a. Tengo planeado un almuerzo. (b.) Tengo muchas tareas a la hora del almuerzo. c. No tengo mi agenda aquí.
3. Tienes lo que quieres.
   (a.) Tu deseo se cumplió. b. Tienes razón. c. Te quiero.
4. Lo mismo digo yo.
   a. ¡Ni modo! b. No creas. (c.) Estoy de acuerdo.

Practice more at **enfoques.vhlcentral.com.**

Ampliación

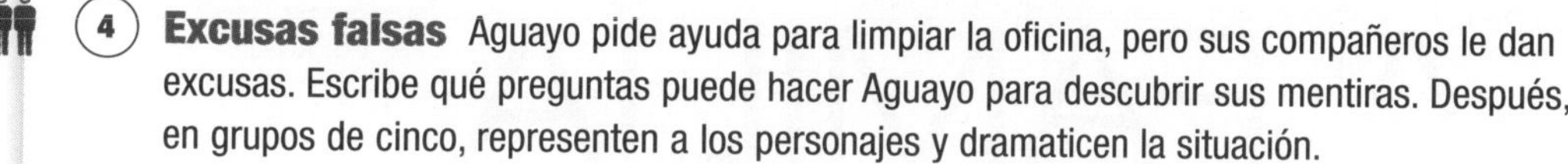

4 **Excusas falsas** Aguayo pide ayuda para limpiar la oficina, pero sus compañeros le dan excusas. Escribe qué preguntas puede hacer Aguayo para descubrir sus mentiras. Después, en grupos de cinco, representen a los personajes y dramaticen la situación.

4 To model the activity, have students invent other situations in which they might need to make excuses. Ex: **Me mudo a otro apartamento este fin de semana. ¿Quién me puede ayudar?**

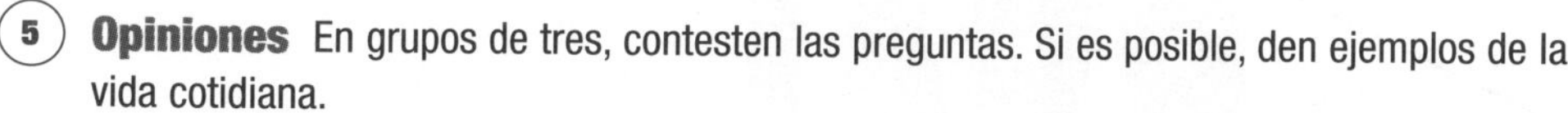

5 **Opiniones** En grupos de tres, contesten las preguntas. Si es posible, den ejemplos de la vida cotidiana.

1. ¿Es necesario a veces dar excusas falsas? ¿Por qué?
2. Describe una situación reciente en la que usaste una excusa falsa. ¿Por qué lo hiciste? ¿Se enteraron los demás?
3. ¿Es mejor decir la verdad siempre? ¿Por qué?

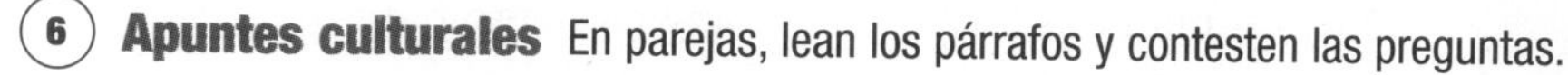

6 **Apuntes culturales** En parejas, lean los párrafos y contesten las preguntas.

6 Expand the discussion with additional questions. Ex: **¿Es importante tomar un descanso al mediodía? ¿Qué opinan de la siesta española? ¿Utilizan Internet para pagar las cuentas? ¿Creen que hacerlo les ahorra tiempo?**

La agenda diaria

¡Diana se queja de que no hay tiempo para nada! En muchos países hispanos, las horas del día se expresan utilizando números del 0 al 23. Muchas agendas en español usan este horario modelo, es decir que **10 p.m.** se indica **22:00** ó **22h.** ¡Pobre Diana! ¡Con tanto trabajo, necesita que el día tenga más horas!

La hora del almuerzo

Fabiola tiene una agenda muy ocupada para el almuerzo. En España y pueblos de Latinoamérica, este descanso suele ser de 13:00 a 16:00. Los que trabajan cerca vuelven a sus casas pero, en las grandes ciudades españolas, algunas personas lo aprovechan además para hacer mandados, compras o ir al gimnasio. ¿Qué tendrá que hacer Fabiola que sea más importante que limpiar la oficina?

¿Servicios bancarios en el supermercado?

Éric tiene que ir al banco a pedir un préstamo. En Hispanoamérica, la mayoría de los préstamos y los pagos de servicios se realizan en el banco. No obstante, en países como Argentina, Costa Rica y Perú, las cuentas de gas, electricidad y teléfono también se pueden pagar en el supermercado.

1. ¿Cómo se puede expresar *2 p.m.* y *8 p.m.* en español?
2. En tu país, ¿cuántas horas se toman normalmente los empleados para almorzar? ¿Qué hacen durante ese descanso?
3. ¿Cuáles son los horarios comerciales de la ciudad donde vives? ¿Te parecen suficientes?
4. ¿A qué hora sueles almorzar? ¿Dónde?
5. ¿Cómo pagas los servicios como electricidad y teléfono? ¿Te resulta conveniente tu método de pago? ¿Te gustaría poder pagarlos en el supermercado?

INSTRUCTIONAL RESOURCES
Supersite/DVD: Flash Cultura; **Supersite:** Script & Translation

ESPAÑA

S Additional Reading

LA FAMILIA REAL

El Rey Juan Carlos I y la Reina Sofía salen de la Misa de Domingo de Ramos en Mallorca.

En 1948, el general Francisco Franco tomó bajo su tutela° al niño Juan Carlos de Borbón, que entonces tenía sólo diez años. Su plan era formarlo ideológicamente para que fuera su sucesor. En 1975, tras la muerte del dictador y en contra de todas las predicciones, lo primero que hizo Juan Carlos I fue trabajar para establecer la democracia en España.

La Familia Real española es una de las más queridas de las diez que todavía quedan en Europa. Juan Carlos I es famoso por su simpatía y su facilidad para complacer° a los ciudadanos españoles. Don Juan Carlos y doña Sofía llevan una vida sencilla, sin excesivos protocolos. Su vida diaria está llena de compromisos° sociales y políticos, pero siempre tienen un poco de tiempo para dedicarse a sus pasatiempos. La gran pasión del Rey son los deportes, especialmente el esquí y la vela, y participa en competiciones anuales, donde se destaca° por su destreza°. La Reina, por su parte, colabora en muchos proyectos de ayuda social y cultural.

Rey Juan Carlos I

Reina Sofía

Infanta Elena

Infanta Cristina

Príncipe Felipe

Sus tres hijos, las Infantas° Elena y Cristina y el Príncipe Felipe, se casaron y formaron sus propias familias. Mantienen las mismas costumbres sencillas de los Reyes. No es raro verlos de compras en los centros comerciales que están cerca de sus viviendas. Apasionados del deporte, como su padre, han participado en las más importantes competiciones y llevan una vida relativamente discreta. Don Juan Carlos y doña Sofía van de vacaciones todos los veranos a la isla de Mallorca y se los puede ver, como si se tratara de una familia más, comiendo en las terrazas de la isla junto a sus hijos y nietos. En esas ocasiones, los paseantes° no dudan en acercarse y saludarlos. Esta cercanía de los monarcas con los ciudadanos ha conseguido que la Corona° sea una de las instituciones más valoradas por los españoles. ■

Regatas reales

El Rey Juan Carlos da nombre a la regata **Copa del Rey**, que tiene lugar todos los años en Palma de Mallorca. Su esposa da nombre a la **Regata Princesa Sofía**. La realeza no sólo presta su nombre para estas competencias: el Rey Juan Carlos participa de ambas con su yate llamado *Bribón*.

tutela *protection* **complacer** *to please* **compromisos** *engagements* **se destaca** *he stands out* **destreza** *skill* **Infantas** *Princesses* **paseantes** *passers-by* **Corona** *Crown*

Teaching option Preview the reading by asking students what they already know about royal families. What kind of attitude would they expect from royalty? After reading the text, ask students to compare what they learned with their original expectations. **¿Qué les sorprende de la Familia Real española? ¿Es como la esperaban?**

ASÍ LO DECIMOS

La familia

mima (Cu.) *mom*
pipo (Cu.) *dad*
amá (Col.) *mom*
apá (Col.) *dad*
tata (Arg. y Chi.) *grandpa*
carnal (Méx.) *brother; friend*
carnala (Méx.) *sister*
carnalita (Méx.) *little sister*
m'hijo/a (Amér. L.) *exp. to address a son or daughter*
chavalo/a (Amér. C.) *boy/girl*
chaval(a) (Esp.) *boy/girl*

EL MUNDO HISPANOHABLANTE

Las compras diarias

En España, las grandes tiendas y también muchas tiendas pequeñas cierran los domingos. Por eso, los españoles realizan todas sus compras durante el resto de la semana. En algunos casos, las grandes tiendas, como El Corte Inglés, abren un domingo al mes. Las panaderías abren todos los días de la semana, ya que el pan es un producto imprescindible para los españoles.

En la región salvadoreña de Colonia la Sultana, el señor del pan pasa todos los días a las siete de la mañana con una canasta en la cabeza, repleta de pan fresco. Cuando las personas lo escuchan llegar, salen a la calle para comprarle pan. Los que se quedan dormidos, si quieren pan fresco, tienen que ir al pueblo de al lado.

En Argentina es muy común tomar soda (agua carbonatada). El sodero pasa una o dos veces por semana por las casas que solicitan entrega a domicilio. Se lleva los sifones° vacíos y deja sifones llenos.

PERFIL

LETIZIA ORTIZ

Letizia Ortiz nació en Oviedo el 15 de septiembre de 1972 en el seno de una familia trabajadora. Si alguien les hubiera dicho a sus padres que su hija iba a ser princesa, seguramente lo habrían tomado por loco. Esta joven inteligente y emprendedora° estudió periodismo y ejerció su profesión en algunos de los mejores medios españoles: el periódico *ABC*, y los canales CNN plus y TVE. Cuando se formalizó el compromiso° con el Príncipe Felipe, Letizia tuvo que dejar de trabajar y empezó un entrenamiento particular para ser princesa, ya que al casarse se convertiría en Princesa de Asturias. Su relación con el Príncipe se distingue por no haber respondido a la formalidad que se espera en estos casos. Poco antes de la boda, un periodista le preguntó: "¿Y cómo se declara un príncipe?", a lo que Letizia contestó: "Como cualquier hombre que quiere a una mujer".

> **"… a partir de ahora y de forma progresiva voy a integrarme y a dedicarme a esta nueva vida con las responsabilidades y obligaciones que conlleva."** (Letizia Ortiz)

Conexión Internet

¿Qué tareas oficiales realiza Juan Carlos I como autoridad del gobierno español?

To research this topic, go to **enfoques.vhlcentral.com.**

emprendedora *enterprising* **compromiso** *engagement* **sifones** *siphons*

El mundo hispanohablante Ask students: **¿Qué ventajas y desventajas presenta el hecho de que las tiendas no abran los domingos?**

① For additional practice, have students answer questions about their own leader. Ex: **¿La vida del Presidente/Primer Ministro se caracteriza por la formalidad? ¿Él es aficionado al deporte? ¿Dónde pasa las vacaciones de verano?**

¿Qué aprendiste?

1 ¿Cierto o falso? Indica si las oraciones son **ciertas** o **falsas**. Corrige las falsas.

1. El general Francisco Franco quería que Juan Carlos de Borbón fuera su sucesor. Cierto.
2. El general Franco trabajó mucho para establecer la democracia en España. Falso. El Rey Juan Carlos I trabajó mucho para establecer la democracia.
3. La vida de los Reyes se caracteriza por la formalidad y el protocolo. Falso. Los Reyes llevan una vida sencilla, sin excesivos protocolos.
4. El Rey Juan Carlos es muy aficionado a los deportes. Cierto.
5. La Reina participa en competiciones de esquí. Falso. La Reina colabora en muchos proyectos de ayuda social y cultural.
6. La Infanta Cristina es soltera. Falso. La Infanta Cristina está casada.
7. La Familia Real pasa las vacaciones de verano en Mallorca. Cierto.
8. A muchos españoles les gusta la Familia Real. Cierto.

2 Oraciones incompletas Completa las oraciones.

1. Los padres de Letizia Ortiz son de clase trabajadora.
2. Letizia estudió periodismo.
3. La Infanta Cristina es la hermana del Príncipe Felipe.
4. Felipe es el Príncipe de Asturias.
5. En España, las grandes tiendas abren un domingo al mes.
6. En México, usan la palabra *carnala* para referirse a una hermana.

3 Preguntas Contesta las preguntas. Some answers may vary.

1. ¿Cuál es una forma cariñosa de referirse al padre en Cuba? Una forma cariñosa de referirse al padre en Cuba es *pipo*.
2. ¿Por qué crees que Letizia Ortiz tuvo que dejar de trabajar como periodista al convertirse en princesa?
3. ¿A qué eventos deportivos dan nombre el Rey Juan Carlos y la Reina Sofía? Dan nombre a la Copa del Rey y a la Regata Princesa Sofía.
4. ¿Crees que es positivo o frívolo que el Rey de España participe en eventos deportivos? ¿Por qué?
5. Vuelve a leer la cita de Letizia Ortiz. ¿A qué responsabilidades y obligaciones crees que se refiere?
6. Muchos supermercados abren las 24 horas. ¿Crees que esto es necesario o crees que la gente está muy "malcriada" (*spoiled*)?

4 Opiniones En parejas, preparen dos listas. En una lista, anoten los elementos positivos de ser príncipe o princesa heredero/a y, en la otra, los elementos negativos que creen que puede tener. Guíense por estos planteamientos y otros.

- ¿Vale la pena ser rico y famoso si pierdes la vida privada?
- ¿Estarías dispuesto/a a guardar los modales las 24 horas del día?
- ¿Serías capaz de cumplir con todas las responsabilidades que conlleva este cargo?

Practice more at **enfoques.vhlcentral.com.**

PROYECTO

A domicilio

Existen muchos servicios a domicilio que facilitan la vida diaria. Además del ejemplo del sodero en Argentina, están los paseadores de perros, los supermercados con entrega a domicilio y las empresas que nos permiten recibir libros o ropa por correo en casa.

Imagina que vas a crear una empresa para ofrecer un servicio a domicilio.

Usa esta guía para preparar un folleto (*brochure*) sobre tu empresa. Describe:

- el servicio que vas a ofrecer y cómo se llama
- las principales características de tu servicio
- cómo va a facilitar la vida diaria de tus clientes

② For additional practice with the readings, have students create three more sentences with missing words or phrases. Then have them exchange their sentences with a partner for completion.

Proyecto Have students do short presentations about their service.

De compras por Barcelona

Hacer las compras tal vez te parezca una actividad aburrida y poco glamorosa, pero ¡te equivocas! En este episodio de **Flash Cultura** podrás pasear por el antiguo mercado de Barcelona y descubrir una manera distinta de elegir los mejores productos en tiendas especializadas.

VOCABULARIO ÚTIL

amplio/a *broad, wide*
el buñuelo *fritter*
el carrito *shopping cart*
la charcutería *delicatessen*
la gamba ***(Esp.)*** *shrimp*
los mariscos *seafood*
las patas traseras *hind legs*
el puesto *market stand*

Preparación ¿Qué productos españoles típicos conoces? ¿Cuál te gustaría más probar?

Comprensión Indica si estas afirmaciones son ciertas o falsas. Después, en parejas, corrijan las falsas.

1. Las Ramblas de Barcelona son amplias avenidas. Cierto.
2. En La Boquería debes elegir un carrito a la entrada y pagar toda la compra al final. Falso. En La Boquería no hay carritos y en cada parada se debe pagar la compra.
3. Hay distintos tipos de jamón serrano según la curación y la región. Cierto.
4. Barcelona ofrece una gran variedad de marisco y pescado fresco porque es un puerto marítimo. Cierto.
5. En España, la mayoría de las tiendas cierra al mediodía durante media hora. Falso. Las tiendas cierran durante tres horas.
6. Las panaderías abren todos los días menos los domingos. Falso. Las panaderías están abiertas también los domingos.

Expansión En parejas, contesten estas preguntas.

- ¿Prefieres hacer las compras en tiendas pequeñas y mercados tradicionales o en un supermercado normal? ¿Por qué?
- ¿Te levantas temprano para comprar el pan o algún otro producto los domingos? ¿Qué producto es tan esencial para la gente de tu país como el pan para los españoles?
- ¿Te parece bien que las tiendas cierren a la hora de la siesta? ¿Para qué usarías tú todo ese tiempo?

Practice more at **enfoques.vhlcentral.com.**

Corresponsal: Mari Carmen Ortiz
País: España

La Boquería es un paraíso para los sentidos: olores de comida, el bullicio° de la gente, colores vivos se abren a tu paso mientras haces tus compras.

Hay tiendas que nunca cierran a la hora de comer: las tiendas de moda y los grandes almacenes°. Pero aún éstas tienen que cerrar tres domingos al mes.

El jamón serrano es una comida típica española y es servido con frecuencia en los bares de tapas°.

bullicio *hubbub* **almacenes** *department stores* **tapas** *Spanish appetizers*

3 ESTRUCTURA

INSTRUCTIONAL RESOURCES
Supersite: Textbook/SAM AK, Lab MP3s, Audioscripts
SAM/WebSAM: WB, LM

TALLER DE CONSULTA

MANUAL DE GRAMÁTICA
Más práctica

3.1 The preterite, p. A18
3.2 The imperfect, p. A19
3.3 The preterite vs. the imperfect, p. A20

Más gramática

3.4 Telling time, p. A21

¡ATENCIÓN!

In Spain, the present perfect (p. 256) is more commonly used to describe recent events.

Remind students that **c** changes to **qu** to maintain the hard consonant sound. Similarly, **g** changes to **gu** to maintain the soft consonant sound.

Note the need for written accents in order to avoid diphthongs. Ask students how these verbs would be pronounced if the accent marks were missing.

Point out that **–uir** verbs require written accents only in the **yo** and **Ud./él/ella** forms.

3.1 The preterite

- Spanish has two simple tenses to indicate actions in the past: the preterite (**el pretérito**) and the imperfect (**el imperfecto**). The preterite is used to describe actions or states that began or were completed at a definite time in the past.

The preterite of regular *-ar*, *-er*, and *-ir* verbs

comprar	vender	abrir
compré	vendí	abrí
compraste	vendiste	abriste
compró	vendió	abrió
compramos	vendimos	abrimos
comprasteis	vendisteis	abristeis
compraron	vendieron	abrieron

- The preterite tense of regular verbs is formed by dropping the infinitive ending (**-ar**, **-er**, **-ir**) and adding the preterite endings. Note that the endings of regular **-er** and **-ir** verbs are identical in the preterite tense.
- The preterite of all regular and some irregular verbs requires a written accent on the preterite endings in the **yo, usted, él,** and **ella** forms.

Ayer **empecé** un nuevo trabajo.
Yesterday I started a new job.

Mi mamá **preparó** una cena deliciosa.
My mom prepared a delicious dinner.

- Verbs that end in **-car, -gar**, and **-zar** have a spelling change in the **yo** form of the preterite. All other forms are regular.

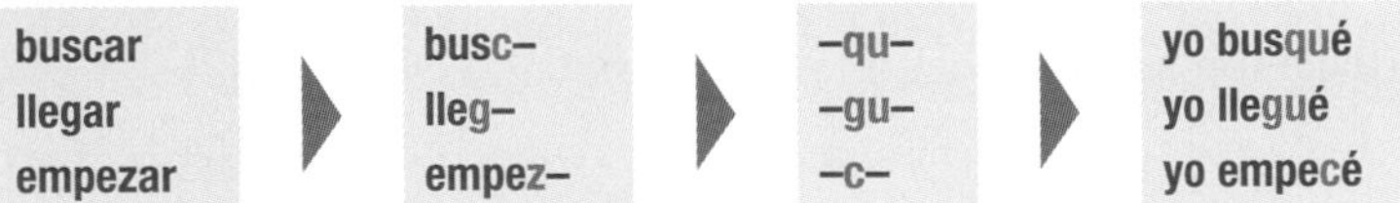

buscar	busc–	–qu–	yo busqué
llegar	lleg–	–gu–	yo llegué
empezar	empez–	–c–	yo empecé

- **Caer, creer, leer**, and **oír** change **-i-** to **-y-** in the third-person forms (**usted, él,** and **ella** forms and **ustedes, ellos,** and **ellas** forms) of the preterite. They also require a written accent on the **-i-** in all other forms.

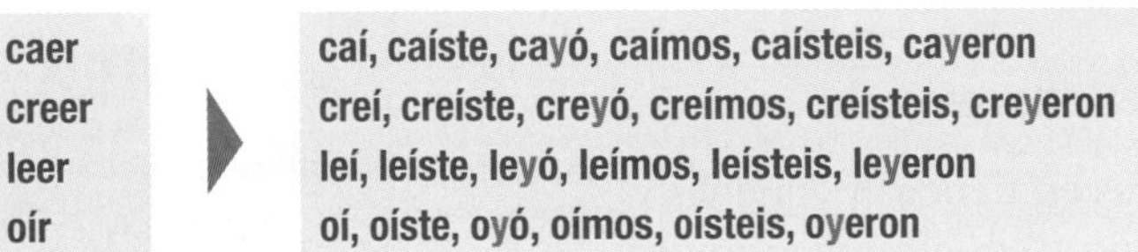

caer	caí, caíste, cayó, caímos, caísteis, cayeron
creer	creí, creíste, creyó, creímos, creísteis, creyeron
leer	leí, leíste, leyó, leímos, leísteis, leyeron
oír	oí, oíste, oyó, oímos, oísteis, oyeron

- Verbs with infinitives ending in **-uir** change **-i-** to **-y-** in the third-person forms of the preterite.

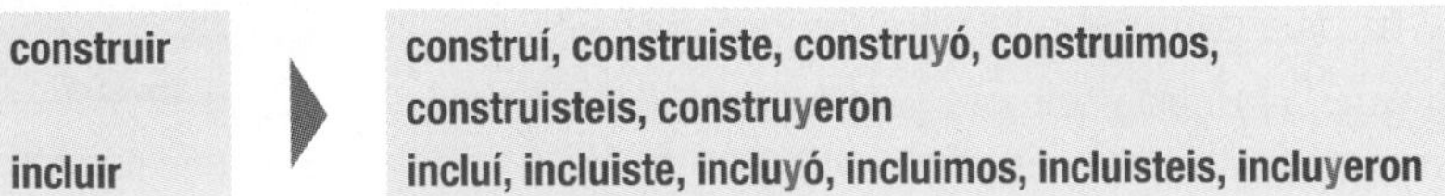

construir	construí, construiste, construyó, construimos, construisteis, construyeron
incluir	incluí, incluiste, incluyó, incluimos, incluisteis, incluyeron

- Stem-changing **-ir** verbs also have a stem change in the third-person forms of the preterite. Stem-changing **-ar** and **-er** verbs do not have a stem change in the preterite.

Preterite of *-ir* stem-changing verbs

pedir		dormir	
pedí	pedimos	dormí	dormimos
pediste	pedisteis	dormiste	dormisteis
pidió	pidieron	durmió	durmieron

- A number of **-er** and **-ir** verbs have irregular preterite stems. Note that none of these verbs takes a written accent on the preterite endings.

Les traje unos dulces para premiar su esfuerzo.

Por cierto, ¿no estuviste en el dentista?

Preterite of irregular verbs

Infinitive	u-stem	preterite forms
andar	anduv-	anduve, anduviste, anduvo, anduvimos, anduvisteis, anduvieron
estar	estuv-	estuve, estuviste, estuvo, estuvimos, estuvisteis, estuvieron
poder	pud-	pude, pudiste, pudo, pudimos, pudisteis, pudieron
poner	pus-	puse, pusiste, puso, pusimos, pusisteis, pusieron
saber	sup-	supe, supiste, supo, supimos, supisteis, supieron
tener	tuv-	tuve, tuviste, tuvo, tuvimos, tuvisteis, tuvieron
Infinitive	**i-stem**	**preterite forms**
hacer	hic-	hice, hiciste, hizo, hicimos, hicisteis, hicieron
querer	quis-	quise, quisiste, quiso, quisimos, quisisteis, quisieron
venir	vin-	vine, viniste, vino, vinimos, vinisteis, vinieron
Infinitive	**j-stem**	**preterite forms**
conducir	conduj-	conduje, condujiste, condujo, condujimos, condujisteis, condujeron
decir	dij-	dije, dijiste, dijo, dijimos, dijisteis, dijeron
traer	traj-	traje, trajiste, trajo, trajimos, trajisteis, trajeron

- Note that the stem of **decir (dij-)** not only ends in **j**, but the stem vowel **e** changes to **i**. In the **usted, él**, and **ella** form of **hacer (hizo)**, **c** changes to **z** to maintain the pronunciation. Most verbs that end in **-cir** have **j**-stems in the preterite.

¡ATENCIÓN!

Other **-ir** stem-changing verbs include:

conseguir	**repetir**
consentir	**seguir**
hervir	**sentir**
morir	**servir**
preferir	

¡ATENCIÓN!

Ser, ir, dar, and **ver** also have irregular preterites. The preterite forms of **ser** and **ir** are identical.

ser/ir
fui, fuiste, fue, fuimos, fuisteis, fueron

dar
di, diste, dio, dimos, disteis, dieron

ver
vi, viste, vio, vimos, visteis, vieron

The preterite of **hay** is **hubo**.

Hubo dos conciertos el viernes.
There were two concerts on Friday.

Have students conjugate **deshacer, oponer**, and **atraer**. Note that all verbs ending in **hacer, poner**, and **traer** are also irregular in the preterite.

Ask a volunteer to conjugate **producir** and **traducir**.

Teaching option In order to practice verbs in the preterite, throw a ball to one student in the room and shout out a verb and subject. The student must conjugate the verb in the preterite and then throw the ball to a classmate, calling out a different verb and subject.

Práctica

TALLER DE CONSULTA

MANUAL DE GRAMÁTICA
Más práctica

3.1 The preterite, p. A18

① Students can exchange papers and correct each other's work. They should refer to the verb lists on previous pages.

① For a drill, have students orally conjugate the verbs from the activity.

① **Quehaceres** Escribe la forma correcta del pretérito de los verbos indicados.

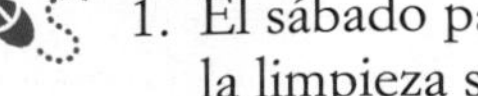

1. El sábado pasado, mis compañeros de apartamento y yo ___hicimos___ (hacer) la limpieza semanal.
2. Jorge ___barrió___ (barrer) el suelo de la cocina.
3. Yo ___pasé___ (pasar) la aspiradora por el salón.
4. Martín y Felipe ___quitaron___ (quitar) los sillones para limpiarlos y después los ___volvieron___ (volver) a poner en su lugar.
5. Yo ___lavé___ (lavar) toda la ropa sucia y la ___puse___ (poner) en el armario.
6. Nosotros ___terminamos___ (terminar) con todo en menos de una hora.
7. Luego, Martín ___abrió___ (abrir) el refrigerador.
8. Él ___vio___ (ver) que no había nada de comer.
9. Felipe ___dijo___ (decir) que iría al supermercado. Todos nosotros ___decidimos___ (decidir) acompañarlo.
10. Yo ___apagué___ (apagar) las luces y nosotros ___fuimos___ (ir) al mercado.

② Remind students that **tener que** is always followed by an infinitive.

② Brainstorm three more words or phrases that indicate the past, such as **hace ___ años que, el mes pasado, en el año ___**, etc.

② **¿Qué hicieron?** Combina elementos de cada columna para narrar lo que hicieron las personas.

MODELO Una vez, mis amigos y yo tuvimos que cocinar para cincuenta invitados.

anoche	**yo**	**conversar**	**¿?**
anteayer	**mi compañero/a de cuarto**	**dar**	**¿?**
ayer	**mis amigos/as**	**decir**	**¿?**
la semana pasada	**el/la profesor(a) de español**	**ir**	**¿?**
una vez	**mi novio/a**	**leer**	**¿?**
dos veces		**pedir**	**¿?**
		tener que	**¿?**

③ **La última vez** Con oraciones completas, indica cuándo fue la última vez que hiciste cada una de estas actividades. Da detalles en tus respuestas. Después comparte la información con la clase.

MODELO **ir al cine**
La última vez que fui al cine fue en abril. La película que vi fue *Alicia en el país de las maravillas*...

1. hacer mandados
2. decir una mentira
3. andar atrasado/a
4. olvidar algo importante
5. devolver un regalo
6. ir de compras
7. oír una buena/mala noticia
8. encontrar una ganga increíble
9. probarse ropa en una tienda
10. comprar algo muy caro

Teaching option For additional verb drills, divide the class into two groups. Give an infinitive to the class and have one student from each group go to the board and conjugate it in the preterite. Each team receives a point for a correct conjugation. The group with the most points wins.

Practice more at **enfoques.vhlcentral.com.**

Comunicación

4 **La semana pasada** Recorre el salón de clase y averigua lo que hicieron tus compañeros durante la semana pasada. Anota el nombre de la primera persona que conteste que sí a cada una de las preguntas.

MODELO **ir al cine**
—¿Fuiste al cine durante la semana pasada?
—Sí, fui al cine y vi la última película de Almodóvar./No, no fui al cine.

Actividades	Nombre
1. asistir a un partido de fútbol	________
2. cocinar para los amigos	________
3. conseguir una buena nota en una prueba	________
4. dar un consejo (*advice*) a un(a) amigo/a	________
5. dormirse en clase o en el laboratorio	________
6. estudiar toda la noche para un examen	________
7. enojarse con un(a) amigo/a	________
8. incluir un álbum de fotos en Facebook	________
9. ir a la oficina de un(a) profesor(a)	________
10. ir al centro comercial	________
11. pedir dinero prestado	________
12. perder algo importante	________
13. probarse un vestido/un traje elegante	________

5 **Una fiesta** En parejas, túrnense para comentar la última fiesta que dieron o a la que asistieron.

- ocasión
- fecha y lugar
- organizador(a)
- invitados
- comida
- música
- actividades

6 **Anécdotas**

A. Escribe dos anécdodas divertidas o curiosas que te ocurrieron en el pasado.

MODELO Una vez fui a una entrevista muy importante con un zapato de cada color...

B. Presenta una de tus historias ante la clase. Después, la clase votará por la anéctoda más divertida e interesante.

4 Have students report their own activities during the past week. They can start by saying **Pues yo...**

4 Ask students which errands they usually run every month using the verb **soler**. Ex: **¿Suelen ir de compras?** Then preview the imperfect tense with **soler** to express habitual actions in the past. Ex: **Solía ir de compras todos los meses.**

5 Ask students what they like to do when hosting a party.

NATIONAL
comparisons
STANDARDS

3.2 The imperfect

INSTRUCTIONAL RESOURCES
Supersite: Textbook/SAM AK, Lab MP3s, Audioscripts
SAM/WebSAM: WB, LM

- The imperfect tense in Spanish is used to narrate past events without focusing on their beginning, end, or completion.

El recado decía que él estaba enfermo.

Siempre tenía problemas con la aspiradora.

- The imperfect tense of regular verbs is formed by dropping the infinitive ending (**-ar, -er, -ir**) and adding personal endings. **-Ar** verbs take the endings **-aba, -abas, -aba, -ábamos, -abais, -aban. -Er** and **-ir** verbs take **-ía, -ías, -ía, -íamos, -íais, -ían**.

The imperfect of regular *-ar*, *-er*, and *-ir* verbs

caminar	deber	abrir
caminaba	debía	abría
caminabas	debías	abrías
caminaba	debía	abría
caminábamos	debíamos	abríamos
caminabais	debíais	abríais
caminaban	debían	abrían

Remind students that progressive forms are less common in Spanish than in English. Ex: **Camino al banco.** *I am walking to the bank.* **Caminaba al banco.** *I was walking to the bank.*

- **Ir, ser,** and **ver** are the only verbs that are irregular in the imperfect.

The imperfect of irregular verbs

ir	ser	ver
iba	era	veía
ibas	eras	veías
iba	era	veía
íbamos	éramos	veíamos
ibais	erais	veíais
iban	eran	veían

- The imperfect tense narrates what was going on at a certain time in the past. It often indicates what was happening in the background.

Cuando yo **era** joven, **vivía** en una ciudad muy grande. Todas las semanas, mis padres y yo **íbamos** al centro comercial.
When I was young, I lived in a big city. Each week, my parents and I went to the mall.

- The imperfect of **hay** is **había**.

  Había tres cajeros en el supermercado.
  There were three cashiers in the supermarket.

  Sólo **había** un mesero en el café.
  There was only one waiter in the café.

- These words and expressions are often used with the imperfect because they express habitual or repeated actions: **de niño/a** (*as a child*), **todos los días** (*every day*), **mientras** (*while*), **siempre** (*always*).

  De niño, vivía en un barrio de Madrid.
  As a child, I lived in a Madrid neighborhood.

  Todos los días iba a la casa de mi abuela.
  Every day I went to my grandmother's house.

  Siempre escuchaba música **mientras corría** en el parque.
  I always listened to music while I ran in the park.

Siempre dormía muy mal.
Nunca podía relajarme.
Estaba desesperado; no sabía qué hacer.
Ahora, mis problemas están
resueltos con mi nueva cama.
DORMALUX
LA CAMA DE TUS SUEÑOS

Teaching option Have students search the Internet for a biography of a famous person and find out what his/her life was like in the past. Have them report results to the class.

Práctica

TALLER DE CONSULTA

MANUAL DE GRAMÁTICA
Más práctica

3.2 The imperfect, p. A19

(1) Point out that the imperfect is usually used to give someone's age in the past.

(1) Ask students: **De niños/as, ¿vivían en otra ciudad? ¿Cómo era su vida diaria allá?**

(1) **Granada** Escribe la forma correcta del imperfecto de los verbos indicados.

Granada, en el sur de España

Cuando yo (1) ___tenía___ (tener) veinte años, estuve en España por seis meses. (2) ___Vivía___ (vivir) en Granada, una ciudad de Andalucía. (3) ___Era___ (ser) estudiante en un programa de español para extranjeros. Entre semana, mis amigos y yo (4) ___estudiábamos___ (estudiar) español por las mañanas. Por las tardes, (5) ___visitábamos___ (visitar) los lugares más interesantes de la ciudad para conocerla mejor. Los fines de semana, nosotros (6) ___íbamos___ (ir) de excursión. (Nosotros) (7) ___Visitábamos___ (visitar) ciudades y pueblos nuevos. Los paisajes (8) ___eran___ (ser) maravillosos. Quiero volver pronto.

(2) Point out that since the expression **los lunes** implies repetition of an action, the imperfect must be used.

(2) **Antes** En parejas, túrnense para hacerse preguntas usando estas frases. Sigan el modelo.

MODELO **levantarse tarde los lunes**
—¿Te levantas tarde los lunes?
—Ahora sí, pero antes nunca me levantaba tarde los lunes./Ahora no, pero antes siempre me levantaba tarde los lunes.

1. hacer los quehaceres del hogar
2. usar una agenda
3. ir de compras al centro comercial
4. pagar con tarjeta de crédito
5. trabajar por las tardes
6. preocuparse por el futuro

(3) To preview the preterite vs. the imperfect, encourage students to use both tenses in their comics.

(3) **Una historieta** En grupos de tres, creen una pequeña historieta (*comic*) explicando cómo era la vida diaria de un héroe o una heroína. Después, presenten sus historietas a la clase.

MODELO Superchica era una niña con un poder muy peculiar: podía volar...

 Practice more at **enfoques.vhlcentral.com.**

Comunicación

4 De niños

A. Busca en la clase compañeros/as que hacían estas cosas cuando eran niños/as. Escribe el nombre de la primera persona que conteste afirmativamente cada pregunta.

MODELO **ir mucho al parque**
—¿Ibas mucho al parque?
—Sí, iba mucho al parque.

¿Qué hacían?	Nombre
1. tener miedo de los monstruos	________________
2. llorar todo el tiempo	________________
3. siempre hacer su cama	________________
4. ser muy travieso/a (*mischievous*)	________________
5. romper los juguetes (*toys*)	________________
6. darles muchos regalos a sus padres	________________
7. comer muchos dulces	________________
8. creer en fantasmas	________________

B. Ahora, comparte con la clase los resultados de tu búsqueda.

5 Antes y ahora En parejas, comparen cómo ha cambiado la vida de Andrés en los últimos años. ¿Cómo era antes? ¿Cómo es ahora? Preparen una lista de por lo menos seis diferencias.

antes

ahora

6 En aquel entonces

A. Utiliza el imperfecto para escribir un párrafo sobre la vida diaria de un(a) pariente tuyo/a que creció (*grew up*) en otra época. ¿Cómo era su vida cotidiana? ¿Qué solía hacer para divertirse?

B. Ahora comparte tu párrafo con un(a) compañero/a. Pregúntense sobre los personajes y comparen la vida diaria de aquel entonces con la de hoy. ¿En qué aspectos era mejor la vida diaria hace veinte años? ¿Hace cincuenta años? ¿Hace dos siglos (*centuries*)? ¿En qué aspectos era peor?

④ Have students also state how old they were at the time. Ex: **Cuando tenía cinco años, iba mucho al parque.**

⑤ Ask volunteers to bring "then and now" photos of themselves (or celebrities). Have them use the imperfect and the present tense to describe themselves in the past and present.

⑥ Ask heritage speakers to include details about their families' countries of origin.

Teaching option Find news articles in Spanish on the Internet. Have students work in pairs to identify the preterite and imperfect tenses.

3.3 The preterite vs. the imperfect

INSTRUCTIONAL RESOURCES
Supersite: Textbook/SAM AK, Lab MP3s, Audioscripts
SAM/WebSAM: WB, LM

- Although the preterite and imperfect both express past actions or states, the two tenses have different uses and, therefore, are not interchangeable.

¿Cómo lograste encender la aspiradora? Antes no funcionaba.

Uses of the preterite

- To express actions or states viewed by the speaker as completed

Compraste los muebles hace un mes.
You bought the furniture a month ago.

Mis amigas **fueron** al centro comercial ayer.
My friends went to the mall yesterday.

- To express the beginning or end of a past action

La telenovela **empezó** a las ocho.
The soap opera began at eight o'clock.

El café **se acabó** enseguida.
The coffee ran out right away.

- To narrate a series of past actions

Me levanté, **me arreglé** y **fui** a clase.
I got up, got ready, and went to class.

Se sentó, **tomó** el bolígrafo y **escribió**.
He sat down, grabbed the pen, and wrote.

Uses of the imperfect

Point out that, when referring to a person's age in the past, the imperfect is almost always used. Ex: **Tenía treinta años cuando llegó a este país.**

Remind students that **soler** means *to usually do something*. Point out that **soler** is used in the imperfect because its meaning implies repetition. Ask personalized questions to practice the use of **soler** with infinitives.

- To describe an ongoing past action without reference to beginning or end

Se acostaba muy temprano.
He went to bed very early.

Juan **tenía** pesadillas constantemente.
Juan constantly had nightmares.

- To express habitual past actions

Me **gustaba** jugar al fútbol los domingos por la mañana.
I used to like to play soccer on Sunday mornings.

Solían comprar las verduras en el mercado.
They used to shop for vegetables in the market.

- To describe mental, physical, and emotional states or conditions

José Miguel sólo **tenía** quince años en aquel entonces.
José Miguel was only fifteen years old at that time.

Estaba tan hambriento que quería comerme un pollo entero.
I was so hungry that I wanted to eat a whole chicken.

- To tell time

Eran las ocho y media de la mañana.
It was eight thirty a.m.

Era la una en punto.
It was exactly one o'clock.

TALLER DE CONSULTA

To review telling time, see **Manual de gramática, 3.4**, p. A21.

Uses of the preterite and imperfect together

- When narrating in the past, the imperfect describes what *was happening*, while the preterite describes the action that *interrupts* the ongoing activity. The imperfect provides background information, while the preterite indicates specific events that advance the plot.

Había una vez un lobo que **era** muy pacífico y bueno. Un día, el lobo **caminaba** por el bosque cuando, de repente, una niña muy malvada que **se llamaba** Caperucita Roja **apareció** de entre los árboles. El lobo, asustado, **comenzó** a correr, pero Caperucita **corría** tan rápido que, al final, **atrapó** al lobo y se lo **comió**. La abuela de Caperucita no **sabía** lo malvada que **era** su nieta. Nunca nadie **supo** qué le **pasó** al pobre lobito.

*Once upon a time, there **was** a wolf that **was** very peaceful and kind. One day, the wolf **was walking** through the forest when, all of a sudden, a very wicked little girl, who **was called** Little Red Riding Hood, **appeared** amongst the trees. The wolf, frightened, **started** to run, but Little Red Riding Hood **was running** so fast that, in the end, she **caught** the wolf and **ate** him up. Little Red Riding Hood's grandmother **didn't know** how wicked her granddaughter **was**. No one ever **found out** what **happened** to the poor little wolf.*

Different meanings in the imperfect and preterite

Quise encender la aspiradora, pero no pude.

- The verbs **querer, poder, saber,** and **conocer** have different meanings when they are used in the preterite. Notice also the meanings of **no querer** and **no poder** in the preterite.

INFINITIVE	IMPERFECT	PRETERITE
querer	**Quería acompañarte.** *I wanted to go with you.*	**Quise acompañarte.** *I tried to go with you (but failed).* **No quise acompañarte.** *I refused to go with you.*
poder	**Ana podía hacerlo.** *Ana could do it.*	**Ana pudo hacerlo.** *Ana succeeded in doing it.* **Ana no pudo hacerlo.** *Ana could not do it.*
saber	**Ernesto sabía la verdad.** *Ernesto knew the truth.*	**Por fin Ernesto supo la verdad.** *Ernesto finally discovered the truth.*
conocer	**Yo ya conocía a Andrés.** *I already knew Andrés.*	**Yo conocí a Andrés en la fiesta.** *I met Andrés at the party.*

¡ATENCIÓN!

Here are some useful sequencing expressions.

primero *first*
al principio *in the beginning*
antes (de) *before*
después (de) *after*
mientras *while*
entonces *then*
luego *then; next*
siempre *always*
al final *finally*
la última vez *the last time*

¡ATENCIÓN!

The imperfect progressive is also used to describe a past action that was in progress, but was interrupted by an event. Both **el lobo caminaba por el bosque** and **el lobo estaba caminando por el bosque** are correct.

For visual learners, draw a time line on the board. Read the model and make marks in one color to show completed actions in the past. Then shade the areas in between with a different color and point out that the imperfect describes ongoing action in the past.

Stress that the imperfect of **poder** describes what a person *was capable of*, whether or not he/she tried. The preterite of **poder** describes what someone *did (not) manage* or *succeed to do.*

TALLER DE CONSULTA

See **Manual de gramática 12.4** to preview the differences between **saber** and **conocer.**

Teaching option Ask students to bring in Spanish newspaper or magazine articles that narrate past events. In pairs, have them highlight verbs in the preterite and imperfect, and match them to the uses described in this grammar point.

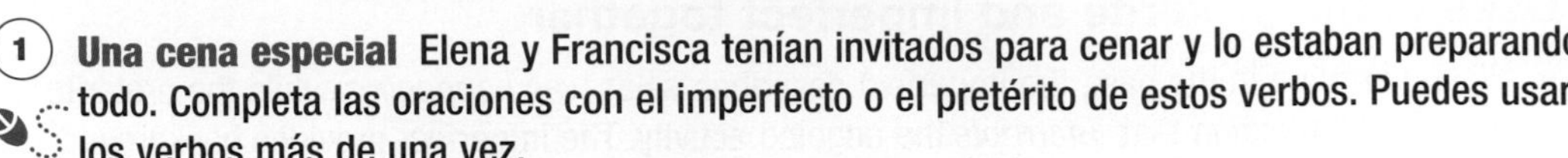

Práctica

TALLER DE CONSULTA

MANUAL DE GRAMÁTICA
Más práctica

3.3 The preterite vs. the imperfect, p. A20

① Model by having a volunteer complete the first sentence.

① If appropriate, discuss why each sentence takes the preterite or imperfect. Discuss how changing the past tense from preterite to imperfect, and vice versa, changes the meaning of the sentence.

② Have students ask questions of their classmates based on the exercise. Ex: **¿Qué hacías cuando el médico llamó?**

③ Remind students how to write dates in Spanish.

Teaching option On the board, write **Iba a** ____, **pero al final** ____. Have volunteers create sentences about what they were going to do and what really happened. Ex: **Iba a llamar a mis padres, pero al final decidí salir con mis amigos.**

1 Una cena especial Elena y Francisca tenían invitados para cenar y lo estaban preparando todo. Completa las oraciones con el imperfecto o el pretérito de estos verbos. Puedes usar los verbos más de una vez.

averiguar	haber	ofrecerse	salir
decir	levantarse	pasar	ser
estar	limpiar	preparar	terminar
freír	llamar	quitar	tocar

1. __Eran__ las ocho cuando Francisca y Elena __se levantaron__ para preparar todo.
2. Elena __pasaba__ la aspiradora cuando Felipe la __llamó__ para preguntar la hora de la cena. Le __dijo__ que __era__ a las diez y media.
3. Francisca __preparaba__ las tapas en la cocina. Todavía __era__ temprano.
4. Mientras Francisca __freía__ las papas en aceite, Elena __limpiaba__ la sala.
5. Elena __quitaba__ el polvo de los muebles cuando su madre __tocó__ el timbre. ¡__Fue__ una visita sorpresa!
6. Su madre __se ofreció__ a ayudar. Elena __dijo__ que sí.
7. Cuando Francisca __terminó__ de hacer las tapas, __averiguó__ que no __había__ suficientes refrescos. Francisca __salió__ al supermercado.
8. Cuando por fin __terminaron__, ya __eran__ las nueve. Todo __estaba__ listo.

2 Interrupciones Combina palabras y frases de cada columna para contar lo que hicieron estas personas. Usa el pretérito y el imperfecto.

MODELO Ustedes miraban la tele cuando el médico llamó.

yo	dormir	usted	llamar por teléfono
tú	comer	el/la médico/a	salir
Marta y Miguel	escuchar música	la policía	sonar
nosotros	mirar la tele	la alarma	recibir el mensaje
Paco	conducir	los amigos	ver el accidente
ustedes	ir a...	Juan Carlos	tocar el timbre

3 Las fechas importantes

A. Escribe cuatro fechas importantes en tu vida y explica qué pasó.

MODELO

Fecha	¿Qué pasó?	¿Dónde y con quién estabas?	¿Qué tiempo hacía?
el 6 de agosto de 2010	Conocí a Lady Gaga.	Estaba en el gimnasio con un amigo.	Llovía mucho.

B. Intercambia tu información con tres compañeros/as. Ellos/as te van a hacer preguntas sobre lo que te pasó.

Practice more at **enfoques.vhlcentral.com.**

Comunicación

4 La mañana de Esperanza

A. En parejas, observen los dibujos. Escriban lo que le pasó a Esperanza después de abrir la puerta de su casa. ¿Cómo fue su mañana? Utilicen el pretérito y el imperfecto en la narración.

1.

2.

3.

4.

B. Con dos parejas más, túrnense para presentar las historias que han escrito. Después, combinen sus historias para hacer una nueva.

5 **Síntesis** En grupos de cuatro, turnénse para pasarse una hoja de papel. Cada uno/a escribe una oración con el fin de narrar un cuento sobre un día extraordinario en el que la rutina diaria se vio interrumpida por una serie de eventos inesperados. Después, presenten sus cuentos a la clase. Utilicen el pretérito, el imperfecto y el vocabulario de esta lección. Sean creativos/as.

MODELO

—El día empezó como cualquier otro día...
—Me levanté, me arreglé y salí para la clase de las nueve...
—Caminaba por la avenida central como siempre, cuando, de repente, en medio de la calle, vi algo horroroso, algo que me hizo temblar de miedo...

(4) Remind students that the imperfect is used to tell time in the past.

(4) Suggested answers:
1. Abrió la puerta. Salió a la calle. Estaba nublado. Eran las diez y media de la mañana.
2. Mientras caminaba por la calle, empezó a llover. Eran las once menos dieciséis.
3. Cuando llegó al supermercado, estaba lloviendo mucho. Eran las once.
4. Llegó a su casa a las once y media. Empezó a preparar el almuerzo.

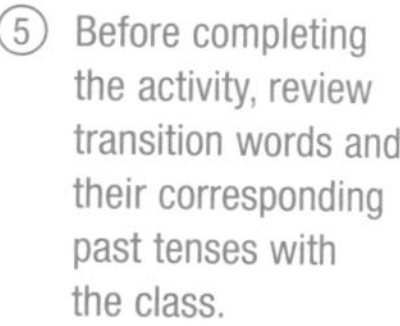

(5) Before completing the activity, review transition words and their corresponding past tenses with the class.

Teaching option Using comic strips or series of photos, have students use the preterite and imperfect to describe what happened in the pictures.

INSTRUCTIONAL RESOURCES
Supersite/DVD: Film Collection
Supersite: Script & Translation

Antes de ver el corto

ADIÓS MAMÁ

país México
duración 7 minutos
director Ariel Gordon
protagonistas hombre joven, señora

Vocabulario

afligirse *to get upset*	**parecerse** *to look like*
el choque *crash*	**repentino/a** *sudden*
despedirse (e:i) *to say goodbye*	**el timbre** *tone of voice*
las facciones *facial features*	**titularse** *to graduate*

1 **Practicar** Completa cada una de las rimas usando el vocabulario del corto.

1. Cuando Anabel tiene un problema, __se aflige__, pero nunca lo corrige.
2. ¡Qué buen actor! Sus __facciones__ siempre reflejan sus acciones.
3. ¡Pobre don Roque! Compró carro nuevo y a los dos días tuvo un __choque__.
4. No me gusta el __timbre__ de voz de ese hombre.
5. ¡Qué estilos tan variados! Las pinturas son trece y ninguna __se parece__.
6. Le faltan muchos cursos. Si no decide apurarse (*hurry up*), nunca va a __titularse__.

② Ask additional questions. Ex: **¿Crees que puede ser peligroso hablar con un desconocido? ¿En qué situación hablarían con un desconocido? ¿Creen que es más fácil hablar con un desconocido en una gran ciudad o en un pueblo pequeño?**

2 **Comentar** En parejas, intercambien opiniones sobre las preguntas.

1. ¿Hablan con desconocidos en algunas ocasiones? ¿En qué situaciones?
2. Según su título, ¿de qué creen que va a tratar el corto?
3. ¿En qué lugares es más fácil o frecuente hablar con gente que no conocen? Den dos o tres ejemplos.
4. ¿A veces son ingenuos/as? ¿Se creen historias falsas? Den ejemplos.
5. ¿Alguna vez les sucedió algo interesante o divertido en un supermercado? ¿Qué sucedió?
6. Observen los fotogramas. ¿Qué creen que va a pasar en este cortometraje?

 Practice more at **enfoques.vhlcentral.com.**

Short Film

Adiós Mamá

Premio especial del Jurado, Semana Internacional de Cine Experimental de Valladolid, España

Una producción de CONACULTA/INSTITUTO MEXICANO DE CINEMATOGRAFÍA Guión y Dirección ARIEL GORDON
Producción JAVIER BOURGES Producción ejecutiva PATRICIA RIGGEN
Fotografía SANTIAGO NAVARRETE Edición CARLOS SALCES Música GERARDO TAMEZ
Sonido SANTIAGO NÚÑEZ/NERIO BARBERIS
Arte FERNANDO MERI/AARÓN NIÑO CÁMARA
Actores DANIEL GIMÉNEZ CACHO/DOLORES BERISTAIN/PATRICIA AGUIRRE/PACO MORAYTA

Synopsis In this award-winning short film, a man is grocery shopping alone on an ordinary day when a chance meeting makes him the focus of an elderly woman's existential conflict, with a surprising result.

Preview Read and discuss the dialogue before viewing the film. Ask: **¿Por qué no termina el cortometraje en la quinta escena? ¿Cuál será el problema en la sexta escena?**

Teaching option While viewing the film, ask students to pay close attention to the characters' facial expressions and their own reactions to the characters' emotions.

Escenas

ARGUMENTO Un hombre está en el supermercado. En la fila para pagar, la señora que está delante de él le habla.

SEÑORA Se parece a mi hijo. Realmente es igual a él.
HOMBRE Ah, pues no, no sé qué decir.

SEÑORA Murió en un choque. El otro conductor iba borracho. Si él viviera, tendría la misma edad que usted.
HOMBRE Por favor, no llore.

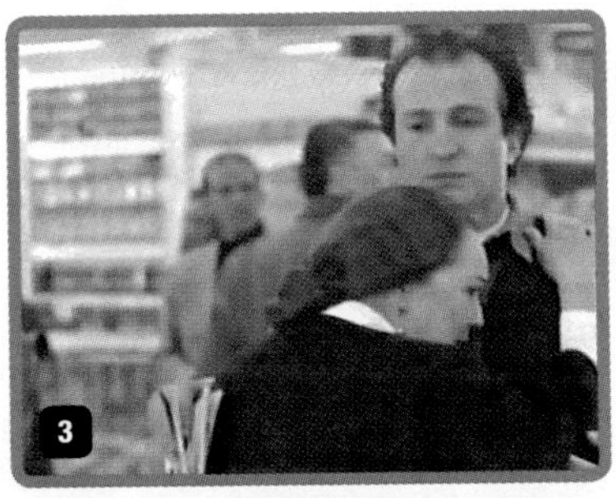

SEÑORA ¿Sabe? Usted es su doble. Bendito sea el Señor que me ha permitido ver de nuevo a mi hijo. ¿Le puedo pedir un favor?
HOMBRE Bueno.

SEÑORA Nunca tuve oportunidad de despedirme de él. Su muerte fue tan repentina. ¿Al menos podría llamarme "mamá" y decirme adiós cuando me vaya?

SEÑORA ¡Adiós, hijo!
HOMBRE ¡Adiós, mamá!
SEÑORA ¡Adiós, querido!
HOMBRE ¡Adiós, mamá!

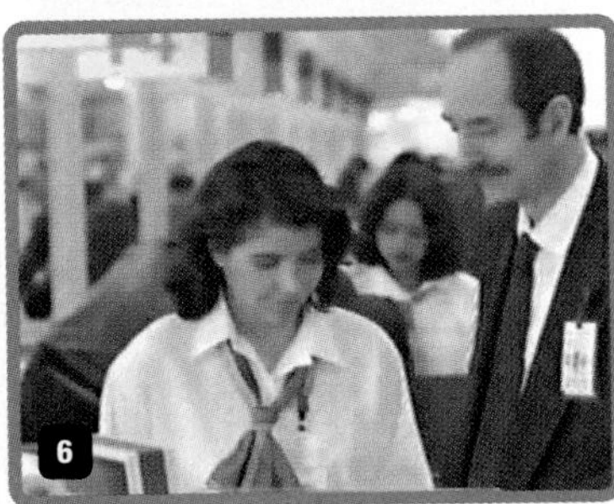

CAJERA No sé lo que pasa, la máquina desconoce el artículo. Espere un segundo a que llegue el gerente.
(*El gerente llega y ayuda a la cajera.*)

Después de ver el corto

1 **Comprensión** Contesta las preguntas con oraciones completas.

1. ¿Dónde están los personajes? Están en un supermercado.
2. ¿Qué relación hay entre el hombre y la señora? Ninguna. Ellos no se conocen.
3. ¿A quién se parece físicamente el hombre? Se parece al hijo de la señora.
4. ¿Por qué no pudo despedirse la señora de su hijo? Porque el hijo murió en un choque.
5. ¿Qué favor le pide la señora al hombre? Le pide que le diga "adiós, mamá" al salir.
6. ¿Cuántas compras tiene que pagar el hombre? ¿Por qué? El hombre tiene que pagar dos compras porque también tiene que pagar por lo que compró la señora.

① Ask students to write a brief summary of the film, based on their answers.

2 **Ampliación** En parejas, háganse las preguntas.

1. ¿Les pasó a ustedes o a alguien que conocen algo similar alguna vez? Expliquen.
2. ¿Qué hacen si alguien se les acerca (*approaches*) en el supermercado y les pide este favor?
3. ¿Qué creen que sucedió realmente al final? ¿Tuvo que pagar la cuenta completa el hombre? ¿Tuvo que intervenir la policía?
4. Después de lo que sucedió, ¿qué consejos puede darles el hombre a sus amigos?

② Ask the class to think about strangers in modern-day society. Ex: **¿Cómo distingues a una persona que necesita ayuda de un impostor? ¿Se puede confiar en un desconocido?**

3 **Inventar** En parejas, lean lo que dice la mujer e imaginen que el hijo ficticio nunca tuvo un accidente y, por lo tanto, no murió. ¿Qué le pasó? ¿Cómo fue su vida? ¿Visitaba a su madre con frecuencia? Escriban un párrafo de diez líneas.

> **"Murió en un choque. El otro conductor iba borracho. Si él viviera, tendría la misma edad que usted. Se habría titulado y probablemente tendría una familia. Yo sería abuela."**

4 **Imaginar** En parejas, describan la vida de uno los personajes del corto. Escriban por lo menos cinco oraciones, usando como base las preguntas.

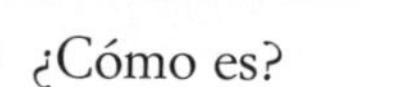

- ¿Cómo es?
- ¿Dónde vive?
- ¿Con quién vive?
- ¿Qué le gusta?
- ¿Qué no le gusta?
- ¿Tiene dinero?

④ Have students make a list of the qualities that they associate with each character.

④ Ask students to be creative and invent a backstory for the characters. Ex: **¿Cómo eran de jóvenes? ¿Pasó algo que cambió la vida de estas personas?**

5 **Detective** El joven está contándole a un(a) detective lo que pasó en el supermercado. En parejas, uno/a de ustedes es el/la detective y el/la otro/a es el hombre. Preparen el interrogatorio (*interrogation*) y represéntenlo delante de la clase.

6 **Notas** Ahora, imagina que eres el/la detective y escribe un informe (*report*) de lo que pasó. Tiene que ser un informe lo más completo posible. Puedes inventar los datos que tú quieras.

⑥ Encourage students to use active vocabulary from the film.

Practice more at **enfoques.vhlcentral.com.**

La siesta, 1943
Antonio Berni, Argentina

"Tras el vivir y el soñar, está lo que más importa: el despertar."

— Antonio Machado

Antes de leer

Autorretrato

Sobre la autora

Rosario Castellanos nació en la ciudad de México en 1925 y murió en Tel Aviv, Israel, en 1974 mientras se desempeñaba como (*worked as*) embajadora de México en ese país. Estudió filosofía en México y realizó estudios de estética y estilística en España. Escribió poesía, narrativa y ensayos, y también colaboró con diarios y revistas especializadas de México y del extranjero. Tres de sus obras —su primera novela, *Balún Canán*; el libro de cuentos *Ciudad Real* y su segunda novela, *Oficio de tinieblas*— conforman la principal trilogía de temática indigenista mexicana del siglo XX. El otro tema central de su obra son las mujeres. Su obra poética se encuentra reunida en el libro titulado *Poesía no eres tú*, publicado en 1972. Sus poemas se caracterizan por su estilo sencillo, en el que se presenta lo cotidiano con humor e inteligencia.

Tell students that the title *Poesía no eres tú* makes reference to the famous line *Poesía eres tú* in the poem "¿Qué es poesía?" by Gustavo Adolfo Bécquer.

Vocabulario

acariciar *to caress*	**el autorretrato** *self-portrait*	**llorar** *to cry*
acaso *perhaps*	**feliz** *happy*	**lucir** *to wear, to display*
arduo/a *hard*	**el llanto** *weeping; crying*	**el maquillaje** *make-up*

Variación léxica
acaso ⟷ quizá(s)
arduo/a ⟷ difícil
feliz ⟷ alegre; contento/a

Vocabulario Completa las oraciones.

1. En este __autorretrato__, María __luce__ un vestido que era de su abuela.
2. No me gusta ponerme __maquillaje__ en los ojos porque me hace __llorar__.
3. La madre escuchó el __llanto__ del bebé y enseguida se acercó a __acariciar__ su cabecita.
4. Aunque el trabajo es __arduo__, estoy __feliz__ de tener mi propia empresa.

Conexión personal Imagina que tienes que hacer una presentación sobre ti mismo/a titulada "Autorretrato". ¿Eliges describirte con palabras relacionadas con tus estudios, con tu trabajo, con tu personalidad, con lo que te hace feliz, con lo que te hace llorar? ¿Por qué?

Conexión personal For expansion, ask students: **Imagina que un(a) amigo/a hace una presentación sobre ti: ¿qué palabras incluirá?**

Análisis literario: La poesía conversacional

Los términos "poesía conversacional" o "poesía coloquial" se refieren a un tipo de poesía que surgió durante los últimos cincuenta años y se caracteriza por su claridad, por su tono coloquial e intimista, por buscar un acercamiento al lector a través de referencias a lo cotidiano, y por romper con el estilo abstracto y menos accesible de movimientos poéticos anteriores. Otra característica de este género es la desmitificación del poeta, quien deja de ser una figura subida a un pedestal y alejada de la realidad cotidiana de los lectores. No se trata en sí de un movimiento literario claramente definido, sino que distintos poetas recorrieron caminos diferentes hasta converger en este estilo coloquial e intimista. A medida que lees *Autorretrato,* presta atención a las características de la poesía conversacional en el poema.

Análisis literario Give students examples of conversational poets and ask them to research their biographies. Some conversational poets are: Mario Benedetti, Juan Gelman, Jaime Sabines, Roberto Fernández Retamar.

 Practice more at **enfoques.vhlcentral.com.**

Autorretrato

Rosario Castellanos

Autorretrato con pelo cortado, 1940
Frida Kahlo, México

Yo soy una señora: tratamiento°
arduo de conseguir, en mi caso, y más útil
para alternar con los demás que un título
extendido a mi nombre en cualquier academia.

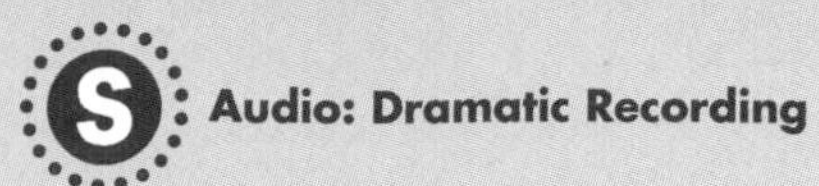

Así, pues, luzco mi trofeo y repito:
yo soy una señora. Gorda o flaca
según las posiciones de los astros°,
los ciclos glandulares
y otros fenómenos que no comprendo.

Rubia, si elijo una peluca rubia.
O morena, según la alternativa.
(En realidad, mi pelo encanece°, encanece.)

Soy más o menos fea. Eso depende mucho
de la mano que aplica el maquillaje.

Mi apariencia ha cambiado a lo largo del tiempo
—aunque no tanto como dice Weininger
que cambia la apariencia del genio—. Soy mediocre.
Lo cual, por una parte, me exime de° enemigos
y, por la otra, me da la devoción
de algún admirador y la amistad
de esos hombres que hablan por teléfono
y envían largas cartas de felicitación.
Que beben lentamente whisky sobre las rocas
y charlan de política y de literatura.

Amigas… hmmm… a veces, raras veces
y en muy pequeñas dosis.
En general, rehuyo° los espejos.
Me dirían lo de siempre: que me visto muy mal
y que hago el ridículo
cuando pretendo coquetear con alguien.

Soy madre de Gabriel: ya usted sabe, ese niño
que un día se erigirá en° juez inapelable
y que acaso, además, ejerza de verdugo°.
Mientras tanto lo amo.

Escribo. Este poema. Y otros. Y otros.
Hablo desde una cátedra°.
Colaboro en revistas de mi especialidad
y un día a la semana publico en un periódico.

Vivo enfrente del Bosque. Pero casi
nunca vuelvo los ojos para mirarlo. Y nunca
atravieso° la calle que me separa de él
y paseo y respiro y acaricio
la corteza rugosa° de los árboles.

Sé que es obligatorio escuchar música
pero la eludo° con frecuencia. Sé
que es bueno ver pintura
pero no voy jamás a las exposiciones
ni al estreno teatral ni al cine-club.

Prefiero estar aquí, como ahora, leyendo
y, si apago la luz, pensando un rato
en musarañas° y otros menesteres°.

Sufro más bien por hábito, por herencia, por no
diferenciarme más de mis congéneres°
que por causas concretas.

Sería feliz si yo supiera cómo.
Es decir, si me hubieran enseñado los gestos,
los parlamentos°, las decoraciones.

En cambio me enseñaron a llorar. Pero el llanto
es en mí un mecanismo descompuesto
y no lloro en la cámara mortuoria
ni en la ocasión sublime ni frente a la catástrofe.

Lloro cuando se quema el arroz o cuando pierdo
el último recibo del impuesto predial°.

tratamiento *title* **astros** *stars* **encanece** *gets whiter* **me exime de** *exempts me from* **rehuyo** *I shun; I avoid* **se erigirá en** *will become* **ejerza de verdugo** *practice as an executioner* **cátedra** *university chair* **atravieso** *I cross* **corteza rugosa** *rough bark* **eludo** *I avoid* **pensando… musarañas** *daydreaming* **menesteres** *occupations* **mis congéneres** *my kind* **parlamentos** *words* **impuesto predial** *property tax*

Después de leer

Autorretrato

Rosario Castellanos

1 Comprensión Indica si las oraciones son **ciertas** o **falsas.** Corrige las falsas.

1. La protagonista piensa que es una mujer bella.
   Falso. Piensa que es más o menos fea, según el maquillaje.
2. Según ella, una mujer mediocre no tiene enemigos pero tampoco amigos.
   Falso. Ser mediocre la exime de enemigos y le da la amistad de algunos hombres.
3. La mujer de *Autorretrato* afirma que no quiere tener muchas amigas.
   Cierto.
4. Ella ama a su hijo aunque él la juzga (*he judges her*).
   Falso. Ella ama a su hijo y teme que él la juzgue en el futuro.
5. La protagonista es poetisa, profesora y periodista.
   Cierto.
6. No va muy frecuentemente al cine, al teatro o a exposiciones.
   Cierto.
7. Ella odia la soledad y prefiere visitar exposiciones y estrenos.
   Falso. Dice que no va jamás a exposiciones y estrenos, y prefiere quedarse leyendo y pensando con la luz apagada.
8. Dice que no le enseñaron cómo ser feliz, pero sí le enseñaron a llorar.
   Cierto.

2 Interpretación Contesta las preguntas con oraciones completas.

1. ¿Cuál es el trofeo del que se habla al comienzo del poema? ¿Qué importancia tiene en la vida de la mujer de *Autorretrato*?
2. ¿De qué piensa ella que depende su apariencia (ser gorda o flaca)? ¿Y el color de su cabello? ¿Está en su poder cambiar esas cosas?
3. ¿Por qué crees que ser mediocre le asegura la amistad de los hombres que describe? ¿Te parece que estos hombres serán también mediocres? Justifica tu respuesta.
4. ¿Te parece que esta mujer se comporta como lo indica la sociedad? ¿Piensas que aprecia su entorno y está conforme con su posición en la vida o todo lo contrario? Da ejemplos.
5. ¿De qué manera está descompuesto para ella el mecanismo del llanto? En tu opinión, ¿qué clase de personas lloran cuando se les quema el arroz o pierden un recibo?

(3) Bring examples of conversational poetry by other writers and have students answer question number 2 in reference to those poems.

(5) As an advanced organizer, have students prepare an outline in a chart. Each column should include: Appearance / Things I do / Things I like or dislike. Students should jot notes under each column, and use the outline to complete the activity. Remind them that the beginning and the end of their self-portrait should include what they consider their most important/striking features.

3 Análisis En parejas, respondan a las preguntas.

1. ¿Creen que la voz narrativa es cercana a la voz de la propia autora? ¿Por qué?
2. Repasen las características de la poesía conversacional y busquen ejemplos de cada una en el poema.
3. ¿A qué tipo de lector(a) creen que está dirigido este poema? ¿Por qué?
4. ¿Se sienten identificados/as con el poema? ¿Por qué?

4 Ampliación En parejas, analicen estos versos en el contexto del poema y expliquen qué quiere resaltar la poetisa en cada caso.

1. "(En realidad, mi pelo encanece, encanece.)"
2. "En general, rehuyo los espejos."
3. "Mientras tanto lo amo."
4. "Sería feliz si yo supiera cómo."

5 Retrato Escribe el retrato de la mujer del poema desde el punto de vista de la sociedad a la que pertenece; crea una voz poética ficticia: puede ser uno de esos hombres que ella describe, una de las mujeres que la critican por cómo se viste o su hijo Gabriel. Ten en cuenta lo que se espera de ella, su aspecto físico, etc., y redáctalo en forma de poesía coloquial.

Practice more at **enfoques.vhlcentral.com.**

Antes de leer

Vocabulario

el cansancio *exhaustion*	**pintar** *to paint*
el cuadro *painting*	**el/la pintor(a)** *painter*
fatigado/a *exhausted*	**previsto/a** *planned*
imprevisto/a *unexpected*	**retratar** *to portray*
la obra maestra *masterpiece*	**el retrato** *portrait*

Variación léxica
imprevisto/a ⟷ inesperado/a
el cansancio ⟷ el agotamiento

 **Pablo Picasso** Completa las oraciones con el vocabulario de la tabla.

Guernica, Pablo Picasso

1. De todo el arte del Museo Reina Sofía, yo prefiero los cuadros/retratos de Pablo Picasso.
2. De muy joven, el pintor español creaba arte realista.
3. Al poco tiempo, este gran artista empezó a experimentar y a pintar obras de otros estilos e inventó el cubismo.
4. Su obra más famosa, *Guernica*, quiere retratar el horror de un día cuando los alemanes bombardearon un pueblo español con el mismo nombre.
5. Según mucha gente, *Guernica* es su creación más importante, la obra maestra de Picasso.

Conexión personal ¿Qué haces para no olvidar los eventos y las personas que son importantes para ti? ¿Sacas fotos o mantienes un diario? ¿Cuentas historias? ¿Cuáles son algunos de los recuerdos que quieres atesorar (*treasure*)?

Contexto cultural

Niños comiendo uvas y un melón, Bartolomé Esteban Murillo

Del siglo XVI al siglo XVII, España pasó de ser una enorme potencia política a ser un imperio en camino de extinción. Donde antes había victorias militares, riqueza (*wealth*) y expansión, ahora había derrota (*defeat*), crisis económica y decadencia. Sin embargo, estos problemas formaron un contraste extremo con el arte del momento, que estaba en su época cumbre (*peak*), el Siglo de Oro. A pesar de su éxito, se consideraba a los pintores más artesanos que artistas y, por lo tanto, no eran de alta posición social. Muchos artistas trabajaban por encargo; la realeza (*royalty*) y la nobleza eran sus mecenas (*patrons*). Con sus obras, contribuían a la educación cultural, y frecuentemente religiosa, de la sociedad.

Practice more at **enfoques.vhlcentral.com.**

Contexto cultural
Have students use the Internet or the library to research Spanish paintings from the 16th–17th centuries. Ask them to identify common themes.

Preview
Ask the class to discuss art as an imitation of life. **¿Qué importancia tenía la pintura antes del invento de la cámara de fotos? ¿Sigue teniendo la misma importancia?**

Vieja friendo huevos

El arte de la vida diaria

Diego Velázquez es importante no sólo por su mérito artístico, sino también por lo que nos cuentan sus cuadros. Conocido sobre todo como pintor de retratos, Velázquez se interesaba también por temas mitológicos y escenas cotidianas. En todo su arte, examinaba y reproducía en minucioso detalle sólo aquello que veía. Su imitación de la naturaleza, de lo inmediatamente observable, era lo que daba vida a su arte y a la vez creaba un arte de la vida diaria.

Antes de mudarse a la Corte del Rey°, Velázquez pintó cuadros de temas cotidianos. Un ejemplo célebre es la *Vieja friendo huevos* (1618). El cuadro capta un momento sin aparente importancia: una mujer vieja cocina mientras un niño trae aceite y un melón. Varios objetos de la casa, reproducidos con precisión, llenan el lienzo°, dignos de nuestra atención, por ejemplo: la cuchara, un plato blanco en el que descansa un cuchillo, jarras°, una cesta de paja°. Junto con la comida que prepara —no hay carne ni variedad— la ropa típica de pobre sugiere que la mujer es humilde. Con el cuadro, Velázquez interrumpe un momento que podría ser de cualquier día. No es una naturaleza muerta°, sino un instante de la vida.

Incluso cuando pintaba temas mitológicos, Velázquez tomaba como modelo gente de la calle. Por eso, se pueden percibir escenas diarias en temas distanciados de la época. Un ejemplo es *El triunfo° de Baco* (1628–9). En este cuadro, el dios romano del vino se sienta en un campo abierto, no con otros dioses, sino con campesinos°. Sus caras fatigadas reflejan a la vez el cansancio de una vida de trabajo —la vida del plebeyo° español era entonces especialmente dura— y la alegría de poder descansar un rato.

En los cuadros de la Corte, Velázquez nos da una imagen rica y compleja del mundo del palacio. En vez de retratar exclusivamente a la familia real y los nobles, incluye también toda la tropa de personajes que los servía y entretenía. En este grupo numeroso entraban enanos° y bufones°, a quienes Velázquez pinta con dignidad. En *Las Meninas* (1656), su cuadro más famoso y misterioso, la princesa Margarita está rodeada° por sus damas, enanos y un perro. A la izquierda, el mismo Velázquez pinta detrás de un lienzo inmenso. En el fondo° se ve una imagen de los reyes.

Sin embargo, el cuadro sugiere más preguntas que respuestas. ¿Dónde están exactamente el rey y la reina? ¿La imagen de ellos que vemos es un reflejo de espejo°? ¿Qué pinta el artista y por qué aparece en el cuadro? ¿Qué significa? Tampoco se sabe por qué se detiene aquí el grupo: puede ser por una razón prevista, como posar para un cuadro; o puede ser algo totalmente imprevisto, un momento efímero° de la vida de una princesa y su grupo. ¿Es un momento importante? *Las Meninas* invita al debate sobre un instante que no se pierde sólo porque un pintor lo capta y lo rescata° del olvido. Paradójicamente es su enfoque en lo momentáneo y en el detalle de la vida común lo que eleva a Velázquez por encima de otros grandes artistas. ■

king's court · *canvas* · *jugs* · *wicker basket* · *still life* · *triumph* · *peasants* · *common person* · *little people/ jesters* · *surrounded* · *background* · *mirror* · *fleeting* · *rescues*

El triunfo de Baco

Las Meninas

Biografía breve

1599 Diego Velázquez nace en Sevilla.
1609 Empieza sus estudios formales de arte.
1623 Nombrado pintor oficial del Rey Felipe IV en Madrid.
1660 Muere después de una breve enfermedad.

Teaching option As an expansion activity, have students do additional research about Velázquez's biography.

Audio: Vocabulary Flashcards

En casa

el balcón	*balcony*
la escalera	*staircase*
el hogar	*home; fireplace*
la limpieza	*cleaning*
los muebles	*furniture*
los quehaceres	*chores*
apagar	*to turn off*
barrer	*to sweep*
calentar (e:ie)	*to warm up*
cocinar	*to cook*
encender (e:ie)	*to turn on*
freír (e:i)	*to fry*
hervir (e:ie)	*to boil*
lavar	*to wash*
limpiar	*to clean*
pasar la aspiradora	*to vacuum*
poner/quitar la mesa	*to set/clear the table*
quitar el polvo	*to dust*
tocar el timbre	*to ring the doorbell*

De compras

el centro comercial	*mall*
el dinero en efectivo	*cash*
la ganga	*bargain*
el probador	*dressing room*
el reembolso	*refund*
el supermercado	*supermarket*
la tarjeta de crédito/débito	*credit/debit card*
devolver (o:ue)	*to return (items)*
hacer mandados	*to run errands*
ir de compras	*to go shopping*
probarse (o:ue)	*to try on*
seleccionar	*to select; to pick out*
auténtico/a	*real; genuine*
barato/a	*cheap; inexpensive*
caro/a	*expensive*

Expresiones

a menudo	*frequently; often*
a propósito	*on purpose*
a tiempo	*on time*
a veces	*sometimes*
apenas	*hardly; scarcely*
así	*like this; so*
bastante	*quite; enough*
casi	*almost*
casi nunca	*rarely*
de repente	*suddenly*
de vez en cuando	*now and then; once in a while*
en aquel entonces	*at that time*
en el acto	*immediately; on the spot*
enseguida	*right away*
por casualidad	*by chance*

La vida diaria

la agenda	*datebook*
la costumbre	*custom; habit*
el horario	*schedule*
la rutina	*routine*
la soledad	*solitude; loneliness*
acostumbrarse (a)	*to get used to; to grow accustomed (to)*
arreglarse	*to get ready*
averiguar	*to find out; to check*
probar (o:ue) (a)	*to try*
soler (o:ue)	*to be in the habit of; to be used to*
atrasado/a	*late*
cotidiano/a	*everyday*
diario/a	*daily*
inesperado/a	*unexpected*

Más vocabulario

Expresiones útiles	*Ver p. 87*
Estructura	*Ver pp. 94–95, 98–99 y 102–103*

Cinemateca

el choque	*crash*
las facciones	*facial features*
el timbre	*tone of voice*
afligirse	*to get upset*
despedirse (e:i)	*to say goodbye*
parecerse	*to look like*
titularse	*to graduate*
repentino/a	*sudden*

Literatura

el autorretrato	*self-portrait*
el maquillaje	*make-up*
el llanto	*weeping; crying*
acariciar	*to caress*
llorar	*to cry*
lucir	*to wear, to display*
arduo/a	*hard*
feliz	*happy*
acaso	*perhaps*

Cultura

el cansancio	*exhaustion*
el cuadro	*painting*
la obra maestra	*masterpiece*
el/la pintor(a)	*painter*
el retrato	*portrait*
pintar	*to paint*
retratar	*to portray*
fatigado/a	*exhausted*
imprevisto/a	*unexpected*
previsto/a	*planned*

INSTRUCTIONAL RESOURCES
Supersite: Testing Program

La salud y el bienestar 4

Communicative Goals

You will expand your ability to...

- express will and emotion
- express doubt and denial
- give orders, advice, and suggestions

Audio: Vocabulary
Activities

INSTRUCTIONAL RESOURCES
Supersite: Audioscripts, Textbook/SAM AK, Textbook/Lab MP3s
SAM/WebSAM: WB, LM

La salud y el bienestar

Preview Have students discuss health and well-being on campus. Ex: **¿Se da mucha importancia a la salud de los estudiantes? ¿Hay una clínica de salud en el campus? ¿Se come bien en los restaurantes estudiantiles? ¿Van al gimnasio para mantenerse en forma?** Encourage students to recycle vocabulary about sports and activities from Lesson 2.

Los síntomas y las enfermedades

Inés pensaba que tenía sólo un **resfriado,** pero no paraba de **toser** y estaba **agotada.** El médico le confirmó que era una **gripe** y que debía **permanecer** en cama.

la depresión *depression*
la enfermedad *disease; illness*
la gripe *flu*
la herida *injury*
el malestar *discomfort*
la obesidad *obesity*
el resfriado *cold*
la respiración *breathing*
la tensión (alta/baja) *(high/low) blood pressure*
la tos *cough*
el virus *virus*

contagiarse *to become infected*
desmayarse *to faint*
empeorar *to deteriorate; to get worse*
enfermarse *to get sick*
estar resfriado/a *to have a cold*
lastimarse *to get hurt*
permanecer *to remain; to last*
ponerse bien/mal *to get well/sick*
sufrir (de) *to suffer (from)*
tener buen/mal aspecto *to look healthy/sick*
tener fiebre *to have a fever*
toser *to cough*

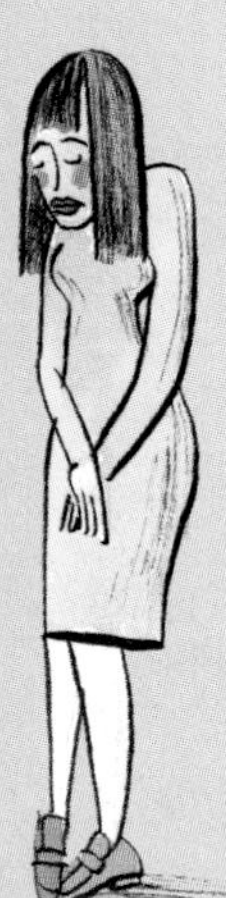

agotado/a *exhausted*
inflamado/a *inflamed*
mareado/a *dizzy*

Variación léxica
el resfriado ⟷ el resfrío; el catarro
agotado/a ⟷ fatigado/a
inflamado/a ⟷ hinchado/a
sano/a ⟷ saludable
la medicina ⟷ el medicamento
la pastilla ⟷ la píldora
la sala de emergencias ⟷ la sala de urgencias
poner una inyección ⟷ dar una inyección

La salud y el bienestar

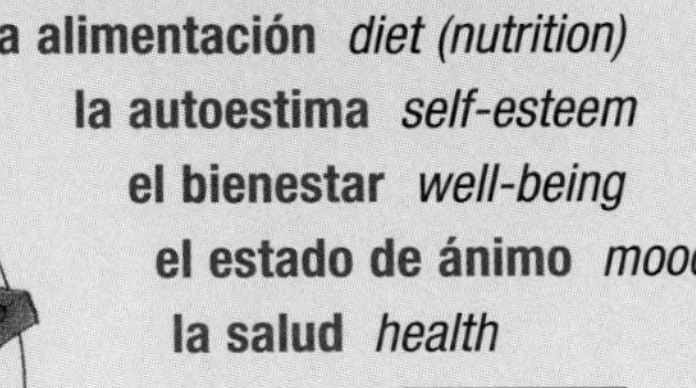

la alimentación *diet (nutrition)*
la autoestima *self-esteem*
el bienestar *well-being*
el estado de ánimo *mood*
la salud *health*

adelgazar *to lose weight*
dejar de fumar *to quit smoking*
descansar *to rest*
engordar *to gain weight*
estar a dieta *to be on a diet*
mejorar(se) *to improve*
prevenir (e:ie) *to prevent*
relajarse *to relax*
trasnochar *to stay up all night*

sano/a *healthy*

Los médicos y el hospital

la cirugía *surgery*
el/la cirujano/a *surgeon*
la consulta *doctor's appointment*

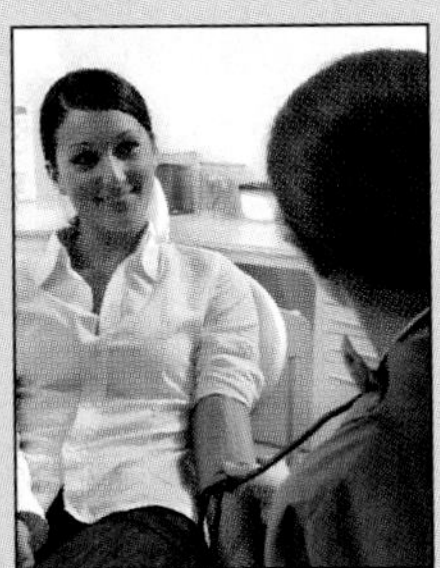

el consultorio *doctor's office*
la operación *operation*
los primeros auxilios *first aid*
la sala de emergencias *emergency room*

Las medicinas y los tratamientos

A Ignacio no le gusta tomar medicinas. Nunca toma **pastillas** ni **jarabes**. Sin embargo, para ir a la selva, tuvo que ponerse varias **vacunas**. ¡Qué dolor cuando la enfermera le **puso la inyección**!

① Ask questions related to the exercise. Ex: **¿Han tenido apendicitis? ¿Conocen a alguien que la haya tenido?**

ASPIRINA
ACIDO ACETILSALICILICO
ADULTOS

el analgésico *painkiller*
la aspirina *aspirin*
el calmante *tranquilizer*
los efectos secundarios *side effects*
el jarabe *syrup*
la pastilla *pill*
la receta *prescription*
el tratamiento *treatment*
la vacuna *vaccine*
la venda *bandage*
el yeso *cast*

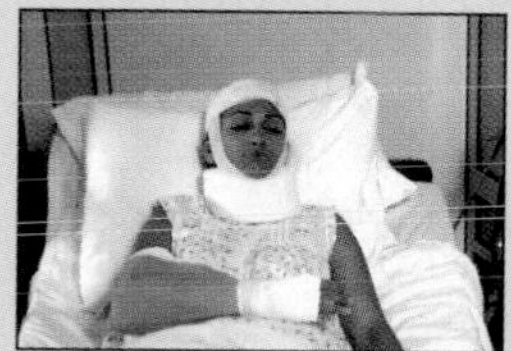

curarse *to heal; to be cured*
poner(se) una inyección *to give/get a shot*
recuperarse *to recover*
sanar *to heal*
tratar *to treat*
vacunar(se) *to vaccinate/ to get vaccinated*

curativo/a *healing*

Práctica

1 Escuchar

A. Escucha la conversación entre Sara y su hermano David. Después completa las oraciones y decide quién dijo cada una.

1. No sé lo que me pasa, la verdad. Estoy siempre muy __agotada__. __Sara__
2. Creo que __estás adelgazando__ demasiado. ¿Has ido al __médico__? __David__
3. No he ido porque no tenía __fiebre__, sólo era un ligero __malestar__. __Sara__
4. Deja de ser una niña. Tienes que __ponerte bien__. __David__
5. Por eso te llamo. No se me va el dolor de estómago ni con __pastillas__. __Sara__
6. Ahora mismo llamo al doctor Perales para hacerle una __consulta__. __David__

B. A Sara le diagnosticaron apendicitis. Escucha lo que le dice la cirujana a la familia después de la operación y luego contesta las preguntas.

1. ¿Qué tiene que tomar Sara cada ocho horas? calmantes
2. ¿Cómo se puede sentir al principio? un poco mareada
3. ¿Va a tomar mucho tiempo su recuperación? no
4. ¿Puede comer de todo? No, los dos primeros días tiene que estar a dieta de líquidos.
5. ¿Qué es lo más importante que tiene que hacer ahora Sara? Lo importante ahora es que Sara descanse.

2 A curarse Indica qué tiene que hacer cada persona para solucionar sus problemas.

__d__ 1. Se lastimó con un cuchillo.	a. empezar una dieta
__e__ 2. Tiene fiebre.	b. dejar de fumar
__c__ 3. Su estado de ánimo es malo.	c. hablar con un(a) amigo/a
__f__ 4. Quiere prevenir la gripe.	d. ponerse una venda
__b__ 5. Le falta la respiración.	e. tomar aspirinas y descansar
__a__ 6. Está obeso/a.	f. ponerse una vacuna

② Have students form sentences by combining items from both columns. Ex: **Marina se lastimó con un cuchillo y se puso una venda.**

Teaching option If necessary, review **me duele el/la...**, **me rompí el/la...**, and vocabulary for parts of the body.

Práctica

③ For additional practice, have students pick five more words from **Contextos** and create their own definitions.

3 Acróstico Completa el acróstico. Al terminarlo, se formará una palabra de **Contextos**.

				A						
1.	V	I	R	U	S					
2.				T	E	N	S	I	Ó	N
				O						
3.			Y	E	S	O				
4.	T	R	A	S	N	O	C	H	A	R
				T						
5.			C	I	R	U	G	Í	A	
6.	D	E	S	M	A	Y	A	R	S	E
				A						

1. Organismo invisible que transmite enfermedades.
2. Si la tienes alta, puedes tener problemas del corazón.
3. Material blanco que se usa para inmovilizar fracturas.
4. No dormir en toda la noche.
5. Es sinónimo de *operación*.
6. Caerse y quedar inconsciente.

④ For item 1, review reflexives and object pronouns if necessary.

4 Amelia está enferma Completa las oraciones con la opción lógica.

1. Amelia está tosiendo continuamente. No se le cura (la gripe/la depresión).
2. Sus compañeros de trabajo no se enfermaron este año porque se (lastimaron/vacunaron).
3. Su madre siempre le había dicho que es preferible (mejorar/prevenir) las enfermedades que curarlas.
4. El médico le dio una receta para (un jarabe/un consultorio).
5. Su jefe le ha dicho que no vaya a trabajar. Ella tiene que volver a la oficina cuando esté (agotada/recuperada).

⑤ To add to the dialogue, have students write three sentences with the words that have not been used in the activity.

⑤ Invite volunteers to act out their dialogues for the class.

5 Malos hábitos Martín tiene hábitos que no son buenos para la salud. Completa la conversación entre Martín y su doctor con las palabras de la lista. Haz los cambios necesarios.

ánimo	**descansar**	**mejorar**	**sano**
dejar de fumar	**empeorar**	**pastillas**	**trasnochar**
deprimido	**engordar**	**salud**	**vacuna**

MARTÍN Doctor, a mí me gusta pasar muchas horas comiendo y mirando la tele.

DOCTOR Por eso usted está (1) __engordando__ tanto. Debe hacer ejercicio y (2) __mejorar__ su alimentación.

MARTÍN También me gusta salir y acostarme tarde.

DOCTOR No es bueno (3) __trasnochar__ todo el tiempo. Es importante (4) __descansar__.

MARTÍN Pero ¡doctor! ¿Puedo fumar un poco, por lo menos?

DOCTOR No, don Martín. Usted debe (5) __dejar de fumar__ cuanto antes.

MARTÍN ¡No puede ser, doctor! ¿Todo lo que me gusta hacer es malo para la (6) __salud__? Si hago lo que me dice usted, voy a estar (7) __sano__ pero deprimido.

DOCTOR No es así. Si usted mejora su forma física, su estado de (8) __ánimo__ va a mejorar también. Recuerde: "Mente sana en cuerpo sano".

Practice more at **enfoques.vhlcentral.com.**

Teaching option
Have students decide whether these statements are true or false:
1. A Martín le gusta hacer ejercicio. (falso) 2. Martín no sale de noche. (falso) 3. El doctor le recomienda hacer ejercicio. (cierto) 4. Todo lo que hace Martín es malo para la salud. (cierto)

Comunicación

6 Vida sana

A. En parejas, háganse las preguntas de la encuesta.

	Siempre	A menudo	De vez en cuando	Nunca
1. ¿Trasnochas más de dos veces por semana?	☐	☐	☐	☐
2. ¿Practicas algún deporte?	☐	☐	☐	☐
3. ¿Consumes vitaminas y minerales diariamente?	☐	☐	☐	☐
4. ¿Comes mucha comida frita?	☐	☐	☐	☐
5. ¿Tienes dolores de cabeza?	☐	☐	☐	☐
6. ¿Te enfermas?	☐	☐	☐	☐
7. ¿Desayunas sin prisa?	☐	☐	☐	☐
8. ¿Pasas muchas horas al día sentado/a?	☐	☐	☐	☐
9. ¿Te pones de mal humor?	☐	☐	☐	☐
10. ¿Tienes problemas para dormir?	☐	☐	☐	☐

B. Imagina que eres médico/a. ¿Tiene tu compañero/a una vida sana? ¿Qué debe hacer para mejorar su salud? Utiliza la conversación entre Martín y su médico de la Actividad 5 como modelo.

⑥ Have students write answers in two categories: healthy and unhealthy. Ask volunteers to share their partners' responses.

⑥ Ask students to create four sentences about their own lives using **siempre, a menudo, de vez en cuando,** and **nunca.**

7 Citas célebres

A. En grupos de cuatro, elijan las citas (*quotations*) que les parezcan más interesantes y expliquen por qué las eligieron.

La salud

"La salud no lo es todo, pero, sin ella, todo lo demás es nada."
A. Schopenhauer

"El ser humano pasa la primera mitad de su vida arruinando la salud y la otra mitad intentando recuperarla."
Joseph Leonard

"Come poco y cena más poco, que la salud de todo el cuerpo se decide en la oficina del estómago."
Miguel de Cervantes

La medicina

"Antes que al médico, llama a tu amigo."
Pitágoras

"Los médicos no están para curar, sino para recetar y cobrar; curarse o no es cuenta del enfermo."
Molière

"La esperanza es el mejor médico que yo conozco."
Alejandro Dumas, hijo.

La enfermedad

"El peor de todos los males es creer que los males no tienen remedio."
Francisco Cabarrus

"La investigación de las enfermedades ha avanzado tanto que cada vez es más difícil encontrar a alguien que esté completamente sano."
Aldous Huxley

"El arte de la medicina consiste en entretener al paciente mientras la Naturaleza cura la enfermedad."
Voltaire

B. Utilicen el vocabulario de **Contextos** para escribir una frase original sobre la salud. Compártanla con la clase. ¿Cuál es la frase más original?

⑦ After students complete Part B, have the class judge the sentences in several categories, such as most original, most realistic, and funniest.

⑦ Have pairs write an anecdote that ends in one of these quotes.

4 FOTONOVELA

Los empleados de *Facetas* se preocupan por mantenerse sanos y en forma.

Synopsis
- Diana and Johnny talk about exercise.
- Johnny and Fabiola discuss diet and exercise.
- Mariela has lost her voice.
- Johnny brings in an assortment of healthy foods, yet Fabiola finds him eating chocolate.

NATIONAL communication STANDARDS

DIANA ¿Johnny? ¿Qué haces aquí tan temprano?

JOHNNY Madrugué para ir al gimnasio.

DIANA ¿Estás enfermo?

JOHNNY ¿Qué? ¿Nunca haces ejercicio?

DIANA No mucho… A veces me dan ganas de hacer ejercicio, y entonces me acuesto y descanso hasta que se me pasa.

En la cocina…

JOHNNY (*habla con los dulces*) Los recordaré dondequiera que esté. Sé que esto es difícil, pero deben ser fuertes… No pongan esa cara de "cómeme". Por mucho que insistan, los tendré que tirar. Ojalá me puedan olvidar.

FABIOLA ¿Empezaste a ir al gimnasio? Te felicito. Para ponerse en forma hay que trabajar duro.

JOHNNY No es fácil.

FABIOLA No es difícil. Yo, por ejemplo, no hago ejercicio, pero trato de comer cosas sanas.

JOHNNY Nada de comidas rápidas.

FABIOLA ¡Cómo me gustaría tener tu fuerza de voluntad!

En la cocina…

DON MIGUEL ¡Válgame! Aquí debe haber como mil pesos en dulces. ¡Mmm! Y están buenos.

JOHNNY ¿Qué tal, don Miguel? ¿Cómo le va?

DON MIGUEL (*Sonríe sin poder decir nada porque está comiendo.*)

JOHNNY ¡Otro que se ha quedado sin voz! ¿Qué es esto? ¿Una epidemia?

FABIOLA ¿Qué compraste?

JOHNNY Comida bien nutritiva y baja en calorías. Juré que jamás volvería a ver un dulce.

FABIOLA ¿Qué es eso?

JOHNNY Esto es tan saludable que con sólo tocar la caja te sientes mejor.

FABIOLA ¿Y sabe bien?

JOHNNY Claro, sólo hay que calentarlo.

En la oficina de Aguayo…

DIANA Los nuevos diseños están perfectos. Gracias.

AGUAYO Mariela, insisto en que veas a un doctor. Vete a casa y no vuelvas hasta que no estés mejor. Te estoy dando un consejo. No pienses en mí como tu jefe.

DIANA Piensa en él como un amigo que siempre tiene razón.

INSTRUCTIONAL RESOURCES Supersite/DVD: Fotonovela; **Supersite:** Script & Translation, SAM AK: **SAM/WebSAM:** VM

Preview In pairs, have students cover the captions and invent a short dialogue for one of the video stills. Encourage them to use vocabulary from **Contextos**.

Personajes

AGUAYO

DIANA

ÉRIC

FABIOLA

JOHNNY

MARIELA

DON MIGUEL

4

En la sala de conferencias...

AGUAYO (*dirigiéndose a Mariela*) Quiero que hagas unos cambios a estos diseños.

DIANA Creemos que son buenos y originales, pero tienen dos problemas.

ÉRIC Los que son buenos no son originales, y los que son originales no son buenos.

AGUAYO ¿Qué crees? (*Mariela no contesta.*)

5

Mariela escribe "perdí la voz" en la pizarra.

AGUAYO ¿Perdiste la voz?

DIANA Gracias a Dios... Por un momento creí que me había quedado sorda.

AGUAYO Estás enferma. Deberías estar en cama.

ÉRIC Sí, podías haber llamado para decir que no venías.

9

AGUAYO Por cierto, Diana, acompáñame a entregar los diseños ahora mismo. Tengo que volver enseguida. Estoy esperando una llamada muy importante.

DIANA Vamos.

Se van. Suena el teléfono. Mariela se queda horrorizada porque no puede contestarlo.

10

FABIOLA ¿No ibas a mejorar tu alimentación?

JOHNNY Si no puedes hacerlo bien, disfruta haciéndolo mal. Soy feliz.

FABIOLA Los dulces no dan la felicidad, Johnny.

JOHNNY Lo dices porque no has probado la *Chocobomba.*

Teaching option Have students list the characters and jot down any health-related information they learn about them from viewing the episode. Ex: **Johnny: Le gusta comer dulces.**

Expresiones útiles

Giving advice and making recommendations

Insisto en que veas/vea a un doctor.
I insist that you go see a doctor. (fam./form.)

Te aconsejo que vayas a casa.
I advise you to go home. (fam.)

Le aconsejo que vaya a casa.
I advise you to go home. (form.)

Sugiero que te pongas a dieta.
I suggest you go on a diet. (fam.)

Sugiero que se ponga usted a dieta.
I suggest you go on a diet. (form.)

Asking about tastes

¿Y sabe bien?
And does it taste good?

¿Cómo sabe?
How does it taste?

Sabe a ajo/menta/limón.
It tastes like garlic/mint/lemon.

¿Qué sabor tiene? ¿Chocolate?
What flavor is it? Chocolate?

Tiene un sabor dulce/agrio/amargo/agradable.
It has a sweet/sour/bitter/pleasant taste.

Additional vocabulary

la comida rápida *fast food*
dondequiera *wherever*
la epidemia *epidemic*
la fuerza de voluntad *willpower*
madrugar *to wake up early*
mantenerse en forma *to stay in shape*
nutritivo/a *nutritious*
ponerse en forma *to get in shape*
quedarse sordo/a *to go deaf*
saludable *healthy*

Point out that **saber** means both *to taste* and *to know.*

Comprensión

1 **¿Cierto o falso?** Indica si las oraciones son **ciertas** o **falsas**. Luego, en parejas, corrijan las falsas.

Cierto	Falso	
☑	☐	1. Johnny llegó temprano porque madrugó para ir al gimnasio.
☐	☑	2. Cuando Diana va al gimnasio, se queda dormida. Diana no va al gimnasio; se va a dormir cuando tiene ganas de ir al gimnasio.
☐	☑	3. Los primeros diseños de Mariela están perfectos. Los nuevos diseños de Mariela están perfectos.
☐	☑	4. Diana se quedó sorda. Diana no escuchó a Mariela porque Mariela se quedó sin voz.
☑	☐	5. Don Miguel probó los dulces.
☑	☐	6. Johnny no continuó con su dieta.

② For item 1, explain that the phrase **hay que** + [*infinitive*] is similar to *you have to*. Have students write three sentences using this structure.

2 **Oraciones incompletas** Completa las oraciones de la **Fotonovela** con la opción correcta.

1. Para ponerse en __c__ hay que trabajar duro.
   a. cama　b. dieta　c. forma
2. ¡Cómo me gustaría tener tu fuerza __b__!
   a. física　b. de voluntad　c. de carácter
3. ¡Otro que se ha quedado __b__!
   a. sordo　b. sin voz　c. dormido
4. Piensa en él como un amigo que siempre __a__.
   a. tiene razón　b. se mantiene en forma　c. se preocupa

③ Have pairs create two more categories from the lesson vocabulary list and make a list of related words.

3 **Títulos** Busca en la **Fotonovela** la palabra adecuada para poner un título a cada lista.
Answers may vary slightly.

dulces	ejercicio	comida rápida	comida nutritiva
chocolates caramelos pastel de chocolate postre	correr saltar caminar nadar	salchicha hamburguesa papas fritas sándwich	sopa de verduras ensalada pollo asado frutas

④ Ask students to share their own opinions about health. As a cultural comparison, ask heritage speakers to share attitudes toward health in their home countries.

4 **Opiniones**

A. Los empleados de *Facetas* tienen opiniones distintas sobre la salud y el bienestar. En parejas, escriban una descripción breve de la actitud de cada personaje. Utilicen los elementos de la lista y añadan sus propias ideas.

comer comidas sanas	**ir al gimnasio**	**permanecer en cama**
descansar	**ir al médico**	**probar los dulces**

MODELO Diana casi nunca va al gimnasio. Cree que es más importante descansar para mantenerse sana...

B. ¿Con qué opinión te identificas más? ¿Qué haces tú para mantenerte en forma?

Practice more at **enfoques.vhlcentral.com.**

Ampliación

5 Comidas rápidas

A. Para ponerse en forma, Johnny decide evitar las comidas rápidas. En parejas, háganse las preguntas y comparen sus propias opiniones acerca de la comida rápida.

1. ¿Con qué frecuencia comes en restaurantes de comida rápida?
2. ¿Crees que la comida rápida es mala para la salud?
3. ¿Buscas opciones saludables cuando necesitas comer deprisa?
4. ¿Crees que las personas obesas tienen derecho a demandar (*sue*) a los restaurantes de comida rápida?

B. Ahora, en dos grupos, organicen un debate sobre los beneficios y desventajas de la comida rápida. Un grupo representa a los dueños y ejecutivos de los restaurantes, y el otro grupo representa a la gente que ha sufrido problemas de salud por comer demasiadas comidas rápidas.

6 Apuntes culturales

En parejas, lean los párrafos y contesten las preguntas.

Los dulces

"Los recordaré dondequiera que esté", dice Johnny despidiéndose de los dulces. ¡A los hispanos les encantan los dulces! Un postre muy popular de la cocina colombiana, venezolana, mexicana y centroamericana es el postre de las **tres leches**. Este postre se prepara con leche fresca, leche condensada y crema de leche. ¡Un verdadero manjar (*delicacy*)!

El deporte colombiano

Fabiola dice que para ponerse en forma hay que trabajar duro. El colombiano **Camilo Villegas** sabe mucho de esto, pues su gran dedicación al golf lo ha convertido en estrella del deporte colombiano. Es conocido por el apodo de "hombre araña" por su peculiar estilo en la pista. Este joven ha ganado numerosos campeonatos, entre ellos el Honda Classic en el año 2010.

Las comidas rápidas

Fabiola y Johnny conversan sobre las comidas rápidas. En los países hispanos, las cadenas estadounidenses adaptan los menús a los sabores locales. En Chile, McDonald's ofrece la **Pechuga Palta**, un sándwich de pollo con palta (*avocado*). En Argentina, los **McCafé** sirven bebidas como el **frappé de dulce de leche**. ¿Podrá resistirse Johnny?

1. ¿Conoces otros postres típicos de los países hispanos? ¿De qué países o regiones son? ¿Cuáles son los ingredientes principales?
2. Menciona postres o platos típicos de tu cultura. ¿Cuál es tu preferido?
3. ¿Qué deportistas hispanos juegan en equipos de los EE.UU.?
4. ¿Probaste comidas rápidas de otras culturas? ¿Cuáles? ¿Cuál es tu favorita?

(5) Part A: Expand the discussion with additional questions: **¿De qué manera influye la comida rápida en la salud de los niños? ¿Iban mucho a los restaurantes de comida rápida cuando eran niños? ¿Creen que las experiencias con la comida que tenían cuando eran niños influyen en las decisiones que toman hoy en día?**

(6) Have heritage speakers talk about typical dishes and desserts from their home countries.

(6) Ask heritage speakers which sports are popular in their home countries.

(6) Bring in ads for fast food chains from other countries, or have students look them up on the Internet. Ask them to report the differences and similarities they notice, compared to ads from this country.

INSTRUCTIONAL RESOURCES
Supersite/DVD: Flash Cultura; **Supersite:** Script & Translation

En detalle

DE ABUELOS Y CHAMANES

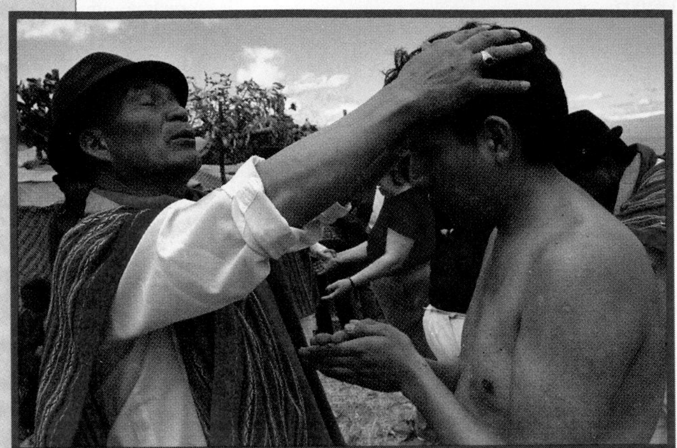

Sentada en su cocina en Bogotá, Marcela Mahecha destapa frasquitos° de hierbas y describe las "agüitas°" que le enseñó a preparar su abuela: agüita de toronjil° para calmar los nervios, agüita de paico° para los cólicos° y muchas más.

Muchos de estos remedios caseros° son más que simples "recetas de la abuela". Su uso proviene de los conocimientos milenarios que los curanderos° y chamanes° han ido pasando de generación en generación. Colombia, segundo país en el mundo en diversidad de especies vegetales, desarrolló una medicina tradicional muy rica, que aún hoy subsiste en todos los niveles de la sociedad. A pesar de la llegada de la medicina científica, muchas comunidades indígenas siguen practicando su medicina tradicional. Cuanto más aislada está la comunidad, mejor mantiene sus tradiciones.

En la cultura indígena americana, lo espiritual y lo corporal se funden° con la naturaleza. Los curanderos y chamanes son los responsables de mantener estos mundos en equilibrio. Para ello, combinan las propiedades medicinales de las plantas con ritos sagrados. En Colombia, al igual que en otros países, hay un renovado interés por conocer las propiedades medicinales de las plantas que se han usado durante siglos. Instituciones gubernamentales, universidades y organizaciones ecologistas intentan recuperar y conservar estos conocimientos. En sólo siete años, el Instituto Nacional de Vigilancia de Alimentos y Medicamentos aumentó de 17 a 95 el número de plantas medicinales aprobadas para usos curativos.

El deseo de las empresas farmacéuticas de apropiarse de las plantas y patentarlas ha hecho que el gobierno colombiano controle el derecho a sacarlas del país. Esto es importante porque algunas están en peligro de extinción y porque estas plantas forman parte indeleble° de la identidad indígena. ■

Algunas plantas curativas

Chuchuguaza Árbol que crece en la región amazónica de Colombia, Ecuador y Perú. Se usa como diurético y también contra el reumatismo, la gota° y la anemia.

Gualanday Árbol originario del Valle del Cauca y que crece en las regiones colombianas de Putumayo y Amazonas. La corteza°, la hoja y la flor se usan contra neuralgias, dolores de huesos, várices° y afecciones del hígado°.

Sauco Árbol proveniente de cultivos en la sabana° de Bogotá. La hoja, la corteza, el fruto y la flor se usan para tratar afecciones bronquiales.

destapa frasquitos *uncovers little jars* **agüitas** *herbal teas* **toronjil** *lemon balm* **paico** *Mexican tea (plant)* **cólicos** *cramps* **caseros** *home* **curanderos** *folk healers* **chamanes** *shamans* **se funden** *merge* **indeleble** *indelible* **gota** *gout* **corteza** *bark* **várices** *varicose veins* **afecciones del hígado** *liver conditions* **sabana** *savannah*

En detalle Preview the reading by asking students if there are any home remedies that they grew up with. Ex: **¿Usan remedios caseros? ¿De dónde vienen?**

Teaching option Point out that the diminutive is used in the passage (**frasco → frasquito, agua → agüita**). See **Estructura 7.3.**

ASÍ LO DECIMOS

La salud y el bienestar

el/la buquí (R. Dom.) *glutton*
cachucharse (Chi.) *to hit oneself*
caer bien/mal *to sit well/bad*
curar el empacho (Arg.) *to cure indigestion*
estar constipado/a (Esp.) *to be congested*
estar constipado/a (Amér. L.) *to be constipated*
estar depre (Arg., Esp. y Pe.) *to feel down*
estar funado/a (Chi.) *to feel demotivated*
estar pachucho/a (Arg. y Esp.) *to be under the weather*
el/la matasanos (Esp.) *bad doctor; quack*
¡Se me parte la cabeza! (Arg.) *I have a splitting headache!*

EL MUNDO HISPANOHABLANTE

La salud y el bienestar públicos

Los gobiernos hispanoamericanos suelen brindar servicios de salud pública gratuitos° a todos los ciudadanos. Algunos países, como Cuba, han desarrollado un **sistema de salud universalista** en el cual todos los servicios son gratuitos. Otros países, como Chile, tienen un modelo mixto, que combina el sector público con el privado.

En el **ránking de calidad de vida** del año 2005 realizado por *The Economist Intelligence Unit,* España aparece en el décimo lugar sobre un total de 111 países. Este ránking considera no sólo los ingresos económicos, sino también otros indicadores como el bienestar y la satisfacción individual de las personas.

Entre los médicos latinoamericanos, se destaca **Carlos Finlay**, médico y biólogo cubano nacido en 1833. Su mayor contribución científica fue el descubrimiento del mecanismo de transmisión de la fiebre amarilla, que había sido un enigma desde sus primeros registros en el siglo XV. Recibió numerosos premios en Estados Unidos y Europa.

PERFIL

LA CICLOVÍA DE BOGOTÁ

Todos los domingos y lunes festivos, se cierran algunas de las principales vías de la capital de Colombia para que más de un millón de habitantes salgan a la Ciclovía: 120 kilómetros para montar en bicicleta, caminar, correr o patinar. Es una forma de recreación para la comunidad, una manera distinta de recorrer la ciudad y una manera de promover un estilo de vida activo y saludable. La Ciclovía cuenta además con la Recreovía. Son espacios distribuidos en diferentes puntos del trayecto, en los cuales la gente tiene la oportunidad de hacer actividades físicas, como aeróbicos y clases de baile, dirigidas por instructores especializados. Estos servicios no tienen ningún costo y todos son bienvenidos. En el recorrido también se pueden encontrar puntos para la práctica de deportes extremos, zonas especiales para niños e incluso puestos de atención para mascotas. Algunos países como México, Chile y Venezuela también están implementando la Ciclovía como una opción de recreación para la gente.

> “Los conocimientos de la medicina tradicional son conocimientos adquiridos de nuestros antepasados y mantienen vivas las más ricas culturas de América Latina.”
> (Donato Ayma, político boliviano)

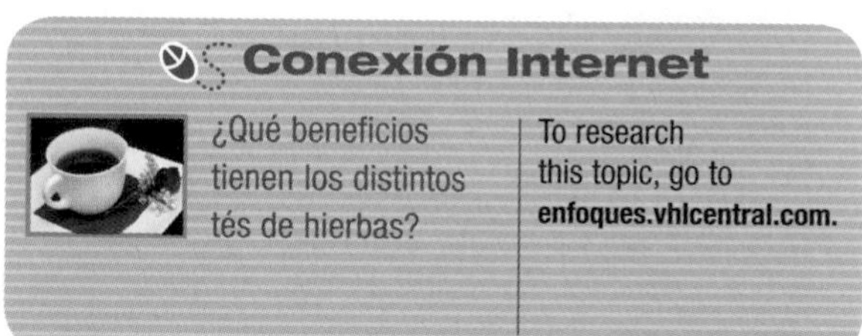
Conexión Internet
¿Qué beneficios tienen los distintos tés de hierbas?
To research this topic, go to **enfoques.vhlcentral.com.**

gratuitos *free of charge*

El mundo hispanohablante Have students describe the healthcare system in the U.S. or Canada. Then have them debate the merits of public versus private healthcare.

① Have students write two more true or false statements about the reading. Ask classmates to answer **cierto** or **falso.**

¿Qué aprendiste?

1 Comprensión Indica si estas afirmaciones son **ciertas** o **falsas**. Corrige las falsas.

1. Marcela aprendió a usar infusiones en un viaje a Colombia, la tierra de su abuela. Falso. Marcela vive en Colombia.
2. Colombia es uno de los países con mayor diversidad de especies vegetales. Cierto.
3. En las prácticas curativas tradicionales, se combinan las propiedades curativas de las plantas con el poder curativo de los animales. Falso. Se combinan las propiedades curativas de las plantas con los ritos sagrados.
4. Los conocimientos sobre los poderes curativos de las plantas han pasado de padres a hijos a través de los siglos. Cierto.
5. En Colombia, el uso de plantas curativas es popular sólo entre las comunidades indígenas. Falso. Es común en todos los niveles de la sociedad colombiana.
6. A pesar de la llegada de la medicina científica, muchas comunidades mantuvieron sus prácticas medicinales tradicionales. Cierto.
7. Las comunidades que mejor conservaron las tradiciones fueron las que estaban más cerca de la costa. Falso. Las comunidades que mejor conservaron las tradiciones fueron las que estaban más aisladas.
8. En Colombia, las instituciones no se preocupan por recuperar las tradiciones curativas. Falso. En Colombia, las instituciones intentan recuperar las tradiciones curativas.
9. Las empresas farmacéuticas quieren apropiarse de las plantas. Cierto.
10. Colombia ha empezado a controlar las exportaciones de plantas curativas. Cierto.

2 Oraciones incompletas Completa las oraciones con la información correcta.

1. En la Recreovía, los colombianos pueden hacer __aeróbicos__ o tomar clases de baile.
   a. aeróbicos b. manualidades c. concursos
2. Países como México, Chile y __Venezuela__ también están implementando la Ciclovía.
   a. Costa Rica b. El Salvador c. Venezuela
3. En Chile, el sistema de salud sigue el modelo __mixto__.
   a. mixto b. universalista c. privado
4. Carlos Finlay colaboró para descubrir cómo se transmite la __fiebre amarilla__.
   a. malaria b. fiebre amarilla c. gripe
5. En Chile, usan *estar funado* para decir que alguien tiene __poca energía__.
   a. indigestión b. gripe c. poca energía

3 Opiniones En parejas, hablen sobre estas preguntas. Después, compartan su opinión con la clase.

- ¿Se puede patentar la naturaleza?
- ¿Tienen derecho las empresas farmacéuticas a patentar plantas?
- ¿Tienen derecho a hacerlo si modifican la estructura genética de la planta?
- ¿Cuáles son las posibles consecuencias de patentar plantas y organismos vivos?

Practice more at **enfoques.vhlcentral.com.**

PROYECTO

Las plantas curativas

Como hemos visto, muchas comunidades latinoamericanas usan las plantas para curar diferentes enfermedades. Busca información en Internet o en la biblioteca sobre alguna de estas plantas.

Usa las preguntas como guía para tu investigación.

- ¿Para qué se usa la planta?
- ¿En qué comunidad(es) se usa?
- ¿Qué enfermedad(es) específica(s) cura?
- ¿Cómo se usa según la tradición?
- ¿Se comprobaron científicamente las propiedades de la planta?
- ¿Es común su uso en la medicina científica?

Proyecto To help students organize the information, have them begin with an outline. Encourage them to bring a map of the area and some statistics on the local population.

③ For variation, divide the class into two groups for a class debate. If necessary, list relevant vocabulary on the board.

Las farmacias

Ya has leído sobre el interés renovado por conocer las propiedades medicinales de las plantas en Colombia. En este episodio de **Flash Cultura** conocerás las distintas opciones de farmacias que existen actualmente en su país vecino, Ecuador.

VOCABULARIO ÚTIL

la arruga *wrinkle*
la baba de caracol *snail slime*
la cicatriz *scar*
el estante *shelf*
el mostrador *counter*
la piel tersa *smooth skin*
el ungüento *ointment*
la vitrina *display window*

Preparación ¿Qué haces cuando sientes algún dolor? ¿Alguna vez tomaste medicamentos sin visitar antes al médico?

Comprensión Indica si estas afirmaciones son ciertas o falsas. Después, en parejas, corrijan las falsas.

1. En Ecuador pueden encontrarse farmacias similares a las que hay en Estados Unidos o en Europa. Cierto.
2. Las grandes farmacias no ofrecen remedios caseros como ungüentos y cremas. Cierto.
3. No es costumbre en Ecuador que el farmacéutico recete a los clientes. Falso. Es común que los clientes consulten a los farmacéuticos y éstos les aconsejen personalmente.
4. En las farmacias tradicionales, los clientes no tienen acceso a los productos, que se guardan en estantes o vitrinas detrás del mostrador. Cierto.
5. La crema de baba de caracol sirve para dolores e inflamación de la piel. Falso. La crema de baba de caracol sirve para borrar manchas y cicatrices, mantener la piel tersa y borrar las arrugas.
6. Para la medicina tradicional, algunas plantas son malas. Para la medicina tradicional, todas las plantas son abuelas y traen un beneficio.

Expansión En parejas, contesten estas preguntas.

- Imagina que viajas a Ecuador y te enfermas. ¿Buscarías el consejo de un farmacéutico en vez de ir al médico? Justifica tu respuesta.
- Entre unas píldoras recetadas por el médico y una limpia de energía, ¿cuál elegirías? ¿Te parece que alguna de esas opciones puede ser mala para la salud?
- ¿En qué se parecen las farmacias de Ecuador a las de tu ciudad? ¿En qué se diferencian? ¿Qué tipo de farmacia te parece mejor? ¿Por qué?

Corresponsal: Mónica Díaz
País: Ecuador

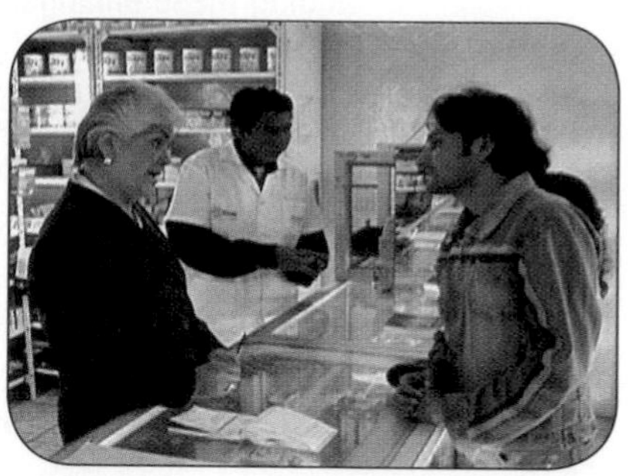

Los consejos personales que el farmacéutico ofrece al cliente es lo que distingue a las pequeñas farmacias de las grandes.

A veces, las personas en el mundo hispano utilizan medicina alternativa para curar sus dolencias°.

Para la medicina tradicional, la gripe es un bajón° de energía; a través de la limpia°, se aumenta la energía y de esa manera se sale de ese proceso.

dolencias *ailments* **bajón** *weakening* **limpia** *cleansing*

Practice more at **enfoques.vhlcentral.com.**

4.1 The subjunctive in noun clauses

Forms of the present subjunctive

- The subjunctive (**el subjuntivo**) is used mainly in the subordinate (dependent) clause of multiple-clause sentences to express will, influence, emotion, doubt, or denial. The present subjunctive is formed by dropping the **–o** from the **yo** form of the present indicative and adding these endings.

The present subjunctive

hablar	comer	escribir
hable	coma	escriba
hables	comas	escribas
hable	coma	escriba
hablemos	comamos	escribamos
habléis	comáis	escribáis
hablen	coman	escriban

- Verbs with irregular **yo** forms show that same irregularity in all forms of the present subjunctive.

conocer	conozca	seguir	siga
decir	diga	tener	tenga
hacer	haga	traer	traiga
oír	oiga	venir	venga
poner	ponga	ver	vea

- Verbs with stem changes in the present indicative show the same changes in the present subjunctive. Stem-changing **–ir** verbs also undergo a stem change in the **nosotros/as** and **vosotros/as** forms of the present subjunctive.

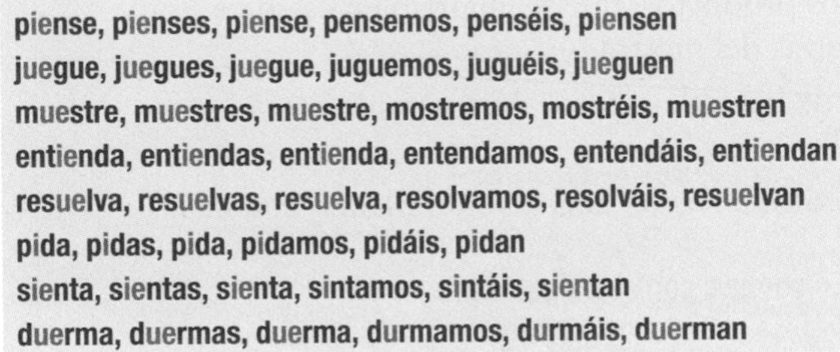

pensar (e:ie)	piense, pienses, piense, pensemos, penséis, piensen
jugar (u:ue)	juegue, juegues, juegue, juguemos, juguéis, jueguen
mostrar (o:ue)	muestre, muestres, muestre, mostremos, mostréis, muestren
entender (e:ie)	entienda, entiendas, entienda, entendamos, entendáis, entiendan
resolver (o:ue)	resuelva, resuelvas, resuelva, resolvamos, resolváis, resuelvan
pedir (e:i)	pida, pidas, pida, pidamos, pidáis, pidan
sentir (e:ie)	sienta, sientas, sienta, sintamos, sintáis, sientan
dormir (o:ue)	duerma, duermas, duerma, durmamos, durmáis, duerman

- The following five verbs are irregular in the present subjunctive.

dar	dé, des, dé, demos, deis, den
estar	esté, estés, esté, estemos, estéis, estén
ir	vaya, vayas, vaya, vayamos, vayáis, vayan
saber	sepa, sepas, sepa, sepamos, sepáis, sepan
ser	sea, seas, sea, seamos, seáis, sean

INSTRUCTIONAL RESOURCES
Supersite: Textbook/SAM AK, Lab MP3s, Audioscripts
SAM/WebSAM: WB, LM

TALLER DE CONSULTA

MANUAL DE GRAMÁTICA
Más práctica

4.1 The subjunctive in noun clauses, p. A23
4.2 Commands, p. A24
4.3 **Por** and **para**, p. A25

Más gramática

4.4 The subjunctive with impersonal expressions, p. A26

To preview the material, write three sentences on the board using the subjunctive form of regular **-ar**, **-er**, and **-ir** verbs. Have volunteers identify the verb forms and ask how the endings differ from the indicative.

¡ATENCIÓN!

The *indicative* is used to express actions, states, or facts the speaker considers to be certain. The *subjunctive* expresses the speaker's attitude toward events, as well as actions or states that the speaker views as uncertain.

• • • • •

Verbs that end in **–car, –gar,** and **–zar** undergo spelling changes in the present subjunctive.

sacar: saque

jugar: juegue

almorzar: almuerce

• • • • •

The present subjunctive form of **hay** is **haya**.

No creo que haya una solución.
I don't think there is a solution.

Verbs of will and influence

- A clause is a group of words that contains both a conjugated verb and a subject (expressed or implied). In a subordinate noun clause (**oración subordinada sustantiva**), a group of words function together as a noun.

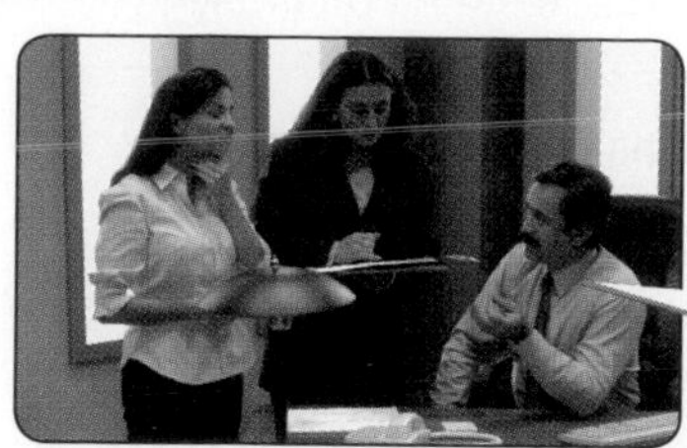

Quiero que hagas unos cambios en estos diseños.

Remind students that subordinate clauses are sometimes called *dependent clauses.*

- When the subject of the main (independent) clause of a sentence exerts influence or will on the subject of the subordinate clause, the verb in the subordinate clause takes the subjunctive.

MAIN CLAUSE	CONNECTOR	SUBORDINATE CLAUSE
Yo quiero	**que**	**tú vayas al médico.**

Verbs and expressions of will and influence

aconsejar *to advise*	**gustar** *to like*	**preferir (e:ie)** *to prefer*
desear *to desire; to wish*	**hacer** *to make*	**prohibir** *to prohibit*
es importante *it's important*	**importar** *to be important*	**proponer** *to propose*
es necesario *it's necessary*	**insistir en** *to insist (on)*	**querer (e:ie)** *to want; to wish*
es urgente *it's urgent*	**mandar** *to order*	**recomendar (e:ie)** *to recommend*
exigir *to demand*	**necesitar** *to need*	**rogar (o:ue)** *to beg; to plead*
	oponerse a *to oppose*	**sugerir (e:ie)** *to suggest*
	pedir (e:i) *to ask for; to request*	

Necesito que **consigas** estas pastillas en la farmacia.
I need you to get these pills at the pharmacy.

Insisto en que **vayas** a la sala de emergencias.
I insist that you go to the emergency room.

El médico siempre me **recomienda** que **deje** de fumar.
The doctor always recommends that I quit smoking.

Se oponen a que **salgas** si estás enfermo.
They object to your going out if you're sick.

- The infinitive, not the subjunctive, is used with verbs and expressions of will and influence if there is no change of subject in the sentence. The **que** is unnecessary in this case.

Quiero **ir** a Bogotá en junio.
I want to go to Bogotá in June.

Prefiero que **vayas** en agosto.
I prefer that you go in August.

¡ATENCIÓN!

Pedir is used with the subjunctive to ask someone to do something.

Preguntar is used to ask questions, and is not followed by the subjunctive.

No te pido que lo hagas ahora.
I'm not asking you to do it now.

No te pregunto si lo haces ahora.
I'm not asking you if you are doing it now.

Emphasize to students that impersonal expressions are followed by the infinitive unless a new subject is introduced in the dependent clause. Give some examples: **Es importante sacar buenas notas./Es importante que tú saques buenas notas.**

Teaching option Have students change the sample sentences into sentences that use an infinitive instead of a subordinate clause. Ex: **Necesito conseguir estas pastillas en la farmacia.** Ask how the meaning changes in each case.

Verbs of emotion

- When the main clause expresses an emotion like hope, fear, joy, pity, or surprise, the verb in the subordinate clause must be in the subjunctive if its subject is different from that of the main clause.

Espero que **te recuperes** pronto.
I hope you recover quickly.

Qué pena que **necesites** una operación.
What a shame you need an operation.

Verbs and expressions of will and influence

alegrarse (de) *to be happy (about)*	**es terrible** *it's terrible*	**molestar** *to bother*
es bueno *it's good*	**es una lástima** *it's a shame*	**sentir (e:ie)** *to be sorry; to regret*
es extraño *it's strange*	**es una pena** *it's a pity*	**sorprender** *to surprise*
es malo *it's bad*	**esperar** *to hope; to wish*	**temer** *to fear*
es mejor *it's better*	**gustar** *to like; to be pleasing*	**tener miedo a/de** *to be afraid (of)*
es ridículo *it's ridiculous*		

- The infinitive, not the subjunctive, is used with verbs and expressions of emotion if there is no change of subject in the sentence.

No me gusta **llegar** tarde.
I don't like to be late.

Es mejor que lo **hagas** ahora.
It's better that you do it now.

Verbs of doubt or denial

- When the main clause implies doubt, uncertainty, or denial, the verb in the subordinate clause must be in the subjunctive if its subject is different from that of the main clause.

No creo que él nos **quiera** engañar.
I don't believe that he wants to deceive us.

Dudan que el jarabe **sea** un buen remedio.
They doubt that the syrup will be a good remedy.

Verbs and expressions of doubt and denial

dudar *to doubt*	**negar (e:ie)** *to deny*
es imposible *it's impossible*	**no creer** *not to believe*
es improbable *it's improbable*	**no es evidente** *it's not evident*
es poco seguro *it's uncertain*	**no es seguro** *it's not certain*
(no) es posible *it's (not) possible*	**no es verdad/cierto** *it's not true*
(no) es probable *it's (not) probable*	**no estar seguro de** *not to be sure (of)*

- The infinitive, not the subjunctive, is used with verbs and expressions of doubt or denial if there is no change in the subject of the sentence.

Es imposible **viajar** hoy.
It's impossible to travel today.

Es improbable que él **viaje** hoy.
It's unlikely that he would travel today.

¡ATENCIÓN!

The subjunctive is also used with expressions of emotion that begin with **¡Qué...!** (*What a...!/It's so...!*)

¡Qué pena que él no vaya!
What a shame he's not going!

• • • • •

The expression **ojalá** (*I hope; I wish*) is always followed by the subjunctive. The use of **que** with **ojalá** is optional.

Ojalá (que) no llueva.
I hope it doesn't rain.

Ojalá (que) no te enfermes.
I hope you don't get sick.

The subjunctive is sometimes used in sentences that begin with **que** when the main clause is inferred or implied. Ex: **(Espero) Que te vaya bien.** See **Estructura 4.2.**

¡ATENCIÓN!

The subjunctive is also used after **quizá(s)** and **tal vez** (*maybe; perhaps*) when they signal uncertainty, even if there is no change of subject in the sentence.

Quizás vengan a la fiesta.
Maybe they'll come to the party.

Point out that the subjunctive exists in English, but rarely differs from the indicative. Ex: *I wish I were in Dixie./If I had a million dollars.../If I were you.../I suggest that he write...*

Práctica

1 Opiniones contrarias Escribe una oración que exprese lo opuesto en cada ocasión.

MODELO **Dudo que la comida rápida sea buena para la salud.**
—No dudo que la comida rápida es buena para la salud.

1. Están seguros de que Pedro puede dejar de fumar.
   No están seguros de que Pedro pueda dejar de fumar.
2. Es evidente que estás agotado.
   No es evidente que estés agotado.
3. No creo que las medicinas naturales sean curativas.
   Creo que las medicinas naturales son curativas.
4. Es verdad que la cirujana no quiere operarte.
   No es verdad que la cirujana no quiera operarte.
5. No es seguro que este médico conozca el mejor tratamiento.
   Es seguro que este médico conoce el mejor tratamiento.

2 Siempre enferma Últimamente, Ana María se enferma demasiado y sus amigas están preocupadas por ella. Completa la conversación con el infinitivo, el indicativo o el subjuntivo.

MARTA Es una pena que Ana María (1) __esté__ (estar / está / esté) enferma otra vez.

ADRIANA El problema es que no le gusta (2) __tomar__ (tomar / toma / tome) vitaminas. Además, ella casi nunca (3) __come__ (comer / come / coma) verduras.

MARTA Y no creo que Ana María (4) __haga__ (hacer / hace / haga) ejercicio. Yo siempre le (5) __pido__ (pedir /pido / pida) que (6) __venga__ (venir / viene / venga) conmigo al gimnasio, pero ella prefiere (7) __quedarse__ (quedarse / se queda / se quede) en casa.

ADRIANA Y cuando ella se enferma, no (8) __sigue__ (seguir / sigue / siga) los consejos del médico. Si él le recomienda que (9) __permanezca__ (permanecer / permanece / permanezca) en cama, ella dice que no es necesario (10) __descansar__ (descansar / descansa / descanse). Si él le da una receta, ella ni (11) __compra__ (comprar / compra /compre) las medicinas. ¿Qué vamos a hacer, Marta?

MARTA Es necesario que (12) __hablemos__ (hablar / hablamos / hablemos) con ella. Si no, ¡temo que un día de éstos ella nos (13) __llame__ (llamar / llama / llame) para llevarla a la sala de emergencias!

ADRIANA Bueno, creo que (14) __tienes__ (tener / tienes / tengas) razón. ¡Sólo espero que ella nos (15) __escuche__ (escuchar / escucha / escuche)!

3 Consejos Adriana y Marta le dan consejos a Ana María. Combina los elementos de cada columna para escribir cinco oraciones. Usa el presente del subjuntivo.

MODELO —Te recomendamos que hagas más ejercicio.

aconsejar		comer frutas y verduras
es importante		descansar
es necesario	que	hacer más ejercicio
querer		ir al gimnasio
recomendar		seguir las recomendaciones del médico
sugerir		tomar las medicinas

TALLER DE CONSULTA

MANUAL DE GRAMÁTICA
Más práctica

4.1 The subjunctive in noun clauses, p. A23

1 Have students create five similar sentences using subjunctive or indicative.

2 For sentences that require subjunctive, have students explain why they used it.

3 As a variant, have one student write a main clause on the board. Then have another student complete the sentence with a subordinate clause in the subjunctive.

Teaching option Do a rapid-response drill. Write a list of noun clauses on the board (Ex: **Quiero que...**) and have students respond with a subordinate clause.

Práctica

(4) Point out that Spanish contains over 2,000 words of Arabic origin. **Ojalá** is one, and it means **quiera Dios** (*God willing*), expressing a strong desire for something to happen.

Teaching option Play the song ***Ojalá que llueva café***, by Juan Luis Guerra (available on his CD ***Grandes Éxitos***). Pass out lyrics with blank lines for students to fill in the subjunctive verb forms.

4 **Ojalá** **Para muchos, el amor es una enfermedad. El cantante Silvio Rodríguez sugiere en esta canción una cura para el amor.**

A. Utiliza el presente del subjuntivo de los verbos entre paréntesis para completar la estrofa (*verse*) de la canción.

Ojalá que las hojas no te (1) ___toquen___ (tocar) el cuerpo cuando (2) ___caigan___ (caer) para que no las puedas convertir en cristal.
Ojalá que la lluvia (3) ___deje___ (dejar) de ser milagro que baja por tu cuerpo.
Ojalá que la luna (4) ___pueda___ (poder) salir sin ti.
Ojalá que la tierra no te (5) ___bese___ (besar) los pasos.

B. Ahora, escribe tu propia estrofa.

1. Ojalá que los sueños ______________________.
2. Ojalá que la noche ______________________.
3. Ojalá que la herida ______________________.
4. Ojalá una persona ______________________.

(5) To preview the activity, have students write a personal ad as if they were Lucía or Roberto. Encourage them to be creative.

(5) For an optional writing activity, help students create a list of possible problems about which someone might write to an advice columnist. Then have them use the present subjunctive to write a response letter giving advice. Recycle vocabulary from past lessons.

5 **El hombre ideal** **Roberto está enamorado de Lucía, pero ella no le presta atención. Mira el dibujo del hombre ideal de Lucía y escribe cinco recomendaciones para Roberto. Utiliza el presente del subjuntivo y las palabras de la lista.**

MODELO Roberto, es necesario que te vistas mejor.

aconsejar	insistir en
es importante	proponer
es malo	recomendar
es mejor	rogar
es necesario	sugerir

Roberto

Hombre ideal

 Practice more at **enfoques.vhlcentral.com.**

Comunicación

6 **El doctor Sánchez responde** Los lectores de una revista de salud envían sus consultas al doctor Sánchez. Trabajen en parejas para decidir qué consejos corresponden a cada consulta. Luego redacten la respuesta para cada lector usando las expresiones de la lista.

Los lectores preguntan. **El Dr. Sánchez responde.**

1. Estimado Dr. Sánchez:
   Tengo 55 años y quiero bajar 10 kilos. Mi médico insiste en que mejore mi alimentación. Probé varias dietas, pero no logro bajar de peso. ¿Qué puedo hacer? b
   Ana J.

2. Querido Dr. Sánchez:
   Tengo 38 años y sufro fuertes dolores de espalda (*back*). Trabajo en una oficina y estoy muchas horas sentada. Después de varios análisis, mi médico dijo que todo está bien en mis huesos (*bones*). Me recetó unas pastillas para los músculos, pero no quiero tomar medicinas. ¿Hay otra solución? c
   Isabel M.

3. Dr. Sánchez:
   Siempre me duele mucho el estómago. Soy muy nervioso y no puedo dormir. Mi médico me aconseja que trabaje menos. Pero eso es imposible.
   Andrés S. a

A. No comer con prisa.
Pasear mucho.
No tomar café.
Practicar yoga.

B. Caminar mucho.
Practicar natación.
No comer las cuatro "p": papas, pastas, pan y postres.
Tomar dos litros de agua por día.

C. No permanecer sentada más de dos horas seguidas.
Hacer cincuenta minutos de ejercicio por día.
Adoptar una buena postura al estar sentada.
Elegir una buena cama.
Usar una almohada dura.

es importante que	le aconsejo que
es improbable que	le propongo que
es necesario que	le recomiendo que
es poco seguro que	le sugiero que
es urgente que	no es seguro que

7 **Estilos de vida** En parejas, cada uno/a debe elegir una de estas personalidades. Después, dense consejos para cambiar su estilo de vida. Utilicen el subjuntivo.

1. Voy al gimnasio tres veces al día. Lo más importante en mi vida es mi cuerpo.
2. Me gusta salir por las noches. Trasnocho casi todos los días.
3. Siempre como comida rápida porque es más fácil y mucho más barata.
4. No hago nada de ejercicio. Estoy todo el día trabajando en una oficina.

(6) Have students work in pairs to write a letter to Dr. Sánchez. Have them exchange letters and write responses.

(6) Ask volunteers to read their letters and answers to the class. Then ask: **¿Qué debe hacer** [*name of student*] **en esta situación?**

INSTRUCTIONAL RESOURCES
Supersite: Textbook/SAM AK, Lab MP3s, Audioscripts
SAM/WebSAM: WB, LM

Point out that, while **usted** and **ustedes** may be omitted after polite commands, using them is more courteous.

4.2 Commands

Formal (*Ud.* and *Uds.*) commands

- Formal commands (**mandatos**) are used to give orders or advice to people you address as **usted** or **ustedes**. Their forms are identical to the present subjunctive forms for **usted** and **ustedes**.

Formal commands

Infinitive	Affirmative command	Negative command
tomar	**tome** (usted) **tomen** (ustedes)	**no tome** (usted) **no tomen** (ustedes)
volver	**vuelva** (usted) **vuelvan** (ustedes)	**no vuelva** (usted) **no vuelvan** (ustedes)
salir	**salga** (usted) **salgan** (ustedes)	**no salga** (usted) **no salgan** (ustedes)

¡ATENCIÓN!

***Vosotros/as* commands**
In Latin America, **ustedes** commands serve as the plural of familiar (**tú**) commands. The familiar plural **vosotros/as** command is used in Spain. The affirmative command is formed by changing the **–r** of the infinitive to **–d**. The negative command is identical to the **vosotros/as** form of the present subjunctive.

bailar: bailad/no bailéis

For reflexive verbs, affirmative commands are formed by dropping the **–r** and adding the reflexive pronoun **–os**. In negative commands, the pronoun precedes the verb.

levantarse: levantaos/ no os levantéis

The verb **irse** is irregular: **idos/no os vayáis**

Familiar (*tú*) commands

- Familiar commands are used with people you address as **tú**. Affirmative **tú** commands have the same form as the **él, ella**, and **usted** form of the present indicative. Negative **tú** commands have the same form as the **tú** form of the present subjunctive.

Piensa en él como un amigo que tiene siempre razón.
No pienses en mí como tu jefe.

Familiar commands

Infinitive	Affirmative command	Negative command
viajar	viaja	no viajes
empezar	empieza	no empieces
pedir	pide	no pidas

- These verbs have irregular affirmative **tú** commands. Their negative forms are still the same as the **tú** form of the present subjunctive.

decir	▶ di		salir	▶ sal
hacer	▶ haz		ser	▶ sé
ir	▶ ve		tener	▶ ten
poner	▶ pon		venir	▶ ven

Teaching option Practice regular and irregular affirmative **tú** commands by having students give commands for the following situations: **1. Tengo mucha hambre. (Come.) 2. Estoy cansado/a. (Duerme.) 3. Hace calor en la clase. (Sal de la clase.)**

Nosotros/as commands

- **Nosotros/as** commands are used to give orders or suggestions that include yourself as well as other people. In Spanish, **nosotros/as** commands correspond to the English *let's* + [*verb*]. Affirmative and negative **nosotros/as** commands are generally identical to the **nosotros/as** forms of the present subjunctive.

Nosotros/as commands		
Infinitive	**Affirmative command**	**Negative command**
bailar	bailemos	no bailemos
beber	bebamos	no bebamos
abrir	abramos	no abramos

- The **nosotros/as** commands for **ir** and **irse** are irregular: **vamos** and **vámonos**. The negative commands are regular: **no vayamos** and **no nos vayamos**.

Indicate that **nosotros/as** commands can also be expressed with **vamos a +** [*infinitive*]. Ex: **¡Vamos a comer!** *Let's eat!*

Using pronouns with commands

- When object and reflexive pronouns are used with affirmative commands, they are always attached to the verb. When used with negative commands, the pronouns appear between **no** and the verb.

Levántense temprano.
Wake up early.

No se levanten temprano.
Don't wake up early.

Dime todo.
Tell me everything.

No me digas.
Don't tell me.

- When the pronouns **nos** or **se** are attached to an affirmative **nosotros/as** command, the final **s** of the command form is dropped.

Sentémonos aquí.
Let's sit here.

No nos sentemos aquí.
Let's not sit here.

Démoselo mañana.
Let's give it to him/her tomorrow.

No se lo demos mañana.
Let's not give it to him/her tomorrow.

¡ATENCIÓN!

When one or more pronouns are attached to an affirmative command, an accent mark may be necessary to maintain the original stress. This usually happens when the combined verb form has three or more syllables.

decir
di, dile, dímelo
diga, dígale, dígaselo
digamos, digámosle, digámoselo

Indirect (*él, ella, ellos, ellas*) commands

- The construction **que** + [*subjunctive*] can be used with a third-person form to express indirect commands that correspond to the English *let someone do something*. If the subject of the indirect command is expressed, it usually follows the verb.

Que pase el siguiente.
Let the next person pass.

Que lo **haga** ella.
Let her do it.

- As with other uses of the subjunctive, pronouns are never attached to the conjugated verb, regardless of whether the indirect command is affirmative or negative.

Que se lo den los otros.
Que lo vuelvan a hacer.

Que no **se lo den.**
Que no **lo vuelvan** a hacer.

TALLER DE CONSULTA

See **2.1**, pp. 54–55 for object pronouns.

See **2.3**, pp. 62–63 for reflexive pronouns.

Explain that the main clause is implicit in indirect commands. Ex: **[Es necesario] Que pase el siguiente.**

Práctica

TALLER DE CONSULTA

MANUAL DE GRAMÁTICA
Más práctica

4.2 Commands, p. A24

1 Have students continue the activity in pairs. Ask each student to write two more sentences for his/her partner to change into commands.

2 Suggested answers for Part B: **1. Prevén las caries. 2. Cepíllate los dientes después de cada comida. 3. No comas dulces. 4. Pon poco azúcar en el café o té. 5. Come o bebe alimentos que tengan calcio. 6. Consulta al dentista periódicamente.**

3 Have volunteers present their own problems or bad habits for the class to give appropriate advice, using commands.

Teaching option Give one student a **tú** command. Have them respond with the **Ud.** command of the same verb. For additional practice, have a third student give the **Uds.** command form.

1 Mandatos Cambia estas oraciones para que sean mandatos.

1. Te conviene descansar. Descansa.
2. Deben relajarse. Relájense.
3. Es hora de que usted tome su pastilla. Tome su pastilla.
4. ¿Podría usted describir sus síntomas? Describa sus síntomas.
5. ¿Y si dejamos de fumar? Dejemos de fumar.
6. ¿Podrías consultar con un especialista? Consulta con un especialista.
7. Ustedes necesitan comer bien. Coman bien.
8. Le pido que se vaya de mi consultorio. Váyase de mi consultorio.

2 El cuidado de los dientes

A. Un dentista visita una escuela para hablar a los estudiantes sobre el cuidado de los dientes. Escribe los consejos que dio el dentista. Usa el imperativo formal de la segunda persona del plural.

1. prevenir las caries (*cavities*) Prevengan las caries.
2. cepillarse los dientes después de cada comida Cepíllense los dientes después de cada comida.
3. no comer dulces No coman dulces.
4. poner poco azúcar en el café o el té Pongan poco azúcar en el café o el té.
5. comer o beber alimentos que tengan calcio Coman o beban alimentos que tengan calcio.
6. consultar al dentista periódicamente Consulten al dentista periódicamente.

B. Un estudiante estuvo ausente el día de la charla con el dentista. Al día siguiente, sus compañeros le contaron sobre la charla y le dieron los mismos consejos. Reescribe los consejos usando el imperativo informal.

3 El doctor de Felipito Felipito es un niño muy inquieto. A cada rato tiene pequeños accidentes. Su doctor decide explicarle cómo evitarlos y cómo cuidar su salud. Utiliza mandatos informales para escribir las indicaciones del médico.

Practice more at **enfoques.vhlcentral.com.**

Comunicación

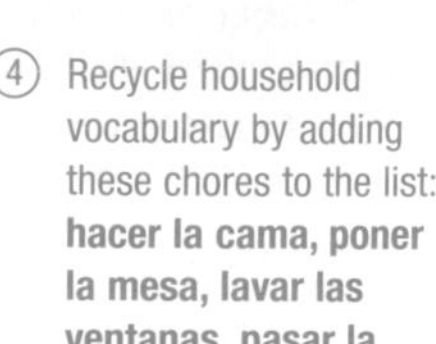

④ **Que lo hagan ellos** Carlos está tan entretenido con su nuevo videojuego que no quiere hacer nada más. En parejas, preparen una conversación entre Carlos y su madre en la que ella le da mandatos y Carlos sugiere que otras personas la ayuden. Utilicen mandatos indirectos en la conversación.

MODELO **MADRE** Limpia tu cuarto, Carlos.
CARLOS Que lo limpie mi hermano. ¡Estoy a punto de alcanzar el próximo nivel!

ayudarme en la cocina	**mis amigos**
cortar cebollas	**mi hermana**
pasear al perro	**mi hermano**
llamar a la abuela	**mi padre**
ir a la farmacia	**tú/Ud.**

⑤ **Hasta el siglo XXII**

A. ¿Qué consejos le darías a un(a) amigo/a para que viva hasta el siglo XXII? En grupos pequeños, escriban ocho recomendaciones utilizando mandatos informales afirmativos y negativos. Sean creativos/as.

MODELO No tomes mucho café. Toma sólo agua y jugos naturales.

B. Ahora reúnanse con otro grupo y lean las dos listas. ¿En qué se parecen y en qué se diferencian sus recomendaciones?

⑥ **Anuncios** En grupos, elijan tres de estos productos y escriban un anuncio (*commercial*) de televisión para promocionar cada uno de ellos. Utilicen los mandatos formales para convencer al público de que lo compre.

MODELO El nuevo perfume "Enamorar" de Rita Ferrero le va a encantar. Cómprelo en cualquier perfumería de su ciudad. Pruébelo y...

perfume "Enamorar"	**computadora portátil "Digitex"**
chocolate sin calorías "Deliz"	**crema hidratante "Suavidad"**
raqueta de tenis "Rayo"	**todo terreno "Intrepid"**
pasta de dientes "Sonrisa Sana"	**cámara digital "Flimp"**

④ Recycle household vocabulary by adding these chores to the list: **hacer la cama, poner la mesa, lavar las ventanas, pasar la aspiradora.**

⑤ Have volunteers read their sentences aloud and write the commands on the board in two columns: **mandatos afirmativos** and **mandatos negativos.**

⑥ Ask groups to read their commercials aloud, then have the class vote on whether or not they were convinced to buy the product.

Teaching option Have pairs find ads in Spanish from magazines or the Internet that use the imperative or subjunctive forms. Have students present their ads to the class, commenting on the product advertised, the target audience, and the overall effectiveness of the ad.

INSTRUCTIONAL RESOURCES
Supersite: Textbook AK, Lab MP3s, Audioscripts
SAM/WebSAM: WB, LM

4.3 *Por* and *para*

- **Por** and **para** are both translated as *for*, but they are not interchangeable.

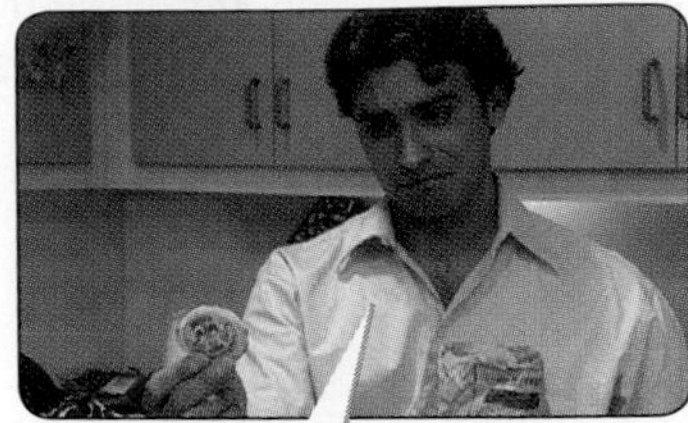

Por mucho que insistan, los tendré que tirar.

Explain that **para** is often used with adverbs to indicate *in the direction of.*
para arriba *upwards*
para atrás *backwards*

Variación léxica Point out that in some regions, including the Caribbean, the second syllable of **para** is often dropped from spoken Spanish. Ex: **pa'rriba, pa'bajo**

Uses of *para*

Destination (*toward; in the direction of*)	El cirujano sale de su casa **para** la clínica a las ocho. *The surgeon leaves his house at eight to go to the clinic.*
Deadline or a specific time in the future (*by; for*)	El resultado del análisis va a estar listo **para** mañana. *The results of the analysis will be ready by tomorrow.*
Goal (**para** + [*infinitive*]) (*in order to*)	El doctor usó un termómetro **para** ver si el niño tenía fiebre. *The doctor used a thermometer to see if the boy had a fever.*
Purpose (**para** + [*noun*]) (*for; used for*)	El investigador descubrió una cura **para** la enfermedad. *The researcher discovered a cure for the illness.*
Recipient (*for*)	La enfermera preparó la cama **para** doña Ángela. *The nurse prepared the bed for Doña Ángela.*
Comparison with others or opinion (*for; considering*)	**Para** su edad, goza de muy buena salud. *For her age, she enjoys very good health.*
	Para mí, lo que tienes es gripe y no un resfriado. *To me, what you have is the flu, not a cold.*
Employment (*for*)	Mi hijo trabaja **para** una empresa farmacéutica. *My son works for a pharmaceutical company.*

Expressions with *para*

no estar para bromas *to be in no mood for jokes*
no ser para tanto *to not be so important*
para colmo *to top it all off*
para que *so that*
para que sepas *just so you know*
para siempre *forever*

- Note that the expression **para que** is followed by the subjunctive.

  Te compré zapatos deportivos **para que** hagas ejercicio.
  I got you tennis shoes so that you will work out.

Para ponerse en forma hay que trabajar duro.

Yo, por ejemplo, trato de comer cosas sanas.

Uses of *por*

Motion or a general location *(along; through; around; by)*	Me quebré la pierna corriendo **por** el parque. *I broke my leg running through the park.*
Duration of an action *(for; during; in)*	Estuvo en cama **por** dos meses. *He was in bed for two months.*
Reason or motive for an action *(because of; on account of; on behalf of)*	Rezó **por** su hijo enfermo. *She prayed for her sick child.*
Object of a search *(for; in search of)*	El enfermero fue **por** un termómetro. *The nurse went for a thermometer.*
Means by which *(by; by way of; by means of)*	Consulté con el doctor **por** teléfono. *I consulted with the doctor by phone.*
Exchange or substitution *(for; in exchange for)*	Cambiamos ese tratamiento **por** uno nuevo. *We changed from that treatment to a new one.*
Unit of measure *(per; by)*	Tengo que tomar las pastillas cinco veces **por** día. *I have to take the pills five times per day.*
Agent (passive voice) *(by)*	La nueva política de salud pública fue anunciada **por** la prensa. *The new public health policy was announced by the press.*

Expressions with *por*

por ahora *for the time being*
por allí/aquí *around there/here*
por casualidad *by chance/accident*
por cierto *by the way*
¡Por Dios! *For God's sake!*
por ejemplo *for example*
por escrito *in writing*
por eso *therefore; for that reason*
por fin *finally*
por lo general *in general*
por lo menos *at least*
por lo tanto *therefore*
por lo visto *apparently*
por más/mucho que *no matter how much*
por otro lado/otra parte *on the other hand*
por primera vez *for the first time*
por si acaso *just in case*
por supuesto *of course*

¡ATENCIÓN!

In many cases it is grammatically correct to use either **por** or **para** in a sentence. However, the meaning of each sentence is different.

Trabajó por su tío.
He worked for (in place of) his uncle.

Trabajó para su tío.
He worked for his uncle('s company).

Point out that **por** is always used with **gracias**. Ex: **Gracias por la cena.**

TALLER DE CONSULTA

The passive voice is discussed in detail in **11.1,** p. 408.

Práctica

TALLER DE CONSULTA

MANUAL DE GRAMÁTICA
Más práctica

4.3 **Por** and **para**, p. A25

① Have students review the tables on pp. 144-145 and identify the use of **por** or **para** for each item.

1 **Otra manera** Lee la primera oración y completa la segunda versión con **por** o **para.**

1. Mateo pasó el verano en Colombia con su abuela.
   Mateo fue a Colombia __para__ visitar a su abuela.
2. Ella estaba enferma y quería la compañía de su nieto.
   Ella estaba enferma; __por__ eso, Mateo decidió ir.
3. La familia le envió muchos regalos a la abuela.
   La familia envió muchos regalos __para__ la abuela.
4. La abuela se alegró mucho de la visita de Mateo.
   La abuela se puso muy feliz __por__ la visita de Mateo.
5. Mateo pasó tres meses allá.
   Mateo estuvo en Colombia __por__ tres meses.

Cartagena, Colombia

② Have students write a response letter from Catalina to Mateo, using **por** and **para** at least three times each.

2 **Carta de amor** Completa la carta con **por** y **para.**

De: mateo25@tucorreo.com
A: cata@tucorreo.com
Tema: Noticias desde Cartagena

Mi amada Catalina:

(1) __Por__ fin encuentro un momento (2) __para__ escribirte. Es que mi abuela me tiene a su lado (3) __por__ horas y horas cada día, contándome historias de su niñez aquí en Cartagena. Poquito a poco va recuperándose, pero no sé de dónde saca tantas fuerzas (4) __para__ hablar. Pero estoy aquí sólo (5) __por/para__ ella, así que no me quejo de nada. En las tardes ella descansa y yo suelo caminar (6) __por__ la playa y, (7) __por__ supuesto, pienso en ti...

Hoy mi abuelita me pidió llamar (8) __por__ teléfono a la clínica, pues le duele mucho el estómago y cree que es (9) __por__ las otras medicinas que le recetó el cirujano. Mientras tío Javi la lleva a la clínica, yo iré al centro (10) __para__ hacer unas compras. Ya sé lo que voy a comprar (11) __para__ ti.
Ya pronto nos veremos...
Te amaré (12) __para/por__ siempre...

Mateo

③ For additional practice, tell students to add at least two more verbs and nouns to the list.

Teaching option For faster-paced classes, hand out a brief article in Spanish from a newspaper or magazine. Read the paragraph together and have volunteers explain why **por** and **para** are used in each instance.

3 **Oraciones** Utiliza palabras de cada columna para formar oraciones lógicas.

MODELO Mi hermana preparó una cena especial para la fiesta.

caminar		él
comprar	por	la fiesta
jugar	para	mi mamá
hacer		su hermana
preparar		el parque

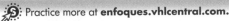

Practice more at **enfoques.vhlcentral.com.**

Comunicación

4 **Soluciones** En parejas, comenten cuáles son las mejores maneras de lograr los objetivos de la lista. Sigan el modelo y utilicen **por y para.**

MODELO —Para tener buena salud, lo mejor es comer cinco frutas o verduras por día porque tienen muchas vitaminas.

concentrarse al estudiar	relajarse
divertirse	ser famoso/a
hacer muchos amigos	ser organizado/a
mantenerse en forma	tener buena salud

4 Have students share their responses with the class. Refer them to pp. 144–145 and have them identify the uses of **por** and **para** in their sentences.

5 **Conversación** En parejas, elijan una de las situaciones y escriban una conversación. Utilicen **por** y **para** y algunas de las expresiones de la lista.

A. Tu vecino, don José, ganó en un concurso unas vacaciones a Medellín, Colombia, pero él no puede ir. Está pensando en ti y en otro/a vecino/a. Convence a don José de que te dé a ti las vacaciones.

B. Hace un año que trabajas en una librería y nunca has tenido vacaciones. Habla con tu jefe/a y dile que quieres tomarte unas vacaciones de dos semanas. Tu jefe/a dice que no necesitas tomarte vacaciones y te da algunas razones. Explícale tus razones y dile que si te vas de vacaciones vas a ser un(a) mejor empleado/a al regresar.

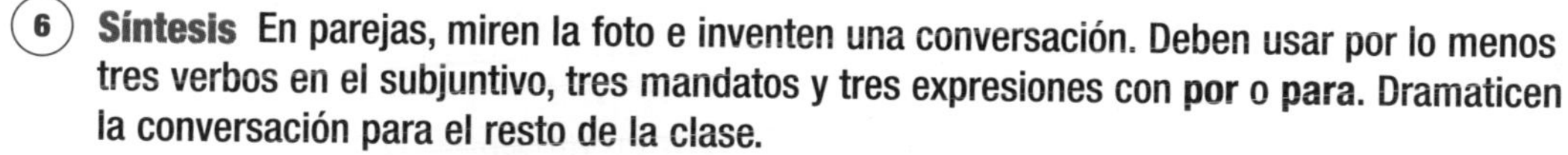

no es para tanto	por casualidad	por lo menos
para colmo	por eso	por lo tanto
para siempre	por fin	por supuesto

5 Have two pairs act out their conversations for situations **A** and **B** in front of the class. Then have other students offer alternative ways to convince the **vecino** or **jefe/a**.

6 **Síntesis** En parejas, miren la foto e inventen una conversación. Deben usar por lo menos tres verbos en el subjuntivo, tres mandatos y tres expresiones con **por** o **para**. Dramaticen la conversación para el resto de la clase.

6 While each group performs their scene, have the rest of the class take note of the uses of the subjunctive, the imperative and **por/para**. Then have volunteers write the sentences or phrases they heard on the board.

INSTRUCTIONAL RESOURCES
Supersite/DVD: Film Collection
Supersite: Script & Translation

Point out that, in 2007, ***Éramos pocos*** was nominated for an Oscar in the Short Film category.

Antes de ver el corto

ÉRAMOS POCOS

país España
duración 16 minutos
director Borja Cobeaga

protagonistas Joaquín (padre), Fernando (hijo), Lourdes (abuela)

Vocabulario

el álbum (de fotos) *(photo) album*
apañar *to mend; to fix*
apañarse *to manage*
el asilo (de ancianos) *nursing home*
descalzo/a *barefoot*
el desorden *mess*
enseguida *right away*
largarse *to take off*
el marco *frame*
la paella *(Esp.) traditional rice and seafood dish*
la tortilla *(Esp.) potato omelet*
el trastero *storage room*

1 For expansion, ask students if they have ever tried **paella** or a Spanish **tortilla.** If any students have traveled to Spain, ask them to share any thoughts or stories involving Spanish food.

1 Oraciones incompletas Completa las oraciones con las palabras apropiadas.

1. Pones las fotos en un __marco__ para colocarlas en la pared.
2. Te vas a vivir a un __asilo__ cuando eres un anciano.
3. Guardas los muebles antiguos en un __trastero__.
4. Cuando no llevas zapatos, vas __descalzo/a__.
5. La __tortilla__ es un plato que se cocina con huevos y patatas.

2 For item 3, have heritage speakers discuss nursing homes vs. living with the family in their families' countries of origin.

2 Preguntas En parejas, contesten las preguntas.

1. ¿Crees que los hombres ayudan en las tareas del hogar más que hace unos años?
2. ¿Conoces a alguna mujer que sea ama de casa? ¿Le gusta serlo?
3. ¿Cuáles son las ventajas y las desventajas de vivir en un asilo o vivir con la familia cuando una persona es anciana? ¿Qué vas a preferir tú: vivir en un asilo o vivir con la familia? ¿Por qué?
4. ¿Cómo crees que va a ser la situación de los ancianos dentro de unos años?

3 Once students have watched the film, ask them if they were correct in their predictions.

3 ¿Qué sucederá? En parejas, miren el fotograma e imaginen lo que va a ocurrir en la historia. Compartan sus ideas con la clase.

 Practice more at **enfoques.vhlcentral.com.**

Short Film

ramón barea

mariví bilbao

alejandro tejería

Premio a la mejor comedia, Aspen International Shorts Fest 2006, Aspen, EE.UU.

éramos pocos

un cortometraje de borja cobeaga

sonido directo miguel carretero
posproducción de sonido david rodriguez
vestuario pedro moreno
dirección artística enrique ferrero & ali larrey
jefe de producción pedro ruigómez momeñe
música aránzazu calleja
montaje jesús ramé
fotografía ignacio giménez-rico
producción ejecutiva oihana olea
escrito por borja cobeaga & sergio barrejón
dirigido por borja cobeaga

altube filmeak ARSENICO CANAL+ DIPUTACIÓN DE VALLADOLID Kodak Pecera DOLBY

Escenas

ARGUMENTO Tras ser abandonado por su mujer, Joaquín decide traer a su suegra a casa para que haga las labores del hogar.

Synopsis A father and his son are incapable of taking care of housework. When the wife leaves and does not return, they decide to bring grandma back from the nursing home so she will cook and clean for them.

Preview In pairs, ask students to cover the captions and look only at the photos. Have them invent their own captions based on the videograbs.

FERNANDO ¿Por qué estás descalzo?
JOAQUÍN Porque no encuentro mis zapatillas.
FERNANDO ¿Y estás seguro de que se ha ido sin más°?
JOAQUÍN Eso parece.

FERNANDO Cuánto tiempo sin verte.
LOURDES Mucho tiempo.
FERNANDO Mira, papá, es la abuela.
LOURDES Hola.
JOAQUÍN Hola, soy tu yerno Joaquín. No sé si te acuerdas de mí.

LOURDES ¿Y mi habitación?
JOAQUÍN Esto se arregla en un momento. Desde que te fuiste usamos este cuarto como un trastero, pero enseguida lo apañamos. ¡Fernando!
LOURDES No te preocupes, no pasa nada.
JOAQUÍN ¡Fernando!

JOAQUÍN Creo que se ha dado cuenta. Que sabe para qué la hemos traído.
FERNANDO ¿Qué dices?
JOAQUÍN ¿No la notas demasiado… contenta?

ABUELA ¿Qué? ¿No coméis?
JOAQUÍN Que te diga esto a lo mejor te parece desproporcionado, Lourdes. Pero es que Julia lleva mucho tiempo de viaje.
FERNANDO Mucho, mucho.
JOAQUÍN No sabes lo que esta tortilla significa para nosotros.

JOAQUÍN Julia, soy yo. No me cuelgues°, ¿eh? Es importante. Es sobre tu madre. Ya sé que fui yo el que insistió en meterla en un asilo pero ahora está aquí, con nosotros. Es para pedirte perdón y para que veas que puedo cambiar.

sin más *just like that* **No me cuelgues** *Don't hang up on me*

Después de ver el corto

1 Comprensión Contesta las preguntas con oraciones completas.

1. ¿Dónde está Julia?
   Julia se ha ido de casa.
2. ¿Qué ha pasado con las zapatillas de Joaquín?
   Julia tiró las zapatillas por la ventana.
3. ¿Por qué van a recoger a la abuela?
   Van a recoger a la abuela para que ayude en la casa.
4. ¿Por qué cree Joaquín que la abuela se ha dado cuenta del plan?
   Joaquín cree que la abuela se ha dado cuenta del plan porque ella está demasiado contenta.
5. ¿Para qué llama Joaquín a su mujer?
   Joaquín llama a su mujer para pedirle perdón y decirle que ha cambiado.
6. ¿Qué le dice su mujer?
   Le dice que ella está con su madre.
7. ¿Para qué mira Joaquín el álbum de fotos?
   Para ver si la mujer que está en su casa es Lourdes.
8. ¿Qué descubre Joaquín?
   Joaquín descubre que la mujer que vive con ellos no es Lourdes.

2 Ampliación Contesta las preguntas.

1. ¿Por qué piensas que Joaquín y Fernando son incapaces de vivir sin una mujer?
2. Según Joaquín, ¿por qué es importante la tortilla?
3. ¿Por qué está tan contenta Lourdes a pesar de trabajar tanto?
4. ¿Por qué crees que Joaquín no dice que la mujer no es su suegra?
5. ¿Qué opinas del final del corto? ¿Te parece que los personajes se están engañando unos a otros o se están ayudando? ¿Por qué?
6. ¿Cómo se relaciona el título con lo que sucede en el corto?

3 Julia En parejas, imaginen cómo es la esposa de Joaquín y cómo es su vida.

- ¿Cómo es?
- ¿Por qué se fue de casa?
- ¿Dónde está ahora?
- ¿Crees que sigue haciendo las labores del hogar?
- ¿Volverá con su familia?

4 Salud mental En parejas, imaginen que un día Julia llama a su hijo para explicarle por qué se fue. Según ella, era necesario para su salud mental y su bienestar. Piensen en estas preguntas y ensayen la conversación telefónica entre Fernando y Julia. Represéntenla delante de la clase.

- ¿Está Fernando de acuerdo con la explicación de su madre?
- ¿Perdona Fernando a su madre?
- ¿Le importa realmente que su madre se haya ido?
- ¿Está arrepentida Julia?
- ¿Estaba realmente enferma Julia cuando se fue de la casa?

5 Cartas Elige una de estas dos situaciones y escribe una carta.

1. Eres la anciana que se hace pasar por Lourdes y decides escribirle una carta a tu verdadera familia explicando por qué te fuiste del asilo con otra familia.
2. Eres un(a) anciano/a que acaba de irse a un asilo. Escribe una carta a tu familia describiendo qué cosas extrañas de vivir en casa y qué te gusta del asilo.

Practice more at **enfoques.vhlcentral.com.**

(2) Ask additional questions. Ex: **¿Crees que Lourdes sabía desde el primer momento que Joaquín y Fernando no eran su yerno y su nieto, o sólo se dio cuenta más tarde? ¿Es aceptable engañar a otras personas si al hacerlo las estamos ayudando?**

(2) For item 6, see what students come up with on their own and then explain that the title of the film comes from the saying **Éramos pocos y parió la abuela**. Explain that this saying roughly translates as *As if we didn't have enough problems* and describes a difficult situation that becomes more complicated. How does this saying broaden their understanding of the film?

Teaching option
For advanced students, ask discussion questions about the importance of mental health. Ex: **¿La salud mental es tan importante como la salud física? ¿Qué tipo de apoyo ofrece tu escuela o universidad para estudiantes con inquietudes o problemas emocionales? ¿Crees que evadir un problema es una forma de solucionarlo?**

Maru, 2010
Fernando Miñarro, España

"Cuando sientes que la mano de la muerte se posa sobre el hombro, la vida se ve iluminada de otra manera…"

— Isabel Allende

Antes de leer

Mujeres de ojos grandes

Sobre la autora

Ángeles Mastretta nació en Puebla, México, en 1949. Estudió periodismo y colaboró en periódicos y revistas: "Escribía de todo: de política, de mujeres, de niños, de lo que veía, de lo que sentía, de literatura, de cultura, de guerra". Su primer libro fue de poemas: *La pájara pinta* (1978), pero fue *Arráncame la vida* (1985), su primera novela, la que le dio fama y reconocimiento. En 1997 fue la primera mujer en ganar el Premio Rómulo Gallegos con su novela *Mal de amores*. En su obra se destaca el pensamiento femenino. *Mujeres de ojos grandes* está compuesto de relatos sobre mujeres que muestran "el poder que tienen en sus cosas y el poder que tienen para hacer con sus vidas lo que quieran, aunque no lo demuestren. Son mujeres poderosas que se saben poderosas pero no lo ostentan (*boast*)".

Vocabulario

el adelanto *improvement*	**el/la enfermero/a** *nurse*	**el ombligo** *navel*
la aguja *needle*	**el hallazgo** *finding; discovery*	**la pena** *sorrow*
la cordura *sanity*	**la insensatez** *folly*	**el regocijo** *joy*
desafiante *challenging*	**latir** *to beat*	**la terapia intensiva** *intensive care*

La historia de Julio Completa el párrafo con las palabras apropiadas.

Julio prefería una vida (1) desafiante que no lo aburriera. Sin embargo, al perder todo por la caída de la bolsa (*stock market crash*), Julio —siempre una persona tan sensata— perdió la (2) cordura. Después de unos meses, los síntomas desaparecieron para gran (3) regocijo de la familia. Sin embargo, pensar en su trabajo lo llenaba de (4) pena y en su corazón latía el deseo de hacer algo nuevo. Tan agradecido estaba con los médicos que decidió estudiar para ser (5) enfermero.

Conexión personal Cuando te sientes enfermo/a, ¿intentas curarte por tus propios medios? ¿Alguna vez estuviste en un hospital? ¿Confías en la medicina tradicional o has probado la medicina alternativa? ¿Crees que la ciencia puede resolverlo todo?

Análisis literario: el símil o la comparación

El símil, o la comparación, es un recurso literario que consiste en comparar una cosa con otra por su semejanza, parecido o relación. De esa manera, se logra mayor expresividad. Implica el uso del término comparativo explícito: **como**. Por ejemplo: "*ojos grandes* **como** *lunas*". Crea algunas comparaciones con estos pares de palabras o inventa tus propias comparaciones: muerte/noche, rostro/fantasma, mejillas/manzanas, hombre/ratón, lugar/cementerio.

Practice more at **enfoques.vhlcentral.com.**

NATIONAL STANDARDS: connections, cultures

Sobre la autora Have students talk about other female authors they have read who treat similar themes in their writing.

Variación léxica
el adelanto ↔ la mejora, el mejoramiento
el hallazgo ↔ el descubrimiento

Conexión personal Ask these questions to spark discussion: **¿Quieres ser médico/a o enfermero/a? ¿Por qué? ¿Qué cualidades se necesitan? ¿Cuáles son algunos programas de televisión populares que tienen lugar en un hospital? ¿Son realistas?**

Análisis literario Have pairs choose artwork from the **Lecturas** pages found in each lesson of the book. Based on the image they choose, have them create a series of three similes. If necessary, review vocabulary from past lessons to get ideas. Have the class vote on the best one.

Mujeres de ojos grandes

Último cuento; sin título

Ángeles Mastretta

Teaching option Explain to students that the name **Jose**, without an accent and stressed on the first syllable (jo), can also be a woman's name, short for **Josefina**.

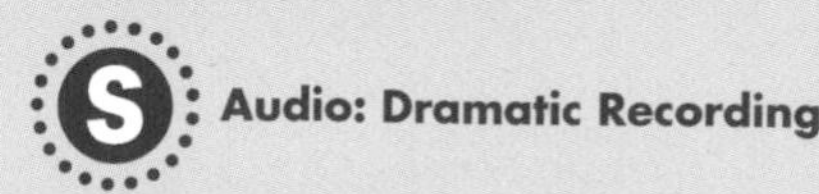

Audio: Dramatic Recording

Tía Jose Rivadeneira tuvo una hija con los ojos grandes como dos lunas, como un deseo. Apenas colocada en su abrazo, todavía húmeda y vacilante°, la niña mostró los ojos y algo en las alas° de sus labios que parecía pregunta.

—¿Qué quieres saber? —le dijo tía Jose jugando a que entendía ese gesto.

Como todas las madres, tía Jose pensó que no había en la historia del mundo una criatura tan hermosa como la suya. La deslumbraban° el color de su piel, el tamaño de sus pestañas° y la placidez con que dormía. Temblaba de orgullo imaginando lo que haría con la sangre y las quimeras° que latían en su cuerpo.

Se dedicó a contemplarla con altivez° y regocijo durante más de tres semanas. Entonces la inexpugnable° vida hizo caer sobre la niña una enfermedad que en cinco horas convirtió su extraordinaria viveza° en un sueño extenuado° y remoto° que parecía llevársela de regreso a la muerte.

Cuando todos sus talentos curativos no lograron mejoría alguna, tía Jose, pálida de terror, la cargó hasta el hospital. Ahí se la quitaron de los brazos y una docena de médicos y enfermeras empezaron a moverse agitados y confundidos en torno a la niña. Tía Jose la vio irse tras una puerta que le prohibía la entrada y se dejó caer al suelo incapaz de cargar consigo misma y con aquel dolor como un acantilado°.

Ahí la encontró su marido, que era un hombre sensato y prudente como los hombres acostumbran fingir° que son. La ayudó a levantarse y la regañó° por su falta de cordura y esperanza. Su marido confiaba en la ciencia médica y hablaba de ella como otros hablan de Dios. Por eso lo turbaba° la insensatez en que se había colocado su mujer, incapaz de hacer otra cosa que llorar y maldecir° al destino.

Aislaron a la niña en una sala de terapia intensiva. Un lugar blanco y limpio al que las madres sólo podían entrar media hora diaria. Entonces se llenaba de oraciones° y ruegos. Todas las mujeres persignaban° el rostro de sus hijos, les recorrían el cuerpo con estampas y agua bendita°, pedían a todo Dios que los dejara vivos. La tía Jose no conseguía sino llegar junto a la cuna° donde su hija apenas respiraba para pedirle: "no te mueras". Después lloraba y lloraba sin secarse los ojos ni moverse hasta que las enfermeras le avisaban que debía salir.

Entonces volvía a sentarse en las bancas cercanas a la puerta, con la cabeza sobre las piernas, sin hambre y sin voz, rencorosa° y arisca°, ferviente° y desesperada. ¿Qué podía hacer? ¿Por qué tenía que vivir su hija? ¿Qué sería bueno ofrecerle a su cuerpo pequeño lleno de agujas y sondas° para que le interesara quedarse en este mundo? ¿Qué podría decirle para convencerla de que valía la pena hacer el esfuerzo en vez de morirse?

Una mañana, sin saber la causa, iluminada sólo por los fantasmas de su corazón, se le acercó a la niña y empezó a contarle las historias de sus antepasadas°. Quiénes habían sido, qué mujeres tejieron° sus vidas con qué hombres antes de que la boca y el ombligo de su hija se anudaran° a ella. De qué estaban hechas, cuántos trabajos° habían pasado, qué penas y jolgorios° traía ella como herencia. Quiénes sembraron con intrepidez° y fantasías la vida que le tocaba prolongar.

Durante muchos días recordó, imaginó, inventó. Cada minuto de cada hora disponible habló sin tregua° en el oído de su hija. Por fin, al atardecer de un jueves, mientras contaba implacable alguna historia, su hija abrió los ojos y la miró ávida° y desafiante, como sería el resto de su larga existencia.

El marido de tía Jose dio las gracias a los médicos, los médicos dieron gracias a los adelantos de su ciencia, la tía abrazó a su niña y salió del hospital sin decir una palabra. Sólo ella sabía a quiénes agradecer la vida de su hija. Sólo ella supo siempre que ninguna ciencia fue capaz de mover tanto, como la escondida en los ásperos° y sutiles° hallazgos de otras mujeres con los ojos grandes. ■

hesitating; *wings*; *dazzled*; *eyelashes*; *fancy ideas*; *arrogance; pride*; *impregnable*; *liveliness/exhausted*; *remote; far off*; *cliff*; *to feign*; *scolded*; *disturbed; embarrassed*; *to damn; to curse*; *prayers*; *crossed*; *holy*; *cradle*; *spiteful*; *churlish/fervent*; *probes; catheters*; *ancestors*; *wove*; *tied*; *hardships*; *boisterous frolic*; *bravery*; *relentlessly*; *avid; eager*; *rough; harsh/subtle*

Teaching option As students read, have them make short marginal notes about tía Jose's thoughts and feelings as her daughter's condition progresses. Then have them work in small groups to compare notes.

Después de leer

Mujeres de ojos grandes

Ángeles Mastretta

(1) **Comprensión** Contesta las siguientes preguntas con oraciones completas.

1. ¿Quiénes son los tres personajes principales de este relato?
   Los personajes principales son la tía Jose, su marido y su hija.
2. ¿Tía Jose lleva inmediatamente a su hija al hospital?
   No. Sólo cuando sus talentos curativos no logran mejoría, tía Jose la lleva al hospital.
3. ¿Qué piensa el marido de la ciencia de los médicos y del comportamiento de su esposa?
   El marido confía en la ciencia médica y lo turba la insensatez de su esposa, que está desesperada.
4. ¿Qué historias le cuenta tía Jose a su hija? ¿Son todas reales?
   Tía Jose le cuenta historias de sus antepasadas. No todas son reales porque también imagina e inventa.
5. Para el padre de la niña, ¿qué o quién le salvó la vida? ¿Y para tía Jose?
   Para el padre, los médicos y la ciencia salvaron a su hija. Para tía Jose, fueron las historias sobre las mujeres que ella le contó.

(2) For item 4, ask students: **¿Qué poder tiene el uso de luz y oscuridad en este cuento?**

(2) **Análisis** Lee el relato nuevamente y contesta las preguntas.

1. Los ojos de la hija de tía Jose son "grandes como dos lunas, como un deseo". ¿Por qué se eligen estos dos términos para la comparación? ¿Puedes encontrar otras comparaciones en el cuento?
2. La expresión "las alas de sus labios" es un recurso ya analizado. ¿Cómo se llama?
3. En el hospital, la niña es llevada lejos de su madre, "tras una puerta que le prohibía la entrada". ¿A qué lugar se refiere?
4. Tía Jose comienza a contarle historias a su hija "iluminada por los fantasmas de su corazón". Reflexiona: ¿los fantasmas se asocian con la luz o con la oscuridad? ¿A quiénes se refiere la palabra "fantasmas" en el relato?

(3) Ask students this additional question: **El/La narrador(a) llama a la protagonista "tía Jose". ¿Qué significado puede tener la palabra "tía"? ¿Qué nos sugiere sobre la relación entre el/la narrador(a) y la historia que cuenta?**

(3) **Interpretación** En parejas, respondan las preguntas.

1. El personaje de la tía Jose pierde la voz ante la enfermedad de su hija. ¿Cómo recupera la voz? ¿Por qué?
2. La hija de tía Jose tiene ojos grandes, al igual que las mujeres de los relatos que le cuenta su madre. ¿Qué creen que simboliza esto?
3. El padre agradece a los médicos por haber salvado a la niña; los médicos agradecen a la ciencia. ¿Por qué tía Jose "salió del hospital sin decir una palabra"?
4. ¿Qué creen que salvó la vida de la niña? ¿Conocen algún caso de recuperación asombrosa en la vida real?

(4) **Debate** Formen dos grupos: uno debe hacer una lista de los argumentos que usó el marido de tía Jose para tranquilizarla en el hospital; el otro grupo debe imaginar cuáles eran las razones de las mujeres que rezaban (*prayed*) para sanar a sus hijos. Después, organicen un debate para discutir las alternativas, defendiendo su argumento y señalando las debilidades del argumento contrario.

(5) **Historias** Redacta una de las historias que la tía Jose le contó a su hija. Utiliza algunos de los usos de **por** y **para**. Incluye por lo menos dos símiles.

Practice more at **enfoques.vhlcentral.com.**

Antes de leer

Vocabulario

afligir *to afflict*	**el/la investigador(a)** *researcher*
descubrir *to discover*	**la lesión** *injury*
la dolencia *illness*	**la población** *population*
la genética *genetics*	**el pueblo** *people*
el/la indígena *indigenous person*	**recetar** *to prescribe*

Oraciones incompletas Completa las oraciones con la palabra apropiada. No repitas palabras.

1. La diversidad cultural de Latinoamérica se debe al contacto entre múltiples ___pueblos/indígenas___.
2. La ___genética___ es la ciencia que estudia la herencia biológica.
3. La ___investigadora___ de este laboratorio trabaja para ___descubrir___ un tratamiento nuevo para el cáncer.
4. Cuando los españoles llegaron a Latinoamérica, se encontraron con los ___indígenas/pueblos___ que estaban allí.
5. Los doctores trabajan para curar las ___dolencias/lesiones___ que ___afligen___ a los enfermos.
6. Debido a la epidemia, toda la ___población___ debe ponerse la vacuna.

Conexión personal ¿Puedes pensar en alguna enfermedad o dolencia que afecta a tu comunidad o a un grupo que conoces? ¿Ha recibido la comunidad alguna ayuda?

Contexto cultural

Situada en una zona de tránsito entre Norteamérica y Suramérica, Colombia presenta un lugar ideal para la convergencia de múltiples culturas. La mayoría de los habitantes son mestizos, es decir, descendientes de europeos y amerindios. Hay también más de diez millones de afrocolombianos —casi el veinte por ciento de la nación entera— y una población indígena que cuenta con más de un millón de habitantes. De esta diversidad étnica han surgido (*have arisen*) costumbres variadas, una riquísima tradición musical y la pluralidad lingüística. La lengua oficial del país es el español, pero todavía se hablan más de sesenta lenguas indígenas.

 Practice more at **enfoques.vhlcentral.com.**

Conexión personal
Continue discussion with related questions. Ex: **Aparte del tratamiento médico, ¿de qué manera se puede ayudar a una persona que está enferma?**

Contexto cultural
Ask heritage speakers if they are familiar with the indigenous population from their families' home countries. If so, discuss how this population enriches the national culture. Are there any current controversies related to the rights of indigenous groups?

Preview
Ask the class to discuss potential social issues that might arise from the interaction of two cultures. Have them give examples from their communities.

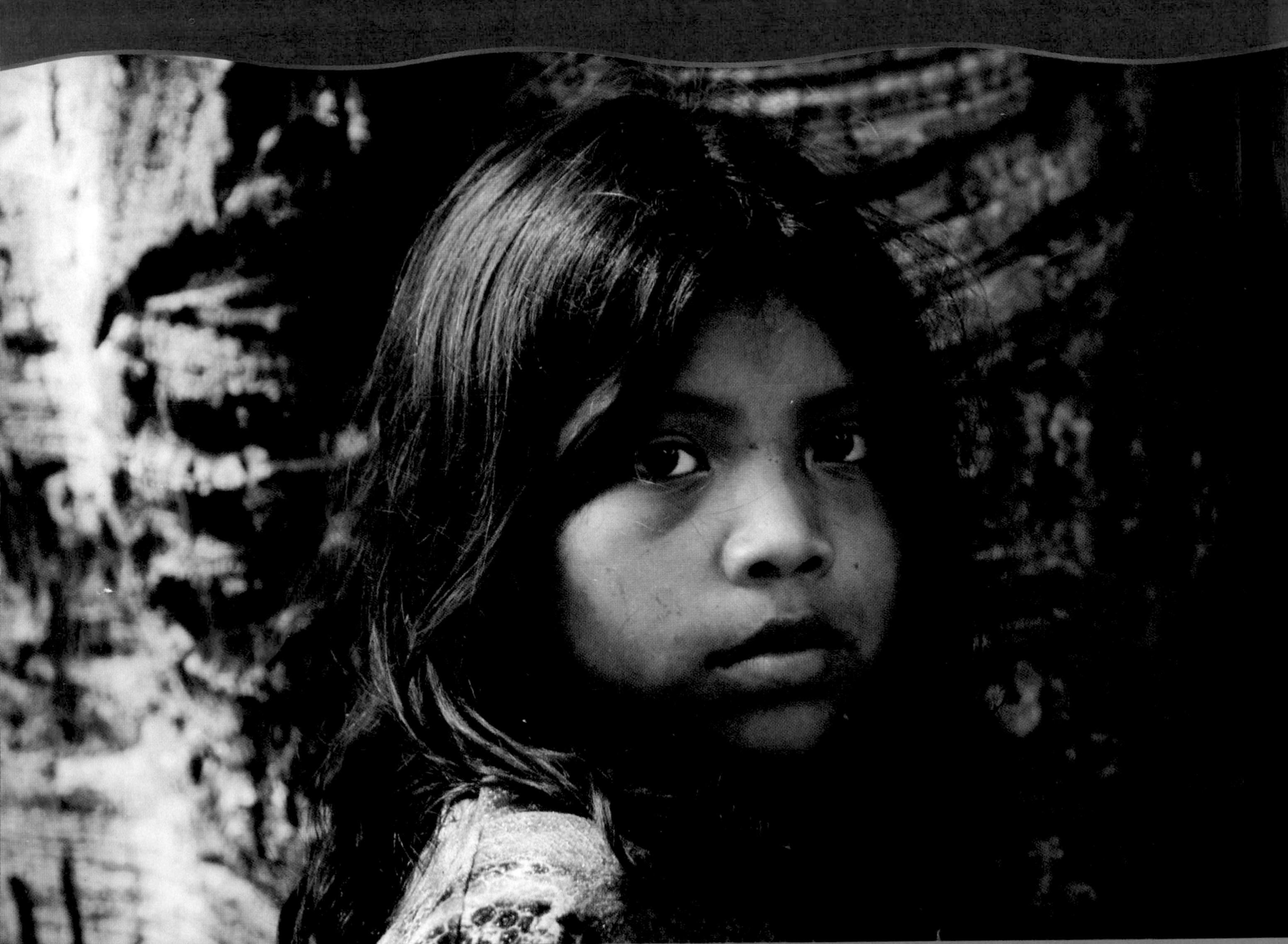

La ciencia: la nueva arma en una guerra antigua

Famoso por su talento especial con el arco y la flecha°, el pueblo indígena chimila tiene una historia larga de rebelión y resistencia contra los españoles de la época colonial. Estos valientes guerreros° formaron una sorprendente potencia militar que parecía imposible de conquistar. Ahora, en nuestra época, los indígenas chimila hacen guerra a° unos enemigos muy distintos: la pobreza, la falta de recursos° médicos y enfermedades endémicas sin solución.

bow and arrow

warriors

wage war against/ lack of resources

Por fortuna, tienen aliados° en su lucha°. La Expedición Humana es una organización que identifica y trata de° resolver los problemas que afligen particularmente a las comunidades indígenas y afrocolombianas.

allies/fight; tries

En los últimos quince años, varios grupos de la Expedición Humana se han integrado en numerosas comunidades con el fin de° determinar sus verdaderas necesidades. De esta manera, los investigadores han descubierto° que los chimila tienen una incidencia sorprendentemente alta de una enfermedad dermatológica llamada prurigo actínico°. Esta enfermedad ataca a varios grupos indígenas en toda Latinoamérica y se considera incurable. Aparece° normalmente en niños pequeños en forma de lesiones y, en situaciones graves, puede afectar los ojos y la vista. A pesar de su potencial gravedad, el prurigo actínico ha recibido muy poca atención por parte de la comunidad médica mundial.

with the aim of; discovered; a chronic skin disorder; It appears

Al estudiar el caso desde muchos ángulos, el equipo de la Expedición Humana encontró información en varias fuentes° interesantes, incluyendo los artefactos precolombinos°. De las cerámicas con dibujos de enfermos que desenterraron° los arqueólogos, aprendieron que problemas similares han afectado a las poblaciones colombianas desde hace 2.500 años. Los investigadores sabían que la exposición al sol provoca la aparición del prurigo actínico, pero tenían muchas preguntas. ¿Por qué afecta especialmente a ciertas comunidades? En una población como los indígenas chimila, ¿por qué aflige sólo a ciertas personas? ¿Qué tienen en común estos pacientes?

sources; pre-Columbian; dug up

Los científicos decidieron explorar la base genética de la enfermedad. Después de años de investigación, el equipo de la Expedición Humana confirmó que existe una predisposición genética que, en combinación con la exposición al sol, causa las lesiones. Gracias a la cooperación de los chimila en los estudios, los investigadores pudieron desarrollar° tratamientos más efectivos que utilizan medicamentos con menos efectos secundarios que los que habitualmente recetaban los médicos. Estos medicamentos alternativos, asimismo, son de fácil adquisición y de bajo costo.

to develop

Según los Centros para el Control y la Prevención de Enfermedades° del gobierno de los Estados Unidos, la mayoría de las dolencias más comunes son el resultado de la interacción entre genes y ciertos factores medioambientales°. Los estudios que ha realizado la Expedición Humana son un modelo de cooperación entre personas de diferentes comunidades y de integración de muchas maneras de investigar. Nos ofrecen un ejemplo a imitar en la gran batalla° contra las enfermedades del mundo. ■

Centers for Disease Control and Prevention (CDC); environmental; battle

Detalles de la investigación

- El prurigo actínico afecta principalmente a poblaciones indígenas y mestizas de países como México, Guatemala, Honduras, Colombia, Perú, Bolivia y el norte de Argentina, así como Canadá y Estados Unidos.
- Entre 704 habitantes de la comunidad chimila, se diagnosticaron 56 casos.
- Fundada por el Instituto de Genética Humana de la Pontificia Universidad Javeriana de Bogotá, la Expedición Humana reúne a profesores, científicos y estudiantes. El propósito es servir a los pueblos colombianos que viven aislados de la capital y que tradicionalmente están menos representados en los estudios científicos del país.
- En la etapa llamada la Gran Expedición Humana (1992–3), los investigadores realizaron 17 viajes en los que participaron 320 personas, que visitaron 35 comunidades y atendieron a alrededor de 8.000 pacientes en los lugares más apartados de Colombia.

Después de leer

La ciencia: la nueva arma en una guerra antigua

(1) Ask students to write a one-paragraph summary of the article based on their answers.

1 Comprensión Responde a las preguntas con oraciones completas.

1. ¿Contra quiénes lucharon los chimila durante la época colonial? Lucharon contra los españoles.
2. ¿Qué han descubierto los investigadores de la Expedición Humana? Los investigadores han descubierto que los chimila tienen una incidencia sorprendentemente alta de prurigo actínico.
3. ¿Qué es el prurigo actínico? El prurigo actínico es una enfermedad dermatológica.
4. ¿Ha recibido el prurigo actínico mucha atención por parte de la comunidad médica mundial? No. Ha recibido muy poca atención.
5. ¿Qué descubrimiento por parte de unos arqueólogos ayudó a la Expedición Humana? Los arqueólogos desenterraron cerámicas con dibujos de enfermos.
6. ¿Qué decidieron explorar los científicos de la Expedición Humana? Los científicos decidieron explorar la base genética de la enfermedad.

2 Preguntas Contesta las preguntas con oraciones completas.

1. ¿Cuál es la fama de los indígenas chimila? Los indígenas chimila tienen fama de ser valientes guerreros.
2. ¿Cuáles son algunos de los problemas que afectan al pueblo chimila? Algunos de los problemas son la pobreza, la falta de recursos médicos y las enfermedades endémicas.
3. ¿Por qué es importante el desarrollo de nuevos tratamientos? Porque es importante buscar tratamientos más efectivos, con menos efectos secundarios y de bajo costo.
4. ¿Cuáles son los dos factores principales relacionados con la aparición de la enfermedad? Los dos factores principales son la predisposición genética y la exposición al sol.
5. ¿Cuál es el objetivo de la Expedición Humana? El objetivo es servir a los pueblos colombianos que viven en lugares apartados y suelen tener poca representación en los estudios científicos.
6. Según la perspectiva de los Centros para el Control y la Prevención de Enfermedades, ¿es el prurigo actínico una enfermedad inusual? Explica tu respuesta. No. Se produce por la misma combinación de factores que muchas enfermedades comunes.

(3) Have students create a public service announcement about the dangers of sun exposure.

3 Los peligros del sol En parejas, imaginen que son médicos y que están hablando con un grupo de niños que no comprenden los peligros de la exposición al sol. ¿Qué preguntas deben hacerles? ¿Qué consejos pueden darles? Usen el imperativo para los consejos.

(4) Before debating the topic, help students brainstorm possible criteria: **el número de personas afectadas por la enfermedad, la gravedad de la enfermedad,** etc.

4 Debate Considerando el dinero y el tiempo que se necesita para curar o combatir una enfermedad como el prurigo actínico, ¿es aceptable utilizar gran cantidad de recursos para investigar sobre productos de belleza? Divídanse en grupos de cuatro para debatir el tema. Compartan sus conclusiones con la clase.

(5) As a variant, have students write a letter to the head of the **Expedición Humana** expressing their opinion on the matter. Review how to open and close a formal letter.

5 Opiniones Uno de los objetivos de la Expedición Humana es ayudar a comunidades particulares. En tu opinión, ¿es bueno que una universidad gaste dinero en la investigación de una enfermedad poco estudiada aunque afecte a pocas personas o es más importante que los científicos piensen en los problemas de la mayor parte de la población? Utilizando expresiones con el subjuntivo, describe en tres párrafos lo que piensas de los objetivos de la Expedición Humana y defiende tu posición.

MODELO No pienso que sea una buena idea gastar tanto dinero en investigar enfermedades que afectan a pocas personas./Creo que es fundamental que la Expedición Humana trabaje para ayudar a comunidades pequeñas con pocos recursos económicos.

Practice more at **enfoques.vhlcentral.com.**

Atando cabos

¡A conversar!

La nueva cafetería Trabajen en grupos de cuatro. Imaginen que son consultores/as contratados/as por una escuela o universidad para diseñar una nueva cafetería que cumpla con los objetivos del recuadro. Presenten su plan a la clase.

Objetivos de la nueva cafetería

- brindar a los estudiantes un espacio para socializar y relajarse
- ofrecer una selección de alimentos que sea atractiva, pero que, al mismo tiempo, sea saludable y lo más natural posible
- informar a los estudiantes acerca de temas relacionados con la salud, la alimentación y el bienestar a través de afiches y otros elementos visuales

¡A escribir!

Un decálogo Imagina que eres médico/a. Sigue el **Plan de redacción** para escribir un decálogo en el que das diez consejos generales a tus pacientes para que lleven una vida sana.

Plan de redacción

Preparación: Prepara un esquema (*outline*) con los diez consejos más importantes.

Título: Elige un título para el decálogo.

Contenido: Escribe los diez consejos. Utiliza el subjuntivo o el imperativo en todos los consejos. Puedes incluir la siguiente información.

- qué alimentos se deben comer y cuáles se deben evitar
- cuántas comidas se deben consumir al día
- cuántas horas se debe dormir
- qué hábitos se deben evitar

Cuídese:

1. Haga ejercicio tres veces a la semana como mínimo.

2. Es importante que no consuma muchas grasas.

3. Es esencial que...

¡A conversar!

- Encourage students to use examples from their own school.
- Have students research statistics or facts about student health to add to their discussion.
- Review food vocabulary and have students make a list of healthy foods that they would offer at the cafeteria.
- Students should also discuss possible challenges of creating the new cafeteria, such as budget or student resistance.

¡A escribir!
In addition to the list of ten **consejos**, have students also create a list of **posibles riesgos** if the advice is not followed. Ex: **Haga ejercicio tres veces a la semana como mínimo. Posible riesgo si no hace ejercicio: Es posible que engorde y tenga la tensión alta.**

Audio: Vocabulary Flashcards

Los síntomas y las enfermedades

la depresión	*depression*
la enfermedad	*disease; illness*
la gripe	*flu*
la herida	*injury*
el malestar	*discomfort*
la obesidad	*obesity*
el resfriado	*cold*
la respiración	*breathing*
la tensión (alta/baja)	*(high/low) blood pressure*
la tos	*cough*
el virus	*virus*
contagiarse	*to become infected*
desmayarse	*to faint*
empeorar	*to deteriorate; to get worse*
enfermarse	*to get sick*
estar resfriado/a	*to have a cold*
lastimarse	*to get hurt*
permanecer	*to remain; to last*
ponerse bien/mal	*to get well/sick*
sufrir (de)	*to suffer (from)*
tener buen/mal aspecto	*to look healthy/sick*
tener fiebre	*to have a fever*
toser	*to cough*
agotado/a	*exhausted*
inflamado/a	*inflamed*
mareado/a	*dizzy*

La salud y el bienestar

la alimentación	*diet (nutrition)*
la autoestima	*self-esteem*
el bienestar	*well-being*
el estado de ánimo	*mood*
la salud	*health*
adelgazar	*to lose weight*
dejar de fumar	*to quit smoking*
descansar	*to rest*
engordar	*to gain weight*
estar a dieta	*to be on a diet*
mejorar(se)	*to improve*
prevenir (e:ie)	*to prevent*
relajarse	*to relax*
trasnochar	*to stay up all night*
sano/a	*healthy*

INSTRUCTIONAL RESOURCES
Supersite: Testing Program

Los médicos y el hospital

la cirugía	*surgery*
el/la cirujano/a	*surgeon*
la consulta	*doctor's appointment*
el consultorio	*doctor's office*
la operación	*operation*
los primeros auxilios	*first aid*
la sala de emergencias	*emergency room*

Las medicinas y los tratamientos

el analgésico	*painkiller*
la aspirina	*aspirin*
el calmante	*tranquilizer*
los efectos secundarios	*side effects*
el jarabe	*syrup*
la pastilla	*pill*
la receta	*prescription*
el tratamiento	*treatment*
la vacuna	*vaccine*
la venda	*bandage*
el yeso	*cast*
curarse	*to heal; to be cured*
poner(se) una inyección	*to give/get a shot*
recuperarse	*to recover*
sanar	*to heal*
tratar	*to treat*
vacunar(se)	*to vaccinate/to get vaccinated*
curativo/a	*healing*

Más vocabulario

Expresiones útiles	*Ver p. 127*
Estructura	*Ver pp. 134–136, 140–141 y 144–145*

Cinemateca

el álbum (de fotos)	*(photo) album*
el asilo (de ancianos)	*nursing home*
el desorden	*mess*
el marco	*frame*
la paella	*(Esp.) traditional rice and seafood dish*
la tortilla	*(Esp.) potato omelet*
el trastero	*storage room*
apañar	*to mend; to fix*
apañarse	*to manage*
largarse	*to take off*
descalzo/a	*barefoot*
enseguida	*right away*

Literatura

el adelanto	*improvement*
la aguja	*needle*
la cordura	*sanity*
el/la enfermero/a	*nurse*
el hallazgo	*finding; discovery*
la insensatez	*folly*
el ombligo	*navel*
la pena	*sorrow*
el regocijo	*joy*
la terapia intensiva	*intensive care*
latir	*to beat*
desafiante	*challenging*

Cultura

la dolencia	*illness*
la genética	*genetics*
el/la indígena	*indigenous person*
el/la investigador(a)	*researcher*
la lesión	*injury*
la población	*population*
el pueblo	*people*
afligir	*to afflict*
descubrir	*to discover*
recetar	*to prescribe*

Los viajes

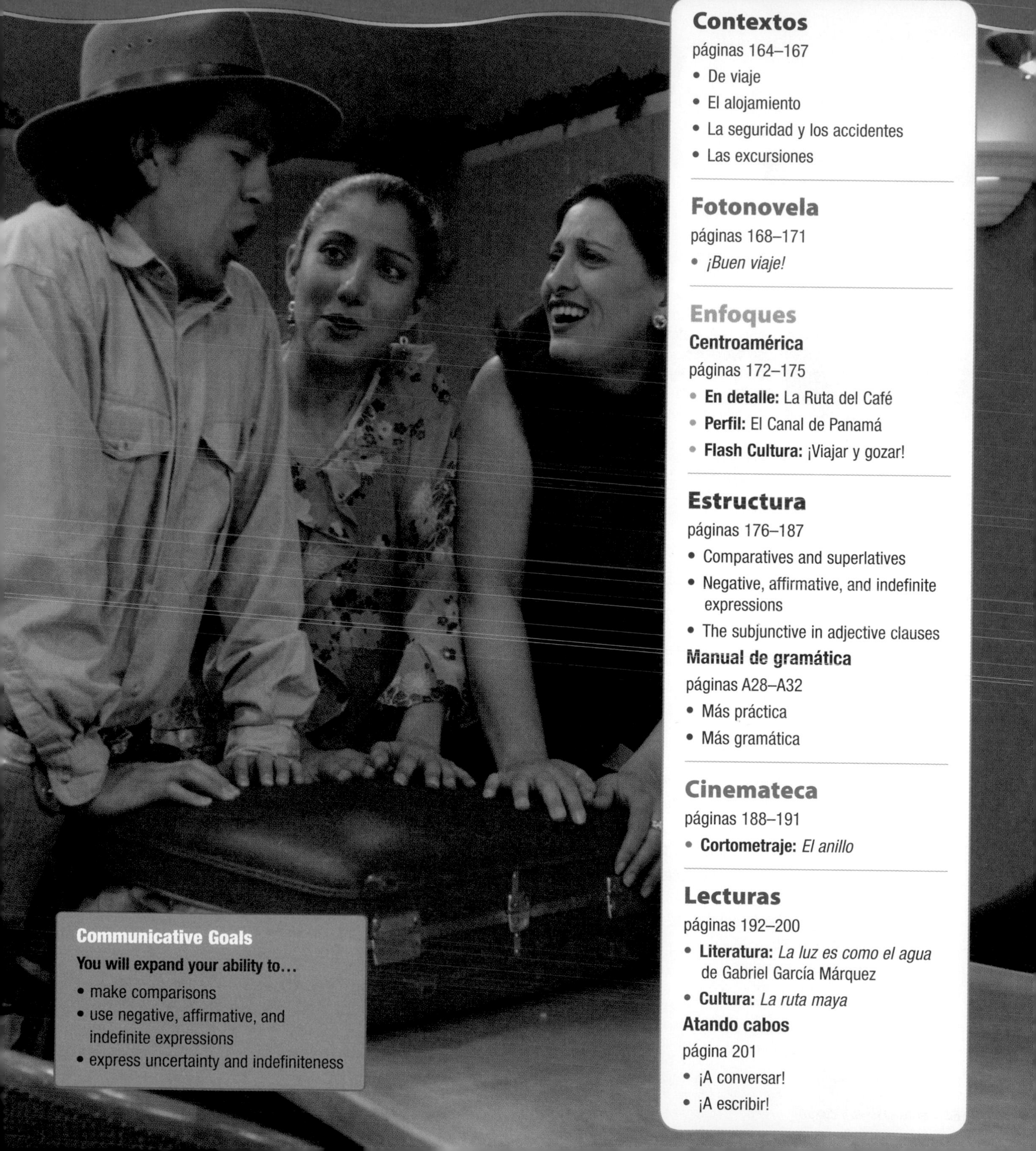

Communicative Goals

You will expand your ability to…
- make comparisons
- use negative, affirmative, and indefinite expressions
- express uncertainty and indefiniteness

Audio: Vocabulary
Activities

INSTRUCTIONAL RESOURCES
Supersite: Audioscripts, Textbook/SAM AK, Textbook/Lab MP3s
SAM/WebSAM: WB, LM

Los viajes

Preview Ask students with whom they have traveled and where they have gone. Review vocabulary about friends and family and the use of the past tense. **¿Ibas de vacaciones con tu familia? ¿Qué tipo de vacaciones? ¿Adónde?**

De viaje

Para sus vacaciones, Cecilia y Juan **hicieron un viaje** al Caribe. El último día decidieron descansar en la piscina antes de **hacer las maletas.** Se durmieron... ¡y **perdieron el vuelo**! De todos modos, no querían **regresar.**

la bienvenida *welcome*
la despedida *farewell*
el destino *destination*
el itinerario *itinerary*
la llegada *arrival*
el pasaje (de ida y vuelta) *(round-trip) ticket*
el pasaporte *passport*
la tarjeta de embarque *boarding pass*
la temporada alta/baja *high/low season*
el/la viajero/a *traveler*

hacer las maletas *to pack*
hacer transbordo *to change (planes/trains)*
hacer un viaje *to take a trip*
ir(se) de vacaciones *to take a vacation*
perder (e:ie) (el vuelo) *to miss (the flight)*
regresar *to return*

a bordo *on board*
retrasado/a *delayed*
vencido/a *expired*
vigente *valid*

Variación léxica
el accidente automovilístico ⟷ el choque
el congestionamiento ⟷ el embotellamiento; el atasco
estar lleno/a ⟷ estar completo/a
la excursión ⟷ el tour
hacer transbordo ⟷ hacer escala
regresar ⟷ volver

El alojamiento

el albergue *hostel*
el alojamiento *lodging*
la habitación individual/doble *single/double room*
la recepción *front desk*
el servicio de habitación *room service*

alojarse *to stay*
cancelar *to cancel*
estar lleno/a *to be full*
quedarse *to stay*
reservar *to reserve*

de (buena) categoría *high-quality*
incluido/a *included*
recomendable *recommendable; advisable*

La seguridad y los accidentes

el accidente (automovilístico) *(car) accident*
el/la agente de aduanas *customs agent*
el aviso *notice; warning*
el cinturón de seguridad *seatbelt*
el congestionamiento *traffic jam*
las medidas de seguridad *security measures*
la seguridad *safety; security*
el seguro *insurance*

aterrizar *to land*
despegar *to take off*
ponerse/quitarse el cinturón *to fasten/to unfasten the seatbelt*
reducir (la velocidad) *to reduce (speed)*

peligroso/a *dangerous*
prohibido/a *prohibited*

Las excursiones

Después de **recorrer** el Canal de Panamá, el **crucero navegó** hasta **Puerto** Limón, donde los viajeros pudieron disfrutar de dos días de **ecoturismo** en Costa Rica.

la aventura *adventure*
el/la aventurero/a *adventurer*
la brújula *compass*
el buceo *scuba diving*
el campamento *campground*
el crucero *cruise (ship)*
el (eco)turismo *(eco)tourism*
la excursión *excursion; tour*
la frontera *border*
el/la guía turístico/a *tour guide*
la isla *island*

las olas *waves*
el puerto *port*
las ruinas *ruins*
la selva *jungle*
el/la turista *tourist*

navegar *to sail*
recorrer *to visit; to go around*

lejano/a *distant*
turístico/a *tourist (adj.)*

① Have students read through the sentences before listening to the conversation.

Teaching option
Play a *Jeopardy!*-style game. Divide the class into three teams and have one representative from each team stand up. Read a definition; the first team representative to raise his/her hand must answer in the form of a question. Ex: **Es la línea que separa dos países. (¿Qué es una frontera?)** Each correct answer earns one point.

Práctica

1 Escuchar

A. Escucha lo que dice Julia, una guía turística, y después marca las oraciones que contienen la información correcta.

1. a. Los turistas llegaron hace una semana.
   (b.) La guía turística les da la bienvenida.
2. (a.) Los turistas van a ir al campamento en autobús.
   b. Los turistas van a ir al campamento en tren.
3. (a.) Los turistas se van a alojar en un campamento.
   b. Los turistas van a ir a un albergue.
4. a. El destino es una isla.
   (b.) El destino es la selva.
5. (a.) Les van a dar el itinerario mañana.
   b. El itinerario se lo darán la semana que viene.

B. Dos aventureros se separaron del grupo y tuvieron problemas. Escucha la conversación telefónica entre Mariano y el agente de viajes, y después contesta las preguntas.

1. ¿Qué les ha pasado a Mariano y a su novia? un accidente automovilístico
2. ¿Adónde iban ellos cuando tuvieron el accidente? a visitar unas ruinas
3. ¿Quién fue el responsable del accidente? ¿Por qué? Mariano fue el responsable porque no redujo la velocidad.
4. ¿Tienen que pagar mucho por los médicos? No. El seguro estaba incluido en el precio del viaje.
5. ¿Qué ha decidido la pareja? cancelar el resto del viaje

2 Definiciones

Escribe la palabra adecuada para cada definición.

1. documento necesario para ir a otro país pasaporte
2. las forma el movimiento del agua del mar olas
3. vacaciones en un barco crucero
4. instrumento que ayuda a saber dónde está el Polo Norte brújula
5. línea que separa dos países frontera
6. lugar del hotel donde te dan las llaves de la habitación recepción
7. documento necesario para poder subir a un avión tarjeta de embarque
8. lo contrario de vencido vigente

Práctica

③ Have pairs write three additional fill-in-the-blank sentences and read them aloud. Call on volunteers to provide the correct answers.

④ For additional practice, have students write a continuation of Mar and Pedro's conversation using lesson vocabulary.

⑤ As a variant, have volunteers tell the class about one of their past vacations. Ask: **¿Qué preparativos hicieron para el viaje?**

⑤ If necessary, provide a word bank: **agente de aduanas, despedida, hacer las maletas, isla, pasaje de ida y vuelta, ponerse el cinturón, tarjeta de embarque.**

3 Oraciones incompletas Completa las oraciones con las palabras apropiadas de **Contextos**.

1. Si vas a estar solo/a en el hotel, tomas una habitación individual.
2. Cuando hay muchos coches en la calle al mismo tiempo, se producen congestionamientos.
3. Los barcos, cuando llegan a tierra, se amarran (*dock*) en los puertos.
4. Si vas a viajar a otro país, tienes que comprobar que tu pasaporte no esté vencido.
5. El deporte que se practica debajo del agua del mar es el buceo.

4 Planes Completa la conversación con las palabras adecuadas del recuadro. Haz los cambios que sean necesarios.

a bordo	navegar	reservar
lleno/a	recorrer	retrasado/a

MAR ¿Qué quieres hacer hoy? ¿Quieres ir al crucero que (1) recorre las islas de la zona?

PEDRO ¿No hay que llamar antes para (2) reservar las plazas (*seats*)?

MAR No creo que el barco esté (3) lleno. Espera, llamo por teléfono…

MAR ¡Tenemos suerte! El barco está (4) retrasado, ahora sale a las diez y media. Tenemos que estar (5) a bordo a las diez. ¡En marcha!

PEDRO Perfecto, me gusta la idea. Hoy es un buen día para (6) navegar.

5 De viaje En parejas, utilicen palabras y expresiones de **Contextos** para escribir oraciones completas sobre cada dibujo. Sigan el modelo.

MODELO Primero, Eva hizo las maletas. Metió camisetas, un traje de baño y…

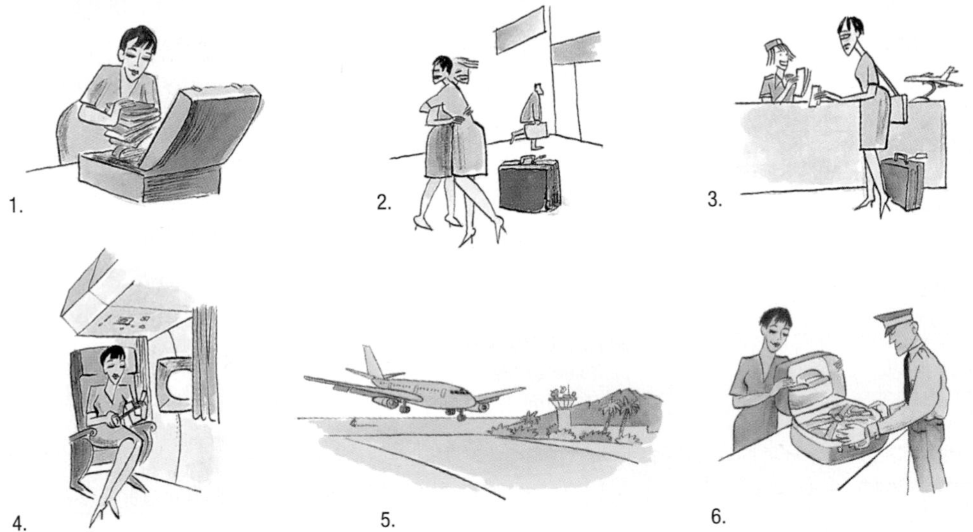

Practice more at **enfoques.vhlcentral.com.**

Comunicación

6 **Problemas** En parejas, representen una de estas situaciones. Den detalles, excusas y razones y traten de buscar una solución al problema. Luego representen la situación para la clase.

1. **ESTUDIANTE 1** Eres un(a) huésped en un hotel que está muy sucio. No te gusta el servicio de habitación y además hace demasiado calor en tu cuarto.
   ESTUDIANTE 2 Tu tío te ha dejado a cargo de su hotel. No sabes qué hacer. Es temporada alta y, como el hotel está lleno, tienes mucho que hacer.

2. **ESTUDIANTE 1** Llegas al aeropuerto y te das cuenta de que dejaste el pasaporte en tu casa. Además, en la ciudad hay mucho congestionamiento.
   ESTUDIANTE 2 Eres taxista en el aeropuerto. Como has estado muy estresado/a, el médico te ha recomendado no apurarte por ningún motivo.

3. **ESTUDIANTE 1** Ibas manejando y has tenido un accidente. Te bajas del carro para hablar con el/la otro/a conductor(a). No tienes los papeles del seguro.
   ESTUDIANTE 2 Ibas manejando y has tenido un accidente. No llevabas el cinturón de seguridad puesto y te has roto una pierna.

⑥ Give students this additional situation. **Estudiante 1: Trabajas como agente del gobierno en la frontera. Nadie puede cruzar sin su pasaporte. Estudiante 2: Después de viajar por muchas horas, llegas con tu hermano/a a la frontera. Aunque traes identificación, olvidaste tu pasaporte.**

7 **¡Bienvenidos!**

A. En grupos de cuatro, imaginen que trabajan en la Secretaría de Turismo de su ciudad. Tienen que organizar una visita turística de tres días. Conversen sobre las preguntas de la lista y luego preparen un itinerario detallado para los turistas.

- ¿Quiénes son los/las turistas?
- ¿A qué aeropuerto/puerto/estación llegan?
- ¿En qué hotel se alojan?
- ¿Qué excursiones pueden hacer?
- ¿Qué lugares exóticos hay para visitar?
- ¿Adónde pueden ir con un(a) guía turístico/a?
- ¿Pueden navegar en algún mar/río? ¿En cuál?
- ¿Qué museos/parques/edificios hay para visitar?
- ¿Qué deportes pueden practicar?

Tres días en
Antigua Guatemala

B. Ahora reúnanse con otro grupo y túrnense para explicar sus itinerarios. Un grupo representa a los empleados de la Secretaría de Turismo y el otro a los turistas. Háganse preguntas específicas.

⑦ Have students also answer logistical questions, such as: **¿Necesitan pasaporte y visa? ¿Cuánto dinero deben llevar para la visita?**

⑦ For expansion, have students write ads for places they have visited.

5 FOTONOVELA

Fabiola y Éric se preparan para un viaje de ecoturismo a la selva amazónica.

Synopsis
- Fabiola and Éric compare passports for their trip to Venezuela.
- Éric arrives dressed like Indiana Jones.
- Fabiola reminds Éric that they are traveling to write a story on ecotourism.
- Diana and Aguayo wrap Éric's suitcase in adhesive tape with the passport inside.

DIANA Aquí están los boletos para Venezuela, la guía de la selva amazónica y los pasaportes... Después les doy la información del hotel.

ÉRIC Gracias.

FABIOLA Gracias.

ÉRIC ¿Me dejas ver tu pasaporte?

FABIOLA No me gusta como estoy en la foto. Me hicieron esperar tanto que salí con cara de enojo.

ÉRIC No te preocupes... Ésa es la cara que vas a poner cuando estés en la selva.

DIANA Es necesario que memoricen esto. A ver, repitan: tenemos que salir por la puerta 12.

FABIOLA, ÉRIC Y JOHNNY Tenemos que salir por la puerta 12.

DIANA El autobús del hotel nos va a recoger a las 8:30.

FABIOLA Y ÉRIC El autobús del hotel nos va a recoger a las 8:30.

ÉRIC Sí, pero en el Amazonas, Fabiola. ¡Amazonas!

MARIELA Es tan arriesgado que van a tener un guía turístico y el alojamiento más lujoso de la selva.

ÉRIC Mientras ella escribe su artículo en la seguridad del hotel, yo voy a estar explorando y tomando fotos. Debo estar protegido.

FABIOLA Según parece, de lo único que debes estar protegido es de ti mismo.

Juegan a que están en la selva.

JOHNNY (*con la cara pintada*) ¿Cuál es el chiste? Los soldados llevan rayas... Lo he visto en las películas.

ÉRIC Intentémoslo nuevamente.

JOHNNY Esta vez soy un puma que te ataca desde un árbol.

ÉRIC Mejor.

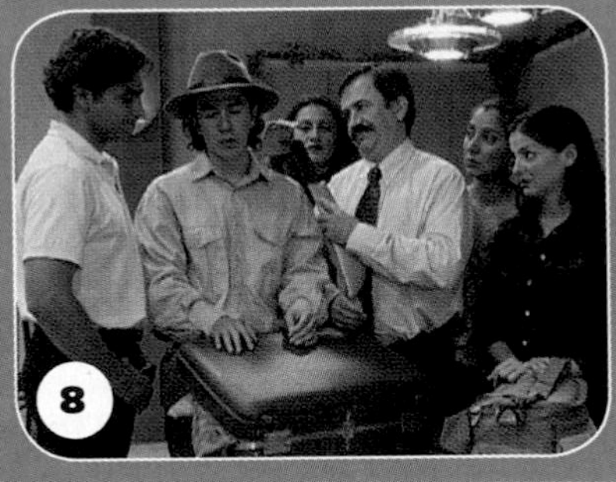

Antes de despedirse, Éric guarda cosas en su maleta.

AGUAYO Por la seguridad de todos creo que debes dejar tu machete, Éric.

ÉRIC ¿Por qué debo dejarlo? Es un machete de mentiras.

DIANA Pero te puede traer problemas reales.

AGUAYO Todos en la selva te lo van a agradecer.

INSTRUCTIONAL RESOURCES Supersite/DVD: Fotonovela; **Supersite:** Script & Translation, SAM AK; **SAM/WebSAM:** VM

Preview Have students read the dialogue in class and take note of any travel-related words or expressions. Review numbers and telling time before showing the video.

Personajes

AGUAYO

DIANA

ÉRIC

FABIOLA

JOHNNY

MARIELA

DIANA El último número que deben recordar es cuarenta y ocho dólares con cincuenta centavos.

FABIOLA Y ÉRIC Cuarenta y ocho dólares con cincuenta centavos.

JOHNNY Y ese último número, ¿para qué es?

DIANA Es lo que van a tener que pagar por llegar en taxi al hotel si olvidan los dos números primeros.

ÉRIC (*Entra vestido de explorador.*) Fuera, cobardes, la aventura ha comenzado.

MARIELA ¿Quién crees que eres? ¿México Jones?

ÉRIC No. Soy Cocodrilo Éric, el fotógrafo más valiente de la selva. Listo para enfrentar el peligro.

FABIOLA ¿Qué peligro? Vamos a hacer un reportaje sobre ecoturismo... ¡Ecoturismo!

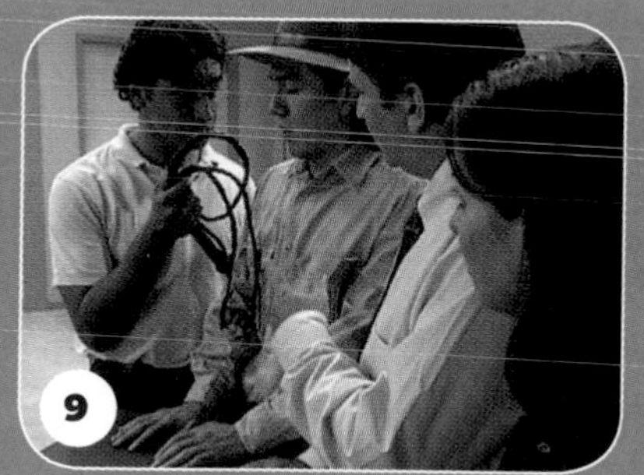

ÉRIC ¿Alguien me puede ayudar a cerrar la maleta?

JOHNNY ¿Qué rayos hay acá dentro?

AGUAYO Es necesario que dejes algunas cosas.

ÉRIC Imposible. Todo lo que llevo es de primerísima necesidad.

JOHNNY ¿Cómo? ¿Esto?

Johnny saca un látigo de la maleta.

Diana cierra la maleta con cinta adhesiva.

DIANA Listo... ¡Buen viaje!

AGUAYO Espero que disfruten y que traigan el mejor reportaje que puedan.

JOHNNY Y es importante que no traten de mostrarse ingeniosos, ni cultos; sólo sean ustedes mismos.

DIANA Y no olviden sus pasaportes.

ÉRIC Ahora que me acuerdo... ¡lo había puesto en la maleta!

Expresiones útiles

Making comparisons

Soy el fotógrafo más valiente de la selva.
I am the bravest photographer in the jungle.

Van a tener el alojamiento más lujoso de la selva.
You're going to have the finest accommodations in the jungle.

Es el hotel menos costoso de la región.
It's the least expensive hotel in the region.

Ir en autobús es menos caro que ir en taxi.
It's less expensive to take a bus than a taxi.

El hotel es tan caro como el boleto.
The hotel is as expensive as the ticket.

Using negative, affirmative, and indefinite expressions

¿Alguien me puede ayudar?
Can somebody help me?

No hay nadie que te pueda ayudar.
There is no one who can help you.

Hay que dejar algunas cosas.
I/we/etc. have to leave some things behind.

No hay nada que pueda dejar.
There is nothing I can leave behind.

Additional vocabulary

arriesgado/a *risky*
de mentiras *pretend*
enfrentar *to confront*
lujoso/a *luxurious*
protegido/a *protected*
la puerta de embarque *(airline) gate*
¿Qué rayos...? *What on earth...?*
la raya *stripe*

Teaching option Review the subjunctive in noun clauses (**Estructura 4.1**) by having students underline examples in the dialogue.

INSTRUCTIONAL RESOURCES
Supersite/DVD: Flash Cultura; **Supersite:** Script & Translation

En detalle

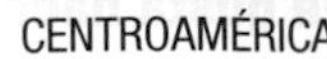

CENTROAMÉRICA

Additional Reading

LA RUTA DEL CAFÉ

Los turistas que llegan a Finca° Esperanza Verde, "ecoalbergue" ubicado a 1.200 metros (4.000 pies) de altura en la selva tropical nicaragüense, descubren un paraíso natural con bosques, exuberantes montañas y aves tropicales. En este paraíso, los turistas pueden visitar un cafetal° y conocer los aspectos humanos y ecológicos que se conjugan° para que podamos disfrutar de algo tan simple como una taza de café.

El café, ese compañero de las mañanas, es el protagonista de la vida social, cultural y económica de Centroamérica. Para el visitante, esto salta a la vista apenas llega a estas tierras: el paisaje está cubierto de cafetales. Hoy día, dos terceras partes del café de todo el mundo son de origen americano.

Esta popular bebida llegó a América en el siglo XVIII. Pocos años después, su cultivo° se había extendido por México y Centroamérica. Los bajos precios del café en los últimos años han llevado a los productores centroamericanos a diversificar sus actividades: han iniciado el cultivo de café orgánico, han creado cooperativas de comercio justo° que buscan alcanzar° precios más equitativos° para productores y consumidores, y han empezado a promover el ecoturismo.

El país pionero fue Costa Rica, que organizó la primera Ruta del Café, pero ya todos los países centroamericanos, y también algunos sudamericanos, han creado sus rutas. Un día por la Ruta del Café suele constar de° una visita a las plantaciones de café, donde no sólo se conoce el proceso de cultivo y producción, sino que también se pueden tomar unas tazas de café. Después, se organizan almuerzos con platos típicos y, para terminar la jornada°, se visitan rutas históricas y pueblos cercanos donde los turistas pueden disfrutar del folklore local y comprar artesanías°. ■

La ruta del café en el siglo XVIII

Europa
Venecia 1615
Estambul 1555
Marsella 1644
Persia
Santo Domingo 1731
África
El Cairo 1510
Caribe
Martinica 1730
Etiopía

Finca *Farm* **cafetal** *coffee plantation* **se conjugan** *are combined* **cultivo** *cultivation* **comercio justo** *fair trade* **alcanzar** *to reach* **equitativos** *equal; fair* **constar de** *to consist of* **jornada** *day* **artesanías** *handicrafts*

En detalle Preview the reading by discussing coffee. Ex: **¿Toman café todos los días? ¿Lo toman en casa o en otro sitio? ¿Es caro o barato? ¿Saben de dónde viene el café que toman?**

El mundo hispanohablante Preview the subjunctive in adjective clauses by asking: **¿Conocen otros productos que sean de origen americano? (el chocolate, los frijoles, el cacahuete, el plátano)**

ASÍ LO DECIMOS

Los viajes

el turismo sostenible *sustainable tourism*
el turismo sustentable *sustainable tourism*

el billete (Esp.) *ticket*
el boleto (Amér. L.) *ticket*
el boleto redondo (Méx.) *round-trip ticket*

la autopista (Esp.) *turnpike; toll road*
la autovía (Esp.) *highway*
la carretera (Esp.) *road*

la burra (Gua.) *bus*
la guagua (Carib.) *bus*

EL MUNDO HISPANOHABLANTE

De América al mundo

El tomate Su nombre se deriva de la palabra náhuatl° *tomatl.* Entró en Europa por la región de Galicia, en el noroeste de España, y se extendió luego a Francia e Italia. Los españoles y los portugueses lo difundieron° por el Oriente Medio, África, Estados Unidos y Canadá.

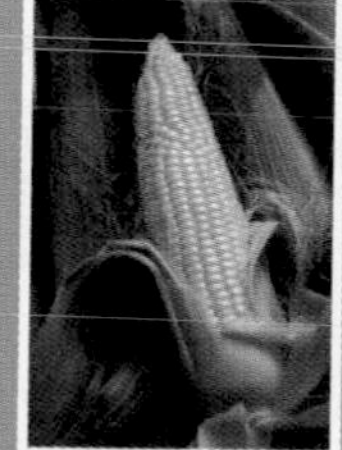

El maíz Es uno de los cereales de mayor producción mundial junto con el trigo y el arroz. A pesar de las controversias acerca de su origen exacto, los investigadores coinciden en que los indígenas de América Central y México lo difundieron por el continente, los conquistadores lo introdujeron a Europa y los comerciantes lo llevaron a Asia y África.

La papa o patata Estudios científicos ubican el origen de la papa en el Perú. En la actualidad, la papa se consume por todo el mundo, siendo Bielorrusia (Europa Oriental) el país donde más papas se consumen per cápita. Cada persona consume un promedio de 181 kilogramos (399 libras) al año.

PERFIL

EL CANAL DE PANAMÁ

El Canal de Panamá, una de las obras arquitectónicas más extraordinarias del planeta, une° los océanos Atlántico y Pacífico a través del istmo° de Panamá. Es, a su vez, una ruta importantísima para la economía mundial, pues lo cruzan° más de 14.000 barcos por año, es decir, unos 270 barcos por semana. La monumental obra, construida por los Estados Unidos entre 1904 y 1914, consta de dos lagos artificiales, varios canales, tres estructuras de compuertas° y una represa°. Como no todo el canal se encuentra al nivel del mar, la finalidad° de las esclusas° es subir y bajar los barcos entre los niveles de los dos océanos y el nivel del canal. Dependiendo del tránsito, la travesía° por este atajo° de 80 kilómetros (50 millas) puede demorar° hasta 10 horas. Panamá y Estados Unidos negociaron la entrega del canal a Panamá en 1977, que pasó a estar bajo control panameño el 31 de diciembre de 1999.

> “Viajar es imprescindible y la sed de viaje, un síntoma neto de inteligencia.” (Enrique Jardiel Poncela, escritor español)

Conexión Internet

¿Qué otras opciones de turismo sostenible hay en América Central?

To research this topic, go to **enfoques.vhlcentral.com.**

une *links* **istmo** *isthmus* **cruzan** *cross* **compuertas** *lockgates* **represa** *dam* **finalidad** *purpose* **esclusas** *locks* **travesía** *crossing (by boat)* **atajo** *shortcut* **demorar** *last* **náhuatl** *Uto-Aztecan language* **difundieron** *spread*

Teaching option Have students read the quote and ask: **¿Qué quiere decir “la sed de viaje”? ¿Por qué dice que la sed de viaje es un síntoma de inteligencia? ¿Están de acuerdo?**

¿Qué aprendiste?

1 **¿Cierto o falso?** Indica si estas afirmaciones son **ciertas** o **falsas**. Corrige las falsas.

1. El ecoalbergue Finca Esperanza Verde se encuentra en una zona montañosa de Costa Rica. Falso. Se encuentra en una zona montañosa de Nicaragua.
2. Los turistas que van a Finca Esperanza Verde pueden visitar un cafetal que se encuentra allí mismo. Cierto.
3. La mitad del café mundial se produce en América. Falso. Dos terceras partes del café mundial son de origen americano.
4. El café es originario del continente americano. Falso. El café llegó al continente americano en el siglo XVIII.
5. El café llegó a América a través de México. Falso. El café llegó a América por Martinica/Santo Domingo.
6. Los productores tuvieron que diversificar sus actividades debido a los bajos precios del café. Cierto.
7. La finalidad de las cooperativas de comercio justo es ayudar a que los productores reciban un pago justo y los consumidores paguen precios razonables. Cierto.
8. El primer país en crear una Ruta del Café fue Honduras. Falso. El primer país en crear una Ruta del Café fue Costa Rica.
9. Los turistas pueden visitar las plantaciones, pero no pueden presenciar el proceso de producción. Falso. Los turistas pueden conocer el proceso de cultivo y producción.
10. Los turistas que van a la Ruta del Café suelen visitar también las rutas históricas de la zona. Cierto.

2 **Oraciones incompletas** Completa las oraciones con la información correcta.

1. El Canal de Panamá está en manos panameñas desde el 31 de diciembre de 1999.
2. El Canal de Panamá tiene dos lagos artificiales.
3. Se usa un sistema de esclusas porque no todo el canal se encuentra al nivel del mar.
4. En el Caribe, *guagua* significa autobús.
5. Los españoles y los portugueses difundieron el tomate por el Oriente Medio.

3 **Preguntas** En parejas, contesten las preguntas.

1. ¿Qué papel tiene el café en tu cultura? ¿Tiene la misma importancia que en la cultura centroamericana?
2. ¿Prefieres productos ecológicos y productos que garantizan el comercio justo o compras productos comunes?
3. ¿Qué tipo de turismo sueles hacer? ¿Hiciste alguna vez ecoturismo?
4. ¿Qué alimentos provenientes de otros continentes forman parte de tu dieta?

4 **Opiniones** En grupos de tres, contesten estas preguntas: ¿Es bueno para los países recibir turismo? ¿Por qué? ¿Qué consecuencias tiene la llegada del turismo a ciertas zonas? ¿Qué beneficios tiene viajar?

PROYECTO

Príncipe Alberto II de Mónaco

Un viaje por la Ruta del Café

Busca información sobre una excursión organizada por una Ruta del Café. Imagina que vas a la excursión y escribe una pequeña descripción de un día de visita, basándote en la información que has encontrado.

Incluye información sobre:

- los platos típicos que comiste
- los pueblos que visitaste
- lo que aprendiste sobre el café
- lo que fue más interesante de la visita
- lo que compraste para llevar a casa

Proyecto As an expansion activity, have students prepare a brochure of their **Proyecto** destination.

4 As an optional writing activity, have students describe a place that has changed because of tourism. **¿Cómo era antes? ¿Cómo es ahora?** Remind students to use the imperfect when describing in the past.

¡Viajar y gozar!

Ya has visto algunos de los maravillosos lugares que puedes visitar en Latinoamérica. En este episodio de **Flash Cultura**, conocerás cómo debes preparar todo para que tu viaje por Costa Rica sea seguro y placentero.

VOCABULARIO ÚTIL

amable *kind*
brindar *to provide*
el cajero automático *ATM*
jubilado/a *retired*
la moneda local *local currency*
regatear *to bargain*
sacar dinero *to withdraw money*
la tarifa (fija) *(fixed) rate*

Preparación ¿Adónde te gusta ir de vacaciones? ¿Vas siempre al mismo lugar o prefieres explorar sitios nuevos? ¿Qué debe tener un país para que decidas visitarlo?

Comprensión Indica si estas afirmaciones son ciertas o falsas. Después, en parejas, corrijan las falsas.

1. Aunque en algunas ciudades los taxis tienen taxímetro, en otras debes preguntar el precio y regatear antes de subir. Cierto.
2. La moneda local de Costa Rica se llama "sanjosé". Falso. La moneda local se llama "colón".
3. En este país sólo se puede pagar con dinero en efectivo porque no existen las tarjetas de crédito. Falso. En casi todas partes se aceptan las tarjetas de crédito.
4. El corresponsal recomienda recorrer San José en bicicleta el primer día. Falso. Recomienda recorrer San José caminando el primer día.
5. El mayor flujo de turismo es de jóvenes que buscan aventuras y de personas jubiladas que quieren descansar. Cierto.
6. Lo que más interesa de Costa Rica son los volcanes, los parques nacionales y las playas. Cierto.

Expansión En parejas, contesten estas preguntas.

- ¿Alguna vez regatearon algún precio? ¿Están dispuestos a hacerlo con un taxi en Costa Rica o prefieren aceptar el precio sin objeción?
- Cuando viajan, ¿compran una guía del lugar? ¿Saben leer mapas o se pierden fácilmente?
- ¿Les gustaría vivir en Costa Rica? ¿Por qué?

Practice more at **enfoques.vhlcentral.com.**

Corresponsal: Alberto Cuadra
País: Costa Rica

Los viajes requieren preparación; desde conseguir información de los sitios que vas a visitar y de las costumbres locales, hasta cómo conseguir las visas, los boletos y el cambio° de dinero.

Si vas a estar varios días en una sola ciudad, pasa el primer día caminando, así te darás cuenta de las distancias.

Es un país de mucha paz°, tenemos buenas playas, buenas montañas... y la gente muy amable, por eso muchos vienen a Costa Rica... Y la policía... también somos simpáticos.

cambio *exchange* **paz** *peace*

INSTRUCTIONAL RESOURCES
Supersite: Textbook/SAM AK, Lab MP3s, Audioscripts
SAM/WebSAM: WB, LM

TALLER DE CONSULTA

MANUAL DE GRAMÁTICA
Más práctica

5.1 Comparatives and superlatives, p. A28
5.2 Negative, affirmative, and indefinite expressions, p. A29
5.3 The subjunctive in adjective clauses, p. A30

Más gramática

5.4 **Pero** and **sino**, p. A31

To review adverbs, refer students to the **Manual de gramática, 6.4,** p. A36.

¡ATENCIÓN!

Before a number (or equivalent expression), *more/less than* is expressed with **más/menos de**.

El pasaje cuesta más de trescientos dólares.
The ticket costs more than three hundred dollars.

¡ATENCIÓN!

Tan and **tanto** can also be used for emphasis, rather than to compare:

tan *so*
tanto *so much*
tantos/as *so many*

¡El viaje es tan largo!
The trip is so long!

¡Viajas tanto!
You travel so much!

¿Siempre traes tantas maletas?
Do you always bring so many suitcases?

5.1 Comparatives and superlatives

Comparisons of inequality

- With adjectives, adverbs, nouns, and verbs, use these constructions to make comparisons of inequality (*more than/less than*).

más/menos + [*adjective* / *adverb* / *noun*] **+ que**

[*verb*] **+ más/menos que**

ADJECTIVE

Este hotel es **más elegante que** aquél.
This hotel is more elegant than that one.

NOUN

Juan tiene **menos tiempo que** Ema.
Juan has less time than Ema does.

ADVERB

¡Llegaste **más tarde que** yo!
You arrived later than I did!

VERB

Mi hermano **viaja menos que** yo.
My brother travels less than I do.

- When the focus of a comparison is a noun and the second term of the comparison is a verb or a clause, use these constructions to make comparisons of inequality.

más/menos + [*noun*] **+ del/de la que / de los/las que +** [*verb or clause*]

Había **más** asientos **de los que** necesitábamos.
There were more seats than we needed.

La ciudad tiene **menos** ruinas **de las que** esperábamos.
The city has fewer ruins than we expected.

Comparisons of equality

- Use these constructions to make comparisons of equality (*as... as*).

tan + [*adjective* / *adverb*] **+ como**

tanto/a(s) + [*singular noun* / *plural noun*] **+ como**

[*verb*] **+ tanto como**

ADJECTIVE

El vuelo de regreso no parece **tan largo como** el de ida.
The return flight doesn't seem as long as the flight over.

NOUN

Cuando viajo a la ciudad, tengo **tantas maletas como** tú.
When I travel to the city, I have as many suitcases as you do.

ADVERB

Se puede ir de Madrid a Sevilla **tan rápido** en tren **como** en avión.
You can get from Madrid to Sevilla as quickly by train as by plane.

VERB

Guillermo **disfrutó tanto como** yo en las vacaciones.
Guillermo enjoyed our vacation as much as I did.

Superlatives

- Use this construction to form superlatives (**superlativos**). The noun is preceded by a definite article, and **de** is the equivalent of *in, on,* or *of.* Use **que** instead of **de** when the second part of the superlative construction is a verb or a clause.

el/la/los/las + [*noun*] + **más/menos** + [*adjective*] + **de** + [*noun*] / **que** + [*verb or clause*]

Ésta es **la playa más bonita de** todas.
This is the prettiest beach of them all.

Es **el hotel menos caro que** he visto.
It is the least expensive hotel I've seen.

- The noun may also be omitted from a superlative construction.

Me gustaría comer en **el** restaurante **más elegante** de la ciudad.
I would like to eat at the most elegant restaurant in the city.

Las Dos Palmas es **el más elegante de** la ciudad.
Las Dos Palmas is the most elegant one in the city.

Irregular comparatives and superlatives

Adjective	Comparative form	Superlative form
bueno/a *good*	**mejor** *better*	**el/la mejor** *best*
malo/a *bad*	**peor** *worse*	**el/la peor** *worst*
grande *big*	**mayor** *bigger*	**el/la mayor** *biggest*
pequeño/a *small*	**menor** *smaller*	**el/la menor** *smallest*
viejo/a *old*	**mayor** *older*	**el/la mayor** *oldest*
joven *young*	**menor** *younger*	**el/la menor** *youngest*

- When **grande** and **pequeño/a** refer to size and not age or quality, the regular comparative and superlative forms are used.

Ernesto es **mayor** que yo.
Ernesto is older than I am.

Ese edificio es **el más grande** de todos.
That building is the biggest one of all.

- When **mayor** and **menor** refer to age, they follow the noun they modify. When they refer to quality, they precede the noun.

María Fernanda es mi hermana **menor**.
María Fernanda is my younger sister.

Hubo un **menor** número de turistas.
There was a smaller number of tourists.

- The adverbs **bien** and **mal** also have irregular comparatives, **mejor** and **peor**.

Mi esposo maneja muy mal. ¿Y el tuyo?
My husband is a bad driver. How about yours?

¡Mi esposo maneja **peor** que los turistas!
My husband drives worse than the tourists!

Tú puedes hacerlo bien por ti mismo.
You can do it well by yourself.

Ayúdame, que tú lo haces **mejor** que yo.
Help me; you do it better than I do.

¡ATENCIÓN!

Absolute superlatives

The suffix **–ísimo/a** is added to adjectives and adverbs to form the absolute superlative.

This form is the equivalent of *extremely* or *very* before an adjective or adverb in English.

malo → malísimo

mucha → muchísima

difícil → dificilísimo

fácil → facilísimo

Adjectives and adverbs with stems ending in **c**, **g**, or **z** change spelling to **qu**, **gu**, and **c** in the absolute superlative.

rico → riquísimo

larga → larguísima

feliz → felicísimo

Adjectives that end in **–n** or **–r** form the absolute superlative by adding **–císimo/a**.

joven → jovencísimo

Write additional adjectives on the board and call on volunteers to change them into absolute superlatives. Ex: **feo/a → feísimo/a**

Práctica

TALLER DE CONSULTA

MANUAL DE GRAMÁTICA
Más práctica

5.1 Comparatives and superlatives, p. A28

(1) As a warm-up, ask students to compare ecotourism with traditional tourism using comparatives and superlatives.

(1) Before assigning the activity, make three columns on the board and label them *Adjective*, *Comparative form*, and *Superlative form*. Call out an adjective and have a volunteer write the appropriate forms on the board. Ex: **grande**, **mayor**, **el/la mayor**.

(2) Ask students what constitutes their idea of the worst possible trip.

(3) Call on volunteers to add more categories to the list (**país**, **deporte**, **clase**, etc.). Have students make up their own comparative or superlative sentences for each new category.

1 **Demasiadas deudas** Ágata trabaja en una agencia de viajes y su amiga Elena en un hotel. Completa la conversación con las palabras de la lista.

baratísimos	más	menor	muchísimas
como	mejor	menos	que

ELENA Tengo (1) _muchísimas_ deudas (*debts*) y necesito ganar (2) _más_ dinero.

ÁGATA ¿Por qué no mandas tu currículum a mi empresa? No es tan prestigiosa (3) _como_ la tuya, pero paga mejor.

ELENA Tú trabajas (4) _menos_ horas (5) _que_ yo, pero ganas más.

ÁGATA Y cuando quiero viajar, los pasajes me salen (6) _baratísimos_, mientras que en el hotel no te dan ni el (7) _menor_ descuento.

ELENA ¡Sin duda tu trabajo es (8) _mejor_ que el mío!

2 **El peor viaje de su vida** Conecta las frases de la izquierda con las correspondientes de la derecha para formar oraciones lógicas.

_h_ 1. El sábado pasado, Alberto y yo hicimos el peor
_f_ 2. Yo llegué al aeropuerto más temprano
_g_ 3. Pero él pasó por seguridad más rápido
_c_ 4. Luego anunciaron que el vuelo estaba retrasado más
_a_ 5. Por fin salimos, tan cansados
_d_ 6. De repente, hubo un olor
_b_ 7. Alberto gritaba tanto
_e_ 8. Al final, pasamos las vacaciones en casa. Lo bueno es que tuvimos más visitas

a. como enojados.
b. como yo hasta que logramos aterrizar (*land*).
c. de tres horas a causa de un problema mecánico.
d. malísimo; ¡el motor se había prendido fuego!
e. de las que esperábamos.
f. que Alberto y no lo podía encontrar.
g. que yo y por fin nos encontramos en la puerta de embarque.
h. viaje de nuestra vida.

3 **Oraciones** Mira la información del cuadro y escribe cinco oraciones con superlativos y cinco con comparativos. Sigue el modelo.

MODELO *Avatar* es más popular que *Luna nueva*. *Avatar* es la película más vista de los últimos años.

Harry Potter	libro	menor
Jessica Alba	actriz	famosa
Steve Jobs	hombre de negocios	rico
El Nilo	río	largo
Disneyland	lugar	feliz

Practice more at **enfoques.vhlcentral.com.**

Comunicación

4 Un viaje inolvidable

A. Habla con un(a) compañero/a sobre el viaje más inolvidable de tu vida. Puede ser un viaje buenísimo o un viaje malísimo, e incluso puede ser un viaje imaginario. Debes decir por lo menos siete u ocho oraciones usando comparativos y superlativos, y algunas de las palabras de la lista. Túrnense.

mejor/peor que	tan
más/menos que	como
de los mejores/peores	buenísimo/malísimo

B. Ahora describe el viaje de tu compañero/a al resto de la clase. La clase tratará de adivinar qué viajes son verdaderos y cuáles son ficticios.

5 Las vacaciones ideales En grupos de cuatro, imaginen que son miembros de una familia que ganó un viaje de tres semanas a cualquier país del mundo. El único problema es que tienen que ponerse de acuerdo acerca del destino.

A. Primero, cada uno/a debe decidir cuál es el país ideal para sus vacaciones y escribir una descripción breve con las razones para escogerlo. Utiliza comparativos y superlativos en tu descripción.

B. Luego, túrnense para presentar sus opiniones y traten de convencer a los demás de que su país ideal es el mejor de todos. Deben usar comparativos y superlativos para comparar las atracciones de cada país. Compartan su decisión final con la clase.

MODELO Es obvio que Venezuela es el mejor país para nuestras vacaciones. Venezuela tiene la catarata más alta del mundo y unas playas tan bonitas como las de la República Dominicana. Además, ¡las arepas venezolanas son más ricas que las tortillas mexicanas! Venezuela tiene más atracciones de las que se pueden imaginar. Ya verán que no me equivoco.

(4) If necessary, review lesson vocabulary and create a word bank on the board.

(4) To facilitate discussion, have students work individually to prepare a list of questions for their partners about the trip.

(5) Part A: If time and resources permit, bring in travel brochures or magazines for students to consult.

Teaching option
For additional practice with superlatives, have pairs role-play a conversation in which a freshman asks advice from a senior about the best/worst classes and professors.

INSTRUCTIONAL RESOURCES
Supersite: Textbook/SAM AK, Lab MP3s, Audioscripts
SAM/WebSAM: WB, LM

TALLER DE CONSULTA

To express contradictions, **pero** and **sino** are also used.

See **Manual de gramática**, 5.4, p. A31.

Say several sentences aloud that use negative, affirmative, or indefinite words and have volunteers change each sentence into its opposite. Ex: **1. Siempre estudio para los exámenes. (No estudio nunca para los exámenes.) 2. No veo a nadie. (Veo a alguien.)**

Share with students a word game with a double negative:
—Señor, ¿usted no nada nada?
—No, yo no traje traje.

5.2 Negative, affirmative, and indefinite expressions

- The following chart shows negative, affirmative, and indefinite expressions.

algo *something; anything*	**nada** *nothing; not anything*
alguien *someone; somebody; anyone*	**nadie** *no one; nobody; not anyone*
alguno/a(s), algún *some; any*	**ninguno/a, ningún** *no; none; not any*
o... o *either... or*	**ni... ni** *neither... nor*
siempre *always*	**nunca, jamás** *never; not ever*
también *also; too*	**tampoco** *neither; not either*

- In Spanish, double negatives are perfectly acceptable.

¿Dejaste **algo** en la mesa?
Did you leave something on the table?

No, **no** dejé **nada**.
No, I didn't leave anything.

Siempre tuvimos ganas de viajar a Costa Rica.
We always wanted to travel to Costa Rica.

Hasta ahora, **no** tuvimos **ninguna** oportunidad de ir.
Until now, we had no chance to go there.

- Most negative statements use the pattern **no** + [*verb*] + [*negative word*]. When the negative word precedes the verb, **no** is omitted.

No lo extraño **nunca**.
I never miss him.

Nunca lo extraño.
I never miss him.

Su opinión sobre política internacional **no** le importa a **nadie**.
His opinion on international politics doesn't matter to anyone.

A **nadie** le importa su opinión sobre política internacional.
Nobody cares about his opinion on international politics.

- Once one negative word appears in an English clause, no other negative word may be used. In Spanish, however, once a negative word is used, all other elements must be expressed in the negative if possible.

No le digas **nada** a **nadie**.
Don't say anything to anyone.

Tampoco hables **nunca** de esto.
Don't ever talk about this.

No quiero **ni** pasta **ni** pizza.
I don't want pasta or pizza.

Tampoco quiero **nada** para tomar.
I don't want anything to drink.

- The personal **a** is used before negative and indefinite words that refer to people when they are the direct object of the verb.

Nadie me comprende. ¿Por qué será?
No one understands me. Why is that?

Porque tú no comprendes **a nadie**.
Because you don't understand anyone.

Algunos pasajeros prefieren no desembarcar en los puertos.
Some passengers prefer not to disembark at the ports.

Pues, no conozco **a ninguno** que se quede en el crucero.
Well, I don't know of any who stay on the cruise ship.

- Before a masculine, singular noun, **alguno** and **ninguno** are shortened to **algún** and **ningún**.

¿Ha sufrido **algún** daño en el choque?
Have you suffered any harm in the accident?

Me había puesto el cinturón de seguridad, por lo que no sufrí **ningún** daño.
I had fastened my seatbelt, and so I suffered no injuries.

- **Tampoco** means *neither* or *not either*. It is the opposite of **también**.

Mi novia no soporta los congestionamientos en el centro, ni yo **tampoco**.
My girlfriend can't stand the traffic jams downtown, and neither can I.

Por eso toma el metro, y yo **también**.
That's why she takes the subway, and so do I.

¿Esto también es de primerísima necesidad?

- The conjunction **o... o** (*either... or*) is used when there is a choice to be made between two options. **Ni... ni** (*neither... nor*) is used to negate both options.

Debo hablar **o** con el gerente **o** con la dueña.
I have to speak with either the manager or the owner.

El precio del pasaje **ni** ha subido **ni** ha bajado en los últimos días.
The price of the ticket has neither risen nor fallen in the past few days.

- The conjunction **ni siquiera** (*not even*) is used to add emphasis.

Ni siquiera se despidieron antes de salir.
They didn't even say goodbye before they left.

La señora Guzmán no viaja nunca, **ni siquiera** para visitar a sus nietos.
Mrs. Guzmán never travels, not even to visit her grandchildren.

¡ATENCIÓN!

Cualquiera can be used to mean *any, anyone, whoever, whatever,* or *whichever.* When used before a singular noun (masculine or feminine) the **–a** is dropped.

Cualquiera haría lo mismo.
Anyone would do the same.

Llegarán en cualquier momento.
They will arrive at any moment.

Point out the use of **ni yo tampoco** after a negative statement. Ex: **Gustavo no pudo ir al cine, ni yo tampoco.**

Review the use of **también** and **tampoco** with **gustar** and similar verbs. **Me gusta viajar. → A mí también.**

¡ATENCIÓN!

In the conjunction **o... o,** the first **o** can be omitted.
Debo hablar (o) con el gerente o con la dueña.

In the conjunction **ni... ni,** the first **ni** can be omitted when it comes after the verb.
No me interesa (ni) la política ni la economía.

When the first **ni** goes before the verb, **no... ni** can be used instead of **ni... ni.**
El precio no/ni ha subido ni ha bajado.

Práctica

TALLER DE CONSULTA

MANUAL DE GRAMÁTICA
Más práctica

5.2 Negative, affirmative, and indefinite expressions, p. A29

① Before assigning this activity, go around the room and read each student a sentence using a negative, affirmative, or indefinite expression. Each student must contradict it using the opposite expression. Ex. **Nadie de esta clase toma café.** → **Alguien toma café.**

1 **Comidas típicas** Marlene acaba de regresar de un viaje a Madrid y le fascinó la comida española. Completa su conversación con Frank usando las expresiones del recuadro.

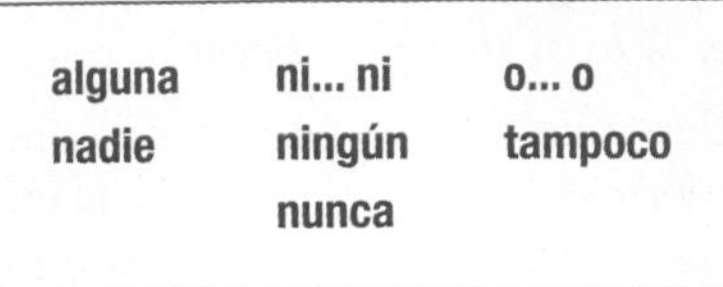

alguna	ni... ni	o... o
nadie	ningún	tampoco
	nunca	

MARLENE Frank, ¿(1) alguna vez has probado las tapas españolas?

FRANK No, (2) nunca he probado la comida española.

MARLENE ¿De veras? ¿No has probado (3) ni la tortilla de patata (4) ni la paella?

FRANK No, no he comido (5) ningún plato español. (6) Tampoco conozco los ingredientes típicos de la cocina española.

MARLENE Entonces tenemos que salir a comer juntos. ¿Conoces el restaurante llamado Carmela?

FRANK No, no conozco (7) ningún restaurante con ese nombre.

MARLENE (8) Nadie lo conoce. Es nuevo, pero es muy bueno. A mí me viene bien que vayamos (9) o el lunes (10) o el jueves que viene.

FRANK El jueves también me viene bien.

② Point out that students may need to change more than just one word.

② Remind students that plural forms might change to singular in the negative. Ex: **Algunos** and **todos** change to **ningún** and **nadie.**

2 **El viajero** Imagina que eres un(a) viajero/a un poco especial y estás hablando de lo que no te gusta hacer en los viajes. Cambia las oraciones de positivas a negativas usando las expresiones correspondientes. Sigue el modelo. Answers may vary. Suggested answers:

MODELO **Yo siempre como la comida del país.**
Yo nunca como la comida del país.

1. Cuando voy de viaje, siempre compro algunos regalos típicos.
   Cuando voy de viaje, nunca compro ningún regalo típico.
2. A mí también me gusta visitar todos los lugares turísticos.
   A mí tampoco me gusta visitar ningún lugar turístico.
3. Yo siempre hablo el idioma del país con todo el mundo.
   Yo nunca hablo el idioma del país con nadie.
4. Normalmente, o alquilo un carro o alquilo una motocicleta.
   Normalmente, ni alquilo un carro ni alquilo una motocicleta.
5. Siempre intento visitar a algún conocido de mi familia.
   Nunca intento visitar a ningún conocido de mi familia.
6. Cuando visito un lugar nuevo, siempre hago algunos amigos.
   Cuando visito un lugar nuevo, nunca hago amigos.

③ In pairs, ask students to write brief conversations for each of the responses shown. Call on volunteers to read their conversations to the class. Encourage them to be creative.

3 **Argumentos** En parejas, escriban los argumentos que provocarían estas respuestas.

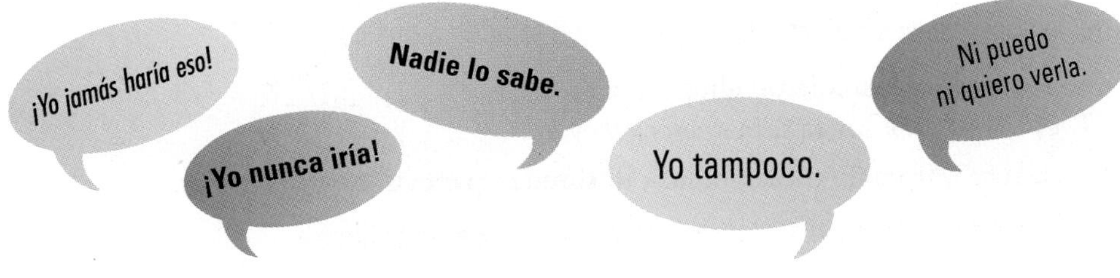

¡Yo jamás haría eso!
¡Yo nunca iría!
Nadie lo sabe.
Yo tampoco.
Ni puedo
ni quiero verla.

Practice more at **enfoques.vhlcentral.com.**

Comunicación

4 **Opiniones** **En grupos de cuatro, hablen sobre estos enunciados. Cada miembro da su opinión y el resto responde diciendo si está de acuerdo o no. Usen expresiones negativas, afirmativas e indefinidas.**

- Nadie tendría que necesitar pasaporte ni visa para entrar a un país extranjero.
- El turismo es siempre conveniente: los turistas favorecen la economía del país.
- Ningún vuelo tendría que retrasarse, incluso cuando hace mal tiempo.
- Está bien que las compañías aéreas cobren por todas las maletas que llevan los pasajeros.
- No hay ningún tipo de turismo mejor que el ecoturismo.
- Siempre es mejor irse de vacaciones a relajarse que a ver museos y monumentos.
- Los turistas siempre deben hablar la lengua del país que visitan.
- Nunca se puede decir: "jamás viviría en otro país", porque nunca se sabe.

4 Have students share their opinions with the class and have a debate about these points.

5 **Escena**

A. En grupos de tres, escriban una conversación entre un(a) hijo/a adolescente y sus padres usando expresiones negativas, afirmativas e indefinidas.

MODELO

HIJA ¿Por qué siempre desconfían de mí? No soy ninguna mentirosa y mis amigos tampoco lo son. No tienen ninguna razón para preocuparse.
MAMÁ Sí, hija, muy bien, pero recuerda que...
HIJA Por última vez, ¿puedo ir... ?
PAPÁ ...

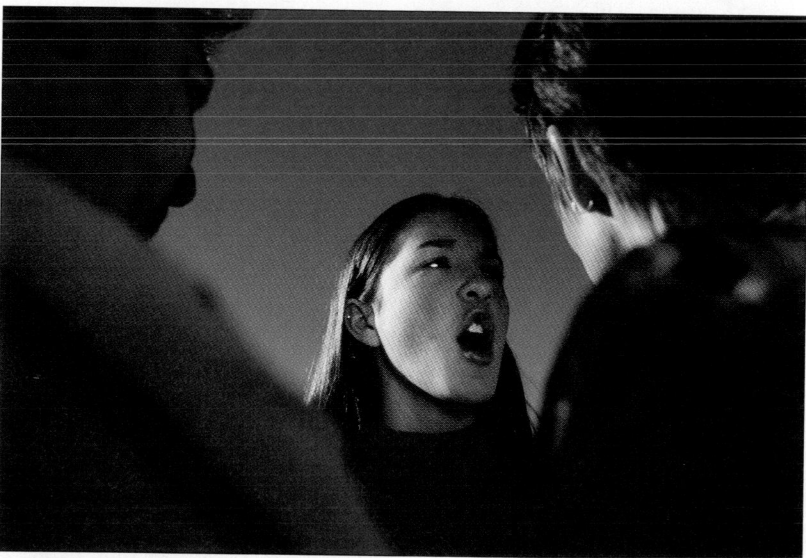

B. Ahora representen ante la clase la conversación que escribieron.

5 As a follow-up activity, have students describe an argument they had with their own parents.

INSTRUCTIONAL RESOURCES
Supersite: Textbook/SAM AK, Lab MP3s, Audioscripts
SAM/WebSAM: WB, LM

¡ATENCIÓN!

An adjective clause (**oración subordinada adjetiva**) is one that modifies or describes a noun or pronoun in the main clause.

Preview the idea of uncertainty by asking questions using **buscar** and **necesitar**. Ex: **¿Buscan trabajo? ¿De qué tipo?**

Point out that while **que** is the most common connector, conjunctions like **donde** and **en que** can also be used before adjective clauses. Ex: **¿Hay algún restaurante por aquí donde se pueda pagar con tarjeta de crédito?**

Remind students that one of the main characteristics of the subjunctive is the idea of uncertainty.

5.3 The subjunctive in adjective clauses

- When an adjective clause describes an antecedent that is known to exist, use the indicative. When the antecedent is uncertain or unknown, use the subjunctive.

MAIN CLAUSE	CONNECTOR	SUBORDINATE CLAUSE
Busco un trabajo	**que**	**pague bien.**

ANTECEDENT CERTAIN → INDICATIVE	ANTECEDENT UNCERTAIN → SUBJUNCTIVE
Necesito el libro que **tiene** información sobre las ruinas mayas. *I need the book that has information about Mayan ruins.*	Necesito un libro que **tenga** información sobre las ruinas mayas. *I need a book that has information about Mayan ruins.*
Buscamos los documentos que **describen** el itinerario del viaje. *We're looking for the documents that describe the itinerary for the trip.*	Buscamos documentos que **describan** el itinerario del viaje. *We're looking for (any) documents that (may) describe the itinerary for the trip.*
Las personas que **van** a Costa Rica todos los años conocen bien la zona. *People who go to Costa Rica every year know the area well.*	Las personas que **vayan** a Costa Rica podrán visitar el nuevo museo. *People going to Costa Rica will be able to visit the new museum.*

- When the antecedent of an adjective clause is a negative pronoun (**nadie, ninguno/a**), the subjunctive is used in the subordinate clause.

¡No hay nadie
que la pueda
cerrar, Éric!

No hay nada que pueda dejar.

ANTECEDENT CERTAIN → INDICATIVE	ANTECEDENT UNCERTAIN → SUBJUNCTIVE
Elena tiene tres parientes que **viven** en San Salvador. *Elena has three relatives who live in San Salvador.*	Elena no tiene **ningún** pariente que **viva** en La Palma. *Elena doesn't have any relatives who live in La Palma.*
Para su viaje, hay dos países que **requieren** una visa. *For your trip, there are two countries that require visas.*	Para su viaje, no hay **ningún** país que **requiera** una visa. *For your trip, there are no countries that require a visa.*
Hay muchos viajeros que **quieren** quedarse en el hotel. *There are many travelers who want to stay at the hotel.*	No hay **nadie** que **quiera** alojarse en el albergue. *There is nobody who wants to stay at the hostel.*

- Do not use the personal **a** with direct objects that represent hypothetical persons.

ANTECEDENT UNCERTAIN → SUBJUNCTIVE	ANTECEDENT CERTAIN → INDICATIVE
Busco un guía que **hable** inglés. *I'm looking for a guide who speaks English.*	Conozco **a** un guía que **habla** inglés. *I know a guide who speaks English.*

- Use the personal **a** before **nadie, ninguno/a,** and **alguien**, even when their existence is uncertain.

ANTECEDENT UNCERTAIN → SUBJUNCTIVE	ANTECEDENT CERTAIN → INDICATIVE
No conozco **a nadie** que **se queje** tanto como mi suegra. *I don't know anyone who complains as much as my mother-in-law.*	Yo conozco **a alguien** que **se queja** aún más... ¡la mía! *I know someone who complains even more... mine!*

- The subjunctive is commonly used in questions with adjective clauses when the speaker is trying to find out information about which he or she is uncertain. If the person who responds knows the information, the indicative is used.

ANTECEDENT UNCERTAIN → SUBJUNCTIVE	ANTECEDENT CERTAIN → INDICATIVE
¿Me recomienda usted un hotel que **esté** cerca de la costa? *Can you recommend a hotel that is near the coast?*	Sí, el Hotel Flamingo **está** justo en la playa. *Yes, the Flamingo Hotel is right on the beach.*
¿Tiene otra brújula que **sea** más fácil de usar? *Do you have another compass that is easier to use?*	Vea ésta y, si no, tengo tres más que **son** muy fáciles de usar. *Look at this one, and if not, I have three others that are very easy to use.*

Hotel Tucán
En el Hotel Tucán su satisfacción es lo más importante. Si hay alguna cosa que podamos hacer para mejorar nuestros servicios, no dude en informarnos.

Práctica

TALLER DE CONSULTA

MANUAL DE GRAMÁTICA
Más práctica

5.3 Negative, affirmative, and indefinite expressions, p. A30

① Have students work in pairs to create three additional items for each column. Then have them exchange papers with another pair and complete the sentences.

② As a project, have students research Nicaragua and prepare an itinerary for Carmen, complete with photographs and detailed descriptions of the areas she will visit.

③ Explain that **lo ideal** means *the ideal.* Other common phrases using **lo** are **lo mejor** (*the best thing*), **lo peor** (*the worst thing*), and **lo importante** (*the important thing*). The neuter **lo** is covered in detail in **9.3,** p. 342.

③ For each situation, call on students and ask specific questions. Ex: **¿Cómo es tu compañero/a de cuarto? ¿Qué buscas en un(a) buen(a) compañero/a?**

1 **Oraciones** **Combina las frases de las dos columnas para formar oraciones lógicas. Recuerda que a veces vas a necesitar el subjuntivo y a veces no.**

_c_ 1. Luis tiene un hermano que	a. sea alta e inteligente.
_d_ 2. Tengo dos primos que	b. sean respetuosos y estudiosos.
_e_ 3. No conozco a nadie que	c. canta cuando se ducha.
_a/e_ 4. Jorge busca una novia que	d. hablan español.
_b_ 5. Quiero tener hijos que	e. hable más de cinco lenguas.
_f_ 6. Quiero un carro que	f. sea muy económico.

2 **El agente de viajes** **Carmen va a ir de vacaciones a Montelimar, en Nicaragua, y le escribe un correo electrónico a su agente de viajes explicándole cuáles son sus planes. Completa el correo electrónico con el subjuntivo o el indicativo.**

De: Carmen <carmen@micorreo.com>
Para: Jorge <jorge@micorreo.com>
Asunto: Viaje a Montelimar

Querido Jorge:
Estoy muy contenta porque el mes que viene voy a viajar a Montelimar para tomar unas vacaciones. He estado pensando en el viaje y quiero decirte qué me gustaría hacer. Quiero ir a un hotel que (1) _sea_ (ser) de cinco estrellas y que (2) _tenga_ (tener) vista al mar. Me gustaría hacer una excursión que (3) _dure_ (durar) varios días y que me (4) _permita_ (permitir) ver el famoso lago Nicaragua. ¿Qué te parece?
Mi hermano me dice que hay un guía turístico que (5) _conoce_ (conocer) algunos lugares exóticos y que me puede llevar a verlos. También dice que el guía es un hombre que (6) _tiene_ (tener) el pelo muy rubio y (7) _es_ (ser) muy alto. ¿Tú lo conoces? Creo que se llama Ernesto Montero.
Espero tu respuesta.
Carmen

3 **El ideal** **En parejas, imaginen cómo es el/la compañero/a ideal en cada una de estas situaciones. Si ya conocen a una persona que tiene las características ideales, también pueden hablar de él/ella. Utilicen el subjuntivo o el indicativo de acuerdo a la situación.**

MODELO Lo ideal es vivir con alguien que no se queje demasiado.

- alguien con quien vivir
- alguien con quien trabajar
- alguien con quien ver películas de amor o de aventura
- alguien con quien comprar ropa
- alguien con quien estudiar
- alguien con quien viajar por el desierto del Sahara

Practice more at **enfoques.vhlcentral.com.**

Comunicación

4 **Anuncios** En parejas, imaginen que escriben anuncios para el diario *El País*. El jefe les ha dejado algunos mensajes indicándoles qué anuncios deben escribir. Escriban anuncios detallados sobre lo que se busca usando el indicativo o el subjuntivo. Después inventen dos anuncios originales para enseñárselos a la clase.

La familia Pérez
busca a su perro Tomás,
que se perdió en el parque.
Aquí tienen una foto de él.
Miguel y Carlos Solís
buscan un guía turístico
para su viaje a los
volcanes de Guatemala.

5 **Síntesis** La tormenta tropical Alberto azota (*is hitting*) las costas de Florida. Tú y un(a) compañero/a deben cubrir esta noticia para un programa de televisión. Uno/a de ustedes es el/la corresponsal y la otra persona es el/la conductor(a) del programa. Escriban una conversación sobre este desastre y sus consecuencias. Usen comparativos, superlativos, el subjuntivo en oraciones subordinadas adjetivas y expresiones negativas, afirmativas e indefinidas.

MODELO

CONDUCTOR(A) Cuéntanos, Juan Francisco, ¿cómo es la tormenta?
CORRESPONSAL ¡Nunca he visto una tormenta tan destructiva! ¡No hay casas que puedan soportar vientos tan fuertes!
CONDUCTOR(A) ¡Pero no es posible que el viento sea más fuerte que durante el huracán Jimena!
CORRESPONSAL Les aseguro que esta tormenta es la peor...

4 Ask students to bring in samples from the classifieds section of a Spanish newspaper. Read and discuss several examples as a class.

5 Have students work in pairs to prepare a mock interview with a resident of the Florida coast.

Teaching option As an additional communicative exercise, have groups invent a new tourism company. Ask students to write a paragraph describing the mission statement, the jobs they need to fill, and the type of person they are seeking. Encourage them to use lesson grammar and vocabulary. Ex: **Buscamos un guía que conozca la cultura nicaragüense.**

Antes de ver el corto

INSTRUCTIONAL RESOURCES
Supersite/DVD: Film Collection
Supersite: Script & Translation

EL ANILLO

país Puerto Rico
duración 8 minutos
directora Coraly Santaliz Pérez

protagonistas la prometida, Arnaldo (su novio), el vagabundo, el dueño del restaurante, el empleado del restaurante, la novia del empleado, la anfitriona, la senadora

Vocabulario

el anillo *ring*
el azar *chance*
botar *to throw out*
botarse *(P. Rico; Cuba) to outdo oneself*
la casualidad *chance; coincidence*
el diamante *diamond*
echar *to throw away*
enganchar *to get caught*
la manga *sleeve*
la sortija *ring*
el tapón *traffic jam*
tirar *to throw*

① Have students use vocabulary to write an anecdote about something that happened by chance (**por casualidad**).

1 Definiciones Conecta cada oración con la palabra correspondiente.

_d_ 1. Forma parte de una camisa.
_e_ 2. Sucede cuando hay mucho tráfico o cuando hay un accidente.
_f_ 3. Es un sinónimo de *anillo*.
_a_ 4. Es un conjunto de acontecimientos que ocurren por casualidad.
_b_ 5. Puede pasar esto si andas en bicicleta con pantalones muy anchos (*wide*).

a. azar
b. enganchar
c. diamante
d. manga
e. tapón
f. sortija
g. tirar

② For item 2, ask: **¿Hay una diferencia entre el valor monetario y el valor sentimental de algo?** Have students give examples.

2 Preguntas En parejas, contesten las preguntas.

1. ¿Alguna vez perdiste algo de mucho valor? ¿Lo encontraste?
2. ¿Encontraste algo valioso en alguna ocasión? ¿Qué hiciste?
3. ¿Sueles perder cosas cuando vas de viaje?
4. Imagina que encuentras un anillo de diamantes en la habitación del hotel donde te alojas. ¿Qué haces?

③ Once students have watched the film, ask them if they were correct in their predictions.

Teaching option Assign each student a character. As they watch the film, have them jot down descriptive words about that character. If necessary, review descriptive adjectives.

3 Un anillo En parejas, miren la fotografía del cortometraje e imaginen lo que va a ocurrir en la historia. Compartan sus ideas con la clase.

Practice more at **enfoques.vhlcentral.com.**

El Anillo

Premio al mejor guión en First Short Film Competition, patrocinado por The Film Foundation, Inc.

Producción Ejecutiva LUIS J. CRUZ ESPINETA "THE FILM FOUNDATION, INC."
Guión, Edición y Dirección CORALY SANTALIZ PÉREZ Producción CORALY SANTALIZ PÉREZ / JAN G. SANTIAGO ECHANDI
Dirección de Fotografía CARLOS J. ZAYAS PLAZA Música WALTER MORCIGLIO
Diseño de Sonido WALTER SANTALIZ Actores GERARDO ORTIZ / ANNETTE SANTALIZ / JOSÉ JORGE MEDINA / SASHA BETANCOURT / ANDRÉS SANTIAGO / VIVIANA FUSARO / ELIA ENID CADILLA

Antes de leer

La luz es como el agua

Sobre el autor Ask students: **¿Los viajes de un(a) artista influyen en sus obras? ¿Cómo?** Have students give examples.

Sobre el autor

Nacido en 1928 en Aracataca, Colombia, un pequeño pueblo cerca del mar Caribe, **Gabriel García Márquez** fue criado por sus abuelos entre mitos, leyendas y libros fantásticos. Eso fue construyendo la base de su futura obra narrativa. Comenzó a estudiar derecho, pero lo abandonó para dedicarse al periodismo. Como corresponsal en Italia, viajó por toda Europa. Vivió en diferentes lugares y escribió guiones (*scripts*) cinematográficos, cuentos y novelas. En 1967 publicó su novela más famosa, *Cien años de soledad*, cuya acción transcurre en el mítico pueblo de Macondo. En 1982 recibió el Premio Nobel de Literatura. De su libro *Doce cuentos peregrinos* (al que pertenece el cuento *La luz es como el agua*), dijo que surgió (*came about*) porque quería escribir "sobre las cosas extrañas que les suceden a los latinoamericanos en Europa".

Vocabulario

ahogado/a *drowned*	**el faro** *lighthouse; beacon*	**la popa** *stern*
la bahía *bay*	**flotar** *to float*	**la proa** *bow*
el bote *boat*	**el muelle** *pier*	**el remo** *oar*
la cascada *cascade; waterfall*	**la pesca** *fishing*	**el tiburón** *shark*

Palabras relacionadas Have students explain what the three remaining words have in common.

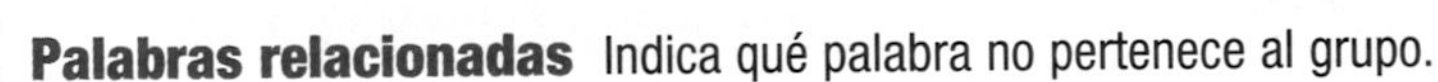

Palabras relacionadas Indica qué palabra no pertenece al grupo.

1. bote–remo–mueble–navegar
2. brújula–balcón–puerto–proa
3. pesca–buceo–tiburones–tigre
4. popa–edificio–cascada–bahía

Conexión personal For additional discussion, ask: **¿Viajabas mucho cuando eras niño/a? ¿Cómo crees que tu percepción de un lugar cambia con la edad?**

Conexión personal Cuando eras niño/a, ¿te gustaba soñar con viajes a lugares imposibles? ¿Sigues soñando o imaginando viajes a lugares fantásticos o imposibles? ¿Alguna vez viviste en un país extranjero? ¿Qué cosas extrañabas?

Análisis literario If appropriate, have students read and analyze additional examples of magical realism by García Márquez or other writers.

Análisis literario: el realismo mágico

El realismo mágico es una síntesis entre el realismo y la literatura fantástica. Muchos escritores latinoamericanos, como Gabriel García Márquez y Carlos Fuentes, incorporan elementos fantásticos al mundo cotidiano de los personajes, que aceptan la magia y la fantasía como normales. En el realismo mágico, lo real se torna mágico, lo maravilloso es parte de lo cotidiano y no se cuestiona la lógica de lo fantástico. Uno de los precursores del género, Alejo Carpentier, explicó que "En América Latina, lo maravilloso se encuentra en vuelta de cada esquina, en el desorden, en lo pintoresco de nuestras ciudades, ... en nuestra naturaleza y... también en nuestra historia". Presta atención a la representación de la realidad en el cuento.

 Practice more at **enfoques.vhlcentral.com.**

Altamar, 2000
Graciela Rodo Boulanger, Bolivia

La luz es como el agua

Gabriel García Márquez

En Navidad los niños volvieron a pedir un bote de remos.

—De acuerdo —dijo el papá, lo compraremos cuando volvamos a Cartagena.

Totó, de nueve años, y Joel, de siete, estaban más decididos de lo que sus padres creían.

—No —dijeron a coro°—. Nos hace falta ahora y aquí.

in unison

—Para empezar —dijo la madre—, aquí no hay más aguas navegables que la que sale de la ducha°.

shower

Tanto ella como el esposo tenían razón. En la casa de Cartagena de Indias había un patio con un muelle sobre la bahía, y un refugio para dos yates grandes. En cambio aquí en Madrid vivían apretados° en el piso quinto del número 47 del Paseo de la Castellana. Pero al final ni él ni ella pudieron negarse, porque les habían prometido un bote de remos con su sextante y su brújula si se ganaban el laurel del tercer año de primaria, y se lo habían ganado. Así que el papá compró todo sin decirle nada a su esposa, que era la más reacia° a pagar deudas de juego. Era un precioso bote de aluminio con un hilo dorado en la línea de flotación.

tight; cramped

reluctant

—El bote está en el garaje —reveló el papá

Preview Have students research the climates and landscapes of Cartagena de Indias and Madrid on the Internet. Ask students to guess how this information might be important to the story.

Teaching option Break the story into sections and have students work in pairs to write the main ideas of one section at a time, including references to real and magical elements.

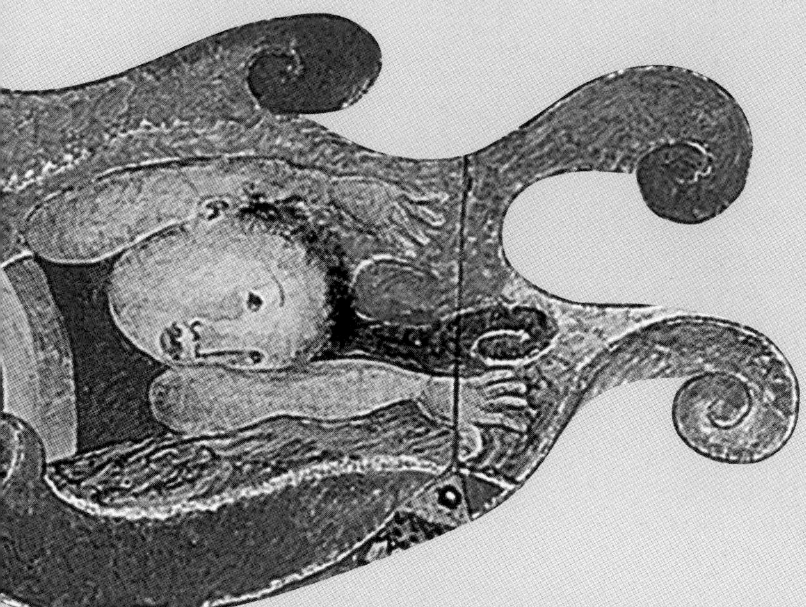

en el almuerzo—. El problema es que no hay cómo subirlo ni por el ascensor ni por la escalera, y en el garaje no hay más espacio disponible.

Sin embargo, la tarde del sábado siguiente los niños invitaron a sus condiscípulos° para subir el bote por las escaleras, y lograron llevarlo hasta el cuarto de servicio.

—Felicitaciones —les dijo el papá—, ¿ahora qué?

—Ahora nada —dijeron los niños—. Lo único que queríamos era tener el bote en el cuarto, y ya está.

La noche del miércoles, como todos los miércoles, los padres se fueron al cine. Los niños, dueños y señores de la casa, cerraron puertas y ventanas, y rompieron la bombilla encendida de una lámpara de la sala. Un chorro° de luz dorada° y fresca como el agua empezó a salir de la bombilla° rota, y lo dejaron correr hasta que el nivel llegó a cuatro palmos. Entonces cortaron la corriente°, sacaron el bote, y navegaron a placer° por entre las islas de la casa.

Esta aventura fabulosa fue el resultado de una ligereza° mía cuando participaba en un seminario sobre la poesía de los utensilios domésticos. Totó me preguntó cómo era que la luz se encendía con sólo apretar un botón, y yo no tuve el valor de pensarlo dos veces.

—La luz es como el agua —le contesté: uno abre el grifo°, y sale.

De modo que siguieron navegando los miércoles en la noche, aprendiendo el manejo del sextante y la brújula, hasta que los padres regresaban del cine y los encontraban dormidos como ángeles de tierra firme. Meses después, ansiosos de ir más lejos, pidieron un equipo de pesca submarina. Con todo: máscaras, aletas, tanques y escopetas de aire comprimido.

—Está mal que tengan en el cuarto de servicio un bote de remos que no les sirve para nada —dijo el padre—. Pero está peor que quieran tener además equipos de buceo.

—¿Y si nos ganamos la gardenia de oro del primer semestre? —dijo Joel.

—No —dijo la madre, asustada—. Ya no más.

El padre le reprochó su intransigencia.

—Es que estos niños no se ganan ni un clavo° por cumplir con su deber —dijo ella—, pero por un capricho° son capaces de ganarse hasta la silla del maestro.

Los padres no dijeron al fin ni que sí ni que no. Pero Totó y Joel, que habían sido los últimos en los dos años anteriores, se ganaron en julio las dos gardenias de oro y el reconocimiento público del rector. Esa misma tarde, sin que hubieran vuelto a pedirlos, encontraron en el dormitorio los equipos de buzos en su empaque original. De modo que el miércoles siguiente, mientras los padres veían *El último tango en París*, llenaron el apartamento hasta la altura de dos brazas, bucearon como tiburones mansos° por debajo de los muebles y las camas, y rescataron del fondo° de la luz las cosas que durante años se habían perdido en la oscuridad.

En la premiación° final los hermanos fueron aclamados como ejemplo para la escuela, y les

schoolmates · *spurt/golden* · *light bulb* · *current* · *at one's pleasure* · *flippant remark* · *faucet* · *nail* · *whim* · *tame* · *bottom* · *awards ceremony* dieron diplomas de excelencia. Esta vez no tuvieron que pedir nada, porque los padres les preguntaron qué querían. Ellos fueron tan razonables, que sólo quisieron una fiesta en casa para agasajar° a los compañeros de curso.

El papá, a solas con su mujer, estaba radiante.

—Es una prueba de madurez —dijo.

—Dios te oiga —dijo la madre.

El miércoles siguiente, mientras los padres veían *La Batalla de Argel*, la gente que pasó por la Castellana vio una cascada de luz que caía de un viejo edificio escondido entre los árboles. Salía por los balcones, se derramaba° a raudales° por la fachada°, y se encauzó° por la gran avenida en un torrente dorado que iluminó la ciudad hasta el Guadarrama.

Llamados de urgencia, los bomberos forzaron la puerta del quinto piso, y encontraron la casa rebosada de° luz hasta el techo. El sofá y los sillones forrados° en piel de leopardo flotaban en la sala a distintos niveles, entre las botellas del bar y el piano de cola° y su mantón° de Manila que aleteaba° a media agua como una mantarraya de oro. Los utensilios domésticos, en la plenitud de su poesía, volaban con sus propias alas° por el cielo de la cocina. Los instrumentos de la banda de guerra, que los niños usaban para bailar, flotaban al garete° entre los peces de colores liberados de la pecera de mamá, que eran los únicos que flotaban vivos y felices en la vasta ciénaga° iluminada. En el cuarto de baño flotaban los cepillos de dientes de todos, los preservativos de papá, los pomos° de cremas y la dentadura de repuesto° de mamá, y el televisor de la alcoba° principal flotaba de costado°, todavía encendido en el último episodio de la película de media noche prohibida para niños.

to entertain
poured out / in torrents / façade / channeled
brimming with
covered
grand piano / shawl
fluttered
wings
adrift

Al final del corredor, flotando entre dos aguas, Totó estaba sentado en la popa del bote, aferrado° a los remos y con la máscara puesta, buscando el faro del puerto hasta donde le alcanzó el aire de los tanques, y Joel flotaba en la proa buscando todavía la altura de la estrella polar con el sextante, y flotaban por toda la casa sus treinta y siete compañeros de clase, eternizados en el instante de hacer pipí° en la maceta° de geranios, de cantar el himno de la escuela con la letra cambiada por versos de burla contra el rector, de beberse a escondidas un vaso de brandy de la botella de papá. Pues habían abierto tantas luces al mismo tiempo que la casa se había rebosado°, y todo el cuarto año elemental de la escuela de San Julián el Hospitalario se había ahogado en el piso quinto del número 47 del Paseo de la Castellana. En Madrid de España, una ciudad remota de veranos ardientes y vientos helados, sin mar ni río, y cuyos aborígenes° de tierra firme nunca fueron maestros en la ciencia de navegar en la luz. ■

marsh
flasks
spare
bedroom / sideways
clinging
to pee / flowerpot
overflowed
natives

Después de leer

La luz es como el agua

Gabriel García Márquez

1 Comprensión Indica si las oraciones son **ciertas** o **falsas**. Corrige las falsas.

1. La acción transcurre en Cartagena. Falso. La acción transcurre en Madrid.
2. Totó y Joel dicen que quieren el bote para pasear con sus compañeros en el río. Falso. Los niños dicen que lo único que quieren es tener el bote en el cuarto.
3. Los padres van todos los miércoles por la noche al cine. Cierto.
4. Los niños inundan la casa con agua del grifo (*tap*). Falso. Inundan la casa con luz de la bombilla de una lámpara de la sala.
5. Los únicos que sobreviven a la inundación son los peces de colores. Cierto.
6. El que le sugiere a Totó la idea de que la luz es como el agua es su papá. Falso. El que le dice eso es el narrador.

2 Before completing the activity, review and discuss the concept of magical realism.

2 Análisis En parejas, relean la definición de realismo mágico y luego respondan las preguntas.

1. Los niños navegan "entre las islas de la casa". ¿Qué son las islas del apartamento?
2. ¿Qué significa la frase "rescataron del fondo de la luz las cosas que durante años se habían perdido en la oscuridad"? En la realidad, ¿les parece que la luz tiene fondo? En este relato, ¿cuál es el fondo de la luz?
3. Repasa el significado de *comparación* (**p. 153**). ¿Se usan comparaciones en este relato? Escríbanlas y expliquen cómo proporcionan mayor expresividad.

3 Ask additional questions, such as: **¿Qué importancia tiene el hecho de que los padres van al cine cuando los niños se quedan solos en casa? ¿Por qué creen que el autor nos da los títulos de las películas? ¿Conocen estas películas?**

3 Interpretación Responde las preguntas con oraciones completas.

1. ¿Por qué te parece que, teniendo una gran casa en Cartagena, viven en Madrid en un pequeño apartamento? ¿Cuáles crees que podrían ser las causas?
2. El narrador señala que toda la aventura de los niños es consecuencia de una "ligereza" suya, porque "no tuvo el valor de pensarlo dos veces". ¿Por qué te parece que dice eso? ¿Qué opinas tú de su respuesta? ¿Crees que él es culpable de lo que ocurre después?
3. Los niños aprovechan que sus padres no están para inundar el apartamento y guardan el secreto; sólo se lo cuentan a sus compañeros. ¿Por qué hacen eso? ¿Puedes establecer algún paralelo entre ir al cine y navegar con la luz?
4. Imagina que la familia nunca se fue de Cartagena. ¿Cómo cambia la historia?

4 As an expansion activity, have students write the official report issued by the fire department explaining what happened to the children.

4 Entrevista En grupos de cuatro, preparen una entrevista con el primer bombero que entró en el apartamento inundado. Uno/a de ustedes es el/la reportero/a y los demás son bomberos. Hablen sobre las causas y consecuencias del accidente y usen lenguaje objetivo y preciso. Luego representen la entrevista frente a la clase.

5 Bitácoras de viaje Utilizando el realismo mágico, describe en una bitácora de viaje (*travel log*) un día de un viaje especial. Describe adónde fuiste, qué hiciste, con quién fuiste y por qué fue especial. Describe elementos maravillosos de tu viaje y presenta detalles mágicos como si fueran normales.

Practice more at **enfoques.vhlcentral.com.**

Antes de leer

Vocabulario

el apogeo *height; highest level*	**el mito** *myth*
el artefacto *artifact*	**la pared** *wall*
el campo *ball field*	**la piedra** *stone*
el/la dios(a) *god/goddess*	**la pirámide** *pyramid*
el juego de pelota *ball game*	**la ruta maya** *the Mayan Trail*
la leyenda *legend*	

Tikal Completa las oraciones con las palabras apropiadas.

1. Tikal, antiguamente una gran ciudad, es ahora una impresionante colección de ruinas que se encuentra en la __ruta maya__ de Guatemala.
2. Hay seis __pirámides__ en el centro de la ciudad. Son los edificios más grandes de Tikal.
3. En la misma zona hay varios __campos__ donde se jugaba al __juego de pelota__.
4. Durante sus excavaciones, los arqueólogos han encontrado __artefactos__ fascinantes y también esculturas y monumentos de __piedra__.

Conexión personal ¿Cuál es la ruta más interesante que has recorrido? ¿Fue un viaje organizado o lo planeaste por tu cuenta?

Contexto cultural

Campo de pelota en Chichén Itzá

En la cultura maya, el deporte era a veces cuestión de vida o muerte. El juego de pelota se jugó durante más de 3.000 años en un campo entre muros (*walls*) con una pelota de goma (*rubber*) dura y mucha protección para el cuerpo de los jugadores. Era un juego muy violento y acababa a veces con un sacrificio ritual, posiblemente la decapitación de algunos de los jugadores.

Cuenta la leyenda que los hermanos gemelos (*twins*) Ixbalanqué y Hunahpú eran tan aficionados al juego que enojaron a los dioses de la muerte, los señores de Xibalbá, con el ruido (*noise*) que hacían con las pelotas. Los señores de Xibalbá controlaban un mundo subterráneo, al que se llegaba por una cueva (*cave*). Todo individuo que entraba en Xibalbá pasaba por una serie de pruebas y trampas (*traps*) peligrosas, como cruzar (*cross*) un río de escorpiones, entrar en una casa llena de cuchillos en movimiento y participar en un juego mortal de pelota. Los gemelos usaron su habilidad atlética, su inteligencia y la magia para vencer (*defeat*) a los dioses y transformarse en el sol y la luna. Por eso, entre los mayas, el juego era una competencia entre fuerzas enemigas, como el bien y el mal, o la luz y la oscuridad.

Practice more at **enfoques.vhlcentral.com.**

Conexión personal
Ask students: **¿Por qué creen que es importante preservar y seguir las rutas de nuestros antepasados?**

Contexto cultural
Explain that the Mayans contributed significantly to astronomy, food, religion, architecture, and the Spanish language. Have students work in groups to research one of these elements on the Internet and give a short presentation.

Preview
Ask the class to discuss how travel can help us connect with history. Have students give examples from their own experiences.

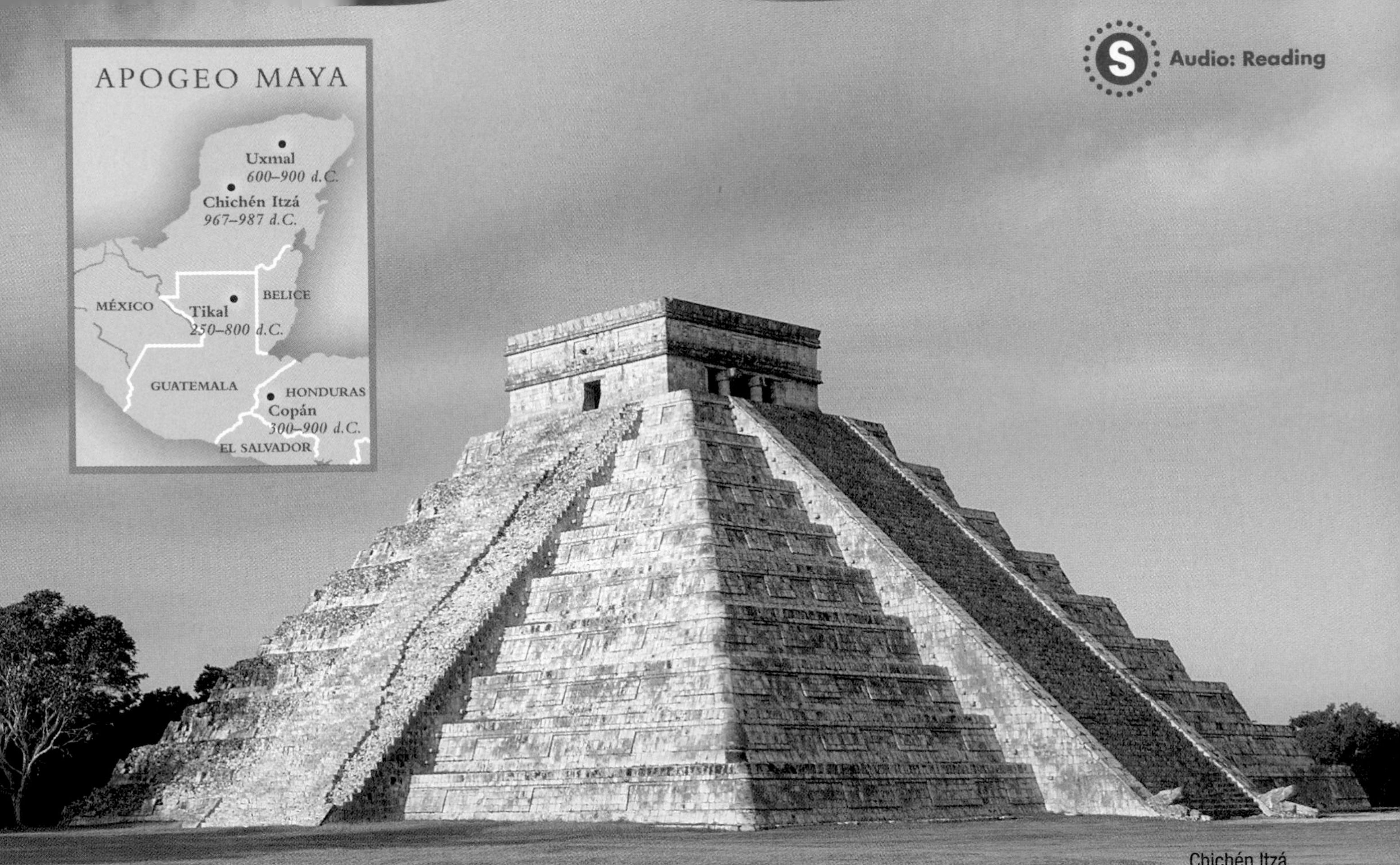

Chichén Itzá

La ruta maya

Los mayas, investigadores de ciencias y matemáticas, y destacados° arquitectos de espacios monumentales, han dejado evidencia de un mundo ilustre e intelectual que todavía brilla hoy día. En su momento de mayor extensión, el territorio maya incluía partes de lo que ahora es México, Guatemala, Belice, El Salvador y Honduras. Una imaginaria ruta maya une estos lugares dispersos, atravesando° siglos y países, y revela restos de una gran civilización. La ruta pasa por selva y ciudad, por vegetación exuberante y por

outstanding

crossing

ruinas que resisten y también muestran el paso del tiempo. El viajero puede elegir entre múltiples lugares y numerosos caminos. Sin embargo, hay un itinerario particular que conecta la arquitectura, la cultura y el deporte a través del tiempo y el espacio: la ruta de los campos de pelota. Debido al° enorme valor cultural del juego, se construyeron canchas en casi todas las poblaciones importantes, incluyendo las espléndidas construcciones de Copán y Chichén Itzá. La ruta, que pasa por algunos de los 700 campos de pelota, desentierra° maravillas arqueológicas.

Debido al: Due to the; desentierra: unearths

En la densa selva en el oeste de Honduras, cerca de la frontera con Guatemala, surge° Copán, donde gobernaron varias dinastías de reyes. Entre las ruinas, permanece° un elegantísimo campo de pelota, una cancha que tenía hasta vestuarios° para los jugadores. Grandes paredes, adornadas de esculturas de loros°, rodean° el campo más artístico de Mesoamérica. En Copán vivía una élite de artesanos y nobles que esculpían° y escribían en piedra. Por eso, se concentran en Copán la mayor cantidad de esculturas° y estelas° —monumentos de figuras y lápidas° con jeroglíficos— de la ruta maya. En las famosas escalinatas° de la ciudad se pueden examinar jeroglíficos que contienen todo un árbol genealógico y que cuentan la historia de los reyes de Copán. Estas inscripciones forman el texto maya más largo que se preserva hoy día.

surge: arises; permanece: lies; vestuarios: dressing rooms; loros/rodean: parrots/surround; esculpían: sculpted; esculturas/estelas: sculptures/steles; lápidas: stone tables; escalinatas: stairways

Mesoamérica

La región de Mesoamérica empieza en el centro de México y llega hasta la frontera entre Nicaragua y Costa Rica. Aquí vivían sociedades agrarias que se destacaron por sus avances en la arquitectura, el arte y la tecnología en los 3.000 años anteriores a la llegada de Cristóbal Colón al continente americano. Entre las culturas de Mesoamérica se incluyen la maya, azteca, olmeca y tolteca. Los mayas tomaron la escritura y el calendario mesoamericanos y los desarrollaron hasta su mayor grado de sofisticación.

Campo de pelota en Copán

El más impresionante de los campos de pelota se encuentra en Chichén Itzá en Yucatán, México. En su período de esplendor, Chichén Itzá era el centro de poder de Mesoamérica. Actualmente es uno de los sitios arqueológicos más importantes del mundo. La gran pirámide, conocida con el nombre *El Castillo*, era un rascacielos° en su época. Con escaleras que suben a la cumbre° por los cuatro lados, El Castillo sirvió de templo del dios Kukulcán. Hay varias canchas de pelota en Chichén Itzá, pero la más grandiosa y espectacular se llama el Gran Juego de Pelota. A pesar de medir° 166 por 68 metros (181 por 74 yardas), la acústica es tan magnífica que sirve de modelo para teatros: un susurro° se puede oír de un extremo al otro. Mientras competían, los jugadores sentían la presión de las esculturas que adornaban las paredes, las cuales muestran a unos jugadores decapitando a otros. El peligro era un recordatorio° de que el juego era también una ceremonia solemne y el campo, un templo.

rascacielos: skyscraper; cumbre: peak; medir: measuring; susurro: whisper; recordatorio: reminder

Esta ruta maya continúa por campos como el de Uxmal en Yucatán, México, donde se pueden apreciar grandes logros° arquitectónicos. En todos ellos, se oyen las voces lejanas de la civilización maya, ecos que nos hacen viajar por el tiempo y despiertan la imaginación. ■

logros: achievements

Después de leer

La ruta maya

① Have students write two more true or false statements about the reading. Ask classmates to answer **cierto** or **falso**.

1 Comprensión Decide si las oraciones son **ciertas** o **falsas**. Corrige las falsas.

1. En su momento de mayor extensión, el territorio maya empezaba en lo que hoy se llama México y terminaba en lo que hoy se llama Guatemala.
   Falso. El territorio maya incluía partes de lo que ahora es México, Guatemala, Belice, El Salvador y Honduras.
2. Los mayas construyeron muy pocas canchas de pelota.
   Falso. Construyeron canchas en casi todas las poblaciones importantes.
3. En Copán vivía una élite de artesanos y nobles que escribían en piedra.
   Cierto.
4. Los jeroglíficos de Copán cuentan la leyenda de los gemelos Ixbalanqué y Hunahpú.
   Falso. Los jeroglíficos de Copán contienen un árbol genealógico y cuentan la historia de los reyes de Copán.
5. Chichén Itzá fue el centro de poder de Mesoamérica.
   Cierto.
6. El Castillo es la cancha de pelota más grande.
   Falso. El Castillo es la gran pirámide y templo del dios Kukulcán. El Gran Juego de Pelota es la cancha más grandiosa y espectacular.

② For item 1, spark discussion by asking: **¿Qué opinan del juego de pelota?**

2 Preguntas Contesta las preguntas con oraciones completas.

1. ¿Qué significado tenía el juego de pelota en la cultura maya?
2. ¿Cuáles eran algunos de los peligros del juego?
3. ¿Qué tienen de extraordinario las ruinas de Copán?
4. ¿Qué detalles indican que Chichén Itzá había sido una ciudad importantísima?
5. ¿Cuál es un ejemplo de la importancia de los dioses para los mayas?

③ Preview this activity by asking students if they have traveled to different baseball stadiums or to Hollywood mansions. Then ask: **¿Están de acuerdo con que estos lugares son símbolos de la cultura estadounidense? ¿Por qué?**

③ Brainstorm other possible routes students could follow. Ex: **los parques nacionales, los monumentos nacionales**

③ Ask heritage students to talk about famous routes in their families' home countries.

3 Itinerarios En grupos, preparen el itinerario para un recorrido por una de estas rutas. Luego compartan el itinerario con el resto de la clase.

- la ruta de los campos de béisbol
- Norteamérica de punta a punta
- las mansiones de los famosos en Hollywood

④ Have students vote for the most creative writing system.

4 Jeroglíficos

A. En parejas, inventen un mensaje jeroglífico. Pueden usar letras, números, dibujos, figuras geométricas, etc. Depués, intercambien el mensaje con otra pareja para descifrarlo. Pueden dar pistas si es necesario.

MODELO 
(Mar y Pepe: Recién casados)

B. Presenten los mensajes descifrados a la clase. ¿Qué pareja usó el sistema de escritura más original?

 Practice more at **enfoques.vhlcentral.com.**

Atando cabos

¡A conversar!

La luna de miel Trabajen en grupos de cuatro. Imaginen cómo fue la luna de miel de dos de estas parejas.

A. Primero, hablen acerca de la luna de miel de cada pareja: ¿Cómo es la pareja? ¿Adónde fueron? ¿Qué hicieron? ¿Por qué eligieron ese lugar? ¿Qué cosas empacaron?

B. Luego, comparen las dos lunas de miel. Escriban por lo menos seis oraciones usando comparativos y superlativos, y expresiones negativas, afirmativas e indefinidas.

C. Por último, compartan sus comparaciones con la clase y escuchen las comparaciones de sus compañeros/as. Entre todos, resuman en una lista las comparaciones más destacadas.

¡A conversar!
- Bring in travel magazines for possible honeymoon destinations.
- Have students give each couple two recommendations about their honeymoons using the subjunctive.
- Write columns **a, b, c,** and **d** on the board. As students describe the couples, record the adjectives they use under the appropriate column.

¡A escribir!

Consejos de viaje Sigue el **Plan de redacción** para escribir unos consejos de viaje. Imagina que trabajas en una agencia de viajes y tienes que organizar una excursión para unos/as amigos/as tuyos/as. Haz una lista de los lugares y cosas que les recomiendas que hagan. Ten en cuenta la personalidad de tus amigos/as y elige bien qué sitios crees que les van a gustar más.

Plan de redacción

Contenido: Ten en cuenta el clima del lugar, la ropa que deben llevar, el hotel donde pueden alojarse y los espectáculos culturales a los que pueden asistir. También es importante que les recomiendes algún restaurante o alguna comida típica del lugar. No olvides utilizar oraciones con subjuntivo en todas tus recomendaciones. Puedes usar estas expresiones:

- Es importante que...
- Les recomiendo que...
- Busquen un hotel que…
- Es probable que…
- Es mejor que…
- Visiten lugares que…

Conclusión: Termina la lista de consejos deseándoles a tus amigos/as un buen viaje.

¡A escribir!
- Have students write a brief description of their expertise on the chosen location.
- Have students exchange their lists with a partner for peer editing.
- As a variant, have students think about pieces of advice for different travel groups: **un grupo de ancianos, un grupo de estudiantes universitarios, una familia con niños pequeños.**

5 VOCABULARIO

De viaje

la bienvenida	*welcome*
la despedida	*farewell*
el destino	*destination*
el itinerario	*itinerary*
la llegada	*arrival*
el pasaje (de ida y vuelta)	*(round-trip) ticket*
el pasaporte	*passport*
la tarjeta de embarque	*boarding pass*
la temporada alta/baja	*high/low season*
el/la viajero/a	*traveler*
hacer las maletas	*to pack*
hacer transbordo	*to change (planes/trains)*
hacer un viaje	*to take a trip*
ir(se) de vacaciones	*to take a vacation*
perder (e:ie) (el vuelo)	*to miss (the flight)*
regresar	*to return*
a bordo	*on board*
retrasado/a	*delayed*
vencido/a	*expired*
vigente	*valid*

El alojamiento

el albergue	*hostel*
el alojamiento	*lodging*
la habitación individual/doble	*single/double room*
la recepción	*front desk*
el servicio de habitación	*room service*
alojarse	*to stay*
cancelar	*to cancel*
estar lleno/a	*to be full*
quedarse	*to stay*
reservar	*to reserve*
de (buena) categoría	*high-quality*
incluido/a	*included*
recomendable	*recommendable; advisable*

INSTRUCTIONAL RESOURCES
Supersite: Testing Program

La seguridad y los accidentes

el accidente (automovilístico)	*(car) accident*
el/la agente de aduanas	*customs agent*
el aviso	*notice; warning*
el cinturón de seguridad	*seatbelt*
el congestionamiento	*traffic jam*
las medidas de seguridad	*security measures*
la seguridad	*safety; security*
el seguro	*insurance*
aterrizar	*to land*
despegar	*to take off*
ponerse/quitarse el cinturón	*to fasten/to unfasten the seatbelt*
reducir (la velocidad)	*to reduce (speed)*
peligroso/a	*dangerous*
prohibido/a	*prohibited*

Las excursiones

la aventura	*adventure*
el/la aventurero/a	*adventurer*
la brújula	*compass*
el buceo	*scuba diving*
el campamento	*campground*
el crucero	*cruise (ship)*
el (eco)turismo	*(eco)tourism*
la excursión	*excursion; tour*
la frontera	*border*
el/la guía turístico/a	*tour guide*
la isla	*island*
las olas	*waves*
el puerto	*port*
las ruinas	*ruins*
la selva	*jungle*
el/la turista	*tourist*
navegar	*to sail*
recorrer	*to visit; to go around*
lejano/a	*distant*
turístico/a	*tourist (adj.)*

Más vocabulario

Expresiones útiles	*Ver p. 169*
Estructura	*Ver pp. 176–177, 180–181 y 184–185*

Cinemateca

el anillo	*ring*
el azar	*chance*
la casualidad	*chance; coincidence*
el diamante	*diamond*
la manga	*sleeve*
la sortija	*ring*
el tapón	*traffic jam*
botar	*to throw out*
botarse	*(P. Rico; Cuba) to outdo oneself*
echar	*to throw away*
enganchar	*to get caught*
tirar	*to throw*

Literatura

la bahía	*bay*
el bote	*boat*
la cascada	*cascade; waterfall*
el faro	*lighthouse; beacon*
el muelle	*pier*
la pesca	*fishing*
la popa	*stern*
la proa	*bow*
el remo	*oar*
el tiburón	*shark*
flotar	*to float*
ahogado/a	*drowned*

Cultura

el apogeo	*height; highest level*
el artefacto	*artifact*
el campo	*ball field*
el/la dios(a)	*god/goddess*
el juego de pelota	*ball game*
la leyenda	*legend*
el mito	*myth*
la pared	*wall*
la piedra	*stone*
la pirámide	*pyramid*
la ruta maya	*the Mayan Trail*

La naturaleza

6

Communicative Goals

You will expand your ability to...

- describe and narrate in the future
- express purpose, condition, and intent
- describe relationships between things/people/ideas

INSTRUCTIONAL RESOURCES
Supersite: Audioscripts, Textbook/SAM AK, Texbook/Lab MP3s
SAM/WebSAM: WB, LM

La naturaleza

Preview Ask discussion questions about nature and the environment. Ex: **¿Qué importancia tiene la naturaleza en tu vida diaria? ¿Crees que a veces se exageran los problemas del medio ambiente?** Recycle previously learned vocabulary, such as common animal names.

La naturaleza

El Caribe presenta **costas** infinitas con palmeras **a orillas del mar**, aguas cristalinas y extensos **arrecifes** de coral con un **paisaje** submarino sin igual.

el árbol *tree*
el arrecife *reef*
el bosque (lluvioso) *(rain) forest*
el campo *countryside; field*
la cordillera *mountain range*

la costa *coast*
el desierto *desert*
el mar *sea*
la montaña *mountain*
el paisaje *landscape; scenery*
la tierra *land; earth*

---

húmedo/a *humid; damp*
seco/a *dry*

---

a orillas de *on the shore of*
al aire libre *outdoors*

Los animales

el ave (*f.*)/el pájaro *bird*
el cerdo *pig*
el conejo *rabbit*
el león *lion*
el mono *monkey*
la oveja *sheep*
el pez *fish*
la rana *frog*

la serpiente *snake*
el tigre *tiger*
la vaca *cow*

---

atrapar *to trap; to catch*
cazar *to hunt*
dar de comer *to feed*
extinguirse *to become extinct*
morder (o:ue) *to bite*

---

en peligro de extinción *endangered*
salvaje *wild*
venenoso/a *poisonous*

Los fenómenos naturales

el huracán *hurricane*
el incendio *fire*
la inundación *flood*
el relámpago *lightning*
la sequía *drought*
el terremoto *earthquake*
la tormenta (tropical) *(tropical) storm*
el trueno *thunder*

Variación léxica
el bosque lluvioso ⟷ el bosque húmedo (tropical)
conservar ⟷ preservar
la serpiente ⟷ la culebra
Remind students that the masculine articles **el** and **un** are used with feminine singular nouns that begin with a stressed **a** to facilitate pronunciation. Ex: **el ave → las aves**

El medio ambiente

El **reciclaje** de botellas es muy importante para **proteger** el **medio ambiente** y no **malgastar** plástico.

el calentamiento global *global warming*
la capa de ozono *ozone layer*
el combustible *fuel*
la contaminación *pollution; contamination*

la deforestación *deforestation*
el desarrollo *development*
la erosión *erosion*
la fuente de energía *energy source*
el medio ambiente *environment*
los recursos naturales *natural resources*

agotar *to use up*
conservar *to conserve; to preserve*
contaminar *to pollute; to contaminate*
contribuir (a) *to contribute*
desaparecer *to disappear*
destruir *to destroy*
malgastar *to waste*
proteger *to protect*
reciclar *to recycle*

resolver (o:ue) *to solve*

dañino/a *harmful*
desechable *disposable*
renovable *renewable*
tóxico/a *toxic*

① For Part C, have pairs create two columns labeled **Antes** and **Después** to organize their ideas.

Práctica

1 Escuchar

A. Escucha el informativo de la noche y después completa las oraciones con la opción correcta.

1. Hay __b__.
   a. una inundación b. un incendio
2. Las causas de lo que ha ocurrido __b__.
   a. se conocen b. se desconocen
3. En los últimos meses, ha habido __a__.
   a. mucha sequía b. muchas tormentas
4. Las autoridades temen que __b__.
   a. los animales salvajes vayan a los pueblos
   b. el incendio se extienda
5. Los pueblos de los alrededores __a__.
   a. están en peligro b. están contaminados

B. Escucha la conversación entre Pilar y Juan, y después contesta las preguntas con oraciones completas.

1. ¿Dónde hay un incendio?
   Hay un incendio en la Cordillera del Este.
2. Según lo que escuchó Pilar, ¿qué puede suceder?
   El incendio se puede extender a otras zonas.
3. ¿Qué animales tenían los abuelos de Juan?
   Los abuelos de Juan tenían ovejas.
4. ¿Dónde pasaba los veranos Pilar?
   Pilar pasaba los veranos en la costa.
5. ¿Qué hacía Pilar con los peces que veía?
   Pilar a veces les daba de comer a los peces.
6. ¿Qué ha pasado con los peces que había antes en la costa?
   Los peces que había antes en la costa han desaparecido.

C. En parejas, hablen de los cambios que han visto ustedes en la naturaleza a lo largo de los años. Hagan una lista y compártanla con la clase.

2 Emparejar Conecta las palabras de forma lógica.

MODELO **fenómeno natural: terremoto**

__d__	1. proteger	a. león
__e__	2. tormenta	b. serpiente
__c__	3. destrucción	c. incendio
__f__	4. campo	d. conservar
__a/b__	5. salvaje	e. trueno
__b__	6. venenosa	f. aire libre

② As an expansion activity, have students make sentences with the associated words. Ex: **Al conservar el agua, protegemos el medio ambiente.**

Práctica

③ Ask students to write two more definitions using the lesson vocabulary. Have classmates give the correct word for every definition.

3 Definiciones

A. Escribe la palabra adecuada para cada definición.

1. fenómeno natural en el que se ilumina el cielo cuando hay tormenta: relámpago
2. reptil de cuerpo largo y estrecho (*narrow*) que muchas veces es venenoso: serpiente
3. largo período de tiempo sin lluvias: sequía
4. extensión de tierra donde no suele llover: desierto
5. fenómeno natural que se produce cuando se mueve la tierra bruscamente (*abruptly*): terremoto
6. animal feroz considerado el rey de la selva: león
7. contrario de "húmedo": seco
8. ruido producido en las nubes por una descarga eléctrica: trueno
9. serie de montañas: cordillera
10. fuego grande que puede destruir casas y campos: incendio

B. Ahora, escribe tres definiciones de otras palabras del vocabulario. Tu compañero/a tendrá que adivinar a qué palabra corresponde cada definición.

④ Remind students that not all words will be used.

4 ¿Qué es la biodiversidad?

Completa el artículo de la revista *Naturaleza* con la palabra o expresión correspondiente.

animal	**costas**	**paisaje**
arrecifes de coral	**mar**	**proteger**
bosques	**medio ambiente**	**recursos naturales**
conservar	**montañas**	**tierra**

La biodiversidad se refiere a la gran variedad de formas de vida —(1) animal, vegetal y humana— que conviven en el (2) medio ambiente, no sólo en la tierra, sino también en el (3) mar. Esta interdependencia significa que ninguna especie está aislada o puede vivir por sí sola. A pesar de que el Caribe comprende menos del once por ciento de la superficie total del planeta, su territorio contiene una vasta riqueza de vida silvestre (*wild*) que se encuentra a lo largo de sus (4) bosques tropicales húmedos, (5) montañas altas, extensas costas, y del increíble (6) paisaje submarino de los (7) arrecifes de coral. Se estima que en la actualidad hay más de sesenta y cinco organizaciones ecologistas que trabajan para (8) conservar/proteger y (9) conservar/proteger los valiosos (10) recursos naturales de las islas caribeñas.

Teaching option Discuss biodiversity in other regions. If time permits, use photographs of animals that are indigenous to the Spanish-speaking world to teach additional vocabulary. Ex: **el jaguar, el loro, el pingüino, el puma**. For an optional project, assign geographical regions to small groups and have them prepare presentations on the flora and fauna of each region.

 Practice more at **enfoques.vhlcentral.com.**

Comunicación

(5) **Preguntas** En parejas, túrnense para contestar las preguntas.

1. Cuando vas de vacaciones, ¿qué tipo de lugar prefieres? ¿El campo, la costa, la montaña? ¿Por qué?
2. ¿Tienes un animal preferido? ¿Cuál es? ¿Por qué te gusta? ¿Qué animales no te gustan? ¿Por qué?
3. ¿Qué opinas de la práctica de cazar animales salvajes? ¿Es cruel? ¿Es necesario controlar la población para el bien de la especie?
4. ¿Qué opinas del uso de abrigos de piel (*fur*)? ¿Hay alguna diferencia entre usar zapatos de cuero (*leather*) y usar un abrigo de piel de zorro (*fox*)?
5. ¿Qué fenómenos naturales son comunes en tu área? ¿Los huracanes, las sequías? ¿Qué efectos o consecuencias tienen para el medio ambiente?
6. En tu opinión, ¿cuál es el problema más grave que afecta al medio ambiente? ¿Qué podemos hacer para mejorar la situación?

(5) As an expansion activity, have students bring in news articles about an environmental problem or natural disaster to discuss with their partners.

(5) Review the subjunctive with **conocer** by asking questions about the environment. Ex: **¿Conocen a alguien que tenga un vehículo eléctrico o híbrido? ¿Conocen alguna organización cuya meta sea proteger el medio ambiente?**

(6) **¿Qué es mejor?** En parejas, hablen sobre las ventajas y las desventajas de las alternativas de la lista. Consideren el punto de vista práctico y el punto de vista ambiental. Utilicen el vocabulario de **Contextos**.

- **usar servilletas de papel o de tela (*cloth*)**
- **tirar restos de comida a la basura o en el triturador del fregadero (*garbage disposal*)**
- **acampar en un parque nacional o alojarse en un hotel**
- **imprimir (*print*) el papel por los dos lados o simplemente imprimir menos**

(6) Ask students about environmental practices on campus. Ex: **¿Qué medidas toma tu escuela o universidad para reducir la cantidad de papel o de basura?**

(7) **Asociaciones** En parejas, comparen sus personalidades con las cualidades de estos animales, elementos y fuerzas de la naturaleza. ¿Con cuáles te identificas? ¿Con cuáles crees que se identifica tu compañero/a? ¿Por qué? Comparen sus respuestas.

árbol	**fuente de energía**	**mar**	**relámpago**
bosque	**huracán**	**montaña**	**serpiente**
conejo	**incendio**	**pájaro**	**terremoto**
desierto	**león**	**pez**	**trueno**

MODELO **pájaro**
Yo me identifico con los pájaros, porque soy libre y soñador(a).

(7) Review similes in **Literatura, Lección 4.** Remind students to use **como** when making comparisons.

Teaching option
Have small groups of students write riddles about animals. Give them some examples: **¿Cuál es el animal que es dos veces animal? (El gato, porque es gato y araña.); ¿Cuál es el último animal? (El delfín.)**

6 FOTONOVELA

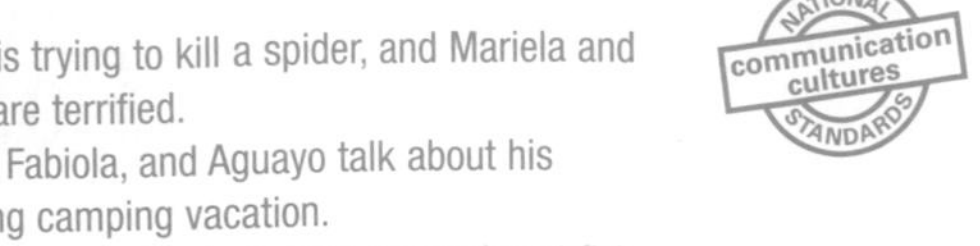

Synopsis
- Aguayo is trying to kill a spider, and Mariela and Fabiola are terrified.
- Mariela, Fabiola, and Aguayo talk about his upcoming camping vacation.
- Diana has agreed to look after Aguayo's pet fish.
- Mariela, Fabiola, and Diana spend their lunch hour trying to cheer up Bambi.

Aguayo se va de vacaciones, dejando su pez al cuidado de los empleados de *Facetas*.

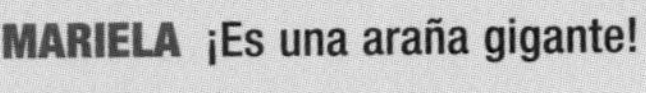

MARIELA ¡Es una araña gigante!

FABIOLA No seas miedosa.

MARIELA ¿Qué haces allá arriba?

FABIOLA Estoy dejando espacio para que la atrapen.

DIANA Si la rocías con esto (*muestra el matamoscas en spray*), la matas bien muerta.

AGUAYO Pero esto es para matar moscas.

FABIOLA ¡Las arañas jamás se van a extinguir!

MARIELA Las que no se van a extinguir son las cucarachas. Sobreviven la nieve, los terremotos y hasta los huracanes, y ni la radiación les hace daño.

FABIOLA ¡Vaya! Y... ¿tú crees que sobrevivirían al café de Aguayo?

AGUAYO Mariela, ¿podrías hacer el favor de tomar mis mensajes? Voy a casa por mi pez. Diana se ofreció a cuidarlo durante mis vacaciones.

MARIELA ¡Cómo no, jefe!

AGUAYO Mañana por la tarde estaremos en el campamento.

FABIOLA ¿Cómo pueden llamarle "vacaciones" a eso de dormir en el suelo y comer comida enlatada?

AGUAYO Ésta es su comida. Sólo una vez al día. No le des más aunque ponga cara de perrito... Bueno, debo irme.

MARIELA ¿Cómo sabremos si pone cara de perrito?

AGUAYO En vez de hacer así (*hace gestos con la cara*)..., hace así.

JOHNNY Última llamada.

FABIOLA Nos quedaremos cuidando a Bambi.

ÉRIC Me encanta el pececito, pero me voy a almorzar. Buen provecho.

Los chicos se marchan.

DIANA ¡Ay! No sé ustedes, pero yo lo veo muy triste.

FABIOLA Claro. Su padre lo abandonó para irse a dormir con las hormigas.

MARIELA ¿Por qué no le damos de comer?

FABIOLA ¡Ya le he dado tres veces!

MARIELA ¡Ya sé! Podríamos darle el postre.

INSTRUCTIONAL RESOURCES Supersite/DVD: Fotonovela; **Supersite:** Script & Translation, SAM AK; **SAM/WebSAM:** VM

Preview Introduce the future tense by asking: **¿Qué creen que pasará en este episodio?** Note volunteers' answers on the board. After viewing the film, discuss which predictions were correct.

Personajes

AGUAYO

DIANA

ÉRIC

FABIOLA

JOHNNY

MARIELA

4

AGUAYO La idea es tener contacto con la naturaleza, Fabiola. Explorar y disfrutar de la mayor reserva natural del país.

MARIELA Debe ser emocionante.

AGUAYO Lo es. Sólo tengo una duda. ¿Qué debo hacer si veo un animal en peligro de extinción comerse una planta en peligro de extinción?

FABIOLA Tómale una foto.

5

AGUAYO Chicos, les presento a Bambi.

MARIELA ¿Qué? ¿No es Bambi un venadito?

AGUAYO ¿Lo es?

JOHNNY ¿No podrías ponerle un nombre más original?

FABIOLA Sí, como *Flipper*.

9

FABIOLA Miren lo que encontré en el escritorio de Johnny.

MARIELA ¡Galletitas de animales!

DIANA ¿Qué haces?

MARIELA Hay que encontrar la ballenita. Es un pez y está solo. Supongo que querrá compañía.

DIANA Pero no podemos darle galletas.

FABIOLA ¿Y qué vamos a hacer? Todavía se ve tan triste.

10

MARIELA ¡Ya sé! Tenemos que hacerlo sentir como si estuviera en su casa. (*Pegan una foto de la playa en la pecera.*) ¿Qué tal ésta con el mar?

DIANA ¡Perfecta! ¡Se ve tan feliz!

FABIOLA Míralo.

Llegan los chicos.

ÉRIC ¡Bambi! ¡Maldito pez! ¡En una playa tropical con tres mujeres!

Expresiones útiles

Talking about the future

¡Las arañas jamás se van a extinguir!
Spiders will never become extinct!

¿Y qué vamos a hacer?
What are we going to do?

Mañana por la tarde estaremos en el campamento.
Tomorrow afternoon we will be in the campground.

Nos quedaremos cuidando a Bambi.
We will stay and look after Bambi.

¿Cómo sabremos si pone cara de perrito?
How will be know if he is making a puppy-dog face?

Expressing perceptions

Yo lo/la veo muy triste.
He/She looks very sad to me.

¡Se ve tan feliz!
He/She looks so happy!

Parece que está triste/contento/a.
It looks like he/she is sad/happy.

Al parecer, no le gustó.
It looks like he/she didn't like it.

¡Qué guapo/a te ves!
How attractive you look!

¡Qué elegante se ve usted!
How elegant you look!

Additional vocabulary

la araña *spider*
Buen provecho. *Enjoy your meal.*
la comida enlatada *canned food*
la cucaracha *cockroach*
enlatado/a *canned*
la hormiga *ant*
matar *to kill*
miedoso/a *fearful*
la mosca *fly*
rociar *to spray*

Teaching option Review affirmative and negative commands (**Estructura 4.2**, p. 140) by having students find examples in the dialogue.

Comprensión

① Ask volunteers to recount the episode from the point of view of one of the characters.

1 **¿Quién lo dijo?** Identifica lo que dijo cada personaje.

AGUAYO

DIANA

ÉRIC

FABIOLA

MARIELA

1. No podemos darle galletas. Diana
2. Mañana por la tarde, estaremos en el campamento. Aguayo
3. Tómale una foto. Fabiola
4. Me encanta el pececito, pero me voy a almorzar. Éric
5. Podríamos darle el postre. Mariela

2 **¿Qué falta?** Completa las oraciones con las frases de la lista.

las cucarachas	**un nombre original**
el pez	**denle de comer**
de comer	**tener contacto con la naturaleza**

1. **FABIOLA** ¿Tú crees que ___las cucarachas___ pueden sobrevivir al café de Aguayo?
2. **MARIELA** Debe ser emocionante ___tener contacto con la naturaleza___.
3. **FABIOLA** Sí, ___un nombre original___ como "Flipper".
4. **AGUAYO** ___Denle de comer___ sólo una vez al día.
5. **MARIELA** ¿Cómo sabremos si ___el pez___ pone cara de perrito?
6. **FABIOLA** Ya le he dado tres veces ___de comer___.

③ Ask why the subjunctive is required in the model sentence. Have a volunteer supply another verb that would also require the subjunctive.

3 **¿Qué dijo?** Di qué hace cada personaje. Utiliza los verbos entre paréntesis.

MODELO **JOHNNY ¿No podrías ponerle un nombre más original? (sugerir a Aguayo)**
Johnny le sugiere a Aguayo que le ponga un nombre más original.

1. **AGUAYO** Mariela, ¿podrías hacer el favor de tomar mis mensajes? (pedir a Mariela)
   Aguayo le pide a Mariela que tome sus mensajes.
2. **FABIOLA** Toma una foto. (aconsejar a Aguayo)
   Fabiola le aconseja a Aguayo que tome una foto.
3. **AGUAYO** No le des más aunque ponga cara de perrito... (ordenar a Mariela)
   Aguayo le ordena a Mariela que no le dé más aunque ponga cara de perrito.
4. **MARIELA** ¿Por qué no le damos de comer? (sugerir a Diana)
   Mariela le sugiere a Diana que le den de comer.

④ For additional practice, have students ask each other **¿Por qué...?** for each item. Ex: **¿Por qué Aguayo se va de campamento? (Se va de campamento porque le gusta tener contacto con la naturaleza.)**

4 **Preguntas y respuestas** En parejas, háganse preguntas sobre estos temas.

MODELO **irse de campamento**
—¿Quién se va de campamento?
—Aguayo se va de campamento.

- **tenerle miedo a las arañas**
- **Aguayo y su esposa / comer**
- **cuidar a la mascota**
- **irse a almorzar**
- **dar de comer**
- **sentirse feliz**

Practice more at **enfoques.vhlcentral.com.**

Ampliación

5 Carta a Aguayo Aguayo dejó a su pececito al cuidado de los empleados de *Facetas*, pero ocurrió algo terrible: Bambi se murió. Ahora, ellos deben contarle a Aguayo lo sucedido. En parejas, escriban la carta que los empleados le enviaron a Aguayo.

> Querido jefe:
>
> Esperamos que esté disfrutando de sus vacaciones y de la comida enlatada. Nosotros estamos bien, pero tenemos que darle una mala noticia. El otro día...

6 Apuntes culturales En parejas, lean los párrafos y contesten las preguntas.

Las mascotas

Aguayo dejará su mascota Bambi al cuidado de Diana. Otro tipo de mascota con hábitos acuáticos es el carpincho (*capybara*), común a orillas de ríos en Sudamérica. Este simpático "animalito" fácil de domesticar es el roedor (*rodent*) más grande del planeta, ¡con un peso de hasta 65 kilos (143 libras)! Un poquito grande para la oficina de *Facetas*, ¿no?

De campamento

Según Aguayo, la idea de acampar es estar en contacto con la naturaleza. Un sitio emocionante para acampar es la comunidad boliviana de **Rurrenabaque**, puerta de entrada al **Parque Nacional Madidi**. Este parque, una de las reservas más importantes del planeta, comprende cinco pisos (*floors*) ecológicos, desde llanuras (*plains*) amazónicas hasta cordilleras nevadas.

El alacrán

Fabiola y Mariela les tienen miedo a las arañas. ¡Y no es para menos! Algunos arácnidos son muy peligrosos. En la República Dominicana, los alacranes (*scorpions*) son temidos (*feared*) por su veneno mortal. Se los puede encontrar debajo de los muebles, en los zapatos… ¿Sobrevivirían los alacranes al matamoscas de Diana?

1. ¿Qué mascotas exóticas conoces? Menciona como mínimo tres o cuatro. ¿Cuáles son sus hábitos? ¿Son fáciles o difíciles de domesticar? ¿Son peligrosas?
2. ¿Has acampado alguna vez? ¿Dónde? ¿Por cuántos días? ¿Qué hiciste?
3. ¿Qué significa la expresión "piso ecológico"? ¿Has estado alguna vez en una región con distintos "pisos ecológicos"? ¿Cómo es la geografía de la región donde vives?
4. ¿Has visto un alacrán alguna vez? ¿Qué otros insectos peligrosos conoces? ¿Te han picado (*bitten*)? ¿Les tienes miedo?

(5) Ask students to predict Aguayo's response to the letter.

(5) As a variant, have students write a letter from Bambi's point of view. Explain what he heard, saw, and felt under Diana's care. Encourage students to be creative.

(6) For an expansion activity, have students research an exotic animal on the Internet and present their findings to the class. Then have students vote according to different categories: **el animal más peligroso, el animal más fácil de domesticar**, etc.

(6) **Piso ecológico**, which can be translated as ecological "floor" or "belt," refers to areas that share the same characteristics within an altitude range. This term is typically used to describe the geography of Peru, Bolivia, and other Andean countries.

Teaching option Ask heritage speakers what pets are common in their families' countries of origin.

INSTRUCTIONAL RESOURCES
Supersite/DVD: Flash Cultura; **Supersite:** Script & Translation

En detalle

EL CARIBE

Los bosques DEL MAR

¿Te sumergiste alguna vez en el más absoluto de los silencios para contemplar los majestuosos arrecifes de coral? En el Caribe hay más de 26 mil kilómetros cuadrados (16 mil millas cuadradas) de arrecifes, también llamados *bosques tropicales del mar* por la inmensa biodiversidad que se encuentra en ellos. Sus extravagantes formas de intensos colores proporcionan° el ecosistema ideal para las más de 4.000 especies de peces y miles de especies de plantas que en ellos habitan.

Nuestras vidas también dependen de estas formaciones: los arrecifes del Caribe protegen las costas de Florida y de los países caribeños de los huracanes. Sus inmensas estructuras aplacan° la fuerza de las tormentas antes de que lleguen a las costas, cumpliendo la función de barreras° naturales. También protegen las playas de la erosión y son un refugio para muchas especies animales en peligro de extinción.

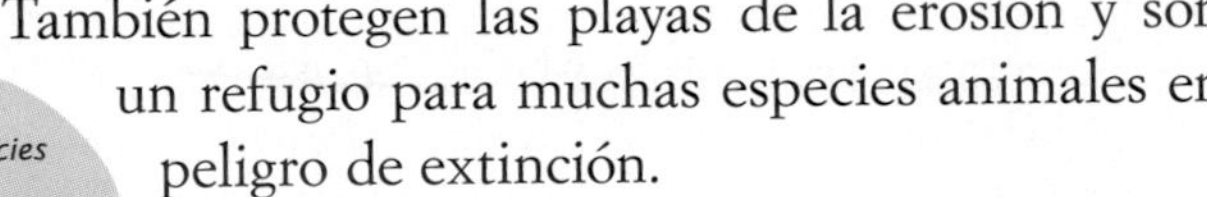

En Cuba se destacan° los arrecifes de María la Gorda, en el extremo occidental de la isla. En esta área altamente protegida, más de veinte especies de corales forman verdaderas cordilleras, grutas° y túneles subterráneos.

Lamentablemente, los arrecifes están en peligro por culpa de la mano del hombre. La construcción desmedida° en las costas y la contaminación de las aguas por los desechos° de las alcantarillas° provocan la sedimentación. Esto enturbia° el agua y mata el coral, porque le quita la luz que necesita. La pesca descontrolada, el exceso de turismo y la recolección de coral por parte de los buceadores son otros de sus grandes enemigos. De hecho, algunos expertos dicen que el 70% del coral desaparecerá en unos 40 años. Así que, si eres uno de los afortunados que pueden visitarlos, cuídalos. Su futuro depende de todos nosotros. ■

Los **arrecifes de coral** son uno de los hábitats más antiguos de la Tierra; algunos de ellos llegan a tener más de 10.000 años. Muchos los confunden con plantas o con rocas, pero los arrecifes de coral son, en realidad, estructuras formadas por pólipos° de coral, unos animales diminutos° que al morir dejan unos residuos de piedra caliza°. Los arrecifes son el refugio ideal para muchos tipos de animales, tales como esponjas, peces y tortugas.

proporcionan *provide* **aplacan** *diminish* **barreras** *barriers* **se destacan** *stand out* **grutas** *caves* **desmedida** *excessive* **desechos** *waste* **alcantarillas** *sewers* **enturbia** *clouds* **pólipos** *polyps* **diminutos** *tiny* **piedra caliza** *limestone*

En detalle Preview the reading with introductory questions. Ex: **¿Hicieron buceo alguna vez? ¿Dónde?¿Vieron arrecifes de coral? ¿Cómo eran?**

Así lo decimos Have heritage speakers give other common expressions/idioms that use animal names. Ex: **tener pájaros en la cabeza (Esp.)** *to be a scatterbrain*

Perfil Ask students if they can think of other environmental preservation projects that serve as tourist attractions.

ASÍ LO DECIMOS

Frases de animales

andar como perro sin pulga° (Méx.) *to be carefree*
comer como un chancho *to eat like a pig; to pig out*
¡El mono está chiflando!° (Cu.) *How windy!*
estar como una cabra° (Esp.) *to be as mad as a hatter*
marca perro (Arg., Chi. y Uru.) *(of an object) by an unknown brand*
¡Me pica el bagre!° (Arg.) *I'm getting hungry!*
¡Qué búfalo/a! (Nic.) *Fantastic!*
¡Qué tortuga! (Col.) *(of a person) How slow!*
ser (una) rata *to be stingy*
ser un(a) rata (Esp.) *to be stingy*

EL MUNDO HISPANOHABLANTE

Organizaciones ambientales

Protección de la biosfera El Parque Nacional Yasuní, declarado Reserva Mundial de la Biosfera por la UNESCO en 1989, está ubicado en la Amazonia ecuatoriana. En la actualidad, varias organizaciones ambientales intentan frenar° el avance de compañías petroleras que operan en el 60% del territorio del parque.

Campañas contra los transgénicos En 2004, Greenpeace comenzó una campaña en Chile. Quieren que el gobierno obligue a las empresas alimenticias a identificar los alimentos elaborados con ingredientes de origen transgénico mediante el etiquetado de los envases°.

Protección de aves amenazadas Gracias al Fondo Peregrino de Panamá y a instituciones como el Smithsonian Institute, las águilas arpías° están siendo rescatadas y protegidas. Al parecer, Panamá es el único país de Latinoamérica que protege esta ave. El águila arpía es la segunda ave más grande del mundo, después del águila de Filipinas, y es el ave nacional de Panamá.

PERFIL

PARQUE NACIONAL SUBMARINO LA CALETA

En 1984, por obra y gracia del Grupo de Investigadores Submarinos, el buque° de rescate *Hickory* se hundió en el Parque Nacional Submarino La Caleta, a unos 17 kilómetros de Santo Domingo. No fue un accidente, sino que el objetivo de los especialistas era sumergir el buque intacto para que sirviera de arrecife artificial para las especies en peligro de extinción. Con el paso de los años, el barco se cubrió de esponjas y corales, y por él pasean miles de peces. El *Hickory*, que está a unos 20 metros de profundidad, es hoy día una de las mayores atracciones del parque. Pero el *Hickory* no es el único atractivo del parque nacional, también cuenta con otro barco-museo hundido para el buceo en cuyas aguas, que llegan a una profundidad de 180 metros (590 pies), se pueden contemplar tres terrazas de arrecifes. Los corales forman verdaderas alfombras de tonos rojos, amarillos y anaranjados que impresionan al buceador más exigente.

> "El hombre no sólo es un problema para sí, sino también para la biosfera en que le ha tocado vivir."
> (Ramón Margalef, ecólogo español)

Conexión Internet

¿Qué peces habitan los arrecifes de coral del Caribe?

To research this topic, go to **enfoques.vhlcentral.com.**

andar como... *(lit.) to be like a dog without a flea* **El mono...** *(lit.) The monkey is whistling* **estar como...** *(lit.) to be like a goat* **Me pica...** *(lit.) My catfish is itching/tickling me* **buque** *ship* **frenar** *to slow down* **etiquetado...** *container labeling* **águilas arpías** *harpy eagles*

El mundo hispanohablante Ask: **De estas tres actividades, ¿cuál les parece la más importante? ¿Por qué? ¿Es importante que la comida no contenga ingredientes de origen transgénico?**

Teaching option Read the quote aloud to the class and ask: **¿Creen que este ecólogo es optimista o pesimista? ¿Por qué?**

¿Qué aprendiste?

1 **¿Cierto o falso?** Indica si estas afirmaciones son **ciertas** o **falsas**. Corrige las falsas.

1. Los arrecifes de coral son unas plantas de intensos colores. Falso. Los arrecifes no son plantas, son estructuras formadas por animales diminutos.
2. Los arrecifes de coral también son conocidos como los *bosques tropicales del mar*. Cierto.
3. Los huracanes se hacen más fuertes cuando pasan por los arrecifes. Falso. Los huracanes pierden fuerza porque los arrecifes cumplen la función de barreras naturales.
4. Estas estructuras son un ecosistema ideal para las especies en peligro de extinción. Cierto.
5. Las formaciones de coral necesitan luz. Cierto.
6. Está permitido que los turistas tomen un poco de coral para llevárselo. Falso. Uno de los grandes enemigos de los arrecifes es la recolección de coral por parte de los turistas.
7. María la Gorda se encuentra en el extremo occidental de Puerto Rico. Falso. Se encuentra en el extremo occidental de Cuba.
8. En María la Gorda, los arrecifes forman túneles y cordilleras. Cierto.
9. La construcción de casas cerca de las playas no afecta al desarrollo de los arrecifes. Falso. La construcción de casas y la contaminación por los desechos de las alcantarillas afectan a su desarrollo.
10. Los arrecifes de coral son uno de los hábitats más antiguos del planeta. Cierto.
11. En los arrecifes no viven tortugas porque no encuentran su alimento. Falso. En los arrecifes viven tortugas.
12. Los expertos están preocupados por el futuro de los arrecifes. Cierto.

2 **Oraciones** Elige la opción correcta.

1. El Grupo de Investigadores Submarinos hundieron el *Hickory* para crear (un parque nacional/un arrecife artificial).
2. El Parque Nacional Submarino La Caleta está ubicado en (Puerto Rico/ la República Dominicana).
3. ¿No quieres contribuir para el regalo de Juan? ¡Eres (una rata/un chancho)!
4. Si estás en Argentina y tienes hambre, dices que (te pica el bagre/estás como una cabra).

3 **Preguntas** Contesta las preguntas. Some answers will vary.

1. ¿Qué quieren frenar las organizaciones ambientales en el Parque Nacional Yasuní? Quieren frenar el avance de las compañías petroleras.
2. ¿Qué animales protege el Fondo Peregrino de Panamá? El Fondo Peregrino de Panamá protege las águilas arpías.
3. ¿Qué busca Greenpeace con la campaña contra los transgénicos? Greenpeace busca que obliguen a las empresas alimenticias a identificar los alimentos que contienen ingredientes transgénicos.
4. En tu opinión, ¿a qué se refiere Ramón Margalef cuando dice que el hombre es un problema para la biosfera?

4 **Opiniones** En parejas, respondan las preguntas y compartan su opinión con la clase.

- ¿Les preocupa la contaminación de las aguas?
- ¿Tienen hábitos que perjudican los mares? ¿Cuáles?
- ¿Qué aspectos de su vida diaria cambiarían para evitar el aumento de contaminación?

PROYECTO

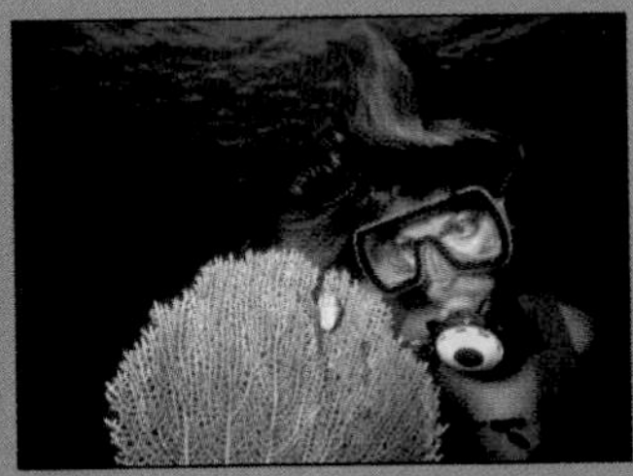

Arrecifes del Caribe

Busquen información sobre los arrecifes de coral de Cuba, Puerto Rico y la República Dominicana. Elijan una zona de arrecifes y preparen una presentación para la clase. La presentación debe incluir:

- datos sobre la ubicación y la extensión
- datos sobre turismo
- datos sobre las especies de coral y otras especies de los arrecifes
- información sobre el estado de los arrecifes: ¿Están en peligro? ¿Alguna organización los protege?

¡No olviden incluir un mapa con la ubicación exacta para presentarlo en la clase!

 Practice more at **enfoques.vhlcentral.com.**

Teaching option As an optional writing activity, have students write a letter to a friend about an endangered coral reef they visited. They should explain where they went, the environmental problems they witnessed, and how they could be solved. Encourage them to use the subjunctive.

Proyecto Encourage students to avoid reading their presentations word-for-word. Suggest that they write key facts and phrases on index cards in order to guide them as they speak.

Un bosque tropical

Ahora que ya has leído sobre la riqueza del mar del Caribe, mira este episodio de **Flash Cultura** para conocer las maravillas del bosque tropical lluvioso de Puerto Rico, con su sorprendente variedad de árboles milenarios.

VOCABULARIO ÚTIL

la brújula *compass*
la caminata *hike*
la cascada *waterfall*
el chapuzón *dip*
la cima *peak*
estar en forma *to be fit*
el/la nene/a *kid*
la lupa *magnifying glass*
subir *to climb*
la torre *tower*

Preparación ¿Te gusta estar en contacto con la naturaleza? ¿De qué manera? ¿Has visitado alguno de los bosques nacionales de tu país? ¿Cuál(es)?

Comprensión Indica si estas afirmaciones son ciertas o falsas. Después, en parejas, corrijan las falsas.

1. El nombre *Yunque* proviene del español y significa "dios de la montaña". Falso. El nombre proviene de la palabra indígena *Yuque*, que significa "tierras blancas".
2. El Yunque es la reserva forestal más antigua del hemisferio occidental. Cierto.
3. El símbolo de Puerto Rico es el arroz con gandules. Falso. El símbolo de Puerto Rico es el coquí.
4. Para llegar a la cima es necesario estar en forma y llevar brújula, agua, mapa, etc. Cierto.
5. Una caminata hasta la cima puede llevar hasta dos días. Falso. Las caminatas hasta la cima pueden llevar hasta medio día.
6. Como la cima está rodeada de nubes, los árboles no pueden crecer mucho. Cierto.

Expansión En parejas, contesten estas preguntas.

- Imagina que sólo puedes llevar tres de los objetos del equipo para llegar a la cima del Yunque. ¿Cuáles llevarías? ¿Por qué?
- ¿Alguno de los atractivos del Yunque te anima (*encourages you*) a visitar este bosque en tus próximas vacaciones? ¿Cuál? ¿Por qué?
- ¿Qué tipo de comida llevas cuando vas de excursión? ¿Qué otras cosas llevas en la mochila?

Corresponsal: Diego Palacios
País: Puerto Rico

En el Yunque hay más especies de árboles que en ningún otro de los bosques nacionales, muchos de los cuales son cientos de veces más grandes, como el Parque Yellowstone o el Yosemite.

Nadar en los ríos del Yunque es uno de los pasatiempos favoritos de los puertorriqueños, como lo es meterse debajo de las cascadas.

El Yunque es el único Bosque Tropical Lluvioso del Sistema Nacional de Bosques de los Estados Unidos.

Practice more at **enfoques.vhlcentral.com.**

Point out that a **cuerda**, the unit of measurement used in the episode, is very close to an *acre*. Currently it is used only in Puerto Rico. Other Spanish-speaking countries use square kilometers (**kilómetros cuadrados**) or hectares (**hectáreas**) to refer to the area of a national park.

INSTRUCTIONAL RESOURCES
Supersite: Textbook/SAM AK, Lab MP3s, Audioscripts
SAM/WebSAM: WB, LM

TALLER DE CONSULTA

MANUAL DE GRAMÁTICA
Más práctica

6.1 The future, p. A33

6.2 The subjunctive in adverbial clauses, p. A34

6.3 Prepositions: **a**, **hacia**, and **con**, p. A35

Más gramática

6.4 Adverbs, p. A36

¡ATENCIÓN!

Note that all of the future tense endings carry a written accent mark, except the **nosotros/as** form.

Point out that some irregular verbs drop the **–e–** of the infinitive ending (**caber → cabr-**), while others replace the **–e–** or **–i–** of the infinitive ending with **–d–** (**poner → pondr-**).

Decir and **hacer** have individual irregularities. Emphasize that in the future, while some verb stems are irregular, the verb endings never change.

Remind students that the impersonal form of **haber** is the same for singular and plural. Ex: **Habrá un examen al final del semestre. Habrá cinco exámenes en total.**

6.1 The future

Mañana por la tarde estaremos en el campamento.

Nos quedaremos cuidando a Bambi.

- The future tense (**el futuro**) uses the same endings for all **–ar, –er**, and **–ir** verbs. For regular verbs, the endings are added to the infinitive.

The future tense		
hablar	**deber**	**abrir**
hablaré	**deberé**	**abriré**
hablarás	**deberás**	**abrirás**
hablará	**deberá**	**abrirá**
hablaremos	**deberemos**	**abriremos**
hablaréis	**deberéis**	**abriréis**
hablarán	**deberán**	**abrirán**

- For irregular verbs, the same future endings are added to the irregular stem.

Infinitive	stem	future forms
caber	cabr-	**cabré, cabrás, cabrá, cabremos, cabréis, cabrán**
haber	habr-	**habré, habrás, habrá, habremos, habréis, habrán**
poder	podr-	**podré, podrás, podrá, podremos, podréis, podrán**
querer	querr-	**querré, querrás, querrá, querremos, querréis, querrán**
saber	sabr-	**sabré, sabrás, sabrá, sabremos, sabréis, sabrán**
poner	pondr-	**pondré, pondrás, pondrá, pondremos, pondréis, pondrán**
salir	saldr-	**saldré, saldrás, saldrá, saldremos, saldréis, saldrán**
tener	tendr-	**tendré, tendrás, tendrá, tendremos, tendréis, tendrán**
valer	valdr-	**valdré, valdrás, valdrá, valdremos, valdréis, valdrán**
venir	vendr-	**vendré, vendrás, vendrá, vendremos, vendréis, vendrán**
decir	dir-	**diré, dirás, dirá, diremos, diréis, dirán**
hacer	har-	**haré, harás, hará, haremos, haréis, harán**
satisfacer	satisfar-	**satisfaré, satisfarás, satisfará, satisfaremos, satisfaréis, satisfarán**

- Most verbs derived from irregular verbs follow the same pattern.

poner → **pondré**
proponer → **propondré**

- In Spanish, as in English, the future tense is one of many ways to express actions or conditions that will happen in the future.

PRESENT INDICATIVE	PRESENT SUBJUNCTIVE
conveys a sense of certainty that the action will occur	refers to an action that has yet to occur: used after verbs of will and influence.
Llegan a la costa mañana. *They arrive at the coast tomorrow.*	Prefiero que **lleguen** a la costa mañana. *I prefer that they arrive at the coast tomorrow.*
ir a + [*infinitive*]	**FUTURE TENSE**
expresses the near future; is commonly used in everyday speech	expresses an action that will occur; often implies more certainty than **ir a** + [*infinitive*]
Van a llegar a la costa mañana. *They are going to arrive at the coast tomorrow.*	**Llegarán** a la costa mañana. *They will arrive at the coast tomorrow.*

- The English word *will* can refer either to future time or to someone's willingness to do something. To express willingness, Spanish uses the verb **querer** + [*infinitive*], not the future tense.

  ¿**Quieres contribuir** a la protección del medio ambiente?
  Will you contribute to the protection of the environment?

  Quiero ayudar, pero no sé por dónde empezar.
  I'm willing to help, but I don't know where to begin.

- In Spanish, the future tense may be used to express conjecture or probability, even about present events. English expresses this sense in various ways, such as *wonder*, *bet*, *must be*, *may*, *might*, and *probably*.

  ¿Qué hora **será**?
  I wonder what time it is.

  ¿**Lloverá** mañana?
  Do you think it will rain tomorrow?

  Ya **serán** las dos de la mañana.
  It must be two a.m. by now.

  Probablemente **tendremos** un poco de sol y un poco de viento.
  It'll probably be sunny and windy.

- When the present subjunctive follows a conjunction of time like **cuando**, **después (de) que**, **en cuanto**, **hasta que**, and **tan pronto como**, the future tense is often used in the main clause of the sentence.

  Nos quedaremos lejos de la costa **hasta que pase** el huracán.
  We'll stay far from the coast until the hurricane passes.

  En cuanto termine de llover, **regresaremos** a casa.
  As soon as it stops raining, we'll go back home.

  Tan pronto como salga el sol**, iré** a la playa a tomar fotos.
  As soon as the sun comes up, I'll go to the beach to take photos.

¡ATENCIÓN!

The future tense is used less frequently in Spanish than in English.

Te llamo mañana.
I'll call you tomorrow.

Let students know that, to express willingness, other verbs like **querer** can also be used: **desear, anhelar,** etc.

Remind students that the auxiliary verb *will* does not have a Spanish equivalent.
yo iré → *I will go*
ella hablará → *she will speak*

TALLER DE CONSULTA

For a detailed explanation of the subjunctive with conjunctions of time, see **6.2**.

Práctica

TALLER DE CONSULTA

MANUAL DE GRAMÁTICA
Más práctica

6.1 The future, p. A33

① Before beginning the activity, discuss different predictions that have been or could be made about the end of the world.

① For Part B, have volunteers describe recent films or novels that make predictions about the future of the planet.

② Remind students to watch for irregular verbs as they complete the activity.

Teaching option Divide the class into two teams. Indicate one team member at a time, alternating between teams. Call out an infinitive and a subject pronoun and have the team member give the correct future form. Award one point for each correct answer. The team with the most points wins.

1 Catástrofe Hay muchas historias que cuentan el fin del mundo. Aquí tienes una de ellas.

A. Primero, lee la historia y subraya las expresiones de futuro. Después sustitúyelas por verbos en futuro.

(1) Los videntes (*fortunetellers*) aseguran que van a suceder catástrofes. (2) El clima va a cambiar. (3) Va a haber huracanes y terremotos. (4) Vamos a vivir tormentas permanentes. (5) Una gran niebla va a caer sobre el mundo. (6) El suelo del bosque va a temblar. (7) El mundo que conocemos también va a acabarse. (8) En ese instante, la tierra va a volver a sus orígenes.

1. sucederán
2. cambiará
3. Habrá
4. Viviremos
5. caerá
6. temblará
7. se acabará
8. volverá

B. Ahora, en parejas, escriban su propia historia del futuro del planeta. Pueden inspirarse en el párrafo anterior o pueden escribir una versión más optimista.

2 Horóscopo chino En el horóscopo chino, cada signo es un animal. Lee las predicciones del horóscopo chino para la serpiente. Conjuga los verbos entre paréntesis usando el futuro.

Trabajo: Esta semana (tú) (1) tendrás (tener) que trabajar duro. (2) Saldrás (salir) poco y no (3) podrás (poder) divertirte, pero (4) valdrá (valer) la pena. Muy pronto (5) conseguirás (conseguir) el puesto que esperas.

Dinero: (6) Vendrán (venir) tormentas económicas. No malgastes tus ahorros.

Salud: (7) Resolverás (resolver) tus problemas respiratorios, pero (8) deberás (deber) cuidarte la garganta.

Amor: (9) Recibirás (recibir) una noticia muy buena. Una persona especial te (10) dirá (decir) que te ama. (11) Vendrán (venir) días felices.

3 El futuro En parejas, imaginen que uno/a de ustedes es un(a) investigador(a). La otra persona es un(a) estudiante que quiere saber qué sucederá en el futuro. El/La investigador(a) deberá contestar preguntas relacionadas con estos temas.

trabajo

estudios

naturaleza

política

MODELO

ESTUDIANTE ¿Existirán las bibliotecas en el futuro?
INVESTIGADOR(A) Sí, pero habrá menos debido al desarrollo de la tecnología.

Practice more at **enfoques.vhlcentral.com.**

Comunicación

4 **Viaje ecológico** Tú y tu compañero/a tienen que planear un viaje ecológico. Decidan a qué país irán, en qué fechas y qué harán allí. Usen ocho verbos en futuro.

ECOTURISMO

Puerto Rico	República Dominicana
• acampar en la costa y disfrutar de las playas	• ir en kayak por los ríos tropicales
• visitar el Viejo San Juan	• bucear por los arrecifes
• montar a caballo por la Cordillera Central	• ir de safari por La Descubierta y ver los cocodrilos del lago Enriquillo
• ir en bicicleta por la costa	• disfrutar del paisaje de Barahona
• viajar en barco por la isla Culebra	• observar las aves en el Parque Nacional del Este

4 If time and resources permit, bring in tourist materials about different Spanish-speaking countries.

5 **¿Qué será de...?** Todo cambia con el paso del tiempo. En parejas, conversen sobre lo que sucederá en el futuro en relación con estos temas y lugares.

- las ballenas (*whales*) en 2200
- Venecia en 2065
- los libros tradicionales en 2105
- la televisión en 2056
- Internet en 2050
- las hamburguesas en 2080
- los Polos Norte y Sur en 2300
- el Amazonas en 2100
- Los Ángeles en 2245
- el petróleo en 2090

5 Ask pairs to come up with their own predictions about things that will happen 25, 50, and 100 years from now.

6 **¿Dónde estarán en 20 años?** La fama es, en muchas ocasiones, pasajera (*fleeting*). En grupos de tres, hagan una lista de cinco personas famosas y anticipen lo que será de ellas dentro de veinte años.

6 Model the activity by talking about one celebrity first as a class.

7 **Situaciones**

A. En parejas, seleccionen uno de estos temas e inventen una conversación usando el tiempo futuro.

1. Dos jóvenes han terminado sus estudios universitarios y hablan sobre lo que harán para convertirse en millonarios.
2. Dos ladrones acaban de robar todo el dinero de un banco internacional. Piensen en lo que hará la policía para atraparlos.
3. La familia Rondón ha decidido convertir su granja (*farm*) en un centro de ecoturismo. Debe planear algunas atracciones para los turistas.
4. Dos científicos se reúnen para participar en un intercambio (*exchange*) de ideas. El objetivo es controlar, reducir e, idealmente, eliminar la contaminación del aire en las grandes ciudades. Cada uno/a dice lo que hará o inventará para conseguirlo.

B. Ahora, interpreten su conversación ante la clase. La clase votará por la conversación más creativa.

7 Have volunteers perform their conversation for the class. For listening comprehension, ask students to jot down the verbs used in the future.

NATIONAL
comparisons
STANDARDS

INSTRUCTIONAL RESOURCES
Supersite: Textbook/SAM AK, Lab MP3s, Audioscripts
SAM/WebSAM: WB, LM

6.2 The subjunctive in adverbial clauses

- In Spanish, adverbial clauses are commonly introduced by conjunctions. Certain conjunctions require the subjunctive, while others can be followed by the subjunctive or the indicative, depending on the context in which they are used.

¡Estoy dejando espacio para que la atrapen!

No le des más comida aunque ponga cara de perrito.

Conjunctions that require the subjunctive

- Certain conjunctions are always followed by the subjunctive because they introduce actions or states that are uncertain or have not yet happened. These conjunctions commonly express purpose, condition, or intent.

MAIN CLAUSE	CONNECTOR	SUBORDINATE CLAUSE
Se acabará el petróleo en pocos años	**a menos que**	busquemos **energías alternativas.**

Conjunctions that require the subjunctive

a menos que *unless*	**en caso (de) que** *in case*
antes (de) que *before*	**para que** *so that*
con tal (de) que *provided that*	**sin que** *without; unless*

El gobierno se prepara **en caso de que haya** una gran sequía el verano que viene.
The government is getting ready in case there is a big drought in the coming summer.

A menos que haga mal tiempo, iremos a la montaña el próximo miércoles.
We will go to the mountains next Wednesday unless the weather is bad.

Debemos proteger a los animales salvajes **antes de que se extingan**.
We should protect wild animals before they become extinct.

- If there is no change of subject in the sentence, a subordinate clause is not necessary. Instead, the prepositions **antes de, con tal de, en caso de, para**, and **sin** can be used, followed by the infinitive. Note that the connector **que** is not necessary in this case.

Las organizaciones ecologistas trabajan **para proteger** los arrecifes de coral.
Environmental organizations work to protect coral reefs.

Tienes que pedir permiso **antes de darles de comer** a los monos del zoológico.
You have to ask permission before feeding the monkeys at the zoo.

¡ATENCIÓN!

An adverbial clause (**cláusula adverbial**) is one that modifies or describes verbs, adjectives, or other adverbs. It describes how, why, when, or where an action takes place.

To review the use of adverbs, see **Manual de gramática** 6.4, p. A36.

¡ATENCIÓN!

Adverbial clauses can also go before the main clause. Note that a comma is used in that case.

No iré a la fiesta a menos que me inviten.

A menos que me inviten, no iré a la fiesta.

Point out that, while English often uses subordinate clauses when there is no change of subject, Spanish uses the infinitive instead. Ex: **Tomé la medicina para curarme.** *I took the medicine so that I would get better.*

Conjunctions followed by the subjunctive or the indicative

- If the action in the main clause has not yet occurred, then the subjunctive is used after conjunctions of time or concession.

Conjunctions of time or concession	
a pesar de que *despite*	**hasta que** *until*
apenas *as soon as*	**luego que** *as soon as*
aunque *although; even if*	**mientras que** *while*
cuando *when*	**ni/no bien** *as soon as*
después (de) que *after*	**siempre que** *as long as*
en cuanto *as soon as*	**tan pronto como** *as soon as*

La excursión no saldrá **hasta que estemos** todos.
The excursion will not leave until we all are here.

Dejaremos libre al pájaro **en cuanto** el veterinario nos **diga** que puede volar.
We will free the bird as soon as the vet tells us it can fly.

Aunque me **digan** que es inofensivo, no me acercaré al perro.
Even if they tell me he's harmless, I'm not going near the dog.

Cuando Pedro vaya a cazar, tendrá cuidado con las serpientes venenosas.
When Pedro goes hunting, he will be careful of the poisonous snakes.

Te mando un mensaje de texto **apenas lleguemos** al aeropuerto.
I'll text you as soon as we get to the airport.

- If the action in the main clause has already happened, or happens habitually, then the indicative is used in the adverbial clause.

Tan pronto como paró de llover, Matías salió a jugar al parque.
As soon as the rain stopped, Matías went out to play in the park.

Mi padre y yo siempre nos lo pasamos bien **cuando vamos** al río.
My father and I always have fun when we go to the river.

¡ATENCIÓN!

A pesar de, **después de**, and **hasta** can also be followed by an infinitive, instead of **que** + [*subjunctive*], when there is no change of subject.

Voy a acostarme después de ver las noticias.

Práctica

TALLER DE CONSULTA

MANUAL DE GRAMÁTICA
Más práctica

6.2 The subjunctive in adverbial clauses, p. A34

1 Reunión **Completa las oraciones con el indicativo (presente o pretérito) o el subjuntivo de los verbos entre paréntesis.**

1. Los ecologistas no apoyarán al alcalde (*mayor*) a menos que éste __cambie__ (cambiar) su política de medio ambiente.
2. El alcalde va a hablar con su asesor (*advisor*) antes de que __lleguen__ (llegar) los ecologistas.
3. Los ecologistas entraron en la oficina del alcalde tan pronto como __supieron__ (saber) que los esperaban.
4. El alcalde les asegura que siempre piensa en el medio ambiente cuando __da__ (dar) permisos para construir edificios nuevos.
5. Los ecologistas van a estar preocupados hasta que el alcalde __responda__ (responder) todas sus preguntas.

(2) Before completing the activity, have students underline the conjunctions and the connector **que** for each item.

2 ¿Infinitivo o subjuntivo? **Completa las oraciones con el verbo en infinitivo o en subjuntivo.**

1. Compraré un carro híbrido con tal de que no __sea__ (ser) muy caro. Compraré un carro híbrido con tal de __conservar__ (conservar) los recursos naturales.
2. Los biólogos viajan para __estudiar__ (estudiar) la biodiversidad. Los biólogos viajan para que la biodiversidad se __conozca__ (conocer).
3. Él se preocupará por el calentamiento global después de que los científicos le __demuestren__ (demostrar) que es una realidad. Él se preocupará por el calentamiento global después de __ver__ (ver) con sus propios ojos lo que ocurre.
4. No podremos continuar sin __tener__ (tener) un mapa. No podremos continuar sin que alguien nos __dé__ (dar) un mapa.

3 Declaraciones **Elige la conjunción adecuada para completar la conversación entre un periodista y la señora Corbo, encargada de relaciones públicas de un zoológico.**

PERIODISTA Señora Corbo, ¿qué le parece el artículo que se ha publicado en el que se dice que el zoológico no trata bien a los animales?

SRA. CORBO Lo he leído, y (1) __aunque__ (aunque / cuando) yo no estoy de acuerdo con el artículo, hemos iniciado una investigación. (2) __Tan pronto como__ (Hasta que / Tan pronto como) terminemos la investigación, se lo comunicaremos a la prensa. Queremos hablar con todos los empleados (3) __para que__ (en cuanto / para que) no haya ninguna duda.

PERIODISTA ¿Es verdad que limpian las jaulas (*cages*) sólo cuando va a haber una inspección (4) __para que__ (para que / sin que) el zoológico no tenga problemas con las autoridades?

SRA. CORBO Le aseguro que todo se limpia diariamente hasta el último detalle. Y si no me cree, lo invito a que nos visite mañana mismo.

PERIODISTA ¿Cuándo cree que sabrán lo que ha ocurrido?

SRA. CORBO (5) __En cuanto__ (En cuanto / Aunque) termine la investigación.

Practice more at **enfoques.vhlcentral.com.**

Teaching option Divide the class into two teams: **Subjuntivo** and **Indicativo**. Write a conjunction on the board. Ex: **con tal (de) que**, **hasta que**, etc. Have a member of team **Subjuntivo** create an original sentence using the subjunctive; have a team member from team **Indicativo** use the same construction with the indicative in the adverbial clause. Award one point for each correct answer. The team with the most points wins.

Comunicación

communication NATIONAL STANDARDS

4 **Instrucciones** Javier va a salir de viaje, así que le ha dejado una lista de instrucciones a su compañero de casa. En parejas, túrnense para preparar las instrucciones usando oraciones adverbiales con subjuntivo y las conjunciones de la lista.

MODELO No uses mi computadora a menos que sea una emergencia.

a menos que
a pesar de que
con tal de que
cuando
en caso de que
en cuanto
para que
siempre que
tan pronto como

Instrucciones
- Darles de comer a los peces
- Comprar productos ecológicos
- No pasear al perro si hay tormenta
- Usar sólo papel reciclado
- No usar mucha agua excepto para regar (to water) las plantas
- Llamarme por cualquier problema

④ Have students recycle vocabulary about the household (**Lección 3**) to create additional instructions. Ex: **lavar los platos, apagar el televisor**, etc.

5 **Situaciones** En parejas, túrnense para completar las oraciones.

1. Terminaré mis estudios a tiempo a menos que...
2. Me iré a vivir a otro país en caso de que...
3. Ahorraré (*I will save*) mucho dinero para que...
4. Cambiaré de carrera en cuanto...
5. Me jubilaré (*I will retire*) cuando...

⑤ Call on students to share their partners' responses.

6 **Huracán** En grupos de cuatro, imaginen que son compañeros/as de casa y que un huracán se acerca a la zona donde viven. Escriban un plan para explicar qué harán en las diferentes situaciones. Usen el subjuntivo y las conjunciones adverbiales.

- las bombillas de luz se queman
- las ventanas se rompen
- las líneas de teléfono se cortan
- el sótano se inunda (*floods*)
- los vecinos ya se han ido
- no hay suficiente alimento
- no hay conexión a Internet

⑥ Ask students to create two sentences using superlatives (**Estructura 5.1**). Ex: **Si las ventanas se rompen, lo más importante es quedarse dentro de la casa.**

INSTRUCTIONAL RESOURCES
Supersite: Textbook/SAM AK, Lab MP3s, Audioscripts
SAM/WebSAM: WB, LM

¡ATENCIÓN!

Some verbs require **a** when used with an infinitive, such as **ir a**, **comenzar a**, **volver a**, **enseñar a**, **aprender a**, and **ayudar a**.

Aprendí a manejar.
I learned to drive.

Me ayudó a arreglar el coche.
He helped me fix the car.

Remind students that **a** + **el** = **al**.

Remind students not to confuse the direct object that follows the personal **a** with the indirect object that responds to **¿A quién?** Ex: **Llamamos a la directora. / Le dimos el guión a la directora.**

¡ATENCIÓN!

There is no accent mark on the **i** in the preposition **hacia**. The stress falls on the first **a**. The word **hacía** is a form of the verb **hacer**.

6.3 Prepositions: *a*, *hacia*, and *con*

The preposition *a*

- The preposition **a** can mean *to, at, for, upon, within, of, from,* or *by*, depending on the context. Sometimes it has no direct translation in English.

Terminó **a** las doce.
It ended at midnight.

Lucy estaba **a** mi derecha.
Lucy was to/on my right.

El mar Caribe está **a** doscientas cincuenta millas de aquí.
The Caribbean Sea is two hundred and fifty miles from here.

Le compré un pájaro exótico **a** Juan.
I bought an exotic bird from/for Juan.

Al llegar **a** casa, me sentí feliz.
Upon returning home, I felt happy.

Fui **a** casa de mis padres para ayudarlos después de la inundación.
I went to my parents' house to help them after the flood.

- The preposition **a** introduces indirect objects.

Le prometió **a** su hijo que irían a navegar.
He promised his son they would go sailing.

Hoy, en el zoo, le di de comer **a** un conejo.
Today, in the zoo, I fed a rabbit.

- The preposition **a** can be used to give commands or make suggestions.

¡**A** comer!
Let's eat!

¡**A** dormir!
Time for bed!

- When a direct object noun is a person (or a pet), it is preceded by the personal **a**, which has no equivalent in English. The personal **a** is also used with the words **alguien, nadie**, and **alguno** and **ninguno**.

¿Viste **a** tus amigos en el parque?
Did you see your friends in the park?

No, no he visto **a** nadie.
No, I haven't seen anyone.

- The personal **a** is not used when the person in question is not specific.

La organización ambiental busca voluntarios.
The environmental organization is looking for volunteers.

Sí, necesitan voluntarios para limpiar la costa.
Yes, they need volunteers to clean the coast.

The preposition *hacia*

- With movement, either literal or figurative, **hacia** means *toward* or *to.*

La actitud de Manuel **hacia** mí fue negativa.
Manuel's attitude toward me was negative.

El biólogo se dirige **hacia** Puerto Rico para la entrevista.
The biologist is headed to Puerto Rico for the interview.

- With time, **hacia** means *approximately, around, about,* or *toward.*

El programa que queremos ver empieza **hacia** las 8.
The show that we want to watch will begin around 8:00.

La televisión se hizo popular **hacia** la segunda mitad del siglo XX.
Television became popular toward the second half of the twentieth century.

The preposition *con*

La idea es tener contacto con la naturaleza.

¡Maldito pez! ¡En una playa tropical con tres mujeres!

- The preposition **con** means *with.*

Me gustaría hablar **con** el director del departamento.
I would like to speak with the director of the department.

Es una organización ecológica **con** muchos miembros.
It's an environmental organization with lots of members.

- Many English adverbs can be expressed in Spanish with **con** + [*noun*].

Habló del tema **con** cuidado.
She spoke about the issue carefully.

Hablaba **con** cariño.
He spoke affectionately.

- The preposition **con** is also used rhetorically to emphasize the value or the quality of something or someone, contrary to a given fact or situation. In this case, **con** conveys surprise at an apparent conflict between two known facts. In English, the words *but, even though*, and *in spite of* are used.

Los turistas tiraron los envoltorios al suelo.
The tourists threw wrappers on the ground.

¡**Con** lo limpio que estaba todo!
But the place was so clean!

- If **con** is followed by **mí** or **ti**, it forms a contraction: **conmigo**, **contigo**.

con + mí  **conmigo**
con + ti **contigo**

¿Quieres venir **conmigo** al campo?
Do you want to come with me to the countryside?

Por supuesto que quiero ir **contigo**.
Of course I want to go with you.

- **Consigo** is the contraction of **con** + **usted/ustedes** or **con** + **él/ella/ellos/ellas**. **Consigo** is equivalent to the English *with himself/herself/yourself* or *with themselves/yourselves*, and is commonly followed by **mismo**. It is only used when the subject of the sentence is the same person referred to after **con**.

Están satisfechos **consigo mismos**.
They are satisfied with themselves.
Cristina no está feliz **consigo**.
Cristina is not happy with herself.

Fui al cine **con él**.
I went to the movies with him.
Prefiero ir al parque **con usted**.
I prefer going to the park with you.

Point out that it is never correct to say **con mí** or **con ti**. Also remind students that, while the personal pronoun **mí** carries an accent to distinguish it from the possessive adjective **mi**, **ti** never has an accent.

Práctica

TALLER DE CONSULTA

MANUAL DE GRAMÁTICA
Más práctica

6.3 Prepositions: **a**, **hacia**, and **con**, p. A35

1 ¿Cuál es? Elige entre las preposiciones a, hacia y con para completar cada oración.

1. El león caminaba hacia el árbol.
2. Dijeron que la tormenta empezaría hacia/a las dos de la tarde.
3. Le prometí que iba a ahorrar combustible.
4. Ellos van a tratar de ser responsables con el medio ambiente.
5. Contribuyó a la campaña ecológica con mucho dinero.
6. El depósito de combustible estaba a mi izquierda.

② Have pairs of students identify why **a** is needed in each case according to the explanation in **Estructura 6.3.**

2 Amigos Primero, completa los párrafos con las preposiciones a y con. Marca los casos que no necesitan una preposición con una X.

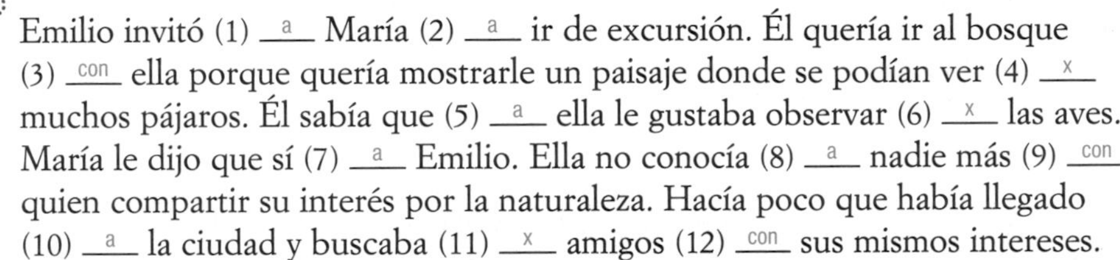

Emilio invitó (1) a María (2) a ir de excursión. Él quería ir al bosque (3) con ella porque quería mostrarle un paisaje donde se podían ver (4) x muchos pájaros. Él sabía que (5) a ella le gustaba observar (6) x las aves. María le dijo que sí (7) a Emilio. Ella no conocía (8) a nadie más (9) con quien compartir su interés por la naturaleza. Hacía poco que había llegado (10) a la ciudad y buscaba (11) x amigos (12) con sus mismos intereses.

③ For expansion, have students write a conversation between María, Emilio, and his little brother in which they make plans for their next visit to the country. Have students use at least five examples of **con** contractions.

3 Conversación Completa la conversación entre Emilio y María con la opción correcta de la preposición con. Puedes usar las opciones de la lista más de una vez.

con	**con ustedes**	**consigo**
con nosotros	**conmigo**	**contigo**

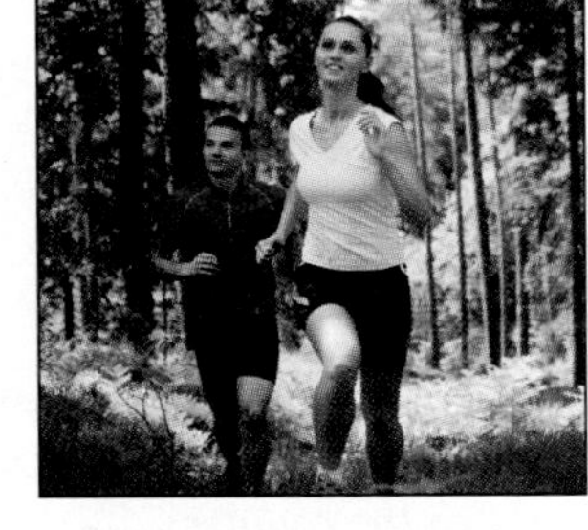

EMILIO Gracias por haber venido (1) conmigo a correr por el campo. Ha sido una tarde divertida.

MARÍA No, Emilio. Gracias a ti por haberme invitado a venir (2) contigo. No conocía este sitio y es maravilloso. ¡(3) Con lo que me gusta el campo! Echo de menos venir más a menudo.

EMILIO Pues ya lo sabes, puedes venir (4) conmigo cuando quieras. ¿Qué te parece si lo repetimos la próxima semana?

MARÍA Me encantaría volver. La próxima vez, vendré (5) con unas zapatillas más adecuadas.

EMILIO A veces, vengo (6) con mi hermano pequeño. Tiene once años; seguro que te cae bien. Si quieres, la semana que viene puede venir (7) con nosotros. Él siempre se trae un cronómetro (8) consigo. Dice que va a ser un atleta famoso.

MARÍA Perfecto, la semana que viene venimos los tres. Estoy segura de que lo voy a pasar bien (9) con ustedes.

Practice more at **enfoques.vhlcentral.com.**

Teaching option For additional practice, write **a**, **hacia**, and **con** on three index cards and shuffle them. Have volunteers pick a card and create a sentence using that preposition. As a variation, have students base their sentences on the previous student's answer. Appoint one student to record the sentences and read them back to the class to create an absurd story.

Comunicación

④ **Safari** En parejas, escriban un artículo periodístico breve sobre lo que le sucedió a un grupo de turistas durante un safari. Usen por lo menos cuatro frases de la lista. Sean imaginativos/as. Después, compartan el informe con la clase.

hacia el león	con la cámara digital	con la boca abierta
al guía	a tomar una foto	a correr
hacia el carro	a nadie	hacia el tigre

④ To help students prepare their articles, encourage them to create a time line of events before they begin writing.

⑤ **Noticias** En grupos de cuatro o cinco personas, lean los titulares (*headlines*) e inventen la noticia. Formen un círculo. El primer estudiante debe leer el titular al segundo, añadiendo (*adding*) algo. El segundo repite la noticia al tercero y añade otra cosa, y así sucesivamente (*and so on*). Las partes que añadan a la noticia deben incluir las preposiciones **a**, **con** o **hacia**.

MODELO **Acusaron a Petrosur de contaminar el río.**

ESTUDIANTE 1 Acusaron a Petrosur de contaminar el río con productos químicos.

ESTUDIANTE 2 Acusaron a Petrosur de contaminar el río con productos químicos. A diario se ven horribles manchas que flotan en el agua.

ESTUDIANTE 3 Acusaron a Petrosur de contaminar el río con productos químicos. A diario se ven horribles manchas que flotan en el agua hacia la bahía.

1. Inventaron un combustible nuevo.
2. El presidente felicitó (*congratulated*) a los bomberos.
3. Inauguran hoy una nueva reserva.
4. Se acerca una tormenta.

⑤ As a variation, have students find authentic **titulares** from Spanish-speaking newspapers on the Internet.

⑥ **Síntesis**

A. En parejas, háganse estas preguntas sobre la naturaleza. Deben usar el futuro, el subjuntivo y las preposiciones a, hacia y con en sus respuestas.

1. ¿Conoces a alguien que contribuya a cuidar el medio ambiente?
2. ¿Te gusta cazar? ¿Conoces a mucha gente que cace?
3. ¿Crees que reciclar es importante? ¿Por qué? ¿Qué sucederá si no reciclamos?
4. ¿Qué actitud tienes hacia el uso de productos desechables?
5. ¿Crees que el calentamiento global empeorará a menos que cambiemos nuestro estilo de vida?
6. ¿Qué medidas debe tomar el gobierno para que no se agoten los recursos naturales?

B. Informen a la clase de lo que han aprendido de su compañero/a usando las preposiciones correspondientes. Sigan el modelo.

MODELO Juana, mi compañera, dice que no conoce a nadie que contribuya a cuidar el medio ambiente. Ella dice que si no reciclamos, tendremos problemas con la cantidad de basura...

⑥ Review the subjunctive with **conocer**, if necessary (**Estructura 5.2**).

Teaching option If appropriate, have students find a paragraph or article and analyze the use of **a, hacia**, and **con**. Ask volunteers to present some examples to the class. Then discuss which preposition was most commonly used.

INSTRUCTIONAL RESOURCES
Supersite/DVD: Film Collection
Supersite: Script & Translation

Antes de ver el corto

EL DÍA MENOS PENSADO

país México
duración 13 minutos

director Rodrigo Ordóñez
protagonistas Julián, Inés, Ricardo (vecino), Esther (esposa de Ricardo)

Vocabulario

acabarse *to run out; to come to an end*
la cisterna *cistern; underground tank*
descuidar(se) *to get distracted; to neglect*
disculparse *to apologize*
envenenado/a *poisoned*
quedarse sin *to run out of*
resentido/a *resentful*
la salida *exit*
sobre todo *above all*
el tanque *tank*
la tubería *piping*
el/la vándalo/a *vandal*

① Ask students to create sentences with the vocabulary words not used in the exercise.

1 **El carpincho Pedro** Completa el párrafo con las palabras o las frases apropiadas.

Noticia de último momento: un grupo de (1) __vándalos__ causó graves daños (*harm*) en la Reserva Ecológica. Aparentemente, los guardias nocturnos (2) __se descuidaron__ y no los vieron entrar por una de las (3) __salidas__. Los delincuentes hicieron un agujero (*hole*) en la (4) __tubería__ que lleva agua para llenar los (5) __tanques__ en la zona de los baños. Pero eso no fue todo. Por la mañana, los guardaparques se encontraron con una triste escena. Además de encontrar el parque inundado (*flooded*) y de (6) __quedarse sin__ agua en la (7) __cisterna__, encontraron muy enfermo al carpincho (*capybara*) Pedro, el animalito más querido de la reserva. Le habían dado comida (8) __envenenada__. Afortunadamente, los veterinarios aseguran que el carpincho se va a recuperar.

② Continue discussion by asking students additional questions. **¿Se preocupan mucho por el futuro del planeta? ¿Creen que es fácil vivir sin pensar tanto en los problemas del medio ambiente?** Ask heritage speakers which environmental issues are important in their families' native countries.

2 **Preguntas** En parejas, contesten las preguntas.

1. ¿Qué tipos de contaminación hay en su comunidad? Mencionen dos o tres.
2. ¿Creen que algún día se puede acabar el agua? ¿Qué pasará si eso sucede?
3. Observen el afiche del cortometraje. ¿Qué está mirando el hombre?
4. Observen los fotogramas. ¿Qué está sucediendo en cada uno?
5. El corto se titula *El día menos pensado* (*When you least expect it*). ¿Qué catástrofes ecológicas pueden ocurrir el día menos pensado?

Practice more at **enfoques.vhlcentral.com.**

Teaching option In small groups, have students discuss films they have seen that involve an environmental crisis or natural disaster. **¿Fue realista la representación del problema? ¿Cómo afectó la situación a los personajes, al gobierno y a la sociedad?**

El día menos pensado

Una producción de FONDO NACIONAL PARA LA CULTURA Y LAS ARTES/INSTITUTO MEXICANO DE CINEMATOGRAFÍA/ GUERRILLA FILMS con apoyo de MEXATIL INDUSTRIAL, S.A. DE C.V./EQUIPMENT & FILM DESIGN (EFD)/CALABAZITAZ TIERNAZ/KODAK DE MÉXICO/CINECOLOR MÉXICO Guión y Dirección RODRIGO ORDÓÑEZ Basada en un cuento de SERGIO FERNÁNDEZ BRAVO Fotografía EVERARDO GONZÁLEZ Productor Ejecutivo GABRIEL SORIANO Dirección de Arte AMARANTA SÁNCHEZ Música Original CARLOS RUIZ Diseño Sonoro LENA ESQUENAZI Edición JUAN MANUEL FIGUEROA Actores FERNANDO BECERRIL/MARTA AURA/BRUNO BICHIR/CLAUDIA RÍOS

Synopsis A town has run out of water. Inés and Julián decide they must leave, despite the danger of vandals. Ricardo and his wife decide to join them, bringing along their infant. While driving, they come upon a group of desperate people.

Preview Ask students: **¿Algunos de ustedes han vivido en un lugar donde hay riesgo de escasez o de contaminación de agua? ¿Toman agua de la llave o grifo** (*tap*)**?**

Escenas

ARGUMENTO Una ciudad se ha quedado sin agua. Mucha gente se ha ido. Algunos se quedan vigilando la poca agua que les queda.

JULIÁN Inés, nos tenemos que ir.
INÉS Dicen que todo se va a arreglar. Que si no, es cuestión de esperar hasta que lleguen las lluvias.
JULIÁN Sí, pero no podemos confiar en eso. No a estas alturas°.

INÉS ¿Cómo vamos a salir de la ciudad? Dicen que en todas las salidas hay vándalos. Y que están muy resentidos porque ellos fueron los primeros que se quedaron sin agua.
JULIÁN Si no digo que no sea peligroso. Pero cuando se nos acabe el agua nos tenemos que ir de todos modos.

INÉS ¿Pasa algo?
JULIÁN Ya no tenemos agua.
INÉS En la tele dijeron que...
JULIÁN ¡Qué importa lo que hayan dicho! ¡Se acabó!

JULIÁN Aunque lograran° traer agua a la ciudad, no pueden distribuirla. Las tuberías están contaminadas desde el accidente. Ninguna ayuda llegará a tiempo, y menos aquí.
INÉS Pero no quiero dejar mi casa.

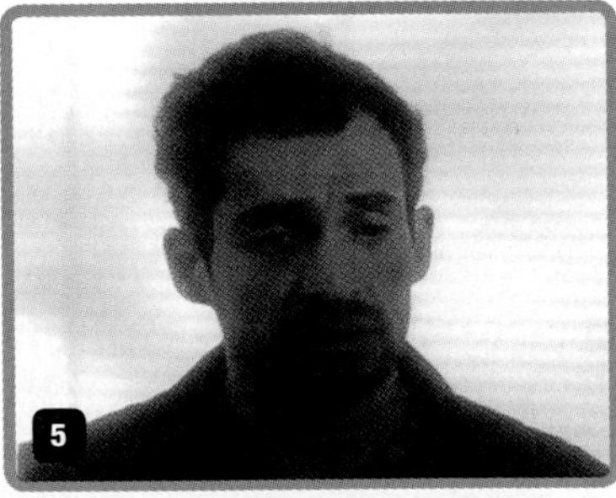

JULIÁN Y a ustedes, ¿cuándo se les acabó el agua?
RICARDO Antier° en la noche nos dimos cuenta.
JULIÁN Ricardo, ¿quieren venir con nosotros?

JULIÁN No nos va a pasar nada, Inés. ¿Qué nos pueden hacer? Todos estamos igual.

a estas alturas *at this stage* **lograran** *managed to*
antier *the day before yesterday*

Después de ver el corto

1 Comprensión Contesta las preguntas con oraciones completas.

1. ¿Qué hace el hombre en el techo de su casa? ¿Por qué?
   Está vigilando el tanque de agua porque no hay agua en la ciudad.
2. ¿Qué le dice el hombre a su esposa cuando está desayunando?
   Le dice que se tienen que ir de la ciudad.
3. ¿Qué hay en las salidas de la ciudad?
   En las salidas de la ciudad hay vándalos.
4. ¿Qué pasa con las tuberías?
   Las tuberías están contaminadas.
5. ¿Por qué deciden irse de la ciudad? ¿Quiénes van con ellos en el coche?
   Deciden irse de la ciudad porque se han quedado sin agua. Los vecinos, Ricardo, Esther y su bebé, van con ellos en el coche.
6. ¿Por qué quieren los vándalos atacar a las personas que van en el carro?
   Suggested answer: Los quieren atacar para robarles el carro y escaparse.

① If necessary, replay scenes from the film to help students answer the questions.

2 Ampliación En parejas, contesten las preguntas.

1. ¿Qué creen que ocurre al final?
2. El agua está envenenada por un accidente. ¿Qué tipo de accidente creen que hubo?
3. ¿Creen que Ricardo es una mala persona porque intentó robar agua? ¿Por qué?
4. ¿Quiénes son las personas que aparecen al final del corto? ¿Qué quieren?
5. Imaginen que son los protagonistas de este corto. ¿Qué opciones tienen?

② For item 5, ask these additional questions: **¿Con cuál de los personajes te identificas más? ¿Cómo sueles reaccionar tú ante una emergencia? ¿Recuerdas alguna situación peligrosa a la que te hayas enfrentado alguna vez?**

3 ¿El agua en peligro? En grupos de tres, lean el texto y respondan las preguntas.

Construimos nuestras ciudades cerca del agua; nos bañamos en el agua; jugamos en el agua; trabajamos con el agua. Nuestras economías están en gran parte basadas sobre la fuerza de su corriente, el transporte a través de ella, y todos los productos que compramos y vendemos están vinculados, de una u otra manera, al agua. Nuestra vida diaria se desarrolla y se configura en torno al agua. Sin el agua que nos rodea nuestra existencia sería inconcebible. En las últimas décadas, nuestra estima por el agua ha decaído. Ya no es un elemento digno de veneración y protección, sino un producto de consumo que hemos descuidado enormemente. El 80% de nuestro cuerpo está compuesto de agua y dos tercios de la superficie del planeta están cubiertos por agua: el agua es nuestra cultura, nuestra vida.

Declaración de la UNESCO con motivo del Día Mundial del Agua 2006.

1. ¿Creen que realmente estamos descuidando el agua, o el aumento del consumo es una consecuencia normal del aumento de la población?
2. Algunos expertos opinan que en el futuro se puede desencadenar una guerra mundial por el agua. ¿Creen que esto es una exageración? ¿Por qué?
3. ¿Creen que es posible cuidar el agua y otros recursos naturales sin tener que hacer grandes cambios en nuestro estilo de vida?
4. ¿Creen que hay naciones que son más responsables que otras por el consumo excesivo de recursos naturales? Expliquen su respuesta.

Teaching option After viewing the film, ask if any student had predicted the open ending. **¿Cuál es el efecto del final abierto? ¿Es la incertidumbre un aspecto importante del tema?**

Practice more at **enfoques.vhlcentral.com.**

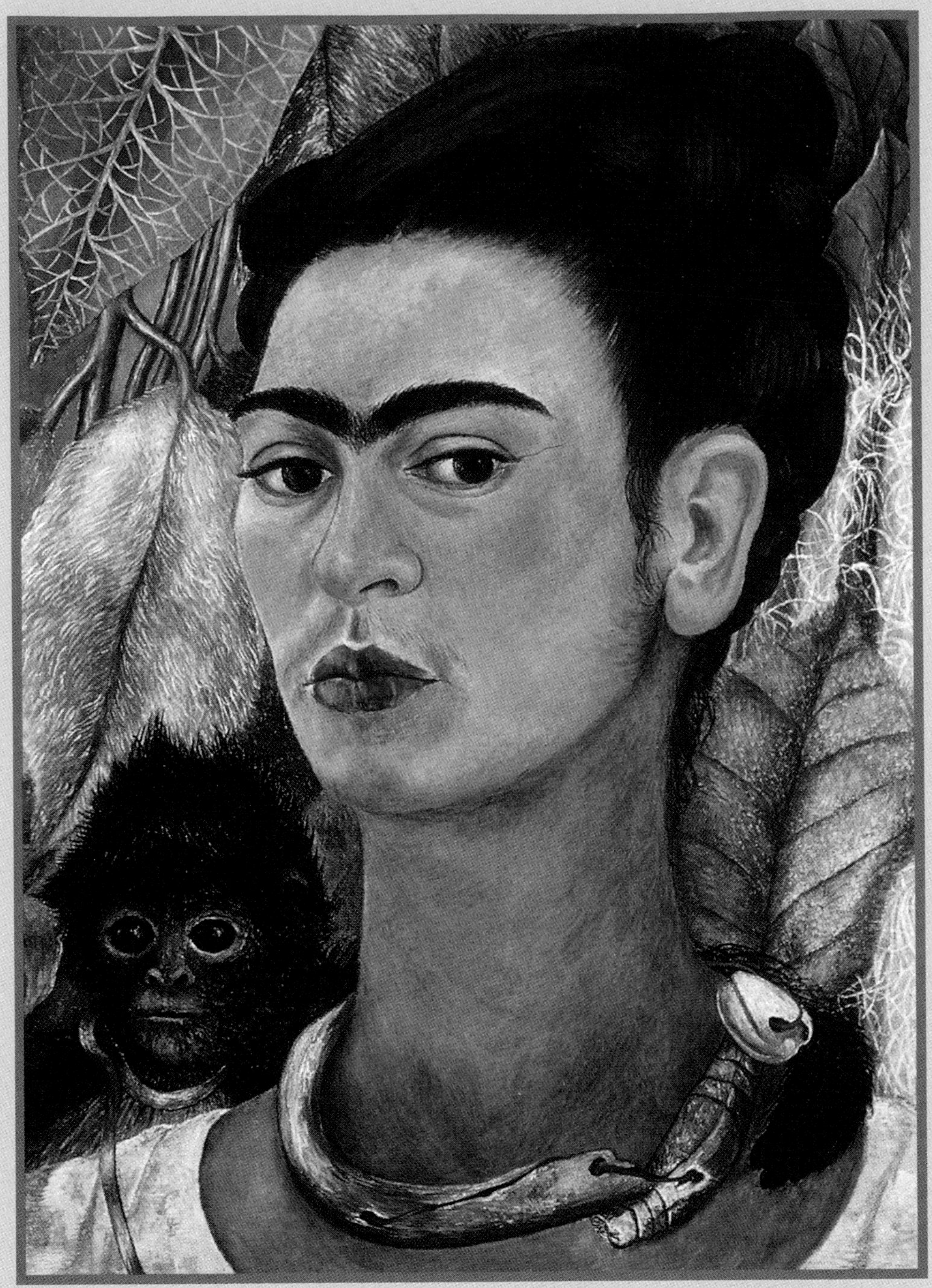

Autorretrato con mono, 1938
Frida Kahlo, México

"Quien rompe una tela de araña,
a ella y a sí mismo daña."

— Anónimo

Antes de leer

NATIONAL STANDARDS connections cultures

El eclipse

Sobre el autor

Augusto Monterroso (1921–2003) nació en Honduras, pero pasó su infancia y juventud en Guatemala. En 1944 se radicó (*settled*) en México tras dejar Guatemala por motivos políticos. A pesar de su origen y de haber vivido su vida adulta en México, siempre se consideró guatemalteco. Monterroso tuvo acceso desde pequeño al mundo intelectual de los adultos. Fue prácticamente autodidacta: abandonó la escuela a los 11 años y con sólo 15 años fundó una asociación de artistas y escritores. Considerado padre y maestro del microcuento latinoamericano, Monterroso recurre (*resorts to*) en su prosa al humor inteligente con el que presenta su visión de la realidad. Entre sus obras, destacan *La oveja negra y demás fábulas* (1969) y la novela *Lo demás es silencio* (1978). Recibió numerosos premios, incluso el Premio Príncipe de Asturias en 2000.

Vocabulario

aislado/a *isolated*	**florecer** *to flower*	**sacrificar** *to sacrifice*
digno/a *worthy*	**oscurecer** *to darken*	**salvar** *to save*
disponerse a *to be about to*	**prever** *to foresee*	**valioso/a** *valuable*
la esperanza *hope*	**la prisa** *hurry; rush*	

Exploradores Completa esta introducción de un cuento con las palabras apropiadas.

Los exploradores salieron rumbo a la ciudad perdida sin (1) __prever__ ninguno de los peligros de la selva. El viejo mapa indicaba que la ciudad escondía un (2) __valioso__ tesoro. Cuando (3) __se disponían__ a iniciar la marcha, se dieron cuenta de que iba a (4) __oscurecer__ antes de que llegaran, por lo que decidieron avanzar con (5) __prisa__. Tenían la (6) __esperanza__ de llegar antes de la medianoche.

Conexión personal ¿Alguna vez viste un eclipse? ¿Cómo fue la experiencia? ¿Hay algún fenómeno natural al que le tengas miedo? ¿Cuál? ¿Por qué?

Análisis literario: el microcuento

El microcuento es un relato breve, pero no por eso se trata de un relato simple. En estos cuentos, el lector participa activamente porque debe compensar los recursos utilizados (economía lingüística, insinuación, elipsis) a través de la especulación o haciendo uso de sus conocimientos previos. Este género nació en Argentina en los años 50 con el escritor Jorge Luis Borges (ver lección 12, **p. 469**). A medida que lees *El eclipse*, haz una lista de los conocimientos previos y de las especulaciones que sean necesarios para comprender el relato. Después, compara tu lista con la de tus compañeros/as. ¿Qué elementos de sus listas coinciden?

Practice more at **enfoques.vhlcentral.com.**

Conexión personal Have a volunteer talk about a natural disaster he or she has experienced. **¿Dónde ocurrió? ¿Cómo te sentiste? ¿Fue una situación grave?**

Análisis literario Point out that **microcuentos** are sometimes called **microrrelatos** or **minicuentos.**

Análisis literario Survey the class to see if any students write creatively in their free time. Then ask: **¿Creen que el autor siempre tiene que pensar en las experiencias previas del lector? ¿El lector puede ser pasivo? Expliquen su respuesta**.

Teaching option Write on the board Monterroso's famous seven-word **microcuento**: "Cuando despertó, el dinosaurio todavía estaba allí." Ask students to speculate about what happened before the beginning of the story. What prior knowledge do they need to resort to in order to make sense of the story?

Preview Ask students to think about the title and predict what an eclipse might symbolize in the story.

EL ECLIPSE

Augusto Monterroso

Audio: Dramatic Recording

Teaching option As students read the story, have them take notes on how the author depicts the passing of time. Then ask students what effect the author's treatment of time has on the pace and flow of the story.

Cuando fray° Bartolomé Arrazola se sintió perdido, aceptó que ya nada podría salvarlo. La selva poderosa° de Guatemala lo había apresado°, implacable y definitiva. Ante su ignorancia topográfica se sentó con tranquilidad a esperar la muerte. Quiso morir allí, sin ninguna esperanza, aislado, con el pensamiento fijo en la España distante, particularmente en el convento de Los Abrojos, donde Carlos Quinto condescendiera una vez a bajar de su eminencia para decirle que confiaba en el celo° religioso de su labor redentora°.

Al despertar se encontró rodeado° por un grupo de indígenas de rostro° impasible que se disponían a sacrificarlo ante un altar, un altar que a Bartolomé le pareció como el lecho° en que descansaría, al fin, de sus temores°, de su destino, de sí mismo.

Tres años en el país le habían conferido un mediano dominio° de las lenguas nativas. Intentó algo. Dijo algunas palabras que fueron comprendidas.

Entonces floreció° en él una idea que tuvo por digna de su talento y de su cultura universal y de su arduo conocimiento de Aristóteles. Recordó que para ese día se esperaba un eclipse total de sol. Y dispuso, en lo más íntimo°, valerse de° aquel conocimiento para engañar° a sus opresores y salvar la vida.

—Si me matáis —les dijo— puedo hacer que el sol se oscurezca en su altura.

Los indígenas lo miraron fijamente y Bartolomé sorprendió la incredulidad en sus ojos. Vio que se produjo un pequeño consejo°, y esperó confiado, no sin cierto desdén°.

Dos horas después el corazón de fray Bartolomé Arrazola chorreaba° su sangre vehemente sobre la piedra de los sacrificios (brillante bajo la opaca luz de un sol eclipsado), mientras uno de los indígenas recitaba sin ninguna inflexión de voz, sin prisa, una por una, las infinitas fechas en que se producirían eclipses solares y lunares, que los astrónomos de la comunidad maya habían previsto y anotado en sus códices sin la valiosa ayuda de Aristóteles. ■

friar
powerful/captured
zeal
redemptive
surrounded
face
bed
fears
command (of a language)
blossomed
deepest recesses/ to make use of
to trick; to deceive
counsel/disdain
was gushing

Después de leer

El eclipse

Augusto Monterroso

① Ask students to write a one-paragraph summary of the story, based on their answers.

1 Comprensión Contesta las preguntas con oraciones completas.

1. ¿Dónde se encontraba fray Bartolomé?
   Él se encontraba en la selva de Guatemala.
2. ¿Conocía el protagonista la lengua de los indígenas?
   Sí, conocía varias lenguas nativas.
3. ¿Qué querían hacer los indígenas con fray Bartolomé?
   Ellos querían sacrificarlo.
4. ¿Qué les advirtió fray Bartolomé a los indígenas?
   Él les advirtió que si lo mataban iba a hacer que el sol se oscureciera.
5. ¿Qué quería fray Bartolomé que los indígenas creyeran?
   Él quería que los indígenas creyeran que tenía poderes sobrenaturales.
6. ¿Qué recitaba un indígena mientras el corazón del fraile sangraba?
   Un indígena recitaba las fechas en que se producirían eclipses solares y lunares.

② Ask questions for students to reflect on their reaction to the story: **¿Creían que fray Bartolomé iba a sobrevivir? ¿En qué momento de la historia se dieron cuenta de que iba a morir? ¿Se identifican con el protagonista?**

2 Interpretación Contesta las siguientes preguntas.

1. ¿Por qué crees que fray Bartolomé pensaba en el convento de Los Abrojos antes de morir?
2. ¿Cuál había sido la misión de fray Bartolomé en Guatemala?
3. ¿Quién le había encomendado esa misión?
4. A pesar de los conocimientos de Aristóteles, ¿por qué el protagonista no consiguió salvarse?

③ Suggest that students divide the research tasks among their group. Appoint one person to research the history of the phenomenon or disaster, another to find visual aids, and a third to find news stories or anecdotes.

3 Fenómenos naturales En la historia de la humanidad, los fenómenos y los desastres naturales, y otros acontecimientos han sido motivo de muchos temores (*fears*) y supersticiones. A veces, esos temores tenían fundamento, pero otras veces eran supersticiones sin fundamento alguno.

A. En grupos de tres, investiguen acerca de un fenómeno o desastre natural, o un acontecimiento que haya despertado grandes temores y supersticiones antes de suceder. ¿Se cumplieron los temores o eran supersticiones sin fundamento? Pueden elegir fenómenos o desastres de la lista o pensar en otros. Presenten la investigación al resto de la clase.

- el cometa Halley
- la llegada del año 2000
- la amenaza nuclear durante la guerra fría
- la erupción del volcán Vesubio en Pompeya

③ For Part B, as students read their **microcuento** aloud, have the rest of the class jot down any questions they have.

B. Escriban un microcuento sobre uno de los fenómenos o acontecimientos presentados. Lean el microcuento al resto de la clase. Sus compañeros/as deben adivinar de qué fenómeno o acontecimiento se trata.

④ Encourage students to use comparatives and superlatives in their letters.

④ As an expansion activity, have students write a response letter from the point of view of King Charles V.

4 Escribir En la selva guatemalteca, fray Bartolomé seguramente observó gran cantidad de plantas silvestres y animales salvajes que no conocía hasta entonces. Investiga acerca de la flora y la fauna de la selva guatemalteca. Luego, imagina que eres fray Bartolomé y tienes que escribirle una carta al Rey Carlos V contándole acerca de lo que observaste en la selva. Usa el vocabulario de la lección.

MODELO Estimado Rey Carlos V: Como Su Majestad sabe, le escribo desde la selva de Guatemala, adonde llegué hace ya tres años. En esta carta, quiero contarle...

 Practice more at **enfoques.vhlcentral.com.**

Teaching option Have students invent an alternate ending to the story and share it with the rest of the class. Then have students vote on the best ending.

Antes de leer

Vocabulario

ambiental *environmental*	**el monte** *mountain*
el bombardeo *bombing*	**la pureza** *purity*
el ecosistema *ecosystem*	**el refugio** *refuge*
la especie *species*	**el terreno** *land*
el/la manifestante *protester*	**el veneno** *poison*

 **El Yunque** Completa las oraciones con el vocabulario de la tabla.

1. Puerto Rico es una isla de ___terreno___ muy variado: hay montañas, playas y hasta un bosque tropical, el Bosque Nacional del Caribe, también llamado El Yunque.
2. El Yunque tiene una diversidad de vegetación impresionante, que incluye casi 250 ___especies___ de árboles.
3. También es un ___refugio___ natural para los animales, ya que en el bosque están protegidos de la caza.
4. El ___monte___ más alto de El Yunque es El Toro, con una altura de 1.077 metros (3.533 pies).
5. Hay grupos dedicados a la protección ___ambiental___ de El Yunque. Buscan preservar la ___pureza___ de este paraíso tropical.

Conexión personal ¿Qué significado tiene la naturaleza para ti? ¿Es una fuente de trabajo o de alimento (*food*)? ¿O es un lugar de diversión y belleza? ¿Qué haces para proteger la naturaleza? ¿Cómo crees que será el mundo natural dentro de cien años? ¿Y dentro de quinientos?

Contexto cultural

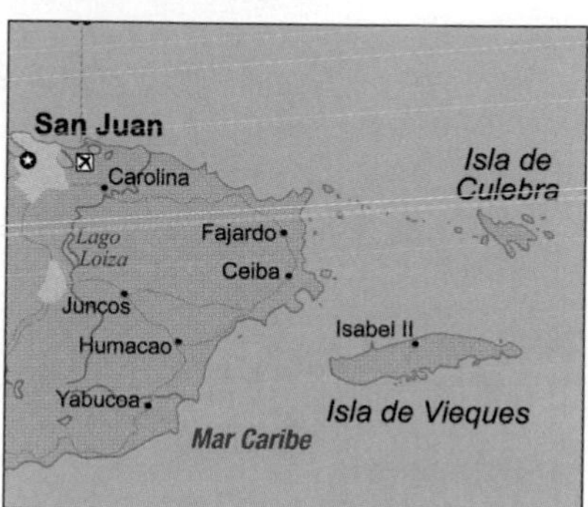

Situada en el agua transparente del mar Caribe, la pequeña **isla de Vieques** es un refugio de lagunas, bahías y playas que forman un hábitat ideal para varias clases de tortugas marinas (*sea turtles*), el manatí antillano (*manatee*) y arrecifes de coral. La gente de Vieques comparte los pequeños montes y las aguas cristalinas (*crystal clear*) de la isla con una rica variedad de flora y fauna, entre ellas cinco especies de plantas y diez especies de animales en peligro de extinción. La isla de Vieques, de 33 kilómetros de largo por 7,2 de ancho (20,5 por 4,3 millas), es un municipio de Puerto Rico que tiene nueve mil habitantes. Puerto Rico es un Estado Libre Asociado de los Estados Unidos. Los habitantes de Puerto Rico, también llamados *boricuas*, son ciudadanos (*citizens*) estadounidenses.

 Practice more at **enfoques.vhlcentral.com.**

Conexión personal
Ask students about the first time they experienced a particular aspect of nature. Ex: **¿Recuerdan la primera vez que vieron el mar o el océano? ¿Cómo se sintieron?**

Contexto cultural
Have pairs research tourism in Vieques today on the Internet. **¿Cuáles son las playas, los hoteles y las actividades más populares en la isla? ¿Cómo ha cambiado el turismo en los últimos diez años?**

Preview
Ask students to discuss the link between tourism and nature conservation. **¿Creen que se puede aumentar el turismo de una zona y a la vez proteger las riquezas naturales del lugar? ¿El turismo puede dañar la naturaleza? ¿Cómo?**

La conservación de Vieques

Vieques—Vista aérea de la zona de maniobras militares

"¡Vieques renace!"° anuncia el gobierno de este municipio puertorriqueño, que busca estimular la economía de una isla rica en naturaleza, pero pobre en economía. Vieques dispone de° sitios arqueológicos importantes, playas espectaculares, un fuerte° histórico y una bahía bioluminiscente, la Bahía Mosquito, que es una maravilla de la naturaleza. Sus arrecifes de coral contienen un ecosistema de enorme productividad y diversidad biológica. Forman un pequeño paraíso que alberga y protege una inmensa variedad de especies de plantas y animales acuáticos.

Vieques is reborn!
boasts
fort

Audio: Reading

Sin embargo, en vez de tener una tradición de alto turismo, la isla ha padecido° graves problemas. Vieques fue utilizada para prácticas de bombardeo desde 1941. En esa época muchas personas fueron desalojadas° cuando la Armada° de los Estados Unidos ocupó dos áreas en los extremos de la isla. Las prácticas continuaron por varias décadas, pero en abril de 1999 un guardia de seguridad murió cuando una bomba cayó fuera de la zona de tiro°. La muerte de David Sanes encolerizó° a los viequenses° y dio origen a° una campaña de desobediencia civil. El presidente Clinton prometió cesar el entrenamiento° de bombardeo en Vieques, pero éste continuó con bombas inertes a pesar de que los viequenses habían exigido "¡Ni una bomba más!". Los manifestantes entraban en la zona de tiro y establecían campamentos; otros se manifestaban° en Puerto Rico y en los Estados Unidos, y pronto captaron° la atención internacional. Robert Kennedy, Jr., Jesse Jackson, Rigoberta Menchú y el Dalai Lama, entre otros, hicieron declaraciones a favor de Vieques y muchas personas fueron a la cárcel° después de ser arrestadas en la zona de tiro.

> **"La protesta se centró en gran parte en los problemas que las bombas habían causado al medio ambiente, a la economía de Vieques y a la salud de los viequenses."**

La protesta se centró en gran parte en los problemas que las bombas habían causado al medio ambiente, a la economía de Vieques y a la salud de los viequenses. Las décadas de prácticas de bombardeo dejaron un nivel muy alto de contaminación, que incluye la presencia de uranio reducido (un veneno muy peligroso). Algunos piensan que la incidencia de cáncer en Vieques —25% más alta que la de todo Puerto Rico— se debe a la exposición de los habitantes a elementos tóxicos. Estas acusaciones han provocado controversia, ya que la Armada negó los efectos sobre la salud de los viequenses. Finalmente, después de una dura campaña de protesta y lucha°, las prácticas de bombardeo terminaron para siempre en 2003. Los terrenos de la Armada pasaron al Departamento de Caza y Pesca, y la Agencia de Protección Ambiental (EPA) declaró en 2005 que la limpieza ambiental de Vieques sería una de las prioridades nacionales.

Los extremos este y oeste de la isla ahora constituyen una reserva ambiental, la más grande del Caribe. Los viequenses esperan que la isla pueda, en su renacimiento, volver a un estado de mayor pureza natural y al mismo tiempo desarrollar su economía. Vieques sigue siendo un símbolo de resistencia y es un lugar cada día más popular para el turismo local y extranjero. ■

padecido° *suffered*; desalojadas° *evicted*; Armada° *Navy*; zona de tiro° *live-fire range*; encolerizó° *angered*; viequenses° *inhabitants of Vieques*; dio origen a° *gave rise to*; entrenamiento° *training*; se manifestaban° *demonstrated*; captaron° *captured*; cárcel° *jail*; lucha° *struggle*

¿Qué es la bioluminiscencia?

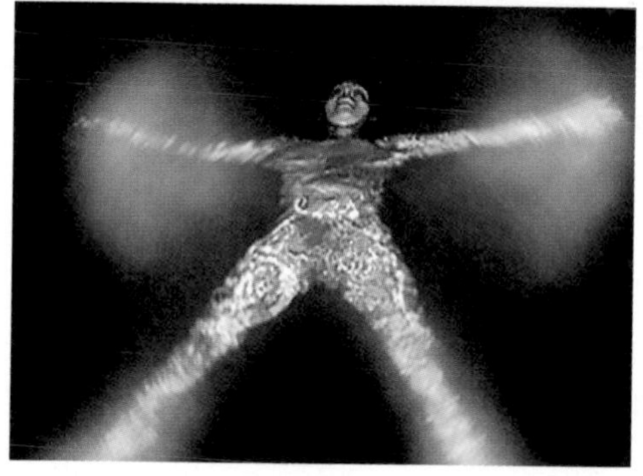

Es un efecto de fosforescencia verdeazul, causado por unos microorganismos que, al agitarse, dan un brillo extraordinario a las aguas durante la noche. El pez o bañista que se mueve bajo el agua emite una luz radiante. Para que se produzca este fenómeno extraordinario, se requiere una serie de condiciones muy especiales de temperatura, ambiente y poca contaminación.

Point out that the photo on the opposite page is an aerial view of a small island off the coast of Vieques where protesters set up camps during the protests against U.S. military operations in Vieques.

Después de leer

La conservación de Vieques

1 Comprensión Elige la respuesta correcta para completar cada oración.

1. Vieques es un municipio de (la República Dominicana/Puerto Rico).
2. Entre los atractivos de la isla se encuentra (un pico altísimo/una bahía bioluminiscente).
3. Los arrecifes de coral son importantes para la biodiversidad porque (albergan una inmensa variedad de especies/protegen la capa de ozono).
4. La protesta en contra de la presencia de la Armada se produjo después (de la muerte de un guardia de seguridad/del uso de bombas inertes).
5. Las prácticas de bombardeo dejaron (problemas de erosión/un nivel alto de contaminación).
6. Muchas personas fueron arrestadas (por robar uranio reducido/por ingresar en la zona de prácticas de bombardeo).
7. Los extremos de la isla ahora contienen (una zona de tiro/una reserva ambiental).
8. La bioluminiscencia es un efecto causado por (microorganismos/la contaminación).

② Ask expansion questions, such as: **¿Qué efectos tuvo la presencia de la Armada en la salud de los habitantes? ¿Conocen otros lugares donde los habitantes hayan sufrido problemas de salud a causa de la contaminación?**

2 Interpretación Responde a las preguntas.

1. ¿Qué potencial turístico tiene Vieques? Da ejemplos. Vieques tiene mucho potencial turístico. Tiene sitios arqueológicos importantes, playas espectaculares, un fuerte histórico y una bahía bioluminiscente.
2. ¿Qué hacía la Armada en Vieques? La Armada realizaba prácticas de bombardeo.
3. ¿Cuál era el deseo de los manifestantes de Vieques? El deseo de los manifestantes era terminar con las prácticas de bombardeo.
4. ¿Por qué creen que la Armada de los Estados Unidos estaba autorizada a hacer prácticas de bombardeo en Vieques? Suggested answer: La Armada de los EE.UU. estaba autorizada porque Puerto Rico es parte de los Estados Unidos.
5. ¿Qué ocurre cuando una persona o un pez nada en la bahía bioluminiscente? La persona o el pez emite una luz radiante.

3 Ampliación En parejas, contesten las preguntas.

1. ¿Por qué es importante conservar una isla como Vieques?
2. ¿Qué efectos puede tener la declaración de la EPA? ¿Cómo puede mejorar la vida de los viequenses si se limpia la contaminación?

④ In order to help students prepare the dialogue, have groups make a two-column chart listing the important supporting arguments for the protesters and the U.S. government.

4 Reunión con el presidente En grupos de cuatro, inventen una conversación sobre las prácticas de la Armada. Por una parte hablan dos manifestantes y por otra, el presidente y un(a) representante de la Armada. Utilicen los tiempos verbales que conocen, incluyendo el futuro. Después representen la conversación delante de la clase.

⑤ As an optional writing expansion, have students include a paragraph in which they try to convince their friend to visit Vieques.

5 El futuro de Vieques Imagina que eres un(a) habitante de Vieques. Escribe una carta a un(a) amigo/a contándole cómo crees que cambiarán las cosas en Vieques. Explica cómo se resolverán los problemas de contaminación y cómo se va a promover el turismo.

Practice more at **enfoques.vhlcentral.com.**

Atando cabos

¡A conversar!

Mascotas exóticas

A. En parejas, preparen una conversación. Imaginen que uno/a de ustedes se va de vacaciones y le pide a un(a) amigo/a que le cuide la mascota (*pet*) exótica. Utilicen las formas del futuro y las preposiciones aprendidas en esta lección.

B. Hablen sobre las preguntas y luego compartan sus opiniones con el resto de la clase. Usen las frases y expresiones del recuadro para expresar sus opiniones.

- ¿Creen que está bien tener mascotas exóticas? ¿Por qué?
- ¿Creen que está bien tener animales en exhibición en los zoológicos? ¿Por qué?

No estoy (muy) de acuerdo.	**Para mí, ...**
No es así.	**En mi opinión, ...**
No comparto esa opinión.	**(Yo) creo que...**
No coincido.	**Estoy convencido/a de que...**

¡A conversar!
- For Part A, have students write a list of recommendations for how to care for their pet. Ex: **Es importante que pasees a mi cocodrilo todos los días. Dale de comer a las 5 de la tarde**.
- Ask students to list the qualities their friend should have in order to properly care for their pet. Ex: **Tiene que ser paciente y responsable**.
- For Part B, ask the expansion question: **¿Existen animales domésticos que requieran más atención que otros? Den ejemplos**.

¡A escribir!

Patrimonio mundial Una de las misiones de la UNESCO es promover la protección del patrimonio mundial, cultural y natural de la humanidad. Para ello, ha creado una lista de áreas protegidas por su valor histórico o natural. Varias áreas naturales de Cuba se encuentran en este listado. En grupos de cuatro, elijan una de las áreas de la lista para preparar un afiche informativo.

Valle de Viñales
Parque Nacional Alejandro de Humboldt
Parque Nacional Desembarco del Granma

A. Investiguen acerca del sitio elegido. Usen estas preguntas como guía: ¿Dónde está el lugar que eligieron? ¿Por qué se caracteriza? ¿Por qué fue declarado Patrimonio Mundial? ¿Tiene sólo valor natural o es importante por su cultura e historia?

B. Preparen un afiche informativo sobre el lugar elegido. Incluyan un título, recuadros con texto, mapas e imágenes con epígrafes (*captions*).

¡A escribir!
- Before students begin writing, have them visit the UNESCO website and read the criteria for choosing World Heritage sites.
- In preparation for creating the poster, encourage students to map their ideas.

6 VOCABULARIO

Audio: Vocabulary Flashcards

La naturaleza

el árbol	*tree*
el arrecife	*reef*
el bosque (lluvioso)	*(rain) forest*
el campo	*countryside; field*
la cordillera	*mountain range*
la costa	*coast*
el desierto	*desert*
el mar	*sea*
la montaña	*mountain*
el paisaje	*landscape; scenery*
la tierra	*land; earth*
húmedo/a	*humid; damp*
seco/a	*dry*
a orillas de	*on the shore of*
al aire libre	*outdoors*

Los animales

el ave (*f.*)/ el pájaro	*bird*
el cerdo	*pig*
el conejo	*rabbit*
el león	*lion*
el mono	*monkey*
la oveja	*sheep*
el pez	*fish*
la rana	*frog*
la serpiente	*snake*
el tigre	*tiger*
la vaca	*cow*
atrapar	*to trap; to catch*
cazar	*to hunt*
dar de comer	*to feed*
extinguirse	*to become extinct*
morder (o:ue)	*to bite*
en peligro de extinción	*endangered*
salvaje	*wild*
venenoso/a	*poisonous*

INSTRUCTIONAL RESOURCES
Supersite: Testing Program

Los fenómenos naturales

el huracán	*hurricane*
el incendio	*fire*
la inundación	*flood*
el relámpago	*lightning*
la sequía	*drought*
el terremoto	*earthquake*
la tormenta (tropical)	*(tropical) storm*
el trueno	*thunder*

El medio ambiente

el calentamiento global	*global warming*
la capa de ozono	*ozone layer*
el combustible	*fuel*
la contaminación	*pollution; contamination*
la deforestación	*deforestation*
el desarrollo	*development*
la erosión	*erosion*
la fuente de energía	*energy source*
el medio ambiente	*environment*
los recursos naturales	*natural resources*
agotar	*to use up*
conservar	*to conserve; to preserve*
contaminar	*to pollute; to contaminate*
contribuir (a)	*to contribute*
desaparecer	*to disappear*
destruir	*to destroy*
malgastar	*to waste*
proteger	*to protect*
reciclar	*to recycle*
resolver (o:ue)	*to solve*
dañino/a	*harmful*
desechable	*disposable*
renovable	*renewable*
tóxico/a	*toxic*

Más vocabulario

Expresiones útiles	*Ver p. 209*
Estructura	*Ver pp. 216–217, 220–221 y 224–225*

Cinemateca

la cisterna	*cistern; underground tank*
la salida	*exit*
el tanque	*tank*
la tubería	*piping*
el/la vándalo/a	*vandal*
acabarse	*to run out; to come to an end*
descuidar(se)	*to get distracted; to neglect*
disculparse	*to apologize*
quedarse sin	*to run out of*
envenenado/a	*poisoned*
resentido/a	*resentful*
sobre todo	*above all*

Literatura

la esperanza	*hope*
la prisa	*hurry; rush*
disponerse a	*to be about to*
florecer	*to flower*
oscurecer	*to darken*
prever	*to foresee*
sacrificar	*to sacrifice*
salvar	*to save*
aislado/a	*isolated*
digno/a	*worthy*
valioso/a	*valuable*

Cultura

el bombardeo	*bombing*
el ecosistema	*ecosystem*
la especie	*species*
el/la manifestante	*protester*
el monte	*mountain*
la pureza	*purity*
el refugio	*refuge*
el terreno	*land*
el veneno	*poison*
ambiental	*environmental*

La tecnología y la ciencia

7

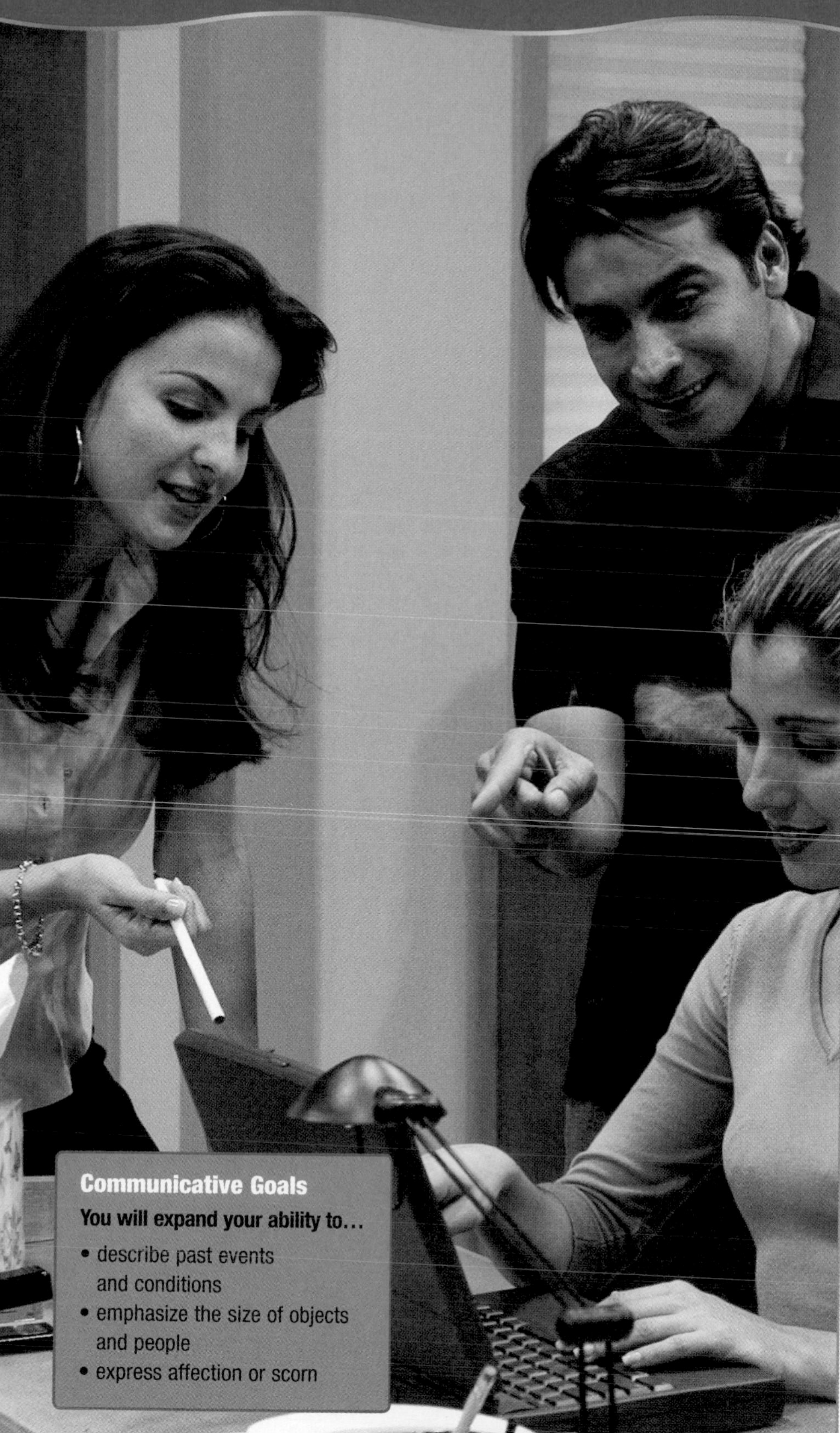

Communicative Goals

You will expand your ability to...

- describe past events and conditions
- emphasize the size of objects and people
- express affection or scorn

INSTRUCTIONAL RESOURCES
Supersite: Audioscripts, Textbook/SAM AK, Textbook/Lab MP3s
SAM/WebSAM: WB, LM

La tecnología y la ciencia

Preview: Ask students about the role of technology in our daily lives. **¿Podrían vivir sin el correo electrónico o el teléfono celular? ¿Qué ventajas y desventajas tiene la tecnología en nuestra vida diaria?**

La tecnología

Gisela se pasa largas horas frente a su **computadora portátil navegando en la red**, leyendo **blogs** y **descargando** su música preferida.

la arroba *@ symbol*
el blog *blog*
el buscador *search engine*
la computadora portátil *laptop*
la contraseña *password*
el corrector ortográfico *spellchecker*
la dirección de correo electrónico *e-mail address*
la informática *computer science*
Internet *Internet*
el mensaje (de texto) *(text) message*
la página web *web page*
el programa (de computación) *software*
el reproductor de CD/DVD/MP3 *CD/DVD/MP3 player*
el (teléfono) celular *cell phone*

adjuntar (un archivo) *to attach (a file)*
borrar *to erase*
descargar *to download*
guardar *to save*
navegar en la red *to surf the web*

digital *digital*
en línea *online*
inalámbrico/a *wireless*

La astronomía y el universo

el agujero negro *black hole*
el cohete *rocket*
el cometa *comet*
el espacio *space*
la estrella (fugaz) *(shooting) star*
el/la extraterrestre *alien*
la gravedad *gravity*
el ovni *UFO*

el planeta *planet*
el telescopio *telescope*
el transbordador espacial *space shuttle*

Los científicos

el/la astronauta *astronaut*
el/la astrónomo/a *astronomer*
el/la biólogo/a *biologist*
el/la científico/a *scientist*
el/la físico/a *physicist*
el/la ingeniero/a *engineer*
el/la matemático/a *mathematician*
el/la (bio)químico/a *(bio)chemist*

Variación léxica
el (teléfono) celular ⟷ el móvil
la computadora ⟷ el ordenador

Point out that **ovni** is short for **objeto volador no identificado.**
Point out that it is correct to say **la Internet** or **el Internet.** The choice of feminine or masculine article, or no article, is mostly regional. The capital **I** is also optional.

La ciencia y los inventos

Los científicos han realizado incontables **experimentos** sobre el **ADN** humano, los cuales han sido esenciales para los **avances revolucionarios** de las últimas décadas.

el ADN (ácido desoxirribonucleico) *DNA*
el avance *advance; breakthrough*
la célula *cell*
el desafío *challenge*
el descubrimiento *discovery*
el experimento *experiment*
el gen *gene*
el invento *invention*
la patente *patent*
la teoría *theory*

clonar *to clone*
comprobar (o:ue) *to prove*
crear *to create*
fabricar *to manufacture; to make*
formular *to formulate*
inventar *to invent*

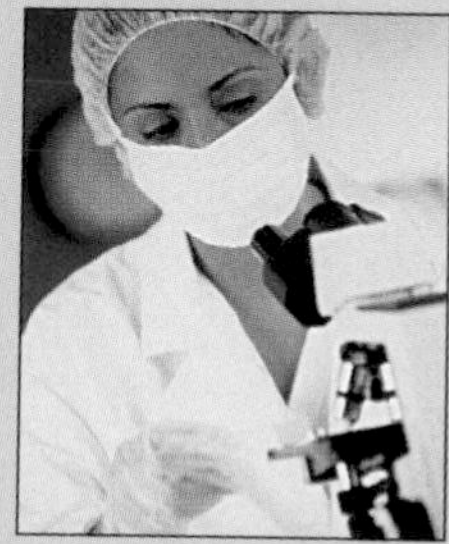

investigar *to investigate; to research*

avanzado/a *advanced*
(bio)químico/a *(bio)chemical*
especializado/a *specialized*
ético/a *ethical*
innovador(a) *innovative*
revolucionario/a *revolutionary*

Teaching option Play **Concentración.** On eight index cards, write the names of items related to technology and science. Another eight cards should have corresponding pictures. Place the cards face down in rows of four and have pairs select two cards. If the cards match, the pairs keep them. If they do not match, the pairs replace the cards. The pair with the most cards at the end wins.

① As students listen to the speech, have them write down any vocabulary words that they hear. Then ask volunteers to share their lists with the class.

Práctica

1 Escuchar

A. Escucha lo que dice Mariana Serrano y luego decide si las oraciones son **ciertas** o **falsas**. Corrige las falsas.

1. Mariana Serrano es la presidenta de la Asociación de Ingenieros de Mar del Plata. Falso. Es la presidenta de la Asociación Científica de Mar del Plata.
2. Mariana Serrano reflexiona sobre los desafíos del futuro. Cierto.
3. La comunidad científica ha hecho descubrimientos revolucionarios en el campo del ADN. Cierto.
4. No hay dinero para investigar nuevas medicinas. Falso. Hay bastante dinero para investigar nuevas medicinas.
5. Mariana Serrano cree que la ciencia y la ética deben ir unidas. Cierto.
6. Carlos Obregón es astrónomo. Falso. Carlos Obregón es biólogo.

B. Escucha la conversación entre Carlos Obregón y Mariana Serrano y contesta las preguntas.

1. ¿Qué le ha pasado a Carlos? Se le cayó la computadora portátil y perdió los documentos de la conferencia.
2. ¿De qué sabe mucho el amigo de Carlos? Sabe mucho de informática.
3. ¿Qué adjuntó el amigo de Carlos en el correo electrónico? un archivo
4. ¿Dónde escribe Mariana casi todos los días? en un blog
5. ¿Qué le tiene que dar Mariana a Carlos? la dirección de la página web
6. ¿Cómo se la va a dar Mariana? en un mensaje de texto

2 Definiciones
Conecta cada descripción con la palabra correcta.

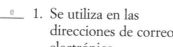

_e_	1. Se utiliza en las direcciones de correo electrónico.	a. cohete
_f_	2. Un objeto extraterrestre.	b. buscador
_d_	3. Reproducir un ser vivo exactamente igual.	c. telescopio
_b_	4. Se utiliza para investigar en Internet.	d. clonar
_a_	5. El vehículo que se utiliza para ir al espacio.	e. arroba
_c_	6. Se utiliza para ver las estrellas.	f. ovni

② For additional practice, have students write a paragraph using these or other vocabulary items.

③ For an extra challenge, have volunteers explain what the related words have in common.

④ For expansion, have students create similar sentences with the remaining words.

Práctica

3 No pertenece Identifica la palabra que no pertenece al grupo.

1. ADN–célula–buscador–gen
2. astronauta–red–cohete–espacio
3. descargar–adjuntar–guardar–clonar
4. descubrimiento–gravedad–avance–invento
5. bioquímico–avanzado–revolucionario–innovador
6. científico–biólogo–extraterrestre–ingeniero

4 Para... se necesita... ¿Qué se necesita para hacer lo siguiente? Añade el artículo correcto: **un** o **una.**

buscador	**contraseña**	**matemático**	**teléfono celular**
cohete	**corrector ortográfico**	**patente**	**telescopio**
computadora portátil	**experimento**	**reproductor**	**teoría**

1. Para encontrar una lista de sitios web, se necesita un buscador.
2. Para ver un DVD, se necesita un reproductor.
3. Para navegar en la red en la playa, se necesita una computadora portátil.
4. Para hacer una llamada en un autobús, se necesita un teléfono celular.
5. Para escribir sin errores en la computadora, se necesita un corrector ortográfico.
6. Para proteger la información de la computadora, se necesita una contraseña.
7. Para demostrar que uno es el inventor de un objeto, se necesita una patente.
8. Para observar la Luna y las estrellas desde la Tierra, se necesita un telescopio.

5 Definiciones Primero, elige cinco palabras de la lista y escribe una definición para cada una. Luego, en parejas, túrnense para leerse las definiciones y adivinar de qué palabra se trata.

MODELO —Es un diario en Internet donde se pueden escribir los pensamientos y opiniones personales.
—Es un **blog.**

astronauta	**digital**	**invento**
astrónomo/a	**en línea**	**navegar en la red**
biólogo/a	**experimento**	**patente**
borrar	**físico/a**	**teléfono celular**
descargar	**gen**	**teoría**

 Practice more at **enfoques.vhlcentral.com.**

Comunicación

6 **Actualidad científica** Parece que no hay límites en los avances científicos. ¿Qué opinas tú sobre el tema? Marca las afirmaciones con las que estés de acuerdo y comparte tus opiniones con un(a) compañero/a.

- ☐ 1. La clonación de seres humanos es una herramienta importante para luchar contra las enfermedades genéticas.
- ☐ 2. La clonación de seres humanos disminuirá (*will diminish*) nuestro respeto por la vida humana.
- ☐ 3. Es injusto que el gobierno invierta en programas para viajar a la Luna cuando hay gente que muere de hambre en la Tierra.
- ☐ 4. El exceso de estimulación visual y sonora (*sound*) de los videojuegos afecta el desarrollo de los niños.
- ☐ 5. Las redes sociales, como Facebook, favorecen las relaciones personales.
- ☐ 6. La gran cantidad de información en la red fomenta el aprendizaje (*learning*).

(6) If appropriate, organize a debate between two groups. One group should argue in favor of scientific advances, and the other against. Encourage students to use impersonal expressions with the subjunctive in their arguments. Ex: **Es malo que, es mejor que, es importante que…**

7 **Soluciones** En grupos de tres, den consejos a estas personas para solucionar sus situaciones. Utilicen la imaginación y tantas palabras del vocabulario como puedan.

- Un astrónomo ha detectado una tormenta espacial y piensa que puede ser peligroso mandar un cohete al espacio. No quiere que los astronautas estén en peligro. Sus jefes, sin embargo, no quieren cancelarlo porque, de lo contrario, saben que recibirán críticas en los periódicos.
- Celia ha escrito un mensaje de texto para su amiga, pero se lo ha enviado a su jefe por error. El mensaje decía: "Eva, ¡mi jefe está loco!" Celia necesita una solución antes de que sea demasiado tarde.

(7) For additional writing practice, have students draft a letter giving advice to the astronomer or to Celia.

8 **Observaciones de la galaxia** Inspirándose en el dibujo, trabajen en parejas para escribir una historia breve. Utilicen por lo menos ocho palabras de **Contextos**. ¡Dejen volar la imaginación!

¿Quién era el hombre?
¿Dónde estaba?
¿Qué quería hacer?
¿Qué hecho inesperado sucedió?

(8) Ask pairs to exchange their stories with another pair. Ask: **¿En qué se parecen y en qué se diferencian las dos historias?** If time permits, let students present their stories to the class.

Synopsis
- An LCD screen is delivered to the office.
- Johnny faints and everyone attempts to revive him.
- Johnny and Fabiola attempt to install the screen, causing a short circuit.
- Everyone contemplates the shortcomings of technology in the candle-lit conference room.

La oficina de la revista *Facetas* recibe una pantalla plana.

HOMBRE 1 Aquí está la pantalla líquida que pidieron. Pues, tiene imagen digital, sonido de alta definición, control remoto universal y capacidad para conexión de satélite e Internet desde el momento de la instalación.

JOHNNY ¿Y está en esa caja tan grandota?

HOMBRE 1 Si es tan amable, me da su firmita en la parte de abajo, por favor.

Johnny está en el suelo desmayado.

HOMBRE 2 ¿Por qué no piden una ambulancia?

MARIELA No se preocupe. Fue sólo una pequeñísima sobredosis de euforia.

HOMBRE 1 ¡Esto es tan emocionante! Nunca se había desmayado nadie.

FABIOLA No conocían a Johnny.

HOMBRE 2 Eso es lo que yo llamo "el poder de la tecnología".

ÉRIC Jefe, pruebe con esto a ver si despierta. *(Le entrega un poco de sal.)*

AGUAYO ¿Qué se supone que haga?

ÉRIC Ábralo y páseselo por la nariz.

AGUAYO Esto no funciona.

DIANA Ay, yo conozco un remedio infalible.

ÉRIC ¡¿Qué haces?!

Diana le pone sal en la boca a Johnny. Johnny se despierta.

Más tarde... Johnny y Fabiola van a poner la pantalla en la pared.

AGUAYO Johnny, ¿estás seguro de que sabes lo que haces?

JOHNNY Tranquilo, jefe, no es tan difícil.

FABIOLA Es sólo un agujerito en la pared.

INSTRUCTIONAL RESOURCES
Supersite/DVD: Fotonovela;
Supersite: Script & Translation, SAM AK; **SAM/WebSAM:** VM

El teléfono suena.

MARIELA Revista *Facetas*, buenas tardes. Jefe, tiene una llamada de su esposa en la línea tres.

AGUAYO Pregúntale dónde está y dile que la llamo luego.

MARIELA Un segundito.

AGUAYO Estaré en mi oficina. No quiero ver este desorden.

Mientras trabajan, se va la luz.

FABIOLA ¡Johnny!

JOHNNY ¿Qué pasó?

FABIOLA ¡Johnny! ¡Johnny!

JOHNNY Está bien, está bien. Ahí viene el jefe.

AGUAYO No es tan difícil. Es sólo un agujerito en la pared... ¡No funciona ni el teléfono!

JOHNNY *(a Aguayo)* Si quiere, puede usar mi celular.

Preview Have students scan the text for technology-related vocabulary. Then have them predict what the characters are discussing in the episode.

Personajes

AGUAYO

DIANA

ÉRIC

FABIOLA

JOHNNY

MARIELA

HOMBRE 1

HOMBRE 2

JOHNNY ¿Sabían que en el transbordador espacial de la NASA tienen este tipo de pantallas?

MARIELA Espero que a ningún astronauta le dé por desmayarse.

AGUAYO ¿Dónde vamos a instalarla?

DIANA En esta pared, pero hay que buscar quien lo haga porque nosotros no tenemos las herramientas.

JOHNNY ¿Qué? ¿No tienes una caja (de herramientas)?

ÉRIC A menos que quieras pegar la pantalla con cinta adhesiva y luego ponerle aceite lubricante, no.

FABIOLA Hay una construcción allá abajo.

Johnny y Fabiola se van a buscar las herramientas.

Más tarde, en la sala de conferencias...

AGUAYO Rodeados de la mejor tecnología para terminar alumbrados por unas velas.

DIANA Nada ha cambiado desde los inicios de la humanidad.

MARIELA Hablando de cosas profundas... ¿Alguna vez se han preguntado adónde se va la luz cuando se va?

Expresiones útiles

Expressing size

Si es tan amable, ¿me da su firmita?
If you would be so kind as to give me your signature...

Fue sólo una pequeñísima sobredosis de euforia.
It was just a tiny overdose of euphoria.

Un segundito.
Just a second. (Lit. a tiny second)

¿Y está en esa caja tan grandota?
And is it in that huge box?

Talking about what has/had happened

Nada ha cambiado.
Nothing has changed.

¿Alguna vez se han preguntado...?
Have you ever asked yourselves...?

Nada había cambiado.
Nothing had changed.

Nunca se había desmayado nadie.
No one had ever fainted before.

Additional vocabulary

el agujerito *small hole*
alta definición *high definition*
la conexión de satélite *satellite connection*
el control remoto universal *universal remote control*
el desorden *disorder; mess*
funcionar *to work*
la herramienta *tool*
la imagen *image*
instalar *to install*
la luz *power; electricity*
la pantalla *screen*
rodeado/a *surrounded*

Variación léxica
la conexión de satélite ⟷ la conexión satelital
el control remoto universal ⟷ el mando universal (Esp.)
el desorden ⟷ el desbarajuste, el caos

Comprensión

① In pairs, have students correct the false statements.

1 ¿Cierto o falso? Indica si las oraciones son **ciertas** o **falsas**.

1. Johnny se desmayó debido a la euforia del momento. cierto
2. La nueva tecnología no impresiona a nadie. falso
3. Aguayo está preocupado por lo que hace Johnny. cierto
4. A pesar de los avances de la tecnología, las velas son prácticas. cierto
5. Según Diana, sus remedios nunca funcionan. falso

② In pairs, have students redo the activity by asking corresponding questions using **¿Por qué?** Ex: **¿Por qué propone alguien pedir una ambulancia?**

2 Razones Elige el final lógico para cada oración.

e 1. Alguien propone pedir una ambulancia porque
c 2. Éric le explica a Aguayo cómo despertar a Johnny porque
a 3. Diana propone buscar a alguien para instalar la pantalla porque
d 4. Aguayo se encierra en su oficina porque
b 5. Los empleados alumbran la oficina con velas porque

a. no tienen herramientas.
b. no hay luz.
c. Aguayo no sabe cómo hacerlo.
d. no quiere ver el desorden.
e. Johnny se desmayó.

③ Have pairs write definitions for these additional words: **celular, sobredosis,** and **vela**.

3 Definiciones Busca en la **Fotonovela** la palabra que corresponda a cada definición.

control remoto universal 1. Artefacto que permite controlar a distancia distintos aparatos electrónicos.
instalar 2. Poner o colocar algo en un lugar adecuado.
transbordador espacial 3. Vehículo que viaja por el espacio.
herramientas 4. Instrumentos que generalmente se usan para instalar o para arreglar algo.
Internet 5. Red informática mundial formada por la conexión directa entre las computadoras.
conexión de satélite 6. Sistema inalámbrico de televisión que incluye acceso a gran variedad de películas, eventos deportivos y noticias internacionales.

④ If necessary, ask volunteers to read the statements aloud before completing the activity. Then play the episode again and have students take notes to help them prepare their answers.

4 ¿Por qué lo dicen? En parejas, expliquen a qué se refieren los personajes de la **Fotonovela** en cada cita (*quote*).

1. **HOMBRE** Eso es lo que yo llamo "el poder de la tecnología".
2. **MARIELA** Fue sólo una pequeñísima sobredosis de euforia.
3. **AGUAYO** ¿Estás seguro de que sabes lo que haces?
4. **DIANA** Nada ha cambiado desde los inicios de la humanidad.
5. **AGUAYO** ¡No funciona ni el teléfono!
6. **DIANA** Yo conozco un remedio infalible.

Practice more at **enfoques.vhlcentral.com.**

Ampliación

5 **¿Adicto a Internet?** Conversa con tu compañero/a sobre estas preguntas y luego decide si él/ella es adicto/a a Internet.

1. ¿Cuántas cuentas de correo electrónico tienes? ¿Con qué frecuencia la(s) chequeas?
2. ¿Dejas de hacer las tareas de clase o trabajo para pasar más tiempo navegando en Internet? ¿Por qué? Explica con ejemplos.
3. ¿Visitas sitios de *chat*? ¿Cuáles? ¿Con quién(es) hablas? ¿Piensas que es más divertido chatear que charlar en persona?
4. Si se corta la conexión a Internet por más de tres días, ¿cómo te sientes? ¿Te pones ansioso/a o permaneces indiferente? Explica con ejemplos.
5. Si necesitas hablar con un(a) amigo/a que vive cerca, ¿prefieres chatear o ir directamente a su cuarto o a su casa?

(5) As a class, have a similar discussion about cell phones.

6 **Apuntes culturales** En parejas, lean los párrafos y contesten las preguntas.

(6) Ask heritage speakers what the popular television channels are in the Spanish-speaking world. Have volunteers find out which of these channels are available in the U.S./Canada.

Los cibercafés

¡Johnny podrá usar la nueva pantalla para navegar en la red! En Hispanoamérica, fuera de la casa y el trabajo, los **cibercafés** son sitios muy populares para acceder a Internet. Además, son un punto de encuentro entre amigos, ya que se sirve café y comida. ¿Seguirá yendo Johnny a los cibercafés o ahora llevará a sus amigos a la oficina?

Los mensajes de texto

Johnny le prestó el celular a Aguayo para que se comunicara con su esposa. Si viviera en Argentina, seguramente haría como la mayoría de los argentinos y le enviaría un **mensaje de texto** a su esposa diciendo: "tamos sin luz n l ofi. dsps t llamo" (Estamos sin luz en la oficina. Después te llamo). ¡Ojalá que el jefe no le gaste todo el crédito a Johnny!

La conexión satelital

Con conexión satelital, Johnny podrá acceder a canales de todo el mundo. De igual modo, muchos inmigrantes hispanos en los EE.UU. pueden seguir en contacto con sus países de origen gracias a este servicio: los ecuatorianos pueden mirar **ECUAVISA Internacional** y los peruanos, **Sur Perú.**

1. ¿Has estado en algún cibercafé? ¿Cuándo? ¿Dónde? ¿Son comunes los cibercafés donde tú vives? ¿Dónde te conectas habitualmente?
2. Muchos jóvenes prefieren enviar mensajes de texto en lugar de llamar por teléfono. ¿Tú mandas mensajes de texto? ¿A quiénes? ¿Cuántos por día?
3. ¿Existe en tu cultura un lenguaje especial para los mensajes de texto? Explica con varios ejemplos.
4. ¿Cuántos canales de televisión tienes en tu casa? ¿Cuáles son los que miras más a menudo?

Teaching option Review the imperfect (**Estructura 3.2**). Ask: **¿Cómo era la vida antes de tener acceso a Internet? ¿Y antes de los teléfonos celulares?**

Teaching option Have students work in groups of three and imagine they are opening their own Internet café. Ask them to create a commercial in which they give the name, location, and services offered at their café. Encourage them to use subjunctive and command forms in the ad. Have volunteers present their commercials to the class.

INSTRUCTIONAL RESOURCES
Supersite/DVD: Flash Cultura; **Supersite:** Script & Translation

En detalle

ARGENTINA

Additional Reading

ARGENTINA: TIERRA DE

Indudablemente°, todos pensamos en Walt Disney como el gran creador y el pionero del cine de animación, pero no estuvo solo durante esos primeros años; artistas de muchos países experimentaron con nuevas técnicas cinematográficas. El argentino Quirino Cristiani fue uno de ellos y, aparte de ser el primero en crear un largometraje de animación, *El Apóstol* (1917), inventó y patentó una cámara especial para este tipo de cine. Ésta tenía forma de torre° y se manejaba con los pies, hecho que le permitía usar las manos para crear el movimiento de los dibujos. Cristiani fue, también, el primero en poner sonido a una cinta animada de larga duración, *Peludópolis* (1931). Desafortunadamente, todas sus películas, excepto *El mono relojero*, fueron destruidas a causa de dos incendios° en los años 1957 y 1961.

Hijitus

El éxito argentino en el mundo de la animación no se acabó con esta catástrofe. El auge de la animación en Argentina se produjo en los años 60 y 70, cuando el historietista Manuel García Ferré, un español naturalizado argentino, llevó a la pantalla televisiva a su personaje *Hijitus*. Ésta fue la primera y la más exitosa serie televisiva animada de América Latina. Hijitus es un niño de la calle que vive en la ciudad de Trulalá, asediada° por personajes malvados° como la Bruja Cachavacha y el Profesor Neurus. Para luchar contra Neurus y su pandilla°, Hijitus se convierte en Súper Hijitus. García Ferré es también el creador de otros éxitos televisivos y cinematográficos, como *Petete, Trapito, Calculín, Ico* y *Manuelita*.

Entre la nueva generación de animadores, se destaca° Juan Pablo Zaramella, un joven creador de enorme proyección internacional. Zaramella realiza muchas de sus películas usando plastilina° y el método *stop-motion*. Su corto *Viaje a Marte* ha recibido más de cincuenta premios en todo el mundo. ■

Diferentes técnicas del cine de animación

Dibujos animados Cada fotograma de la película es un dibujo diferente. Se combinan los dibujos para crear la idea de movimiento.

Stop-motion Los escenarios y personajes están hechos en tres dimensiones, normalmente con plastilina, en el caso de la técnica *claymation* (subcategoría del *stop-motion*). Se van moviendo los objetos y se toman fotos de los movimientos.

Animación por computadora Se generan imágenes en diferentes programas de computadora.

Indudablemente *Undoubtedly* **torre** *tower* **incendios** *fires* **asediada** *besieged* **malvados** *evil* **pandilla** *gang* **se destaca** *stands out* **plastilina** *clay*

En detalle Preview the reading by asking students about animation.
Ex: **¿Qué dibujos animados les gustaban cuando eran niños?**

ASÍ LO DECIMOS

Animación y computación

las caricaturas (Col.) *cartoons*
los dibujitos (Arg.) *cartoons*
los muñequitos (Cu.) *cartoons*
las películas CG *CG movies*

la laptop (Amér. L.) *laptop*
la notebook (Arg.) *laptop*
el portátil (Esp.) *laptop*

el computador (Col. y Chi.) *computer*
el ordenador (Esp.) *computer*

el mouse (Amér. L.) *mouse*
el ratón (Esp. y Pe.) *mouse*

EL MUNDO HISPANOHABLANTE

Otros pioneros hispanos

La televisión de hoy no sería lo mismo sin la contribución de Guillermo González Camarena. Este ingeniero mexicano, nacido en 1917 en Guadalajara, recibió a los 22 años de edad una patente estadounidense por el primer **televisor en color** de la historia.

Ellen Ochoa, una mujer nacida en California de ascendencia mexicana que de niña soñó con ser flautista, se ha convertido en **la primera astronauta hispana** en trabajar para la NASA. También ha obtenido tres patentes por inventos relacionados con **sistemas ópticos de análisis**.

Durante la década de los 50, el ingeniero chileno Raúl Ramírez inventó y patentó una pequeña máquina manual llamada **CINVA-RAM** que permitía a las familias pobres levantar los muros° de sus casas. Hoy, esta máquina se utiliza en programas de "viviendas autosustentables", por los que las familias construyen° sus propias casas.

PERFIL

INNOVAR

El Ministerio de Ciencia, Tecnología e Innovación Productiva de Argentina organiza anualmente un concurso para emprendedores° e innovadores inventores argentinos. Con ocho categorías y más de cincuenta premios valorados en un total de 500.000 pesos, cada año se presentan al certamen° miles de investigadores, diseñadores, técnicos y estudiantes universitarios disputándose estos prestigiosos trofeos. Desde que el proyecto *Innovar* comenzó en 2005, ha otorgado premios a cientos de fascinantes e ingeniosos inventos, desde una bicicleta accionada a mano hasta una pantalla multitáctil que distingue entre distintos niveles de presión (ver foto), pasando por textiles que repelen los mosquitos, un deshidratador solar para verduras e incluso plantas que resisten la sequía. ¡La creatividad no tiene límites en Argentina!

> "Los inventos han alcanzado ya su límite, y no veo esperanzas de que se mejoren en el futuro."
> (Julius Sextus Frontinus, ingeniero romano, siglo I)

Conexión Internet

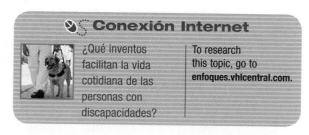

¿Qué inventos facilitan la vida cotidiana de las personas con discapacidades?

To research this topic, go to **enfoques.vhlcentral.com.**

emprendedores *enterprising* **certamen** *contest* **muros** *walls* **construyen** *build*

Teaching option Ask a volunteer to read the quote aloud. Preview the present perfect by explaining that **han alcanzado** means *have reached.* Then ask: **Teniendo en cuenta los avances tecnológicos de los últimos veinte siglos, ¿les parece irónica la cita? ¿Por qué? ¿Es posible que los inventos alcancen un límite?**

1 Ask students to write two more true or false statements about the readings and exchange them with a partner.

3 Continue the discussion by asking volunteers, **¿Alguna vez has pensado en un posible invento? ¿Qué es?**

¿Qué aprendiste?

1 ¿Cierto o falso? Indica si las oraciones son **ciertas** o **falsas**. Corrige las falsas.

1. Walt Disney fue el primer director que realizó un largometraje de animación. Falso. Quirino Cristiani fue el primer director que realizó uno.
2. La cámara que inventó Cristiani sólo le permitía trabajar con las manos. Falso. La cámara que inventó Cristiani le permitía trabajar con las manos y los pies.
3. La primera película de animación con sonido fue *El Apóstol*. Falso. La primera película de animación con sonido fue *Peludópolis*.
4. Las películas del cineasta Quirino Cristiani fueron robadas. Falso. Las películas de Cristiani se quemaron en unos incendios.
5. El auge de la animación en Argentina se produjo en los años 60 y 70. Cierto.
6. Hijitus es un personaje creado por Juan Pablo Zaramella. Falso. Hijitus fue creado por el historietista Manuel García Ferré.
7. Hijitus se convierte en Súper Hijitus para luchar contra el Profesor Neurus y su pandilla. Cierto.
8. El cortometraje de Zaramella *Viaje a Marte* ha ganado más de cincuenta premios en Argentina. Falso. Ha ganado más de cincuenta premios en todo el mundo.
9. En los dibujos animados, cada uno de los fotogramas de la película es un dibujo diferente. Cierto.
10. En el sistema de *stop-motion*, los escenarios y personajes se dibujan en programas de computadora. Falso. Los escenarios y personajes están hechos en tres dimensiones.

2 Oraciones Subraya la opción correcta.

1. *Innovar* es un concurso argentino para (escritores/inventores).
2. El chileno Raúl Ramírez inventó una máquina para levantar (pesas/muros).
3. El mexicano Guillermo González Camarena patentó (una cámara de cine/el primer televisor en color).
4. Ellen Ochoa es (flautista y astronauta/astronauta e inventora).
5. Si estás en Colombia y quieres ver animación, dices que quieres ver (dibujitos/caricaturas).

3 Preguntas En parejas, contesten las preguntas.

1. ¿Qué técnica crees que tiene más dificultad: la *claymation* o la animación por computadora? ¿Por qué?
2. ¿Por qué crees que en muchos países hispanos se usan términos de computación en inglés, como *mouse* o *laptop*? ¿Está bien usarlos o deben usarse términos en español?
3. ¿Por qué crees que el gobierno argentino creó *Innovar*? ¿Piensas que es una buena inversión?

4 Opiniones Muchos inventos han cambiado nuestras vidas. En parejas, hagan una lista con los cinco inventos más importantes de los siglos XX y XXI. ¿Por qué los han elegido? Compartan su opinión con la clase. ¿Hay algún invento que esté en todas las listas? ¿Cuál es el más importante? ¿Están de acuerdo?

Practice more at **enfoques.vhlcentral.com.**

PROYECTO

Inventores

Busca información sobre un(a) inventor(a) argentino/a (o de otro país hispanohablante) y prepara una presentación para la clase sobre su vida y su invento más importante. Debes incluir:

- una breve biografía del/de la inventor(a)
- una descripción del invento
- el uso de su invento
- una foto o una ilustración del invento
- tu opinión acerca de la importancia del invento en la época en la que vivió el/la inventor(a) y en la actualidad

4 If appropriate, have volunteers describe life before and after each invention using the preterite and the imperfect.

Inventos argentinos

Ya conoces los aportes (*contributions*) argentinos en el mundo del cine y de la tecnología. En este episodio de **Flash Cultura**, descubrirás la gran variedad de inventos argentinos que han marcado un antes y un después en la historia de la humanidad.

VOCABULARIO ÚTIL

la birome (*Arg.*) *ballpoint pen*
el frasco *bottle*
la jeringa descartable *disposable syringe*
la masa (cruda) *(raw) dough*
la pluma *fountain pen*
la sangre *blood*
el subterráneo *subway*
la tinta *ink*

Preparación ¿Qué creaciones argentinas conoces hasta ahora? ¿Cuál te parece más interesante? ¿Por qué?

Comprensión Indica si estas afirmaciones son ciertas o falsas. Después, en parejas, corrijan las falsas.

1. La primera línea de metro en Latinoamérica se construyó en Montevideo. Falso. La primera línea de metro en Latinoamérica se construyó en Buenos Aires.
2. El sistema de huellas dactilares fue creación de un policía de Buenos Aires. Cierto.
3. El helicóptero de Raúl Pescara, además de eficaz, es un helicóptero seguro y capaz de moverse en dos direcciones. Falso. El helicóptero de Raúl Pescara es capaz de moverse en todas las direcciones posibles.
4. El *by-pass* y la jeringa descartable son inventos argentinos. Cierto.
5. Una birome es un bolígrafo. Cierto.
6. La compañía Estmar inventó los zapatos ideales para bailar tango. Falso. La compañía Estmar inventó una máquina que hace empanadas.

Expansión En parejas, contesten estas preguntas.

- ¿Qué invento les parece más importante? ¿Por qué?
- Si estuvieran en Argentina, ¿qué harían primero: ir a una función de tango, visitar un museo de ciencia y tecnología o comerse una empanada?
- Si tuvieran que prescindir de (*do without*) un invento argentino, ¿de cuál sería? ¿Por qué creen que es el menos importante?

Practice more at **enfoques.vhlcentral.com.**

Corresponsal: Silvina Márquez
País: Argentina

El colectivo es un autobús de corta distancia inventado por dos porteños° en 1928.

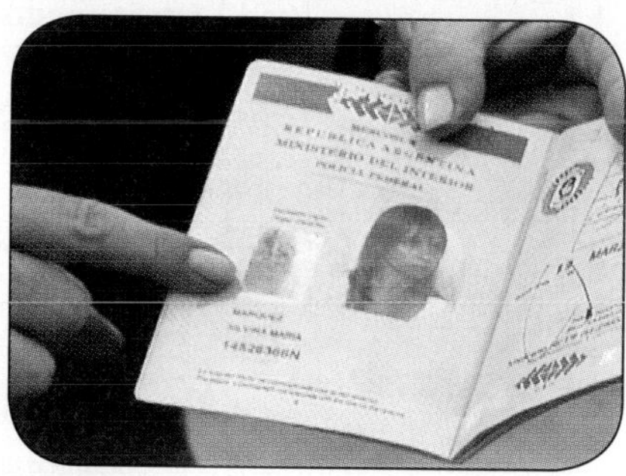
La mejor manera de identificar personas mediante sus huellas dactilares° se la debemos a un policía de Buenos Aires.

El semáforo° especial permite, mediante sonidos, avisarles a los ciegos°, o a los no videntes, cuándo pueden cruzar la calle.

porteños *residents of Buenos Aires* **huellas dactilares** *fingerprints* **semáforo** *crosswalk signal* **ciegos** *blind people*

INSTRUCTIONAL RESOURCES
Supersite: Textbook/SAM AK, Lab MP3s, Audioscripts
SAM/WebSAM: WB, LM

TALLER DE CONSULTA

MANUAL DE GRAMÁTICA
Más práctica

7.1 The present perfect, p. A38
7.2 The past perfect, p. A39
7.3 Diminutives and augmentatives, p. A40

Más gramática

7.4 Expressions of time with **hacer**, p. A41

• • • •

While English speakers often use the present perfect to express actions that continue into the present time, Spanish uses the phrase **hace** + [*period of time*] + **que** + [*present tense*].

Hace dos años que estudio español.

I have studied Spanish for two years.

Point out that the present perfect is more commonly used in Spain than in Latin America for describing recent events. In Latin America, the preterite is used instead to describe recent events.

7.1 The present perfect

Nada ha cambiado desde los inicios de la humanidad.

- In Spanish, as in English, the present perfect tense (**el pretérito perfecto**) expresses what *has happened.* It generally refers to recently completed actions or to a past that still bears relevance in the present.

  Mi jefe **ha decidido** que a partir de esta semana hay que comunicarse por Internet y no gastar en llamadas internacionales.
  My boss has decided that as of this week we have to communicate through the Internet rather than spend money on international calls.

  Juan **ha terminado** la carrera de ingeniería, pero aún no **ha decidido** qué va a hacer a partir de ahora.
  Juan has graduated as an engineer, but he still hasn't decided what to do from now on.

- The present perfect is formed with the present tense of the verb **haber** and a past participle. Regular past participles are formed by adding **–ado** to the stem of **–ar** verbs, and **–ido** to the stem of **–er** and **–ir** verbs.

The present perfect

comprar	beber	recibir
he comprado	he bebido	he recibido
has comprado	has bebido	has recibido
ha comprado	ha bebido	ha recibido
hemos comprado	hemos bebido	hemos recibido
habéis comprado	habéis bebido	habéis recibido
han comprado	han bebido	han recibido

- Note that past participles do not change form in the present perfect tense.

  Todavía no **hemos comprado** las computadoras nuevas.
  We still haven't bought the new computers.

  La bióloga aún no **ha terminado** su trabajo de investigación.
  The biologist hasn't finished her research work yet.

- To express that something *has just happened*, use **acabar de** + [*infinitive*]. **Acabar** is a regular **-ar** verb.

  Acabo de recibir un mensaje de texto.
  I've just received a text message.

  ¡**Acabamos de ver** un ovni!
  We just saw a UFO!

- When the stem of an **–er** or **–ir** verb ends in **a, e**, or **o**, the past participle requires a written accent (**ído**) to maintain the correct stress. No accent mark is needed for stems ending in **u**.

ca-er → caído	**le-er → leído**
o-ír → oído	**constru-ir → construido**

- Many verbs have irregular past participles.

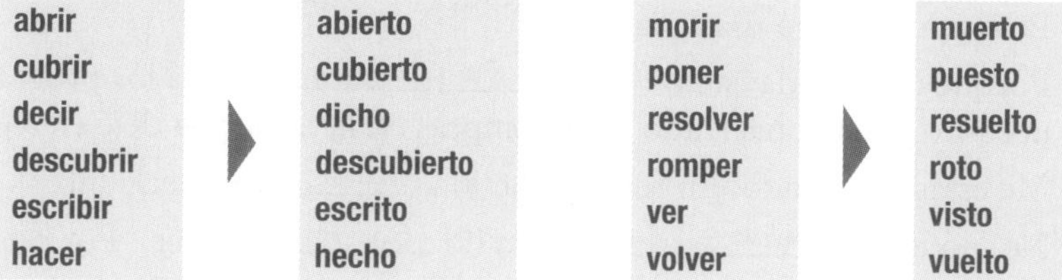

abrir	abierto	morir	muerto
cubrir	cubierto	poner	puesto
decir	dicho	resolver	resuelto
descubrir	descubierto	romper	roto
escribir	escrito	ver	visto
hacer	hecho	volver	vuelto

Perdón, es que **he escrito** cuatro mensajes por correo electrónico y todavía no me **han resuelto** el problema.
Excuse me, but I have written four e-mails and you still haven't solved my problem.

El ingeniero me asegura que ya **ha visto** sus mensajes y dice que muy pronto lo llamará.
The engineer assures me that he has seen your e-mails and says he will call you soon.

- Note that, unlike in English, the verb **haber** may not be separated from the past participle by any other word (**no**, adverbs, pronouns, etc.)

¿Por qué **no has patentado todavía** tu invento?
Why haven't you patented your invention yet?

¡**Todavía no lo he terminado** de perfeccionar!
I haven't yet finished perfecting it!

Note that, while in English adverbs are frequently used in between the helping verb and the past participle, in Spanish they are placed either before **haber** or after the participle. Ex: *She has already arrived.* **Ya ha llegado. /Ha llegado ya.**

¿Alguna vez se han preguntado adónde se va la luz cuando se va?

- Note that, when a past participle is used as an adjective, it must agree in number and gender with the noun it modifies. Past participles are often used as adjectives with **estar** or other verbs to describe physical or emotional states.

Las fórmulas matemáticas ya están **preparadas**.
The mathematical equations are already prepared.

Los laboratorios están **cerrados** hasta el lunes.
The laboratories are closed until Monday.

TALLER DE CONSULTA

For detailed coverage of past participles with **ser**, **estar**, and other verbs, see:

11.1 The passive voice, p. 408

11.4 Past participles used as adjectives, p. 543

Práctica

TALLER DE CONSULTA

MANUAL DE GRAMÁTICA
Más práctica

7.1 The present perfect, p. A38

① Ask volunteers to identify the irregular participles.

1. **El asistente de laboratorio** **La directora del laboratorio está enojada porque el asistente ha llegado tarde. Completa la conversación con las formas del pretérito perfecto.**

DIRECTORA ¿Dónde (1) has estado (estar) tú toda la mañana y qué (2) has hecho (hacer) con mi computadora portátil?

ASISTENTE Ay, (yo) (3) he tenido (tener) la peor mañana de mi vida... Resulta que ayer me llevé su computadora para seguir con el análisis del experimento y...

DIRECTORA Pero ¿por qué no usaste la tuya?

ASISTENTE Porque usted todavía no (4) ha descargado (descargar) todos los programas que necesito. Estaba haciendo unas compras en la tarde y la dejé en alguna parte.

DIRECTORA Me estás mintiendo. En realidad la (5) has roto (romper), ¿no?

ASISTENTE No, no la (6) he roto (romper); la (7) he perdido (perder). Por eso, esta mañana (8) he vuelto (volver) a todas las tiendas y les (9) he preguntado (preguntar) a todos por ella. De momento, nadie la (10) ha visto (ver).

2. **Oraciones** **Combina los elementos para formar oraciones completas. Utiliza el pretérito perfecto y añade elementos cuando sea necesario.**

MODELO **yo / siempre / querer / un iPad**
Yo siempre he querido un iPad.

1. nosotros / comprar / cámara digital más innovadora
   Nosotros hemos comprado una cámara digital más innovadora.
2. tú / nunca / pensar / en ser matemático
   Tú nunca has pensado en ser matemático.
3. los científicos / ya / descubrir / cura
   Los científicos ya han descubierto una/la cura.
4. el profesor / escribir / fórmulas en la pizarra
   El profesor ha escrito (las/unas) fórmulas en la pizarra.
5. mis padres / siempre / creer / en los ovnis
   Mis padres siempre han creído en los ovnis.

③ Have students survey each other, asking: **¿Qué has hecho hoy?** Model the response by describing things you have done and writing them on the board. Ex: **He tomado tres tazas de café. He corregido los exámenes de ayer.**

3. **Experiencias** **Indica si has hecho lo siguiente y añade información adicional.**

MODELO **ir al Polo Sur**
No he ido al Polo Sur, pero he viajado a Latinoamérica.

1. viajar a la Luna
2. ganar la lotería
3. ver a un extraterrestre
4. inventar algo
5. conocer al presidente del país
6. estar despierto/a por más de dos días
7. hacer algo revolucionario
8. soñar con ser astronauta

④ Have volunteers share what they learned about their classmates.

4. **Preguntas personales** **Busca un(a) compañero/a de clase a quien no conozcas bien y hazle preguntas sobre su vida usando el pretérito perfecto.**

MODELO —¿Has tomado clases de informática?
—Sí, he tomado muchas clases de informática. ¡Siempre me ha fascinado la tecnología!

conocer a una persona famosa	**ganar algún premio**
escribir poemas	**visitar un país hispano**
estar enamorado/a	**vivir en el extranjero**

Teaching option Do a rapid-response drill. Call out a verb and a subject, and have volunteers respond with a complete sentence using the present perfect.

Practice more at **enfoques.vhlcentral.com.**

Comunicación

5 **Tecnofobia** Utiliza el pretérito perfecto para completar las oraciones. Luego, en parejas, conviertan las oraciones de la encuesta en preguntas para descubrir si son tecnomaniáticos/as o tecnofóbicos/as. Comparen los resultados. ¿Están de acuerdo?

¿Eres tecnofóbico/a?

No parece haber punto intermedio: generalmente, la gente ama la tecnología o la odia. Completa las oraciones para saber si eres tecnomaniático/a o tecnofóbico/a.

1. Yo ___he comprado___ (comprar) ___ aparatos electrónicos durante el último año.
   a. más de diez c. menos de cinco
   b. entre cinco y diez d. cero
2. Yo ___he tratado___ (tratar) de aprender ___ sobre los avances tecnológicos de los últimos meses.
   a. todo lo posible c. un poco
   b. lo suficiente d. muy poco
3. Para comunicarme con mis amigos, siempre ___he preferido___ (preferir) ___.
   a. Facebook o Twitter
   b. los mensajes de texto telefónicos
   c. las llamadas telefónicas
   d. las cartas escritas a mano
4. Los recursos que ___he utilizado___ (utilizar) más este año para hacer investigaciones son ___.
   a. buscadores
   b. enciclopedias en línea
   c. las bases de datos de la biblioteca
   d. enciclopedias tradicionales
5. Para las noticias diarias, mi fuente favorita esta semana ___ha sido___ (ser) ___.
   a. Internet c. la radio
   b. la televisión d. el periódico
6. Para conseguir música, yo ___he dependido___ (depender) sobre todo de ___.
   a. escuchar música en Internet c. comprar los CD en línea
   b. descargar archivos MP3 d. escuchar los CD de mis padres
7. El teléfono que ___he usado___ (usar) más este año es ___.
   a. un celular nuevo con *wi-fi* c. el teléfono de casa
   b. el celular que compré hace tres años d. ninguno; prefiero hablar en persona
8. Siempre ___he creído___ (creer) que los avances tecnológicos ___ la calidad de vida.
   a. son esenciales para b. mejoran c. pueden empeorar d. arruinan

Clave

a.	= 3 puntos
b.	= 2 puntos
c.	= 1 punto
d.	= 0 puntos

Resultados

19 - 24	¡Eres **tecnomaniático**!
13 - 18	Te sientes cómodo en un mundo tecnológico.
7 - 12	No te has mantenido al día con los avances recientes.
0 - 6	¡Eres **tecnofóbico**!

6 **Celebridades** En grupos de tres, cada miembro debe pensar en una persona famosa, sin decir quién es. Las otras dos personas deben hacer preguntas. Utilicen el pretérito perfecto para dar pistas hasta que adivinen el nombre de cada celebridad.

MODELO
ESTUDIANTE 1 Este hombre ha ganado muchísimo dinero.
ESTUDIANTE 2 ¿Es Donald Trump?

(5) As an expansion activity, divide the class into two groups: **tecnomaniáticos** and **tecnofóbicos**. Have the first group give recommendations to the **tecnofóbicos** to help them overcome their fears of technology. Have the other group give advice to the **tecnomaniáticos** about how to depend less on technology. Remind students to use subjunctive or command forms.

(6) If necessary, bring in magazines to help students choose a famous person.

(6) For additional practice with the present perfect, have students also choose famous couples. Ex: **Han actuado juntos en una película y han adoptado a niños de diferentes países. (¿Son Brad Pitt y Angelina Jolie?)**

INSTRUCTIONAL RESOURCES
Supersite/IRCD:
Textbook Answer Key,
SAM Answer Key
SAM/WebSAM: WB, LM

Draw a time line on the board to compare and contrast preterite, present perfect, and past perfect tenses.

7.2 The past perfect

- The past perfect tense (**el pretérito pluscuamperfecto**) is formed with the imperfect of **haber** and a past participle. As with other perfect tenses, the past participle does not change form.

The past perfect		
viajar	**perder**	**incluir**
había viajado	**había perdido**	**había incluido**
habías viajado	**habías perdido**	**habías incluido**
había viajado	**había perdido**	**había incluido**
habíamos viajado	**habíamos perdido**	**habíamos incluido**
habíais viajado	**habíais perdido**	**habíais incluido**
habían viajado	**habían perdido**	**habían incluido**

- In Spanish, as in English, the past perfect expresses what someone *had done* or what *had occurred* before another action or condition in the past.

Decidí comprar una cámara digital nueva porque la vieja se me **había roto** varias veces.
I decided to buy a new digital camera because the old one had broken on me several times.

Cuando por fin les dieron la patente, otros ingenieros ya **habían inventado** una tecnología mejor.
When they were finally given the patent, other engineers had already invented a better technology.

- **Antes, aún, nunca, todavía,** and **ya** are often used with the past perfect to indicate that one action occurred before another. Note that adverbs, pronouns, and the word **no** may not separate **haber** from the past participle.

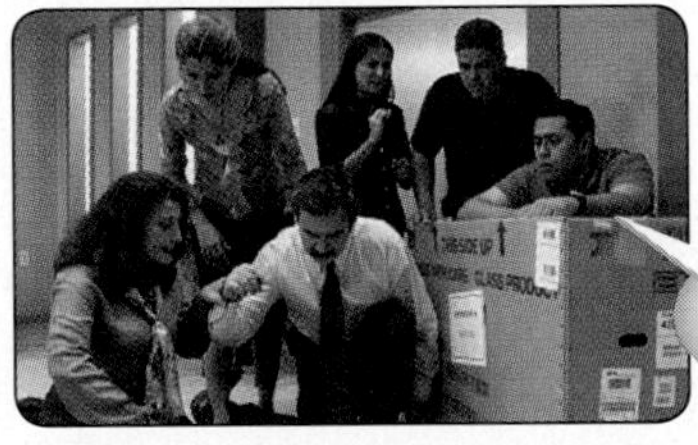

Cuando se fue la luz, **aún no había guardado** los cambios en el documento.
When the light went out, I hadn't yet saved the changes to the document.

María Eugenia y Gisela **nunca habían visto** una estrella fugaz tan luminosa.
María Eugenia y Gisela had never seen such a bright shooting star.

Ya me había explicado la teoría, pero no la entendí hasta que vi el experimento.
He had already explained the theory to me, but I didn't understand it until I saw the experiment.

Los ovnis **todavía no habían aterrizado**, pero los terrícolas ya estaban corriendo asustados.
The UFOs hadn't yet landed, but the earthlings were already running scared.

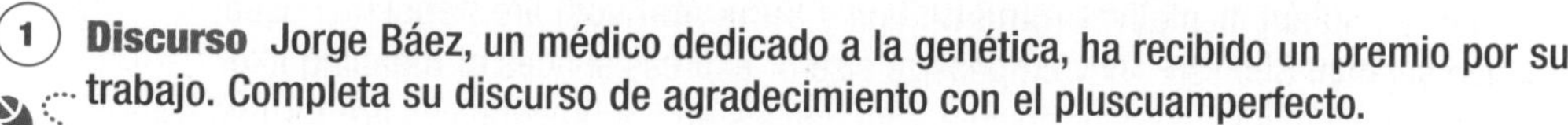

Práctica y comunicación

TALLER DE CONSULTA

MANUAL DE GRAMÁTICA
Más práctica

7.2 The past perfect, p. A39

① For additional practice with the past perfect, have students imagine they have also just won an award. Have a volunteer begin by stating: **Gracias por este premio de ____. Recuerdo que antes de cumplir 12 años yo ya había...** Call on several volunteers to add to the speech, using the past perfect in their sentences.

1. **Discurso** Jorge Báez, un médico dedicado a la genética, ha recibido un premio por su trabajo. Completa su discurso de agradecimiento con el pluscuamperfecto.

Muchas gracias por este premio. Recuerdo que antes de cumplir 12 años ya (1) _había decidido_ (decidir) ser médico. Desde pequeño, mi madre siempre me (2) _había llevado_ (llevar) al hospital donde ella trabajaba y recuerdo que desde la primera vez me (3) _habían fascinado_ (fascinar) esos médicos vestidos de blanco. Luego, cuando cumplí 26 años, ya (4) _había pasado_ (pasar) tres años estudiando las propiedades de los genes humanos, en especial desde que (5) _había visto_ (ver) un programa en la televisión sobre la clonación. Cuando terminé mis estudios de posgrado, ya se (6) _habían hecho_ (hacer) grandes adelantos científicos...

2. **Explicación** Reescribe las oraciones usando el pluscuamperfecto. Sigue el modelo.

MODELO **Me duché a las 7:00. Antes de ducharme hablé con mi hermano.**
Ya había hablado con mi hermano antes de ducharme.

1. Yo salí de casa a las 8:00. Antes de salir de casa miré mi correo electrónico.
   Ya había mirado mi correo electrónico antes de salir de casa.
2. Llegué a la oficina a las 8:30. Antes de llegar a la oficina tomé un café.
   Ya había tomado un café antes de llegar a la oficina.
3. Se apagó la computadora a las 10:00. Yo guardé los archivos a las 9:55.
   Ya había guardado los archivos cuando se apagó la computadora.
4. Fui a tomar un café. Antes, comprobé que todo estaba bien.
   Ya había comprobado que todo estaba bien cuando fui a tomar un café.

3. **Informe** En grupos de tres, imaginen que son policías y deben preparar un informe sobre un accidente. Inventen una historia de lo que ha ocurrido en la vida de los personajes dos horas antes, dos minutos antes y dos segundos antes del accidente. Usen el pluscuamperfecto.

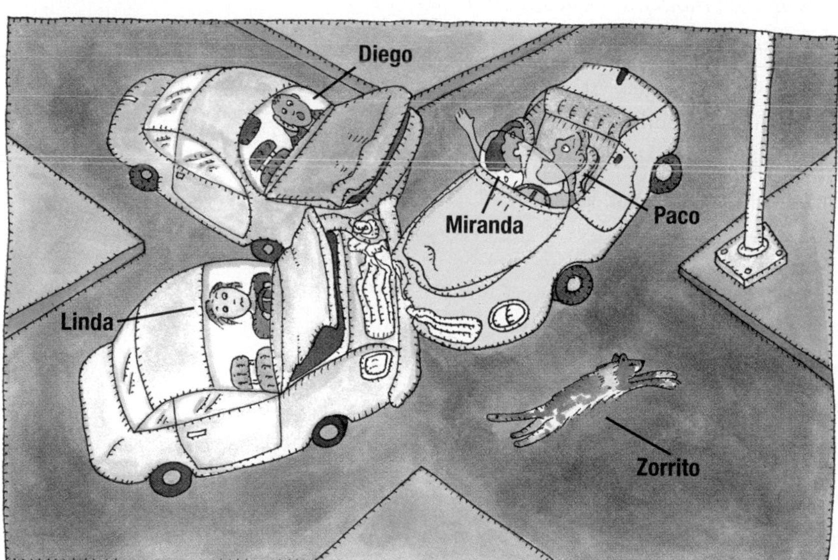

③ To reinforce the difference between present perfect and past perfect, ask students to use at least two examples of each in their reports. Ex: **Hemos concluido las investigaciones del accidente.../ Linda ya había doblado cuando...**

③ After students complete the activity, call on volunteers to act out the scene. Involve the entire class by having everyone play a role: drivers, police officers, and witnesses. Remind students to use the past perfect in their questions and answers.

Practice more at **enfoques.vhlcentral.com.**

INSTRUCTIONAL RESOURCES
Supersite/IRCD: Textbook Answer Key, SAM Answer Key
SAM/WebSAM: WB, LM

¡ATENCIÓN!

Because formation and use of diminutives and augmentatives varies greatly from one region to another, there are very few established rules about this aspect of the Spanish language. In this section, you will learn to recognize the most commonly used suffixes and their uses. Try to use only those you have learned from native speakers or teachers. Adding them to words you are not sure of can lead to misunderstandings.

bolso *purse*
bolsillo *pocket*

gato *cat*
gatillo *trigger*
gatito *kitten*

camisa *shirt*
camisón *nightgown*

rata *rat*
ratón *mouse*

Ask heritage speakers which words they often use in the augmentative or diminutive forms and which suffixes are most common in their families.

¡ATENCIÓN!

Suffixes can also be added to some adverbs.
Ven rapidito.
Come quickly.
Vuelvo enseguidita.
I'll be right back.

¡ATENCIÓN!

For words ending in **–s** (singular or plural), diminutive and augmentative endings precede the final **–s**.

Carlos → Carlitos
besos → besitos

7.3 Diminutives and augmentatives

- Diminutives and augmentatives (**diminutivos y aumentativos**) are frequently used in conversational Spanish. They emphasize size or express shades of meaning like affection, amazement, scorn, or ridicule. Diminutives and augmentatives are formed by adding a suffix to the root of nouns, adjectives (which agree in gender and number), and occasionally adverbs.

Diminutives

Tranquilo, jefe,
es sólo un agujerito
en la pared.

- Here are the most common diminutive suffixes.

Diminutive endings		
-ito/a -illo/a	-cito/a -cillo/a	-ecito/a -ecillo/a

Jaimito, ¿me traes un **cafecito** con un **panecillo**?
Jimmy, would you bring me a little cup of coffee with a roll?

Ahorita, **abuelita**, se los preparo **rapidito**.
Right away, Granny, I'll have them ready in a jiffy.

- Most words form the diminutive by adding **–ito/a**. However, the suffix **–illo/a** is also common in some regions. For words ending in vowels (except **–e**), the last vowel is dropped before the suffix.

bajo → bajito *very short; very softly*
ahora → ahorita *right now; very soon*
Miguel → Miguelito *Mikey*
libro → librillo *booklet*
ventana → ventanilla *plane/car/bus window*
campana → campanilla *hand bell*

- Most words that end in **–e, –n,** or **–r** use the forms **–cito/a** or **–cillo/a**. However, one-syllable words often use **–ecito/a** or **–ecillo/a**.

hombre → hombrecillo *little man*
Carmen → Carmencita *little Carmen*
amor → amorcito *sweetheart*
pan → panecillo *roll*
flor → florecita *little flower*
pez → pececito *little fish*

- Note these spelling changes.

chico → chiquillo *little boy; very small*
amigo → amiguito *little friend*
agua → agüita *little bit of water*
luz → lucecita *little light*

- Some words take on new meanings when diminutive suffixes are added.

manzana → manzanilla
apple *camomile*

bomba → bombilla
bomb *lightbulb*

Augmentatives

¿Y está en esa caja tan grandota?

- The most common augmentative suffixes are forms of **–ón/–ona, –ote/–ota**, and **–azo/–aza**.

Augmentative endings		
-ón -ona	-ote -ota	-azo -aza

Hijo, ¿por qué tienes ese **chichonazo** en la cabeza?
Son, how'd you get that huge bump on your head?

Jorge se gastó un **dinerazo** en una **pantallota** enorme, ¡sólo para ver partidos de fútbol!
Jorge spent a ton of money on a humongous TV screen, just to watch soccer games!

- Most words form the augmentative by simply adding the suffix to the word. For words ending in vowels, the final vowel is usually dropped.

soltero → solterón *confirmed bachelor*
grande → grandote/a *really big*
perro → perrazo *big, scary dog*
casa → casona *big house; mansion*
palabra → palabrota *swear word*
manos → manazas *big hands (clumsy)*

- There is a tendency to change a feminine word to a masculine one when the suffix **–ón** is used, unless it refers specifically to someone's gender.

la silla → el sillón *armchair*
la mancha → el manchón *large stain*
la mujer → la mujerona *big woman*
mimosa → mimosona *very affectionate*

- The letters **t** or **et** are occasionally added to the beginning of augmentative endings.

guapa → guapetona
golpe → golpetazo

- The masculine suffix **–azo** can also mean *blow* or *shot*.

flecha → flechazo
arrow *arrow wound; love at first sight*
rodilla → rodillazo
knee *a blow with the knee*

- Some words take on new meanings when augmentative suffixes are added.

cabeza → cabezón
head *stubborn*
caja → cajón
box *drawer*
tela → telón
fabric *theater curtain*
bala → balón
bullet *ball*

¡ATENCIÓN!

Sometimes, double endings are used for additional emphasis.

chico/a → chiquito/a → chiquitito/a

grande → grandote/a → grandotote

TALLER DE CONSULTA

The absolute superlative ending **–ísimo/a** is often used interchangeably or in conjunction with diminutives and augmentatives. See **Estructura 5.1,** pp. 176–177.

¡El pastel se ve **riquísimo**!
The cake looks delicious!

Te doy un pedacito **chiquitísimo.**
I'll give you a teensy tiny little piece.

Práctica

TALLER DE CONSULTA

MANUAL DE GRAMÁTICA
Más práctica

7.3 Diminutives and augmentatives, p. A40

① For additional practice, have volunteers give the corresponding augmentative or diminutive form for each answer. Ex: **golpetazo → golpecito**

1 **La carta** Completa la carta con la forma indicada de cada palabra. Haz los cambios que creas necesarios.

Querido (1) ___Pablito___ (Pablo, -ito):

Tu mamá me contó lo del (2) ___golpetazo___ (golpe, -tazo) que te dio Lucas en la escuela. Pues, cuando yo era (3) ___pequeñito___ (pequeño, -ito) como tú, jugaba siempre en la calle. Mi (4) ___abuelita___ (abuela, -ita) me decía que no fuera con los (5) ___amigotes___ (amigos, -ote) de mi hermano porque ellos eran mayores que yo y eran (6) ___hombrones___ (hombres, -ón). Yo entonces era muy (7) ___cabezón___ (cabeza, -ón) y nunca hacía lo que ella decía. Una tarde, estaba jugando al fútbol, y uno de ellos me dio un (8) ___rodillazo___ (rodilla, -azo) y me rompió la (9) ___narizota___ (nariz, -ota). Nunca más jugué con ellos y, desde entonces, sólo salí con mis (10) ___amiguitos___ (amigos, -ito). Espero que me vengas a visitar (11) ___prontito___ (pronto, -ito). Un (12) ___besito___ (beso, -ito) de

Tu abuelo César

② For additional practice, ask follow-up questions. Ex: **¿Tienen hermanitos? ¿Conocen a alguien que viva en una casona?**

2 **Oraciones incompletas** Completa las oraciones con el aumentativo o diminutivo que corresponde a la definición entre paréntesis. Suggested answers.

1. ¿Por qué no les gusta a los profesores que los estudiantes digan ___palabrotas___ (palabras feas y desagradables)?
2. El ___perrito___ (perro pequeño) de mi novia es muy lindo y amistoso.
3. Ese abogado tiene una buena ___narizota___ (nariz grande) para adivinar los problemas de sus clientes.
4. Mis abuelos viven en una ___casona___ (casa grande) muy vieja.
5. La cantante Samantha siempre lleva una ___florecita___ (flor pequeña) en el cabello.
6. A mi ___hermanita___ (hermana menor) le fascinan los libros de ciencia ficción.

Teaching option Divide the class into two teams: **Aumentativo** and **Diminutivo**. Call out a word and have one team member give a corresponding form. Ex: **perro: perrito** (diminutive), **perrazo** (augmentative). Alternate between teams. Award one point for each correct answer, and an extra point for using the word in a complete sentence. The team with the most points wins.

3 **¿Qué palabra es?** Reemplaza cada una de estas frases con el aumentativo o diminutivo que exprese la misma idea. Suggested answers.

1. muy grande ___grandote/a___
2. agujero pequeño ___agujerito___
3. cuarto grande y amplio ___cuartote___
4. sillas para niños ___sillitas___
5. libro grande y grueso ___librote___
6. estrella pequeña ___estrellita___
7. hombre alto y fuerte ___hombrón___
8. muy cerca ___cerquita___
9. abuelo querido ___abuelito___
10. hombres que piensan que siempre tienen la razón ___cabezones___

Practice more at **enfoques.vhlcentral.com.**

Comunicación

NATIONAL communication STANDARDS

4 **En el parque** Todas las mañanas el señor Escobar sale a correr al parque. En parejas, miren los dos dibujos y túrnense para describir las diferencias entre lo que vio ayer y lo que ha visto esta mañana. Utilicen oraciones completas con diminutivos y aumentativos.

MODELO —Ayer el señor Escobar vio un perrito lindo en el parque, pero esta mañana un perrazo feroz lo ha perseguido.

abuelo	bajo	gordo	libro	pequeño
alto	delgado	grande	nieto	perro
avión	galleta	lejos	pan	taza

④ As an expansion activity, have students describe what Mr. Escobar will see tomorrow. Encourage students to be creative.

5 **Síntesis**

A. Es el año 2500. Junto con dos amigos/as, has decidido pasar un semestre en el espacio. Han creado un blog para contar lo que han visto y han hecho cada día. Escriban cinco entradas del blog. Deben incluir por lo menos tres verbos en el pretérito perfecto, tres en el pluscuamperfecto, y tres diminutivos y/o aumentativos. Utilicen algunas frases y palabras de la lista y añadan sus propias ideas.

MODELO Lunes, 13 de marzo
Hemos pasado el día entero orbitando la Luna. De niños, siempre habíamos querido ser astronautas, y este viaje es un sueño hecho realidad. Desde aquí, la Tierra es sólo una pelotita, como el globo que habíamos estudiado de chiquitos...

Esta mañana hemos...
Aún no hemos...
Los astronautas nos han...

Antes del viaje, habíamos...
Cuando llegamos a la Luna, el profesor ya había...
En el pasado, los astrónomos habían...

cerquita	estrellita
chiquito	grandote
cohetazo	rapidito

B. Ahora, presenten las cinco entradas de su blog ante la clase.

⑤ Before students begin writing, have them prepare a time line of events to use as a reference.

Teaching option For additional communicative practice, have students discuss the use of bad words in society and in their own lives. Ask: **¿Usan palabrotas? ¿Cuándo? ¿Les parece bien que utilicen palabrotas en el cine y la televisión? ¿Y en la literatura?**

INSTRUCTIONAL RESOURCES
Supersite/DVD: Film Collection
Supersite: Script & Translation

Variación léxica
al final de cuentas ⟷ al fin y al cabo

¡ATENCIÓN!

La palabra **voseo** se refiere al uso de **vos** en lugar de **tú** y se utiliza en casi toda la Argentina y también en otras partes de América del Sur y América Central. En este uso, los verbos en presente en la segunda persona del singular se acentúan en la última sílaba. Los verbos irregulares se conjugan como si fueran regulares. Por ejemplo:
vos tenés = tú tienes
vos querés = tú quieres

① For additional practice, have students form sentences with the remaining words.

② If appropriate, review the future tense before completing the activity and encourage them to use it in their answers.

Antes de ver el corto

HAPPY COOL

país Argentina
duración 14 minutos
director Gabriel Dodero
protagonistas Julio, Mabel (esposa), Pablito (hijo), suegro, Daniel (amigo)

Vocabulario

al alcance de la mano *within reach*
al final de cuentas *after all*
congelar(se) *to freeze*
derretir(se) (e:i) *to melt*
descongelar(se) *to defrost*
duro/a *hard; difficult*
la guita *cash; dough (slang)*
hacer clic *to click*
el interrogante *question; doubt*
la plata *money (L. Am.)*
el/la vago/a *slacker*
vos tú *(L. Am.)*

1 Oraciones incompletas Completa las oraciones con las palabras o las frases apropiadas.

1. Hoy día, gracias a Internet, todo parece estar __al alcance de la mano__. Sólo hay que escribir un par de palabras en un buscador, __hacer clic__ y listo.
2. Mi hermana es una __vaga__. Quiere ganar __plata/guita__ sin trabajar.
3. Los científicos no pueden prever con exactitud cuánto tiempo tardarán en __derretirse__ los glaciares.
4. Para preparar la cena esta noche, no quiero trabajar mucho. Simplemente voy a __descongelar__ la pasta que sobró (*was left over*) del otro día. __Al final de cuentas__, Juan Carlos llega a casa tan cansado del trabajo que no disfruta de la comida.

2 Preguntas En parejas, contesten las preguntas y expliquen sus respuestas.

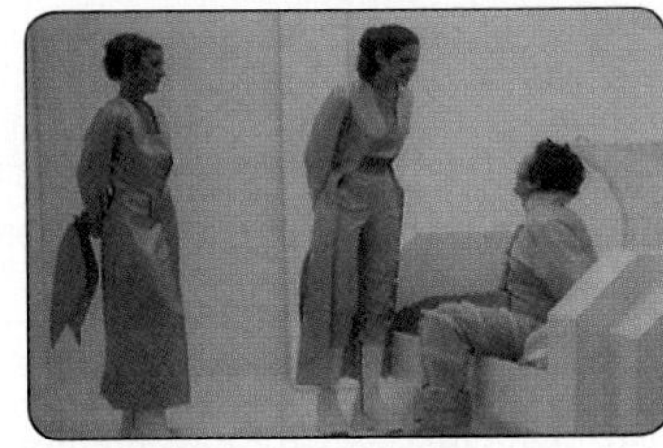

1. ¿Creen que la vida en el futuro va a ser mejor?
2. ¿Qué avances tecnológicos creen que existirán para el año 2050? Mencionen tres.
3. ¿De qué manera pueden la ciencia y la tecnología ayudar a resolver problemas sociales? Den tres ejemplos.
4. Observen el afiche del cortometraje. ¿Qué está mirando la mujer? ¿Dónde está?
5. Observen los fotogramas. ¿Qué sucede en cada uno? ¿Creen que las imágenes son de la misma época?
6. Imaginen que se puede viajar en el tiempo. ¿Qué consecuencias puede tener esto?

 Practice more at **enfoques.vhlcentral.com.**

Happy Cool

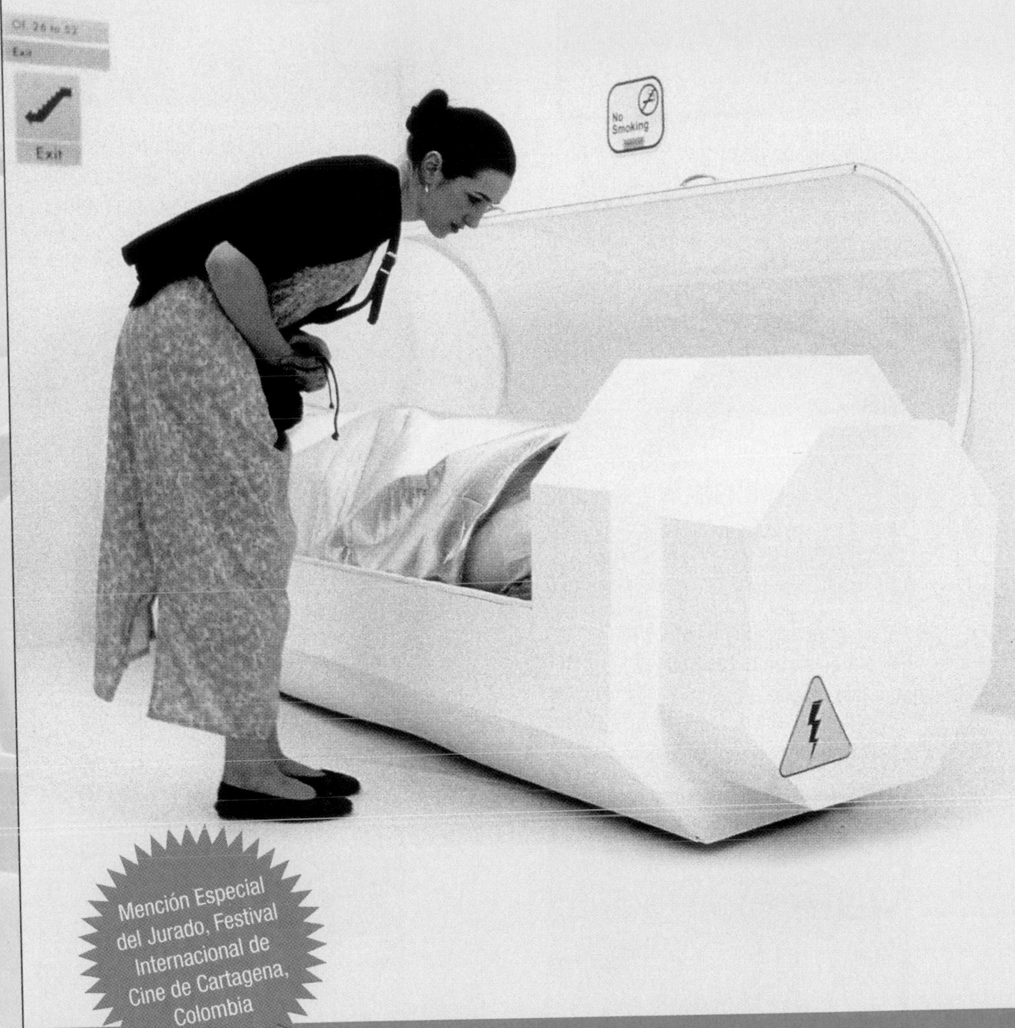

Mención Especial del Jurado, Festival Internacional de Cine de Cartagena, Colombia

Una producción del INSTITUTO NACIONAL DE CINE Y ARTES AUDIOVISUALES Guión y Dirección GABRIEL DODERO
Producción Ejecutiva ANDRÉS "Gato" MARTÍNEZ CANTÓ Dirección de Fotografía LEANDRO MARTÍNEZ
Dirección de Arte PATRICIA IBARRA Montaje LEANDRO PATRONELLI Dirección de Sonido FERNANDO VEGA
Actores CARLOS BERRAYMUNDO/CECILIA ROCHE/JORGE OCHOA/NORBERTO ARCUSÍN/GONZALO SAN MARTÍN/
NORBERTO FERNÁNDEZ/GISELLE CHEWELLE

Synopsis After endless months of searching for work, Julio agrees to try out "Happy Cool", a new service with an innovative solution to Argentina's economic crisis: **"Congélese".** When he finally awakes from his deep-freeze, the economic situation remains unchanged, but the future is still full of surprises...

Preview Ask students: **¿Conocen alguna película o libro que trate sobre el futuro? ¿Cómo está representado? ¿Es una visión optimista o pesimista?**

Escenas

ARGUMENTO En Buenos Aires, el desempleo ha obligado a la gente a buscar un futuro mejor en la tecnología.

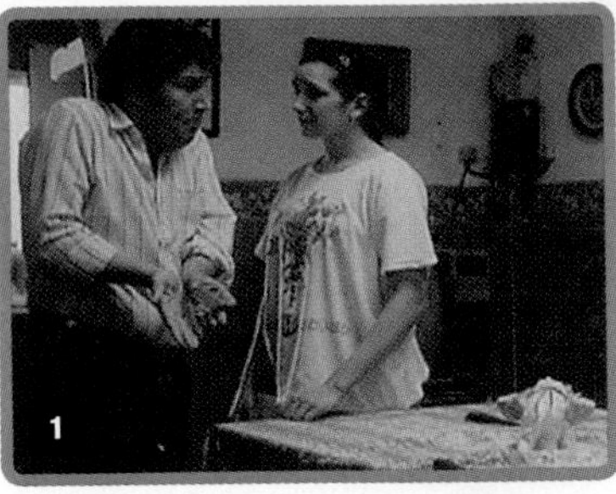

JULIO Yo vengo de buscar trabajo y no consigo nada, y encima tengo que ver esto. El chico me pierde el respeto a mí, yo ya no sé qué decirle a tu papá, que nos está bancando° acá en su casa.

LOCUTOR No hay trabajo, pero hay una empresa que piensa en usted. *Happy Cool*, la tecnología que lo ayuda a esperar los buenos tiempos. [...] ¡Congélese! y viva el resto de su vida en el momento oportuno.

JULIO Mirá°, Mabel, yo quizá me tenga que congelar. Un tiempito nomás. Yo creo que esto en uno o dos años se soluciona.
MABEL Pero, Julio, ¿qué decís°? ¿Cómo podés° pensar en una cosa así?

DANIEL ¿Vos te acordás° cuando éramos pibes°, que pensábamos que en el 2000 la tecnología iba a ser tan poderosa que no iba a hacer falta laburar°?

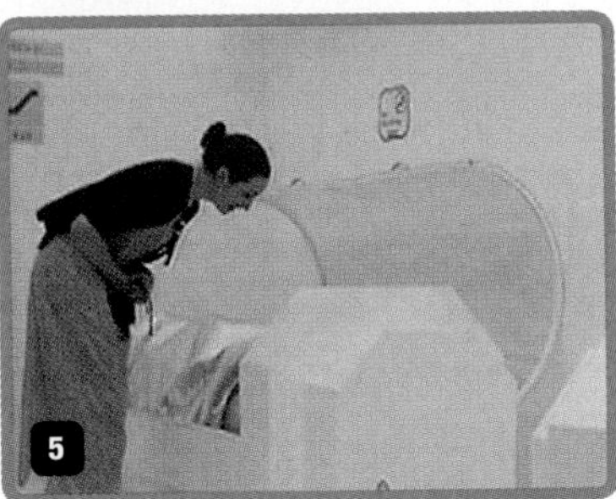

MABEL Ay, Julio, ¡qué tecnología!
JULIO Sí, sí... se ve que es gente seria... hay mucha plata invertida acá.
MABEL Ah... no sé qué voy a hacer. No sé si traerte flores como si estuvieras en un cementerio o qué.

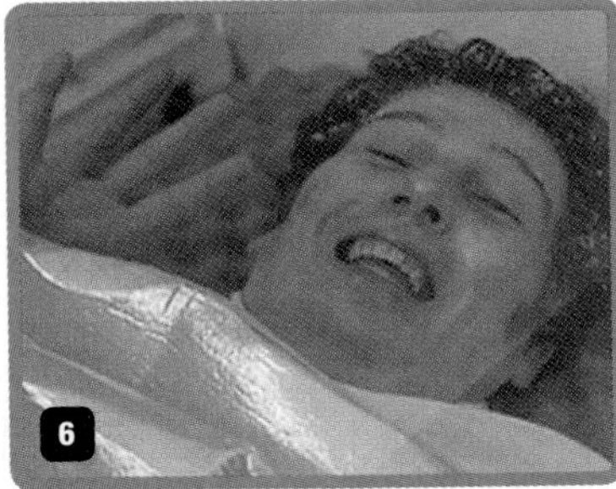

MABEL Volvé° pronto.
JULIO Ojalá que la situación económica mejore...
MABEL Ojalá...
JULIO Sí, así me descongelan cuanto antes.
MABEL Cuidate°... te voy a extrañar.

nos está bancando *he is putting us up* **Mirá** *Mira* **decís** *dices* **podés** *puedes* **acordás** *acuerdas* **pibes** *kids* **laburar** *work* **Volvé** *Vuelve* **Cuidate** *Cuídate*

Después de ver el corto

NATIONAL communication STANDARDS

1 **Comprensión** Contesta las preguntas con oraciones completas.

1. ¿De quién es la casa donde viven Julio y su familia? La casa es del suegro de Julio.
2. ¿Cuánto tiempo lleva desempleado Julio? Julio lleva dos años y medio desempleado.
3. ¿Qué promete la empresa *Happy Cool*? La empresa promete congelar a las personas hasta que la situación económica mejore.
4. ¿Qué opina Julio de la congelación al principio? Al principio, Julio no está de acuerdo con la congelación.
5. ¿Quién paga por la congelación de Julio? El suegro de Julio paga por su congelación.
6. ¿En qué año se descongela Julio? Julio se descongela en el año 2001.
7. ¿Qué pasó en su familia mientras él estaba congelado? Su esposa se casó con otro hombre.
8. ¿Cómo soluciona Mabel la situación al final? Mabel pone a Julio en el congelador de su casa.

① Have students work with a partner to write a brief summary of the film.

2 **Interpretación** En parejas, contesten las preguntas y expliquen sus respuestas.

1. ¿Para quiénes se destinan los servicios de *Happy Cool*? ¿Por qué?
2. ¿Por qué creen que Julio decide finalmente que sí quiere ser congelado?
3. ¿Es el regreso de Julio como él lo imaginaba? ¿Por qué?
4. ¿Por qué resulta irónico el comentario de Mabel: "Al final, lo casero es lo mejor"?

3 **Ampliación** En parejas, contesten las preguntas.

1. ¿Por qué piensan que la gente cree en la publicidad de *Happy Cool*?
2. Imaginen que están desempleados desde hace tres años. ¿Qué harían?
3. ¿Confían en la publicidad de productos o servicios que parecen demasiado buenos o demasiado baratos? Den ejemplos.
4. ¿Creen que en el futuro la ciencia y la tecnología van a estar tan avanzadas que no va a ser necesario trabajar?

③ Ask students to compare/contrast their own answers with their partners' opinions.

4 **El regreso** Imagina que la congelación ha sido un éxito y Julio despierta en un futuro mejor. Escribe un párrafo explicando qué es lo que ocurre.

- ¿Cómo ha sido la vida de su esposa?
- ¿Cómo es su hijo y qué hace?
- ¿Cómo está su suegro? ¿Qué piensa ahora de su yerno?
- ¿Cómo es la situación económica?
- ¿Qué tipo de trabajo consigue Julio?
- ¿Son ahora todos más felices?
- ¿Fue una buena idea congelarse?

④ Before completing the activity, ask students about their predictions for the film's ending. Ex: **¿Habían creído que el experimento iba a ser un éxito? ¿Habían pensado algunos de ustedes que todo iba a ser peor para Julio?**

5 **Viajeros** En el sueño de Julio hay una máquina para viajar en el tiempo. En grupos de tres, imaginen que ustedes pudieron usarla tres veces. Escriban lo que hicieron en cada viaje y luego compartan sus viajes con la clase.

⑤ As a variant, have students select three famous people from the past or three important moments in history to visit.

6 **Un anuncio** En grupos de cuatro, creen un anuncio televisivo para una empresa que ofrece una solución original a personas que no tienen trabajo. Puede ser un servicio serio o disparatado (*absurd*). Tengan en cuenta estos puntos. Luego, presenten su anuncio a la clase.

- ¿En qué consiste el servicio?
- ¿Es una solución temporal o definitiva?
- ¿A quién está dirigido?
- ¿Cuál es el eslogan?

Practice more at **enfoques.vhlcentral.com.**

Teaching option As an optional outside project, have students work in pairs to research the economic situation in Argentina after the major political/economic crisis that took place in December 2001 and compare it with the film. Encourage students to bring newspaper articles or other information they have found to share with the class.

Composición Constructiva, 1938
Joaquín Torres García, Uruguay

"Ninguna ciencia, en cuanto a ciencia, engaña; el engaño está en quien no sabe."

— Miguel de Cervantes

NATIONAL connections cultures STANDARDS

Antes de leer

Ese bobo del móvil

Sobre el autor

Arturo Pérez-Reverte nació en Cartagena (España) en 1951. Comenzó su carrera como corresponsal de guerra en prensa, radio y televisión, y durante veinte años vivió un gran número de conflictos internacionales. Comenzó a escribir ficción en 1986 y a partir de 1994 se dedicó de lleno (*fully*) a la literatura, especialmente a la novela de aventuras. Ha publicado gran cantidad de novelas que se tradujeron a varios idiomas, y algunas fueron llevadas al cine, como *La tabla de Flandes, El Club Dumas* (dirigida por Roman Polanski con el título de *La Novena Puerta*) y *Alatriste*. En 2009 publicó la novela *Ojos azules*. Desde 1991 escribe una página de opinión en la revista *El Semanal,* que se ha convertido en una de las más leídas de España. Además, desde el año 2003 es miembro de la Real Academia Española.

Vocabulario

ahorrarse *to save oneself*	**el/la bobo/a** *silly, stupid person*	**el/la navegante** *navigator*
apagado/a *turned off*	**la motosierra** *power saw*	**sonar (o:ue)** *to ring*
el auricular *telephone receiver*	**el móvil** *cell phone (Esp.)*	**el vagón** *carriage; coach*

Oraciones incompletas Completa las oraciones utilizando las palabras del vocabulario.

1. En España al teléfono celular lo llaman __móvil__.
2. Antes, los aventureros eran __navegantes__ y viajaban de puerto a puerto.
3. Esperé durante horas una llamada, pero el teléfono nunca __sonó__. Más tarde recordé que lo había dejado __apagado__. ¡Qué __bobo/boba__ que soy!
4. Al llegar a la estación, el tren ya partía y apenas pude subir al último __vagón__.

Conexión personal ¿Te gusta estar siempre conectado con tus amigos? ¿Tienes teléfono celular? ¿Lo usas mucho? Cuando hablas con alguien, ¿buscas tener un poco de privacidad, o no te importa que la gente te escuche?

Análisis literario: la ironía

La ironía consiste en un uso figurativo del lenguaje en el que se expresa lo contrario de lo que se piensa. Para eso se utiliza una palabra o frase que tiene la intención de sugerir el significado opuesto al enunciado. Por ejemplo, se puede señalar la avaricia (*greed*) de alguien con el comentario: "¡Qué generosidad!" Inventa el comentario irónico que podrías hacer en estas circunstancias.

- Regresas a tu casa y te encuentras con mucho ruido y problemas.
- Te das cuenta de que la fila en la que estás avanza lentamente.
- Tenías planes de pasar el día al aire libre y de repente empieza a llover.

Practice more at **enfoques.vhlcentral.com.**

Oraciones incompletas Have students make sentences with the remaining words and share them with a partner.

Conexión personal For follow up, ask these additional discussion questions. **¿Creen que los celulares hacen que nos comuniquemos mejor? ¿Cuándo compraron su primer celular? ¿Lo usan para hacer llamadas o más para mandar mensajes de texto?**

Análisis literario Have students think about irony in everyday language. **¿Se puede ser irónico a través del tono de voz o a través de gestos y ademanes? Den ejemplos.** Then have pairs use irony to write and perform a creative dialogue.

Teaching option Have small groups talk about situations in which they consider it rude to talk on a cellular phone. Encourage them to give examples from their personal lives.

Preview Have students read the Cervantes quote aloud and ask volunteers to give their interpretations. Ask: **En su opinión, ¿a qué tipo de "engaño" se refiere Cervantes?**

Ese bobo del móvil

Arturo Pérez-Reverte

Mira, Manolo, Paco, María Luisa o como te llames. Me vas a perdonar que te lo diga aquí, por escrito, de modo más o menos público; pero así me ahorro decírtelo a la cara el próximo día que nos encontremos en el aeropuerto, o en el AVE°, o en el café. Así evito coger yo el teléfono y decirle a quien sea, a grito pelado°, aquí estoy, y te llamo para contarte que tengo al lado a un imbécil que cuenta su vida y no me deja vivir. De esta manera soslayo° incidentes. Y la próxima vez, cuando en mitad de tu impúdica° cháchara° te vuelvas casualmente hacia mí y veas que te estoy mirando, sabrás lo que tengo en la cabeza. Lo que pienso de ti y de tu teléfono parlanchín°. Que también puede ocurrir que, aparte de mí, haya más gente alrededor que piense lo mismo; lo que pasa es que la mayor parte de esa gente no puede despacharse a gusto° cada semana en una página como ésta, y yo tengo la suerte de que sí. Y les brindo el toro°.

AVE: Spanish high-speed train
a grito pelado: shouting at the top of one's voice
soslayo: elude; evade
impúdica: immodest/
cháchara: chit-chat; idle talk
parlanchín: chattering
despacharse a gusto: to speak one's mind
brindo el toro: dedicate the bull (in a bullfight)

Teaching option As students read the story, have them make a list of the different people the author mentions and the adjectives he uses to describe them.

Estoy hasta la glotis° de tropezarme contigo y con tu teléfono. Te lo juro, chaval°. O chavala. El otro día te vi por la calle, y al principio creí que estabas majareta°, imagínate, un fulano° que camina hablando solo en voz muy alta y gesticulando° furioso con una mano arriba y abajo. Ése está para los tigres, pensé. Hasta que vi el móvil que llevaba pegado a la oreja, y al pasar por tu lado me enteré, con pelos y señales, de que las piezas de PVC° no han llegado esta semana, como tú esperabas, y que el gestor° de Ciudad Real es un indeseable. A mí, francamente, el PVC y el gestor de Ciudad Real me importan un carajo°; pero conseguiste que, a mis propias preocupaciones, sumara las tuyas. Vaya a cuenta de la solidaridad, me dije. Ningún hombre es una isla. Y seguí camino.

A la media hora te encontré de nuevo en un café. Lo mismo° no eras tú, pero te juro que tenías la misma cara de bobo mientras le gritabas al móvil. Yo había comprado un libro maravilloso, un libro viejo que hablaba de costas lejanas y antiguos navegantes, e intentaba leer algunas páginas y sumergirme en su encanto. Pero ahí estabas tú, en la mesa contigua, para tenerme al corriente° de que te hallabas en Madrid y en un café, cosa que por otra parte yo sabía perfectamente porque te estaba viendo, y de que no volverías a Zaragoza hasta el martes por la noche. Por qué por la noche y no por la mañana, me dije, interrogando inútilmente a Alfonso el cerillero°, que se encogía de hombros° como diciendo: a mí que me registren°. Tal vez tiene motivos poderosos o inconfesables, deduje tras cavilar° un rato sobre el asunto: una amante, un desfalco°, un escaño° en el Parlamento. Al fin despejaste la incógnita diciéndole a quien fuera que Ordóñez llegaba de La Coruña a mediodía, y eso me tranquilizó bastante. Estaba claro, tratándose de Ordóñez. Entonces decidí cambiar de mesa.

Al día siguiente estabas en el aeropuerto. Lo sé porque yo era el que se encontraba detrás en la cola de embarque, cuando le decías a tu hijo que la motosierra estaba estropeada°. No sé para qué diablos quería tu hijo, a su edad, usar la motosierra; pero durante un rato obtuve de ti una detallada relación° del uso de la motosierra y de su aceite lubricante. Me volví un experto en la maldita motosierra, en cipreses y arizónicas. El regreso lo hice en tren a los dos días, y allí estabas tú, claro, un par de asientos más lejos. Te reconocí por la musiquilla del móvil, que es la de Bonanza. Sonó quince veces y te juro que nunca he odiado tanto a la familia Cartwright. Para la ocasión te habías travestido de ejecutiva madura, eficiente y agresiva; pero te reconocí en el acto cuando informabas a todo el vagón sobre pormenores° diversos de tu vida profesional. Gritabas mucho, la verdad, tal vez para imponerte a las otras voces y musiquillas de tirurí tirurí que pugnaban° con la tuya a lo largo y ancho del vagón. Yo intentaba corregir las pruebas de una novela, y no podía concentrarme. Aquí hablabas del partido de fútbol del domingo, allá saludabas a la familia, acullá° comentabas lo mal que le iba a Olivares en Nueva York. Me sentí rodeado°, como checheno° en Grozni. Horroroso. Tal vez por eso, cuando me levanté, fui a la plataforma del vagón, encendí el móvil que siempre llevo apagado e hice una llamada, procurando° hablar bajito° y con una mano cubriendo la voz sobre el auricular, la azafata del vagón me miró de un modo extraño, con sospecha. Si habla así pensaría, tan disimulado° y clandestino, algo tiene que ocultar (...). ■

Publicado en *El Semanal,* 5 de marzo de 2000

I've had it; dude; loony; nutty; so-and-so; gesticulating; plastic; solicitor; I couldn't care less; Maybe; up-to-date; match-seller/ shrugged; search; to ponder; embezzlement/ seat; damaged; narration; account; details; fought; struggled; there; on the other side; surrounded; Chechnyan; trying; softly; hidden; concealed

Después de leer

Ese bobo del móvil

Arturo Pérez-Reverte

(1) As an expansion activity, have students share some of the conversations the author heard as he listened to other people talking on the phone. They may also act out the conversations.

1 Comprensión Responde a las preguntas con oraciones completas.

1. ¿Qué sentimientos le provocan al narrador los que hablan por teléfono? Él dice que está hasta la glotis (harto) de esas personas y sus teléfonos.
2. ¿En qué lugares se encuentra con estas personas? Se encuentra con estas personas en todas partes: el aeropuerto, el AVE, el café, la calle.
3. ¿La gente que habla por teléfono celular está loca? No, él cree que hay un hombre que está loco porque habla solo por la calle, pero después se da cuenta de que está hablando por teléfono.
4. ¿Qué "musiquillas" escucha el narrador en el tren? Escucha las musiquillas de otros móviles.
5. Además del teléfono, ¿qué tienen en común estas personas según el narrador? Según el narrador, estas personas tienen la misma cara de bobo.

2 Análisis Lee el relato nuevamente y responde a las preguntas.

1. El narrador utiliza la segunda persona (tú) en este relato. ¿Se dirige sólo a personas que se llaman Manolo, Paco y María Luisa?
2. El autor comienza el artículo con: "Me vas a perdonar que te lo diga aquí". ¿Crees que el autor realmente se está disculpando?
3. Busca ejemplos de expresiones o palabras que indican o se relacionan con la forma de hablar por teléfono de estas personas. ¿Cómo contribuyen estas expresiones al tono del relato? ¿Qué dicen acerca de la opinión del autor?

(3) Ask students these additional questions: **Cuando el narrador habla por su teléfono móvil, provoca sospechas porque lo hace "de un modo extraño". ¿Cómo habla el narrador? ¿Por qué da la impresión de estar haciendo algo clandestino? ¿Creen que el autor está intentando convencer al lector de algo o simplemente está protestando? Den ejemplos de la lectura.**

3 Interpretación Responde a las preguntas con oraciones completas.

1. ¿Por qué crees que al narrador le molestan tanto las personas que hablan por el móvil? ¿Te parece que su reacción es exagerada?
2. Las personas del relato, ¿hablan de cosas importantes por sus móviles? ¿Qué te parece que los motiva a utilizar el teléfono celular?
3. ¿Crees que es cierto que todos los que hablan por su móvil tienen "la misma cara de bobo"? ¿Qué otras características encuentra el narrador en ellos?
4. ¿Te parece que el narrador se resiste a los avances tecnológicos? ¿Por qué?
5. ¿Crees que podría hablarse de "contaminación de ruido en un espacio público"? ¿Crees que es legítimo protestar contra eso?

(4) If appropriate, give students these additional statements.
- **Como no hay verdaderas relaciones profundas, las personas hablan por teléfono y se envían correos electrónicos todo el tiempo, pero no se comunican.**
- **Los avances tecnológicos crean una sociedad mejor y con más posibilidades para todos.**
- **Hoy en día, las personas buscan ser vistas y oídas públicamente cada vez que pueden.**

4 Opiniones En parejas, lean estas afirmaciones y digan si están de acuerdo o no, y por qué. Después, compartan su opinión con la clase.

- El teléfono celular nos ayuda a mantenernos en contacto.
- En nuestra sociedad existe una dependencia obsesiva del teléfono celular, que puede llegar a la adicción.

5 Escribir Elige uno de los temas y redacta una carta de opinión para un periódico. Tu carta debe tener por lo menos diez oraciones. Elige un tono irónico marcadamente a favor o en contra y explica tus razones.

- Responde al artículo de Pérez-Reverte.
- Escribe sobre el avance de algún otro objeto o servicio de la vida diaria.

Practice more at **enfoques.vhlcentral.com.**

Teaching option Tell pairs to choose a person mentioned in the article and create a dialogue between him or her and the author. Then have pairs perform their dialogues for the class.

Antes de leer

Vocabulario

a la vanguardia *at the forefront*	**el enlace** *link*
actualizar *to update*	**el/la novelista** *novelist*
la bitácora *travel log; weblog*	**el sitio web** *website*
la blogonovela *blognovel*	**el/la usuario/a** *user*
la blogosfera *blogosphere*	**la web** *the web*

 **Mi amigo periodista** Completa las oraciones. No puedes usar la misma palabra más de una vez.

1. Mi amigo periodista entiende mucho de tecnología y prefiere utilizar la __web/blogosfera__ para informarse y para publicar sus ideas.
2. Él no compra periódicos, sino que consulta varios __sitios web__ de noticias.
3. Después escribe sus comentarios sobre la política argentina en una __bitácora__ con __enlaces__ que conectan al lector a periódicos electrónicos.
4. Muchos __novelistas__ contemporáneos están interesados en incursionar en el nuevo fenómeno literario conocido como la __blogonovela__.

Conexión personal ¿Con qué frecuencia te conectas a Internet? ¿Es fundamental para ti o podrías vivir sin estar conectado/a? ¿Para qué navegas por Internet?

	siempre	a veces	casi nunca	nunca
banca electrónica				
comunicación				
diversión				
estudios				
noticias				
trabajo				

Contexto cultural

"¿Qué hacía la gente antes de la existencia de Internet?" Muchos nos hacemos esta pregunta en situaciones cotidianas, como resolver un debate entre amigos con una búsqueda rápida en una base de datos (*database*) de cine, pagar una factura por medio de la banca electrónica o hablar con alguien a mil kilómetros de distancia con el mensajero instantáneo. Internet ha transformado la vida moderna, abriendo paso (*paving the way*) a múltiples posibilidades de comunicación, comercio, investigación y diversión. ¿Hay algo que sigue igual después de la revolución informática? ¿Qué ha pasado, por ejemplo, con el arte? ¿Cómo ha sido afectado por las innovaciones tecnológicas?

 Practice more at **enfoques.vhlcentral.com.**

Conexión personal Ask volunteers to give specific examples of their Internet use for each category. Ex: **Noticias: Todos los días me meto en la página web del periódico local para leer las noticias.**

Contexto cultural Brainstorm different categories of art on the board (music, fiction, fine arts, etc.). Then have students discuss how the Internet specifically affected that type of art. Ex: **Antes la gente compraba CD, pero ahora se puede descargar toda la música de Internet y guardarla en un reproductor de MP3.**

Preview Ask students about reading online. **¿Creen que la calidad de la escritura en línea es tan buena como lo que se publica en los libros, revistas o periódicos? ¿Es posible que algún día se termine la publicación de libros y leamos todo en Internet?**

Hernán Casciari: arte en la blogosfera

Si el medio artístico° del siglo XX fue el cine, ¿cuál será el nuevo medio del siglo XXI? El trabajo innovador del argentino Hernán Casciari sugiere la posibilidad de la blogonovela. Casciari ha desarrollado el nuevo género con creatividad, humor y una buena dosis de ironía. Las blogonovelas imitan el formato del blog —un diario electrónico, también llamado bitácora—, pero los "autores" son o personajes de ficción o versiones apócrifas° de individuos reales. El uso de Internet permite que Casciari incorpore imágenes

artistic medium

fictitious

Teaching option As students read, have them take notes on the different characteristics of the **blogonovela**.

para que la lectura sea también una experiencia visual. Explica el escritor: "Vale más ilustrar un rostro con una fotografía o un dibujo, en lugar de hacer una descripción literaria". Sus sitios web incluyen enlaces para que la lectura sea activa. También invitan a dejar comentarios para que lectura y escritura sean interactivas.

La blogonovela rompe con varios esquemas° tradicionales y se hace difícil de clasificar°. Si Casciari prefiere a veces la fotografía a la descripción, ¿es la blogonovela literatura o arte visual? ¿Aspira a ser un arte serio o cultura popular? Si el autor es argentino pero vive en España, ¿la obra se debe considerar española o argentina? Por otra parte, si aparece primero en Internet, ¿sería realmente un arte global?

rompe con varios esquemas alters various patterns; *clasificar* categorize

Los blogs de Hernán Casciari

Juan Dámaso, vidente
Klikowsky. El día a día de un argentino en Euskadi
Orsai
Espoiler

Además, las blogonovelas juegan con niveles de realidad y con las reglas° de la ficción. El diario falso seduce al lector, que cree leer confesiones íntimas. Sin embargo, el autor de una blogonovela mantiene una relación inusual con su lector. La persona que abre una novela tradicional recibe información según el orden° de las páginas de un libro. Pero el usuario informado de un sitio web crea su propio orden. ¿Cuál es el comienzo° y cuál es el final de un blog? En *Weblog de una mujer gorda*, Casciari incluye muchos enlaces, que a veces introducen información antes de la bitácora. Pero ¿qué pasa si un individuo decide no abrir un enlace? El lector de una blogonovela es autor de su propio camino en zigzag, una lectura animada por ilustraciones gráficas y fotos.

reglas rules; *según el orden* according to the order; *comienzo* beginning

Weblog de una mujer gorda es la blogonovela más célebre de Casciari. La autora ficticia es Mirta Bertotti, una mujer de poca educación pero con aptitud tecnológica y facilidad con las palabras. Esta madre sufrida°, pero de actitud optimista, decide un día crear un blog sobre su familia desestructurada°. Mirta actualiza su bitácora frecuentemente, narrando las particularidades de los Bertotti, los problemas de los hijos adolescentes y otros relatos° sobre los retos° de su vida. Mirta parece quejarse de su mala suerte, pero sus palabras revelan humor, cariño y fuerza interior°, una resistencia a los problemas muy modernos que afectan su vida.

sufrida long-suffering; *desestructurada* dysfunctional; *relatos/retos* stories/challenges; *fuerza interior* inner strength

Casciari desafía nuestras expectativas, pero más que reírse del lector, le provoca risa y sorpresa. Sus experimentos de ficción y realidad —como solicitar comentarios auténticos en blogs de ficción— nos divierten, pero además nos introducen a un nuevo y amplio° mundo creativo, posible ahora debido al encuentro entre el arte e Internet. ■

amplio wide

Datos biográficos

Hernán Casciari nació en Buenos Aires en 1971. Además de estar a la vanguardia de las blogonovelas, Casciari es también periodista. En 2005 creó la blogonovela *El diario de Letizia Ortiz*, donde inventaba los pensamientos íntimos de la entonces futura Princesa de Asturias. También en 2005, la exitosa blogonovela *Weblog de una mujer gorda* fue publicada en España como libro con el título *Más respeto, que soy tu madre*. Tal fue la fama de esta blogonovela que en el año 2010 se realizó la película con el mismo título, protagonizada por Carmen Maura.

Additional biographical data: Hernán Casciari writes for the newspapers *El País* (Spain) and *La Nación* (Argentina). In 2009, he published the book *El pibe que arruinaba las fotos*, based on some of his articles in *Orsai*.

La tecnología

la arroba	@ symbol
el blog	blog
el buscador	search engine
la computadora portátil	laptop
la contraseña	password
el corrector ortográfico	spellchecker
la dirección de correo electrónico	e-mail address
la informática	computer science
Internet	Internet
el mensaje (de texto)	(text) message
la página web	web page
el programa (de computación)	software
el reproductor de CD/DVD/MP3	CD/DVD/MP3 player
el (teléfono) celular	cell phone
adjuntar (un archivo)	to attach (a file)
borrar	to erase
descargar	to download
guardar	to save
navegar en la red	to surf the web
digital	digital
en línea	online
inalámbrico/a	wireless

La astronomía y el universo

el agujero negro	black hole
el cohete	rocket
el cometa	comet
el espacio	space
la estrella (fugaz)	(shooting) star
el/la extraterrestre	alien
la gravedad	gravity
el ovni	UFO
el planeta	planet
el telescopio	telescope
el transbordador espacial	space shuttle

Los científicos

el/la astronauta	astronaut
el/la astrónomo/a	astronomer
el/la biólogo/a	biologist
el/la científico/a	scientist
el/la físico/a	physicist
el/la ingeniero/a	engineer
el/la matemático/a	mathematician
el/la (bio)químico/a	(bio)chemist

La ciencia y los inventos

el ADN (ácido desoxirribonucleico)	DNA
el avance	advance; breakthrough
la célula	cell
el desafío	challenge
el descubrimiento	discovery
el experimento	experiment
el gen	gene
el invento	invention
la patente	patent
la teoría	theory
clonar	to clone
comprobar (o:ue)	to prove
crear	to create
fabricar	to manufacture; to make
formular	to formulate
inventar	to invent
investigar	to investigate; to research
avanzado/a	advanced
(bio)químico/a	(bio)chemical
especializado/a	specialized
ético/a	ethical
innovador(a)	innovative
revolucionario/a	revolutionary

Más vocabulario

Expresiones útiles	Ver p. 249
Estructura	Ver pp. 256–257, 260 y 262–263

Cinemateca

la guita	cash; dough
el interrogante	question; doubt
la plata	money
el/la vago/a	slacker
vos	tú
congelar(se)	to freeze
derretir(se) (e:i)	to melt
descongelar(se)	to defrost
hacer clic	to click
duro/a	hard; difficult
al alcance de la mano	within reach
al final de cuentas	after all

Literatura

el auricular	telephone receiver
el/la bobo/a	silly, stupid person
la motosierra	power saw
el móvil	cell phone
el/la navegante	navigator
el vagón	carriage; coach
ahorrarse	to save oneself
sonar (o:ue)	to ring
apagado/a	turned off

Cultura

la bitácora	travel log; weblog
la blogonovela	blognovel
la blogosfera	blogosphere
el enlace	link
el/la novelista	novelist
el sitio web	website
el/la usuario/a	user
la web	the web
actualizar	to update
a la vanguardia	at the forefront

INSTRUCTIONAL RESOURCES
Supersite: Testing Program

La economía y el trabajo

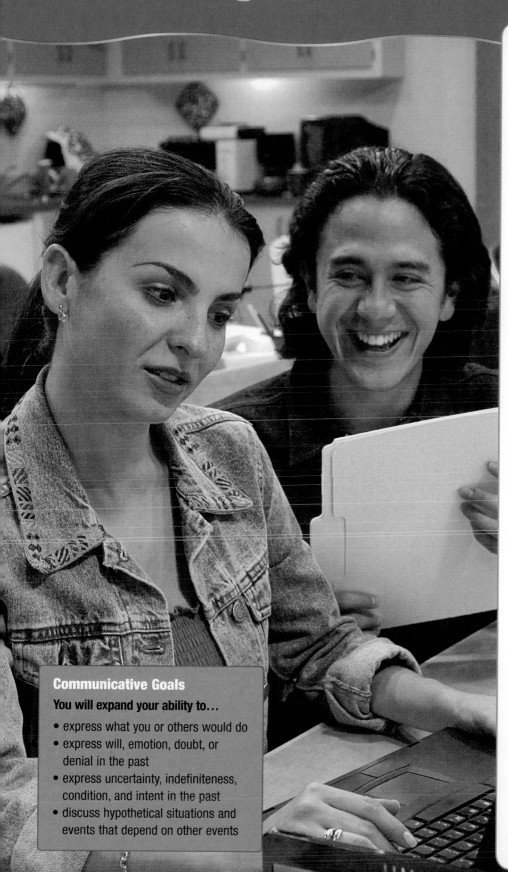

Communicative Goals

You will expand your ability to…
- express what you or others would do
- express will, emotion, doubt, or denial in the past
- express uncertainty, indefiniteness, condition, and intent in the past
- discuss hypothetical situations and events that depend on other events

INSTRUCTIONAL RESOURCES
Supersite: Audioscripts, Textbook/SAM AK, Textbook/Lab MP3s
SAM/WebSAM: WB, LM

La economía y el trabajo

Preview Survey students' work and financial experience. **¿Ya han preparado su currículum vitae? ¿Se han presentado alguna vez a una entrevista de trabajo? ¿Quién se ocupa de sus finanzas, ustedes o sus padres?**

El trabajo

el aumento de sueldo *raise in salary*
la compañía *company*
la conferencia *conference*
el contrato *contract*
el currículum (vitae) *résumé*
el empleo *employment; job*
la entrevista de trabajo *job interview*

En la **entrevista de trabajo**, Eugenia presentó su **currículum vitae** e hizo preguntas sobre **la compañía**, las tareas del **puesto** y las condiciones de **empleo**.

el puesto *position; job*
la reunión *meeting*
el sueldo mínimo *minimum wage*

administrar *to manage; to run*
ascender (e:ie) *to rise; to be promoted*
contratar *to hire*
despedir (e:i) *to fire*
exigir *to demand*
ganar bien/mal *to be well/poorly paid*
ganarse la vida *to earn a living*
jubilarse *to retire*
renunciar *to quit*
solicitar *to apply for*

(des)empleado/a *(un)employed*
exitoso/a *successful*
(in)capaz *(in)competent; (in)capable*

Las finanzas

el ahorro *savings*
la bancarrota *bankruptcy*
el cajero automático *ATM*
la cuenta corriente *checking account*
la cuenta de ahorros *savings account*
la deuda *debt*
la hipoteca *mortgage*
el presupuesto *budget*

ahorrar *to save*
cobrar *to charge; to receive*
depositar *to deposit*
financiar *to finance*
gastar *to spend*
invertir (e:ie) *to invest*
pedir (e:i) prestado/a *to borrow*
prestar *to lend*

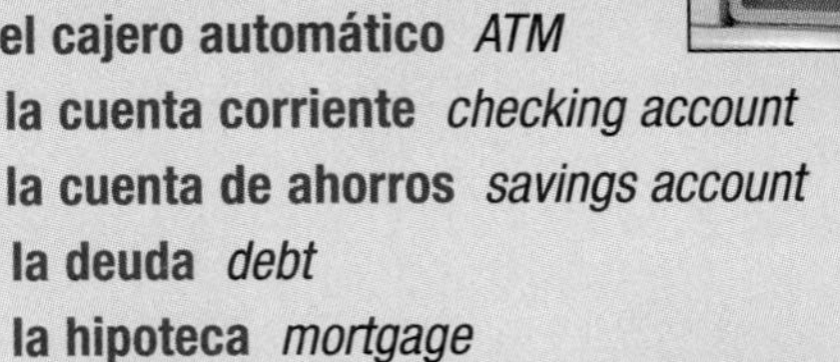

a corto/largo plazo *short/long-term*
fijo/a *permanent; fixed*
financiero/a *financial*

La economía

la bolsa (de valores) *stock market*
el comercio *commerce; trade*
el desempleo *unemployment*
la empresa multinacional *multinational company*
la huelga *strike*
el impuesto (de ventas) *(sales) tax*
la inversión (extranjera) *(foreign) investment*
el mercado *market*
la pobreza *poverty*
la riqueza *wealth*
el sindicato *labor union*

exportar *to export*
importar *to import*

La gente en el trabajo

La Sra. Bonilla comenzó su carrera profesional como **vendedora**, luego pasó a ser **gerente** y ahora es una alta **ejecutiva**. Espera que le ofrezcan ser **socia** este año.

el/la asesor(a) *consultant; advisor*
el/la contador(a) *accountant*
el/la dueño/a *owner*
el/la ejecutivo/a *executive*
el/la empleado/a *employee*
el/la gerente *manager*
el hombre/la mujer de negocios *businessman/woman*
el/la socio/a *partner; member*
el/la vendedor(a) *salesperson*

Variación léxica
la conferencia ⟷ el congreso
despedir ⟷ echar
desempleado/a ⟷ desocupado/a; en paro (Esp.)
el/la contador(a) ⟷ el/la contable (Esp.)
Point out that **dar una conferencia** means *to give a lecture.*

(1) If necessary, play the commercial and dialogue twice, encouraging students to listen for new vocabulary words.

Práctica

(1) Escuchar

A. Escucha el anuncio de *Creditinstant* y luego decide si las oraciones son **ciertas** o **falsas**. Corrige las falsas.

1. *Creditinstant* ofrece un puesto de trabajo con un buen sueldo. Falso. *Creditinstant* es una empresa que presta dinero.
2. *Creditinstant* ofrece tres mil dólares. Cierto.
3. Los clientes tienen que devolver el dinero a corto plazo. Falso. Los clientes pueden devolver el dinero a corto o largo plazo.
4. Los clientes pueden solicitar el dinero llamando por teléfono. Cierto.
5. *Creditinstant* deposita el dinero en la cuenta de ahorros en veinticuatro horas. Falso. *Creditinstant* deposita el dinero en la cuenta corriente en cuarenta y ocho horas.
6. Los clientes pueden gastar el dinero en lo que quieran. Cierto.

B. Escucha la conversación entre un cliente y un representante de *Creditinstant* y contesta las preguntas con oraciones completas.

Answers will vary slightly.

1. ¿Qué necesita la clienta?
   Necesita que le presten dos mil dólares.
2. ¿En qué trabaja la clienta?
   Ella es dueña de una pequeña tienda de ropa.
3. ¿Qué puesto de trabajo tiene su esposo?
   Su esposo es ejecutivo de una empresa multinacional.
4. ¿Para qué necesita la clienta el dinero?
   La clienta necesita el dinero para financiar sus vacaciones.

(2) No pertenece

Indica qué palabra no pertenece a cada grupo.

1. empleo–sindicato–sueldo–(cajero automático)
2. currículum–(deuda)–entrevista–contrato
3. (entrevista)–bolsa de valores–inversión–mercado
4. depositar–(socio)–cajero automático–cuenta corriente
5. asesor–ejecutivo–gerente–(importar)
6. renunciar–(exportar)–despedir–jubilarse
7. (comercio)–capaz–exitoso–ascender
8. gastar–prestar–(exigir)–ahorrar

(2) For an extra challenge, have volunteers explain what the other words have in common.

8 FOTONOVELA

Synopsis
- *Facetas* celebrates its second anniversary.
- Everyone recalls Fabiola's interview and Johnny's first day of work.
- The employees talk about a gift for Aguayo.
- Fabiola asks Aguayo for a raise.

El equipo de *Facetas* celebra el segundo aniversario de la revista. Es un momento lleno de recuerdos.

En la sala de conferencias...

TODOS ¡Cumpleaños feliz!

AGUAYO Antes de apagar las velas de nuestro segundo aniversario, quiero que cada uno cierre los ojos y luego pida un deseo.

JOHNNY Lo estoy pensando...

TODOS Uno, dos, tres...

Apagan las velas.

DIANA Ahh... ¿Quién lo diría? ¡Dos años y tantos recuerdos!

AGUAYO ¿Recuerdas cuando viniste a tu entrevista de trabajo y Éric pensó que tu padre era millonario?

FABIOLA Sí. Recuerdo que puso esa cara.

Fabiola recuerda...

AGUAYO Éric, te presento a Fabiola Ledesma, nuestra nueva escritora.

ÉRIC ¿No eres tú la hija del banquero y empresario millonario Ledesma?

FABIOLA No. Mi padre es ingeniero y no es millonario.

ÉRIC Perdona. Por un momento pensé que me había enamorado de ti.

De vuelta al presente...

AGUAYO Ahora de vuelta al trabajo. (*Se marcha.*)

MARIELA ¡Aposté que nos darían la tarde libre!

DIANA Chicos, he estado pensando en hacerle un regalo de aniversario a Aguayo.

FABIOLA Siento no poder ayudarte, pero estoy en crisis económica.

DIANA Por lo menos ayúdenme a escoger el regalo.

FABIOLA Debe ser algo importado. Algo pequeño, fino y divertido.

ÉRIC ¿Qué tal un pececito de colores?

TODOS ¡Pobre Bambi!

FABIOLA Me refiero a algo de corte ejecutivo, Éric. Algo exclusivo.

ÉRIC Mariela, ¿qué le darías a un hombre que lo tiene todo?

MARIELA Mi número de teléfono.

En la oficina de Aguayo...

FABIOLA Jefe, ¿tiene un minuto?

AGUAYO ¿Sí?

FABIOLA Usted sabe que tengo un gran currículum y que soy muy productiva en lo mío.

AGUAYO ¿Sí?

FABIOLA Y que mis artículos son bien acogidos, y ello le ha traído a la revista...

Preview Have students look at the video stills and brainstorm a list of adjectives that describe how the characters might feel in each scene. After students watch the video, have them revise their lists.

INSTRUCTIONAL RESOURCES **Supersite/DVD:** Fotonovela; **Supersite:** Script & Translation, SAM AK; **SAM/WebSAM:** VM

Personajes

AGUAYO

DIANA

ÉRIC

FABIOLA

JOHNNY

MARIELA

De vuelta al presente...

AGUAYO Brindo por nuestra revista, por nuestro éxito y, en conclusión, brindo por quienes trabajan duro... ¡Salud!

TODOS ¡Salud!

DIANA Eso me recuerda el primer día que Johnny trabajó en la oficina.

Diana recuerda...

DIANA Se supone que estuvieras aquí hace media hora y sin embargo, llegas tarde. Los empleados en esta empresa entran a las nueve de la mañana y trabajan duro todo el día. Sabes lo que es el trabajo duro, ¿verdad?

JOHNNY En mi trabajo anterior entraba a las cuatro de la mañana y jamás llegué tarde.

DIANA A esa hora nunca se sabe si llegas demasiado tarde o demasiado temprano.

AGUAYO ¿Qué es lo que quieres, Fabiola?

FABIOLA Un aumento de sueldo.

AGUAYO ¿Qué pasa contigo? Te aumenté el sueldo hace seis meses.

FABIOLA Pero hay tres compañías que andan detrás de mí. Por lo tanto, merezco otro aumento.

AGUAYO ¿Qué empresas son?

FABIOLA (*avergonzada*) La del teléfono, la del agua y la de la luz.

Más tarde...

DIANA Ya sé qué regalarle a Aguayo... un llavero.

(*Éric y Fabiola ponen cara de repugnancia.*)

DIANA ¿Qué?

FABIOLA No lo culpo si lo cambia por un pez.

Expresiones útiles

Proposing a toast

Brindo por nuestra revista.
I toast our magazine.

Brindemos por nuestro éxito.
Let's toast our success.

¡Salud!
Cheers!

¡A tu salud!
To your health!

Talking about what someone would or wouldn't do

¡Pensé que nos darían la tarde libre!
I thought they would give us the afternoon off!

¿Qué le darías a un hombre/una mujer que lo tiene todo?
What would you give to a man/woman who has everything?

Le daría...
I would give him/her...

Additional vocabulary

anterior *previous*
apagar las velas *to blow out the candles*
bien acogido/a *well-received*
la crisis económica *economic crisis*
el/la empresario/a *entrepeneur*
importado/a *imported*
llavero *keychain*
merecer *to deserve*
No lo/la culpo. *I don't blame him/her.*
pedir un deseo *to make a wish*
¿Quién lo diría? *Who would have thought?*
ser productivo/a *to be productive*
temprano *early*
trabajar duro *to work hard*

Comprensión

① For expansion, have students change the sentences to the past and rewrite them in the form of a paragraph.

1 La trama Indica en qué orden ocurrieron los hechos (*events*) de este episodio.

2 a. Brindan por la revista.
1 b. Cantan cumpleaños feliz.
5 c. Fabiola pide un aumento de sueldo.
6 d. Diana piensa regalarle a Aguayo un llavero.
4 e. Éric sugiere regalarle a Aguayo un pececito de colores.
3 f. Fabiola dice que está en crisis económica.

② For additional comprehension practice, give students these true or false statements: **El padre de Fabiola es un empresario millonario. (falso) Johnny nunca llegó tarde al trabajo. (falso) A Fabiola le aumentaron el sueldo hace seis meses. (cierto)**

2 ¿Pasado o presente? En la **Fotonovela**, los personajes recuerdan algunos sucesos (*events*) del pasado. Indica si estas oraciones describen sucesos del **pasado** o del **presente**. Luego completa las oraciones con la forma adecuada del verbo.

	Pasado	Presente
1. Éric creyó (creer) que Fabiola era hija de un millonario.	☑	☐
2. Los empleados de la revista brindan (brindar) por el aniversario.	☐	☑
3. Éric pensó (pensar) que se había enamorado de Fabiola.	☑	☐
4. Diana propone (proponer) hacerle un regalo a Aguayo.	☐	☑
5. Johnny llegó (llegar) tarde a la oficina.	☑	☐
6. Fabiola le pide (pedir) a Aguayo un aumento de sueldo.	☐	☑

3 ¿Quién lo diría? ¿Qué empleado de *Facetas* diría cada una de estas oraciones?

Diana 1. Hace ya dos años que trabajamos aquí. ¡Quién lo diría!
Aguayo 2. ¡Pidan todos un deseo!
Fabiola 3. Jefe, usted sabe que trabajo muy duro.
Fabiola 4. Mi padre no es empresario.
Mariela 5. Yo pensaba que nos dejarían irnos más temprano del trabajo.

④ If necessary, replay the video to help students answer the questions.

4 Preguntas Contesta las preguntas con oraciones completas.

1. ¿Qué celebran los empleados de *Facetas*?
2. ¿Por qué creía Éric que se había enamorado de Fabiola?
3. ¿Por qué Fabiola no puede ayudar con el regalo?
4. ¿Le gusta a Fabiola la idea de regalarle un llavero a Aguayo?

⑤ For additional practice, have groups perform their conversations for the class.

5 Lo tiene todo ¿Qué le darías tú a alguien que lo tiene todo? Trabajen en grupos de cinco para inventar una conversación entre los empleados de *Facetas*. Tendrán que ponerse de acuerdo sobre un regalo para Aguayo. Utilicen la frase **Yo le daría...** y expliquen sus razones.

MODELO
FABIOLA ¡Ese llavero no es muy elegante, Diana! Yo le daría un reloj porque él siempre insiste en que lleguemos a tiempo a la oficina.
JOHNNY ¡Pero Aguayo ya tiene un Rolex! Yo le daría...

Practice more at **enfoques.vhlcentral.com.**

Ampliación

6 Preguntas Conversen sobre estas preguntas y compartan sus respuestas con la clase.

1. ¿Alguna vez le diste un regalo a un jefe? ¿Qué le darías tú a Aguayo?
2. ¿Conoces tú a alguien que lo tiene todo? ¿Cómo es esta persona? ¿Trabaja duro? ¿Crees que merece todo lo que tiene?
3. ¿Alguna vez tuviste que comprarle un regalo a esa persona? ¿Qué escogiste?
4. ¿Cuál es el mejor regalo que has recibido en tu vida? ¿Por qué?
5. ¿Cuáles son los mejores regalos por menos de $10? ¿Por menos de $25? ¿Por menos de $100?

7 Apuntes culturales En parejas, lean los párrafos y contesten las preguntas.

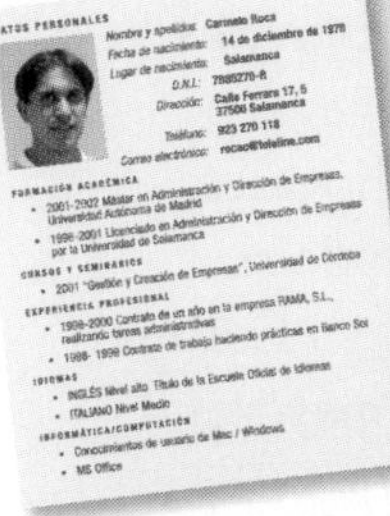
DATOS PERSONALES
Nombre y apellidos: Carmelo Roca
Fecha de nacimiento: 14 de diciembre de 1978
Lugar de nacimiento: Salamanca
D.N.I.: 7880270-R
Dirección: Calle Ferrara 17, 5
37500 Salamanca
Teléfono: 923 270 118
Correo electrónico: rocac@teleline.com
FORMACIÓN ACADÉMICA
- 2001-2002 Máster en Administración y Dirección de Empresas, Universidad Autónoma de Madrid
- 1996-2001 Licenciado en Administración y Dirección de Empresas por la Universidad de Salamanca
CURSOS Y SEMINARIOS
- 2001 "Gestión y Creación de Empresas", Universidad de Córdoba
EXPERIENCIA PROFESIONAL
- 1999-2000 Contrato de un año en la empresa RAMA, S.L., realizando tareas administrativas
- 1998- 1999 Contrato de trabajo haciendo prácticas en Banco Sol
IDIOMAS
- INGLÉS Nivel alto. Título de la Escuela Oficial de Idiomas
- ITALIANO Nivel Medio
INFORMÁTICA/COMPUTACIÓN
- Conocimientos de usuario de Mac / Windows
- MS Office

El currículum vitae

Fabiola tiene mucha experiencia laboral. Seguramente, cuando presentó su **currículum vitae** a *Facetas*, además de la información profesional, incluyó datos personales que son comunes en el mundo laboral hispano: fecha de nacimiento, estado civil, una foto en color, si tiene carro... ¿Habrá salido en la foto con la misma cara de enojo con que salió en el pasaporte?

El millonario ingeniero

El padre de Fabiola no es millonario, sino un modesto ingeniero, pero el venezolano **Lorenzo Mendoza** sí es ingeniero y millonario. Presidente ejecutivo de Empresas Polar, que además financia la fundación más grande del país, Mendoza construyó la tercera (*third-largest*) fortuna de Hispanoamérica con empresas que fundó su abuelo. Sin embargo, lleva una vida modesta junto a su esposa e hijos.

Facetas y *Caretas*

¡***Facetas*** cumple dos años! Otra revista importante en el mundo hispano es ***Caretas***. Comenzó a publicarse en 1950 en una pequeña oficina de Lima, Perú. Hoy es la revista más leída del país y trata temas como política, cultura, eventos sociales y viajes. Ojalá que ***Facetas*** tenga el mismo éxito y... ¡se expanda la oficina!

1. ¿Sabías que en algunos países hispanos es común poner en el currículum el estado civil y el número de hijos? ¿Qué piensas sobre incluir datos personales en el currículum? ¿Estás de acuerdo? En tu cultura, ¿qué información contiene un currículum?
2. ¿Qué otros millonarios conoces? ¿Qué ventajas y desventajas tiene ser millonario? Explica tu respuesta.
3. ¿Lees revistas? ¿Qué tipos de revistas te interesan más? ¿Por qué? ¿Estás suscrito/a a alguna? ¿A cuál(es)?
4. En tu opinión, ¿son más populares las revistas tradicionales o las revistas en Internet? ¿Por qué? ¿Qué ventajas tiene cada tipo de revista? ¿Cuál prefieres tú?

6 For expansion, ask additional questions about gift-giving. Ex: **¿Cuál es el peor regalo que has recibido en tu vida? Si fueras a otro país a vivir con una familia, ¿qué llevarías como regalo?**

7 Have students draw a Venn diagram labeling one circle **currículum estadounidense** and the other **currículum hispano**. Have them list the standard information included in each résumé, writing the common items in the center.

7 Ask heritage speakers to describe other popular magazines they know of in the Spanish-speaking world.

Teaching option For an optional writing assignment, have students find a job posting in a Spanish-speaking newspaper and prepare a one-page résumé. Encourage students to look at sample résumés in Spanish on the Internet.

INSTRUCTIONAL RESOURCES
Supersite/DVD: Flash Cultura; **Supersite:** Script & Translation

En detalle

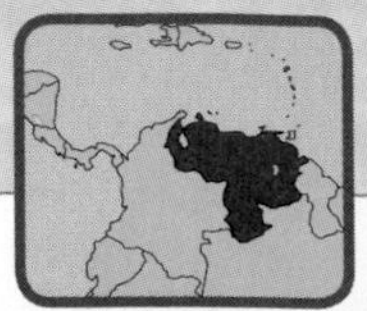

VENEZUELA

LAS TELENOVELAS

Kassandra

La novela en papel puede ser muchas cosas: en la pantalla, sólo puede ser telenovela. ¿Qué ingredientes conforman la telenovela? Una historia de amor en capítulos transmitidos de lunes a viernes; una pareja principal cuyo amor se enfrenta a múltiples obstáculos, uno o dos villanos y un montón de conflictos, intrigas, mentiras y misterios. Y, si de telenovelas se trata, hay que hablar de Latinoamérica.

Desde los años 50, el género desembarcó en los hogares y creció sin parar. En los 60, cada país fue desarrollando su propio estilo y el mercado de exportación se extendió a Europa del Este, Medio Oriente y Asia. Históricamente, los mayores productores han sido Venezuela, México, Brasil y Argentina.

Como las telenovelas son un trabajo en equipo, su producción implica la creación de numerosos puestos de trabajo para actores, escritores, productores, directores, escenógrafos, maquilladores, etc. A eso se agrega la etapa de posproducción y finalmente la de exportación. En Venezuela, llegó un momento en que el mercado de exportación de telenovelas era mayor que el de la exportación nacional del mercado automotor, textil o de papel.

La cima° de la popularidad mundial de telenovelas de ese país fue alcanzada con las historias escritas por Delia Fiallo, como *Leonela* (1983), *Topacio* (1984) y *Cristal* (1985), que crearon una adicción nunca antes vista, con un público cautivo que prefería abandonar la siesta o incluso faltar a sus trabajos antes que perderse un capítulo. En 1992, *Kassandra*, de la misma autora, entró en el Libro Guiness de los Récords como la más vendida del mundo; se le atribuye además el mérito de imponer una tregua° momentánea y tácita durante la guerra de Bosnia, cuando ambos bandos° se detenían para seguir la historia de la joven entregada de bebé a los gitanos por su malvada madrastra. ■

Telenovelas al aire por país productor en Latinoamérica y España. Enero-mayo 2008

México (Televisa)	27%
México (TV Azteca)	8%
Estados Unidos (Telemundo)	18%
Colombia (RCN y Caracol TV)	12%
Brasil (TV Globo y Rede Record)	12%
Venezuela (Venevisión y RCTV)	8%
Argentina (Telefe y Cris Morena RGB)	4%
Otros productores	11%

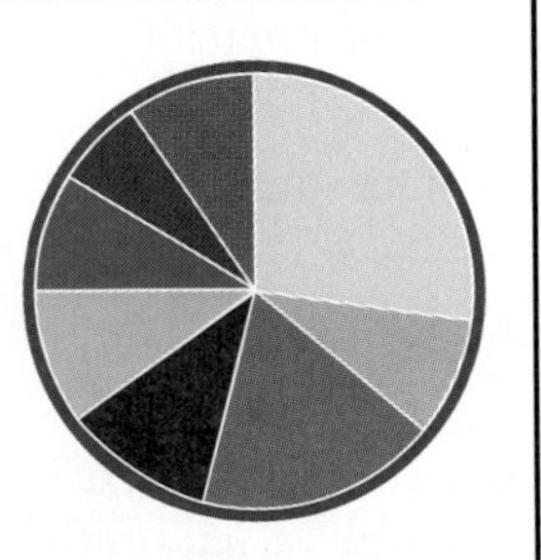

En Venezuela existen dos compañías productoras de telenovelas: los canales Venevisión y RCTV (cuya distribuidora internacional es Coral Pictures), pero a este último no le fue renovada su licencia como canal de aire en 2007 y ahora funciona sólo como canal de cable.

cima *peak* **tregua** *truce* **bandos** *sides*

You may want to discuss with the class the 2007 closure of RCTV by President Hugo Chávez and the subsequent impact on jobs. You may also debate the claim of the president that it's important to make socialist soap operas following the Cuban model and against the capitalist set of values that in his opinion this genre often portrays. Ask students: **¿Qué clase de valores se ven en una telenovela? ¿Cuánta influencia pueden tener en el público? Den ejemplos.**

ASÍ LO DECIMOS

El dinero

los chavos (P. R.) *money*
la lana (Méx.) *money*
las pelas (Esp.) *money*

la peseta (P. R.) *quarter (American coin)*

comer cable (Ven.) *to be broke; to have no money*
estar pelado/a (Col., Esp.) *to be broke; to have no money*
no tener guano (Cu.) *to be broke; to have no money*

estar forrado/a en billete (Col. y Méx.) *to be loaded*
tener una pila de dinero *to be loaded*

ser gasolero/a (Arg.) *to have frugal taste*

el/la mileurista (Esp.) *a young, educated person who only makes a thousand euros a month*

EL MUNDO HISPANOHABLANTE

Telenovelas en Latinoamérica

En México, el Grupo Televisa produce entre diez y doce telenovelas anuales. Uno de sus grandes éxitos fue *Corazón salvaje*, que Televisa filmó en cuatro ocasiones. La última versión (2009) sufrió un recorte de presupuesto del 40% por la crisis económica y no logró desbancar° a la versión de 1993, una de las más vendidas en la historia de Televisa, que, con guión de María Zarattini, impuso un héroe que desafiaba los modelos patriarcales.

Colombia brilla en el universo de las telenovelas gracias al escritor Fernando Gaitán, creador de *Yo soy Betty, la fea* (1999), que figura en el Libro Guinness por ser la novela más versionada° de la historia. Según el Departamento Administrativo del Estado colombiano, en 2009 las exportaciones del sector audiovisual superaron los 924 millones de dólares.

En Argentina, Telefe Contenidos produce anualmente entre cuatro y cinco telenovelas. Sus telenovelas tienen un tono policial y temas controvertidos, como *Montecristo* (2006), cuya trama se centraba en los hijos de desaparecidos durante la dictadura militar argentina.

PERFIL

JOSÉ ANTONIO ABREU

El maestro Abreu es doctor en economía, músico y reformador social, pero sobre todo es un maestro de la vida misma. En 1975, fundó *El Sistema Nacional de las Orquestas Infantiles y Juveniles de Venezuela*, un programa educativo que hace de la música el medio principal para la promoción intelectual y social. Este sistema está basado en el esencial sentido de comunidad e interdependencia que se crea en las orquestas y coros. Se dirige en especial a los sectores vulnerables o en situación de riesgo°, a quienes proporciona herramientas para salir de la pobreza. Comenzó con once niños, pero actualmente incluye a trescientos mil niños de medianos y bajos recursos que participan de la formación musical. Abreu ha ganado multitud de premios, entre ellos el Príncipe de Asturias (2008) y el Glenn Gould Prize (2008), dotado de 50.000 dólares, y el Premio Ted 2009, que todos los años premia a tres personas con 100.000 dólares y las ayuda a cumplir un deseo para cambiar el mundo.

> "Mira si será malo el trabajo, que deben pagarte para que lo hagas."
> (Facundo Cabral, cantautor argentino)

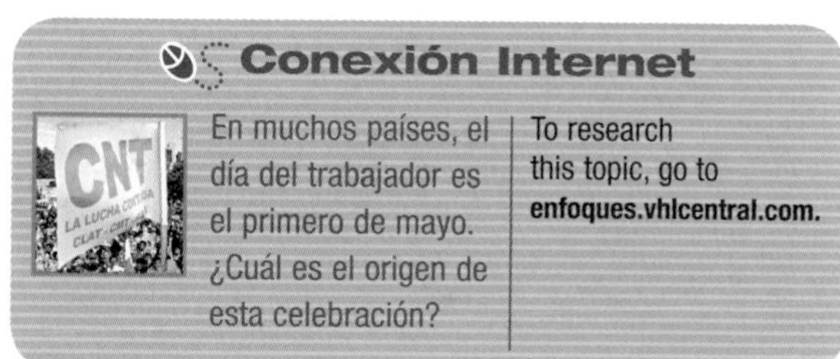

Conexión Internet

En muchos países, el día del trabajador es el primero de mayo. ¿Cuál es el origen de esta celebración?

To research this topic, go to **enfoques.vhlcentral.com.**

riesgo *risk* **desbancar** *to replace* **más versionada** *with the most remakes*

¿Qué aprendiste?

1 Comprensión Indica si estas afirmaciones son **ciertas** o **falsas**. Corrige las falsas.

1. Las telenovelas sólo se transmiten los fines de semana. Falso. Las telenovelas se transmiten de lunes a viernes.
2. Además de una historia de amor, la telenovela debe incluir conflictos, intrigas y mentiras. Cierto.
3. En Europa del Este y Asia se producen muchas telenovelas. Falso. Europa del Este y Asia compran telenovelas producidas en Latinoamérica.
4. El género de la telenovela comenzó en la década de 1920. Falso. Las telenovelas llegaron a la televisión en la década de 1950.
5. Perú es el país más importante en la producción de telenovelas. Falso. Venezuela, México, Brasil y Argentina ocupan los primeros puestos.
6. Gracias a la producción y exportación de telenovelas, se generan muchos puestos de trabajo. Cierto.
7. En Venezuela, la industria de las telenovelas llegó a superar en ganancias a otras industrias nacionales. Cierto.
8. Las telenovelas venezolanas alcanzaron la cima de la popularidad en la década de 1980. Cierto.
9. Delia Fiallo fue una telenovela de gran éxito. Falso. Delia Fiallo es autora de telenovelas de gran éxito.
10. *Kassandra* es la telenovela más vendida de la historia. Cierto.
11. El tema principal de esta historia era la guerra de Bosnia. Falso. La historia era sobre una joven entregada a los gitanos de bebé por su malvada madrastra.

2 Oraciones incompletas Completa las oraciones con la información correcta.

1. La versión de 2009 de *Corazón salvaje* sufrió un recorte de presupuesto del 40%.
2. *Yo soy Betty, la fea* aparece en el Libro Guiness como la telenovela más versionada de la historia.
3. Las producciones de Telefe Contenidos suelen tener un tono policial y temas controvertidos.
4. Abreu es doctor en economía, músico y reformador social.
5. Abreu ganó el Premio Ted, que ayuda a tres personas a cumplir un deseo para cambiar el mundo.

3 Opiniones En parejas, contesten las preguntas.

1. ¿Qué opinas de las telenovelas producidas en tu país? ¿Qué características comparten con las latinoamericanas?
2. ¿Mirarías una telenovela para practicar español? ¿Por qué?
3. Brasil, México y Argentina no sólo son los productores más importantes de telenovelas, sino que también son los mercados más importantes de Latinoamérica. ¿Existe relación entre una cosa y la otra? ¿Por qué?
4. ¿Admiras a algún reformador social? ¿A quién? ¿Por qué?

Practice more at **enfoques.vhlcentral.com.**

PROYECTO

Producción en Latinoamérica

Muchos productos latinoamericanos se cuentan entre los mejores del mundo. Investiga la industria de un producto típico latinoamericano y prepara una presentación para la clase. Puedes investigar productos como bebidas, miel, madera, café, flores, productos de cuero, ajo, peras y manzanas, soja, lana, carne, etc.

- ¿Cómo es su producción?
- ¿Qué alcance tiene su exportación?
- ¿Cuál es su impacto en la economía local?
- ¿Se consigue el producto en tu ciudad?

Las alpacas

¿Sabías que en la zona andina existen animales que hace cientos de años eran considerados dignos de la realeza? En este episodio de **Flash Cultura**, podrás conocerlos y enterarte de cómo y por qué contribuyen a la economía regional.

VOCABULARIO ÚTIL

cariñoso/a *friendly*	**la mascota** *pet*
esquilar *to shear*	**tejer** *to weave*
la hebra de hilo *thread*	**la temporada** *season*
la manta *blanket*	**teñir** *to dye*

Preparación ¿Has comprado en alguna tienda de comercio justo? ¿Has comprado productos de comercio justo en el supermercado? ¿Te gustan los productos artesanales? ¿Por qué?

Comprensión Indica si estas afirmaciones son ciertas o falsas. Después, en parejas, corrijan las falsas.

1. La alpaca es un animal tan dócil y cariñoso que puede adoptarse como mascota. Cierto.
2. Fueron los conquistadores españoles quienes la domesticaron en la antigüedad. Falso. Quienes la domesticaron fueron los antiguos incas.
3. Las cuatro especies de los camélidos sudamericanos son domésticas. Falso. Las llamas y las alpacas son domésticas, pero los guanacos y las vicuñas son salvajes.
4. Las alpacas son esquiladas cada vez que llueve. Falso. Las alpacas son esquiladas después de la temporada de calor, justo antes de la temporada de lluvias.
5. La fibra de la alpaca que se esquila se transforma a continuación en un hilo y después se tiñe de colores con elementos vegetales. Cierto.
6. La tradición indica que las mujeres deben aprender a tejer con sus madres para ser admitidas plenamente en la comunidad. Cierto.

Expansión En parejas, contesten estas preguntas.

- ¿Alguna vez tuvieron una mascota? ¿Qué características debe tener un animal para que lo dejen entrar en sus casas? ¿Tendrían una alpaca como mascota?
- En sus comunidades o familias, ¿existe alguna tradición que pase de madres a hijas o de padres a hijos?
- Si fueran de viaje a Lima, ¿comprarían regalos en las tiendas de productos de alpaca? ¿Por qué? ¿Qué comprarían?

Corresponsal: Omar Fuentes
País: Perú

La alpaca parece un pequeño camello sin joroba° y con las orejas más grandes.

La producción de telas y productos de fibra de alpaca le da empleo a miles de personas en esta región.

Esta preciosa fibra cuenta con la gama° de colores naturales más grande del mundo.

joroba *hump* **gama** *range*

Practice more at **enfoques.vhlcentral.com.**

INSTRUCTIONAL RESOURCES
Supersite: Textbook/SAM AK, Lab MP3s, Audioscripts
SAM/WebSAM: WB, LM

TALLER DE CONSULTA

MANUAL DE GRAMÁTICA
Más práctica

8.1 The conditional, p. A43

8.2 The past subjunctive, p. A44

8.3 **Si** clauses with simple tenses, p. A45

Más gramática

8.4 Transitional expressions, p. A46

¡ATENCIÓN!

Note that all the conditional endings carry a written accent mark.

To help students remember the written accent, compare the pronunciation of **María** and **farmacia**.

Point out that the conditional tense is formed with the same stem as the future tense.

8.1 The conditional

- To express the idea of what *would* happen, use the conditional tense.

¿Qué le darías a un hombre que lo tiene todo?

- The conditional tense (**el condicional**) uses the same endings for all **–ar**, **–er**, and **–ir** verbs. For regular verbs, the endings are added to the infinitive.

The conditional

dar	ser	vivir
daría	sería	viviría
darías	serías	vivirías
daría	sería	viviría
daríamos	seríamos	viviríamos
daríais	seríais	viviríais
darían	serían	vivirían

- Verbs with irregular future stems have the same irregular stem in the conditional.

Infinitive	stem	conditional
caber	cabr-	cabría, cabrías, cabría, cabríamos, cabríais, cabrían
haber	habr-	habría, habrías, habría, habríamos, habríais, habrían
poder	podr-	podría, podrías, podría, podríamos, podríais, podrían
querer	querr-	querría, querrías, querría, querríamos, querríais, querrían
saber	sabr-	sabría, sabrías, sabría, sabríamos, sabríais, sabrían
poner	pondr-	pondría, pondrías, pondría, pondríamos, pondríais, pondrían
salir	saldr-	saldría, saldrías, saldría, saldríamos, saldríais, saldrían
tener	tendr-	tendría, tendrías, tendría, tendríamos, tendríais, tendrían
valer	valdr-	valdría, valdrías, valdría, valdríamos, valdríais, valdrían
venir	vendr-	vendría, vendrías, vendría, vendríamos, vendríais, vendrían
decir	dir-	diría, dirías, diría, diríamos, diríais, dirían
hacer	har-	haría, harías, haría, haríamos, haríais, harían
satisfacer	satisfar-	satisfaría, satisfarías, satisfaría, satisfaríamos, satisfaríais, satisfarían

Uses of the conditional

- The conditional is used to express what *would* occur under certain circumstances.

  En Venezuela, ¿qué lugar **visitarías** primero?
  In Venezuela, which place would you visit first?

  Iría primero a Caracas y después a la Isla Margarita.
  First, I would go to Caracas and then to Margarita Island.

¿No sería ahora el momento
justo para ir de vacaciones a
la Isla Margarita?

- The conditional is also used to make polite requests.

  Me **gustaría** cobrar este cheque.
  I would like to cash this check.

  ¿**Podría** firmar aquí, en el reverso?
  Would you please sign here, on the back?

- In subordinate clauses, the conditional is often used to express what *would happen* after another action took place. To express what *will happen* after another action takes place, the future tense is used instead.

CONDITIONAL	FUTURE
Creía que hoy **haría** mucho viento. *I thought it would be very windy today.*	**Creo** que mañana **hará** mucho viento. *I think it will be very windy tomorrow.*

- In Spanish, the conditional may be used to express conjecture or probability about a past condition or event. English expresses this sense with expressions such as *wondered*, *must have been*, and *was probably*.

  ¿Qué hora **era** cuando regresó?
  What time was it when he returned?

  Serían las ocho.
  It must have been eight o'clock.

  ¿Cuánta gente **había** en la fiesta?
  How many people were at the party?

  Habría como diez personas.
  There must have been about ten people.

- The conditional is also used to report statements made in the future tense.

  Iremos a la fiesta.
  We'll go to the party.

  Dijeron que **irían** a la fiesta.
  They said they'd go to the party.

¡ATENCIÓN!

The English *would* is often used to express the conditional, but it can also express what *used to happen*. To express habitual past actions, Spanish uses the imperfect, not the conditional.

Cuando era pequeña, iba a la playa durante los veranos.
When I was young, I would go to the beach in the summer.

Point out that like *will*, the auxiliary *would* does not have a Spanish equivalent.
yo iría → *I would go*
ella hablaría → *she would speak*

TALLER DE CONSULTA

The conditional is also used in contrary-to-fact sentences. See **8.3**, pp. 302–303.

Teaching option Discuss the use of the conditional in the ad on this page. If time permits, have students search Spanish websites or magazines for other ads that use the conditional tense.

Práctica

TALLER DE CONSULTA

MANUAL DE GRAMÁTICA
Más práctica

8.1 The conditional, p. A43

① For expansion, have students change the dialogue into a narrative.

① La entrevista **Alberto sueña con trabajar para una agencia medioambiental y estaría dispuesto a hacer cualquier cosa para que la directora lo contrate. Utiliza el condicional de los verbos entre paréntesis para completar la entrevista.**

ALBERTO Si yo pudiera formar parte de esta organización, (1) estaría (estar) dispuesto (*ready*) a ayudar en todo lo posible.

ELENA Sí, lo sé, pero tú no (2) podrías (poder) hacer mucho. No tienes la preparación necesaria. Tú (3) necesitarías (necesitar) estudios de biología.

ALBERTO Bueno, yo (4) ayudaría (ayudar) con las cosas menos difíciles. Por ejemplo, (5) haría (hacer) el café para las reuniones.

ELENA Estoy segura de que todos (6) agradecerían (agradecer) tu colaboración. Les preguntaré para ver si necesitan ayuda.

ALBERTO Eres muy amable, Elena. (7) Daría (dar) cualquier cosa por trabajar con ustedes. Y (8) consideraría (considerar) la posibilidad de volver a la universidad para estudiar biología. (9) Tendría (tener) que trabajar duro, pero lo (10) haría (hacer) porque no (11) sabría (saber) qué hacer sin un trabajo significativo. Sé que el esfuerzo (12) valdría (valer) la pena.

② Model these additional polite expressions: **¿Serías tan amable de...? / ¿Me harías el favor de...? / ¿Te importaría...?**

② El primer día **La agencia contrató a Alberto y hoy fue su primer día como asistente administrativo. Utiliza el condicional para cambiar estos mandatos informales por los mandatos formales que la directora le dio a Alberto. Sigue el modelo.**

Mandatos informales	Mandatos formales
Hazme un café.	¿Me harías un café, por favor?
Saca estas fotocopias.	1. ¿Sacarías estas fotocopias, por favor?
Pon los mensajes en mi escritorio.	2. ¿Pondrías los mensajes en mi escritorio, por favor?
Manda este fax.	3. ¿Mandarías este fax, por favor?
Diles a los voluntarios que vengan también.	4. ¿Les dirías a los voluntarios que vengan también, por favor?
Sal a almorzar con nosotros.	5. ¿Saldrías a almorzar con nosotros, por favor?

③ Lo que hizo Juan **Utilizamos el condicional para expresar el futuro en el contexto de una acción pasada. Explica lo que quiso hacer Juan, usando las claves dadas. Agrega también por qué no lo pudo hacer.**

MODELO **pensar / llegar**
Juan pensó que llegaría temprano a la oficina, pero el metro tardó media hora.

1. pensar / comer Juan pensó que comería...
2. decir / poner Juan dijo que pondría...
3. imaginar / tener Juan imaginó que tendría...
4. escribir / venir Juan escribió que vendría...
5. contarles / querer Juan les contó que querría...
6. suponer / hacer Juan supuso que haría...
7. explicar / salir Juan explicó que saldría...
8. creer / terminar Juan creyó que terminaría...
9. decidir / viajar Juan decidió que viajaría...
10. opinar / ser Juan opinó que sería...

 Practice more at **enfoques.vhlcentral.com.**

Teaching option For additional practice, line students up in teams of six and write an infinitive on the board. When you call out **¡Empieza!**, the first team member writes the **yo** form of the verb in the conditional, then passes the chalk to the next team member, who writes the **tú** form, and so on. The team that finishes first and has all the forms correct wins the round.

Comunicación

4 **¿Qué pasaría?** En parejas, completen estas oraciones utilizando verbos en condicional. Luego compartan sus oraciones con la clase.

MODELO **Si yo trabajara para una empresa multinacional, ...**
—Si yo trabajara para una empresa multinacional, viajaría por el mundo entero. Aprendería cinco idiomas y...

1. Si siguiera aumentando el desempleo en el país, ...
2. Si yo ganara más dinero, ...
3. Si mi novio/a decidiera trabajar en otro país, ...
4. Si todos mis profesores estuvieran en huelga, ...
5. Si mi jefe/a me despidiera, ...
6. Si no tuviera que ganarme la vida, ...

5 **¿Qué harías?** Explícales a tres compañeros/as lo que harías en cada una de estas situaciones. Usa el condicional.

6 **El trabajo de tus sueños** Imagina que puedes escoger cualquier profesión del mundo. Explícale a un(a) compañero/a cuál sería tu trabajo ideal, por qué te gustaría esa profesión y qué harías en tu empleo. Háganse preguntas y utilicen por lo menos cuatro verbos en el condicional.

MODELO Mi trabajo ideal sería jugar al baloncesto en la NBA. Me gustaría porque soy adicto a este deporte, pero también porque ganaría millones y podría...

TALLER DE CONSULTA

The first part of each sentence uses the past subjunctive, which is covered in **8.2**, pp. 298–299.

4 If appropriate, ask students to change the sentences to the present / future. Ex: **Si sigue aumentando el desempleo en el país, los sueldos bajarán.**

5 Continue the exercise by having volunteers invent situations to which other students can respond with the conditional. Ex: **Te encuentras con el presidente. / Te das cuenta de que no queda nada en tu cuenta de ahorros.**

Teaching option Have students invent dilemmas; then have volunteers give advice using the conditional. Teach students the phrases **Yo que tú** and **Yo, en tu lugar** (*If I were you*). Ex: **Tengo dos citas la misma noche. → Yo que tú, cancelaría una de las citas.** Point out that these phrases can also be used with other persons: **yo que ella; yo, en su lugar.**

INSTRUCTIONAL RESOURCES
Supersite: Textbook/SAM AK, Lab MP3s, Audioscripts
SAM/WebSAM: WB, LM

TALLER DE CONSULTA

See **3.1**, pp. 94-95 for the preterite forms of regular, irregular, and stem-changing verbs.

¡ATENCIÓN!

The **nosotros/as** form of the past subjunctive always has a written accent.

8.2 The past subjunctive

Forms of the past subjunctive

- The past subjunctive (**el imperfecto del subjuntivo**) of all verbs is formed by dropping the **–ron** ending from the **ustedes/ellos/ellas** form of the preterite and adding the past subjunctive endings.

The past subjunctive

caminar	perder	vivir
caminara	perdiera	viviera
caminaras	perdieras	vivieras
caminara	perdiera	viviera
camináramos	perdiéramos	viviéramos
caminarais	perdierais	vivierais
caminaran	perdieran	vivieran

Estela dudaba de que su madre la **ayudara** a financiar un carro nuevo.
Estela doubted that her mother would help her finance a new car.

A los dueños les sorprendió que **vendieran** más en enero que en diciembre.
The owners were surprised that they sold more in January than in December.

Ya hablé con el recepcionista y me recomendó que le **escribiera** al gerente.
I already spoke to the receptionist and he recommended that I write to the manager.

Have students identify which verbs have stem changes, spelling changes, and irregular conjugations from the verbs listed to the right. Ask volunteers to add more verbs of each type to the list.

- Verbs that have stem changes, spelling changes, or irregularities in the **ustedes/ellos/ellas** form of the preterite also have them in all forms of the past subjunctive.

infinitive	preterite form	past subjunctive forms
pedir	pidieron	pidiera, pidieras, pidiera, pidiéramos, pidierais, pidieran
sentir	sintieron	sintiera, sintieras, sintiera, sintiéramos, sintierais, sintieran
dormir	durmieron	durmiera, durmieras, durmiera, durmiéramos, durmierais, durmieran
influir	influyeron	influyera, influyeras, influyera, influyéramos, influyerais, influyeran
saber	supieron	supiera, supieras, supiera, supiéramos, supierais, supieran
ir/ser	fueron	fuera, fueras, fuera, fuéramos, fuerais, fueran

These alternate endings are presented for recognition only; their forms are not included in the Testing Program.

- In Spain and some other parts of the Spanish-speaking world, the past subjunctive is commonly used with another set of endings (**–se**, **–ses**, **–se**, **–semos**, **–seis**, **–sen**). You will also see these forms in literary selections.

La señora Medina exigió que le **mandásemos** el contrato para el viernes.
Ms. Medina demanded that we send her the contract by Friday.

La señora Medina exigió que le **mandáramos** el contrato para el viernes.
Ms. Medina demanded that we send her the contract by Friday.

Uses of the past subjunctive

- The past subjunctive is required in the same situations as the present subjunctive, except that the point of reference is always in the past. When the verb in the main clause is in the past, the verb in the subordinate clause is in the past subjunctive.

Te pedí que llegaras a las nueve, Johnny.

PRESENT SUBJUNCTIVE	PAST SUBJUNCTIVE
El jefe sugiere que **vayas** a la reunión. *The boss recommends that you go to the meeting.*	El jefe sugirió que **fueras** a la reunión. *The boss recommended that you go to the meeting.*
Espero que ustedes no **tengan** problemas con el nuevo sistema. *I hope you won't have any problems with the new system.*	Esperaba que no **tuvieran** problemas con el nuevo sistema. *I was hoping you wouldn't have any problems with the new system.*
Buscamos a alguien que **conozca** bien el mercado. *We are looking for someone who knows the market well.*	Buscábamos a alguien que **conociera** bien el mercado. *We were looking for someone who knew the market well.*
Les mando mi currículum en caso de que **haya** un puesto disponible. *I'm sending them my résumé in case there is a position available.*	Les mandé mi currículum en caso de que **hubiera** un puesto disponible. *I sent them my résumé, in case there were a position available.*

To review uses of the subjunctive, ask students to identify the noun clauses, adjective clauses, and adverbial clauses in the sample sentences.

Point out that the subjunctive mood does exist in English, both in the past and present tenses. However, since there is only one verb in English with more than one form in the past tense, the only time it creates a noticeable difference is with the verb *to be.*
I wish my boss **were** *nicer.*
If I **were** *you, I would ask for a raise.*

- Use the past subjunctive after the expression **como si** (*as if*).

Alfredo gasta dinero **como si fuera** millonario.
Alfredo spends money as if he were a millionaire.

El presidente habló de la economía **como si** no **hubiera** una recesión.
The president talked about the economy as if there were no recession.

Ella rechazó mi opinión **como si** no **importara**.
She rejected my opinion as if it didn't matter.

- The past subjunctive is also commonly used with **querer** to make polite requests or to soften statements.

Quisiera que me llames hoy.
I would like you to call me today.

Quisiera hablar con usted.
I would like to speak with you.

TALLER DE CONSULTA

The past subjunctive is also frequently used in **si** clauses. See **8.3,** pp. 302–303.

Si pudiera, compraría más acciones.
If I could, I would buy more shares.

Práctica

TALLER DE CONSULTA

MANUAL DE GRAMÁTICA
Más práctica

8.2 The past subjunctive, p. A44

① For additional practice, have students write Luis Miguel's response to Jessica using the past and present subjunctive, as well as the conditional tense.

① **El peor día** Completa el mensaje que Jessica le mandó a su hermano después de su primer día como pasante (*intern*) de verano. Utiliza el imperfecto del subjuntivo.

De: jessica8@email.com
Para: luismiguel@email.com
Asunto: el peor día de mi vida

Luis Miguel:
Sé que te pedí el otro día que no me (1) dieras (dar) más consejos sobre qué hacer este verano, pero ¡ahora sí los necesito! Hoy fue el peor día de mi vida, ¡te lo juro! Me aconsejaste que no (2) solicitara (solicitar) un puesto en esta empresa, pero a mí no me importaba que ellos me (3) pagaran (pagar) el sueldo mínimo. No creía que (4) existiera (existir) ninguna oportunidad mejor que ésta. ¡Pero hoy el jefe me trató como si yo (5) fuera (ser) su esclava! Primero exigió que yo (6) preparara (preparar) el café para toda la oficina. Después me dijo que (7) saliera (salir) a comprar más tinta (*ink*) para la impresora. Luego, como si eso (8) fuera (ser) poco, insistió en que yo (9) ordenara (ordenar) su escritorio. ¡Como si toda mi experiencia del verano pasado no (10) valiera (valer) ni un centavo! Hablando de dinero... cuando le pedí que (11) depositara (depositar) el sueldo en mi cuenta corriente, él me dijo: "¿Qué sueldo? Nuestros pasantes trabajan gratis". ¡Renuncié y punto!

② As a variant, have students think of some famous couples and make up sentences about what each spouse asked the other to do.

Have students repeat the activity, describing a difficult roommate or family member they have lived with and the things they asked each other to do. Ex: **Le dije a mi compañera de cuarto que no tocara el saxofón a las tres de la mañana.**

② **¿Qué le pidieron?** María Luisa Rodríguez es presidenta de una universidad. En parejas, usen la tabla y preparen una conversación en la que ella le cuenta a un amigo todo lo que le pidieron que hiciera el primer día de clase.

MODELO — ¿Qué te pidió tu secretaria?
— Mi secretaria me pidió que le diera menos trabajo.

Personajes	Verbo	Actividad
los profesores		construir un estadio nuevo
los estudiantes	me pidió que	hacer menos ruido
el club que protege el medio ambiente	me pidieron que	plantar más árboles
los vecinos de la universidad		dar más días de vacaciones
el entrenador del equipo de fútbol		comprar más computadoras

③ **Dueño** El dueño del apartamento donde vivían tú y tu compañero/a era muy estricto. Túrnense para comentar las reglas que tenían que seguir, usando el imperfecto del subjuntivo.

MODELO El dueño nos dijo/pidió/ordenó que no cocináramos coliflor.

1. no usar la calefacción en marzo
2. limpiar los pisos dos veces al día
3. no tener visitas en el apartamento después de las 7 de la tarde
4. hacer la cama todos los días
5. sacar la basura todos los días
6. no encender las luces antes de las 8 de la noche

Practice more at **enfoques.vhlcentral.com.**

Teaching option For additional practice, write the following drill on the board and have students change each verb to the past subjunctive according to each subject. **1. estar: él/nosotros/tú 2. emplear: yo/ella/Ud. 3. insistir: ellos/Uds./él 4. poder: ellas/yo/nosotros 5. obtener: nosotros/tú/ella**

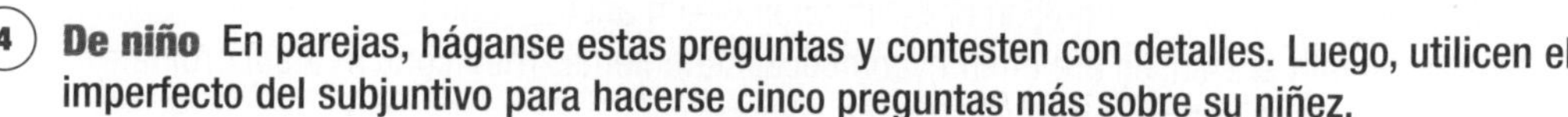

Comunicación

4 **De niño** En parejas, háganse estas preguntas y contesten con detalles. Luego, utilicen el imperfecto del subjuntivo para hacerse cinco preguntas más sobre su niñez.

MODELO — ¿Esperabas que tus padres te compraran videojuegos?
— Sí, y también esperaba que me dieran más independencia./
No, pero esperaba que me llevaran al cine todos los sábados.

La imaginación	Las relaciones	La escuela
¿Esperabas que tus padres te compraran videojuegos? ¿Dudabas que los superhéroes existieran? ¿Esperabas que Santa Claus te trajera los regalos que le pedías? ¿Qué más esperabas?	¿Querías que tu primer amor durara toda la vida? ¿Querías que tus padres te compraran todo lo que pedías? ¿Querías que tus familiares pasaran menos o más tiempo contigo? ¿Qué más querías?	¿Soñabas con que el/la maestro/a cancelara la clase todos los días? ¿Esperabas que tus amigos de la infancia siguieran siendo tus amigos para toda la vida? ¿Deseabas que las vacaciones de verano se alargaran (*were longer*)? ¿Qué más deseabas?

5 **¡No soporto a mi compañero de cuarto!** Tu compañero/a de cuarto y tú no lograban ponerse de acuerdo sobre algunos problemas. Por eso, la semana pasada se reunieron con el/la decano/a (*dean*) para solicitar un cambio de compañero/a. El/La decano/a escuchó las quejas de ambos/as (*both*), les dio consejos y les pidió que volvieran la semana siguiente.

A. Primero, escribe cinco oraciones para describir lo que le pediste a tu compañero/a de cuarto. Utiliza el imperfecto del subjuntivo.

B. Ahora, en grupos de tres, preparen una conversación entre el/la decano/a y los/las dos estudiantes. Cada persona debe utilizar por lo menos tres verbos en el imperfecto del subjuntivo. Luego representen la conversación para la clase. ¿Habrá solución?

MODELO

DECANO/A Bueno, les pedí que trataran de resolver los problemas. ¿Cómo les fue?

ESTUDIANTE 1 Le dije a Isabel que no se pusiera mi ropa sin pedir permiso. ¡Pero llegó a una fiesta con mi mejor vestido!

ESTUDIANTE 2 Y yo le pedí a Celia que no escuchara música cuando estoy durmiendo. ¡Pero sigue poniendo la radio a todo volumen!

4 For a related activity, divide the class into small groups and have students use the past subjunctive to describe one of the funniest or oddest expectations, desires, or notions they had as children. Ex: **Yo insistía en que mis hermanos me llamaran "Su Majestad".** Then have each group select one story to present to the class. Give the other groups two minutes to ask questions and decide whose story it is. Each group that guesses correctly scores a point. If a group can fool the class, it scores two points.

5 Have students recycle household vocabulary (**Lección 3**).

5 For Part B, ask: **¿Están de acuerdo con la solución que ofrece el/la decano/a?** Encourage volunteers to give alternate solutions for each conflict using the present subjunctive.

INSTRUCTIONAL RESOURCES
Supersite: Textbook/SAM AK, Lab MP3s, Audioscripts
SAM/WebSAM: WB, LM

TALLER DE CONSULTA

For other transitional expressions that express cause and effect, see **Manual de gramática, 8.4,** p. A46.

¡ATENCIÓN!

Si (*if*) does not carry a written accent. However, **sí** (*yes*) does carry a written accent.

—Si puedes, ven.
—If you can, come.

—Sí, puedo.
—Yes, I can.

8.3 *Si* clauses with simple tenses

- **Si** (*if*) clauses express a condition or event upon which another condition or event depends. Sentences with **si** clauses are often hypothetical statements. They contain a subordinate clause (**si** clause) and a main clause (result clause).

No lo culpo
si lo cambia por
un pez.

- The **si** clause may be the first or second clause in a sentence. Note that a comma is used only when the **si** clause comes first.

Si tienes tiempo, ven con nosotros.
If you have time, come with us.

Iré con ustedes **si** no trabajo.
I'll go with you if I don't work.

Hypothetical statements about possible events

- In hypothetical statements about conditions or events that are possible or likely to occur, the **si** clause uses the present indicative. The main clause may use the present indicative, the future indicative, **ir a** + [*infinitive*], or a command.

Si clause: PRESENT INDICATIVE		Main clause
Si salgo temprano del trabajo, *If I finish work early,*	PRESENT TENSE	**voy** al cine con Andrés. *I'm going to the movies with Andrés.*
Si usted no mejora su currículum, *If you don't improve your résumé,*	FUTURE TENSE	nunca **conseguirá** empleo. *you'll never get a job.*
Si la jefa me pregunta, *If the boss asks me,*	IR A + [*INFINITIVE*]	no le **voy a mentir**. *I'm not going to lie to her.*
Si hay algún problema, *If there is a problem,*	COMMAND	**llámenos** de inmediato. *call us right away.*

Have a volunteer read the ad aloud. Then ask students to brainstorm alternate tag lines using **si** clauses.

INSTITUTO TECNOLÓGICO ANDINO
PROGRAMA DE INFORMÁTICA

En sólo seis meses usted puede aprender a administrar los sistemas informáticos de cualquier tipo de empresa, grande o pequeña, nacional o extranjera.

Si busca una nueva carrera, llámenos hoy.

Hypothetical statements about improbable situations

- In hypothetical statements about current conditions or events that are improbable or contrary-to-fact, the **si** clause uses the past subjunctive. The main clause uses the conditional.

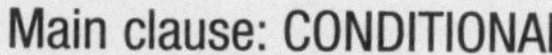

Si clause: PAST SUBJUNCTIVE	Main clause: CONDITIONAL
¡**Si** ustedes no **fueran** tan incapaces, *If you weren't all so incapable,*	ya lo **tendrían** listo! *you'd already have this ready!*
Si sacaras un préstamo a largo plazo, *If you took out a long-term loan,*	**pagarías** menos al mes. *you'd pay less each month.*
Si no **estuviera** tan cansada, *If I weren't so tired,*	**saldría** a cenar contigo. *I'd go out to dinner with you.*

Si no estuviera en crisis económica, te ayudaría.

Si yo fuera él, les daría la tarde libre.

Habitual conditions and actions in the past

- In statements that express habitual past actions that are not contrary-to-fact, both the **si** clause and the main clause use the imperfect.

Si clause: IMPERFECT	Main clause: IMPERFECT
Si Milena **tenía** tiempo libre, *If Milena had free time,*	siempre **iba** a la playa. *she would always go to the beach.*
Si mi papá **salía** de viaje de negocios, *If my dad went on a business trip,*	siempre me **traía** un regalito. *he always brought me back a little present.*

Si no me levantaba a las tres de la mañana, llegaba tarde al trabajo.

¡ATENCIÓN!

A contrary-to-fact situation is one that is possible, but will probably not happen and/or has not occurred.

TALLER DE CONSULTA

Hypothetical and contrary-to-fact statements about the past use **si** clauses with compound tenses. You will learn more about these structures in **Estructura 10.4** in the **Manual de gramática,** p. A56.

Begin several sentences with **si** clauses and call on volunteers to finish each sentence. Ex: **Si tengo tiempo hoy... / Si tuviera un par de horas libres... / De niño/a, si tenía ratos libres...**

Práctica

TALLER DE CONSULTA

MANUAL DE GRAMÁTICA
Más práctica

8.3 **Si** clauses with simple tenses, p. A45

① For additional practice, have volunteers reread the complete sentences, inverting the two clauses. Ex: **Tendremos que ir sin Teresa si ella no viene pronto.**

② In pairs, have students write a similar dialogue about what they would do if they had only one class per semester.

③ If necessary, have students identify the appropriate verb tense for each item before completing the activity.

1 Situaciones **Completa las oraciones con el tiempo verbal adecuado.**

A. Situaciones probables o posibles

1. Si Teresa no viene pronto, nosotros tendremos/vamos a tener (tener) que ir sin ella.
2. Si tú no trabajas (trabajar) hoy, vamos al cine.

B. Situaciones hipotéticas sobre eventos improbables

3. Si Carla tuviera más experiencia, yo la contrataría (contratar).
4. Si Gabriel ganara (ganar) más, podría ir de viaje.

C. Situaciones habituales sobre el pasado

5. Si llegaba tarde en mi trabajo anterior, la gerente me gritaba (gritar).
6. Si nosotros no hacíamos (hacer) la tarea, el profesor Cortijo nos daba una prueba sorpresa.

2 Si trabajara menos **Carolina y Leticia trabajan cuarenta horas por semana y se imaginan qué harían si trabajaran menos horas. Completa la conversación con el condicional o el imperfecto del subjuntivo.**

CAROLINA Estoy todo el día en la oficina, pero si (1) trabajara (trabajar) menos, tendría más tiempo para divertirme. Si sólo viniera a la oficina algunas horas por semana, (2) practicaría (practicar) el alpinismo más a menudo.

LETICIA ¿Alpinismo? ¡Qué aburrido! Si yo tuviera más tiempo libre, (3) haría (hacer) todas las noches lo mismo: (4) iría (ir) al cine, luego (5) saldría (salir) a cenar y, para terminar la noche, (6) haría (hacer) una fiesta para celebrar que ya no tengo que ir a trabajar por la mañana. Si nosotras (7) tuviéramos (tener) la suerte de no tener que trabajar nunca más, nos pasaríamos todo el día sin hacer absolutamente nada.

CAROLINA ¿Te imaginas? Si la vida fuera así, nosotras (8) seríamos (ser) mucho más felices, ¿no crees?

3 Situaciones **Completa las oraciones.**

1. Si salimos esta noche, ...
2. Si me llama el jefe, ...
3. Saldré contigo después del trabajo si ...
4. Si mis padres no me prestan dinero, ...
5. Si tuviera el coche este sábado, ...
6. Tendría más dinero si ...
7. Si íbamos de vacaciones, ...
8. Si peleaba con mis hermanos, ...
9. Te prestaría el libro si ...
10. Si mis amigos no tienen otros planes, ...

 Practice more at **enfoques.vhlcentral.com.**

Comunicación

4 **Si yo fuera...** **En parejas, háganse preguntas sobre quiénes serían y cómo serían sus vidas si fueran estas personas.**

MODELO **un(a) cantante famoso/a**

— Si fueras una cantante famosa, ¿quién serías?

— Si fuera una cantante famosa, sería Christina Aguilera. Pasaría el tiempo haciendo videos, dando conciertos...

1. un(a) cantante famoso/a
2. un personaje histórico
3. un personaje de un libro
4. un(a) actor/actriz famoso/a
5. un(a) empresario/a famoso/a
6. un(a) deportista exitoso/a

④ As a variant, bring in magazines and have students in pairs ask each other questions based on pictures of various celebrities.

5 **¿Qué harías?** **En parejas, miren los dibujos y túrnense para preguntarse qué harían si les ocurriera lo que muestra cada dibujo. Sigan el modelo y sean creativos/as.**

MODELO — ¿Qué harías si alguien te invitara a bailar tango?

— Si alguien me invitara a bailar tango, seguramente yo me pondría muy nervioso/a y saldría corriendo.

⑤ For an optional writing activity, have students write a short story in pairs based on one of these drawings. Then have pairs exchange their short stories for peer editing.

1. Tu suegro viene de visita sin avisar.

2. Estás en una playa donde hay tiburones.

3. Tu carro se rompe en el desierto.

4. Te quedas atrapado/a en un ascensor.

6 **Síntesis** **En grupos de cuatro, conversen sobre lo que harían en estas situaciones. Luego, cada persona debe inventar una situación más y preguntarle al grupo qué haría. Utilicen oraciones con si, el condicional y el imperfecto del subjuntivo.**

1. ver a alguien intentando robar un carro
2. quedar atrapado/a en una tormenta de nieve
3. tener ocho hijos
4. despertarse tarde la mañana del examen final
5. descubrir que tienes el poder de ser invisible
6. enamorarse de alguien a primera vista

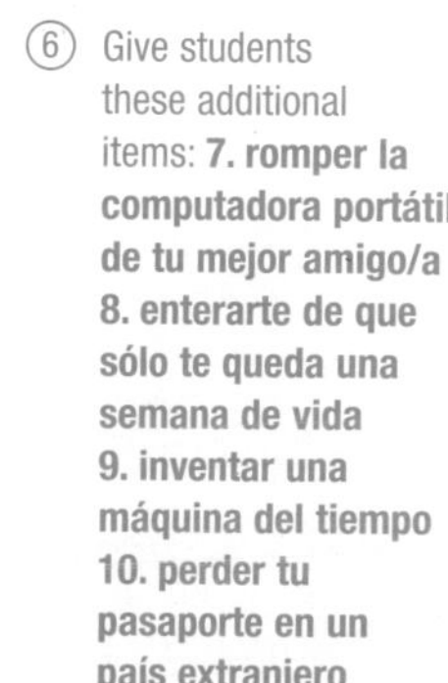
⑥ Give students these additional items: **7. romper la computadora portátil de tu mejor amigo/a 8. enterarte de que sólo te queda una semana de vida 9. inventar una máquina del tiempo 10. perder tu pasaporte en un país extranjero**

CINEMATECA

INSTRUCTIONAL RESOURCES
Supersite/DVD: Film Collection
Supersite: Script & Translation

Variación léxica
cumplir ⟷ realizar
tozudo/a ⟷ cabezón/cabezona
el/la moroso(a) ⟷ el/la deudor(a)

① For additional practice, have students form sentences with the remaining words and read them aloud.

② Continue the discussion by asking additional questions. Ex: **¿Qué se necesita para que un trabajo sea divertido? ¿Prefieren trabajar solos o en equipo? ¿Les gustaría tener un trabajo que les permitiera viajar mucho?**

③ After watching the film, ask students if their initial impressions were correct.

Antes de ver el corto

CLOWN

país España
duración 11 minutos
director Stephen Lynch
protagonistas el payaso, Luisa, el jefe

Vocabulario

la amenaza *threat*	**la factura** *bill*
avergonzar *to embarrass*	**humillar** *to humiliate*
el/la cobrador(a) *debt collector*	**el/la moroso/a** *debtor*
cumplir *to carry out*	**el/la payaso/a** *clown*
deber *to owe*	**el sueldo fijo** *base salary*
dejar en paz *to leave alone*	**tozudo/a** *stubborn*

1 Oraciones incompletas Completa las oraciones con las palabras apropiadas.

1. Alguien que no paga sus deudas es un __moroso__.
2. Además del __sueldo fijo__, la empresa me paga comisiones.
3. Una persona __tozuda__ nunca quiere cambiar de opinión.
4. Un __payaso__ trabaja en el circo.
5. Cuando alguien no paga, algunas empresas contratan a un __cobrador__.

2 Preguntas En parejas, contesten las preguntas.

1. ¿Has tenido alguna vez un trabajo que no te gustaba? ¿Cuál?
2. Imagina que necesitas trabajar con urgencia. ¿Dónde buscarías trabajo? ¿Por qué?
3. ¿Eres capaz de hacer cosas que no te gustan por dinero? Explica tu respuesta.
4. ¿Qué empleo crees que nunca harías? ¿Por qué?
5. Cuando eras niño/a, ¿qué trabajo soñabas con tener de grande?

3 ¿Qué sucederá? En parejas, miren el fotograma e imaginen lo que va a ocurrir en la historia. Preparen una lista de adjetivos que podrían usarse para describir la personalidad del payaso. Compartan sus ideas con la clase.

 Practice more at **enfoques.vhlcentral.com.**

Short film

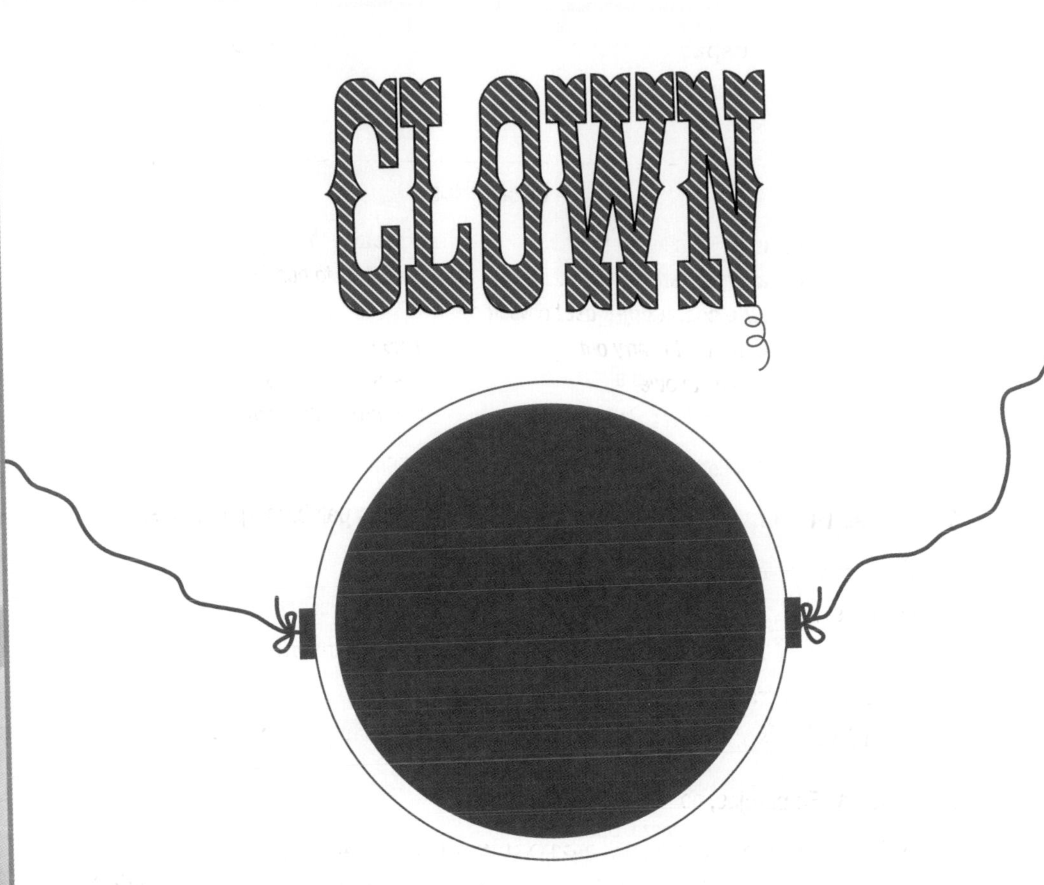

con **ROGER CASAMAJOR** y **LUCÍA DEL RÍO**
THE LIFT presenta una película de **STEPHEN LYNCH**
montaje **GABRIEL JORGES** • fotografía **PABLO CRUZ**
dirección de arte **ANJA MAYER** • diseño de vestuario **ANA LAURA SOLIS**
música **MARVIN PONTIAC / LOS CHICHOS**
guión **STEPHEN LYNCH** • producida por **JUAN CARLOS POLANCO**
dirigida por **STEPHEN LYNCH**

Synopsis A young man starts his first day on the job as a debt collector. His job description requires that he dress up like a clown and embarrass people into paying their debts.

Preview Have students look at the video stills. Ask: **¿Crees que la humillación es un buen método para que alguien haga lo que tú quieres? ¿Por qué?**

Escenas

ARGUMENTO Un hombre comienza su primer día como cobrador vestido de payaso.

PAYASO ¿Luisa River? ¿Luisa River?
LUISA Sí.
PAYASO Debe usted 771 euros a Telefónica. Vengo a cobrar.
LUISA ¿Y tú quién eres?
PAYASO Soy de los cobradores del circo.

LUISA No tengo teléfono. Ni trabajo. Así que les dices a tus clientes que o me encuentran trabajo o que me dejen en paz.
PAYASO Mire, Luisa, se lo voy a explicar para que lo entienda. Mi trabajo consiste en humillarla y seguirla hasta que nos pague.

LUISA Llega tarde tu amenaza. Debo tres meses de alquiler, y ya he vendido el coche, y la tele y todo, y tengo dos hijos y su padre no pasa un duro°. Así que tu factura me la suda° en este momento. Lo siento, payaso, me encantaría pagarte, pero esto es lo que hay°.

PAYASO ¿Estás orgullosa? ¿No te avergüenza? ¿No tienes vergüenza, Luisa? Yo llevo la nariz roja, ¿pero quién hace aquí el payaso?
LUISA ¿Quieres una respuesta? Pues sí, estoy orgullosa de no tener que ganarme la vida humillando a la gente.

PAYASO ¿Tú crees que yo me quería dedicar a esto? Pues no. Pero si tengo que hacerlo para mantener a mi mujer y a mi bebé, pues lo haré. Es patético, pero lo haré.
LUISA ¿Tienes un bebé?
PAYASO Una niña, de siete meses.

JEFE ¿Y cómo ha ido?
PAYASO Bueno, pues... bien.
JEFE ¿Pero cobraste o no?
PAYASO No, cobrar, cobrar no, pero...
JEFE ¿Fuiste tozudo?
PAYASO ¡Muy tozudo!

duro *five-peseta coin* **me la suda** *I don't give a damn* **esto es lo que hay** *take it or leave it*

Después de ver el corto

1 Comprensión Contesta las preguntas con oraciones completas.

1. ¿En qué consiste el trabajo del payaso? Tiene que cobrar deudas.
2. ¿Por qué sigue a Luisa? Luisa debe dinero a la compañía de teléfono.
3. ¿Qué razones le da Luisa al payaso para no pagar? Luisa le dice al payaso que tiene dos hijos y que no tiene trabajo.
4. ¿Adónde van después de bajar del autobús? Van a una cafetería.
5. ¿Tiene familia el payaso? El payaso está casado y tiene una niña de siete meses.
6. ¿Qué razones le da el payaso a su jefe para explicar que Luisa no puede pagar? Le dice que tiene dos hijos y que uno de ellos necesita un transplante.
7. ¿Qué le dice el jefe al payaso? Le dice que todo era una prueba.
8. ¿Por qué se enoja el payaso con Luisa? Ella le había mentido y él pierde el trabajo.

2 Ampliación Contesta las preguntas con oraciones completas.

1. ¿Por qué está nervioso el payaso al principio?
2. ¿Piensas que le gusta su trabajo? ¿Por qué?
3. Explica qué ocurre al final del corto.
4. ¿Crees que Luisa actuó bien? ¿Por qué? Explica tu respuesta.
5. Imagina que no tienes dinero y te ofrecen este puesto de trabajo. ¿Lo tomarías? Justifica tu respuesta.

3 Opiniones En parejas, lean la cita. ¿Están de acuerdo con lo que se expresa en ella? Compartan su opinión con la clase.

"Pues sí, estoy orgullosa de no tener que ganarme la vida humillando a la gente como haces tú. No tengo nada, muy bien, pero tengo mi dignidad."

4 Entrevistas de trabajo En parejas, imaginen la entrevista de trabajo entre el hombre y el jefe de la empresa de cobradores.

A. Contesten estas preguntas.

- ¿Qué preguntas le hizo el jefe antes de ofrecerle el trabajo?
- ¿Qué contestó el hombre?
- ¿Cómo reaccionó cuando le dijeron que tenía que vestirse de payaso?

B. Ensayen la entrevista de trabajo entre el hombre y el jefe. Luego, representen la entrevista frente a la clase.

Practice more at **enfoques.vhlcentral.com.**

(1) After students have finished, have them work in pairs to write a brief summary of the film.

(2) For item 1, have students write what Luisa and the clown are thinking when they first meet.

(2) Ask additional discussion questions. Ex: **En un contexto diferente, ¿creen que Luisa y el payaso podrían ser amigos? ¿Por qué?**

(4) For Part A, have students respond to additional questions and discuss. Ex: **¿Qué experiencia laboral tenía el hombre antes de solicitar este puesto? ¿Qué opina su familia de su nuevo trabajo?**

Mercado de flores, 1949
Diego Rivera, México

"Cuando llegue la inspiración, que me encuentre trabajando."

— Pablo Picasso

NATIONAL STANDARDS connections cultures

Antes de leer

La abeja haragana

Sobre el autor

Horacio Quiroga nació en Salto, Uruguay, el 31 de diciembre de 1878. En su juventud, practicó ciclismo, fotografía, mecánica y carpintería. Fue un trabajador compulsivo y pionero de la escritura profesional. En 1898 se mudó a Argentina. Vivió en San Ignacio, Misiones, donde cultivaba orquídeas y vivía en estrecho (*close*) contacto con la naturaleza en la selva. Su interés por la literatura comenzó por la poesía y su primer libro fue *Los arrecifes de coral* (1901), al que siguieron, entre otros, *Cuentos de amor, de locura y de muerte* (1917), antología de relatos de estilo modernista, y la obra para niños *Cuentos de la selva* (1918), colección de relatos protagonizados por animales.

Preview

- Have students look at the Diego Rivera painting on the previous page and ask: **¿Qué actitud parece tener el pintor hacia el trabajo en este cuadro? ¿De qué forma lo representa? ¿A quién representa?**
- Call on a volunteer to read and interpret the Picasso quote on the previous page. If appropriate, ask: **¿Qué efecto piensas que tiene el uso del subjuntivo en esta cita?**

Vocabulario

la advertencia *warning*	**el descanso** *rest*	**la miel** *honey*
el aprendizaje *learning*	**la experiencia** *experience*	**el polen** *pollen*
la colmena *beehive*	**la fatiga** *fatigue; weariness*	**trabajador(a)** *industrious; hard-working*
el deber *duty*	**haragán/haragana** *lazy; idle*	**volar (o:ue)** *to fly*

Variación léxica
haragán/haragana ⟷ perezoso/a

El valor del trabajo Un abuelo le da consejos a su nieto sobre el valor del trabajo. Completa el párrafo con las palabras correctas.

La persona (1) ___haragana___ no llega a ningún lado en este mundo: se necesita mucho esfuerzo para lograr algo en la vida, sin hacerle caso a la (2) ___fatiga___ que uno pueda sentir. El (3) ___descanso___ llegará después. Esta (4) ___advertencia___ proviene de mi propia (5) ___experiencia___. Es un largo (6) ___aprendizaje___ que se hace durante toda la vida, pero, al final, la persona (7) ___trabajadora___ puede estar satisfecha de haber cumplido con su (8) ___deber___.

Conexión personal ¿Crees que las cosas que se hacen con esfuerzo tienen más valor? ¿O es mejor cuando se obtienen por buena suerte o ingenio? ¿Qué te parece más justo? ¿Qué opinas de la expresión maquiavélica de que "el fin justifica los medios"?

Conexión personal Have volunteers talk about two experiences: a time they worked hard to achieve something, and a time they achieved something by luck. Ask: **¿Qué aprendiste de cada experiencia?**

Análisis literario: la fábula

La fábula es un breve relato que suele incluir una moraleja (*moral*) extraída de los eventos. La conducta de las personas se compara con el comportamiento típico de ciertos animales, que son los protagonistas de las fábulas y encarnan (*embody*) vicios y virtudes humanas. Por ejemplo: la hormiga (*ant*) representa la laboriosidad (*hard work*) y la previsión (*foresight*). ¿Qué virtudes representan estos animales?

Análisis literario Ask about who reads fables: **¿Las fábulas están destinadas a niños, a adultos o a ambos? Expliquen sus respuestas.**

la serpiente

el perro

el gato

el caballo

Audio: Dramatic Recording

Horacio Quiroga

La abeja haragana

Teaching option To aid comprehension, have students create three headings about the bee's life: **la abeja en la colmena, la abeja y la culebra,** and **la abeja de vuelta a la colmena.** As they read, encourage students to take notes on the plot under the corresponding headings.

Había una vez en una colmena una abeja que no quería trabajar, es decir, recorría los árboles uno por uno para tomar el jugo de las flores; pero en vez de conservarlo para convertirlo en miel, se lo tomaba del todo.

Era, pues, una abeja haragana. Todas las mañanas, apenas el sol calentaba el aire, la abejita se asomaba° a la puerta de la colmena, veía que hacía buen tiempo, se peinaba con las patas, como hacen las moscas, y echaba entonces a volar, muy contenta del lindo día. Zumbaba° muerta de gusto de flor en flor, entraba en la colmena, volvía a salir, y así se lo pasaba todo el día mientras las otras abejas se mataban trabajando para llenar la colmena de miel, porque la miel es el alimento de las abejas recién nacidas°.

stuck her head out · *She buzzed* · *newborn*

Como las abejas son muy serias, comenzaron a disgustarse con el proceder° de la hermana haragana. En la puerta de las colmenas hay siempre unas cuantas abejas que están de guardia° para cuidar que no entren bichos° en la colmena. Estas abejas suelen ser muy viejas, con gran experiencia de la vida y tienen el lomo° pelado° porque han perdido todos los pelos de rozar° contra la puerta de la colmena.

behavior · *on duty* · *bugs* · *back / hairless* · *brushing*

Un día, pues, detuvieron a la abeja haragana cuando iba a entrar, diciéndole:

—Compañera: es necesario que trabajes, porque todas las abejas debemos trabajar.

La abejita contestó:

—Yo ando todo el día volando, y me canso mucho.

—No es cuestión de que te canses mucho

—respondieron—, sino de que trabajes un poco. Es la primera advertencia que te hacemos.

Y diciendo así la dejaron pasar.

Pero la abeja haragana no se corregía. De modo que a la tarde siguiente las abejas que estaban de guardia le dijeron:

—Hay que trabajar, hermana.

Y ella respondió en seguida:

—¡Uno de estos días lo voy a hacer!

—No es cuestión de que lo hagas uno de estos días —le respondieron— sino mañana mismo.

Y la dejaron pasar.

Al anochecer siguiente se repitió la misma cosa. Antes de que le dijeran nada, la abejita exclamó:

—¡Sí, sí hermanas! ¡Ya me acuerdo de lo que he prometido!

—No es cuestión de que te acuerdes de lo prometido —le respondieron—, sino de que trabajes. Hoy es 19 de abril. Pues bien: trata de que mañana, 20, hayas traído una gota° siquiera de miel. Y ahora, pasa.

drop

Y diciendo esto, se apartaron para dejarla entrar.

Pero el 20 de abril pasó en vano como todos los demás. Con la diferencia de que al caer el sol el tiempo se descompuso y comenzó a soplar° un viento frío.

to blow

La abejita haragana voló apresurada° hacia su colmena, pensando en lo calentito que estaría allá dentro. Pero cuando quiso entrar, las abejas que estaban de guardia se lo impidieron.

in a hurry

—¡No se entra! —le dijeron fríamente.

—¡Yo quiero entrar! —clamó° la abejita—. Ésta es mi colmena.

cried out

—Ésta es la colmena de unas pobres abejas trabajadoras —le contestaron las otras—. No hay entrada para las haraganas.

—¡Mañana sin falta voy a trabajar! —insistió la abejita.

—No hay mañana para las que no trabajan —respondieron las abejas. Y esto diciendo la empujaron° afuera.

pushed

La abejita, sin saber qué hacer, voló un rato aún; pero ya la noche caía y se veía apenas. Quiso cogerse° de una hoja°, y cayó al suelo. Tenía el cuerpo entumecido° por el aire frío, y no podía volar más.

to hold on to/leaf
numb

Arrastrándose° entonces por el suelo, trepando° y bajando de los palitos° y piedritas°, que le parecían montañas, llegó a la puerta de la colmena, a tiempo que comenzaban a caer frías gotas de lluvia.

Crawling
climbing/little sticks/little stones

—¡Perdón!—gimió° la abeja—. ¡Déjenme entrar!

groaned

—Ya es tarde —le respondieron.

—¡Por favor, hermanas! ¡Tengo sueño!

—Es más tarde aún.

—¡Compañeras, por piedad! ¡Tengo frío!

—Imposible.

—¡Por última vez! ¡Me voy a morir! Entonces le dijeron:

—No, no morirás. Aprenderás en una sola noche lo que es el descanso ganado con el trabajo. Vete.

Y la echaron.

Entonces, temblando de frío, con las alas mojadas° y tropezando°, la abeja se arrastró, se arrastró hasta que de pronto rodó° por un agujero°; cayó rodando, mejor dicho, al fondo de una caverna°.

wet/stumbling
rolled
hole
cave

Creyó que no iba a concluir nunca de bajar. Al fin llegó al fondo, y se halló° bruscamente ante una víbora°, una culebra° verde de lomo color ladrillo°, que la miraba enroscada° y presta a lanzarse sobre° ella.

found herself
viper/snake
brick
curled up/throw itself onto

En verdad, aquella caverna era el hueco° de un árbol que habían trasplantado hacía tiempo, y que la culebra había elegido de guarida°.

hollow
lair

Las culebras comen abejas, que les gustan mucho. Por esto la abejita, al encontrarse ante su enemiga°, murmuró cerrando los ojos:

enemy

—¡Adiós mi vida! Ésta es la última hora que yo veo la luz.

Pero con gran sorpresa suya, la culebra no solamente no la devoró sino que le dijo:

—¿Qué tal, abejita? No has de ser° muy

You must not be

trabajadora para estar aquí a estas horas.

—Es cierto —murmuró la abejita—. No trabajo, y yo tengo la culpa°.

—Siendo así —agregó° la culebra, burlona°—, voy a quitar del mundo a un mal bicho como tú. Te voy a comer, abeja.

—¡No es justo eso, no es justo! No es justo que usted me coma porque es más fuerte que yo. Los hombres saben lo que es justicia.

—¡Ah, ah! —exclamó la culebra, enroscándose° ligero°—. ¿Tú conoces bien a los hombres? ¿Tú crees que los hombres, que les quitan la miel a ustedes, son más justos, grandísima tonta?

—No, no es por eso que nos quitan la miel —respondió la abeja.

—¿Y por qué, entonces?

—Porque son más inteligentes.

Así dijo la abejita. Pero la culebra se echó a reír, exclamando:

—¡Bueno! Con justicia o sin ella, te voy a comer; apróntate°.

Y se echó atrás, para lanzarse sobre la abeja. Pero ésta exclamó:

—Usted hace eso porque es menos inteligente que yo.

—Pues bien —dijo la culebra—, vamos a verlo. Vamos a hacer dos pruebas. La que haga la prueba más rara, ésa gana. Si gano yo, te como.

—¿Y si gano yo? —preguntó la abejita.

—Si ganas tú —repuso su enemiga—, tienes el derecho de pasar la noche aquí, hasta que sea de día. ¿Te conviene°?

—Aceptado —contestó la abeja.

La culebra se echó a reír de nuevo, porque se le había ocurrido una cosa que jamás podría hacer una abeja. Y he aquí lo que hizo:

Salió un instante afuera, tan velozmente que la abeja no tuvo tiempo de nada. Y volvió trayendo una cápsula° de semillas° de eucalipto, de un eucalipto que estaba al lado de la colmena y que le daba sombra.

Los muchachos hacen bailar como trompos° esas cápsulas, y les llaman trompitos de eucalipto.

I'm to blame
added
mockingly
coiling up/fast
get ready
Does that work for you?
capsule/seeds
spinning tops

—Esto es lo que voy a hacer —dijo la culebra—. ¡Fíjate bien, atención!

Y arrollando° vivamente la cola alrededor del trompito como un piolín° la desenvolvió a toda velocidad, con tanta rapidez que el trompito quedó bailando y zumbando como un loco.

La culebra reía, y con mucha razón, porque jamás una abeja ha hecho ni podrá hacer bailar a un trompito. Pero cuando el trompito, que se había quedado dormido zumbando, como les pasa a los trompos de naranjo, cayó por fin al suelo, la abeja dijo:

—Esa prueba es muy linda, y yo nunca podré hacer eso.

—Entonces, te como —exclamó la culebra.

—¡Un momento! Yo no puedo hacer eso; pero hago una cosa que nadie hace.

—¿Qué es eso?

—Desaparecer.

—¿Cómo? —exclamó la culebra, dando un salto de sorpresa—. ¿Desaparecer sin salir de aquí?

—Sin salir de aquí.

—Pues bien, ¡hazlo! Y si no lo haces, te como en seguida —dijo la culebra.

El caso es que mientras el trompito bailaba, la abeja había tenido tiempo de examinar la caverna y había visto una plantita que crecía allí. Era un arbustillo°, casi un yuyito°, con grandes hojas del tamaño de una moneda de dos centavos.

La abeja se arrimó° a la plantita, teniendo cuidado de no tocarla, y dijo así:

—Ahora me toca a mí, señora Culebra. Me va a hacer el favor de darse vuelta, y contar hasta tres. Cuando diga "tres" búsqueme por todas partes, ¡ya no estaré más!

Y así pasó, en efecto. La culebra dijo rápidamente: "uno..., dos..., tres", y se volvió y abrió la boca cuan grande era, de sorpresa: allí no había nadie. Miró arriba, abajo, a todos lados, recorrió los rincones°, la plantita, tanteó° todo con la lengua. Inútil: la abeja había desaparecido.

La culebra comprendió entonces que si su

coiling up
string
shrub
weed
came closer to
corners; nooks
she felt out

prueba del trompito era muy buena, la prueba de la abeja era simplemente extraordinaria. ¿Qué se había hecho? ¿Dónde estaba?

Una voz que apenas se oía —la voz de la abejita— salió del medio de la cueva.

—¿No me vas a hacer nada? —dijo la voz—. ¿Puedo contar con tu juramento?

—Sí —respondió la culebra—. Te lo juro. ¿Dónde estás?

—Aquí —respondió la abejita, apareciendo súbitamente° de entre una hoja cerrada de la plantita.

suddenly

¿Qué había pasado? Una cosa muy sencilla: la plantita en cuestión era una sensitiva°, muy común también en Buenos Aires, y que tiene la particularidad de que sus hojas se cierran al menor contacto. Solamente que esta aventura pasaba en Misiones°, donde la vegetación es muy rica, y por lo tanto muy grandes las hojas de las sensitivas. De aquí que al contacto de la abeja, las hojas se cerraron, ocultando° completamente al insecto.

mimosa pudica or sensitive plant

province in Argentina

hiding

La inteligencia de la culebra no había alcanzado nunca a darse cuenta de este fenómeno; pero la abeja lo había observado, y se aprovechaba de él para salvar su vida.

La culebra no dijo nada, pero quedó muy irritada con su derrota°, tanto que la abeja pasó toda la noche recordando a su enemiga la promesa que había hecho de respetarla.

defeat

Fue una noche larga, interminable, que las dos pasaron arrimadas contra° la pared más alta de la caverna, porque la tormenta se había desencadenado°, y el agua entraba como un río adentro.

close to

had broken out

Hacía mucho frío, además, y adentro reinaba la oscuridad más completa. De cuando en cuando la culebra sentía impulsos de lanzarse sobre la abeja, y ésta creía entonces llegado el término de su vida.

Nunca jamás creyó la abejita que una noche podría ser tan fría, tan larga, tan horrible. Recordaba su vida anterior, durmiendo noche tras noche en la colmena, bien calentita, y lloraba entonces en silencio.

Cuando llegó el día, y salió el sol, porque el tiempo se había compuesto, la abejita voló y lloró otra vez en silencio ante la puerta de la colmena hecha por el esfuerzo° de la familia. Las abejas de guardia la dejaron pasar sin decirle nada, porque comprendieron que la que volvía no era la paseandera°

effort

wanderer

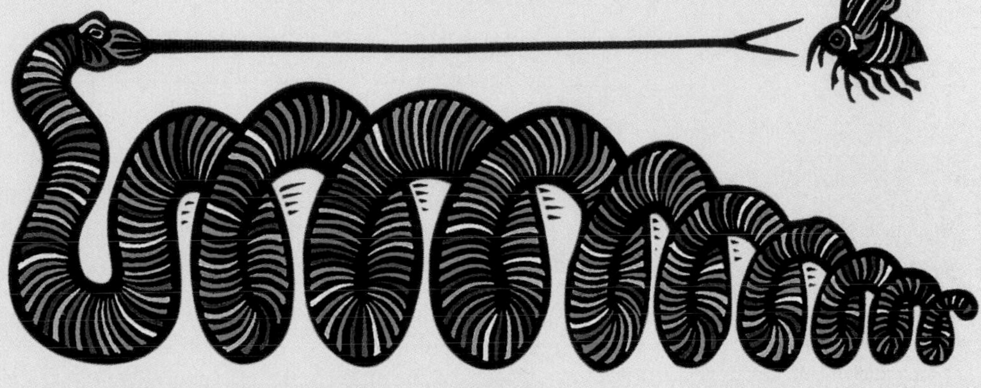

haragana, sino una abeja que había hecho en sólo una noche un duro aprendizaje de la vida.

Así fue, en efecto. En adelante, ninguna como ella recogió tanto polen ni fabricó tanta miel. Y cuando el otoño llegó, y llegó también el término de sus días, tuvo aún tiempo de dar una última lección antes de morir a las jóvenes abejas que la rodeaban°:

surrounded her

—No es nuestra inteligencia, sino nuestro trabajo quien nos hace tan fuertes. Yo usé una sola vez mi inteligencia, y fue para salvar mi vida. No habría necesitado de ese esfuerzo, si hubiera trabajado como todas. Me he cansado tanto volando de aquí para allá, como trabajando. Lo que me faltaba era la noción del deber, que adquirí aquella noche.

Trabajen, compañeras, pensando que el fin a que tienden° nuestros esfuerzos —la felicidad de todos— es muy superior a la fatiga de cada uno. A esto los hombres llaman ideal, y tienen razón. No hay otra filosofía en la vida de un hombre y de una abeja. ■

work towards

Después de leer

La abeja haragana

Horacio Quiroga

① For expansion, have students write a paragraph describing the events of the fable using the sentences in the exercise. Refer them to the **Manual de gramática, 8.4,** p. A46, for useful transitional words and expressions such as **primero, finalmente, por eso,** and **entonces.**

1 Comprensión Enumera los acontecimientos en el orden en que aparecen en el cuento.

8 a. La abeja haragana gana la prueba.
1 b. Las guardianas dejan que la abeja haragana entre en la colmena, pero le advierten que será la última vez.
5 c. Una culebra le anuncia que la va a devorar.
10 d. Las guardianas dejan pasar a la abeja que ya no es haragana.
2 e. La abeja promete cambiar, pero no lo cumple.
7 f. La culebra hace su prueba con éxito.
9 g. La abeja regresa a la colmena después de pasar la noche fuera.
3 h. Las guardianas le prohíben entrar en la colmena.
6 i. La culebra le propone hacer dos pruebas.
4 j. La abeja cae por un hueco dentro de una caverna.

② Ask additional questions, such as: **¿Cómo creen que se sintió la abeja cuando no le permitieron entrar en la colmena? ¿Y cuando volvió a la colmena?**

2 Análisis Lee el relato nuevamente y responde las preguntas.

1. ¿Qué características podrías señalar de la abeja haragana? ¿En qué se diferenciaba de las otras abejas?
2. ¿Qué te parece que puede representar la víbora?
3. En el relato, ¿qué es lo que salva a la abeja de la víbora?
4. ¿Cuál es la moraleja de la fábula?

③ Point out that the snake addresses the bee in the **tú** form, while the bee answers back in the **Ud.** form. Ask: **¿Por qué creen que sucede esto?**

③ For expansion, ask: **Si escribieran otra fábula con la misma moraleja pero con otros protagonistas, ¿qué animales eligirían? ¿Cómo cambiaría la historia? Expliquen su respuesta.**

3 Interpretación En parejas, respondan las preguntas.

1. En el relato se contraponen claramente dos lugares: la colmena y el exterior. ¿Puedes encontrar una palabra que caracterice a cada uno?
2. Las guardianas advierten a la abeja varias veces antes de impedirle la entrada. ¿Te parece bien lo que hacen? ¿Crees que tienen razón?
3. ¿Por qué es tan importante que todas colaboren con la tarea de recoger el polen? ¿Para qué sirve la miel que hacen las abejas? ¿Qué sentido tiene eso para la comunidad?
4. ¿Qué crees que hizo recapacitar a la abeja haragana?
5. ¿Estás de acuerdo con la moraleja de la fábula?
6. ¿Te parece que la abeja fue feliz al aceptar las reglas de la colmena?

④ Before students begin writing, encourage them to map out their fables. Have students include the characters, the setting, the basic plot, and the moral in their outlines.

4 Tu propia fábula Elige una de las comparaciones de la lista y escribe una fábula breve sobre el animal y la cualidad o vicio. Si lo prefieres, puedes elegir otro animal y otra cualidad o vicio. No olvides concluir el relato con una moraleja.

- inocente como un cordero (*lamb*)
- fuerte como un león
- astuto (*sly*) como un zorro (*fox*)
- terco (*stubborn*) como una mula

Practice more at **enfoques.vhlcentral.com.**

Teaching option If time and resources permit, bring in other fables in Spanish. Have students compare the fables with *La abeja haragana* and share their ideas with the class.

Teaching option As an optional writing assignment, have students write a story from the viewpoint of one of the guards, including her perspective on what the protagonist was like before and after the snake incident.

Antes de leer

Vocabulario

adinerado/a *wealthy*	**la huella** *trace; mark*
el anfitrión/la anfitriona *host(ess)*	**el lujo** *luxury*
diseñar *to design*	**el privilegio** *privilege*
enérgico/a *energetic*	**tomar en serio** *to take seriously*

Balenciaga Completa el párrafo usando una vez cada palabra o expresión.

Cristóbal Balenciaga nació en España en 1895. Ya de joven, Balenciaga comenzó a (1) ___diseñar___ ropa. Para él, la moda era algo que había que (2) ___tomar en serio___. En 1937, abrió una tienda en París donde atendía a una clientela exclusiva y (3) ___adinerada___. Tuvo el (4) ___privilegio___ de vestir a muchos famosos. Jackie Kennedy lució (*wore*) sus diseños como (5) ___anfitriona___ de elegantes cenas y eventos. El estilo de este (6) ___enérgico___ y creativo diseñador se caracterizaba por la discreción y la elegancia. En 1968, el (7) ___lujo___ y la elegancia del estilo Balenciaga casi desaparecen. El diseñador cerró su tienda porque se sentía desilusionado con la nueva moda *prêt-à-porter* (*ready-to-wear*). Sin embargo, el estilo Balenciaga dejó su (8) ___huella___ para siempre en el mundo de la moda. Actualmente, el Grupo Gucci sigue produciendo la línea Balenciaga.

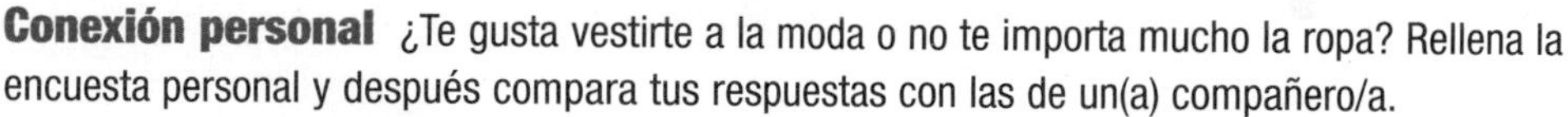

Conexión personal ¿Te gusta vestirte a la moda o no te importa mucho la ropa? Rellena la encuesta personal y después compara tus respuestas con las de un(a) compañero/a.

	Siempre	A veces	Nunca
1. Voy a tiendas de moda.			
2. Todos los años cambio mi vestuario.			
3. Salgo bien vestido/a de casa.			
4. Me gusta comprar ropa cara.			
5. Mi pelo siempre está a la moda.			
6. Tardo más de una hora en prepararme para salir de casa.			

Conexión personal Organize a debate. Divide the class into two groups and have them sit in opposite sides of the room. Ask one group to give reasons why style and fashion are important, and have the other give counterarguments. Tell students that they are free to move across the room and join the other group if they change their minds.

Contexto cultural

Narciso Rodríguez

Cuando pensamos en la moda, solemos pensar en Milán, París o Nueva York. Sin embargo, gracias a diseñadores como la venezolana **Carolina Herrera** o el dominicano **Oscar de la Renta**, los diseñadores latinoamericanos comenzaron a dejar su huella en el mundo de la moda. Actualmente, entre el grupo de diseñadores latinoamericanos de mayor proyección internacional se encuentran los colombianos Olga Piedrahita y Esteban Cortázar, la chilena María Cornejo y el estadounidense Narciso Rodríguez, hijo de inmigrantes cubanos.

Contexto cultural Discuss style and fashion in a social and cultural context. **¿Existen culturas que valoren la moda más que otras? ¿Creen que la moda depende de la clase social de una persona? ¿De qué manera el estilo o la moda pueden influenciar la identidad de una persona?**

Practice more at **enfoques.vhlcentral.com.**

Preview Carolina Herrera says that success is addictive. Ask students if they agree with this statement and discuss their experience with success. **¿Creen que el éxito puede servir como incentivo? ¿El éxito puede tener consecuencias negativas? ¿Qué queremos decir con la expresión "el éxito se le subió a la cabeza"?**

Audio: Dramatic Recording

Carolina Herrera
una señora en su punto

Isabel Piquer

Carolina Herrera, 1979
Andy Warhol, 1928–1987

Cuando cumplió los 40, Carolina Herrera decidió hacer algo inaudito°: empezar a trabajar. No tenía por qué. Vivía en Caracas en un mundo de lujo y privilegio. Pertenecía a una de las familias más antiguas y adineradas de Venezuela. Estaba felizmente casada, tenía cuatro hijos. Llevaba casi diez años en la lista de las mujeres más elegantes del mundo. Era la perfecta anfitriona, la reina de las fiestas de sociedad. Nadie se lo tomó muy en serio.

unheard of

Teaching option As students read, have them create a list of the adjectives used to describe Carolina Herrera.

De eso hace 22 años. "Nunca hubiera podido anticipar este éxito. Cuando empiezas, creo que nunca sabes muy bien adónde vas ni si vas a gustar, porque tampoco lo estás pensando. Y de repente llega. Luego, si tienes un poquito de éxito, es imposible parar porque es como una droga". Sentada en uno de los sillones de su oficina de la Séptima Avenida, en el Garment District de Nueva York, Herrera habla con la voz melosa° de su acento natal. Está perfecta. Ni una arruga°. Es la imagen de la distinción que ha sabido crear y vender desde su primer desfile, en un apartamento prestado de Park Avenue.

Carolina Herrera tiene la pose y la elegancia de una mujer de mundo. En Caracas vivió las legendarias fiestas de su suegra, Mimi Herrera, amiga de Greta Garbo y de la duquesa de Windsor. En Nueva York fue la diseñadora de Jackie Kennedy en los últimos 12 años de su vida. Warhol le hizo tres retratos, todos iguales salvo por el color de la sombra de ojos. Y cuando *Vanity Fair* sacó el pasado abril una portada plegable° sobre estrellas y leyendas de Hollywood, no encontró mejor decorado que una réplica del salón victoriano de su casa del Upper East Side.

Tenía 13 años cuando su abuela la llevó a París, a un desfile de Cristóbal Balenciaga. Fue su primera introducción a la alta costura°. Le gustó, pero no lo bastante como para pensar en dedicarse a la moda. "Yo no era de las que jugaban a vestir a sus muñecas°". Sin embargo, aquella experiencia dejó huella. Aún ahora asegura inspirarse en las líneas claras y sencillas del español que triunfó en Francia.

Esta imagen elitista también ha jugado en su contra. A menudo se ha relegado a Carolina Herrera a la categoría de diseñadora para las *ladies who lunch* (las damas que almuerzan). "Si yo sólo hubiera hecho colecciones para mis amigas habría cerrado hace veinte años, porque una compañía no se puede basar en eso. Es imposible. En aquel momento decidieron ponerme esa etiqueta°, pero mi moda no sólo ha sido para ellas".

El tiempo le ha dado la razón. El Park Avenue chic, las faldas por debajo de la rodilla, lo clásico, lo caro llenan las páginas de las revistas. Todo el mundo quiere parecerse a la adinerada minoría neoyorquina. "La moda es algo que cambia, pero ciertos elementos son constantes: la sofisticación, la elegancia y, por supuesto, el lujo", dice la diseñadora. "La moda es una fantasía, una locura, un misterio.

Carolina Herrera, hija, sigue la huella de su famosa madre. Además de trabajar junto a su madre en el negocio de la moda, es quien se encarga de los perfumes que llevan la marca Carolina Herrera. También es portavoz (*spokesperson*) de la marca CH Carolina Herrera, línea de tono más informal lanzada en 2005 que incluye ropa y accesorios para hombres y mujeres.

¿Qué es la moda? Es algo que necesitas todos los días porque te vistes todos los días. Cuando la gente está combinando lo que se va a poner por las mañanas, ya está haciendo moda. Moda es historia, es civilización, es arte, es un negocio".

"Cuando empecé, tenía 40 años. Acababa de nacer mi primer nieto. A menudo me han preguntado por qué se me ocurrió meterme en esta aventura. Creo que hay un momento en la vida de todo el mundo en el que debes hacer lo que realmente quieres". ■

Publicado en El País *(España) el 28 de septiembre de 2001.*

soft · *wrinkle* · *fold-out* · *haute couture* · *dolls* · *label*

Después de leer

Carolina Herrera: una señora en su punto

1 For expansion, ask students to write two more true or false statements about the reading. Have them ask classmates to answer **cierto** or **falso** and correct any false statements.

1 Comprensión Decide si las oraciones son **ciertas** o **falsas**. Corrige las oraciones falsas.

Cierto	Falso	
☑	☐	1. Carolina Herrera comenzó a diseñar ropa a los cuarenta años.
☐	☑	2. Carolina Herrera ahora vive en París. *Ella vive en Nueva York.*
☐	☑	3. De pequeña, Carolina Herrera vestía a sus muñecas. *Ella no jugaba a vestir a sus muñecas.*
☑	☐	4. Carolina Herrera viene de una familia muy rica.
☑	☐	5. Según Carolina, la moda es arte y negocio.
☐	☑	6. Carolina siempre recibe muy buenas críticas. *Su moda recibió críticas negativas.*
☐	☑	7. Jackie Kennedy sólo le encargó algunos vestidos. *Carolina Herrera diseñó para ella por 12 años.*
☑	☐	8. Andy Warhol hizo tres retratos de Carolina Herrera.

2 For item 4, have students create their own definition of fashion.

2 For expansion, talk about age in the context of work. **¿Sería difícil montar su propia empresa a los 40 años? ¿Cuáles serían las ventajas y desventajas de hacerlo a esa edad? ¿De qué manera la edad afectaría los planes para el futuro de la empresa?**

2 Interpretación Contesta las preguntas con oraciones completas.

1. ¿Era común que las mujeres de la clase social de Carolina trabajaran? ¿Ha cambiado esto con el paso de los años?
2. ¿Pensaba Carolina que iba a tener un gran éxito cuando empezó a diseñar ropa? Explica tu respuesta.
3. ¿Crees que Carolina es una buena mujer de negocios? Justifica tu respuesta y da ejemplos del texto.
4. ¿Cómo describe la moda Carolina? ¿Con qué cosas la compara? ¿Qué opinas sobre esta definición de la moda?

3 Before students begin, have them decide what kind of product they intend to design. Have them create a slogan for their product using a **si** clause.

3 Diseñadores En grupos, imaginen que van a montar un negocio como diseñadores (de ropa, de interiores, de productos tecnológicos, etc.). ¿Qué necesitarían para comenzarlo? Preparen una lista de cinco cosas que tendrían que tener. Usen el condicional y oraciones con **si**.

MODELO Necesitaríamos dos diseñadores/as de moda. Si tuviéramos dinero, podríamos contratar tres.

4 Add this sentence to the exercise: **La moda es lo que nos define, lo que nos permite ser únicos/as.**

4 Have students exchange drafts for peer editing.

4 La moda Elige una de las afirmaciones y escribe un párrafo para expresar tu opinión a favor o en contra. Usa el condicional, el imperfecto del subjuntivo y oraciones con **si**.

MODELO **Se puede rechazar a un(a) candidato/a para un puesto de trabajo si se presenta mal vestido/a para una entrevista.**
No estoy de acuerdo. Si no estuvieras capacitado para el puesto, te podrían rechazar; pero si no les gusta tu ropa, ése no es un buen motivo para rechazarte.

- La moda promueve la superficialidad y es responsable de muchos trastornos de alimentación (*eating disorders*).
- Para tener éxito en el mundo empresarial, hay que lucir (*appear*) siempre elegante.
- En otros países la gente se viste mejor para ir a trabajar.
- Se puede rechazar a un(a) candidato/a para un puesto de trabajo si se presenta mal vestido/a para una entrevista.

Practice more at **enfoques.vhlcentral.com.**

Teaching option Bring in several clothing catalogues. Practice the conditional and **si** clauses by asking, **¿Cuándo te pondrías esto?** Ex: (*a running outfit*) **Si corriera una carrera, me pondría este conjunto.**

Atando cabos

¡A conversar!

Proyecto publicitario

A. Formen grupos de cuatro. Imaginen que deben presentar un proyecto publicitario al directorio de una empresa. Elijan uno de estos proyectos.

- camisas que nunca se arrugan
- un programa para aprender a hablar español mientras duermes
- un servicio para encontrar compañeros de estudio por Internet
- una peluquería (*hair salon*) para personas y animales

B. Para preparar el proyecto, respondan a estas preguntas.

1. ¿Qué quieren vender con su publicidad?
2. ¿Cómo son las personas que comprarían el producto o servicio? ¿Qué edad tienen? ¿De qué sexo son? ¿Qué cosas les gustan?
3. ¿Qué tipo(s) de publicidad harían (afiches, en radio, en televisión, en Internet)?
4. ¿Qué necesitarían para hacer la publicidad?
5. ¿Cuál será el eslogan del producto o servicio?

C. Preparen la presentación de su proyecto para el resto de la clase. Decidan quién presentará cada punto. Practiquen la presentación varias veces. Pueden usar elementos visuales como ayuda (afiches, etc.). Para ordenar su presentación, pueden utilizar estas expresiones:

- Este proyecto es para...
- Sabemos que el público...
- Por eso hemos decidido...
- En primer / segundo lugar...
- Además / También / Igualmente...
- Finalmente / Por último...

D. Presenten el proyecto. Expongan las razones de lo que han decidido hacer. Sus compañeros pueden hacerles preguntas sobre el proyecto.

E. Cuando cada grupo haya terminado su presentación, voten para elegir la mejor idea publicitaria.

¡A escribir!

Pasantía de verano Imagina que quieres solicitar un puesto para una pasantía (*internship*) de verano en una de las empresas de la actividad anterior. Escribe una carta de tres párrafos para solicitar un puesto como pasante de verano. Usa cláusulas con **si** en tu carta.

- Primer párrafo: explica por qué estás escribiendo.
- Segundo párrafo: da detalles sobre tus estudios y experiencia laboral.
- Tercer párrafo: explica por qué crees que eres el/la mejor candidato/a para el puesto.

¡A conversar!
- Encourage students to invent their own product line.
- Ask students to think of a famous person to be their spokesperson. Have them create a tagline or testimonial from that person about the product.
- Encourage students to assign each group member a different task. Ex: creating a magazine ad, developing market research (with graphs or other visuals), inventing slogans, etc.

¡A escribir!
- Give the class sample cover letters in Spanish as a reference.
- Have students outline the purpose and audience of their letter. **¿Quién va a leer la carta y qué busca esta persona? ¿De qué maneras pueden diferenciar su carta de las demás?**
- Before students begin writing, have them invent a short ad for the internship for which they are applying. Then encourage them to refer to this ad throughout their letter.

8 VOCABULARIO

El trabajo

el aumento de sueldo	*raise in salary*
la compañía	*company*
la conferencia	*conference*
el contrato	*contract*
el currículum (vitae)	*résumé*
el empleo	*employment; job*
la entrevista de trabajo	*job interview*
el puesto	*position; job*
la reunión	*meeting*
el sueldo mínimo	*minimum wage*
administrar	*to manage; to run*
ascender (e:ie)	*to rise; to be promoted*
contratar	*to hire*
despedir (e:i)	*to fire*
exigir	*to demand*
ganar bien/mal	*to be well/poorly paid*
ganarse la vida	*to earn a living*
jubilarse	*to retire*
renunciar	*to quit*
solicitar	*to apply for*
(des)empleado/a	*(un)employed*
exitoso/a	*successful*
(in)capaz	*(in)competent; (in)capable*

Las finanzas

el ahorro	*savings*
la bancarrota	*bankruptcy*
el cajero automático	*ATM*
la cuenta corriente	*checking account*
la cuenta de ahorros	*savings account*
la deuda	*debt*
la hipoteca	*mortgage*
el presupuesto	*budget*
ahorrar	*to save*
cobrar	*to charge; to receive*
depositar	*to deposit*
financiar	*to finance*
gastar	*to spend*
invertir (e:ie)	*to invest*
pedir (e:i) prestado/a	*to borrow*
prestar	*to lend*
a corto/largo plazo	*short/long-term*
fijo/a	*permanent; fixed*
financiero/a	*financial*

INSTRUCTIONAL RESOURCES
Supersite: Testing Program

La economía

la bolsa (de valores)	*stock market*
el comercio	*commerce; trade*
el desempleo	*unemployment*
la empresa multinacional	*multinational company*
la huelga	*strike*
el impuesto (de ventas)	*(sales) tax*
la inversión (extranjera)	*(foreign) investment*
el mercado	*market*
la pobreza	*poverty*
la riqueza	*wealth*
el sindicato	*labor union*
exportar	*to export*
importar	*to import*

La gente en el trabajo

el/la asesor(a)	*consultant; advisor*
el/la contador(a)	*accountant*
el/la dueño/a	*owner*
el/la ejecutivo/a	*executive*
el/la empleado/a	*employee*
el/la gerente	*manager*
el hombre/la mujer de negocios	*businessman/woman*
el/la socio/a	*partner; member*
el/la vendedor(a)	*salesperson*

Más vocabulario

Expresiones útiles	*Ver p. 287*
Estructura	*Ver pp. 294–295, 298–299 y 302–303*

Cinemateca

la amenaza	*threat*
el/la cobrador(a)	*debt collector*
la factura	*bill*
el/la moroso/a	*debtor*
el/la payaso/a	*clown*
el sueldo fijo	*base salary*
avergonzar	*to embarrass*
cumplir	*to carry out*
deber	*to owe*
dejar en paz	*to leave alone*
humillar	*to humiliate*
tozudo/a	*stubborn*

Literatura

la advertencia	*warning*
el aprendizaje	*learning*
la colmena	*beehive*
el deber	*duty*
el descanso	*rest*
la experiencia	*experience*
la fatiga	*fatigue; weariness*
la miel	*honey*
el polen	*pollen*
volar (o:ue)	*to fly*
haragán/haragana	*lazy; idle*
trabajador(a)	*industrious; hard-working*

Cultura

el anfitrión/la anfitriona	*host(ess)*
la huella	*trace; mark*
el lujo	*luxury*
el privilegio	*privilege*
diseñar	*to design*
tomar en serio	*to take seriously*
adinerado/a	*wealthy*
enérgico/a	*energetic*

La cultura popular y los medios de comunicación

9

Communicative Goals

You will expand your ability to...

- express will, emotion, doubt, or denial in the past
- express uncertainty, indefiniteness, condition, and intent in the past
- create longer, more informative sentences
- reference general ideas

Audio: Vocabulary Activities

INSTRUCTIONAL RESOURCES
Supersite: Audioscripts, Textbook/SAM AK, Textbook/Lab MP3s
SAM/WebSAM: WB, LM

La cultura popular y **los medios de comunicación**

Preview Initiate a discussion about current trends, the latest fads, and popular culture. Ask about the importance of television, news, and online media in students' lives: **¿Siguen las noticias todos los días? ¿Confían en las noticias de la televisión? ¿Del periódico? ¿De la radio? ¿Siguen los chismes de las celebridades?**

Variación léxica
el episodio ⟷ el capítulo
rodar ⟷ filmar
los chismes ⟷ el cotilleo
Point out that **actual** and **actualidad** are false cognates.

La televisión, la radio y el cine

La **locutora** anunció a los **oyentes** de la **radioemisora** que iba a presentar una canción de la **banda sonora** del nuevo éxito de Almodóvar.

la banda sonora *soundtrack*
la cadena *network*
el canal *channel*
el/la corresponsal *correspondent*
el/la crítico/a de cine *film critic*
el documental *documentary*
los efectos especiales *special effects*
el episodio (final) *(final) episode*
el/la locutor(a) de radio *radio announcer*
el/la oyente *listener*
la (radio)emisora *radio station*
el reportaje *news report*
el/la reportero/a *reporter*
los subtítulos *subtitles*
la telenovela *soap opera*
el/la televidente *television viewer*
la temporada *season*
el video musical *music video*

grabar *to record*
rodar (o:ue) *to film*
transmitir *to broadcast*

doblado/a *dubbed*
en directo/vivo *live*

La cultura popular

la celebridad *celebrity*
el chisme *gossip*
la estrella (pop) *(pop) star [m/f]*
la fama *fame*
la moda pasajera *fad*
la tendencia/la moda *trend*

hacerse famoso/a *to become famous*
tener buena/mala fama *to have a good/bad reputation*

actual *current*
de moda *popular; in fashion*
influyente *influential*
pasado/a de moda *out-of-date; no longer popular*

Los medios de comunicación

el acontecimiento *event*
la actualidad *current events*
el anuncio *advertisement; commercial*
la censura *censorship*
la libertad de prensa *freedom of the press*
los medios de comunicación *media*
la parcialidad *bias*
la publicidad *advertising*
el público *public; audience*

Siempre dormía muy mal.
Nunca podía relajarme.
Estaba desesperado; no sabía qué hacer.
Ahora, mis problemas están resueltos con mi nueva cama.
DORMALUX
LA CAMA DE TUS SUEÑOS

enterarse (de) *to become informed (about)*
estar al tanto/al día *to be informed, up-to-date*

actualizado/a *up-to-date*
controvertido/a *controversial*
de último momento *up-to-the-minute*
destacado/a *prominent*
(im)parcial *(un)biased*

La prensa

María lee el **periódico** todas las mañanas. Prefiere leer primero los **titulares** de la **portada** y las **tiras cómicas**. Después lee las **noticias internacionales**.

el/la lector(a) *reader*
las noticias locales/nacionales/internacionales *local/domestic/international news*
el periódico/el diario *newspaper*
el/la periodista *journalist*

la portada *front page; cover*

la prensa *press*
la prensa sensacionalista *tabloid(s)*
el/la redactor(a) *editor*
la revista (electrónica) *(online) magazine*
la sección de sociedad *lifestyle section*
la sección deportiva *sports page/section*
la tira cómica *comic strip*
el titular *headline*

imprimir *to print*
publicar *to publish*
suscribirse (a) *to subscribe (to)*

① As students listen to the news report and interview, have them jot down notes and key words.

Práctica

1 Escuchar

A. La famosa periodista Laura Arcos está esperando la llegada de famosos al Teatro Nacional, donde se van a entregar unos premios. Escucha lo que dice Laura y después elige la opción correcta.

1. a. Es un programa de radio.
   (b.) Es un programa de televisión.
2. a. Se van a entregar premios al mejor teatro hispano.
   (b.) Se van a entregar premios al mejor cine hispano.
3. a. El programa se grabó la noche anterior.
   (b.) El programa se transmite en directo.
4. (a.) Augusto Ríos es un reportero de la sección de sociedad.
   b. Augusto Ríos es un famoso crítico de cine.
5. a. Augusto Ríos no sabe mucho de moda.
   (b.) Augusto Ríos está al tanto de la última moda.

B. Laura Arcos entrevista a la actriz Ángela Vera. Escucha su conversación y después contesta las preguntas.
Answers may vary.

1. ¿Es importante para la actriz Ángela Vera seguir las tendencias de la moda? no
2. ¿Ha tenido buenas críticas su última película? sí
3. ¿Es el director de la película una celebridad? no
4. ¿A qué género pertenecía la primera película de Juan Izaguirre y de qué se trataba?
   documental; de la prensa sensacionalista

2 Analogías Completa cada analogía.

actual	destacado	imprimir
chisme	emisora	lector

1. radio: oyente :: revista : lector
2. televisión : cadena :: radio : emisora
3. parcialidad : parcial :: actualidad : actual
4. periódico : noticia :: prensa sensacionalista : chisme
5. cine : rodar :: prensa : imprimir
6. influyente : importante :: prominente : destacado

② You may want to have students describe the relationship between each word set. Ex: **El/La oyente es la persona que escucha la radio; El/La lector(a) es la persona que lee la revista**.

Práctica

③ For additional practice, have students work in pairs to create definitions for five more words. Then have them exchange papers with another pair and complete the activity.

3 Definiciones Indica qué palabras corresponden a cada definición.

a	1. Dice si una película es buena o no.	a. crítico de cine
e	2. Escucha la radio.	b. estrella pop
d	3. Habla en la radio.	c. lector
c	4. Se suscribe a sus revistas y periódicos favoritos.	d. locutor
b	5. Aparece en videos musicales y conciertos.	e. oyente
f	6. Revisa artículos y mejora la calidad de la revista.	f. redactor

④ As an optional writing assignment, have students write a short paragraph for the society section of the newspaper summarizing the celebrity interview.

4 El acontecimiento del año Completa el texto con las palabras correctas de la lista.

acontecimiento	**destacado**	**mala fama**	**sensacionalista**
anuncios	**enterarme**	**periodista**	**tira cómica**
cadena	**estrella**	**público**	**transmitieron**

No quise perderme el (1) acontecimiento del año y al final me lo perdí. La (2) estrella de cine asistió al estreno de su última película y una (3) periodista famosa la entrevistó. Fotógrafos de buena y (4) mala fama sacaban fotos para venderlas a las revistas de prensa (5) sensacionalista. Algunos reporteros entrevistaban a un (6) destacado crítico de cine. El (7) público se entretenía viendo escenas de la película en una pantalla gigante. Varios canales de televisión (8) transmitieron el acontecimiento en directo. Al final, no sé qué pasó. Cambié de canal durante los (9) anuncios y me dormí. Mañana voy a leer la sección de sociedad para (10) enterarme de todos los detalles.

⑤ Ask heritage speakers to talk about the press in their families' countries of origin.

5 Los medios de comunicación Di si estás de acuerdo o no con cada afirmación. Después, comparte tus opiniones con la clase.

	Sí	No
1. Hoy día es más fácil enterarse de lo que pasa en el mundo.	☐	☐
2. Gracias a la información que transmiten los medios de comunicación, la gente tiene menos prejuicios que antes.	☐	☐
3. La libertad de prensa es un mito.	☐	☐
4. La publicidad quiere entretener al público.	☐	☐
5. El único objetivo de la prensa sensacionalista es informar.	☐	☐
6. Gracias a Internet, es fácil encontrar información imparcial.	☐	☐
7. La imagen tiene mucho poder en el mundo de la comunicación.	☐	☐
8. Hoy día los reporteros son vendedores de opiniones.	☐	☐
9. Tenemos demasiada información. Es imposible asimilarla.	☐	☐
10. El mundo es un sitio mejor gracias a los medios de comunicación.	☐	☐

Teaching option For additional practice, write the words **radio, cine, periódico, televisión**, and **revista** on the board. For each media form, have students call out related words from **Contextos**. Ex: **radio: emisora, locutor, oyente, estrella pop.**

Practice more at **enfoques.vhlcentral.com.**

Comunicación

6 **Preguntas** En parejas, háganse las preguntas y comparen sus intereses y opiniones.

1. Si tuvieras la oportunidad de hacerlo, ¿trabajarías en una serie de televisión?
2. Si fueras corresponsal político/a, ¿crees que podrías ser imparcial?
3. ¿Crees que la censura de la prensa es necesaria en algunas ocasiones? ¿En cuáles?
4. ¿Qué periodista piensas que crea más polémica? ¿Por qué?
5. ¿Te interesa leer noticias de actualidad? ¿Por qué?
6. ¿Qué secciones del periódico te interesan más? ¿Qué programas de radio y de televisión?
7. ¿Cuáles son las características de un buen locutor? ¿Es mejor si entretiene al público o si habla lo mínimo posible?
8. ¿Te interesan más las noticias locales, nacionales o internacionales? ¿Por qué?
9. Cuando ves una película, ¿qué te importa más: la trama (*plot*), la actuación, los efectos especiales o la banda sonora?
10. Si pudieras suscribirte gratis a cinco revistas, ¿cuáles escogerías? ¿Por qué?

⑥ For item 3, divide the class into two groups and organize a debate about censorship and freedom of the press.

7 **Escritores**

A. En parejas, escriban por lo menos tres oraciones que podrían aparecer en cada uno de estos medios. ¡Sean creativos/as!

- la portada de un periódico
- el episodio final de una comedia
- un documental
- un *talk show* de radio controvertido
- un artículo de una revista sensacionalista
- una tira cómica

B. Ahora, lean sus oraciones a otra pareja y traten de adivinar el medio en el que aparece cada oración.

⑦ Part A: For expansion, add these items to the list: **un anuncio de servicio público, un noticiero de 24 horas, el primer episodio de una telenovela, la sección de sociedad de un periódico.**

8 **Nueva revista** En grupos de tres, imaginen que trabajan en una agencia de publicidad y los han contratado para realizar la publicidad de una revista que va a salir al mercado. Hagan el anuncio y después compártanlo con la clase. Usen las preguntas como guía.

- ¿Cuál es el nombre?
- ¿Qué tiene de especial?
- ¿Qué secciones va a tener?
- ¿A qué tipo de lectores se dirige?
- ¿Cómo son los periodistas y reporteros que van a trabajar en ella?
- ¿Cada cuánto tiempo sale un nuevo número?
- ¿Cuánto cuesta?

⑧ Have students also describe the primary market for their magazine. **¿Qué tipos de anuncios encontrarían en la revista?**

Teaching option For an optional writing activity, ask students to write and read an original piece of news (weather report, movie review, sports article). Have the class vote for the most original, funniest, most realistic, etc.

9 FOTONOVELA

Video: *Fotonovela*

Synopsis

- Fabiola announces that she will make an appearance on a soap opera.
- It becomes apparent that Aguayo is a soap opera fan.
- Fabiola rehearses her scene in the office.
- After learning what an actor's double does, Fabiola prepares to rehearse a fall.

Fabiola consigue su primer papel como doble de una estrella de telenovelas.

JOHNNY ¿Qué tal te fue?

FABIOLA Bien.

AGUAYO ¿Es todo lo que tienes que decir de una entrevista con Patricia Montero, la gran actriz de telenovelas? Pensé que estarías más emocionada.

FABIOLA Lo estoy. Tengo que hacer mi gran escena en la telenovela y quiero concentrarme.

AGUAYO Y JOHNNY ¿Qué?

FABIOLA Al terminar la entrevista, cuando salí del camerino, un señor me preguntó si yo era la doble de Patricia Montero.

MARIELA ¿Y qué le dijiste?

FABIOLA Dije, bueno... sí.

AGUAYO ¡No puedo creer que hayas hecho eso!

FABIOLA Fue una de esas situaciones en las que uno, aunque realmente no quiera, tiene que mentir.

ÉRIC Y, ¿qué pasó después?

FABIOLA Me dio estos papeles.

JOHNNY ¡Es el guión de la telenovela!

FABIOLA Mañana tengo que estar muy temprano en el canal, lista para grabar.

JOHNNY ¡Aquí hay escenas bien interesantes!

Más tarde, ensayando la escena...

FABIOLA Éric será el director.

JOHNNY ¿Por qué no puedo ser yo el director?

ÉRIC No tienes los juguetitos.

FABIOLA Tú serás Fernando y Mariela será Carla.

ÉRIC Comencemos. Página tres. La escena en donde Valeria sorprende a Fernando con Carla. Tú estarás aquí y tú aquí. (*Los separa.*)

JOHNNY ¿Qué? ¿No sabes leer? (*Lee.*) "Sorprende a Fernando en los *brazos* de Carla". (*Se abrazan.*)

ÉRIC Está bien. Fabiola, llegarás por aquí y los sorprenderás. ¿Listos? ¡Acción!

FABIOLA ¡Fernando Javier! Tendrás que decidir. ¡O estás con ella o estás conmigo!

JOHNNY ¡Valeria...! (*Pausa.*)

JOHNNY (*Continúa.*) Ni la amo a ella, ni te amo a ti... (*Diana entra.*) Las amo a las dos.

Diana se queda horrorizada.

INSTRUCTIONAL RESOURCES Supersite/DVD: Fotonovela **Supersite:** Script & Translation, SAM AK; **SAM/WebSAM:** VM

Preview: Before reading the dialogue, assign the video stills to ten students. The first predicts what happens in the first video still. The next student continues based on the previous answer, and so on.

Personajes

AGUAYO

DIANA

ÉRIC

FABIOLA

JOHNNY

MARIELA

AGUAYO (*Lee.*) "Valeria entra a la habitación y sorprende a Fernando en brazos de..." ¿Carla? (*Pausa.*)

AGUAYO (*Continúa.*) "Sorprende a Fernando en brazos de Carla." ¡Lo sabía! Sabía que el muy idiota la engañaría con esa estúpida. Ni siquiera es lo suficientemente hombre para...

Aguayo se va. Los demás se quedan sorprendidos.

AGUAYO Me alegro que hayas conseguido ese papel. El otro día pasé frente al televisor y vi un pedacito. Mi esposa no se la pierde.

FABIOLA Hablando de eso, quería pedirle permiso para tomarme el resto del día libre. Necesito ensayar las escenas de mañana.

AGUAYO Las puedes practicar en la oficina. A los chicos les encanta ese asunto de las telenovelas.

FABIOLA (*Explica la situación.*) Y por eso estamos ensayando mis escenas.

DIANA Gracias a Dios... pero yo creo que están confundidos. Los dobles no tienen líneas. Sólo hacen las escenas en donde la estrella está en peligro.

MARIELA Cierto. (*Lee.*) Página seis: "Valeria salta por la ventana".

Más tarde...

ÉRIC ¡Acción!

FABIOLA Sé que decidieron casarse. Espero que se hayan divertido a mis espaldas. Adiós, mundo cruel. (*Grita, pero no salta.*) ¡Aaahhhggg!

ÉRIC Muy bien. Ahora, ¡salta!

FABIOLA Ni loca. Primero, mi maquillaje.

Expresiones útiles

Referring to general ideas and concepts

¡Lo sabía!
I knew it!

¿Es todo lo que tienes que decir?
Is that all you have to say?

Lo difícil/interesante/triste es...
The hard/interesting/sad thing is...

¡No puedo creer que hayas hecho eso!
I can't believe what you've done!

Les encanta ese asunto de las telenovelas.
They love all that soap opera stuff.

Introducing an idea or opinion

Hablando de eso...
Speaking of that . . .

Ahora que lo dices...
Now that you mention it . . .

Estando yo en tu lugar...
If I were you . . .

Por mi parte... *As for me . . .*
A mi parecer... *In my opinion . . .*

Additional vocabulary

el asunto *matter; topic*
a mis espaldas *behind my back*
el actor/la actriz *actor/actress*
el camerino *star's dressing room*
el/la doble *double*
engañar *to deceive; to trick*
ensayar *to rehearse*
estar listo/a *to be ready*
el guión *screenplay; script*
mentir (e:ie) *to lie*
¡Ni loco/a! *No way!*
ni siquiera *not even*
el papel *role*
un pedacito *a bit*

Comprensión

① To check comprehension, have students write five sentences describing what happened in the video.

1 Comprensión Respondan a las preguntas con oraciones completas.

1. ¿Por qué Fabiola dice que necesita concentrarse? Lo dice porque tiene que ensayar su escena en la telenovela.
2. ¿Cómo consiguió Fabiola el papel? Un señor le preguntó si era la doble de Patricia Montero y ella le dijo que sí.
3. ¿Cuál es el personaje de la telenovela que no le gusta a Aguayo? A Aguayo no le gusta Fernando.
4. ¿Qué ve Valeria, la protagonista, cuando entra a la habitación? Valeria ve a Fernando en brazos de Carla.
5. ¿A quién ama Fernando? Fernando ama a las dos mujeres.
6. ¿Por qué cree Diana que sus compañeros están confundidos? Diana cree que están confundidos porque los dobles no tienen líneas.

2 ¿Quién es? Todos quieren ayudar a Fabiola a ensayar las escenas de la telenovela.

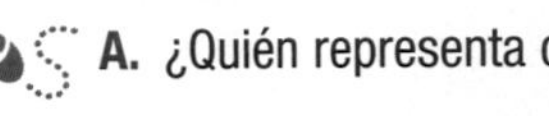

A. ¿Quién representa cada papel?

1. Valeria __Fabiola__
2. Fernando __Johnny__
3. Carla __Mariela__
4. el director de la telenovela __Éric__

Aguayo

Diana

Éric

Johnny

Mariela

Fabiola

② Part B: For expansion, have students continue the activity by writing four additional sentences from this episode. Then ask them to exchange papers with a partner and match each sentence with a character.

B. ¿Cuál de los empleados de *Facetas* haría cada uno de estos comentarios?

1. ¡Uy! ¿Se habrán dado cuenta de que yo veo telenovelas? Aguayo
2. Este papel es aburridísimo. ¡No digo ni una palabra! Mariela
3. Soy el más preparado para dirigir a los actores. Éric
4. Mis compañeros no saben nada sobre los dobles. Diana
5. Este papel es más peligroso de lo que pensaba. Fabiola
6. ¡Este director no sabe nada! Voy a hacer lo que dice el guión. Johnny

③ For additional discussion, give students these sentences.

7. Los buenos actores no tienen que ensayar mucho.

8. Las telenovelas son sólo para las mujeres.

9. Cuando una actriz envejece, ya no hay papeles para ella.

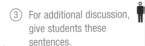

Teaching option If resources permit, have students watch an episode from a current **telenovela** and write a brief summary or critique.

3 Opiniones En parejas, pregúntense si están de acuerdo con estas afirmaciones. Razonen sus respuestas y compartan sus opiniones con la clase.

Sí	No	
☐	☐	1. Hay ciertas situaciones en las que, aunque uno no quiera, es mejor mentir que decir la verdad.
☐	☐	2. Ser actor/actriz es más interesante que ser director(a).
☐	☐	3. Es posible estar enamorado/a de dos personas a la vez.
☐	☐	4. Preferiría ser estrella de televisión que ser doble.
☐	☐	5. Si descubriera a mi novio/a en los brazos de otra persona, rompería con él/ella.
☐	☐	6. Para hacerse famoso/a, es más importante ser bello/a que talentoso/a.

Practice more at **enfoques.vhlcentral.com.**

Ampliación

4 **Los productores** En grupos de cinco, diseñen su propia telenovela. Primero, asignen papeles a estos cinco actores y expliquen la relación entre ellos. Luego, inventen un título para la telenovela y escriban el diálogo para una de las escenas. Cada personaje debe decir por lo menos una línea. Finalmente, representen la escena con todos los personajes.

Lida

Francisco

José

Lourdes

Martín

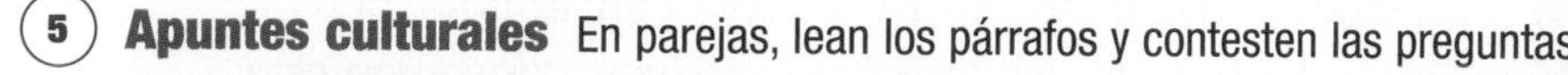

4 To help students write their soap operas, encourage them to make a diagram of the relationships between the characters before they begin writing the dialogue.

5 **Apuntes culturales** En parejas, lean los párrafos y contesten las preguntas.

Thalía

Camino a las estrellas

¡Fabiola consiguió su primer papel en una telenovela! Las telenovelas latinoamericanas se pueden comparar al cine de Hollywood por su importancia social y económica. Megaestrellas mexicanas como **Thalía**, **Salma Hayek** y **Gael García Bernal** (**Lección 2**), que iniciaron sus carreras artísticas en telenovelas, no habrían alcanzado (*would not have reached*) su fama actual sin ellas. ¿Tendrá la misma suerte Fabiola?

Luces, cámara y ¡acción!

Éric daría todo por ser director de cine, como el argentino Juan José Campanella. Este cineasta ha dirigido episodios de series como *House M.D.* y *Law and Order*, pero es internacionalmente conocido por haber dirigido películas como *El hijo de la novia, Luna de avellaneda* y *El secreto de sus ojos,* ganadora del Oscar a la mejor película extranjera de 2010. ¿Qué diría Éric en la ceremonia de entrega de los Oscar?

Campanella

La radionovela

Aguayo es un gran aficionado a las telenovelas. Otro género muy popular en el mundo hispano es la **radionovela**. Este tipo de novela transmitida por radio entretiene a la audiencia tanto como las telenovelas, y en Centroamérica también cumple la función de educar a los habitantes sobre los desastres naturales y sus medidas de prevención. ¿Qué pensará Aguayo de las radionovelas?

1. ¿Qué otras megaestrellas latinas conoces? ¿Cómo comenzaron su carrera?
2. ¿En qué se diferencian las telenovelas latinoamericanas de las de EE.UU.?
3. ¿Conoces otros directores de cine del mundo hispanohablante? ¿Qué películas los hicieron famosos?
4. ¿Qué programas de radio escuchas? ¿Escuchas radionovelas?
5. ¿Te gustan las telenovelas o prefieres las series semanales?

5 For item 2, you may want show students one of Campanella's movies, such as *El hijo de la novia,* or assign it to watch at home.

5 Ask additional discussion questions. **¿Creen que las radionovelas pueden captar la atención de los oyentes de la misma manera que las telenovelas a sus televidentes? Si fueran actores, ¿qué preferirían: actuar en una radionovela o en una telenovela? ¿Por qué?**

INSTRUCTIONAL RESOURCES
Supersite/DVD: Flash Cultura; **Supersite:** Script & Translation

En detalle

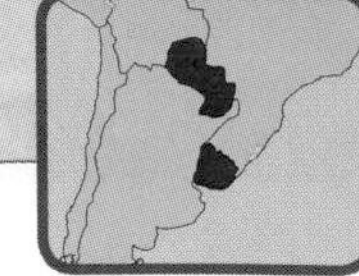

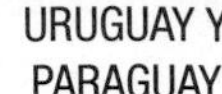

URUGUAY Y PARAGUAY

Additional Reading

EL MATE

Si visitas Montevideo, vas a presenciar° una escena cotidiana° muy llamativa°: gente bebiendo de un extraño recipiente° con un tubito de metal. Dentro del curioso recipiente (el mate), generalmente hecho de calabaza° seca, está la famosa **yerba mate**. Aunque el Uruguay no produce yerba mate, es el principal consumidor per cápita del mundo. Millones de personas consumen esta infusión, que se ha convertido en el distintivo° cultural del Uruguay, el Paraguay y la Argentina. También se consume en el sur de Brasil y en Chile.

Una leyenda cuenta que el dios Tupá bajó del cielo y les enseñó a los guaraníes° cómo preparar y tomar la yerba mate. En tiempos de la conquista, los jesuitas cultivaban yerba mate, pero preparaban la bebida como té. Creían que la forma tradicional (usando una calabaza y un tubito, la bombilla) era obra del demonio. Sin embargo, los intentos de prohibición no tuvieron éxito y la bebida se expandió rápidamente entre los gauchos° y los esclavos° africanos.

Tal vez el mate se haya convertido en un ritual debido a su efecto energético. La yerba contiene **mateína**, una sustancia similar a la cafeína, pero que no tiene los mismos efectos negativos sobre los patrones° de sueño. Además de ser antioxidante, aporta vitaminas y minerales importantes, como potasio, fósforo y magnesio.

Sin embargo, el mate se toma más por tradición que por sus propiedades. La bebida se ha arraigado° tanto en la rutina diaria del Uruguay y el Paraguay que ya forma parte de la identidad popular. Según el renombrado antropólogo Daniel Vidart, "tras el… preparar, cebar° y tomar mate hay una concepción del mundo y de la vida... el mate... empareja° las clases sociales". ■

El mate en Norteamérica
Poco a poco, el mate está adquiriendo popularidad en Norteamérica. Pocas personas lo toman de la manera tradicional sino que lo preparan como té. Sin embargo, se puede comprar yerba mate en muchos supermercados y también se venden botellas de yerba mate para tomar como té helado. ¡En algunos cafés también puedes pedir un *mate latte*!

Cómo preparar o "cebar" mate

- Calentar agua (¡No tan caliente como para el té!)
- Llenar ¾ del mate con yerba
- Verter° agua caliente
- Colocar la bombilla
- ¡Comenzar la mateada!

La "mateada"

- Todos toman del mismo mate.
- La persona que ceba el mate —el cebador— va pasando el mate lleno a cada persona y toma último.

En detalle Preview the reading by asking students about the role of food and drink in bringing people and cultures together. Ex: **¿De qué manera las comidas y las bebidas unen a la gente? ¿Hay ciertas comidas o bebidas que tienen este efecto más que otras? Den ejemplos.**

presenciar *witness* **cotidiana** *everyday* **llamativa** *striking* **recipiente** *container* **calabaza** *gourd* **distintivo** *sign* **guaraníes** *Guarani (indigenous group)* **gauchos** *inhabitants of the flatlands of Uruguay and Argentina* **esclavos** *slaves* **patrones** *patterns* **arraigado** *rooted deeply* **cebar** *to brew* **empareja** *makes even* **Verter** *To pour*

En detalle Have students look at the website for **Guayakí** or for a different North American yerba mate brand and have them research the yerba mate products offered.

El mundo hispanohablante Point out that **horchata de chufa** is a popular drink in Spain.

Perfil Have students give additional examples of musical genres that incorporate sounds from other cultures (jazz, ska, blues).

ASÍ LO DECIMOS

El mate y otras bebidas

jugo (Amér. L.) *juice*
zumo (Esp.) *juice*
refresco (Esp. y Méx.) *soda*
fresco (Hon.) *soda*
infusión *herbal tea*
mate (Bol.) *any kind of tea*
tereré (Par. y Arg.) *cold* ***mate***
ser un(a) matero/a *(of a person) to drink a lot of* ***mate***
ser un mate amargo (Arg. y Uru.) *to have no sense of humor / to be moody*

EL MUNDO HISPANOHABLANTE

Bebidas y bailes

Otras bebidas típicas

Introducida en 1910, **Inca Kola** es la gaseosa° más popular del Perú. Es de color amarillo brillante y se hace con **hierba luisa**. Eslóganes como "El sabor del Perú" la convirtieron en un símbolo nacional capaz de imponerse ante la Coca-Cola.

La **horchata** es una bebida típica salvadoreña y de otros países de Centroamérica. Elaborada a base de arroz y agua, se puede saborear con azúcar, canela°, vainilla o lima.

Otros bailes típicos

Hoy la **cumbia** se escucha por toda Latinoamérica. Su origen proviene de ritmos bailados por esclavos africanos llevados a Colombia. Este ritmo contagioso se baila en discotecas, bailes y fiestas.

Comúnmente se asocia la **salsa** con el Caribe y Centroamérica, pero este género nació en barrios hispanos neoyorquinos como resultado de una mezcla de influencias puertorriqueñas, cubanas, africanas, españolas y estadounidenses.

PERFIL

LAS MURGAS Y EL CANDOMBE

La fusión de tradiciones españolas, africanas y americanas se convierte en protagonista del Carnaval de Montevideo a través de las **murgas**. La murga uruguaya, un género músico-teatral de finales del siglo XIX, es el principal atractivo del carnaval. Sus representaciones, en las que participan normalmente unas quince personas, suelen centrarse en dos temas: el propio carnaval y la crítica social. Hoy, es una de las expresiones con mayor poder de identidad uruguaya, pues combina un fuerte mensaje político con la influencia de las músicas populares más antiguas, como el **candombe**. Éste es un estilo musical, nacido en el Uruguay, que proviene de los ritmos africanos traídos por los esclavos de la época colonial. Los grupos que tocan candombe se llaman **comparsas** y durante el carnaval toman las calles de Montevideo en el conocido **desfile de llamadas**, una celebración de la herencia mestiza y mulata del Uruguay. El Carnaval de Montevideo se inicia en enero y termina a principios de marzo.

> "Un pueblo sin tradición es un pueblo sin porvenir."
> (Alberto Lleras Camargo, político colombiano)

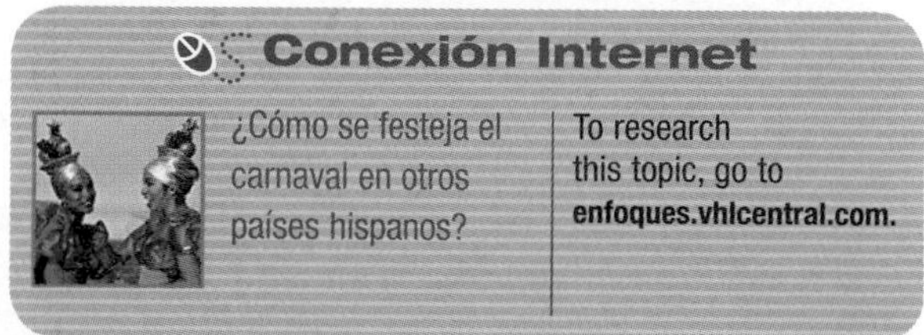

Conexión Internet

¿Cómo se festeja el carnaval en otros países hispanos?

To research this topic, go to **enfoques.vhlcentral.com.**

gaseosa *soda* **canela** *cinnamon*

Teaching option Read the quote aloud and explain that **porvenir** means *future.* Then ask: **¿Es posible que los pueblos pierdan sus tradiciones? ¿Quién es responsable de mantener la cultura de un pueblo?**

① As a variant, read the true/false statements aloud. Have students raise one hand if the statement is true and both hands if it is false. Call on volunteers to correct the false statements.

② In pairs, have students create additional cloze sentences. Then ask them to exchange papers with another pair, who will complete them.

¿Qué aprendiste?

1 Comprensión Indica si estas afirmaciones sobre el mate son **ciertas** o **falsas**. Corrige las falsas.

1. Es muy frecuente ver a gente bebiendo mate en el Uruguay. Cierto.
2. El recipiente para el mate suele ser de metal. Falso. Suele ser una calabaza seca.
3. La bombilla es el tubo que se utiliza para beber el mate. Cierto.
4. El mate se bebe principalmente en Argentina, el Uruguay y el Paraguay. Cierto.
5. Los primeros en consumir la yerba mate como infusión fueron los indígenas guaraníes. Cierto.
6. La bebida se hizo popular muy rápidamente entre la población no indígena. Cierto.
7. Los jesuitas intentaron prohibir todo tipo de infusiones hechas con yerba mate. Falso. Intentaron prohibir la forma tradicional.
8. La mateína altera los patrones del sueño más que la cafeína. Falso. La mateína no altera los patrones del sueño como la cafeína.
9. Cuando un grupo de personas toma mate, cada persona toma de un recipiente distinto. Falso. Todos toman del mismo recipiente.
10. El mate tiene minerales, pero no vitaminas. Falso. El mate tiene minerales y vitaminas.
11. La persona que sirve el mate se llama "cebador". Cierto.
12. El mate es más popular por su larga tradición que por sus propiedades para la salud. Cierto.

2 Oraciones incompletas Completa las oraciones.

1. La murga uruguaya es ________.
   a. un grupo de teatro clásico b. un ritmo africano (c.) un género músico-teatral
2. El Carnaval de Montevideo empieza en el mes de ________.
   (a.) enero b. febrero c. marzo
3. La horchata se prepara con ________.
   a. trigo b. café (c.) arroz
4. En España, le dicen *zumo* al ________.
   a. té frío b. tereré (c.) jugo

3 Preguntas Contesta las preguntas.

1. ¿Hay radioemisoras o discotecas en tu comunidad donde ponen salsa? ¿Qué bailes son populares en tu ciudad?
2. En tu opinión, ¿cuál es el mensaje del eslogan "El sabor del Perú", usado para promocionar Inca Kola?
3. ¿Alguna vez tomaste mate? ¿Lo harías? ¿Lo volverías a tomar?
4. En tu cultura, ¿es común que varias personas tomen del mismo recipiente?

4 Opiniones El candombe y la murga forman parte de la identidad cultural de Uruguay. En parejas, hagan una lista de cinco tradiciones norteamericanas que son parte imprescindible de su cultura popular. Después, compartan su lista con la clase.

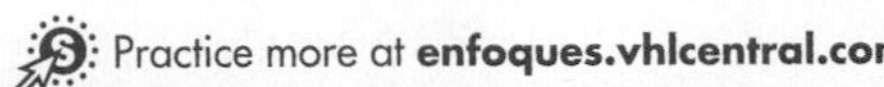
Practice more at **enfoques.vhlcentral.com.**

PROYECTO

Raíces africanas

El candombe uruguayo tiene sus raíces en los ritmos que tocaban los esclavos africanos. Muchos otros ritmos populares de Latinoamérica también provienen de África o tienen fuerte influencia africana. La lista incluye la cumbia, el merengue, la salsa, el mambo y hasta el tango. Elige e investiga uno de estos ritmos y prepara un afiche informativo para presentar en clase.

Tu investigación debe incluir:

- el nombre del ritmo, su origen e historia
- dónde es popular y cuáles son sus características
- qué importancia/papel tiene el ritmo que elegiste en la cultura popular local
- otros datos importantes

Proyecto Brainstorm a list of adjectives that might be used to describe music. Ex: **el ritmo lento/rápido, la melodía triste/alegre**. Encourage students to bring in an example of the music they have chosen to present.

④ For follow-up, have volunteers write their lists on the board. Encourage students to explain why each of the traditions is important.

Lo mejor de Argentina

Ya conoces el mate, una verdadera pasión en Argentina. Este episodio de **Flash Cultura** te llevará a descubrir otros aspectos que también son esenciales en este país para relacionarse, comunicarse y disfrutar.

VOCABULARIO ÚTIL

a las apuradas *in a hurry*
ajetreado/a *busy*
chupar *to suck*
la caña *straw*
intercambiar *to exchange*
la parrilla *grill*
reconocido/a *renowned*
la tertulia *gathering*

Preparación ¿Te gusta bailar? ¿Alguna vez tomaste clases para aprender algún ritmo latinoamericano? ¿Te gustaría bailar tango?

Comprensión Indica si estas afirmaciones son ciertas o falsas. Después, en parejas, corrijan las falsas.

1. El Café Tortoni se encuentra en el centro de Buenos Aires. Cierto.
2. Las tertulias del Tortoni eran reuniones de artistas que se hacían por las mañanas para conversar e intercambiar ideas. Falso. Las tertulias se hacían por la noche.
3. Carlos Gardel fue un reconocido escritor argentino. Falso. Carlos Gardel fue un famoso cantante de tango.
4. El instrumento más importante del tango es el bandoneón. Cierto.
5. Actualmente, sólo los ancianos bailan en las milongas. Falso. Mucha gente de diferentes edades baila en las milongas.
6. El mate es una bebida para compartir. Cierto.

Expansión En parejas, contesten estas preguntas.

- Si fueran al Tortoni, ¿pedirían un café, un submarino o un agua tónica, como hacía Borges?
- ¿Se animarían a aprender a bailar tango en la Plaza Dorrego delante de todos? ¿Les gustaría probar el mate?
- Si viajaran a la Argentina y tuvieran poco tiempo, ¿cuál de estas actividades preferirían hacer: visitar los cafés porteños, comprar antigüedades en San Telmo, ir a una milonga o comer un asado en una estancia? ¿Por qué?

Practice more at **enfoques.vhlcentral.com.**

Corresponsal: Silvina Márquez
País: Argentina

La capital argentina tiene una de las culturas de café más famosas del mundo.

En la Plaza Dorrego... todos los domingos hay un mercado al aire libre° donde venden antigüedades... también se puede disfrutar... del tango.

En una estancia°... podemos... disfrutar un asado°... y... andar a caballo°.

mercado al aire libre *open-air market* **estancia** *ranch* **asado** *barbecue* **andar a caballo** *ride horses*

NATIONAL
comparisons
STANDARDS

INSTRUCTIONAL RESOURCES
Supersite: Textbook/SAM AK, Lab MP3s, Audioscripts
SAM/WebSAM: WB, LM

TALLER DE CONSULTA

Manual de gramática
Más práctica

9.1 The present perfect subjunctive, p. A48
9.2 Relative pronouns, p. A49
9.3 The neuter **lo**, p. A50

Más gramática

9.4 **Qué** vs. **cuál**, p. A51

• • • •

To review the present and past subjunctive, see **4.1**, **5.2**, and **6.2**. The past perfect subjunctive is covered in **10.3**.

Point out that all perfect tenses are formed with the verb **haber** (*to have*) and a past participle.

Review irregular past participles, such as **vuelto**, **dicho**, **hecho**, **puesto**, and **visto**.

Review uses of the subjunctive and verbs that convey will, emotion, doubt, or uncertainty. Ex: **querer**, **alegrarse**, **dudar**

¡ATENCIÓN!

In a multiple-clause sentence, the choice of tense for the verb in the subjunctive depends on when the action takes place in each clause. The present perfect subjunctive is used primarily when the action of the main clause is in the present tense, but the action in the subordinate clause is in the past.

9.1 The present perfect subjunctive

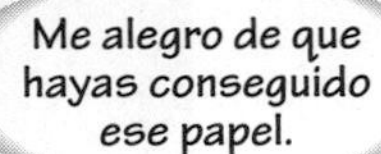
Me alegro de que
hayas conseguido
ese papel.

Espero que se
hayan divertido a
mis espaldas.

- The present perfect subjunctive (**el pretérito perfecto de subjuntivo**) is formed with the present subjunctive of **haber** and a past participle.

The present perfect subjunctive

cerrar	perder	asistir
haya cerrado	haya perdido	haya asistido
hayas cerrado	hayas perdido	hayas asistido
haya cerrado	haya perdido	haya asistido
hayamos cerrado	hayamos perdido	hayamos asistido
hayáis cerrado	hayáis perdido	hayáis asistido
hayan cerrado	hayan perdido	hayan asistido

- The present perfect subjunctive is used to refer to recently completed actions or past actions that still bear relevance in the present. It is used mainly in the subordinate clause of a sentence whose main clause expresses will, emotion, doubt, or uncertainty.

PRESENT PERFECT INDICATIVE

Luis me dijo que **ha dejado** de ver ese programa.

Luis told me that he has stopped watching that show.

PRESENT PERFECT SUBJUNCTIVE

Me alegro de que Luis **haya dejado** de ver ese programa.

I'm glad that Luis has stopped watching that show.

- Note the difference in meaning between the three subjunctive tenses you have learned so far.

PRESENT SUBJUNCTIVE

Las cadenas nacionales **buscan** corresponsales que **hablen** varios idiomas.

The national networks look for correspondents who speak several languages.

PRESENT PERFECT SUBJUNCTIVE

Prefieren contratar a los que **hayan trabajado** en el extranjero.

They prefer to hire those who have worked abroad.

PAST SUBJUNCTIVE

Antes, **insistían** en que los solicitantes **tuvieran** cinco años de experiencia.

In the past, they insisted that applicants have five years' experience.

Práctica y comunicación

1 **¿Indicativo o subjuntivo?** Elige entre el pretérito perfecto del indicativo y el pretérito perfecto del subjuntivo para completar las oraciones.

1. Necesito contratar un corresponsal que (ha / haya) estado en el Paraguay. haya
2. Quiero conocer al actor que (ha / haya) trabajado en *Eclipse*. ha
3. Hasta que no (has / hayas) conocido a las personas que leen la prensa sensacionalista, no sabrás por qué la leen. hayas
4. Estoy seguro de que todos los actores (han / hayan) estudiado el guión. han
5. Cuando ustedes (han / hayan) leído esta noticia, estarán de acuerdo conmigo. hayan
6. No creo que (has / hayas) escrito ese artículo sin la ayuda de Miguel. hayas

2 **Opuestas** Escribe la oración que expresa lo opuesto en cada ocasión. En algunos casos debes usar el pretérito perfecto del subjuntivo y en otros el pretérito perfecto del indicativo.

MODELO **No creo que ese actor haya aprendido a actuar bien.**
Creo que ese actor ha aprendido a actuar bien.

1. El corresponsal cree que los periodistas han hablado con el crítico.
   El corresponsal no cree que los periodistas hayan hablado con el crítico.
2. No creo que el director les haya dado pocas órdenes a sus actores.
   Creo que el director les ha dado pocas órdenes a sus actores.
3. Estoy seguro de que la mayoría del público ha leído la noticia.
   No estoy seguro de que la mayoría del público haya leído la noticia.
4. No es seguro que la prensa sensacionalista haya publicado esa noticia.
   Es seguro que la prensa sensacionalista ha publicado esa noticia.
5. Pienso que ese actor ha sido el protagonista de *El hombre lobo*.
   No pienso que ese actor haya sido el protagonista de *El hombre lobo*.

3 **Competencia** Julieta y Marcela han estado juntas en una audición y Julieta ha conseguido el papel de la protagonista. En parejas, combinen los elementos de la lista y añadan detalles para escribir cinco quejas (*complaints*) de Marcela. Utilicen el pretérito perfecto del subjuntivo. Luego, dramaticen una conversación entre las dos actrices.

dudo que	darme explicaciones
me molesta que	conseguir el papel
me sorprende que	tener suficiente experiencia
no creo que	trabajar con ese director
no es justo que	(no) darme otra oportunidad
quiero que	escoger la mejor actriz

4 **¡Despedido!** Hoy el dueño de la emisora ha despedido a Eduardo Storni, el famoso y controvertido locutor del programa *Storni, ¡sin censura!* En parejas, escriban su conversación. Utilicen por lo menos cinco oraciones con el pretérito perfecto del indicativo y del subjuntivo. Luego represéntenla para la clase.

MODELO
DUEÑO Es una lástima que usted no haya escuchado nuestras advertencias. Usted ha violado casi todas las reglas de la cadena.
STORNI Pero mi público siempre me ha apoyado. Mis oyentes estarán furiosos de que usted no haya respetado la libertad de prensa.

Practice more at **enfoques.vhlcentral.com.**

TALLER DE CONSULTA

MANUAL DE GRAMÁTICA
Más práctica
9.1 The present perfect subjunctive, p. A48

1 For follow-up, have students explain why they chose the indicative or subjunctive for each item.

2 For more practice, ask students to create two additional items and have a partner provide the opposite sentence.

4 As a variant, have students choose a famous news anchor or talk show host and create a similar dialogue.

Teaching option Have students invent three true statements and three false statements about things they have done. Partners should respond with the present perfect indicative or the present perfect subjunctive. Ex: **Es cierto que has tomado tres clases de historia. No creo que hayas aprendido cinco idiomas.**

INSTRUCTIONAL RESOURCES
Supersite: Textbook/SAM AK, Lab MP3s, Audioscripts
SAM/WebSAM: WB, LM

TALLER DE CONSULTA

See **Manual de gramática 9.4**, p. A51 to review the uses of **qué** and **cuál** in asking questions.

¡ATENCIÓN!

Relative pronouns are used to connect short sentences or clauses in order to create longer, smoother sentences. Unlike the interrogative words **qué, quién(es),** and **cuál(es)**, relative pronouns never carry accent marks.

If necessary, briefly review the difference between *who* (subject pronoun) and *whom* (object pronoun) before presenting relative pronouns in Spanish.

¡ATENCIÓN!

In colloquial Spanish, **en que** and **en el/la cual** are often replaced by **donde**.

La casa **donde** vivo es muy grande.

La universidad **donde** estudio es muy prestigiosa.

9.2 Relative pronouns

¡No puedo creer que hayas hecho eso!

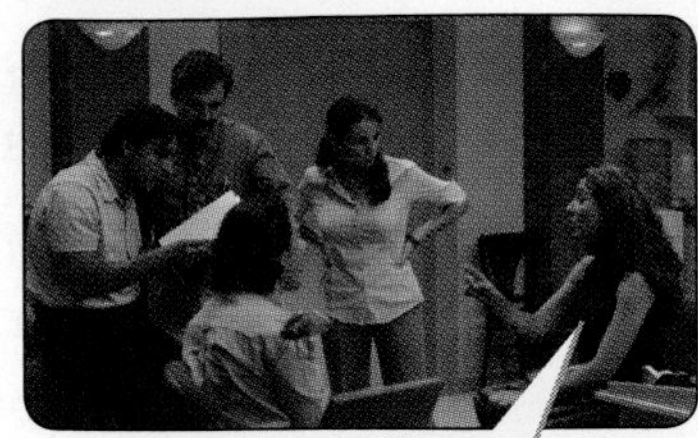

Fue una de esas situaciones en las que uno tiene que mentir.

The relative pronoun *que*

- **Que** (*that, which, who*) is the most frequently used relative pronoun (**pronombre relativo**). It can refer to people or things, subjects or objects, and can be used in restrictive clauses (no commas) or nonrestrictive clauses (with commas). Note that although some relative pronouns may be omitted in English, they must always be used in Spanish.

El reportaje **que** vi ayer me hizo cambiar de opinión sobre la guerra.
The report (that) I saw last night made me change my opinion about the war.

Las primeras diez personas **que** respondan correctamente ganarán una suscripción gratuita.
The first ten people who respond correctly will win a free subscription.

El desastre fue causado por la lluvia, **que** ha durado más de dos semanas.
The disaster was caused by the rain, which has lasted over two weeks.

El/La que

- After prepositions, **que** follows the definite article: **el que**, **la que**, **los que**, or **las que**. The article must agree in gender and number with the antecedent (the noun or pronoun it refers to). When referring to *things* (but not *people*), the article may be omitted after short prepositions, such as **en, de**, and **con**.

Los periódicos **para los que** escribo son independientes.
The newspapers I write for are independent. (Lit: for which I write)

El edificio **en** (**el**) **que** viven es viejo.
The building they live in is old. (Lit: in which they live)

La fotógrafa **con la que** trabajo ganó varios premios.
The photographer with whom I work won several awards.

- **El que, la que, los que**, and **las que** are also used for clarification in nonrestrictive clauses (with commas) when it might be unclear to *what* or *whom* the clause refers.

Hablé con los empleados de la compañía, **los que** están contaminando el río.
I spoke with the employees of the company, the ones who are polluting the river.

Hablé con los empleados de la compañía, **la que** está contaminando el río.
I spoke with the employees of the company, (the one) which is polluting the river.

El/La cual

- **El cual, la cual, los cuales**, and **las cuales** are generally interchangeable with **el que, la que, los que**, and **las que** after prepositions. They are often used in more formal speech or writing. Note that when **el cual** and its forms are used, the definite article is never omitted.

  El edificio **en el cual** se encuentra la emisora de radio es moderno.
  The building in which the radio station is located is modern.

  La revista **para la cual** trabajo es muy influyente.
  The magazine for which I work is very influential.

Quien/Quienes

- **Quien** (*singular*) and **quienes** (*plural*) only refer to people. **Quien(es)** can generally be replaced by forms of **el que** and **el cual**, although the reverse is not always true.

  Los investigadores, **quienes** (**los que/los cuales**) estudian los medios de comunicación, son del Ecuador.
  The researchers, who are studying mass media, are from Ecuador.

  El investigador de **quien** (**del que/del cual**) hablaron era mi profesor.
  The researcher about whom they spoke was my professor.

- Although **que** and **quien(es)** may both refer to people, their use depends on the structure of the sentence.

- In restrictive clauses (no commas) that refer to people, **que** is used if no preposition or a personal **a** is present. If a preposition or the personal **a** is present, **quien** (or **el que/el cual**) is used instead. Below, **que** is equivalent to *who*, while **quien** expresses *whom.*

  La gente **que** mira televisión está harta de las cadenas sensacionalistas.
  The people who watch TV are tired of sensationalist networks.

  Esperamos la respuesta de los políticos **a quienes** (**a los que/a los cuales**) queremos entrevistar.
  We're waiting for a response from the politicians (whom) we want to interview.

- In nonrestrictive clauses (with commas) that refer to people, **quien** (or el **que/el cual**) is used. However, in spoken Spanish, **que** can also be used.

  Juan y María, **quienes** trabajan conmigo, escriben la sección deportiva.
  Juan and María, who work with me, write the sports section.

The relative adjective *cuyo*

- The relative adjective **cuyo (cuya, cuyos, cuyas)** means *whose* and agrees in number and gender with the noun it precedes. Remember that **de quién(es)**, not **cuyo**, is used in questions to express *whose.*

  El equipo periodístico, **cuyo** proyecto aprobaron, viajará en febrero.
  The team of reporters, whose project they approved, will travel in February.

  La fotógrafa Daniela Pérez, **cuyas** fotos anteriores ganaron muchos premios, los acompañará.
  Photographer Daniela Pérez, whose earlier photos won many awards, will go with them.

TALLER DE CONSULTA

The neuter forms **lo que** and **lo cual** are used when referring to a whole situation or idea. See **9.3**, p. 342.

¿Qué es lo que te molesta?
What is it that's bothering you?

Ella habla sin parar, lo cual me enoja mucho.
She won't stop talking, which is making me really angry.

¡ATENCIÓN!

When used with **a** or **de**, the contractions **al que/cual** and **del que/cual** are formed.

¡ATENCIÓN!

In colloquial Spanish, the formal rules for using relative pronouns are not always followed.

Formal:
La mujer a quien conocí ayer...

Informal:
La mujer que conocí ayer...

Práctica

TALLER DE CONSULTA

MANUAL DE GRAMÁTICA
Más práctica

9.2 Relative pronouns, p. A49

1 Oraciones incompletas Selecciona la palabra o expresión adecuada para completar las oraciones.

1. El señor Castillo, __a__ revista se dedica a la moda, se fue de viaje a París.
   a. cuya b. cuyo c. cuyos
2. Los músicos __b__ conociste ayer han grabado la banda sonora de la película.
   a. a quien b. a quienes c. quien
3. El corto __a__ te hablé no está doblado.
   a. del que b. de quien c. el cual
4. El reportaje de anoche, __a__ se transmitió en el canal 7, me pareció muy sensacionalista.
   a. el cual b. la cual c. los que
5. Los artículos __c__ se publican en esa revista son puro chisme.
   a. los cuales b. los que c. que

② For follow-up, have partners ask each other questions about the paragraph. Encourage them to use relative pronouns in their questions and responses.

2 El tereré Completa este artículo sobre el tereré con los pronombres relativos de la lista. Algunos pronombres pueden repetirse.

EL TERERÉ

que
en el que
con quien
cuyo
en la que

Existe un país (1) __en el que__ el mate tuvo (2) __que__ adaptarse a su clima: el Paraguay. En este país, (3) __cuyo__ clima subtropical presenta calurosos veranos, el tradicional mate caliente debió convertirse en una bebida fría y refrescante (4) __que__ ayudara a atenuar el calor. Así, el tereré, (5) __cuyo__ nombre proviene del guaraní, es la bebida más popular de los paraguayos.

Para prepararlo, se coloca yerba en el recipiente llamado mate. En lugar de agua caliente en un termo o pava (*kettle*), se usa una jarra (6) __en la que__ se coloca agua y/o jugo de limón con mucho hielo. La bebida se bebe con una bombilla (*straw*), (7) __que__ generalmente es de metal. En el Paraguay, se dice (8) __que__ el tereré es como un amigo (9) __con quien__ se comparten alegrías y tristezas, momentos cotidianos y toda una vida.

③ Have students read their definitions aloud; the class should guess which item is being described.

3 Definiciones Escribe una definición para cada término. Usa pronombres relativos.
Answers will vary. Suggested answers:

MODELO **el redactor**
Es la persona cuyo trabajo es preparar artículos para publicar.

1. la prensa sensacionalista Son periódicos, programas de noticias, etc. en los cuales se exageran las noticias.
2. los subtítulos Son palabras sin las cuales/que no entendemos las películas extranjeras.
3. la portada Es la página del periódico en la cual/que aparecen las noticias más importantes.
4. el titular Es la frase con la cual/que comienza un artículo.
5. los televidentes Son las personas para quienes se transmite un programa de televisión.
6. la fama Es el hecho de que una persona sea reconocida por mucha gente.

Teaching option For additional practice, bring in pictures and ask questions that use relative pronouns or elicit them in student answers. Ex: **¿Quién está leyendo el periódico? (La chica rubia que está sentada en el banco está leyendo el periódico.)**

Practice more at **enfoques.vhlcentral.com.**

Comunicación

4 **Tendencias** Piensa en las tendencias actuales y completa el recuadro con tus preferencias. En parejas, compartan esta información. Luego, informen a sus compañeros/as lo que han aprendido sobre la otra persona usando pronombres relativos. Sigan el modelo.

MODELO Ana Sofía mira todo el tiempo videos musicales en su iPod. Es una persona a quien le encanta llevar su iPod a todos lados.

	Sí	No	Depende
1. Me aburren los videos musicales en la tele. Prefiero verlos en un iPod.	☐	☐	☐
2. Siempre escucho música alternativa y pienso que el *hip-hop* no es arte.	☐	☐	☐
3. Yo sólo compro ropa cara a la que se le ve el logotipo impreso en grande.	☐	☐	☐
4. ¿Documentales? ¿Qué es eso? Sólo miro los éxitos de taquilla de Hollywood.	☐	☐	☐
5. ¡Puaj! Los *reality shows* son horribles y deberían prohibirse.	☐	☐	☐
6. Me puedo pasar horas leyendo revistas de moda y de chismes sobre famosos.	☐	☐	☐
7. ¡Qué chévere (*How cool*)! ¡Un restaurante con platos innovadores! Los restaurantes de comidas tradicionales ya pasaron de moda.	☐	☐	☐
8. ¡Nada de salsa! No me gusta la música latina. Prefiero escuchar los 40 principales (*top 40*) de la radio.	☐	☐	☐

4 For expansion, have students explain those items for which they answered **Depende**.

5 **¿Quién es quién?** La clase se divide en dos equipos. Un integrante del equipo A piensa en un(a) compañero/a y da tres pistas. El equipo B tiene que adivinar de quién se trata. Si adivina con la primera pista, obtiene 3 puntos; con la segunda, obtiene 2 puntos; y con la tercera, obtiene 1 punto.

MODELO Estoy pensando en alguien con quien almorzamos.
Estoy pensando en alguien cuyos ojos son marrones.
Estoy pensando en alguien que lleva pantalones azules.

5 Encourage students to use a different relative pronoun for each clue.

6 **Fama** En parejas, preparen una entrevista entre un reportero y una estrella de televisión. Utilicen por lo menos seis pronombres relativos.

MODELO
REPORTERO Díganos, ¿dónde encontró este vestido tan divino?
ESTRELLA Gracias, me lo regaló un amigo muy talentoso, cuya tienda siempre tiene lo mejor de la moda.
REPORTERO Y me he enterado de que está usted con un nuevo amor, quien trabajó con usted en su última telenovela...

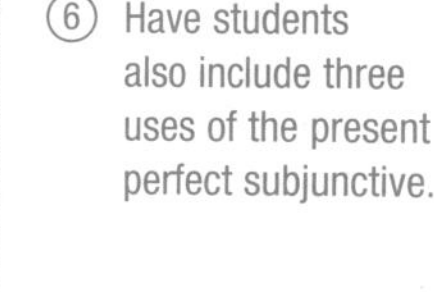

6 Have students also include three uses of the present perfect subjunctive.

INSTRUCTIONAL RESOURCES
Supersite: Textbook/SAM AK, Lab MP3s, Audioscripts
SAM/WebSAM: WB, LM

9.3 The neuter *lo*

- The definite articles **el, la, los**, and **las** modify masculine or feminine nouns. The neuter article **lo** is used to refer to concepts that have no gender.

¿Es todo lo que tienes que decir?

¡Lo sabía! Ni es lo suficientemente hombre para...

Preview the neuter **lo** by asking discussion questions. Ex: **¿Qué es lo más difícil de estudiar otro idioma?**

- In Spanish, the construction **lo** + [*masculine singular adjective*] is used to express general characteristics and abstract ideas. The English equivalent of this construction is *the* + [*adjective*] + *thing*.

  Cuando leo las noticias, **lo difícil** es diferenciar entre el hecho y la opinión.
  When I read the news, the difficult thing is to differentiate between fact and opinion.

  Lo bueno de ser famosa es que me da la oportunidad de cambiar el mundo.
  The good thing about being famous is that it gives me the chance to change the world.

Remind students that **mejor** and **peor** are comparative forms of **bueno** and **malo** (**Estructura 5.1**). They do not require **más**.

- To express the idea of *the most* or *the least*, **más** and **menos** can be added after **lo**. **Lo mejor** and **lo peor** mean *the best/worst* (*thing*).

  Para ser un buen reportero, **lo más importante** es ser imparcial.
  To be a good reporter, the most important thing is to be unbiased.

  ¡Aún no te he contado **lo peor** del artículo!
  I still haven't told you about the worst part of the article!

¡ATENCIÓN!

The phrase **lo** + [*adjective or adverb*] + **que** may be replaced by **qué** + [*adjective or adverb*].

No sabes qué difícil es hablar con él.
You don't know how difficult it is to talk to him.

Fíjense en qué pronto se entera la prensa.
Just think about how soon the press will find out.

- The construction **lo** + [*adjective or adverb*] + **que** is used to express the English *how* + [*adjective*]. In these cases, the adjective agrees in number and gender with the noun it modifies.

lo + [*adjective*] + que	**lo + [*adverb*] + que**
¿No te das cuenta de **lo bella que** eres, María Fernanda? *María Fernanda, don't you realize how beautiful you are?*	Recuerda **lo bien que** te fue el año pasado en su clase. *Remember how well you did last year in his class.*

- **Lo que** is equivalent to the English *what, that*, or *which*. It is used to refer to an idea, or to a previously mentioned situation or concept.

  ¿Qué fue **lo que** más te gustó de tu viaje a Uruguay?
  What was the thing that you enjoyed most about your trip to Uruguay?

  Lo que más me gustó fue el Carnaval de Montevideo.
  The thing I liked best was the Carnival of Montevideo.

Práctica y comunicación

TALLER DE CONSULTA

Manual de gramática
Más práctica

9.3 The neuter **lo**, p. A50

1 **Chisme** La gran estrella pop, Estela Moreno, responde a las críticas que han aparecido en medios periodísticos sobre su súbita (*sudden*) boda con Ricardo Rubio. Completa las oraciones con **lo, lo que** o **qué**.

"Repito que es completamente falso (1) __lo que__ ha salido en la prensa sensacionalista. Siempre habíamos querido una ceremonia pequeña y privada para mantener (2) __lo__ romántico de la ocasión. El lugar, la fecha, los pocos invitados… pues todo (3) __lo__ tuvimos planeado desde hace meses. ¡Ay, (4) __qué/lo__ difícil fue guardar el secreto para que el público no se diera cuenta de (5) __lo que__ estábamos planeando! (6) __Lo que__ más me molesta es que la prensa nos acuse de un romance súbito. (7) __Lo__ nuestro es un amor que comenzó hace dos años y que durará para toda la vida. ¡Ya (8) __lo__ verán con el tiempo!"

2 **Reacciones** Combina las frases para formar oraciones con **lo** + [*adjetivo/adverbio*] + **que**.

MODELO **parecer mentira / qué poco Juan se preocupa por el chisme**
Parece mentira lo poco que Juan se preocupa por el chisme.

1. asombrarme / qué lejos está el centro comercial Me asombra lo lejos que está el centro comercial.
2. sorprenderme / qué obediente es tu gato Me sorprende lo obediente que es tu gato.
3. no poder creer / qué influyente es la publicidad No puedo creer lo influyente que es la publicidad.
4. ser una sorpresa / qué bien se vive en este pueblo Es una sorpresa lo bien que se vive en este pueblo.
5. ser increíble / qué rápido se hizo famoso aquel cantante Es increíble lo rápido que se hizo famoso aquel cantante.

3 **Ser o no ser** En grupos de cuatro, conversen sobre las ventajas y desventajas de cada una de estas profesiones. Luego escriban oraciones completas para describir **lo bueno, lo malo, lo mejor** o **lo peor** de cada profesión. Compartan sus ideas con la clase.

actor/actriz	crítico/a de cine	redactor(a)
cantante	locutor(a) de radio	reportero/a

4 **Síntesis** En parejas, escriban una carta al periódico universitario dando su opinión sobre un tema de actualidad. Usen por lo menos tres verbos en pretérito perfecto de subjuntivo, tres oraciones con **lo** o **lo que** y tres oraciones con pronombres relativos. Usen algunas frases de la lista o inventen otras. Lean su carta a la clase y debatan el tema.

me molesta que...	lo importante...	que
me alegra que...	lo que más/menos...	el/la cual
no puedo creer que...	lo que pienso sobre...	quien(es)

Practice more at **enfoques.vhlcentral.com.**

2 Give students additional items. Ex: **frustrarme / qué difícil es encontrar trabajo; molestarme / qué dramática es esta actriz; ser asombroso / qué tonto es el crítico de cine.**

2 Ask volunteers to form corresponding questions. Ex: **¿Te asombra lo lejos que está el centro comercial?**

3 Have students share their opinions about other professions using the neuter **lo**. Recycle vocabulary about jobs and work (**Lección 8**).

Teaching option For additional practice, write a series of adjectives and adverbs on pieces of paper and put them in a hat. Have volunteers choose a word and make a sentence using **lo** + [*adjective/adverb*] + **que**.

INSTRUCTIONAL RESOURCES
Supersite/DVD: Film Collection
Supersite: Script & Translation

Tell students that the expression **dar la gana** is used with an indirect object pronoun. Ex: **No me da la gana.**

Antes de ver el corto

SINTONÍA

país España
duración 9 minutos
director Jose Mari Goenaga
protagonistas el hombre, la mujer, el locutor

Vocabulario

aclarar *to clarify*
dar la gana *to feel like*
darse cuenta (de) *to realize*
darse por aludido/a *to realize/ assume that one is being referred to*
embalarse *to go too fast*
fijarse en *to notice*
el maletero *trunk*
la nuca *nape*
parar el carro *to hold one's horses*
pillar(se) *to get (catch)*
la sintonía *synchronization; tuning; connection*

① Have volunteers create definitions for the remaining words.

1 Definiciones Escribe la palabra adecuada para cada definición.

1. la parte del carro en la que guardas las compras: maletero
2. la parte de atrás de la cabeza: nuca
3. el hecho de explicar algo para evitar confusiones: aclarar
4. comprender o entender algo: darse cuenta
5. ir demasiado deprisa: embalarse

② Continue the discussion by asking additional questions. Ex: **¿Qué riesgos corres al contar tus problemas por la radio o la tele? ¿Crees que los locutores de radio y los presentadores de televisión pueden dar buenos consejos?**

2 Preguntas Contesta las preguntas.

1. ¿Prefieres escuchar programas de radio o sólo música cuando vas en autobús o en carro?
2. Si tuvieras un problema que no supieras solucionar, ¿llamarías a un programa de radio o de televisión? ¿Por qué?
3. Imagina que te sientes atraído/a por alguien que ves en la calle. ¿Le pedirías una cita?
4. Si escuchas a dos personas que parecen hablar de ti sin decir tu nombre, ¿te das por aludido/a enseguida o tardas en darte cuenta?

3 ¿Qué sucederá? En parejas, miren los fotogramas e imaginen lo que va a ocurrir en la historia. ¿Cuál es la relación entre el locutor y las personas que esperan para pagar el peaje (*toll*)? Compartan sus ideas con la clase. Incluyan tres o cuatro datos o especulaciones sobre cada fotograma.

Teaching option Have students use **darse cuenta** to write a brief anecdote about a time they suddenly realized something. Remind students to follow the phrase with **de**. Ex: **Un día estaba cenando con un amigo cuando me di cuenta de que alguien me había robado el bolso...**

Practice more at **enfoques.vhlcentral.com.**

Short Film

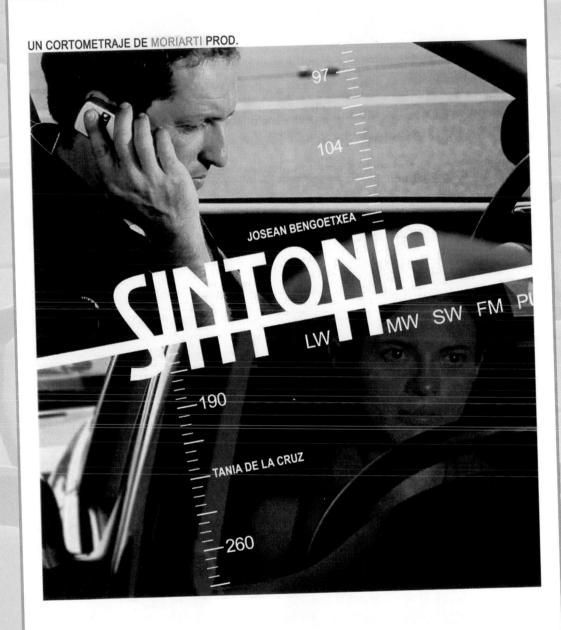

UN CORTOMETRAJE DE MORIARTI PROD.

97

104

JOSEAN BENGOETXEA

SINTONIA

LW MW SW FM

190

TANIA DE LA CRUZ

260

moriarti produkzioak PRESENTA A JOSEAN BENGOETXEA TANIA DE LA CRUZ UNAI GARCÍA
FOTOGRAFÍA RITA NORIEGA MÚSICA PASCAL GAIGNE SONIDO IÑAKI DÍEZ MEZCLAS AURELIO MARTÍNEZ MONTAJE RAÚL LÓPEZ DIRECCIÓN ARTÍSTICA MENÓ VESTUARIO LEIRE ORELLA MAQUILLAJE MARI RODRÍGUEZ
PRODUCCIÓN AITOR ARREGI GUIÓN Y DIRECCIÓN JOSE MARI GOENAGA

moriarti prod.

ain to students that
ctor's last name is
ounced *Bengoechea*.
name (as well as other
mation in the poster
n the film opening titles
credits) is in Basque.
Spanish and Basque
poken in the Basque
try (Northeast of Spain).

Synopsis A man stopped in traffic is intrigued by a woman singing along with the radio in the car next to him. He calls the radio show —knowing full well she is listening— and describes the woman, pointing out that she has part of her dress caught in the door. She must make a decision about whether to meet him...

Preview Ask students to talk about their driving habits. **Cuando manejan, ¿prestan atención a la gente que va en otros carros o que pasa caminando? ¿Hablan por teléfono o envían mensajes de texto mientras manejan?**

Tell students that, since 2005, it is strictly forbidden to talk on a hand-held phone while driving in Spain. Doing so may lead to a fine of up to 300 euros.

Escenas

ARGUMENTO Un joven, atrapado en un atasco en la carretera, se siente atraído por la chica que maneja el carro de al lado.

LOCUTOR Última oportunidad para llamar... No os cortéis° y decidle a quien queráis lo que os dé la gana y no lo dejéis para otro momento. El número, el número es el 943365482... Tenemos una nueva llamada. Hola, ¿con quién hablamos?

HOMBRE Manuel Ezeiza. Manolo, Manolo de Donosti.
LOCUTOR Muy bien, Manolo de Donosti. ¿Y a quién quieres enviar tu mensaje?
HOMBRE La verdad es que no lo sé, pero sé que nos está oyendo.

LOCUTOR Bueno, igual el mensaje puede darnos alguna pista°.
HOMBRE Sí, bueno, llamaba porque me he fijado que te has dejado parte del vestido fuera del coche. Y, bueno, yo no te conozco pero... te he visto cantando y querría, quedar contigo... o tomar algo...

LOCUTOR Bueno, para el carro... Esto es un poco surrealista. Le estás pidiendo una cita a una cantante que va en un coche con el abrigo fuera. ¿Y cómo sabe que te diriges a ella?
HOMBRE Todavía no lo sabe. Está sonriendo, como si esto no fuera con ella.

LOCUTOR Pues dale una pista para que se aclare. ¿Cómo es ella? ¿Qué hace?
HOMBRE Pues lleva algo rojo... ahora se toca la nuca con su mano y ahora el pelo... que es muy oscuro. Y ahora parece que empieza a darse cuenta. Sí, sí, definitivamente se ha dado cuenta.

LOCUTOR A ver, ¿quién le dice a ella que tú no eres, no sé, un psicópata?
HOMBRE ¿Y quién me dice a mí que no es ella la psicópata? Se trata de asumir riesgos. Yo tampoco te conozco. Pensaba que estaría bien quedar contigo.

No os cortéis *Don't be shy* **pista** *clue*

Después de ver el corto

1 **Comprensión** Contesta las preguntas con oraciones completas.

1. ¿Dónde está el hombre?
   El hombre está en su carro.
2. ¿A quién llama por teléfono?
   El hombre llama por teléfono a un programa de radio.
3. ¿Qué tipo de programa de radio es?
   Es un programa que recibe llamadas de personas que quieren enviarle un mensaje a alguien.
4. ¿Por qué llama el hombre al programa de radio?
   Quiere decirle a la chica que se ha pillado el vestido en la puerta del carro/Quiere invitarla a salir.
5. ¿Cómo sabe que la mujer está oyendo ese programa de radio?
   Sabe que está oyendo ese programa de radio porque la ha visto cantando la canción de la radio.
6. ¿Por qué le dice el locutor al hombre que la mujer a lo mejor no quiere salir con él?
   Le dice que tiene que convencer a la chica porque ella puede pensar que es un psicópata.
7. ¿Dónde se conocen el hombre y la mujer en persona?
   Se conocen en una gasolinera.
8. ¿Qué le dice la mujer al hombre?
   Le dice que se quedó sin gasolina.

2 **Ampliación** Contesta las preguntas con oraciones completas.

1. ¿El hombre le habla siempre al locutor o le habla también a la mujer directamente? Explica tu respuesta.
2. ¿Qué harías tú si vieras que alguien en el carro de al lado se ha pillado la ropa en la puerta?
3. En un momento la mujer apaga la radio, pero después la vuelve a encender. ¿Qué crees que está pensando en ese momento?
4. ¿Por qué crees que para la mujer en la gasolinera?

3 **Imagina**

A. En parejas, preparen la conversación entre el hombre y la mujer en la gasolinera. Cada uno debe tener por lo menos tres intervenciones en la conversación. Luego, representen la conversación frente a la clase.

B. Imaginen qué ocurre después. ¿Siguen en contacto? ¿Tienen una cita? ¿Qué ocurre en sus vidas? Compartan su final con la clase.

4 **Relaciones mediáticas** En parejas, inventen una historia de amor sobre dos personas que se conocen a través de uno de los medios de la lista. Incluyan detalles sobre cómo se conoció la pareja, por qué fue a través de ese medio específico y cuál fue el desenlace (*outcome*) de la historia. Después, cuenten su historia a la clase.

una revista	**un programa de radio**
un programa de televisión	**Internet**

Practice more at **enfoques.vhlcentral.com.**

1 To further test students' comprehension, write a series of sentences about the plot on strips of paper. Then have volunteers arrange them in chronological order.

2 Ask additional questions. Ex: **¿Qué harías si estuvieras en el lugar de esta mujer? ¿Irías a la gasolinera? ¿Qué sucedería si este hombre y esta mujer…?**

3 To help students write their dialogues, replay the last scene of the film without sound and have them pay extra attention to the body language of the characters.

3 As a variant, divide the class into two groups, **Ella** and **Él**. Have the first group write a dialogue in which the woman tells her best friend what happened. The second group should write a similar dialogue from the man's viewpoint.

4 For expansion, have students work in pairs to create an ad for a new dating service offered through a magazine, television show, radio show, or online. Encourage students to be creative with the service's title and slogan.

Teaching option Discuss dating practices. Ask: **¿Les parece raro conocer a alguien por Internet o por un anuncio en el periódico? ¿Tendrían vergüenza de contarle a un amigo que conocieron a su novio/a así?**

Sebastián es un talentoso diseñador gráfico que trabaja para un periódico en la capital boliviana. Es conocido en el ambiente del diseño por su especial talento para la manipulación de imágenes digitales. Está a punto de recibir una visita inesperada en su oficina cuyas consecuencias pueden cambiar el curso de la historia de su país.

Sueños digitales

(fragmento)

Edmundo Paz Soldán

Teaching option To help students understand urban culture in this story, have them underline any references to art and pop culture. Ex: **CorelDraw, Chirico, Hola, Pac-Man**

Audio: Dramatic Recording

Un jueves por la mañana, sonó el teléfono en el Cuarto Iluminado y una mujer pidió hablar con Sebastián. Braudel, que dibujaba con CorelDraw en la computadora (una plaza desierta y llena de restos de columnas, un obvio homenaje a Chirico para ser utilizado en una propaganda de una compañía de seguros°), le dijo que esperara. Le preguntó a Píxel si había visto a Sebastián. —¿De parte de quién?

—De una revista de La Paz. Queremos entrevistarlo.

—Está por ahí. Lo vi hace un rato.

Sebastián apareció con una Hola en la mano. Píxel lo miró moviendo la cabeza de arriba a abajo, impresionado. Había creado un monstruo: no pasaba mucho tiempo desde aquel día en que Sebastián había aparecido en la oficina con la petulancia de sus años, quejándose de alguna tontería. Tampoco pasaba mucho tiempo desde que la cabeza del Che y el cuerpo de la Welch se habían impreso en el imaginario citadino° como partes inseparables de un todo. Ahora a Sebastián lo buscaba la fama, mientras él, sin cuya imaginación visionaria los Seres Digitales no hubieran abandonado una computadora y comenzado a adquirir vida propia, era ignorado sin misericordia°. Había creado un monstruo que creaba monstruos.

—¿Algo interesante? —preguntó con tono casual, apenas Sebastián colgó.

—Nada —respondió Sebastián—. Le dije que no quería publicidad.

Lo cierto era que la llamada lo había intrigado. La mujer le dijo que no se trataba de una entrevista, sino de una «oferta muy interesante». Había quedado° en encontrarse con ella esa misma tarde, en un café alejado del centro. No perdería nada escuchándola.

Píxel se dijo que hasta los monstruos podían terminar siendo devorados. Eso lo había aprendido jugando Pac-Man.

Al salir, Sebastián se cruzó con Alissa y Valeria Rosales. Discutían. La Rosales era una columnista que tenía la costumbre de meterse en líos° por pasársela denunciando la corrupción de las juntas vecinales, el comité cívico, los sindicatos, la alcaldía y la prefectura, todos los organismos públicos susceptibles° de corrupción (que eran todos los organismos públicos).

A Sebastián se le había ocurrido pedirle a Alissa un aumento de sueldo. Ella podría convencer a Junior. La vio tan metida en su discusión°, que siguió su camino sin decir nada.

El Mediterráneo tenía las paredes llenas de fotos de artistas de la época dorada° de Hollywood. Era pequeño, y se respiraba un olor a granos frescos de café y a cigarrillo. Había poca gente, y Sebastián supo quién era la mujer apenas entró. Se acercó a su mesa en el fondo.

—Isabel Andrade —dijo ella extendiendo la mano. Tenía una minifalda° negra y botines° de gamuza°, un agitado escote en ve° en la camisa azul marino. Sebastián percibió que tenía las mismas cejas finas y oblicuas de Nikki°. Ella se levantó y le extendió la mano.

—Bond. James Bond —dijo él con una mueca burlona°, no había podido evitar la broma. El pelo rubio recogido en un moño, el pañuelo en el cuello: azafata o ejecutiva de cuentas. Otros la hubieran encontrado linda; él no, o sí, pero de manera inofensiva.

Sebastián resopló° —a veces le faltaba aire, era raro, no fumaba mucho y de vez en cuando iba al gimnasio, debía hacerse chequear—, y tomó asiento. Pidió una limonada al mozo°. Isabel pidió un café con leche.

—Usted dirá —dijo Sebastián.

Isabel miró alrededor suyo, como cerciorándose° de que no la espiaban°. Sacó

insurance
urban, city
mercy
had agreed
to get into trouble
liable
argument
golden
miniskirt
ankle boots/ suede/V-neck
Sebastián's wife
with a smirk
puffed
waiter
making sure/ were spying

unas fotos de su cartera° y las puso sobre la mesa. Eran las fotos de una parrillada°. Sebastián vio rostros satisfechos de políticos conocidos, las cervezas en la mano y las mesas llenas de platos de asados con papas y soltero° y llajwa°. Se le abrió el apetito, pediría un sandwich de jamón y queso. ¿Lo estaría esperando en su computadora un email de Nikki? Jugueteó° con la rosa de plástico en el florero al centro de la mesa. ¿Soñaban los androides con rosas artificiales?

—¿Y?

Isabel tenía una foto en la mano. Se la mostró con cuidado, sin soltarla°. Había sido tomada en la misma ocasión. En ella, el presidente Montenegro brindaba con Ignacio Santos, alias el Tratante° de Blanca.° Los ojos saltones°, la nariz como rota por un puñetazo°, la mandíbula° de Pepe Cortisona, la barriga° del ejecutivo sin tiempo para hacer ejercicios y con el poder suficiente para no importarle. Era él, era el Tratante. Y ésa era la famosa foto de la que hablaban los periódicos y los informativos en la tele: la foto del Narcogate (los periodistas eran la gente menos creativa del planeta; desde Watergate que habían entrado en una parálisis mental a la hora de bautizar crisis políticas). La foto que probaba los vínculos° entre Montenegro y el narcotráfico°, la que confirmaba que él había financiado su campaña con el dinero de las arcas° del Tratante, y que le servía a Willy Sánchez, dirigente máximo de los Cocaleros, para montar una campaña acusando al presidente de hipócrita, con una mano erradicando cocales° para complacer a los yanquis° y con la otra abrazándose con los narcos°.

Sebastián la tocó como si se tratara de una reliquia°: ésa era la foto original. Pero no, en realidad lo que debía tocar era el negativo, sólo los negativos eran únicos, era suficiente uno

para permitir la multiplicación de los panes.

Isabel jugaba con una hebra° suelta de su cabello. —¿Podría... —dijo—, podría hacer que el General desapareciera?

—De poder, puedo. Claro que sí, es lo más fácil del mundo. Es más, es tan fácil que no veo por qué se toma la molestia de buscarme.

—No crea que no lo hemos intentado. Hemos conseguido una que otra muy buena,

handbag
barbecue
salad
hot sauce from Bolivia
He played with
letting go of it
Trafficker/ Cocaine (slang)
bulging
punch/jaw
belly
ties
drug trafficking
coffers
coke plantations
Yankees (Americans)
short for ***narcotraficantes***
relic
strand

pero en general hay colores que no cuajan°, o se nota la sombra que deja la figura desaparecida. Entonces se nos ocurrió, hay que darle al César lo que es del César. Si podemos contratar a Picasso, ¿para qué conformarnos con un pintor de brocha gorda°?

Isabel sonrió. Sebastián debía reconocer que cualquier persona que elogiara° su arte le caía bien y podía llegar lejos con él (así lo había conquistado Nikki). Y era muy cierto que cualquiera podía manipular una imagen en la computadora, pero eran los mínimos detalles los que separaban al verdadero artista-técnico de la multitud. Las expresiones y las capas° de colores que uno manipulaba en la pantalla debían definirse con números para cuya precisión a veces se necesitaban hasta seis decimales. Y el juego de luces y sombras, la forma en que éstas caían en la imagen... Parecía fácil, pero no lo era.

—¿Quiénes me quieren contratar?

—Todo esto es confidencial, por supuesto.

—No se preocupe.

—El Ministerio de Informaciones. Trabajo en la Ciudadela.

Así que era cierto que la Ciudadela se había vuelto a poner en marcha, y que ahora estaba en manos del gobierno.

Se le ocurrió que esa mujer le estaba pidiendo de manera inocente algo nada inocente. La desfachatez° de los tiempos, la corrupción no explicada a los niños. Acaso la culpa la tenía Elizalde: todos sabían que era un asalariado° del Ministro de la Presidencia —el Salmón Barrios—, que éste le pagaba una mensualidad para defender su política agresiva de erradicación de cocales en sus mediocres editoriales en Fahrenheit 451. Junior lo sabía, pero decía que no podía hacer nada porque los periodistas eran muy mal pagados y a veces no les quedaba otro recurso que la corrupción.

Prometía que apenas pudiera pagarle mejor a Elizalde, lo despediría. Y esta mujer que trabajaba para el gobierno seguro sabía de Elizalde y compañía y pensaba que cualquiera que trabajaba en el periódico estaba al alcance de las arcas del gobierno, siempre abiertas cuando se trataba de ese tipo de cosas.

Isabel dijo una cifra° y Sebastián, molesto, debió reconocer que le atraía la idea. ¿O debía pensarlo un poco más? Era un trabajo muy fácil para el Picasso de la fotografía digital. Nadie se enteraría, y tendría unos pesos extra para pagar algo de sus deudas, para sorprender a Nikki con una ida a un restaurante de lujo y ropa interior y perfumes. ¿O debía pensarlo un poco más?

—Esto, por supuesto —dijo ella—, queda entre usted y yo.

—¿Y qué va a hacer con la foto?

—Usted ocúpese de su trabajo, yo del mío.

—¿Y el negativo? Por más que yo haga mil cosas con la foto, mientras exista el negativo...

—Ocúpese de su trabajo, yo del mío.

—Veré qué hago.

—Ya comenzamos a entendernos. Volveré mañana a esta misma hora.

—No le prometí nada. Sólo le dije que lo vería.

La mujer dejó unos pesos en la mesa y se levantó.

Sebastián se quedó con la foto entre las manos, pensando sin querer pensarlo que había corrupciones y corrupciones, que lo suyo no se comparaba a lo de Elizalde, sería una sola vez, pensando sin querer hacerlo que de ese encuentro ya desvanecido° en el tiempo —pero no en ese rectángulo— no quedaría rastro° alguno una vez que él lo manipulara con talento y cariño y perfidia°. ■

cuajan don't match exactly; *brocha gorda* house painter; *elogiara* praise; *capas* layers; *desfachatez* nerve; *asalariado* salaried employee; *cifra* number; *desvanecido* dissipated; *rastro* trace; *perfidia* treachery

Después de leer

Sueños digitales (fragmento)

Edmundo Paz Soldán

1 Have students write two more true or false statements about the reading. Then ask classmates to answer **cierto** or **falso** and correct any false statements.

1 Comprensión Decide si las oraciones son **ciertas** o **falsas**. Corrige las falsas.

1. El apellido de Sebastián es Píxel. Falso. Píxel es un compañero de trabajo.
2. La acción se desarrolla en Bolivia. Cierto.
3. Sebastián cree que la mujer quiere hacerle una entrevista para una revista. Falso. La mujer le dice que no se trata de una entrevista, sino de una oferta muy interesante.
4. Las fotos prueban la corrupción del presidente Montenegro. Cierto.
5. Isabel le propone algo inocente. Falso. Isabel le pide de manera inocente algo nada inocente.
6. Sebastián dice que no acepta la propuesta. Falso. Aunque le dice a Isabel que no le promete nada, parece que ya ha decidido manipular la foto.

2 Ask additional questions, such as: **¿Creen que Sebastián guardará el secreto? Al principio, ¿qué pensaban que iba a ser la "oferta interesante"?**

2 Interpretación En parejas, respondan a las preguntas.

1. ¿En qué época piensas que se desarrolla el relato?
2. La mujer cita a Sebastián en un café alejado del centro. ¿Les parece que lo hace por alguna razón?
3. ¿Cuáles crees que pueden ser las tareas específicas del Ministerio de Informaciones?
4. ¿Qué prueban las fotos que le muestra Isabel?
5. ¿Qué factores piensas que lo impulsan a tomar la decisión de hacer o no el trabajo? ¿Crees que hará el trabajo?

3 For item 2, ask: **¿Cómo cambiaría el tono de la historia si el autor no hiciera referencias a la cultura popular?** Point out that many of these references are relevant to a specific time period. **¿Qué efecto tendrían estas referencias en un lector que lea esta historia dentro de cien años?**

3 Análisis Lee el relato nuevamente y responde a las preguntas.

1. ¿Qué características puedes señalar de Sebastián?¿Podría ser un joven profesional de otro lugar? ¿O es, para ti, un típico latinoamericano?
2. En el relato se mencionan el programa CorelDraw, el pintor De Chirico, la revista *Hola,* Raquel Welch, el Che Guevara, el juego de Pac-Man y James Bond. ¿Qué tienen en común? ¿Qué te dicen acerca del punto de vista del autor?
3. Relee la descripción del café. ¿Piensas que podrías encontrarlo en cualquier lugar del mundo o sólo en una ciudad de Latinoamérica?
4. ¿Te parece que la historia podría estar basada en eventos reales? ¿Por qué?

4 Give students an additional dilemma: **Carlos va a la oficina del profesor de francés. El profesor no está, pero Carlos ve el examen de mañana sobre el escritorio y le echa una mirada para ver el tipo de ejercicios.**

4 Ask volunteers to share a personal anecdote in which they were faced with an ethical dilemma. Encourage classmates to ask questions.

4 Situaciones éticas En grupos de tres, lean estas situaciones y decidan si lo que hizo el personaje es ético o no y expliquen por qué.

- Juan va por la calle y encuentra tirado un reloj. Decide quedárselo (*keep it*).
- Una persona sale en carro del estacionamiento de un supermercado y María observa que la persona olvidó unos refrescos. María espera unos diez minutos y, como la persona no regresa, se lleva los refrescos.

5 Before students begin writing, brainstorm a list of questions the readers of this article will want answered. Ex: **¿Cuándo sucedió? ¿Quién tomó la decisión de ocultar la verdad?**

5 La verdad Imagina que eres un(a) periodista que logra apoderarse de las fotos y escribe un artículo exponiendo el complot del Ministerio de Informaciones para ocultar la verdad. Escribe un titular y un artículo de tres párrafos.

Practice more at **enfoques.vhlcentral.com.**

Antes de leer

Vocabulario

aislar *to isolate*	**el idioma** *language*
bilingüe *bilingual*	**la lengua** *language; tongue*
el guaraní *Guarani*	**monolingüe** *monolingual*
el/la hablante *speaker*	**vencer** *to conquer*

 **Idiomas de Bolivia** Completa las oraciones con el vocabulario de la tabla.

1. Gran parte de los ciudadanos de Bolivia son ___hablantes___ de español.
2. Aunque los conquistadores españoles trataron de imponer el ___idioma___ de su tierra, no se puede decir que los habitantes de Bolivia son ___monolingües___.
3. La ___lengua___ materna de muchos bolivianos no viene de los españoles, sino de los indígenas.
4. Hay muchos bolivianos ___bilingües___ que se comunican en español y quechua o en español y aymara.
5. El ___guaraní___ se habla en Paraguay y en partes de Bolivia, Argentina y Brasil.

Conexión personal ¿De dónde vienen tus antepasados? ¿Han preservado algo de otra cultura? ¿Qué? ¿Te identificas con esa(s) cultura(s)?

Contexto cultural

Los ríos, las montañas y la historia se han juntado (*come together*) para aislar a algunos pueblos de Latinoamérica y, en el proceso, permitir la supervivencia (*survival*) de cientos de idiomas indígenas. Suramérica manifiesta una diversidad lingüística casi incomparable. De hecho, en la época anterior a la conquista europea, existían más de 1.500 idiomas. En la actualidad, suramericanos bilingües y monolingües conversan en más de 350 lenguas de raíces (*roots*) no relacionadas. Entre las más de 500 lenguas que se calcula que existen en Latinoamérica, se encuentran 56 familias lingüísticas y 73 idiomas aislados, es decir, idiomas sin relación aparente. En comparación, los idiomas de Europa provienen de (*come from*) tres familias lingüísticas y hay sólo un idioma aislado, el vasco.

Algunas lenguas indígenas disponen de pocos hablantes y están en peligro de extinción, pero muchas otras prosperan y mantienen un papel central. Por ejemplo, el quechua, idioma de los incas, tiene diez millones de hablantes, sobre todo en el Perú y Bolivia, y también en zonas de Colombia, el Ecuador, la Argentina y Chile. En Bolivia, el Paraguay y el Perú, por lo menos una lengua indígena comparte con el español el puesto (*position*) de lengua oficial del país.

 Practice more at **enfoques.vhlcentral.com.**

Conexión personal Have students write brief statements about their origin, traditions, and habits. Ex: **Hablo otro idioma con mis padres y mis parientes. Nací en otro país. Soy estadounidense. Viví mucho tiempo en otro país. Mis abuelos vinieron después de la guerra.** Then have students go around the room and find one person that matches each statement.

Contexto cultural Encourage students to think about the characteristics of a bilingual society. Ask: **¿Creen que la sociedad estadounidense es bilingüe? ¿Creen que EE.UU. debería tener lenguas oficiales? ¿Cuál(es)? ¿Debería ser el español una de sus lenguas oficiales? Justifiquen sus respuestas.**

Audio: Reading

Guaraní: la lengua vencedora

Es más probable que un habitante de Asunción, capital del Paraguay, salude a un amigo con las palabras **Mba'éichapa reiko?** que con la pregunta *¿Qué tal?* Lo más lógico es que el compañero responda **Iporânte ha nde?** en vez de *Bien, ¿y tú?* También es más probable que un niño paraguayo comience la escuela (o **mbo'ehao**) sin hablar español que sin saber comunicarse en guaraní.

Hay cientos de idiomas en Latinoamérica, pero el caso del guaraní en el Paraguay es único. Más que una lengua oficial, el guaraní es la lengua del pueblo paraguayo. Cuando los españoles invadieron lo que ahora se conoce como Hispanoamérica, trajeron e impusieron° su lengua como parte de la conquista cultural. Aunque muchas personas se resistieron a aprenderlo, el español se convirtió° en lengua del gobierno y de las instituciones oficiales en casi todas partes. En la actualidad, el hecho de conversar en español o en uno de los múltiples idiomas indígenas depende frecuentemente del origen de un individuo, de su contexto social y de sus raíces familiares, entre otras cosas. El uso de una lengua autóctona° típicamente se limita a las poblaciones indígenas, sobre todo a las que viven aisladas. En el Paraguay, aunque la mayoría de la población es mestiza°, actualmente las comunidades indígenas de origen guaraní son una minoría sumamente° pequeña. Sin embargo, el guaraní se ha adoptado universalmente como lengua oral de todas las personas y en todos los lugares.

El conocido escritor uruguayo Eduardo Galeano afirma que no hay otro país más que el Paraguay en el que “la lengua de los vencidos se haya convertido en lengua de los vencedores”. Las estadísticas cuentan una historia impresionante: casi el 40% de la población paraguaya es monolingüe en guaraní, más del 50% es bilingüe y sólo el 5% es monolingüe en español. Es decir, la lengua de la minoría nativa ha conquistado el país. Casi todos los hablantes del guaraní se expresan en *jopara*, una versión híbrida del idioma que toma prestadas palabras del español.

Aunque la predominancia° del guaraní es innegable°, los defensores de la lengua han observado que el español ha mantenido hasta hace poco una posición privilegiada en el gobierno y en la educación. La falta de equilibrio se debe a una variedad de razones complejas, incluyendo algunos factores sociales, diferentes oportunidades económicas y el uso del español para comunicarse con la comunidad global. No obstante, en las últimas décadas se reconoce cada vez más la importancia del guaraní y su prestigio aumenta°. En 1992 se cambió la constitución paraguaya para incluir la declaración: “El Paraguay es un país pluricultural y bilingüe. Son idiomas oficiales el castellano y el guaraní.” El guaraní prospera también en las artes y en los medios de comunicación. Existe una larga tradición popular de narrativa oral que en las últimas décadas se ha incorporado a la escritura y ha inspirado a jóvenes poetas. El célebre novelista paraguayo Augusto Roa Bastos (1917–2005) introdujo expresiones y sonidos del guaraní en sus cuentos. Aunque la presencia en los medios escritos aún es escasa°, los nuevos medios de comunicación del siglo XX y XXI contribuyen a la promoción del idioma y permiten, por ejemplo, que se estudie guaraní y que se publiquen narrativas en Internet.

¿Cómo logró una lengua indígena superar al español y convertirse en el idioma más hablado del Paraguay? ¿Se debe a alguna particularidad del lenguaje? ¿O es la consecuencia de factores históricos, como la decisión de los jesuitas de predicar° el catolicismo en guaraní? ¿Qué papel tiene el aislamiento del Paraguay, ubicado en el corazón del continente y sin salida al mar? Nunca se podrá identificar una sola razón, pero es evidente que con su capacidad de supervivencia y adaptación a los nuevos tiempos, el guaraní comienza a conquistar el futuro. ■

impuso° imposed · convirtió° became · autóctona° Native · mestiza° of Spanish and Native American descent · sumamente° extremely · predominancia° prevalence · innegable° undeniable · aumenta° is growing · escasa° limited · predicar° preach

El guaraní

- En el Paraguay, más del 90% de la población se comunica en guaraní. Junto con el español, es lengua oficial del país.
- También se habla guaraní en partes del Brasil, Bolivia y la Argentina.
- La moneda del Paraguay se llama guaraní.

Teaching option As students read, have them create a list of facts about the Guaraní language that catch their attention. After reading the text, have them share their lists with the class and discuss.

Después de leer

Guaraní: la lengua vencedora

1 **Comprensión** Decide si las oraciones son **ciertas** o **falsas**. Corrige las falsas.

Cierto	Falso	
☐	☑	1. Suramérica manifiesta poca variedad lingüística. Suramérica manifiesta una diversidad lingüística casi incomparable.
☑	☐	2. Por lo general, en Suramérica sólo las poblaciones indígenas hablan una lengua indígena.
☐	☑	3. La mayoría de la población paraguaya es de origen guaraní. La mayoría de la población paraguaya es mestiza.
☐	☑	4. El 50% de la población del Paraguay es monolingüe en español. El 40% de la población es monolingüe en guaraní, más del 50% es bilingüe y sólo el 5% es monolingüe en español.
☑	☐	5. La Constitución de 1992 declaró que el Paraguay es un país pluricultural y bilingüe.
☑	☐	6. Existe una larga tradición popular de narrativa oral en guaraní.
☐	☑	7. Augusto Roa Bastos escribió sus cuentos completamente en español. Roa Bastos introdujo expresiones del guaraní en sus cuentos.
☐	☑	8. La moneda del Paraguay se llama asunción. La moneda del Paraguay se llama guaraní.

2 **Análisis** Contesta las preguntas utilizando oraciones completas. Some answers will vary.

1. ¿Cuáles son algunas de las señales de que una lengua prospera?
2. ¿De qué manera es especial el caso del guaraní? El idioma de una minoría étnica se convirtió en el idioma de la mayoría.
3. ¿Por qué se dice que el guaraní es el lenguaje del pueblo paraguayo? La mayoría de los paraguayos se comunica en guaraní.
4. ¿A quiénes se refiere Eduardo Galeano cuando habla de los "vencedores" y los "vencidos"? Los vencedores son los españoles que colonizaron el Paraguay y los vencidos son las minorías indígenas.
5. ¿Qué es el *jopara* y quién lo utiliza? Es una versión híbrida del guaraní que usa palabras del español. Lo utilizan casi todos los hablantes del guaraní.

3 **Reflexión** Un ejemplo de la tradición de narrativa oral en guaraní son los dichos populares. En grupos de tres, expliquen el significado y el posible contexto de los tres dichos del recuadro. ¿Hay algún dicho en español o en inglés que tenga un mensaje similar? ¿Qué elementos característicos de la cultura local se hacen evidentes en los dichos?

Dichos populares en guaraní

Hetárõ machu kuéra, mbaipy jepe nahatãi.
Si hay muchas cocineras, ni la polenta se puede hacer.

Ñande rógape mante japytu'upa.
Sólo descansamos bien en nuestra casa.

Ani rerovase nde ajaka ava ambue akã ári.
No pongas tu canasto en la cabeza de otra persona.

4 **Ensayo** ¿Por qué crees que el gobierno del Paraguay cambió su constitución en 1992? ¿El cambio protege a una minoría o refleja la realidad de la mayoría? ¿Cuáles son las ventajas de vivir en un país pluricultural y bilingüe? ¿Hay alguna complicación? Escribe una composición de por lo menos tres párrafos dando tu opinión sobre estas preguntas.

Practice more at **enfoques.vhlcentral.com.**

(2) Have students give other examples of bilingual communities. Be sure to point out important examples with which they are already familiar: Canada, Hawaii, etc.

(3) Ask volunteers to give examples of a situation in which these phrases might be used.

(4) Have students free-write their essays without crossing things out or worrying about spelling and grammar. Once they have completed a rough draft, ask them to revise it with a different color pen.

Teaching option You may want to have students write a brief comparative essay about bilingualism in Paraguay and in the United States or Canada. Ask them to consider language use at work, at school, and in popular culture. Encourage students to use comparative forms (**Estructura 5.1**) and expressions with **lo**.

Atando cabos

¡A conversar!

¿Telenovelas educativas?

A. Lean la cita y, en grupos de tres, compartan sus respuestas a estas preguntas.

> "Todo programa educa, sólo que —lo mismo que la escuela, lo mismo que el hogar— puede educar bien o mal." (Mario Kaplún, periodista argentino-uruguayo)

1. ¿Están de acuerdo con esta cita? ¿O creen que sólo los programas propiamente educativos pueden enseñar algo al público?
2. Si "educar" significa "aumentar los conocimientos", ¿de qué manera un programa de televisión puede educar "mal"? ¿Están de acuerdo con esa definición?

B. Los participantes de un debate tuvieron que dar su opinión sobre el valor de las telenovelas teniendo en cuenta lo dicho por Mario Kaplún. Lean las dos opiniones y decidan con cuál están de acuerdo. Agreguen más argumentos para defender sus posturas. Usen **que**, **cual** y **cuyo**.

El *debate* de hoy: **las telenovelas**

En la cita, Mario Kaplún se refiere a la televisión en general. ¿Qué pasa en el caso particular de las telenovelas? ¿Creen que las telenovelas educan "bien" o "mal"?

Carlos Moreira (52)
Colonia, Uruguay
¡Estoy de acuerdo! Incluso las peores telenovelas pueden educar "bien". En primer lugar, siempre educan indirectamente. Los personajes suelen ser estereotipos, lo cual es importante porque permite que los televidentes se identifiquen con los deseos y los temores de personajes que se muestran como modelos positivos. Además, en países como México se producen telenovelas con fines específicamente educativos, los cuales incluyen enseñar al público acerca de enfermedades, problemas sociales, etc.

Sonia Ferrero (37)
Ciudad del Este, Paraguay
Las telenovelas siempre educan mal, lo que es igual que decir que no educan. ¿Qué puede tener de educativo un melodrama exagerado con personajes que se engañan constantemente? ¿Qué pueden tener de positivo historias que muestran relaciones personales retorcidas (*twisted*)? Yo no veo nada educativo en melodramas que perpetúan estereotipos sobre buenos, malos, ricos y pobres. Me gustaría ver telenovelas más realistas, cuyos personajes sean personas comunes.

¡A escribir!

Televisión en guaraní Imagina que vives en el Paraguay y tu telenovela favorita sólo se transmite en español. Escribe una carta al periódico pidiendo que se haga una versión doblada o subtitulada al guaraní. Incluye tu opinión sobre estas preguntas:

- ¿Quiénes se beneficiarían? ¿Por qué?
- ¿Quién debería cubrir el costo de la versión en guaraní: los productores de la telenovela o el gobierno?
- ¿Debería ser obligatorio ofrecer versiones de programas en los dos idiomas?

¡A conversar!
- Point out that some elementary and high schools have access to student news channels and other informational programming. Ask: **¿Les parece bien que haya televisores en los salones de clase? ¿Cuáles son las ventajas y desventajas de esto?**
- Ask students to think of popular news channels. **¿Quiénes son los dueños de las grandes cadenas y cómo influye esto en el contenido de sus programas?**
- For Part B, have students make arguments about the educational value of talk shows, reality shows, and cartoons.

¡A escribir!
- Review how the subjunctive can be useful for persuasion. Ex: **Es necesario que... Me gustaría que... Aunque...**
- Encourage students to brainstorm what the potential benefits of a dubbed version of the soap opera would be to the network.
- As an additional writing exercise, have students exchange their letters with classmates and write a response letter from the officials at the television network.

9 VOCABULARIO

La televisión, la radio y el cine

la banda sonora	*soundtrack*
la cadena	*network*
el canal	*channel*
el/la corresponsal	*correspondent*
el/la crítico/a de cine	*film critic*
el documental	*documentary*
los efectos especiales	*special effects*
el episodio (final)	*(final) episode*
el/la locutor(a) de radio	*radio announcer*
el/la oyente	*listener*
la (radio)emisora	*radio station*
el reportaje	*news report*
el/la reportero/a	*reporter*
los subtítulos	*subtitles*
la telenovela	*soap opera*
el/la televidente	*television viewer*
la temporada	*season*
el video musical	*music video*
grabar	*to record*
rodar (o:ue)	*to film*
transmitir	*to broadcast*
doblado/a	*dubbed*
en directo/vivo	*live*

La cultura popular

la celebridad	*celebrity*
el chisme	*gossip*
la estrella (pop)	*(pop) star [m/f]*
la fama	*fame*
la moda pasajera	*fad*
la tendencia/ la moda	*trend*
hacerse famoso/a	*to become famous*
tener buena/ mala fama	*to have a good/ bad reputation*
actual	*current*
de moda	*popular; in fashion*
influyente	*influential*
pasado/a de moda	*out-of-date; no longer popular*

INSTRUCTIONAL RESOURCES
Supersite: Testing Program

Los medios de comunicación

el acontecimiento	*event*
la actualidad	*current events*
el anuncio	*advertisement; commercial*
la censura	*censorship*
la libertad de prensa	*freedom of the press*
los medios de comunicación	*media*
la parcialidad	*bias*
la publicidad	*advertising*
el público	*public; audience*
enterarse (de)	*to become informed (about)*
estar al tanto/al día	*to be informed, up-to-date*
actualizado/a	*up-to-date*
controvertido/a	*controversial*
de último momento	*up-to-the-minute*
destacado/a	*prominent*
(im)parcial	*(un)biased*

La prensa

el/la lector(a)	*reader*
las noticias locales/ nacionales/ internacionales	*local/domestic/ international news*
el periódico/ el diario	*newspaper*
el/la periodista	*journalist*
la portada	*front page; cover*
la prensa	*press*
la prensa sensacionalista	*tabloid(s)*
el/la redactor(a)	*editor*
la revista (electrónica)	*(online) magazine*
la sección de sociedad	*lifestyle section*
la sección deportiva	*sports page/section*
la tira cómica	*comic strip*
el titular	*headline*
imprimir	*to print*
publicar	*to publish*
suscribirse (a)	*to subscribe (to)*

Cinemateca

el maletero	*trunk*
la nuca	*nape*
la sintonía	*synchronization; tuning; connection*
aclarar	*to clarify*
dar la gana	*to feel like*
darse cuenta (de)	*to realize*
darse por aludido/a	*to realize/assume that one is being referred to*
embalarse	*to go too fast*
fijarse en	*to notice*
parar el carro	*to hold one's horses*
pillar(se)	*to get (catch)*

Literatura

el/la columnista	*columnist*
el informativo	*news bulletin*
la oferta	*offer; proposal*
el organismo público	*government agency*
el/la periodista	*journalist*
la propaganda	*advertisement*
denunciar	*to denounce*
manipular	*to manipulate*

Cultura

el guaraní	*Guarani*
el/la hablante	*speaker*
el idioma	*language*
la lengua	*language; tongue*
aislar	*to isolate*
vencer	*to conquer*
bilingüe	*bilingual*
monolingüe	*monolingual*

Más vocabulario

Expresiones útiles	*Ver p. 329*
Estructura	*Ver pp. 336, 338–339 y 342*

La literatura y el arte

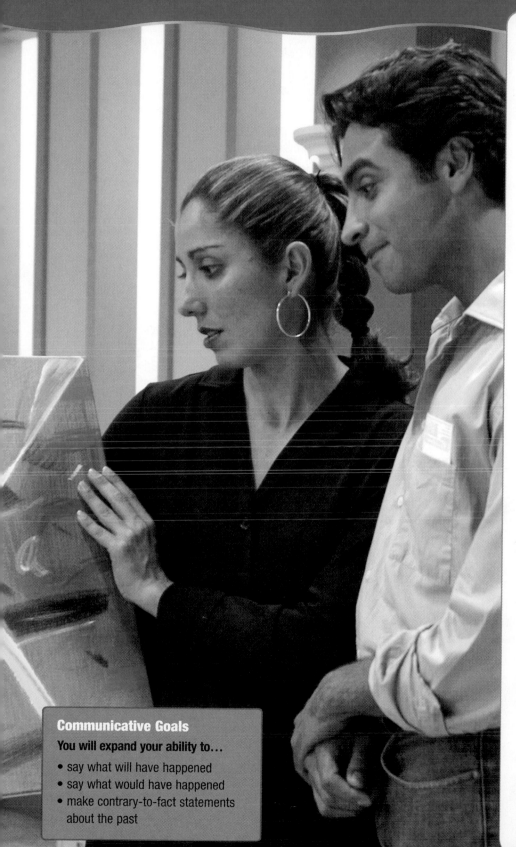

Communicative Goals

You will expand your ability to...
- say what will have happened
- say what would have happened
- make contrary-to-fact statements about the past

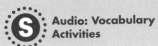

Audio: Vocabulary Activities

INSTRUCTIONAL RESOURCES
Supersite: Audioscripts, Textbook/SAM AK, Textbook/Lab MP3s
SAM/WebSAM: WB, LM

La literatura y el arte

Preview Find out about students' experience with art and literature. **¿Qué papel tienen el arte y la literatura en su vida diaria? ¿Les gusta ir a los museos de arte? ¿Estudian literatura en sus clases? ¿Cuáles son sus artistas y autores preferidos?**

La literatura

Carolina está terminando su segunda novela, que **narra** la historia de una divertida familia de actores en Chile. La historia está narrada desde el **punto de vista** del hijo mayor, **protagonista** de esta **obra literaria.**

el argumento *plot*
la caracterización *characterization*
la estrofa *stanza*
el/la lector(a) *reader*
el/la narrador(a) *narrator*
la obra literaria *literary work*
el personaje *character*
el/la protagonista *protagonist*
el punto de vista *point of view*
la rima *rhyme*
el verso *line (of poetry)*

desarrollarse *to take place*
hojear *to skim*
narrar *to narrate*
tratarse de *to be about; to deal with*

Variación léxica
hojear ⟷ leer por encima
desarrollarse en ⟷ tener lugar en
la poetisa ⟷ la poeta
la tela ⟷ el lienzo

Los géneros literarios

la (auto)biografía *(auto)biography*
la ciencia ficción *science fiction*
la literatura infantil/juvenil *children's literature*
la novela rosa *romance novel*
la poesía *poetry*
la prosa *prose*

clásico/a *classic*
de terror *horror (story/novel)*
didáctico/a *educational*
histórico/a *historical*
humorístico/a *humorous*
policíaco/a *detective (story/novel)*
satírico/a *satirical*
trágico/a *tragic*

Los artistas

el/la artesano/a *artisan*
el/la dramaturgo/a *playwright*
el/la ensayista *essayist*
el/la escultor(a) *sculptor*
el/la muralista *muralist*
el/la novelista *novelist*
el/la pintor(a) *painter*
el/la poeta/poetisa *poet*

El arte

En la clase de **bellas artes**, Mario y Lucía tienen que pintar una **naturaleza muerta**. Mario eligió usar **óleo**, pero Lucía prefiere la **acuarela**.

la acuarela *watercolor*
el autorretrato *self-portrait*
las bellas artes *fine arts*
el cuadro *painting*
la escultura *sculpture*
la naturaleza muerta *still life*
la obra (de arte) *work (of art)*
el óleo *oil painting*
el pincel *paintbrush*
la pintura *paint; painting*
la tela *canvas*

dibujar *to draw*
diseñar *to design*
esculpir *to sculpt*
reflejar *to reflect; to depict*

abstracto/a *abstract*
contemporáneo/a *contemporary*
inquietante *disturbing; unsettling*
intrigante *intriguing*
llamativo/a *striking*
luminoso/a *bright*
realista *realistic; realist*

al estilo de *in the style of*
de buen/mal gusto *in good/bad taste*

Las corrientes artísticas

la corriente/el movimiento *movement*
el cubismo *cubism*
el expresionismo *expressionism*
el impresionismo *impressionism*
el realismo *realism*
el romanticismo *romanticism*
el surrealismo *surrealism*

① To aid comprehension, have students read the questions before listening to the interview.

Práctica

1 Escuchar

A. Escucha el programa de televisión y después completa las oraciones con la opción correcta.

1. Se ha organizado una exposición en el Museo de Arte (Contemporáneo / Moderno).
2. La exposición trata de los movimientos artísticos desde el (romanticismo / realismo).
3. En la exposición se pueden ver las obras de escultores y (muralistas / pintores) del país.
4. Muchos creen que la obra de José Ortiz es de (buen / mal) gusto.
5. Al presentador, la obra de José Ortiz le parece muy (intrigante / abstracta).

B. Escucha la entrevista del programa *ArteDifusión* y contesta las preguntas. Answers may vary slightly.

1. ¿A qué género literario pertenece la novela *El viento?* al género de la novela histórica
2. ¿De qué otros géneros tiene elementos? elementos humorísticos y de novela rosa
3. ¿Desde qué punto de vista se ha escrito esta novela? desde el punto de vista de un protagonista masculino
4. ¿Qué personajes son los más frecuentes en la obra de Mayka Ledesma? los personajes femeninos
5. ¿Qué tienen que hacer los lectores para darse cuenta de que es una obra divertida? hojear la obra

C. En parejas, inventen una entrevista a un(a) escritor(a) o artista famoso/a y represéntenla para la clase.

2 Relaciones Conecta las palabras de forma lógica.

f 1. estrofa	a. corriente artística
a 2. cubismo	b. obra de teatro
c 3. tela	c. pincel
e 4. esculpir	d. artesano
b 5. dramaturgo	e. escultor
h 6. novela policíaca	f. verso
d 7. artesanía	g. realismo
g 8. realista	h. género literario

② For expansion, call on volunteers to describe the relationship between each word set. Ex: **El cubismo es una corriente artística.**

Teaching option For additional vocabulary practice, have students find an art piece on the Internet and write a brief description using at least five words from **Contextos**.

Práctica

③ For additional practice, have students work in pairs to create five more sentences with missing vocabulary words. Then have them exchange the sentences with another pair and complete the activity.

3 Un crítico sin inspiración Completa las oraciones de un crítico con las palabras y expresiones de la lista.

acuarela	**de mal gusto**
al estilo de	**inquietante**
argumento	**llamativo**

1. Sus obras son muy ___llamativas___; en todas usa muchos colores brillantes.
2. La ___inquietante___ escena en la que aparece el fantasma del padre está inspirada en su novela anterior.
3. Vi un par de óleos interesantes en su nueva exhibición, pero lo que más impresiona son las ___acuarelas___.
4. El ___argumento___ de la novela es tan complicado que confunde al lector.
5. Los jóvenes artistas desean pintar ___al estilo de___ la admirada artista chilena.

④ As an optional writing assignment, have students invent plot fragments for these literary genres: **novela de terror, novela histórica, novela juvenil.**

4 Géneros En parejas, lean los fragmentos de estas obras e indiquen a qué género literario pertenecen. Luego, elijan uno de los fragmentos y desarrollen un breve argumento.

1. María Fernanda del Olmo estaba locamente enamorada de Roberto Castro, pero vivía su amor en silencio. ___novela rosa___
2. Una intensísima luz lo despertó. ¿Qué podía ser? Extrañado, se acercó a la ventana. Estaba confundido. ¿Era un sueño? El cielo estaba cubierto de pequeñas luces que se movían de un lado a otro, sin sentido. ___ciencia ficción___
3. Harry estaba en su despacho (*office*) aburrido. Hacía días que buscaba sin éxito al único testigo (*witness*) del crimen. ___novela policíaca___
4. Sólo tenía doce años cuando nos fuimos a vivir a Chile. Todavía lo recuerdo como uno de los momentos más importantes de mi vida. ___autobiografía___

⑤ Ask additional discussion questions about art. Ex: **¿Les gusta el arte en los espacios públicos? ¿Creen que el gobierno local debe invertir en el arte? ¿Qué importancia tiene el arte para la gente de una ciudad? Expliquen sus repuestas.**

⑤ For expansion, ask students to talk about the last book they read. **¿Quién es el autor? ¿A qué género pertenece el libro? ¿De qué se trata?**

5 Preferencias Contesta las preguntas con oraciones completas. Después, comparte tus respuestas con un(a) compañero/a.

1. ¿Cuál es tu género literario favorito? ¿Y tu personaje favorito? ¿Por qué?
2. ¿Crees que hay arte de mal gusto? Justifica tu respuesta.
3. Imagina que eres artista. ¿Qué serías: muralista, poeta/poetisa, escultor(a), otro? ¿Por qué?
4. ¿Qué tipo de arte te interesa más: el realista o el abstracto?
5. ¿Qué influye más en la sociedad: la pluma (*pen*) o el pincel? ¿Por qué?
6. ¿Qué corriente artística te parece más innovadora? ¿Por qué?

Practice more at **enfoques.vhlcentral.com.**

Comunicación

6 **Corrientes artísticas** En grupos de tres, describan estos cuadros y respondan las preguntas. Utilicen algunos términos de la lista en sus respuestas.

- ¿A qué corriente artística pertenece la obra?
- ¿Cómo es el estilo del pintor?
- ¿Qué adjetivos usarías para describir el cuadro?
- ¿Hay otras obras u otros artistas que sean comparables?

abstracto	**cubismo**
contemporáneo	**expresionismo**
intrigante	**impresionismo**
llamativo	**realismo**
luminoso	**romanticismo**
realista	**surrealismo**

Marilyn 1967, Andy Warhol

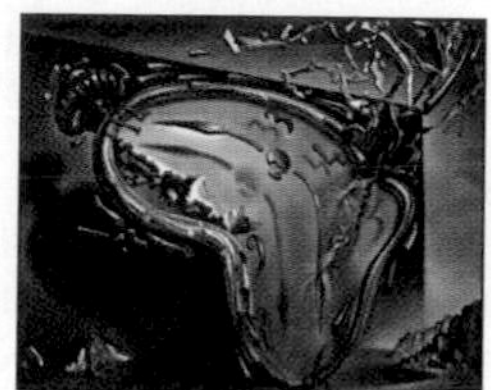
Reloj blando en el momento de su primera explosión, Salvador Dalí

Mujer sentada, Pablo Picasso

Montón de heno, Claude Monet

7 **Críticas literarias** En parejas, escriban una breve crítica de una obra literaria que hayan leído. Utilicen los puntos de análisis de la lista como guía. Luego presenten su crítica a la clase y ofrezcan su opinión sobre el valor artístico de la obra. ¿La recomendarían?

Género	¿A qué género literario pertenece la obra?
Tema	¿Cuál es el tema de la obra?
Punto de vista	¿Quién narra la historia: uno de los personajes o un narrador omnisciente?
Caracterización	¿Es adecuada la caracterización de los personajes? ¿Te sentiste identificado/a con el/la protagonista?
Argumento	¿Tiene un argumento interesante y entretenido? ¿Hay acción sin sentido? ¿Se hace lento el desarrollo?
Ambiente	¿En qué época se desarrolla la historia? ¿En qué lugar? ¿Son realistas las descripciones del ambiente (*setting*)?
Tono	¿Cuál es el tono de la obra? ¿Es humorística? ¿Trágica? ¿Didáctica? ¿Qué quiere lograr el/la autor(a) a través del tono?

6 Have students vote for their favorite painting. If time and resources permit, bring in additional artwork for groups to critique.

6 If necessary, review comparatives and superlatives (**Estructura 5.1**) to help students make comparisons.

7 If students need help choosing a literary work, refer them back to some of the readings they have seen in this course.

7 For expansion, ask: **¿Cómo es la portada de tu libro preferido?** Have students explain how the art or designs used on the cover relate to the story.

Teaching option Divide the class into two groups and have them create surveys for their classmates to fill out. One group should survey students' opinions on literature, and the other should survey their opinions on art. Discuss the results as a class.

Synopsis
- Johnny brings in a few paintings that Mariela and Éric find ugly.
- Johnny teaches Éric and Mariela the "right" way to appreciate art.
- Fabiola wishes to buy one of the paintings.
- Johnny imagines himself as an art auctioneer.
- Aguayo thinks Fabiola's painting is awful.

Johnny enseña a sus compañeros de trabajo cómo criticar una obra de arte.

JOHNNY Chicos, ésas son las pinturas de las que les hablé. Las conseguí muy baratas. Voy a escribir un artículo sobre ellas. ¿Les dicen algo?

MARIELA Sí, me dicen *iahhgg*.

JOHNNY ¿Cómo que son feas? Es arte. No pueden criticarlo así.

MARIELA Es lo que la gente hace con el arte. Sea modernismo, surrealismo o cubismo, si es feo es feo.

JOHNNY Les mostraré cómo se critica una obra de arte correctamente. Hagamos como si estuviésemos observando las pinturas en una galería. ¿Quieren?

ÉRIC Bien.

Fingiendo que están en una galería...

JOHNNY Me imagino que habrán visto toda la exposición. ¿Qué les parece?

ÉRIC Habría preferido ir al cine. Estas pinturas son una porquería.

JOHNNY No puedes decir eso en una exposición. Si las obras no te gustan, tú debes decir algo más artístico, como que son primitivas o son radicales.

MARIELA Si hubiera pensado que son primitivas o que son radicales, lo habría dicho. Pero son horribles.

JOHNNY Mariela, *horrible* ya no se usa.

Diana pasa y ve las pinturas.

DIANA Esas pinturas son... ¡horribles!

Luego, en la cocina...

JOHNNY El artista jamás cambiará los colores. ¿Por qué me hiciste decirle que sí?

MARIELA No hubieras vendido ni una sola pieza.

JOHNNY No quiero venderlas, tengo que escribir sobre ellas.

MARIELA No está de más. Podrías llegar a ser un gran vendedor de arte.

JOHNNY (*imaginando...*) Nadie hubiera imaginado un final mejor para esta subasta. Les presento una obra maestra: la *Mona Lisa*.

AGUAYO Quinientos millones de pesos.

JOHNNY ¿Quién da más?

FABIOLA Mil millones de pesos.

JOHNNY Se lo lleva la señorita.

FABIOLA ¿Podría hablar con el artista para que le acentúe un poco la sonrisa?

Más tarde, en la oficina...

JOHNNY Me alegra que hayas decidido no cambiar la obra.

FABIOLA Hubiera sido una falta de respeto.

JOHNNY Claro. Bueno, que la disfrutes.

INSTRUCTIONAL RESOURCES **Supersite/DVD:** Fotonovela
Supersite: Script & Translation, SAM AK; **SAM/WebSAM:** VM

Preview Before watching the video, assign the video stills to groups of three or four. Ask each group to perform the mini-dialogues for the class.

Personajes

AGUAYO DIANA ÉRIC FABIOLA JOHNNY MARIELA

Fabiola llega a la oficina...

FABIOLA ¡Qué hermoso! Es como el verso de un poema. Habré visto arte antes, pero esto es especial. ¿Está a la venta?

MARIELA ¡Claro!

FABIOLA Hay un detalle. No tiene amarillo. ¿Podrías hablar con el artista para que le cambie algunos colores?

JOHNNY ¡Imposible!

FABIOLA Son sólo pinceladas.

JOHNNY Está bien. Voy a hablar con el artista para que le haga los cambios.

FABIOLA Gracias. Pero recuerda que es ésta. Las otras dos son algo...

MARIELA ¿Radicales?

ÉRIC ¿Primitivas?

FABIOLA No, horribles.

En el escritorio de Mariela...

ÉRIC Perdiste la apuesta. Págame.

MARIELA Todavía no puedo creer que haya comprado esa pintura.

ÉRIC Oye, si lo prefieres, en vez de pagar la apuesta, puedes invitarme a cenar.

MARIELA *(sonriendo)* Ni que me hubiera vuelto loca.

Entra Aguayo...

AGUAYO ¿Son las obras para tu artículo?

JOHNNY Sí. ¿Qué le parecen, jefe?

AGUAYO Diría que éstas dos son... primitivas. Pero la del medio *(mirando el cuadro de Fabiola)* definitivamente es... horrible.

Expresiones útiles

Speculating about the past

Me imagino que habrán visto toda la exposición.
I gather you've seen the whole exhibition.

Si hubiera pensado que son primitivas o que son radicales, lo habría dicho.
If I had thought they were primitive or radical, I would have said so.

Nadie hubiera imaginado un final mejor.
No one could have imagined a better ending.

Reacting to an idea or opinion

¿Cómo que son feos/as?
What do you mean they're ugly?

Habría preferido...
I would have preferred...

Si hubiera pensado que..., lo habría dicho.
If I had thought that..., I would have said so.

¡Ni que me hubiera vuelto loco/a!
Not even if I'd gone mad!

Additional vocabulary

acentuar *to accentuate*
criticar *to critique*
estar a la venta *to be for sale*
la galería *gallery*
la pieza *piece*
la pincelada *brushstroke*
la porquería *garbage; poor quality*
la subasta *auction*

Teaching option Photocopy the Videoscript and white out 10–15 words to create a master for a cloze activity. Hand out the photocopies and have students fill in the missing words as they watch the episode.

Comprensión

① Ask students to think of two events that could have happened before the sequence and two that could happen after.

1 ¿Qué pasó? Indica el orden en el que ocurrieron estos hechos.

2 a. Diana dice que los cuadros son horribles.
6 b. Aguayo opina sobre las pinturas de Johnny.
1 c. Johnny les enseña a sus compañeros cómo criticar una obra de arte.
5 d. Mariela y Éric hablan de su apuesta (*bet*).
3 e. Fabiola quiere comprar una de las pinturas de Johnny.
4 f. Johnny sueña con ser un gran vendedor de arte.

② If necessary, replay the video, pausing at key scenes.

2 ¿Realidad o fantasía? Indica cuáles de estos acontecimientos ocurrieron y cuáles son imaginarios.

Realidad	Fantasía	
☐	☑	1. Los empleados de *Facetas* fueron a una galería de arte.
☑	☐	2. Fabiola compró un cuadro que a Mariela le parecía horrible.
☐	☑	3. El pintor agregó amarillo a su cuadro para que Fabiola lo comprara.
☐	☑	4. Johnny vendió la *Mona Lisa* en una subasta.
☐	☑	5. Mariela y Éric salieron a cenar.
☑	☐	6. Aguayo dijo que dos de las piezas eran primitivas.

③ Have students invent five additional statements. Then have them exchange papers with a partner and answer **¿Quién lo diría?**

3 ¿Quién? Decide quién dijo o posiblemente diría estas oraciones.

Éric Johnny Fabiola Mariela

1. No pueden criticar el arte diciendo que es feo. Johnny
2. A esta pintura le falta color amarillo. Fabiola
3. Todavía no puedo creer que Fabiola haya comprado la pintura. Mariela
4. ¿Por qué no me invitas a cenar, Mariela? Éric
5. Podrías llegar a ser un gran vendedor de arte. Mariela

④ For additional practice, call on volunteers to perform their improvisations for the class. Before they begin, have them describe the setting for each scene.

4 Conversaciones En parejas, improvisen una de estas situaciones.

- Mariela y Éric hacen la apuesta. ¿Qué dicen?
- Johnny le pide al pintor que cambie los colores del cuadro. ¿Cómo reacciona el pintor?
- Fabiola le muestra el cuadro a su novio. ¿Qué opina él?

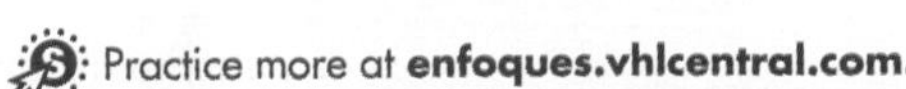

Practice more at **enfoques.vhlcentral.com.**

Teaching option If time permits, bring in examples of artwork and tell students to imagine the artist has offered to change the piece according to their suggestions. Ask: **¿Qué cambios harían?**

Ampliación

5 **Sueños** Johnny sueña que llega a ser un famoso vendedor de arte. En parejas, escojan a otros dos personajes de la **Fotonovela** e inventen sus sueños y fantasías.

MODELO Diana sueña que está en un museo y conoce a Leonardo da Vinci. ¡Da Vinci le pregunta a Diana si puede hacer un retrato de ella!...

6 **Apuntes culturales** En parejas, lean los párrafos y contesten las preguntas.

Salvador Dalí

¿Una exposición o una película?

Según Éric, el cine es más divertido que una exposición surrealista. Uno de los máximos íconos del surrealismo fue **Salvador Dalí,** pintor excéntrico español (ver **p. 348**) que también incursionó en el cine y la escultura, entre otros. En *Un perro andaluz*, película clásica del cine español de Luis Buñuel y Salvador Dalí, no hay idea ni imagen que tenga aparente explicación lógica. ¡Quizás a Éric le resulte interesante!

Hablar con precisión

Para Johnny, hay pinturas radicales, primitivas, pero jamás feas o bonitas. Por ejemplo, si Johnny criticara la obra del famoso pintor figurativo chileno **Gonzalo Cienfuegos,** diría: "Como se observa en su obra *El trofeo*, su arte es radical aunque las figuras aparezcan con cierto realismo. El pintor crea su propio lenguaje con humor e ironía..." ¿Entenderán Éric y Mariela lo que quiere decir Johnny?

El trofeo

Museo MALBA

Por amor al arte

Fabiola se enamoró de una pintura y decidió comprarla. Como ella, el argentino **Eduardo Constantini** compró dos pinturas en 1970. Su colección privada fue creciendo hasta transformarse en el **MALBA**, Museo de Arte Latinoamericano de Buenos Aires, que posee más de doscientas obras en su colección permanente.

1. El surrealismo fue un movimiento de vanguardia. ¿Conoces otros movimientos artísticos? ¿Cómo son?
2. ¿Qué tipo de arte te gusta más: el arte renacentista, como la *Mona Lisa* de Leonardo da Vinci; o el arte moderno, como el de Dalí o el de Gonzalo Cienfuegos?
3. ¿Has visitado museos recientemente? ¿Cuáles? Explica lo que viste.
4. ¿Cuál es tu opinión sobre los coleccionistas de arte? ¿Piensas que malgastan su dinero o, por el contrario, realizan una inversión?
5. ¿Qué opinas del arte digital?
6. ¿Qué obra de arte te gustaría tener en la sala de tu casa? ¿Por qué?

5 For expansion, have students discuss their own dreams and aspirations. Encourage them to use the conditional and the past subjunctive.

6 Ask additional discussion questions. **¿Creen que los museos han perdido popularidad? ¿Qué papel tienen los museos en la preservación de la cultura? ¿Ustedes se consideran artistas?**

Teaching option For expansion, bring in additional examples of artwork by Gonzalo Cienfuegos or Salvador Dalí, or have students research their lives and works.

Teaching option For an optional outside project, have students gather information about surrealist art and its relationship to dreams. If time and resources permit, show the movie ***Un perro andaluz*** and have students write a short critique.

INSTRUCTIONAL RESOURCES
Supersite/DVD: Flash Cultura; **Supersite:** Script & Translation

En detalle

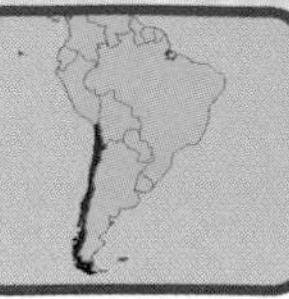
CHILE

LAS CASAS DE NERUDA

En detalle Explain that Neruda also had other houses that are not open to the public: **Michoacán** and **La Manquel.**

If time and resources permit, show the Italian film ***Il Postino (El cartero)***, or assign it for students to watch at home.

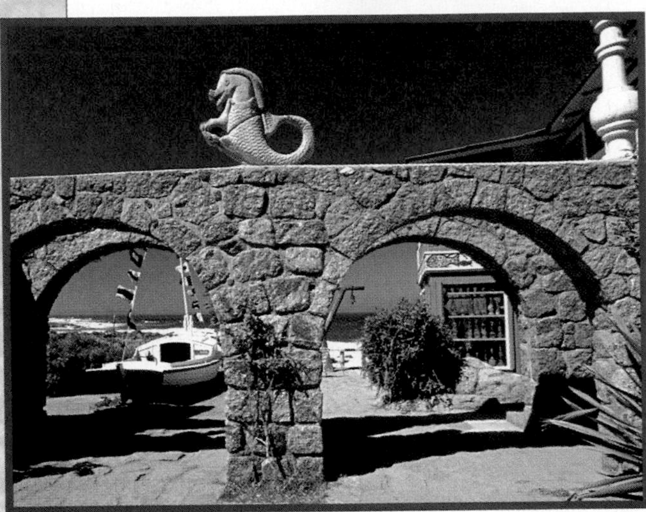
Isla Negra

Pablo Neruda, además de poeta, fue un asiduo° viajero. Sus continuos viajes como cónsul y su posterior exilio político lo llevaron a una veintena de países. La distancia marcó, sin duda, su eterno deseo de crear refugios personales en sus casas de Chile y le dio la oportunidad de coleccionar una curiosa y enorme variedad de objetos. A lo largo de los años, Neruda compró y luego mandó construir y remodelar tres casas en su país natal: "La Sebastiana", en Valparaíso; "La Chascona", en Santiago; y la "Isla Negra", en la ciudad costera del mismo nombre. Para él, estas construcciones eran mucho más que simples casas; eran, como su poesía, creaciones personales y, muchas veces, una proyección de sus universos poéticos. Las iba construyendo sin prisa, con gran dedicación y eligiendo hasta el más mínimo detalle.

Isla Negra era la favorita del poeta, y allí fue enterrado° junto a Matilde Urrutia, su gran amor. Hoy día, las tres residencias son casas-museo y reciben más de 100.000 visitantes al año. La Fundación Pablo Neruda, creada por voluntad° expresa del poeta, las administra. Aparte de conservar su patrimonio artístico y encargarse del mantenimiento° de las casas, la fundación también organiza actividades culturales y exposiciones.

Hoy día, gracias al deseo de Neruda de mantener las casas como legado° para el pueblo chileno, todos sus admiradores pueden visitarlas y sentir, por un momento, que forman parte del particular mundo creativo del escritor. ■

Isla Negra

Neruda compró una pequeña cabaña en 1939 y la fue ampliando a lo largo de los años. La reconstruyó de tal manera que pareciera el interior de un barco. En su interior se destacan las colecciones de conchas marinas, botellas y mascarones de proa°.

La Chascona

Está situada en un terreno empinado° en Santiago de Chile. Se inició su construcción en 1953 y fue bautizada "La Chascona" en honor a Matilde Urrutia. *Chascona*, en Chile, significa "despeinada°".

La Sebastiana

La casa, llamada así en honor al arquitecto Sebastián Collado, está en la ciudad de Valparaíso. Se inauguró el 18 de septiembre de 1961. Decorada también con motivos marinos, y con una vista panorámica de la ciudad y la bahía, era el lugar favorito de Neruda para pasar la Nochevieja°.

asiduo *frequent* **enterrado** *buried* **voluntad** *wish* **mantenimiento** *maintenance* **legado** *legacy* **mascarones de proa** *figureheads* **empinado** *steep* **despeinada** *with tousled hair* **Nochevieja** *New Year's Eve*

En detalle Pablo Neruda said that his houses were reflections of his poetic universe. Ask students if they believe that the home is a reflection of one's inner self. **¿Creen que una casa puede transmitir el espíritu de las personas que viven en ella? ¿Cómo?**

Así lo decimos Give students additional vocabulary words. Ex: **el mosaico** (*mosaic*), **el fresco/la pintura al fresco** (*fresco painting*), **el cómic** (*comic*), **las artesanías** (*crafts*).

Perfil Encourage students to reread "**Poema 20**" from **Lección 1, p. 33**. If appropriate, have small groups read another of Neruda's poems. Then have them discuss how they might visually represent the poem.

ASÍ LO DECIMOS

Artes visuales

el arte digital *digital art*
el arte gráfico *graphic art*
el videoarte *video art*

la cerámica *pottery*
el dibujo *drawing; sketching*
el grabado *engraving*
el grafiti *graffiti*
el mural *mural painting*
la orfebrería *goldwork*
el tapiz *tapestry*

EL MUNDO HISPANOHABLANTE

Otros creadores

Frida Kahlo es una de las figuras más representativas de la pintura introspectiva mexicana del siglo XX. Su vida estuvo marcada por enfermedades y un matrimonio tortuoso con el muralista Diego Rivera. Es conocida principalmente por sus autorretratos, en los que expresa el dolor de su vida personal (ver **p. 232**).

Santiago Calatrava es el arquitecto español de más fama internacional en la actualidad. En sus creaciones predomina el color blanco. El Palacio de Artes Reina Sofía, el Museo de las Ciencias y el Hemisférico, en Valencia (España) son algunas de sus obras más destacadas.

Ariel Lacayo Argueñal es un famoso chef nicaragüense. Estudió administración y cursó una maestría en enología en los Estados Unidos. En el restaurante neoyorquino Patria cocinó para celebridades como los Clinton, Nicole Kidman y los príncipes de Mónaco. Hoy, junto a su padre, deleita paladares° en un restaurante criollo en Nicaragua.

PERFIL

NERUDA EN LA PINTURA

de la serie
Todo en ti fue naufragio,
Guillermo Núñez

En el año 2002, la Fundación Pablo Neruda y la Fundación Amigos del Arte organizaron una particular exposición para conmemorar el centenario° del poeta chileno más reconocido, Pablo Neruda. Al mismo tiempo querían celebrar los ochenta años del libro de poemas en español más leído del siglo XX, *Veinte poemas de amor y una canción desesperada*. Participaron en el proyecto veintiún pintores chilenos. Su labor: elegir un poema de Neruda, interiorizarlo y plasmar° su proceso de lectura en una pintura. El resultado de la exposición fue un estimulante diálogo entre palabra e imagen. Todos los participantes reflexionaron sobre la palabra poética y, al mismo tiempo, sobre su propio proceso creativo. Entre los pintores que colaboraron estaba el internacionalmente reconocido Guillermo Núñez, quien publicó un libro que cuenta la experiencia de pintar la obra de Neruda. Núñez lleva la conexión entre literatura y pintura a un nivel de alta complejidad.

Guillermo Núñez

"La eternidad es una de las raras virtudes de la literatura."
(Adolfo Bioy Casares, escritor argentino)

Conexión Internet

¿Qué papel tuvo el arquitecto español Germán Rodríguez Arias en las casas de Neruda?

To research this topic, go to **enfoques.vhlcentral.com**.

centenario *centennial (hundred-year celebration of Neruda's birth)*
plasmar *give expression to* **deleita paladares** *pleases the palate*

El mundo hispanohablante Ask heritage speakers if they are familiar with any other artists from their families' home countries.

Teaching option Call on a volunteer to read the quote aloud. Ask: **¿Creen que otras formas de arte además de la literatura también son eternas? Den ejemplos.**

① After completing the activity, have students create corresponding questions for each item. Ex: **¿Salió Neruda de Chile?**

③ For item 3, ask students to create their own definition of art. Then call on volunteers to share their definitions with the class.

¿Qué aprendiste?

1 ¿Cierto o falso? Indica si estas afirmaciones son **ciertas** o **falsas**. Corrige las falsas.

1. Neruda no salió nunca de Chile. Falso. Viajó como cónsul y luego estuvo en el exilio por razones políticas.
2. Neruda coleccionó una curiosa y enorme variedad de objetos. Cierto.
3. Neruda tenía dos casas en Chile: Isla Negra y La Chascona. Falso. Neruda tenía tres casas en Chile: La Sebastiana, Isla Negra y La Chascona.
4. La casa La Chascona se llama así porque está ubicada en un pueblo que también tiene ese nombre. Falso. La casa La Chascona se llama así en honor a Matilde Urrutia.
5. Neruda intervenía muy activamente en la construcción y decoración de sus casas. Cierto.
6. El poeta está enterrado junto a su esposa en La Sebastiana. Falso. El poeta está enterrado en Isla Negra.
7. Hoy día, las tres casas más famosas del poeta son museos. Cierto.
8. La Fundación Pablo Neruda se creó por deseo e iniciativa de los admiradores del poeta. Falso. La Fundación Pablo Neruda se creó por deseo expreso del poeta.
9. La casa Isla Negra está decorada como si fuera un barco. Cierto.
10. A Pablo Neruda le gustaba pasar la Nochevieja en la casa La Sebastiana. Cierto.
11. En la Chascona se destaca una colección de conchas marinas. Falso. En Isla Negra se destaca una colección de conchas marinas.
12. La Sebastiana, ubicada en Santiago, tiene una vista privilegiada de la ciudad. Falso. La Sebastiana está ubicada en Valparaíso.

2 Oraciones incompletas Completa las oraciones con la información correcta.

1. La Fundación Neruda y la Fundación Amigos del Arte organizaron una exposición para conmemorar 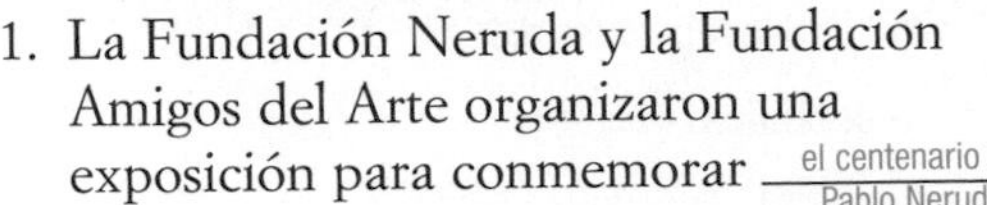 el centenario de Pablo Neruda.
2. Los veintiún artistas que participaron tenían que pintar un cuadro inspirado en un poema.
3. En las creaciones de Santiago Calatrava predomina el color blanco.
4. Frida Kahlo se casó con Diego Rivera.

3 Preguntas Contesta las preguntas.

1. ¿Crees que la cerámica y la orfebrería son artes u oficios (*trades*)?
2. ¿Alguna vez hiciste alguna obra usando una de las técnicas de la lista de **Así lo decimos**? ¿Qué hiciste?
3. ¿Crees que un grafiti o el trabajo de un chef se pueden considerar obras de arte? Explica tu respuesta.

4 Opiniones En parejas, elijan otro artista o creador hispano que no haya sido mencionado en esta lección. Expliquen por qué les interesa ese artista o sus obras.

MODELO Hemos elegido al pintor y escultor colombiano Fernando Botero. Nos interesan sus esculturas voluminosas porque...

 Practice more at **enfoques.vhlcentral.com.**

PROYECTO

Artistas

Elige una obra en particular de uno de los artistas que se han presentado en **El mundo hispanohablante**. Busca información y prepara una presentación breve para la clase. No olvides mostrar una fotografía o ilustración de la obra. Usa las preguntas como guía.

- ¿Quién es el/la artista?
- ¿Cómo se llama la obra?
- ¿Cuáles son las características de la obra?
- ¿Por qué es famosa la obra y por qué la elegiste?

④ For additional discussion, have volunteers share the first time they experienced the works of their favorite artists.

Proyecto Encourage students to make their presentations interactive by beginning with a thought-provoking question.

Arquitectura modernista

Ahora que ya sabes acerca de las casas de Pablo Neruda en Chile, mira este episodio de **Flash Cultura**. Conocerás los diferentes tipos de la singular arquitectura modernista en Barcelona y a sus máximos representantes.

VOCABULARIO ÚTIL

brillar *to shine*
la calavera *skull*
el encargo *job, assignment*
la fachada *front of building*
el hierro forjado *wrought iron*
el tejado *tile roof*
el tranvía *streetcar*
redondeado/a *rounded*

Preparación ¿Qué tipo de arquitectura te gusta? ¿Prefieres los edificios modernos o los edificios más tradicionales? ¿Cuál es tu monumento favorito? ¿Por qué es especial para ti?

Comprensión Indica si estas afirmaciones son ciertas o falsas. Después, en parejas, corrijan las falsas.

1. La zona de Barcelona donde está la Casa Batlló se conoce como La Gran Manzana. Falso. Esta zona se conoce como La Manzana de la Discordia.
2. En el Paseo de Gracia hay casas con estilos muy diferentes y contrastantes. Cierto.
3. El modernismo en Cataluña es muy diferente al modernismo del resto de Europa porque los arquitectos modernistas catalanes dan menos importancia a la estética y a los materiales. Falso. Los arquitectos modernistas catalanes dan más importancia a la estética y a los materiales.
4. Lluís Domènech i Montaner fue el creador de la Sagrada Familia. Falso. Antonio Gaudí fue el creador de la Sagrada Familia.
5. Puig i Cadafalch fue influenciado por la arquitectura holandesa y flamenca. Cierto.
6. La sala de las cien columnas está en el Parque Güell. Cierto.

Expansión En parejas, contesten estas preguntas.

- ¿Qué obra del video les ha gustado más? ¿Por qué?
- ¿Dónde preferirían vivir: en la Casa Amatller, en la Casa Batlló o en una de las casas de Neruda? ¿Por qué?
- ¿Conocen otros monumentos que contengan algunas de las características del modernismo? ¿Cuáles?

Corresponsal: Mari Carmen Ortiz
País: España

Entre 1880 y 1930, surge° el modernismo en Cataluña de forma radicalmente diferente al resto de Europa.

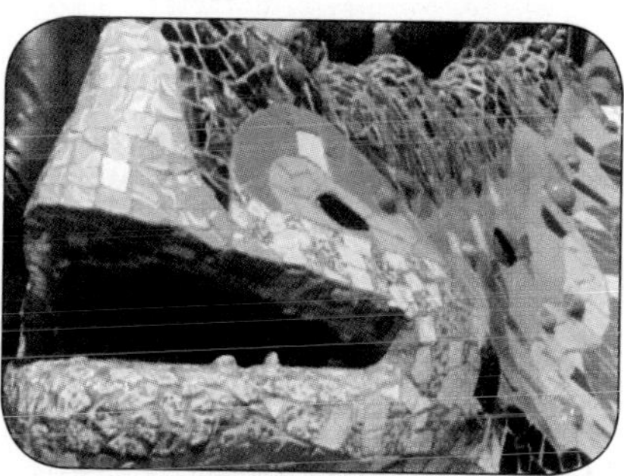

El Parque Güell posee los toques y detalles característicos de Gaudí. El uso de baldosines° irregulares… formas curvas… contrastes sorpresivos…

Desgraciadamente, su inesperada muerte paralizó las obras, y el edificio sigue todavía inacabado a pesar de los muchos esfuerzos de continuación.

surge *emerges* **baldosines** *ceramic tiles*

INSTRUCTIONAL RESOURCES
Supersite: Textbook/SAM AK, Lab MP3s, Audioscripts
SAM/WebSAM: WB, LM

TALLER DE CONSULTA

MANUAL DE GRAMÁTICA
Más práctica

10.1 The future perfect, p. A53

10.2 The conditional perfect, p. A54

10.3 The past perfect subjunctive, p. A55

Más gramática

10.4 **Si** clauses with compound tenses, p. A56

Review the present perfect and past perfect before introducing the future perfect. Remind students that the past participle does not change form in any perfect tense.

TALLER DE CONSULTA

To review irregular past participles, see 7.1, pp. 256–257.

To review the subjunctive after conjunctions of time or concession, see 6.2, pp. 220–221.

To express probability regarding present or future occurrences, use the future tense. See 6.1, pp. 216–217.

To illustrate the future of probability, draw a time line on the board, with the headings *past, present,* and *future.* Write these three sentences under the appropriate heads:
¿A qué hora habrán llegado?
I wonder what time they arrived.
¿Qué hora será?
I wonder what time it is.
¿A qué hora llegarán?
I wonder when they will arrive.

10.1 The future perfect

- The future perfect tense (**el futuro perfecto**) is formed with the future of **haber** and a past participle.

The future perfect

pintar	vender	salir
habré pintado	habré vendido	habré salido
habrás pintado	habrás vendido	habrás salido
habrá pintado	habrá vendido	habrá salido
habremos pintado	habremos vendido	habremos salido
habréis pintado	habréis vendido	habréis salido
habrán pintado	habrán vendido	habrán salido

- The future perfect is used to express what *will have happened* at a certain point. The phrase **para** + [*time expression*] is often used with the future perfect.

Ya **habré leído** la novela para el lunes.
I will already have read the novel by Monday.

Para el año que viene, los arquitectos **habrán diseñado** el nuevo museo.
By next year, the architects will have designed the new museum.

- **Antes de (que), (para) cuando, dentro de**, and **hasta (que)** are also used with time expressions or other verb forms to indicate when the action in the future perfect will have happened.

Cuando lleguemos al teatro, ya **habrá empezado** la obra.
When we get to the theater, the play will have already started.

Lo **habré terminado dentro de** dos horas.
I will have finished it within two hours.

- The future perfect may also express speculation regarding a past action.

¿**Habrá tenido** éxito la exposición de este fin de semana?
I wonder if this weekend's exhibition was a success.

No lo sé, pero **habrá ido** mucha gente a verla.
I don't know, but a lot of people will have gone to see it.

Me imagino que habrán visto toda la exposición.

Práctica y comunicación

NATIONAL communication STANDARDS

TALLER DE CONSULTA

MANUAL DE GRAMÁTICA
Más práctica

10.1 The future perfect, p. A53

1 **Artes y letras** Completa las oraciones con el futuro perfecto.

1. Me imagino que ustedes ___habrán leído___ (leer) el poema para mañana.
2. ¿ ___Habrá conocido___ (conocer) Juan a la famosa autora?
3. Para la próxima semana, Ana y yo ___habremos terminado___ (terminar) de leer el cuento.
4. Le dije al pintor que yo ___habré conseguido___ (conseguir) una modelo para el jueves.
5. Me imagino que las obras ya se ___habrán vendido___ (vender).

① For additional support, have students underline the subject in each sentence before they complete the activity.

2 **Planes** Tú y tus amigos habían planeado encontrarse a las seis de la tarde para ir al ballet, pero nadie ha venido y tú no sabes por qué. Escribe suposiciones con la información del cuadro. Sigue el modelo.

MODELO **Entendí mal los planes.**
Habré entendido mal los planes.

Me dejaron un mensaje telefónico.	1. Me habrán dejado un mensaje telefónico.
Uno de mis amigos tuvo un accidente.	2. Uno de mis amigos habrá tenido un accidente.
Me equivoqué de día.	3. Me habré equivocado de día.
Fue una broma.	4. Habrá sido una broma.
Lo soñé.	5. Lo habré soñado.

② As a variant, ask students to imagine that a professor did not come to class on the day of the final exam. Have them brainstorm possible reasons using the future perfect.

Teaching option Divide the class into teams of six. Call out an infinitive in Spanish and have the first representative write the **yo** future perfect form of the verb on a piece of paper and pass it to the second member, who writes the **tú** form, and so forth. The first group to finish the entire paradigm correctly wins a point.

3 **Excusas** Cada vez que la profesora hace preguntas, Mónica responde con excusas. En parejas, utilicen el futuro perfecto para completar la conversación. Después, inventen un final para la conversación.

devolver **entregar** **escribir** **ir** **pedir** **ver**

PROFESORA Buenos días. ¿Todos (1) ___habrán entregado/habrán escrito___ el ensayo para el final del día?

MÓNICA Yo lo (2) ___habré escrito/habré entregado___ para el viernes, profesora.

PROFESORA Pero me imagino que tú ya (3) ___habrás visto___ la exposición del escultor, ¿verdad?

MÓNICA Pues... estuve con fiebre... todo el fin de semana. Pero voy mañana.

PROFESORA Por lo menos (4) ___habrás ido___ a la biblioteca a hacer las investigaciones necesarias, ¿no?

MÓNICA Pues, fui, pero otro estudiante ya había sacado los libros que necesitaba. Según la bibliotecaria, él los (5) ___habrá devuelto/habrá entregado___ para mañana.

4 **El futuro** Hazles estas preguntas a tres de tus compañeros/as.

- Cuando terminen las próximas vacaciones de verano, ¿qué habrás hecho?
- Antes de terminar tus estudios universitarios, ¿qué aventuras habrás tenido?
- Dentro de diez años, ¿dónde habrás estado y a quién habrás conocido?
- Cuando tengas cuarenta años, ¿qué decisiones importantes habrás tomado?
- Cuando seas anciano/a, ¿qué lecciones habrás aprendido de la vida?

④ Ask groups to make anonymous lists of each member's responses using complete sentences. Then have groups exchange lists and try to identify each student based on the responses.

Practice more at **enfoques.vhlcentral.com.**

10.2 The conditional perfect

INSTRUCTIONAL RESOURCES
Supersite: Textbook/SAM AK, Lab MP3s, Audioscripts
SAM/WebSAM: WB, LM

TALLER DE CONSULTA

To review irregular past participles, see 7.1, pp. 256–257.

The conditional perfect is frequently used after **si** clauses that contain the past perfect subjunctive. See **Manual de gramática, 10.4,** p. A56.

Remind students that the past participle does not change form in any perfect tense.

Habría preferido ir
al cine. Estas pinturas
son una porquería.

- The conditional perfect tense (**el condicional perfecto**) is formed with the conditional of **haber** and a past participle.

The conditional perfect

pensar	tener	sentir
habría pensado	habría tenido	habría sentido
habrías pensado	habrías tenido	habrías sentido
habría pensado	habría tenido	habría sentido
habríamos pensado	habríamos tenido	habríamos sentido
habríais pensado	habríais tenido	habríais sentido
habrían pensado	habrían tenido	habrían sentido

- The conditional perfect tense is used to express what *might have occurred* but did not.

Habría ido al museo, pero mi novia tenía otros planes.
I would have gone to the museum, but my girlfriend had other plans.

Seguramente **habrías ganado** la apuesta.
You probably would have won the bet.

Otros actores **habrían representado** mejor esta obra.
Other actors would have performed this play better.

Creo que Andrés **habría sido** un gran pintor.
I think Andrés would have been a great painter.

Teaching option Write several sentences on the board and ask volunteers to conjugate the verbs, choosing the correct perfect tense. Ex:

1. **Julián _______ (hacer) los quehaceres, pero llegó Luisa y lo invitó al museo. (habría hecho)**
2. **Cuando lleguen mis amigos, yo ya _______ (terminar) el trabajo para mi clase de español. (habré terminado)**
3. **Me molesta que mis primas no me _______ (invitar) a su exposición. (hayan invitado)**

- The conditional perfect may also express probability or conjecture about the past.

¿**Habrían apreciado** los críticos su gran creatividad?
I wonder if the critics might have appreciated her great creativity.

Los **habría sorprendido** con su talento.
She might have surprised them with her talent.

Práctica y comunicación

1 Lo que habrían hecho Completa las oraciones con el condicional perfecto.

1. No me gustó la obra de teatro. Incluso yo mismo habría imaginado (imaginar) un protagonista más interesante.
2. Yo, en su lugar, lo habría dibujado (dibujar) de modo más abstracto.
3. A la autora le habría gustado (gustar) escribir ficción histórica, pero el público sólo quería más novelas rosas.
4. Nosotros habríamos escrito (escribir) ese cuento desde otro punto de vista.
5. ¿Tú habrías hecho (hacer) lo mismo en esa situación?

2 Otro final En parejas, conecten las historias con sus finales. Luego utilicen el condicional perfecto para inventar otros finales. Sigan el modelo.

MODELO ***Titanic* / El barco se hunde (*sinks*).**
En nuestra historia, el barco no se habría hundido. Los novios se habrían casado y...

La Bella y la Bestia	El monstruo mata a su creador.
Frankenstein	Se casa con el príncipe.
El Señor de los Anillos	Frodo destruye el anillo.
Romeo y Julieta	Regresa a su hogar en Kansas.
El Mago de Oz	Los novios se mueren.

3 ¿Y ustedes? En parejas, miren los dibujos y túrnense para decir lo que habrían hecho en cada situación. Utilicen el condicional perfecto y sean creativos/as.

4 Autobiografías Utiliza el condicional perfecto para escribir un párrafo de tu autobiografía. Menciona tres cosas que no cambiarías de tu vida y tres cosas que habrías hecho de forma diferente.

Practice more at **enfoques.vhlcentral.com.**

TALLER DE CONSULTA

MANUAL DE GRAMÁTICA
Más práctica

10.2 The conditional perfect, p. A54

1 Before beginning the activity, point out that **yo, en su lugar** and similar phrases take the conditional or the conditional perfect.

2 For expansion, give students additional stories or have them brainstorm their own. Ex: ***E.T., Lo que el viento se llevó*** *(Gone with the Wind).*

3 Give students additional vocabulary to complete the activity: **chupete**, **martillo**, **pistola**, etc.

3 For additional practice, continue the exercise with photos from magazines and newspapers.

4 As a variant, have students write a paragraph of the autobiography of a famous person.

Teaching option Ask students to state what these people would have done had they had more money: **mis padres, yo, mi mejor amigo/a, los estudiantes de la universidad**. Ex: **Con más dinero, mis padres habrían comprado una pintura de Picasso.**

10.3 The past perfect subjunctive

INSTRUCTIONAL RESOURCES
Supersite: Textbook/SAM AK, Lab MP3s, Audioscripts
SAM/WebSAM: WB, LM

TALLER DE CONSULTA

The alternative past subjunctive forms of **haber** may also be used with the past participle to form the past perfect subjunctive. See 8.2, pp. 298–299.

Ojalá hubieras/hubieses participado más en el proyecto.
I wish you had participated more in the project.

• • • •

The past perfect subjunctive is also frequently used in **si** clauses. See **Manual de gramática, 10.4,** p. A56.

Si me hubieran invitado, habría ido a la exposición.
If they had invited me, I would have gone to the exhibition.

Remind students that the past participle does not change form in any perfect tense.

To review the subjunctive, write several trigger expressions on the board and ask volunteers to complete each sentence. Ex: **Fue imposible que...**

Me molestó que hubieras pedido ese cambio.

Quizás hubiera sido una falta de respeto.

- The past perfect subjunctive (**el pluscuamperfecto del subjuntivo**) is formed with the past subjunctive of **haber** and a past participle.

The past perfect subjunctive

cambiar	poder	influir
hubiera cambiado	hubiera podido	hubiera influido
hubieras cambiado	hubieras podido	hubieras influido
hubiera cambiado	hubiera podido	hubiera influido
hubiéramos cambiado	hubiéramos podido	hubiéramos influido
hubierais cambiado	hubierais podido	hubierais influido
hubieran cambiado	hubieran podido	hubieran influido

- The past perfect subjunctive is used in subordinate clauses under the same conditions for other subjunctive forms. It refers to actions or conditions that had taken place before another past occurrence.

Le molestó que los escritores no **hubieran asistido** a su conferencia.
It annoyed her that the writers hadn't attended her lecture.

No era cierto que la galería **hubiera cerrado** sus puertas definitivamente.
It was not true that the gallery had closed its doors permanently.

- When the action in the main clause is in the past, both the past subjunctive and the past perfect subjunctive can be used in the subordinate clause. However, the meaning of each sentence may be different.

PAST SUBJUNCTIVE

Esperaba que me **llamaras.** ¡Qué bueno oír tu voz!
I was hoping you would call me. It's great to hear your voice!

Deseaba que me **ayudaras.**
I wished that you would help me.

PAST PERFECT SUBJUNCTIVE

Esperaba que me **hubieras llamado.** ¿Qué pasó?
I wished that you would have called me. What happened?

Deseaba que me **hubieras ayudado.**
I wished that you would have helped me.

Práctica y comunicación

1 **Hubiera...** Completa las oraciones con el pluscuamperfecto del subjuntivo.

1. Habría ido al teatro si no hubiera llovido (llover).
2. Si yo hubiera logrado (lograr) publicar mi libro, habría sido un superventas.
3. Me molestó que ellos no le hubieran dado (dar) el premio al otro poeta.
4. Si nosotros hubiéramos pensado (pensar) eso, lo habríamos dicho.
5. Si ella hubiera pedido (pedir) más por sus cuadros, habría ganado millones.
6. ¡Qué lástima que sus padres no hubieran apoyado (apoyar) su interés por las artes!

2 **Oraciones** Une los elementos de las columnas para crear cinco oraciones con el pluscuamperfecto del subjuntivo.

Dudaba de que	yo	escribir cuentos policíacos
Esperábamos que	tú	ganar un premio literario
Me sorprendió que	el artista	tener talento
Ellos querían que	nosotros	venir a la exposición
No creías que	los poetas	vender ese autorretrato

3 **¡A quejarse!** Daniel es escritor y Graciela es pintora. Tienen mucho talento, pero no han tenido éxito en sus profesiones. En parejas, utilicen el pluscuamperfecto del subjuntivo para escribir una conversación en la que se quejan de las oportunidades que perdieron.

MODELO **GRACIELA** No fue justo que le hubieran dado ese premio literario a García Márquez. Tienes mucho más talento que él..

No fue justo que....
No podía creer que...
Si hubiera logrado...
Si tú sólo hubieras...

4 **Síntesis** En grupos de cuatro, dramaticen una conversación en la que uno/a de ustedes entrevista al ganador(a) y a los dos finalistas del concurso *El ídolo de la música*. Utilicen por lo menos tres usos del futuro perfecto, del condicional perfecto y del pluscuamperfecto del subjuntivo. Luego representen su entrevista para la clase.

MODELO

REPORTERO Felicitaciones a Carolina, el nuevo ídolo de la música. ¡El año que viene será increíble! ¿Qué crees que habrá pasado para esta fecha, el próximo año?

GANADORA Pues, seguramente habré grabado mi primer disco y...

REPORTERO Christopher, tus aficionados no habrán creído lo que pasó esta noche. Si hubieras tenido otra oportunidad, ¿qué habrías hecho de manera diferente?

FINALISTA Quizás si hubiera cantado algo más clásico, los jueces no me habrían criticado tanto. O si hubiera...

Practice more at **enfoques.vhlcentral.com.**

TALLER DE CONSULTA

MANUAL DE GRAMÁTICA
Más práctica

10.3 The past perfect subjunctive, p. A55

1 For expansion, write four additional cloze sentences on the board. Have pairs complete them with the verbs of their choice and then read their sentences aloud. Have the class vote on the most creative sentences.

3 Before completing the activity, review **8.3 Si** clauses with simple tenses (pp. 302–303) and **10.4 Si** clauses with compound tenses (p. A57).

4 To help groups get started, have them brainstorm verbs and vocabulary words to use in their interviews.

Teaching option For additional practice, make a series of statements using the past perfect indicative, then begin reactions to the statements using the past perfect subjunctive. Have students complete the reactions. Ex: **Jorge había esculpido una estatua para el festival. Fue maravilloso que... (Jorge hubiera esculpido una estatua para el festival).**

Antes de ver el corto

INSTRUCTIONAL RESOURCES
Supersite/DVD: Film Collection
Supersite: Script & Translation

LAS VIANDAS

país España
duración 19 minutos
director José Antonio Bonet

protagonistas Papandreu (chef), el comensal, empleados del restaurante, otros comensales

Vocabulario

acompañar *to come with*
la barbaridad *outrageous thing*
el cochinillo *suckling pig*
el/la comensal *dinner guest*
el compromiso *awkward situation*
contundente *filling; heavy*
el jabalí *wild boar*
la ofensa *insult*

① For additional practice, have students form sentences with the remaining words and read their sentences aloud.

1 Definiciones Completa las oraciones con las palabras apropiadas.

1. Cuando un plato es muy caro, podemos decir que cuesta una barbaridad.
2. Si un plato te llena inmediatamente, significa que es un plato contundente.
3. Alguien que está invitado a comer es un comensal.
4. Un jabalí es una especie de cerdo salvaje.
5. En algunas culturas, rechazar la comida es una ofensa.
6. Meter a alguien en un compromiso significa ponerlo en una situación incómoda.

② Continue the discussion by asking additional questions. Ex: **¿Creen que el arte puede ser terapéutico? Den ejemplos de alguna situación en la cual el arte les ayudó a superar un momento difícil.**

2 Preguntas En parejas, contesten las preguntas.

1. ¿Te gusta cocinar? ¿Crees que cocinar es un arte?
2. ¿Qué profesiones consideras que son arte? ¿Por qué?
3. ¿Conoces a alguien que sea o que se considere artista? ¿Cómo es?
4. Según tu opinión, ¿tienen los artistas una personalidad diferente a las personas que no son artistas? Explica tu respuesta.

③ Have students write down their predictions. After watching the film, call on students to read their predictions and see if they were correct.

3 ¿Qué sucederá? En parejas, miren los fotogramas e imaginen lo que va a ocurrir en la historia. Compartan sus ideas con la clase.

 Practice more at **enfoques.vhlcentral.com.**

Short Film

presenta

ROBERTO ÁLVAREZ JOSÉ MARÍA POU

Las Viandas

(Viands)

un film de/a film by

JOSE ANTONIO BONET

PEDRO CASABLANC MIGUEL DEL ARCO JOSÉ RAMÓN PARDO SARA ILLÁN

LOLA LEMOS MARGARITA LASCOITI JORGE SUQUET ANNE CAILLON JEAN-MARIE MONDINI JOSE TORIJA ISABEL GALVEZ ANDREA RAMIREZ CLAUDIA ALVAREZ

Productor Ejecutivo/Executive Producer PEDRO PALACIOS Productor Asociado/Associate Producer CHRISTOPHE BOUFFIL-CANTONI Fotografía/Director of Photography ALFONSO POSTIGO Casting JOSÉ CARLOS RUIZ Director de Arte/Art Director HÉCTOR G. BERTRAND Música/Music NACHO CABELLO Montaje/Editing ADORACIÓN G. ELIPE Vestuario/Costumes JOSÉ MARÍA DE COSSÍO Sonido Directo/Sound Recording SOUNDERS CREACIÓN SONORA Postproducción de Sonido/Sound Postproduction DAVID RODRIGUEZ basado en un argumento de/based on a story by SANTIAGO G. AGULLÓ & JOSÉ ANTONIO BONET con la participación de/with the collaboration of JAVIER F. VALLADO

Escrita y Dirigida por/Written and Directed by JOSÉ ANTONIO BONET

CANAL+ ESPAÑA

Pecera

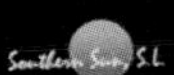

ica

Synopsis A man goes to a restaurant in the mountains and orders the daily special. The world-renowned chef presents him with a veritable feast of *haute cuisine*, but when the customer is unable to clear his plate, the waiter insists that the chef must not be offended. The situation becomes so desperate that the man tries to escape through a bathroom window!

Preview

- Ask students their views on proper etiquette when eating a meal at a restaurant. **¿Alguna vez se han sentido obligados a comer algo que no les haya gustado? ¿Les parece de mala educación no terminar la comida en un restaurante?**
- Explain that the chef in the film is not a native Spanish speaker. He speaks Spanish with a foreign accent and tends to omit words (denoted by brackets in the film stills).

Escenas

ARGUMENTO Un hombre va a un restaurante perdido en las montañas, donde probará los platos de un chef extranjero muy especial.

COMENSAL Buenas tardes. ¿Todavía se puede comer?
MAITRE Por supuesto. Leonora, el abrigo del señor... ¿Me acompaña, por favor?

MAITRE El primer plato del menú: sopa de judiones° con tocino° y salchicha vienesa°. El señor Papandreu, nuestro chef, ganó un premio con este plato.
COMENSAL ¿No le parece un poco contundente?

(Murmullos)
CHEF ¿El nuevo devuelve [la] comida?
CAMARERO Sí, sí, sí.
CHEF ¡Esto es una ofensa! ¡Nadie devuelve nunca [la] comida a Papandreu! ¡Papandreu es un artista! ¡Papandreu es [el] número uno! *(gritos)* Un artista.

MAITRE Señor, nos está poniendo a todos en un serio compromiso. Debe comerse el cochinillo de inmediato.
COMENSAL ¿Pero es que no lo entiende? ¡No puedo más!

COMENSAL Perdóneme, señor, pero ¡tengo que pedirle ayuda! Bueno, usted mismo lo está viendo. ¡Quieren que me coma un cochinillo! ¿Pero están locos?
HOMBRE No se preocupe. Lo he visto todo y tiene razón. Le comprendo. Confíe en mí. Hablaré con Papandreu.

COMENSAL *(gritando)* ¡No quiero comer más! ¡No quiero comer este jabalí!
CHEF ¡Quieto! ¡Vas a comer jabalí como [un] niño bueno! ¡Come!
(Después de que el cliente come el jabalí.)
CHEF ¡El postre! ¡Papandreu, artista genial!

judiones *butter beans* **tocino** *bacon* **salchicha vienesa** *frankfurter*

Después de ver el corto

1 Comprensión Contesta las preguntas con oraciones completas.

1. ¿Dónde está el restaurante?
   El restaurante está en las montañas.
2. ¿Qué ocurre cuando el cliente dice que no puede comer más sopa?
   La camarera le sirve más.
3. ¿Por qué se enoja el chef cuando regresa el camarero a la cocina?
   El chef se enoja porque dice que nadie devuelve sus platos.
4. ¿Para qué va el comensal al servicio (*restroom*)?
   El cliente va al servicio para escaparse por la ventana.
5. En el servicio, ¿qué le promete el otro comensal al protagonista?
   Le promete que va a ayudarle y que va a hablar con el chef.
6. ¿Qué hace el protagonista al ver que el otro comensal no lo ha ayudado?
   El protagonista intenta ir a su carro.
7. ¿Qué hacen los camareros y el chef cuando lo detienen?
   Los camareros y el chef lo obligan a comer.

2 Ampliación Contesta las preguntas con oraciones completas.

1. ¿Por qué dice el chef que todo el mundo debe probar su comida?
2. ¿Por qué crees que los otros clientes no ayudan al protagonista?
3. ¿Qué temas se tratan en *Las viandas* además de la cocina?
4. ¿Crees que Papandreu es un artista? ¿Por qué? ¿Es común que los artistas se comporten así?
5. ¿Qué sucede al final de la historia? ¿Podrá el protagonista irse del restaurante? ¿Y los demás comensales?
6. ¿Qué habrías hecho tú si fueras el protagonista?

3 Los comensales En parejas, elijan un fotograma y describan la vida del personaje o los personajes. Escriban por lo menos cinco oraciones. Usen las preguntas como guía.

- ¿Cómo son?
- ¿Por qué están en el restaurante?
- ¿Cómo son sus vidas?
- ¿Qué opinan de Papandreu?

4 ¡Soy un artista! En parejas, imaginen que se encuentran con un artista un poco especial, como el chef de *Las viandas*. La escena, sin embargo, se desarrolla en otro ambiente. Elijan uno de los lugares y personajes sugeridos, u otro que prefieran, y escriban un párrafo contando la historia. Después, compártanla con la clase.

- **un quirófano (*operating room*) y un cirujano de gran renombre**
- **una pasarela (*runway*) y una supermodelo**
- **un estudio de diseño y un diseñador premiado**
- **una peluquería y un estilista famoso**

 Practice more at **enfoques.vhlcentral.com.**

(2) Ask additional questions about the end of the film. **¿Creen que este cortometraje tiene un final abierto? ¿Por qué? ¿Cómo habría terminado esta historia si el cliente hubiera podido escapar?**

(3) As an expansion activity, have students describe these characters' first experiences at Chef Papandreu's restaurant.

(4) To help students get started, ask them to map out the main events in their stories before they begin writing.

Teaching option Ask students to imagine that the protagonist in ***Las viandas*** made a phone call to a friend or family member upon leaving the restaurant. Have pairs create a dialogue and perform it for the class. Encourage them to be creative.

Cantata, 1985
Armando Barrios, Venezuela

"La literatura nace del paso entre lo que el hombre es y lo que quisiera ser."

— Mario Vargas Llosa

Antes de leer

Continuidad de los parques

Sobre el autor

Julio Cortázar nació en Bruselas, Bélgica, en 1914. Llegó a Argentina cuando tenía cuatro años. En 1932 se graduó como maestro de escuela y luego comenzó sus estudios en la Universidad de Buenos Aires, los cuales no pudo terminar por motivos económicos. Desde 1951 hasta su muerte en 1984 vivió en París. A pesar de vivir muchos años fuera de Argentina, Cortázar siempre se mostró interesado en la realidad sociopolítica de América Latina. En sus textos, representa al mundo como un gran laberinto del que el ser humano debería escapar. Su obra se caracteriza por el uso magistral (*masterful*) del lenguaje y el juego constante entre la realidad y la fantasía. Por esta última característica se lo considera uno de los creadores del "realismo fantástico". Sus obras más destacacas (*best known*) son la novela *Rayuela* (1963) y libros de cuentos como *Historias de cronopios y de famas* (1962).

Vocabulario

acariciar *to caress*	**la coartada** *alibi*	**el repaso** *review*
al alcance *within reach*	**la mejilla** *cheek*	**el/la testigo** *witness*
el arroyo *stream*	**el pecho** *chest*	**la trama** *plot*

 **Oraciones incompletas** Completa las oraciones.

1. Antes del examen hicimos un ___repaso___.
2. La niña ___acaricia___ la ___mejilla___ de su hermanito y le sonríe.
3. Decidimos acampar junto al ___arroyo___.
4. El otro día fui ___testigo___ de un hecho extraordinario.

Conexión personal ¿Leíste alguna vez un libro tan interesante y fascinante que simplemente no podías dejar de leerlo? ¿Cuál? ¿Tuviste una experiencia similar con una película o serie de televisión?

Análisis literario: el realismo fantástico

Entretejer (*Weaving*) la ficción y la realidad se ha convertido en un recurso frecuente en la literatura latinoamericana. Este recurso es particularmente común en la obra de escritores argentinos como Jorge Luis Borges y Julio Cortázar. A diferencia del realismo mágico, que se caracteriza por mostrar lo maravilloso como normal, en el realismo fantástico se confunden realidad y fantasía. Se presenta un hecho real y se le agrega un elemento ilusorio o fantástico sin nunca marcar claramente los límites entre uno y otro. Esto lleva a historias dentro de historias y el lector debe darse cuenta, o a veces elegir conscientemente, en qué historia está o qué está sucediendo. A medida que leas *Continuidad de los parques,* busca elementos del realismo fantástico.

 Practice more at **enfoques.vhlcentral.com**

Conexión personal
Ask additional questions to spark discussion. **¿Por qué es importante identificarse con los personajes de una novela o película? ¿Creen que las experiencias personales influyen en la manera en que una persona interpreta una historia? Expliquen sus respuestas.**

Análisis literario
- Discuss fantastic realism. **¿Cuáles son las dificultades de leer una historia de realismo fantástico?**
- Read aloud the quote on p. 384 and discuss. **¿Es verdad que la literatura siempre representa lo que querríamos ser? ¿Prefieren que la literatura sea idealista o pesimista? Expliquen sus respuestas.**

Preview Have students discuss the relationship between fantasy and reality and give examples from other literature or art.

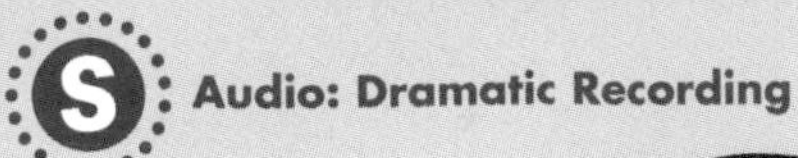

Teaching option Point out that this story is an example of metafiction, where the author makes references to the reading of fiction within the story itself. Ask students to consider this technique as they read.

Continuidad

Julio Cortázar

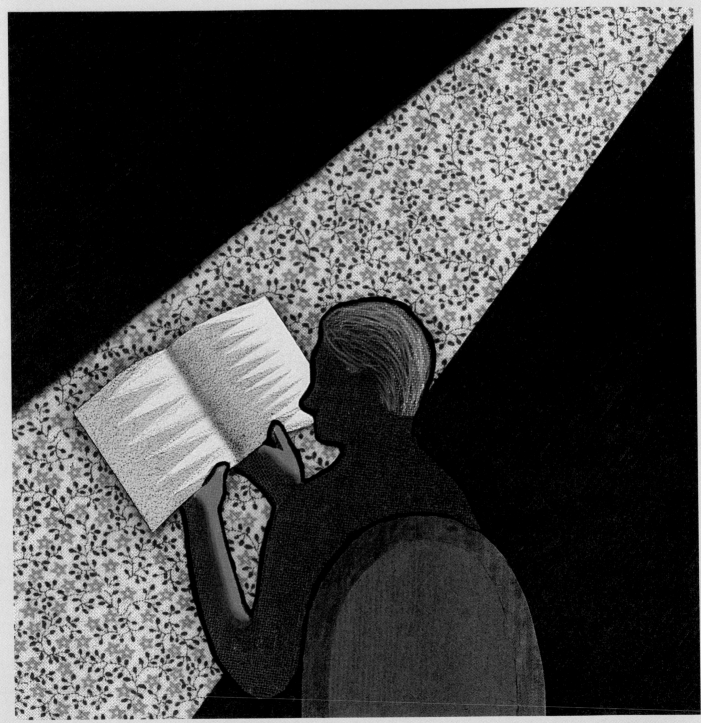

de los parques

Teaching option
Encourage students to read the text section by section, underlining sensory details for later discussion.

Había empezado a leer la novela unos días antes. La abandonó por negocios urgentes, volvió a abrirla cuando regresaba en tren a la finca°; se dejaba interesar lentamente por la trama, por el dibujo de los personajes. Esa tarde, después de escribir una carta a su apoderado° y discutir con el mayordomo° una cuestión de aparcerías°, volvió al libro en la tranquilidad del estudio que miraba hacia el parque de los robles°. Arrellanado° en su sillón favorito, de espaldas a la puerta que lo hubiera molestado como una irritante posibilidad de intrusiones, dejó que su mano izquierda acariciara una y otra vez el terciopelo° verde y se puso a leer los últimos capítulos. Su memoria retenía sin esfuerzo los nombres y las imágenes de los protagonistas; la ilusión novelesca lo ganó casi enseguida. Gozaba del placer casi perverso de irse desgajando° línea a línea de lo que lo rodeaba, y sentir a la vez que su cabeza descansaba cómodamente en el terciopelo del alto respaldo°, que los cigarrillos seguían al alcance de la mano, que más allá de los ventanales danzaba el aire del atardecer bajo los robles. Palabra a palabra, absorbido por la sórdida disyuntiva° de los héroes, dejándose ir hacia las imágenes que se concertaban y adquirían color y movimiento, fue testigo del último encuentro en la cabaña del monte°.

Primero entraba la mujer, recelosa°; ahora llegaba el amante, lastimada la cara por el chicotazo° de una rama°. Admirablemente restañaba° ella la sangre con sus besos, pero él rechazaba sus caricias, no había venido para repetir las ceremonias de una pasión secreta, protegida por un mundo de hojas secas y senderos furtivos. El puñal° se entibiaba° contra su pecho y debajo latía° la libertad agazapada°. Un diálogo anhelante° corría por las páginas como un arroyo de serpientes, y se sentía que todo estaba decidido desde siempre. Hasta esas caricias que enredaban° el cuerpo del amante como queriendo retenerlo y disuadirlo, dibujaban abominablemente la figura de otro cuerpo que era necesario destruir. Nada había sido olvidado: coartadas, azares, posibles errores. A partir de esa hora cada instante tenía su empleo minuciosamente atribuido. El doble repaso despiadado° se interrumpía apenas para que una mano acariciara una mejilla. Empezaba a anochecer.

Sin mirarse ya, atados rígidamente a la tarea que los esperaba, se separaron en la puerta de la cabaña. Ella debía seguir por la senda° que iba al norte. Desde la senda opuesta él se volvió un instante para verla correr con el pelo suelto. Corrió a su vez, parapetándose° en los árboles y los setos°, hasta distinguir en la bruma malva° del crepúsculo° la alameda° que llevaba a la casa. Los perros no debían ladrar°, y no ladraron. El mayordomo no estaría a esa hora, y no estaba. Subió los tres peldaños° del porche y entró. Desde la sangre galopando° en sus oídos le llegaban las palabras de la mujer: primero una sala azul, después una galería, una escalera alfombrada°. En lo alto, dos puertas. Nadie en la primera habitación, nadie en la segunda. La puerta del salón, y entonces el puñal en la mano, la luz de los ventanales, el alto respaldo de un sillón de terciopelo verde, la cabeza del hombre en el sillón leyendo una novela. ■

country house
agent
butler
sharecropping
oak trees / Settled
velvet
tearing off
back (of chair or sofa)
dilemma
the cabin in the woods
suspicious(ly)
lash / branch
staunched

dagger / was becoming warm
was beating
crouched (in wait) / yearning
were entangling
pitiless
trail
taking cover
hedges / mauve mist
twilight / poplar-lined path
bark
steps
pounding
carpeted

Después de leer

Continuidad de los parques

Julio Cortázar

1 **Comprensión** Ordena los hechos que suceden en el cuento.

2 a. Sentado en su sillón de terciopelo verde, volvió al libro en la tranquilidad del estudio.

5 b. Finalmente, ella se fue hacia el norte y él llegó hasta la casa del bosque.

1 c. Un hombre regresó a su finca después de haber terminado unos negocios urgentes.

8 d. Llegó hasta el salón y se dirigió hacia el hombre que, sentado en el sillón de terciopelo verde, estaba leyendo una novela.

6 e. Ese día los perros no ladraron y el mayordomo no estaba.

3 f. En la novela, una mujer y su amante se encontraban en una cabaña.

7 g. Él subió los tres peldaños del porche y entró en la casa.

4 h. Se habían reunido allí para terminar de planear un asesinato.

② Ask students to look at their answers to item 3. Then, have them work in pairs to invent a backstory, describing a series of events that leads one or more of the characters to this particular night.

2 **Interpretación** Contesta las preguntas.

1. Según se deduce de sus costumbres, ¿cómo crees que es la personalidad del hombre que estaba sentado en el sillón? Presenta ejemplos del cuento.
2. ¿Por qué crees que el mayordomo no trabajaba ese día?
3. ¿Qué relación hay entre la pareja de la cabaña y el hombre que está leyendo la novela?
4. ¿Quién crees que es la víctima? Haz una lista de las claves que hay en el cuento.
5. ¿Qué elementos visuales del cuento son propios de la novela de misterio?
6. ¿Cómo logra el escritor mantener la atención de sus lectores?

③ Before beginning the activity, ask: **¿Cuál es el punto de vista? ¿Quién narra la historia?**

3 **Análisis** En "Continuidad de los parques", Julio Cortázar mezcla la realidad con la ficción. En parejas, conversen sobre estas preguntas.

1. ¿Qué habría pasado si el hombre del sillón hubiera cerrado el libro antes?
2. Imaginen que la novela que está leyendo el hombre es de otro género: humor, romance, ciencia ficción, etc. ¿Cuál habría sido el final en ese caso? Escríbanlo y, luego, compártanlo con la clase.
3. Expliquen por qué creen que este cuento se titula "Continuidad de los parques".

④ Before students begin writing, have them reread the text and take notes on the adjectives used to describe the characters. Encourage them to recycle these words when writing their new ending.

4 **Un nuevo final** Escribe un párrafo que describa lo que sucede después del final del cuento. ¿Sobre cuál de las dos historias vas a escribir? ¿La historia del hombre que lee la novela o la segunda historia dentro de la primera?

Practice more at **enfoques.vhlcentral.com.**

Antes de leer

Vocabulario

la alusión *allusion*	**la narrativa** *narrative work*
el canon (literario) *(literary) canon*	**el relato** *story; account*
editar *to publish*	**transcurrir** *to take place*
el estereotipo *stereotype*	**tratar (sobre/acerca de)** *to be about; to deal with*
estético/a *aesthetic*	

La muerte y la doncella Completa las oraciones con el vocabulario de la tabla.

1. El argentino-chileno Ariel Dorfman se considera representante del ___canon___ literario de Latinoamérica, en parte por el éxito de su obra de teatro *La muerte y la doncella.*
2. La ___narrativa___ de Dorfman incluye géneros como la novela y el ensayo.
3. *La muerte y la doncella* ___trata acerca de/sobre___ los efectos de la tortura en una mujer que cree encontrarse con su torturador.
4. La obra es interesante porque los personajes no son ___estereotipos___, sino que son individuos complejos.
5. La acción ___transcurre___ en un lugar que no se identifica, pero podría ser el Chile de Pinochet.

Conexión personal ¿Puede haber estereotipos positivos? ¿O son todos, por definición, negativos? ¿Cómo puede un estereotipo aparentemente positivo afectar negativamente a un individuo?

Contexto cultural

Gabriel García Márquez

En 1967, Gabriel García Márquez (ver **pp. 192–195**) escribió una obra que ha dejado una huella (*mark*) profunda en la literatura de América Latina. *Cien años de soledad* es uno de los mayores ejemplos del *realismo mágico* y nos transporta al pueblo mítico de Macondo, donde objetos comunes como el hielo (*ice*) se presentan como maravillosos, mientras las cosas más sorprendentes —como una lluvia de flores que caen del cielo— se narran como si fueran normales. Incluso en el siglo XXI, las obras de García Márquez dominan el mercado literario y se siguen estudiando como ejemplos de un género creativo y comprometido (*politically engaged*). Lo que es más notable aún, han conseguido definir un estilo que se reconoce mundialmente como latinoamericano y que todavía inspira a nuevos escritores. Isabel Allende y Laura Esquivel son dos escritoras destacadas que emplean la técnica del realismo mágico para combinar lo mundano con lo sobrenatural. Las muy exitosas novelas *La casa de los espíritus* (1982) y *Como agua para chocolate* (1989) son claros ejemplos de este género.

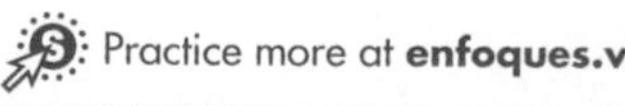
Practice more at **enfoques.vhlcentral.com.**

Conexión personal Call on volunteers to give their own definition of a stereotype. Then have students tell anecdotes about their personal experiences with stereotypes. Ask: **¿Cuál es la mejor manera de romper con los estereotipos?**

Contexto cultural Discuss the effects of globalization. Encourage students who have traveled or lived in other countries to talk about their experiences abroad. Ex: **¿Qué elementos son "globales" hoy en día? ¿La comida? ¿Las telecomunicaciones? ¿Creen que la globalización hace que las personas vayan perdiendo su cultura? Justifiquen sus respuestas.**

Preview Ask students to read the title of the article and look at the background art on the next page. Ask: **En su opinión, ¿de qué se trata este artículo?**

De Macondo a McOndo

En Santiago de Chile, ¿es típico observar una tormenta de flores? ¿Es sorprendente encontrar un cubito de hielo° en una Coca-Cola en Buenos Aires? Un grupo de jóvenes escritores, encabezado° por el chileno Alberto Fuguet, responde rotundamente° que no. Estos escritores afirman que tienen más en común con la generación estadounidense que creció con los videojuegos y MTV que con el mundo mágico y mítico de Macondo. Por eso, transformando el nombre del pueblo ficticio de las novelas de García Márquez, el grupo tomó el nombre "McOndo" en un guiño de ojo° al

cubito de hielo ice cube
encabezado led
rotundamente emphatically
guiño de ojo wink

omnipresente McDonald's, a las pioneras computadoras Macintosh y a los *condos*.

El grupo McOndo escribe una literatura intensamente personal, urbana y llena de alusiones a la cultura popular. Fuguet describe a su grupo como apolítico, adicto a la televisión por cable y aficionado a Internet. La televisión, la radio, el cine e Internet se infiltran en sus obras e introducen temas globales y muy corrientes°. Las obras de Fuguet revelan más huellas de Hollywood que de García Márquez o Borges, y mayor influencia de videos musicales estadounidenses que de *Cien años de soledad.*

current

¿Qué hay de latinoamericano en las obras de McOndo?, se preguntan algunos lectores que identifican América Latina con el realismo mágico. ¿No podrían transcurrir en cualquier sitio?, es otra pregunta habitual. Justamente, el editor de una revista literaria estadounidense muy prestigiosa le hizo esta pregunta a Fuguet después de que la revista rechazara° uno de sus cuentos. Las novelas de Isabel Allende y Laura Esquivel, por ejemplo, llevan al lector a un lugar exótico cuyos olores y colores son a la vez extraños y familiares. ¿Pueden tener éxito en el mercado literario relatos en los que nada es exótico para los lectores acostumbrados a la vida urbana de la gran ciudad?

rejected

Los escritores de McOndo tampoco se identifican con los productos de sus contemporáneos más realistas como, por ejemplo, Sandra Cisneros, Julia Álvarez y Esmeralda Santiago, que cuentan la difícil experiencia de los latinos en los Estados Unidos. Los personajes de McOndo son latinos en un mundo globalizado. Esto se ve como un hecho normal y no como una experiencia especial o traumática. Según los autores de McOndo, su literatura es tan latinoamericana como las otras porque sus obras tratan acerca de la realidad de muchas personas: una existencia moderna, comercial, confusa y sin fronteras. En su opinión, la noción de que la realidad latinoamericana está constituida por hombres de fuerza descomunal°, tormentas de flores y muchachas que suben al cielo no sólo es estereotípica sino empobrecedora°. En un ensayo muy conocido de salon.com que se ha convertido en el manifiesto de los escritores de McOndo, Fuguet escribe: "Es una injusticia reducir la esencia de América Latina a hombres con ponchos y sombreros, zares de la droga° que portan armas° y señoritas sensuales que se menean° al ritmo de la salsa." Fuguet prefiere representar el mundo reconocible de Internet, la comida rápida y la música popular. Sólo con el tiempo sabremos si su propuesta° estética tendrá la presencia duradera°, la influencia y la importancia indiscutida del realismo mágico. ■

massive
damaging
drug lords / gun-toting
swing
proposal
long-lasting

Los escritores de McOndo

Algunos escritores que se identifican con **Alberto Fuguet** y el mundo de McOndo son Rodrigo Fresán y Martín Rejtman de Argentina, Jaime Bayly del Perú, Sergio Gómez de Chile, Edmundo Paz Soldán de Bolivia (ver **p. 349**) y Naief Yehya de México. En 1997 Sergio Gómez y Alberto Fuguet editaron una antología de cuentos titulada *McOndo*, que incluye relatos de escritores latinoamericanos menores de treinta y cinco años.

Teaching option Read the first paragraph of the article together as a class. If time and resources permit, read the corresponding passages from *Cien años de soledad* and discuss the meaning of these allusions within the context of the article.

Teaching option As students read, have them jot down a list of pop culture elements that are mentioned in the reading. Have them put a star next to those elements with which they strongly identify.

Después de leer

De Macondo a McOndo

1 Comprensión Responde las preguntas con oraciones completas. Some answers will vary.

1. En el siglo XXI, ¿tienen éxito las obras de realismo mágico?
   Sí, las obras de García Márquez dominan el mercado literario y también son populares las novelas de Isabel Allende y Laura Esquivel.
2. ¿De dónde viene el nombre McOndo? Es una transformación de Macondo, el nombre del pueblo ficticio de García Márquez, y una referencia a McDonald's, a las computadoras Macintosh y a los *condos*.
3. ¿Cuáles son algunas de las influencias importantes en la literatura de Fuguet?
   La televisión, la radio, el cine e Internet son algunas de las influencias importantes.
4. ¿Cuáles son algunas de las críticas que reciben los escritores de McOndo?
   Sus obras podrían transcurrir en cualquier lugar; los personajes no son típicamente latinoamericanos.
5. ¿Por qué se identifican más los escritores de McOndo con algunos jóvenes estadounidenses que con García Márquez u otros escritores?
   El estilo de vida de estos escritores se parece al de los jóvenes estadounidenses.

② For item 2, have students share examples of stereotypes in literature they have read or movies they have seen.

2 Reflexión En parejas, respondan las preguntas.

1. ¿Qué opinan los jóvenes de McOndo de las representaciones de hombres con ponchos y de las señoritas sensuales que bailan salsa?
2. ¿Qué opinas del uso de estereotipos en la literatura y en el cine?
3. ¿Crees que el estilo de los escritores de McOndo es incompatible con el realismo mágico? ¿Se podrían combinar en una obra? ¿Cuál sería el resultado?

③ To help students organize their thoughts, have them make two columns and take notes about the quotes under each.

Teaching option In groups of four, ask students to discuss how the digital era and increased mobility have increased cultural exchange. Ask students to group their examples in two columns: the first should list examples of U.S. influence on Latin American popular culture, and the second should provide examples of Latin American influence on U.S. popular culture.

3 Comparación En grupos de tres, comparen las dos citas. La primera es de la lectura de García Márquez de la **Lección 5** y la segunda de Paz Soldán de la **Lección 9**. Las dos narran un cambio clave dentro de cada historia.

> Un chorro (*spurt*) de luz dorada y fresca como el agua empezó a salir de la bombilla (*light bulb*) rota, y lo dejaron correr hasta que el nivel llegó a cuatro palmos. Entonces cortaron la corriente (*current*), sacaron el bote, y navegaron a placer (*at their pleasure*) por entre las islas de la casa.

> Y era muy cierto que cualquiera podía manipular una imagen en la computadora, pero eran los mínimos detalles los que separaban al verdadero artista-técnico de la multitud. Las expresiones y las capas de colores que uno manipulaba en la pantalla debían definirse con números para cuya precisión a veces se necesitaban hasta seis decimales.

1. ¿Qué es lo que puede suceder después de cada una de las citas? ¿Cuál de los sucesos que pueden ocurrir es más "maravilloso"?
2. ¿Qué diferencias pueden observar en el estilo de los dos escritores? ¿Cuál es más directo? ¿Cuál usa más recursos literarios, por ejemplo, metáforas?
3. ¿Qué estilo prefieren? ¿Por qué?

④ Brainstorm additional situations. Ex: **tu reproductor de MP3 guarda toda la música del mundo; tu cámara digital puede pintar retratos.**

4 Realismo mágico tecnológico Elige una de las situaciones y escribe el primer párrafo de un cuento en el que el autor decide recurrir al realismo mágico para describir objetos y situaciones que se relacionan con la tecnología, la vida urbana y la cultura pop.

- un virus infectó la computadora
- tu celular hace llamadas por sí solo
- tu iPad lee tus pensamientos
- tu Wii quiere jugar al aire libre

 Practice more at **enfoques.vhlcentral.com.**

Atando cabos

¡A conversar!

Literatura y arte En grupos de cuatro, preparen una presentación sobre un(a) escritor(a), un(a) escultor(a) o un(a) pintor(a) que les interese.

Tema: Preparen una presentación sobre alguno de los artistas famosos de esta lección o elijan otro.

Preparación: Investiguen en Internet o en la biblioteca. Una vez tengan la información sobre el/la artista, elijan los puntos más importantes que van a tratar. Busquen o preparen material audiovisual para ofrecer una visión más amplia del tema.

Organización: Escriban un esquema que les ayude a organizar su presentación. Pueden guiarse respondiendo las siguientes preguntas.

1. ¿Dónde nació el/la artista?
2. ¿A qué se dedicó o dedica?
3. ¿Cómo llegó a ser conocido/a?
4. ¿Qué logros alcanzó con su obra?

Estrategia de comunicación

Cómo hablar de arte

1. No habríamos elegido a este/a artista si su obra no fuera...
2. Se hizo famoso/a gracias a...
3. Uno de los rasgos que caracteriza a este/a artista es...
4. A veces, los temas que trata son...
5. En esta obra podemos ver ciertos rasgos del movimiento cubista/surrealista/indigenista...
6. Actualmente, sus obras...

¡A escribir!

Obras maestras culinarias Imagina que eres un chef que, al igual que el chef de *Las viandas*, se considera un(a) verdadero/a artista. Todas las semanas escribes una columna con críticas de restaurantes para una revista de arte. Elige un plato que te guste cocinar o que siempre comas en tu restaurante favorito y escribe un párrafo en el que describes el plato como si fuera una obra de arte. Usa el vocabulario que aprendiste en esta lección.

MODELO Hoy quiero presentarles una obra radical: empanadillas de cochinillo con salsa Dalí. Es un verdadero festival estético para los ojos y el paladar *(palate)*.

¡A conversar!
- Before students begin their project, bring in an art piece and model the six phrases listed for talking about art.
- Give students additional questions to consider as they organize their presentation. Ex: **¿Cuál es el contexto histórico del artista? ¿Qué representa en sus obras? ¿Su arte ha cambiado a lo largo de su vida? ¿Dónde se pueden ver sus obras?**
- If time and resources permit, encourage students to create a computer slide show.

¡A escribir!
- Have students look at cooking magazines or websites in Spanish for additional ideas and vocabulary.
- Encourage students to begin the assignment by making a list of adjectives that describe their dishes.
- Review similes and metaphors (**Lecciones 3 y 4**) and encourage students to use them in their descriptions.

La literatura

el argumento	*plot*
la caracterización	*characterization*
la estrofa	*stanza*
el/la lector(a)	*reader*
el/la narrador(a)	*narrator*
la obra literaria	*literary work*
el personaje	*character*
el/la protagonista	*protagonist*
el punto de vista	*point of view*
la rima	*rhyme*
el verso	*line (of poetry)*
desarrollarse	*to take place*
hojear	*to skim*
narrar	*to narrate*
tratarse de	*to be about; to deal with*

Los géneros literarios

la (auto)biografía	*(auto)biography*
la ciencia ficción	*science fiction*
la literatura infantil/juvenil	*children's literature*
la novela rosa	*romance novel*
la poesía	*poetry*
la prosa	*prose*
clásico/a	*classic*
de terror	*horror (story/novel)*
didáctico/a	*educational*
histórico/a	*historical*
humorístico/a	*humorous*
policíaco/a	*detective (story/novel)*
satírico/a	*satirical*
trágico/a	*tragic*

Los artistas

el/la artesano/a	*artisan*
el/la dramaturgo/a	*playwright*
el/la ensayista	*essayist*
el/la escultor(a)	*sculptor*
el/la muralista	*muralist*
el/la novelista	*novelist*
el/la pintor(a)	*painter*
el/la poeta/poetisa	*poet*

El arte

la acuarela	*watercolor*
el autorretrato	*self-portrait*
las bellas artes	*fine arts*
el cuadro	*painting*
la escultura	*sculpture*
la naturaleza muerta	*still life*
la obra (de arte)	*work (of art)*
el óleo	*oil painting*
el pincel	*paintbrush*
la pintura	*paint; painting*
la tela	*canvas*
dibujar	*to draw*
diseñar	*to design*
esculpir	*to sculpt*
reflejar	*to reflect; to depict*
abstracto/a	*abstract*
contemporáneo/a	*contemporary*
inquietante	*disturbing; unsettling*
intrigante	*intriguing*
llamativo/a	*striking*
luminoso/a	*bright*
realista	*realistic; realist*
al estilo de	*in the style of*
de buen/mal gusto	*in good/bad taste*

Las corrientes artísticas

la corriente/el movimiento	*movement*
el cubismo	*cubism*
el expresionismo	*expressionism*
el impresionismo	*impressionism*
el realismo	*realism*
el romanticismo	*romanticism*
el surrealismo	*surrealism*

Más vocabulario

Expresiones útiles	*Ver p. 367*
Estructura	*Ver pp. 374, 376 y 378*

Cinemateca

la barbaridad	*outrageous thing*
el cochinillo	*suckling pig*
el/la comensal	*dinner guest*
el compromiso	*awkward situation*
el jabalí	*wild boar*
la ofensa	*insult*
acompañar	*to come with*
contundente	*filling; heavy*

Literatura

el arroyo	*stream*
la coartada	*alibi*
la mejilla	*cheek*
el pecho	*chest*
el repaso	*review*
el/la testigo	*witness*
la trama	*plot*
acariciar	*to caress*
al alcance	*within reach*

Cultura

la alusión	*allusion*
el canon (literario)	*(literary) canon*
el estereotipo	*stereotype*
la narrativa	*narrative work*
el relato	*story; account*
editar	*to publish*
transcurrir	*to take place*
tratar (sobre/acerca de)	*to be about; to deal with*
estético/a	*aesthetic*

INSTRUCTIONAL RESOURCES
Supersite: Testing Program

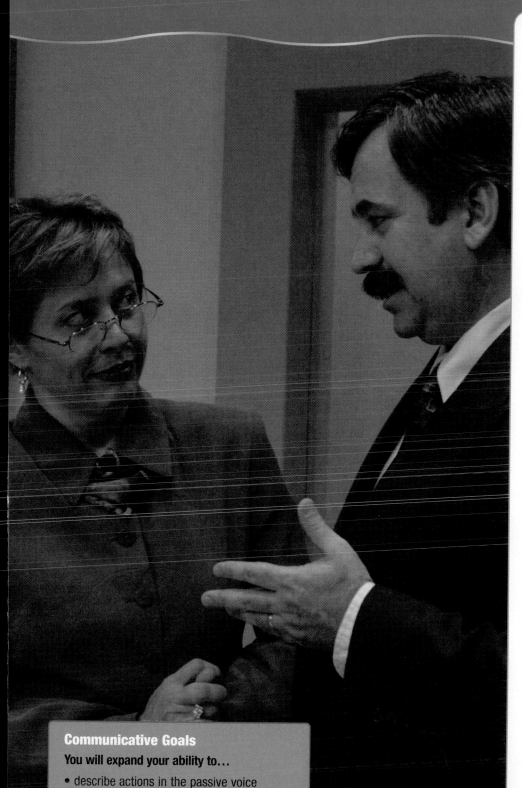

La política y la religión 11

Communicative Goals

You will expand your ability to...

- describe actions in the passive voice
- make impersonal or generalized statements
- talk about unexpected or accidental events
- describe time and space relationships

11 CONTEXTOS

Audio: Vocabulary
Activities

INSTRUCTIONAL RESOURCES
Supersite: Audioscripts, Textbook/SAM AK, Textbook/Lab MP3s
SAM/WebSAM: WB, LM

La política y la religión

Preview Ask students if they often engage in conversation about politics or religion. **¿Conocen a muchas personas que se apasionen por los temas políticos? ¿Hablarían de estos temas con alguien que acaban de conocer? ¿Por qué?**

La religión

Durante la Semana Santa en Antigua, Guatemala, los **creyentes** muestran su **fe** en **Dios** y sus tradiciones con coloridas procesiones en las que cargan imágenes **religiosas.**

la creencia *belief*
el/la creyente *believer*
Dios *God*
la fe *faith*
la iglesia *church*
la mezquita *mosque*
la sinagoga *synagogue*
el templo *temple*

bendecir (e:i) *to bless*
creer en *to believe in*
meditar *to meditate*
rechazar *to reject*
rezar *to pray*

espiritual *spiritual*
(in)moral *(im)moral*
religioso/a *religious*
sagrado/a *sacred; holy*

Las creencias religiosas

agnóstico/a *agnostic*
ateo/a *atheist*
budista *Buddhist*
católico/a *Catholic*

cristiano/a *Christian*
hindú *Hindu*
judío/a *Jewish*
musulmán/musulmana *Muslim*

Los cargos públicos

el alcalde/la alcaldesa *mayor*

el/la diputado/a *representative*
el/la embajador(a) *ambassador*
el/la gobernador(a) *governor*
el/la juez(a) *judge*
el/la primer(a) ministro/a *prime minister*
el/la senador(a) *senator*

Variación léxica
la polémica ⟷ la controversia
protestar ⟷ manifestar
rechazar ⟷ repudiar
Point out that adjectives describing religion are not capitalized in Spanish.

La política

Rosario Dawson, actriz y **activista**, fundó la organización Voto Latino, que realiza una **campaña** para aumentar el número de **ciudadanos** latinos que **se inscriben** para **votar** y participan en las **elecciones** estadounidenses.

el/la activista *activist*
la campaña *campaign*
el/la candidato/a *candidate*
el/la ciudadano/a *citizen*
los derechos (humanos/civiles) *(human/civil) rights*
el exilio político *political exile*
la guerra (civil/mundial) *(civil/world) war*
la ideología *ideology*
la inmigración *immigration*
la libertad *freedom*
el/la líder *leader*
la manifestación *protest; demonstration*
la mayoría *majority*
la minoría *minority*
el partido político *political party*
la polémica *controversy*
el/la político/a *politician*
el proyecto de ley *bill*
el terrorismo *terrorism*

---

aprobar (o:ue) una ley *to pass a law*
elegir (e:i) *to elect*
emigrar *to emigrate*
ganar/perder (e:ie) las elecciones *to win/lose an election*
gobernar (e:ie) *to govern*
inscribirse *to register*
luchar *to fight; to struggle*
pronunciar un discurso *to give a speech*
protestar *to protest*
votar *to vote*

---

conservador(a) *conservative*
(des)igual *(un)equal*
(in)justo/a *(un)just*
liberal *liberal*

① To aid comprehension, ask follow-up questions about the dialogue. Ex: **¿Creen que Ana Lozano es sincera?**

Práctica

① Escuchar

A. Escucha la presentación y después completa las oraciones con la opción correcta.

1. Los asistentes a la reunión son __b__.
   a. compañeros de oficina
   b. miembros de un partido
2. Ana Lozano es __a__.
   a. una candidata b. la presidenta del país
3. El partido piensa que __b__ están en peligro.
   a. las leyes b. los derechos civiles
4. Según el presentador, el proyecto de ley es __a__.
   a. inmoral b. justo
5. El partido tiene planes para luchar contra __b__.
   a. la corrupción b. el terrorismo y la injusticia

B. Escucha la conversación entre Tony y José Manuel y contesta las preguntas. Answers will vary. Possible answers.

1. ¿Por qué está tan ocupado José Manuel?
   Está colaborando en la campaña de Ana Lozano.
2. ¿Qué piensa Tony de Ana Lozano?
   que no va a ganar
3. ¿Qué opina José Manuel de la candidata?
   que la candidata es una política excelente y que es una auténtica líder
4. ¿Qué va a hacer Tony en las elecciones?
   No va a votar.
5. ¿Adónde va José Manuel?
   a una manifestación enfrente de la casa del gobernador
6. ¿Qué decide hacer Tony al final?
   Decide ir a la manifestación, pero sólo por un rato.

C. En grupos de cuatro, conversen sobre estas preguntas.

1. ¿Te pareces más a Tony o a José Manuel? Justifica tu respuesta.
2. ¿Has votado en unas elecciones? ¿Cuáles? ¿Ganó tu candidato/a?
3. ¿Alguna vez participaste en una campaña política o manifestación? ¿Por qué?

② No pertenece
Identifica la palabra que no pertenece.

1. mezquita–iglesia–sinagoga–(budista)
2. (ciudadano)–sagrado–religioso–espiritual
3. meditar–rezar–(emigrar)–creer
4. desigual–(discurso)–injusto–inmoral
5. (creyente)–campaña–elecciones–candidato
6. luchar–protestar–(bendecir)–rechazar

② For expansion, call on volunteers to add a word that pertains to each group. Ex: **1. templo**

Práctica

(3) For more practice, have students define these additional items: **diputados, ciudadanos, gobernadores.**

3 Los políticos Empareja las personas de la primera columna con sus funciones políticas.

f	1. activistas	a. Representan estados o provincias y aprueban leyes.
b	2. alcaldes	b. Son responsables de los asuntos del pueblo o ciudad.
e	3. candidatos	c. Trabajan en un tribunal (*court*) y dictan sentencias.
d	4. embajadores	d. Representan un país ante otros países.
c	5. jueces	e. Hacen campañas porque quieren asumir un cargo público.
a	6. senadores	f. Organizan manifestaciones y luchan por sus ideales.

4 ¿Quién es?

A. Identifica a qué personaje se refieren estas situaciones.

activista **agnóstico/a** **ateo/a** **creyente**

creyente 1. Va al templo siempre que puede. Eso lo/la ayuda a encontrar la paz espiritual. Una vez allí, reza y medita sobre los temas que le preocupan.

activista 2. Él/Ella y un grupo de amigos/as se manifestaron delante del ayuntamiento (*city hall*) todos los lunes del pasado año para pedir el fin de la guerra. No tiene miedo de crear polémica, con tal de conseguir su objetivo.

ateo/a 3. Sus padres van mucho a la iglesia, pero él/ella no tiene ninguna creencia religiosa. Durante las fiestas religiosas, siempre terminan peleándose.

agnóstico/a 4. No tiene fe, pero no niega la existencia de un ser superior. Nunca habla de religión, pero no le importa tener amigos religiosos.

B. Escribe tres situaciones más sobre otros personajes de **Contextos** e intercámbialas con un(a) compañero/a para que adivine a qué personaje se refiere cada situación.

5 Antónimos Identifica ocho palabras de **Contextos** que sean antónimos de estas palabras.

1. conservador: liberal
2. igual: desigual
3. ateo: creyente
4. creer: rechazar
5. justo: injusto
6. paz: guerra
7. mayoría: minoría
8. moral: inmoral

(6) For expansion, have students create three questions about religion and politics for class discussion.

6 Oraciones En parejas, utilicen las palabras de la lista para escribir seis titulares (*headlines*) sobre la religión y la política para el periódico *El País*. ¡Sean creativos/as!

espiritual	**(in)moral**	**ministro**
fe	**libertad**	**polémica**
gobernador	**luchar**	**religioso**
ideología	**meditar**	**sagrado**

Practice more at **enfoques.vhlcentral.com.**

Teaching option For additional vocabulary practice, organize a class game of Twenty Questions. Volunteers take turns selecting a vocabulary item and responding to classmates' questions until someone guesses the correct word. Encourage all students to use the new vocabulary when asking and responding to questions.

Comunicación

7 **Estereotipos** Lee estos estereotipos sobre la política. Luego, en grupos de tres, cada persona debe añadir otro estereotipo a la lista. Conversen sobre todas las oraciones. ¿Están de acuerdo? ¿Por qué? Den ejemplos de la actualidad para defender sus opiniones.

"Las personas que no votan no tienen derecho a quejarse."

"Los senadores y diputados prometen mucho y hacen poco."

"Los conservadores no se preocupan por el medio ambiente."

"Los liberales no se preocupan por la defensa del país."

"La política no es más que polémica y escándalo."

⑦ Assign one representative from each group to briefly summarize their conversation about stereotypes.

8 **Elecciones**

A. En parejas, miren los carteles electorales y decidan por cuál de los dos candidatos votarían en las elecciones. ¿Por qué? Compartan sus opiniones con la clase.

B. Ahora, imaginen que ustedes quieren presentarse como candidatos/as a presidente/a y vicepresidente/a de su gobierno estudiantil. Diseñen su propio cartel y preparen un discurso para la clase utilizando por lo menos ocho palabras de **Contextos**. Luego, la clase votará por los/las mejores candidatos/as.

⑧ Part A: Encourage students to use **si** clauses to talk about their votes. Ex: **Votaría por Rosa Ríos si ella decidiera invertir más en los parques urbanos.**

⑧ Part B: Ask students: **¿Alguna vez han sido parte del gobierno estudiantil? ¿Cuáles son los temas más importantes para los estudiantes?**

9 **Creencias religiosas** Muchas religiones tienen aspectos en común. En parejas, escriban un párrafo breve sobre aspectos en común de las religiones que conocen. Utilicen por lo menos seis palabras de la lista y añadan sus propias ideas.

creencia	**líder**
creyente	**meditar**
Dios	**moral**
espiritual	**rezar**
fe	**sagrado**

⑨ Encourage students to draw from personal experiences for their paragraphs.

Teaching option Divide the class into three groups. Have each group choose a representative as its candidate for student government. Then moderate a debate in which each candidate addresses issues on campus. Encourage class discussion.

11 FOTONOVELA

Synopsis
- Mariela returns from the airport without Representative Tere Zamora.
- Aguayo is anxious about the stranded representative.
- Éric and Fabiola watch a crowd of journalists outside the office on TV.
- The journalists interview Representative Zamora about her role in politics.
- Mariela returns from the airport without Representative Zamora again and puts her foot in her mouth.

La diputada Tere Zamora visita la redacción de *Facetas* para dar una rueda de prensa.

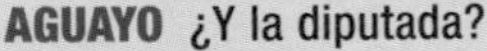

AGUAYO ¿Y la diputada?

MARIELA La esperé frente a la salida, pero nunca llegó.

DIANA ¿Dejaste a la señora Zamora en el aeropuerto?

MARIELA ¿Cómo dijiste que se llama?

AGUAYO Zamora. Tere Zamora.

MARIELA Pensé que me habían dicho *Teresa Mora.*

AGUAYO Por la constitución de este país, si no regresas con la diputada, estás despedida.

MARIELA No se preocupe, jefe. La encontraré.

DIANA Recuerda, es una mujer cuarentona con ojeras y de aspecto militar. (*Mariela se va.*) No puedo creer que se haya equivocado de nombre.

AGUAYO No sólo eso, sino que dejó a la diputada en el aeropuerto.

JOHNNY Todo se arreglará. Tómenlo con calma.

AGUAYO Invito a la política más prominente y controversial del norte del país para una entrevista en exclusiva, y una de mis empleadas la deja en el aeropuerto, y ¿debo tomarlo con calma?

ÉRIC Ya la encontrará. Son políticos. Aparecen sin que nadie los llame.

DIANA No se moleste. Yo se la leeré. "Por su aportación a la democracia, los derechos humanos, la justicia y la libertad. De la revista *Facetas* para la honorable diputada Teresa Mora." (*Se le cae de las manos.*) ¡Uy!... Tengo las manos tan resbaladizas. Debe ser por el hambre... ¿Almorzamos?

Diana y la diputada se van.

FABIOLA ¿Viste a todos esos periodistas allá fuera?

Están viendo televisión.

ÉRIC Cualquier político que luche contra la corrupción se convierte en un fenómeno publicitario.

FABIOLA ¿Quién es ése que corre? (*Señala la tele.*)

FABIOLA Y ÉRIC ¡Es Johnny!

JOHNNY (*Entra corriendo.*) ¡Me acaban de confundir con Ricky Martin!

En la oficina, dando una rueda de prensa...

PERIODISTA Hacer cumplir la ley le ha dado una posición de liderazgo en el gobierno. ¿Cuándo sabremos si será candidata a senadora, señora diputada?

DIPUTADA Se enterarán de los detalles de mi futuro político en la próxima edición de la revista *Facetas.*

INSTRUCTIONAL RESOURCES Supersite/DVD: Fotonovela; **Supersite:** Script & Translation, SAM AK **SAM/WebSAM:** VM

Preview Before they watch the video, ask students: **¿Alguna vez cometieron un error en el trabajo? ¿Su jefe/a se enteró? ¿Cuál fue la consecuencia de este error?**

Personajes

AGUAYO

DIANA

ÉRIC

FABIOLA

JOHNNY

MARIELA

LA DIPUTADA TERE ZAMORA

PERIODISTA

4

AGUAYO (*furioso, seguro de que es Mariela*) ¡Qué... (*Entra la diputada.*) gusto saludarla, señora diputada! Disculpe los inconvenientes, señora Zamora. Envié a una persona a recogerla, pero, como ve, nunca se encontraron.

DIPUTADA Son cosas que pasan, pero no se preocupen; lo importante es hacer la entrevista.

5

DIANA Pero antes queremos darle un regalo de bienvenida.

JOHNNY Como muestra de nuestro agradecimiento, le hacemos este humilde obsequio.

DIPUTADA ¡El calendario azteca!

FABIOLA Y tiene una dedicatoria en la parte de atrás, escrita en caligrafía por nuestra artista gráfica.

DIANA (*pálida*) ¿Por Mariela?

Diana toma el calendario.

9

PERIODISTA Eso es favoritismo.

DIPUTADA Favoritismo ¡no!, sino que los periodistas de *Facetas* son los únicos que tratan la política con respeto.

10

Más tarde, en la sala de conferencias...

MARIELA Lo siento, pero no encontré a ninguna cuarentona con ojeras y con aspecto militar. (*Se entera de que la diputada está presente.*) Aunque ahora mismo regreso a ver si encuentro a la guapa diputada que estaba buscando.

Mariela se va avergonzada.

Expresiones útiles

Presenting gifts and expressing gratitude

Como muestra de nuestro agradecimiento...
To express our gratitude...

Por su aportación a...
For your contribution to...

Le hacemos este humilde obsequio.
We present this humble gift.

Talking about accidents

¡Se me cayó! / ¡Se le cayó!
I dropped it! / She/He dropped it!

Todo se arreglará.
Everything will work out.

Tómenlo con calma.
Take it easy.

Son cosas que pasan.
No se preocupen.
These things happen. Don't worry.

Additional vocabulary

el aspecto *look; appearance*
cuarentón/cuarentona *someone in his/her forties*
cumplir la ley *to abide by the law*
la dedicatoria *dedication*
la democracia *democracy*
el favoritismo *favoritism*
la justicia *justice*
el liderazgo *leadership*
militar *military*
las ojeras *bags under the eyes*
prominente *prominent*
resbaladizo/a *slippery*
la rueda de prensa *press conference*

Variación léxica
la aportación ⟷ el aporte
el aspecto ⟷ la apariencia
prominente ⟷ destacado/a
la rueda de prensa ⟷ la conferencia de prensa

Comprensión

① Have students write two additional true/false statements and exchange papers with a partner.

1 ¿Cierto o falso? Indica si estas afirmaciones son **ciertas** o **falsas**. Corrige las falsas.

Cierto	Falso	
☐	☑	1. La diputada se llama Teresa Mora. La diputada se llama Tere Zamora.
☐	☑	2. Cuando Mariela no encuentra a la diputada, Aguayo lo toma con calma. Aguayo dice que si Mariela no la encuentra, estará despedida.
☑	☐	3. La diputada viene a la oficina a dar una rueda de prensa.
☑	☐	4. Los empleados de *Facetas* le dan un regalo de bienvenida a la diputada.
☑	☐	5. Diana no quiere que la diputada vea la dedicatoria.
☐	☑	6. Johnny llega corriendo porque quiere hacer ejercicio. Huye de los periodistas porque lo confunden con Ricky Martin.
☐	☑	7. La diputada dice que se va a presentar como candidata a senadora. Dice que se enterarán de los detalles de su futuro político en la próxima edición de *Facetas*.
☑	☐	8. La diputada dice que los periodistas de *Facetas* tratan la política con respeto.

② For expansion, ask additional comprehension questions. Ex: **¿Cómo reaccionó Aguayo cuando se enteró de que Mariela no había encontrado a la diputada? ¿Cómo se sintió Mariela en ese momento?**

2 ¿Por qué? Contesta las preguntas con oraciones completas y explica tus respuestas.

1. ¿Por qué Mariela no encontró a la diputada en el aeropuerto?
2. Cuando se le cayó el plato a Diana, ¿qué explicación le dio a la diputada? ¿Crees que fue un accidente o que lo hizo a propósito? ¿Por qué?
3. ¿Cómo se habrá sentido la diputada después de lo que dijo Mariela? ¿Por qué?
4. ¿Cómo se habrá sentido Aguayo? ¿Y Mariela?
5. ¿Qué les habrá dicho la diputada sobre su futuro político? ¿Fue justo que ella no revelara ninguna información sobre el asunto a los demás periodistas? ¿Por qué?
6. ¿Qué habrá pasado al día siguiente en la oficina de *Facetas*? ¿Crees que Mariela fue despedida? ¿Por qué?

③ If students need additional support, replay the video and have pairs check their answers before going over them as a class.

3 Opiniones Cuando se trata de política, la gente suele tener opiniones muy fuertes. Primero, identifica cuál de los personajes expresa cada una de estas opiniones. Luego, en parejas, conversen sobre qué quieren decir y den sus propias opiniones.

"Son políticos. Aparecen sin que nadie los llame." Éric

"Eso es favoritismo." Periodista

"Los periodistas de *Facetas* son los únicos que tratan la política con respeto." Diputada

"Todo se arreglará." Johnny

"Cualquier político que luche contra la corrupción se convierte en un fenómeno publicitario." Éric

Teaching option For expansion, have students work in pairs to write a dialogue between Mariela and a friend, or Aguayo and his wife, reflecting on the day's events. Have students perform their dialogues for the class.

Practice more at **enfoques.vhlcentral.com.**

Ampliación

4 **Un buen político** En parejas, debatan sobre cuáles son las características de un(a) buen(a) político/a. Lean las acciones de la lista y escojan las cuatro más importantes. Luego reúnanse con otra pareja y compartan sus opiniones.

cumplir con sus promesas	**no aumentar los impuestos**
decir lo que piensa	**ocuparse del medio ambiente**
defender los derechos humanos	**pelear contra la discriminación**
luchar contra la corrupción	**proteger la seguridad del país**

5 **Apuntes culturales** En parejas, lean los párrafos y contesten las preguntas.

Mujeres al poder

Tere Zamora es una política prominente de su país. Otra política destacada del mundo hispano es la ex presidenta de Chile, **Michelle Bachelet.** Antes de asumir la presidencia en 2006, esta doctora de profesión ya había ganado popularidad por su contribución a los derechos humanos y su trabajo como ministra de Salud y de Defensa del gobierno de Ricardo Lagos (2000–2006).

La Piedra del Sol

¡Ay, Dios mío! ¡Diana dejó caer nada menos que una réplica del calendario azteca! Para los aztecas, el calendario, también llamado **Piedra del Sol**, era un objeto sagrado que encerraba la clave de sus creencias y celebraciones religiosas. El calendario original es una piedra de 25 toneladas. ¿Qué pensará Aguayo de la estrategia de Diana?

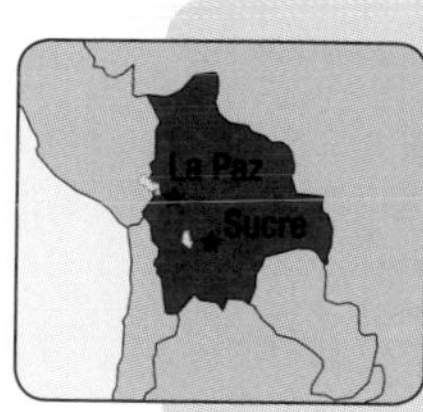

Las capitales de Bolivia

Aguayo y la diputada conversarán sobre política y democracia. Casi todos los países hispanos tienen gobiernos democráticos, y el gobierno nacional se asienta en una ciudad capital. Bolivia presenta la particularidad de tener dos capitales: **Sucre**, la capital oficial y sede de la Justicia, y **La Paz**, capital administrativa.

1. ¿Conoces otras figuras políticas femeninas? ¿Quiénes son? ¿Qué cargos públicos ocupan?
2. En tu comunidad, ¿participan las mujeres activamente en la política? ¿Estás de acuerdo con el nivel actual de participación femenina?
3. En tu cultura, ¿tenían tus antepasados (*ancestors*) objetos sagrados? ¿Cómo eran? ¿Para qué servían?
4. ¿Visitaste alguna vez la capital de algún país? ¿Qué capitales te gustaría visitar? ¿Por qué?

(4) Before beginning the activity, call on volunteers to brainstorm additional characteristics using the lesson's vocabulary. Ex: **pronunciar los discursos con elocuencia, escuchar a los ciudadanos, mantener buenas relaciones con otros líderes**

(5) Ask additional discussion questions. **¿Existen objetos sagrados en la cultura estadounidense/canadiense? ¿Creen que la bandera de un país es sagrada? ¿Hay resistencia a que el cargo de presidente sea ocupado por una mujer? ¿Por parte de quién?**

(5) For item 4, have students locate on a map the capital cities they have visited or would like to visit. As an optional writing assignment, have students draft a paragraph describing a past or potential future trip to that city.

Teaching option Have small groups research Michelle Bachelet or another prominent female politician and prepare a brief oral presentation. Students should include information about Bachelet's political campaign and any important career accomplishments.

INSTRUCTIONAL RESOURCES
Supersite/DVD: Flash Cultura; **Supersite:** Script & Translation

En detalle

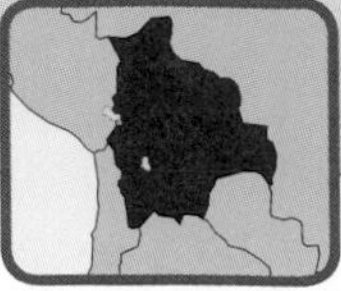

BOLIVIA

EL CARNAVAL DE ORURO

Additional Reading

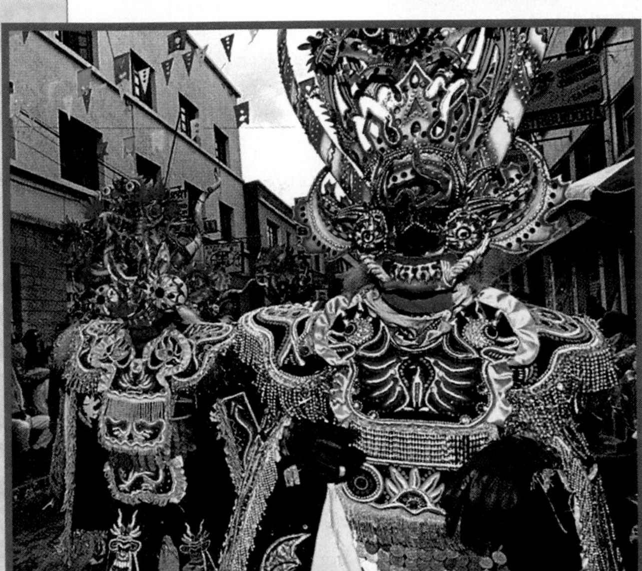

Durante los cuarenta días de fiesta del Carnaval de Oruro, generalmente a fines de febrero, los grupos folclóricos llenan las calles de música y baile. Los espectáculos cuentan las historias de la conquista y honran a la Virgen del Socavón, protectora de la ciudad. Los habitantes les dan gran importancia a las coreografías y a la confección° de los disfraces° que preparan a lo largo de todo el año. Uno de los elementos más famosos de este carnaval son las máscaras° de diablo. Estas piezas de artesanía son originales y contienen símbolos de la mitología andina, como la serpiente o el cóndor. Hoy día, son consideradas verdaderas creaciones artísticas y se han convertido en objetos de colección.

El desfile° más celebrado, y el que muestra la fusión de tradiciones católicas e indígenas, es el de las *diabladas*. En él, los participantes se visten con elaboradísimos disfraces de diablos y realizan bailes en honor de la Virgen. Tanto la figura del diablo como la de la Virgen del Socavón tienen elementos de la tradición indígena. El Tío Supay es una figura ancestral andina que con el tiempo pasó a identificarse con el diablo de la tradición cristiana. Otro personaje de la mitología andina, la diosa benefactora de los urus°, se integró plenamente con la Virgen del Socavón.

Con el paso de los años el Carnaval de Oruro se ha convertido también en visita obligada para los turistas. En 2001 fue proclamado "Obra maestra del patrimonio oral e inmaterial de la humanidad" por la UNESCO. ■

Otros desfiles del Carnaval de Oruro

- **Morenadas** Desfile de personajes que representan a los esclavos africanos, a los indígenas y a los conquistadores españoles
- **Caporales** Desfile que representa la brutalidad de los capataces° que vigilaban° a los trabajadores indígenas y africanos

Leyendas

Según la leyenda, el Tío Supay, dios de las minas° bolivianas, protege las riquezas que se esconden bajo la tierra. Esta divinidad andina no tiene clemencia y, por siglos, se ha cobrado° la vida de los mineros° que no reconocen su poder. Según cuenta la mitología andina, una deidad femenina bajó del cielo a proteger a los urus del Tío Supay, y éste, tras la derrota°, tuvo que irse a vivir bajo tierra.

confección *making* **disfraces** *costumes* **máscaras** *masks* **desfile** *parade* **urus** *indigenous people* **minas** *mines* **se ha cobrado** *he has claimed* **mineros** *miners* **derrota** *defeat* **capataces** *foremen* **vigilaban** *watched over*

En detalle Ask follow-up questions: **¿Les gustaría ir al Carnaval de Oruro? ¿Conocen otras celebraciones que mezclen elementos históricos y culturales con aspectos religiosos? ¿Cuáles?**

Así lo decimos Give students additional phrases for discussing religion and politics. Ex: **darle la vuelta a la tortilla (Esp.)** (*to turn the tables on a topic*)

Así lo decimos Remind students that the use of **que** after **ojalá** is optional. Ex: **Ojalá (que) tuviera mil dólares.**

ASÍ LO DECIMOS

La religión y la política

cada muerte de obispo° *once in a blue moon*

estar en capilla° *to be punished*

mano de santo° (Esp.) *effective medicine*

ojalá° *I wish; hopefully*

ser más viejo/a que Matusalén° *to be very old*

ajustarse el cinturón° *to adjust to a harsh economic situation*

medir con doble vara *to have double standards*

un(a) ñoqui (Arg.) *a person getting paid for a government position he/she doesn't hold*

un(a) politiquillo/a (Esp. y Méx.) (*pej.*) *minor politician*

EL MUNDO HISPANOHABLANTE

Campañas y elecciones

La ley seca, común en varios países de Latinoamérica, prohíbe la venta de bebidas alcohólicas el día de las elecciones, que generalmente es un domingo. En Costa Rica, esta ley, introducida en 1952, rige° desde el viernes a la medianoche hasta el lunes próximo.

Las escuelas son los lugares comunes para votar en la Argentina. Los votantes van a las escuelas y realizan la votación en las aulas°, llamadas *cuartos oscuros* porque las ventanas se cubren para que nadie pueda observar al votante. Las elecciones son el domingo y, generalmente, el lunes siguiente no hay clases.

El cierre de campaña ocurre unos días previos al día de la votación según la ley de algunos países. En el Ecuador, por ejemplo, los candidatos políticos y los medios de comunicación no pueden hacer propaganda ni expresar opiniones políticas un cierto número de días antes de las elecciones.

PERFIL

EVO MORALES

En diciembre de 2009, Evo Morales ganó las elecciones presidenciales de Bolivia por segunda vez. Nació en 1959, en un pequeño pueblo marcado por la pobreza. Su familia, de ascendencia aymara, vivía en condiciones tan precarias que cuatro de sus hermanos murieron antes de los dos años. De muy joven, el presidente indígena comenzó a trabajar en el campo y se inscribió en un sindicato de campesinos, donde no tardó en demostrar sus dotes° de líder. Su carrera política dio un gran salto en 1997, cuando ganó las elecciones para la Cámara de los Diputados con un setenta por ciento de los votos. A partir de allí, y no libre de controversia por sus posturas políticas, se transformó en uno de los mayores protagonistas del panorama político de Bolivia. Su discurso político se centra en la nacionalización de los recursos mineros del país y en la lucha por los derechos de los campesinos.

> "No vivir tan deprisa, valorar lo que tenemos y dedicarnos más a los demás"
> (Evo Morales, presidente de Bolivia)

Conexión Internet

¿En qué países de América Latina es obligatorio el voto?

To research this topic, go to **enfoques.vhlcentral.com.**

dotes *skills; talent* **cada muerte...** *(lit.) every time a bishop dies* **estar en...** *(lit.) to be in a chapel* **mano de santo** *(lit.) saint's hand* **ojalá** *(from Arabic* law šá lláh*) God willing* **ser más viejo...** *(lit.) to be older than Methuselah* **ajustarse...** *(lit.) to tighten one's belt* **rige** *is in force* **aulas** *classrooms*

El mundo hispanohablante Call on volunteers to compare voting practices in Latin American countries and in the U.S.

Teaching option Call on a volunteer to read the quote aloud. Ask: **¿Creen que esta cita sería buena para el discurso político de un(a) candidato/a? ¿Por qué?**

① As a variant, have students line up around the room. Read the true/false statements. If the statement is true, have students take one step forward. If the statement is false, students do not move. Have volunteers correct the false statements.

③ For item 5, discuss ways to promote political participation among young people. If time permits, have pairs develop a proposal for a campaign to attract young voters.

¿Qué aprendiste?

1 **¿Cierto o falso?** Indica si las oraciones son **ciertas** o **falsas**. Corrige las falsas.

1. El Carnaval de Oruro combina historias de la conquista con elementos religiosos. Cierto.
2. La Virgen del Socavón es la protectora de la ciudad. Cierto.
3. Las máscaras de diablo tienen símbolos de la mitología indígena. Cierto.
4. Las máscaras son todas iguales. Falso. Las máscaras son todas originales.
5. El desfile más famoso es el de las morenadas. Falso. El desfile más famoso es el de las diabladas.
6. El diablo de los carnavales tiene elementos del Tío Supay de la mitología andina. Cierto.
7. El desfile de las morenadas se realiza en conmemoración a la Virgen del Socavón. Falso. Se realiza en conmemoración a los antiguos esclavos.
8. El Carnaval de Oruro ha sido declarado "Obra maestra del patrimonio oral e inmaterial de la humanidad". Cierto.

2 **Oraciones** Completa las oraciones con la información correcta.

1. En diciembre de 2009, Evo Morales ganó las elecciones por segunda vez.
2. La familia de Morales era de ascendencia aymara/de origen muy humilde.
3. De joven, Morales se inscribió en un sindicato.
4. Uno de los temas principales de su discurso político es la nacionalización de los recursos mineros/la lucha por los derechos de los campesinos.

3 **Las elecciones** Contesta las preguntas con oraciones completas. Some answers will vary.

1. ¿En qué situación se usa el dicho "cada muerte de obispo"? ¿Existen en tu cultura otros dichos con referencias religiosas? Se usa para referirse a algo que ocurre con poca frecuencia.
2. ¿Crees que debería ser obligatorio votar? ¿Por qué?
3. ¿Qué día se suelen celebrar las elecciones en Latinoamérica? ¿Qué opinas de que las elecciones sean un día no laborable? Las elecciones se suelen celebrar los domingos.
4. ¿Por qué se llaman "cuartos oscuros" las salas usadas en Argentina para votar? Se llaman cuartos oscuros porque se cubren las ventanas.
5. ¿Qué harías para promover la participación en las elecciones en tu comunidad?

4 **Opiniones** En parejas, den su opinión sobre la importancia del dinero en la política. Usen las preguntas como guía.

- ¿Es positivo o negativo que un(a) político/a tenga dinero antes de llegar al poder? Justifiquen su respuesta.
- ¿Cómo deben ser los salarios de los políticos?
- ¿Creen que está bien que los políticos reciban donaciones de empresas?
- ¿De qué manera el origen y el nivel social de un gobernante pueden marcar su ideología?

Practice more at **enfoques.vhlcentral.com.**

PROYECTO

Carnaval en la República Dominicana

Carnavales

Muchos lugares de Latinoamérica tienen celebraciones de carnaval. Elige una región o ciudad latinoamericana —aparte de Oruro y Montevideo (**Lección 9**)— que tenga celebraciones especiales de carnaval. Describe la celebración y explica las similitudes y diferencias con el Carnaval de Oruro.

Puedes elegir una región o ciudad de la lista o investigar otra que desees.

- Carnaval de San Miguel, El Salvador
- Carnaval de Barranquilla, Colombia
- Carnaval de Gualeguaychú, Argentina
- Carnaval Cimarrón, República Dominicana

Proyecto Encourage students to make a list of questions they intend to answer in their projects. Have them include maps or photos and suggest a one-day itinerary for someone attending the celebration.

 Video: *Flash Cultura*

Puerto Rico: ¿nación o estado?

Ya has leído sobre la importancia de la política y los gobiernos en la historia de los países y la vida de sus ciudadanos. En este episodio de **Flash Cultura**, conocerás la situación actual de Puerto Rico y las distintas opiniones que tienen sobre el tema sus habitantes.

VOCABULARIO ÚTIL

la aduana *customs*
el buzón *mailbox*
el comercio *trade*
los impuestos *taxes*
permanecer *to remain*
los recursos *resources*
las relaciones exteriores *foreign relations*
la tarjeta postal *postcard*

Preparación ¿Hablas de política con tus amigos? ¿Lees el periódico o escuchas las noticias? ¿Te interesa conocer la situación política de tu país? ¿Y la de otros países? ¿Qué sabes de la política de Puerto Rico?

Comprensión Indica si estas afirmaciones son ciertas o falsas. Después, en parejas, corrijan las falsas.

1. Los ciudadanos de Puerto Rico son estadounidenses. Cierto.
2. La moneda de Puerto Rico es el peso. Falso. La moneda es el dólar americano.
3. En Puerto Rico se pagan impuestos federales y locales. Falso. En Puerto Rico se pagan impuestos locales solamente.
4. El gobierno de Estados Unidos se ocupa de las relaciones exteriores, el comercio y la aduana de Puerto Rico. Cierto.
5. A los puertorriqueños también se les dice *boricuas*. Cierto.
6. Los puertorriqueños quieren que su país sea independiente. Falso. Hay puertorriqueños que quieren que permanezca como estado asociado; otros, que se convierta en un estado; y otros, que sea un país independiente.

Expansión En parejas, contesten estas preguntas.

- ¿Te gusta enviar tarjetas postales cuando viajas? ¿Por qué? ¿A quién le enviarías una desde Puerto Rico?
- ¿Piensas que el debate sobre política puede convertirse realmente en un deporte nacional? ¿Podría pasar algo parecido en tu país con algún tema? ¿Con cuál?
- De las tres opciones planteadas en el video (que Puerto Rico permanezca como estado asociado, que se convierta en un estado o que sea un país independiente), ¿cuál te parece a ti la más acertada? ¿Por qué?

 Practice more at **enfoques.vhlcentral.com.**

Corresponsal: Diego Palacios
País: Puerto Rico

Cuando estás aquí, no sabes si estás en un país latinoamericano o si estás en los Estados Unidos.

En Puerto Rico, puedes tomar el sol en la playa, beber agua de coco y enviarle tarjetas postales a tus amigos.

El debate se ha convertido en el deporte nacional de Puerto Rico.

Antes de ver el corto

connections cultures — NATIONAL STANDARDS

INSTRUCTIONAL RESOURCES
Supersite/DVD: Film Collection
Supersite: Script & Translation

EL RINCÓN DE VENEZUELA

país Venezuela
duración 19 minutos
director Reyther Ortega

protagonistas Gloria (madre), Alberto (padre), Rosario (hija), Mingo (empleado)

Variación léxica
el panfleto ⟷ el folleto
Explain that **el panfleto** usually refers to political flyers while **el folleto** refers to commercial and informational brochures.

Vocabulario

la arepa *cornmeal cake*	**el panfleto** *pamphlet*
asaltar *to mug; to rob*	**el rincón** *corner; nook*
el consulado *consulate*	**el secuestro** *kidnapping*
la embajada *embassy*	**subsistir** *to survive*
la firma *signature*	**útil** *useful*

① For additional practice, have students create definitions for the remaining words.

1 Definiciones Escribe la palabra apropiada para cada oración.

1. un delito (*crime*) en el que se retiene a una persona en contra de su voluntad ___secuestro___
2. oficina que representa a un país en un país extranjero ___embajada/consulado___
3. papel publicitario con contenido político ___panfleto___
4. comida típica venezolana ___arepa___
5. nombre de una persona que se incluye en los documentos para que éstos tengan valor oficial ___firma___

② Continue the discussion by asking additional questions. Ex: **¿Crees que otros países tienen una percepción objetiva de la política de tu país? ¿Crees que la prensa nacional e internacional influye en esto? ¿De qué manera?**

2 Preguntas En parejas, contesten las preguntas.

1. ¿Hablas de política con tus amigos/as o con tu familia? ¿De qué asuntos hablan? ¿Por qué?
2. ¿Piensas que es posible ser amigo/a de alguien que tiene diferente ideología política? ¿Tienes algún amigo/a que tenga otra ideología?
3. ¿Crees que es importante participar en movimientos políticos? ¿Por qué?
4. ¿Te irías de tu país si la situación política fuera muy conflictiva? Explica tu respuesta.

③ Ask students: **¿Qué tono tendrá el cortometraje (humorístico, dramático)? ¿Tendrá un final feliz?**

3 ¿Qué sucederá? En parejas, miren el fotograma del cortometraje e imaginen lo que va a ocurrir en la historia. Compartan sus ideas con la clase.

 Practice more at **enfoques.vhlcentral.com.**

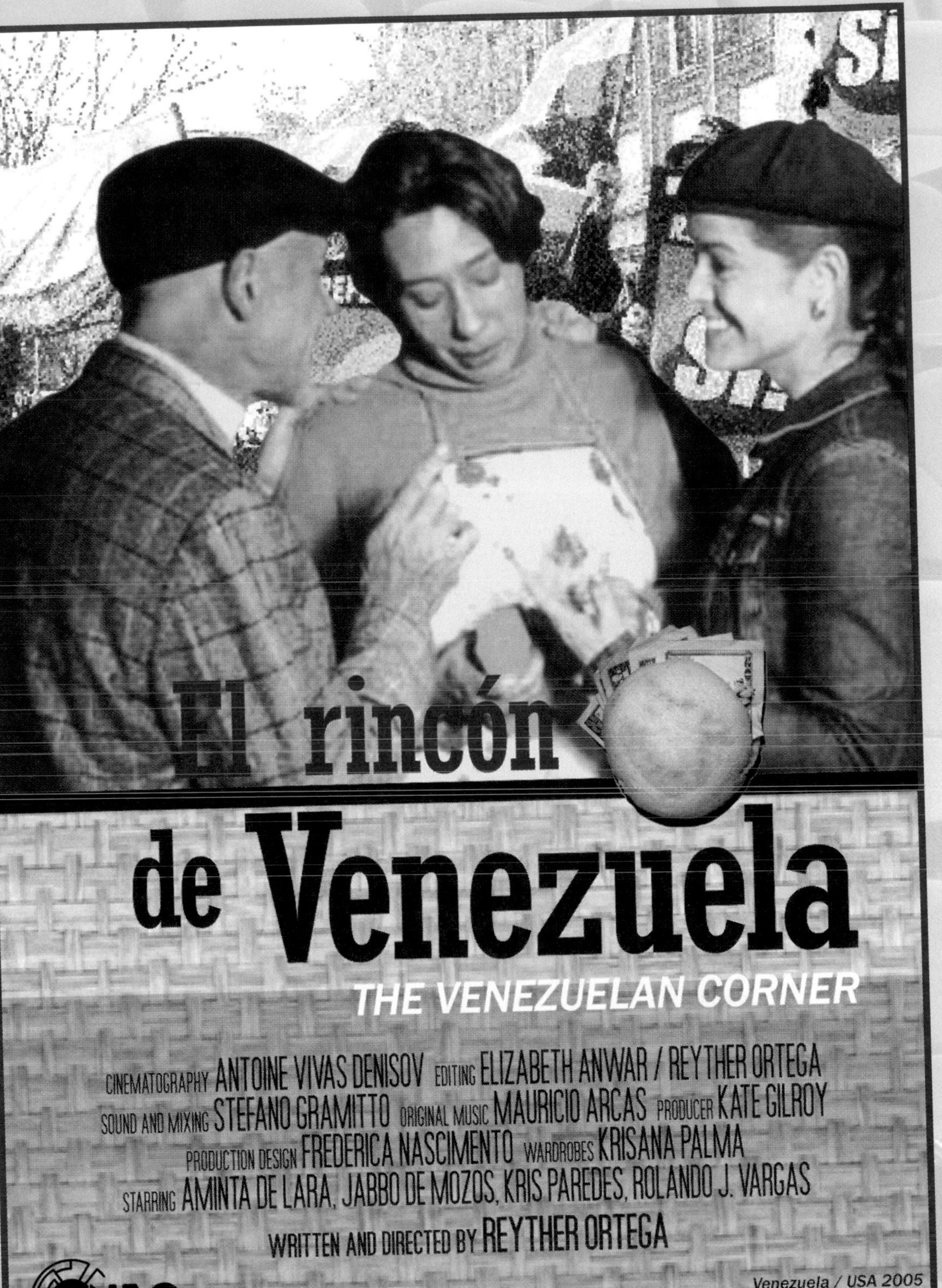

Short Film

El rincón de Venezuela

THE VENEZUELAN CORNER

CINEMATOGRAPHY ANTOINE VIVAS DENISOV EDITING ELIZABETH ANWAR / REYTHER ORTEGA
SOUND AND MIXING STEFANO GRAMITTO ORIGINAL MUSIC MAURICIO ARCAS PRODUCER KATE GILROY
PRODUCTION DESIGN FREDERICA NASCIMENTO WARDROBES KRISANA PALMA
STARRING AMINTA DE LARA, JABBO DE MOZOS, KRIS PAREDES, ROLANDO J. VARGAS

WRITTEN AND DIRECTED BY REYTHER ORTEGA

CNAC Centro Nacional Autónomo de Cinematografía

reytherortega@hotmail.com

Venezuela / USA 2005
Fiction, 19 min. Color, 35mm.
Spanish with English Subtitles

Escenas

ARGUMENTO La difícil situación política venezolana lleva a una familia a empezar una nueva vida en Nueva York. Allí tienen que luchar para sacar adelante su restaurante y adaptarse a las nuevas circunstancias.

Synopsis A Venezuelan family emigrates to New York and opens a restaurant. Worried that their business is failing, they decide to use U.S. business strategies to attract new customers. Meanwhile, their daughter complains of feeling caught between two cultures and strives to express her own ideology. In the end, it becomes obvious that the political climate the family left behind in Venezuela is also present in their life in the U.S.

Preview

- Ask students to share what they know about Venezuela's political situation during the last decade or so. Explain that the Venezuelan leader referenced in this film, Hugo Chávez, is a controversial figure who elicits incredibly strong reactions from both his supporters and detractors. Many recent Venezuelan immigrants have come to the U.S. in protest of his policies.
- Ask students to imagine they own a restaurant in New York. Ask: **¿Qué harían para promocionar su restaurante al público? ¿Han ido a restaurantes de comida típica de otros países? Describan la experiencia (la comida, la decoración, el ambiente, los demás comensales).**

GLORIA Mi amor, ¿y si nosotros vendemos esto y nos vamos para Venezuela?
ALBERTO ¿A qué vamos a regresar? ¿Para que nos vuelvan a asaltar? Toda la gente está tratando de irse.
ROSARIO Hay otro grupo de gente que está tratando de hacer algo útil por el país.

GLORIA Aquí lo que hay que hacer es pensar cómo es que vamos a sacar este restaurante adelante, ¡y todos!
ALBERTO Pero que quede bien claro que yo no regreso al país hasta que esos imbéciles se vayan de allí, se vayan del gobierno.

GLORIA Yo creo que ella tiene razón, ¿sabes? Nosotros somos como las arepas de tofu esas que yo estoy haciendo: queriendo ser lo que no somos. Ay, caramba, chico, francamente ¿habrá sido buena idea venirnos para acá? Aquí nadie nos conoce. Lo dejamos todo... ¡la familia!

MANIFESTANTES ¡Referéndum!
GLORIA Tenemos un restaurante venezolano. Tenemos arepas, cachapas°...
MANIFESTANTE Señora, ¿usted ya firmó para el nuevo referéndum? Mire que están diciendo que las firmas anteriores son ilegales.

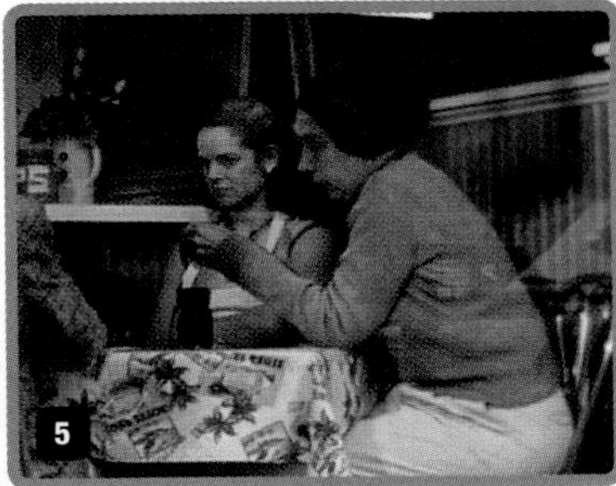

GLORIA El dinero que teníamos en Caracas no existe más. Se lo presté a mi prima Chela cuando la botaron° de PDVSA°. Como no tenía prestaciones ni seguro, no tenía como para el colegio de los muchachos ni el alquiler tampoco. Como es obvio, pues no tiene cómo pagarnos.

CLIENTE ¿Qué hacen los chavistas° por aquí?
ALBERTO Gloria, ¿tú no habrás invitado a esta gente?
GLORIA Bueno, mi amor, nosotros mandamos invitación, *email*.

cachapas *cornmeal pancakes* **la botaron** *they laid her off*
PDVSA *Venezuela's national oil company* **chavistas** *Chávez supporters*

Después de ver el corto

NATIONAL STANDARDS comparisons

1 Comprensión Contesta las preguntas con oraciones completas.

1. ¿Qué tipo de comida se sirve en el restaurante? Se sirve comida venezolana.
2. ¿Cuándo dice Alberto que regresará a Venezuela? Alberto dice que regresará a Venezuela cuando los que están ahora abandonen el gobierno.
3. ¿Qué contesta Rosario cuando su padre dice que toda la gente se quiere ir de Venezuela? Rosario dice que hay gente en Venezuela que quiere hacer algo útil y no huir.
4. ¿Con quién quiere salir Rosario por la noche? Rosario quiere salir con Mingo, el empleado del restaurante.
5. ¿Para qué va Gloria a la manifestación? Gloria va a la manifestación para hacer publicidad del restaurante.
6. ¿Qué pide la gente que está en la manifestación? La gente que está en la manifestación pide un nuevo referéndum para Venezuela.
7. Después de unos días, ¿qué le dice Gloria a su hija sobre su amistad con Mingo? Le dice que está bien que salga con él, que Mingo no es menos que ellos.
8. ¿Por qué se enojan algunos clientes del restaurante al final del corto? Algunos clientes se enojan cuando entran unos seguidores de Chávez.

2 Ampliación Contesta las preguntas con oraciones completas.

1. ¿Qué temas se tratan en *El Rincón de Venezuela*?
2. ¿Por qué se fue la familia de Venezuela?
3. ¿Por qué habla Gloria del *American Way of Management*? ¿En qué consiste?
4. ¿Crees que tendrían éxito las arepas de tofu? ¿Por qué?
5. ¿Por qué se opone Gloria al principio a que su hija salga con Mingo? ¿Por qué cambia luego de opinión?

3 Escenas

A. En parejas, describan lo que ocurre en estas dos escenas del corto. ¿Sobre qué están hablando los personajes? Luego, improvisen la conversación entre los dos personajes.

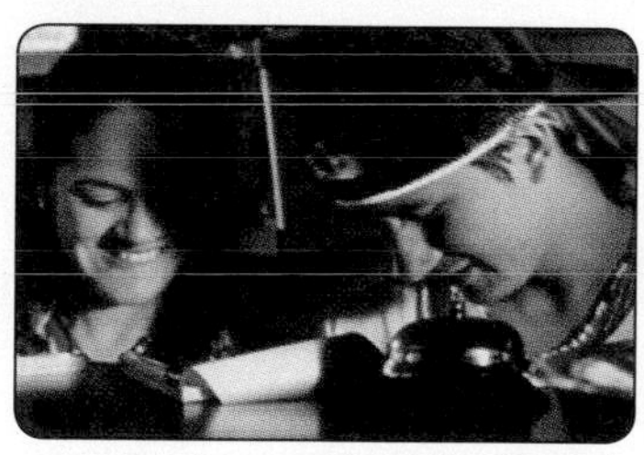

B. Elijan una de las escenas e imaginen qué sucederá con los dos personajes después del final del corto. Compartan su historia con la clase.

4 ¡Ni un paso más! En parejas, imaginen que son enemigos políticos. Uno/a de ustedes tiene que plantear uno de los problemas políticos de la lista desde el punto de vista de la oposición y la otra persona tiene que defender la postura del gobierno. Preparen tres o cuatro argumentos desde su punto de vista y después presenten su debate delante de la clase.

- impuestos
- llamamiento a filas (*draft*)
- política internacional
- servicios sociales

Practice more at **enfoques.vhlcentral.com.**

1 To further test comprehension, ask additional questions. **¿Por qué los amigos de Alberto comparan Venezuela con Cuba? ¿Cómo reacciona Gloria cuando Rosario dice que sale con Mingo?**

2 For item 1, call on volunteers to list the different themes from the film on the board. Refer to these themes as you guide class discussion.

2 Ask heritage speakers or other bicultural students if they identified with any elements of the film.

3 If necessary, replay the corresponding scenes from the film.

4 Before beginning the activity, brainstorm additional political issues to debate.

Teaching option Have students work in small groups to write an alternate ending for the film. Encourage them to consider all of the main characters and how they interact with the restaurant clientele. Ask group representatives to share their new endings with the class.

San Antonio de Oriente, 1957
José Antonio Velásquez, Honduras

"Yo no sé si Dios existe, pero si existe, sé que no le va a molestar mi duda."

— Mario Benedetti

Antes de leer

El alba del Viernes Santo

Sobre la autora

Emilia Pardo Bazán fue una de las escritoras españolas más famosas del siglo XIX. Nació en una familia aristocrática en La Coruña (Galicia) en 1851 y murió en Madrid en 1921. Escribió más de 500 obras en las que cultivó gran variedad de géneros, pero fue más conocida como novelista con títulos como *Los pazos de Ulloa*. Propagó el naturalismo en España, movimiento caracterizado por la descripción detallada y muy precisa de una parte de la vida representativa de la existencia social. Como feminista pionera, escribió artículos que denunciaban el sexismo dominante en España y sugirió cambios a favor de la mujer, como el derecho de obtener una educación semejante a la del hombre.

Vocabulario

el alba *dawn; daybreak*	**culpable** *guilty*	**el milagro** *miracle*
la capilla *chapel*	**devoto/a** *pious; devout*	**el remordimiento** *remorse*
el claustro *cloister*	**el fraile** *friar*	**venerar** *to worship*

Definiciones Escribe la palabra adecuada para cada definición.

1. primera luz del día alba
2. responsable de un delito culpable
3. sentimiento de culpa remordimiento
4. muy religioso devoto
5. hecho inexplicable milagro

Conexión personal ¿Te pasó alguna vez que, tratando de hacer el bien, te saliera todo mal? ¿Cuál fue la consecuencia?

Análisis literario: la voz narrativa

Toda historia tiene por lo menos un narrador. El narrador puede ser uno de los personajes o puede ser una voz que cuenta la historia pero no participa de ella. A veces, la voz narrativa es omnisciente, es decir, que sabe absolutamente todo sobre los personajes y los acontecimientos (*events*). En otros casos, el narrador nos relata sólo la parte de la historia que conoce o la parte que elige contar. Aunque el autor puede reflejar su pensamiento en las palabras del narrador, no se debe identificar al autor con el narrador. Una escritora puede contar una historia desde el punto de vista narrativo de un hombre, y un adulto puede hacerlo a través de la voz narrativa de un niño, como J.D. Salinger con Holden Caulfield en *The Catcher in the Rye*. A veces existen muchas voces narrativas que añaden complejidad y textura al relato. Cuando leas el cuento de Pardo Bazán, presta atención a los distintos niveles de voces narrativas. ¿Cuántos narradores hay? ¿Qué efecto tiene esto?

Practice more at **enfoques.vhlcentral.com.**

Preview
- Ask students if they have ever talked to strangers while traveling. **¿De qué hablaron? ¿Tenían ganas de hablar con esa persona o fueron las circunstancias las que los obligaron a tener una conversación?**
- Ask: **¿Creen en los milagros? ¿Alguna vez oyeron hablar de acontecimientos extraordinarios que sucedieron como consecuencia de pedidos de oración?**

Conexión personal
For expansion, ask: **¿Trataste de explicar a los demás que tus intenciones eran buenas? ¿Qué podrías haber hecho para que la situación no te hubiera salido tan mal?**

Análisis literario
Ask students about other works of fiction they have read. **¿Han leído alguna historia escrita por un hombre en la que la narradora fuera una mujer o viceversa? ¿O una obra con muchos narradores? ¿Siempre confían en el punto de vista del narrador?**

El alba del Viernes Santo

Teaching option To help students comprehend the text, have them identify the narrator of each section of the story.

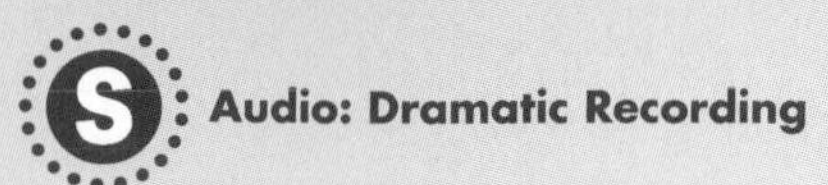

Cuando creyendo hacer bien hacemos mal —dijo Celio—, el corazón sangra°, y nos acordamos de la frase de una heroína de Tolstoi: «No son nuestros defectos, sino nuestras cualidades, las que nos pierden.» Cada Semana Santa experimento mayor inquietud° en la conciencia, porque una vez quise atribuirme° el papel de Dios. Si algún día sabéis que me he metido a fraile, será que la memoria de aquella Semana Santa ha resucitado en forma aguda°, de remordimiento. Así que me hayáis oído, diréis si soy o no soy tan culpable como creo ser.

Es el caso que —por huir de días en que Madrid está insoportable, sin distracciones ni comodidades, sin coches ni teatros y hasta sin grandes solemnidades religiosas— se me ocurrió ir a pasar la Semana Santa a un pueblo donde hubiese catedral, y donde lo inusitado° y pintoresco de la impresión me refrescase el espíritu. Metí ropa en una maleta y el Miércoles Santo me dirigí a la estación; el pueblo elegido fue S***, una de las ciudades más arcaicas de España, en la cual se venera un devotísimo Cristo, famoso por sus milagros y su antigüedad y por la leyenda corriente de que está vestido de humana piel°.

En el mismo departamento que yo viajaba una señora, con quien establecí, si no amistad, esa comunicación casi íntima que suele crearse a las pocas horas de ir dos seres sociables juntos, encerrados en un espacio estrecho°. La corriente de simpatía se hizo más viva al confesarme la señora que se dirigía también a S*** para detenerse allí los días de Semana Santa.

No empiecen ustedes a suponer que amaga° algún episodio amoroso, de esos que en viaje caminan tan rápidos como el tren mismo. No me echó sus redes° el amor, sino algo tan dañoso como él: la piedad. Era mi compañera de departamento una señora como de unos cuarenta y pico° de años, con señales de grande y extraordinaria belleza, destruida por hondísimas° y lacerantes° penas°, más que por la edad. Sus perfectas facciones estaban marchitas° y adelgazadas; sus ojos, negros y grandes, revelaban cierto extravío° y los cercaban cárdenas ojeras; su boca mostraba la contracción de la amargura° y del miedo. Vestía de luto°. Para expresar con una frase la impresión que producía, diré que se asemejaba° a las imágenes de la Virgen de los Dolores; y apenas me refirió su corta y terrible historia, la semejanza° se precisó, y hasta creí ver sobre su pecho anhelante° brillar los cuchillos; seis hincados° en el corazón, el séptimo ya a punto de clavarse° del todo.

—Yo soy de S*** —declaró con voz gemidora°—. He tenido siete hijos, ¡siete!, a cuál más guapo, a cuál más bueno, a cuál más propio° para envanecer° a una reina. Tres eran niñas, y cuatro, niños. Nos consagramos a ellos por completo mi marido y yo, y logramos criarlos sanos de cuerpo y alma. Llegado el momento de darles educación, nos trasladamos a Madrid, y ahí empiezan las pruebas inauditas° a que Dios quiso someternos°. Poco a poco, de

bleeds
restlessness
to attribute to myself
sharp; acute
unusual
skin
narrow; tight

threatens to be
nets
forty-something
very deep/ distressing
sorrows
withered
loss
bitterness
mourning
she resembled
resemblance
yearning
nailed; driven (into)
to drive in
moaning
suitable/ to make vain
outrageous; unprecedented
submit us to

Teaching option As students read each page, have them summarize what has happened to check comprehension. Ask them to take notes on Celio's reactions to the woman's story.

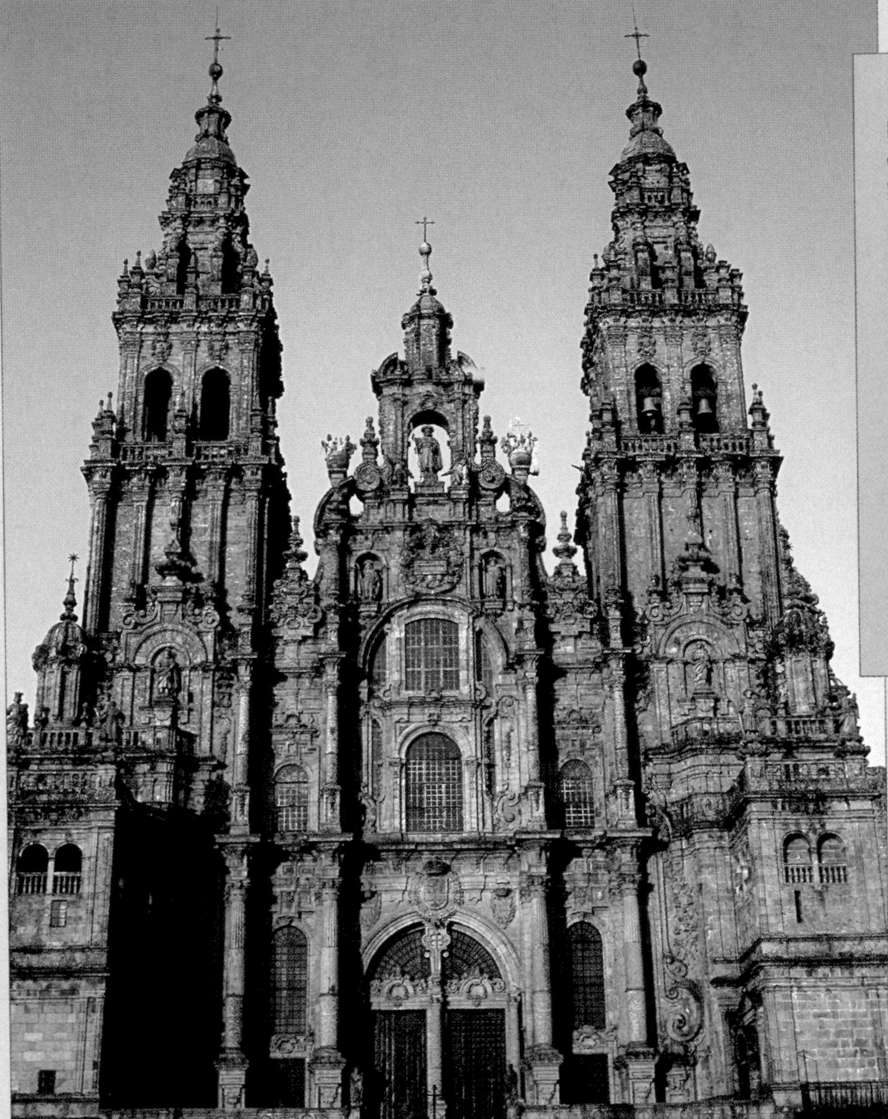

Santiago de Compostela, Galicia, España

El catolicismo en España

El catolicismo ocupa un papel central en la vida religiosa, social y cultural de los españoles. La Semana Santa es una de las principales celebraciones, caracterizada tanto por la solemnidad religiosa como por los festejos populares.

El lugar de peregrinación más famoso de España es Santiago de Compostela, en Galicia. Se dice que allí yacen (*lie*) los restos del apóstol Santiago (*St. James, the apostle*). Miles de peregrinos de España y de otros países recorren todos los años el Camino de Santiago, que termina frente a la imponente catedral de Santiago.

enfermedades diversas, fueron muriéndose seis de mis hijos..., ¡seis!, ¡seis!, y al cabo, mi marido, que más feliz que yo sucumbió al dolor, porque su mal fue un padecimiento° del hígado°, de esos que la melancolía engendra° y agrava°. ¿Comprende usted mi situación moral? ¿Se da usted cuenta de lo que seré yo, después de asistir, velar°, medicinar a siete; de presenciar siete agonías, de secar siete veces el sudor de la muerte en las heladas sienes°, de recoger siete últimos suspiros° que eran el aliento° de mi vida propia, y de amortajar° siete rígidos cuerpos que habían palpitado de cariño bajo mis besos y mis ternezas°? Pues bien: lo acepté todo, ¡todo!, porque me lo enviaba Dios; no me rebelé, y sólo pedí que me dejasen al hijo que me quedaba, al más pequeño, una criatura como un ángel, que, estoy segura de ello, no ha perdido la inocencia bautismal. Así se lo manifesté a Dios en mis continuos rezos: ¡que no me quite a mi Jacinto y conservaré fuerzas para conformarme y aceptar todo lo demás, en descargo de mis culpas!... Y ahora... Al llegar aquí, la madre dolorosa se cubrió los

suffering
liver/generates
makes worse
to keep watch
icy temples
sighs
breath/to shroud
expressions of tenderness

ojos con el pañuelo y su cuerpo se estremeció° convulsivamente al batir° de los sollozos° que ya no salían afuera.

—Y ahora, caballero..., figúrese usted que también mi Jacinto se me muere.

Salté en el asiento; la lástima° me exaltaba° como exaltan las pasiones.

—Señora, ¡no es posible! —exclamé sin saber lo que decía.

—¡Sí lo es! —repitió ella, fijándome los ojos secos ya, por falta de lágrimas—. Jacinto, creen los médicos, tiene un principio de tisis°; me voy a quedar sola..., es decir, ¡no, quedarme no!, porque Dios no tiene derecho a exigir que viva, si me arrebata° lo único que me dejó. ¡Ah! ¡Si Dios se me lleva a Jacinto..., he sufrido bastante, soy libre! ¡No faltaba otra cosa! —añadió sombríamente—. ¡A la Virgen sólo se le murió uno!

—Dios no se lo llevará —afirmé por calmar a la infeliz°.

—Así lo creo —contestó ella con serenidad que encontré asombrosa°—. Así le creo, así lo espero y a eso voy a mi pueblo, donde está el Santo Cristo, del que nunca debí apartarme°. El Santo Cristo fue siempre mi abogado° y protector y a Él vengo, porque Él puede hacerlo, a pedir el milagro: la salud de mi hijo, que allá queda en una cama, sin fuerzas para levantarse. Cuando yo me eche a los pies del Cristo, ¡veremos si me lo niega!

Transfigurada por la esperanza, irradiando luz sus ojos, encendido su rostro°, la señora había recobrado°, momentáneamente, una belleza sublime. —¿Usted no ha oído del Santo Cristo de mi pueblo? Dicen que es antiquísimo,

trembled; shaking/sobs; pity; compassion/excited; tuberculosis; snatches; the poor woman; amazing; separate myself; advocate; face; recovered

y que lo modelaron sobre el propio cuerpo sagrado del Señor, cubriéndolo con la piel de un santo mártir, a quien se la arrancaron° los verdugos°. Su pelo y su barba crecen; su frente suda°; sus ojos lloran, y cuando quiere conceder la gracia que se le pide, su cabeza, moviéndose, se inclina en señal de asentimiento° al otro lado...

No me atreví° a preguntar a la desolada señora si lo que afirmaba tenía fundamento y prueba. Al contrario: la fuerza sugestiva de la fe es tal, que me puse a desear creer, y, por consecuencia, a creer ya casi, toda aquella leyenda dorada de los primitivos siglos. Ella prosiguió, entusiasta, exaltadísima:

—Y dicen que cuando se le implora al amanecer del día de Viernes Santo, no se niega nunca... Iré, pues, ese día, de rodillas°, arrastrándome, hasta el camarín° del Cristo.

Así terminó aquella conversación fatal. Prodigué° a la viajera, lo mejor que supe, atenciones y cuidados, y al bajarnos en S*** nos dirigimos a la misma fonda° —tal vez la única del pueblo—. Dejando ya a la desdichada° madre, fui a visitar la catedral, que es de las más características del siglo XII: entre fortaleza e iglesia, y con su ábside° rodeado de capillas obscuras, misteriosas, húmedas, donde el aire es una mezcla de incienso y frío sepulcral, parecido al ritmo, ya solemnemente tranquilo, de las generaciones muertas. Una de estas capillas era la del Cristo, y naturalmente despertó mi curiosidad. Di generosa propina° al sacristán°, que era un jorobado° bilioso y servil°, y obtuve quedarme solo con la efigie°, a horas en que los devotos no se aparecían

pulled off; executioners; sweats; consent; I didn't dare; kneeling; chapel; I showered; inn; unfortunate; apse; tip; sexton/hunchback; servile/statue, effigy

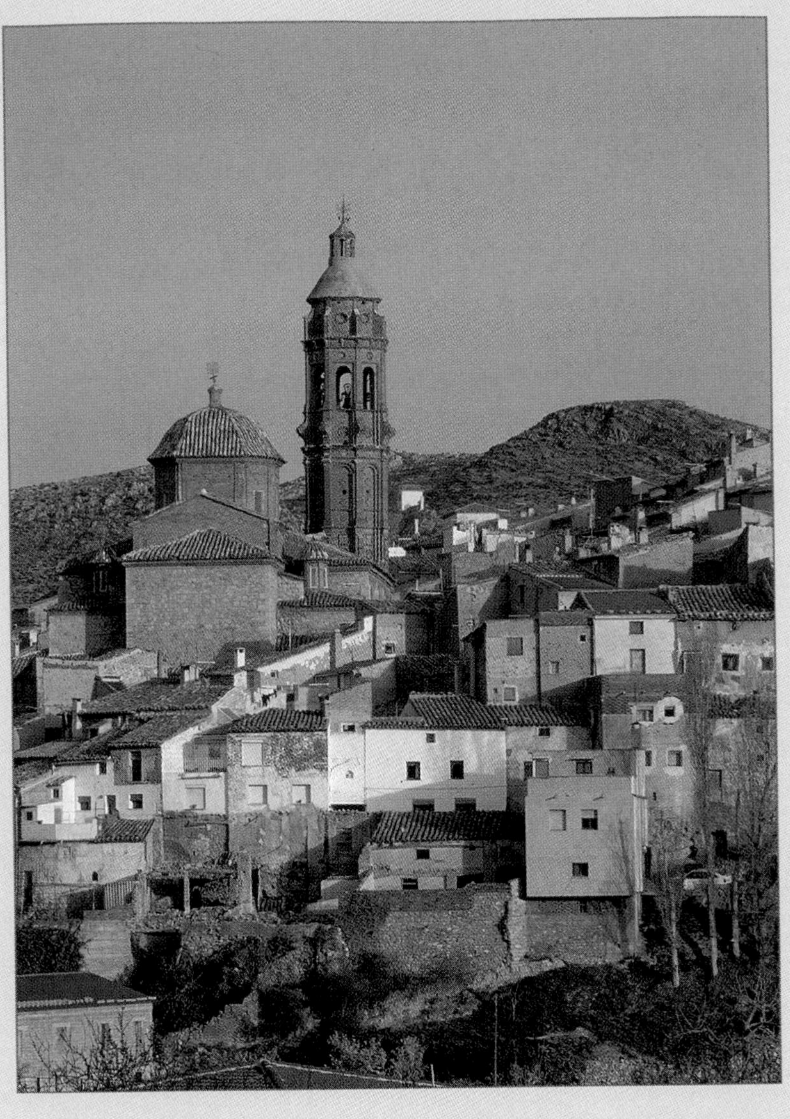

por allí y podía, sin irreverencia ni escándalo, contemplarla y hasta tocarla, mirándola de cerca. Era una escultura mediocre, defectuosa°, que no debía de haber sido modelada sobre ningún cuerpo humano. Poseía, no obstante, como otros muchos Cristos legendarios, cierta peculiar belleza, una sugestión romántica indudable. Sus melenas lacias° caían sobre el demacrado° pecho; sus pupilas de vidrio parecían llorar efectivamente. Lo envolvía una piel gruesa, amarillenta, flexible, de poros anchos°, que sin ser humana podía parecerlo. Bajo los pies contraídos y enclavados°, tres huevos de avestruz° atestiguaban° la devoción de algún navegante. Su enagüilla° era de blanca seda°, con fleco de oro. Registrando bien, armado de palmatoria°, vi que el altar donde campea° el Cristo, destacándose sobre un fondo de rojo damasco, está desviado° de la pared, y que, por detrás, queda un hueco° en que puede caber una persona. Carcomida° escalerilla sube hasta la altura de las piernas de la efigie, y encaramándose° por ella, noté que el paño de damasco tenía una abertura°, un descosido° entre dos lienzos°, y que por él asomaba la punta de un cordel° recio°, del cual

defective
straight hair
emaciated
wide
nailed
ostrich/bore witness to
garment
silk
candlestick
stands out
offset
hollow
Decayed
climbing up
opening; gap
open seam/ linen cloth
thin rope/sturdy

tiré maquinalmente°. Al bajar de nuevo a la capilla y mirar al Cristo, observé con asombro, al pronto, con terror, que su cabeza, antes inclinada a la derecha, lo estaba a la izquierda ahora. Sin embargo, casi inmediatamente comprendí: subí la escalera de nuevo, tiré otra vez, bajé, y me cercioré° de que la cabeza había girado° al lado contrario. ¡Vamos, entendido! Había un mecanismo, el cordel lo ponía en actividad, y el efecto, para quien, ignorándolo, estuviese de rodillas al pie de la efigie, debía de ser completo y fulminante°.

Creo que ya entonces germinó° en mí la funesta° idea que luego puse por obra. No lo puedo asegurar, porque no es fácil saber cómo se precisa y actúa sobre nosotros un propósito, latente en la voluntad. Acaso no me di cuenta de mi inspiración (llamémosle así) hasta que mi compañera de viaje me advirtió, la noche del Jueves Santo, que pensaba salir a las tres, antes de amanecer, a la capilla del Cristo, y me encargó de sobornar° al sacristán para que abriese la catedral a una hora tan insólita.

—Yo deseaba más aún —advirtió ella—. Deseaba quedarme en la capilla toda la noche velando y rezando. Pero tengo miedo a desmayarme. ¡Estoy tan débil! ¡Se me confunden tanto las ideas!

Cumplí el encargo, y cuando todavía las estrellas brillaban, nos dirigimos hacia la catedral. Nos abrieron la puerta excusada del claustro, luego otra lateral que comunica con las dos primeras capillas absidales°, y pretextando° que me retiraba para dejar en libertad a la señora —cuyo brazo sentí temblar sobre el mío todo el camino—, aproveché la obscuridad y un momento favorable para deslizarme detrás de la efigie, en lo alto de la escalera, donde aguardé palpitándome el corazón. Dos minutos después entró la señora y se arrodilló, abismándose° en rezos silenciosos. El alba no lucía aún.

Transcurrió media hora. Poco a poco una claridad blanquecina empezó a descubrir la forma de los objetos, y vi la hendidura°, y vi el cordoncito, saliente, al alcance de mi mano. Al mismo tiempo escuché elevarse una voz, ¡qué voz!... Ardiente, de intensidad sobrehumana, clamando, como si se dirigiese no a una imagen, sino a una persona real y efectiva:

—¡No me lo lleves! Prométela... ¡Es lo único que me queda, es mi solo amor, Jesús! ¡Dios mío! ¡Promete! ¡No me lo lleves!

Trastornado°, sin reflexionar, tiré pausadamente del cordoncito... Hubo un gran silencio, pavoroso°; después oí un grito ronco°, terrible, y la caída de un cuerpo contra el suelo... Me precipité...

—¿Se había desmayado? —preguntamos a Celio todos.

—Eso sería lo de menos... Volvió en sí..., ¡pero con la razón enteramente perdida! Nos burlamos° de las locuras° repentinas en novelas y comedias... ¡Y existen! Cierto que aquélla venía preparada de tiempo atrás, y sólo esperaba para mostrarse un choque, un chispazo°.

—¿Y el hijo? ¿Se murió al fin?

—El hijo salvó, para mayor confusión y vergüenza mía —murmuró Celio. ■

unconsciously
I made sure
turned
crushing; devastating
sprouted; was born
ill-fated; fatal
to bribe
hapels located in the apse
der the pretext
immersing herself
crack
Troubled
frightful
hoarse
We make fun/ insanities
spark

Después de leer

El alba del Viernes Santo

Emilia Pardo Bazán

① To aid students' comprehension, have them write a one-page summary of the story. Encourage them to refer back to the text as necessary.

1 Comprensión Contesta las preguntas con oraciones completas.

1. ¿Quiénes son los personajes del relato?
   Los personajes son Celio, la mujer del tren y el Cristo.
2. ¿Por qué decide Celio pasar la Semana Santa en un pueblo?
   Piensa que Madrid está insoportable durante Semana Santa./Quiere ir a un lugar que le refresque el espíritu.
3. ¿Cuál es la historia de la mujer?
   La mujer perdió a su marido y seis hijos, y ahora su último hijo está enfermo.
4. ¿Celio cree en la leyenda del Cristo?
   Celio desea creer por el bien de la mujer.
5. ¿Qué significa lo que él descubre al visitar a solas la catedral?
   Su descubrimiento es la prueba de que la estatua no es milagrosa.
6. ¿Por qué la historia se llama *El alba del Viernes Santo*?
   Se llama así porque en el momento del alba es cuando se produce el milagro, según la leyenda.

② For expansion, ask additional questions: **¿Cómo sería el cuento si Celio sólo contara la historia de la mujer desde su propio punto de vista? ¿Creen que la voz de la mujer es necesaria en este cuento?**

② For item 4, encourage visual learners to map out the story's narrators and the relationships between them.

2 Análisis Lee el relato nuevamente y responde las preguntas.

1. ¿Cómo es la mujer que Celio encuentra en el tren? ¿A quién le recuerda?
2. Relee la descripción de la catedral. ¿Qué sensación te produce?
3. Tras conocer a la mujer, Celio señala: "Así terminó aquella conversación fatal"; y, más tarde, después de descubrir el mecanismo del cordel: "Creo que ya entonces germinó en mí la funesta idea que luego puse por obra". ¿Por qué te parece que utiliza las palabras "fatal" y "funesta"?
4. Relee la sección **Análisis literario**. ¿Cuántos narradores tiene este cuento? ¿Quiénes son? Da ejemplos de los distintos puntos de vista narrativos.

③ To spark further discussion, ask: **¿A quiénes creen que Celio cuenta esta historia? ¿Celio es una persona religiosa? Expliquen sus respuestas.**

3 Interpretación En parejas, contesten las preguntas.

1. El narrador viaja a la ciudad buscando distracciones; ¿las encuentra?
2. ¿Qué es lo que atrae al narrador hacia la mujer del tren?
3. ¿Por qué piensas que decide involucrarse accionando el mecanismo del Cristo? ¿Lo hace conscientemente?¿Cuál era su propósito?
4. ¿Te parece que Celio realmente es culpable del final trágico de la mujer? ¿O crees que la mujer ya tenía problemas mentales? Explica tu respuesta.
5. ¿Por qué dice Celio al comienzo del relato que algún día podría meterse a fraile? ¿Cómo se siente Celio por lo sucedido?
6. ¿Crees que esta historia tiene una moraleja? Si tu respuesta es sí, ¿cuál es la moraleja? Si tu respuesta es no, explica por qué.

4 El juicio Imagina que Celio es arrestado por causar la locura de la mujer. En grupos de cinco o seis, organicen el juicio oral a Celio. Repartan los papeles: juez(a), Celio, abogado/a defensor(a), fiscal (*prosecutor*) y uno/a o dos testigos. Ensayen una parte del juicio. Después, representen la escena delante de la clase.

5 Remordimiento Imagina que eres Celio, quien, lleno de remordimiento, y antes de entrar a un monasterio, ha decidido enviarle una carta a Jacinto, el hijo de la mujer, explicándole las circunstancias reales que desencadenaron (*triggered*) la locura de su madre. Incluye por lo menos dos usos diferentes de **se** en tu carta.

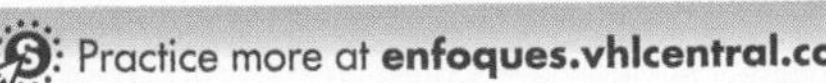
Practice more at **enfoques.vhlcentral.com.**

Antes de leer

Vocabulario

el altiplano *high plateau*	**el límite** *border*
árido/a *arid*	**la pérdida** *loss*
la armada *navy*	**reclamar** *to claim; to demand*
ceder *to give up*	**el territorio** *territory*

 **El salar de Uyuni** Completa el párrafo con el vocabulario de la tabla.

El salar de Uyuni, uno de los lugares más impresionantes de Bolivia, se encuentra a una altura de 3.650 metros (11.975 pies) en un (1) ___altiplano___ en el suroeste de Bolivia, no muy lejos del (2) ___límite___ con Chile. Es un lugar (3) ___árido___, de poca lluvia, donde se secó un lago prehistórico. Este (4) ___territorio___ tan blanco impresiona a los turistas porque parece nieve. El salar de Uyuni es un desierto de sal, en vez de arena.

Conexión personal ¿Has perdido alguna vez una cosa que significaba muchísimo para ti? Explica lo que ocurrió y cómo reaccionaste.

Contexto cultural

El **desierto de Atacama** está ubicado en un altiplano al borde del océano Pacífico. Es uno de los desiertos más áridos del mundo: sólo recibe tres milímetros de lluvia al año. El paisaje de Atacama es tan impresionante y peculiar que la revista estadounidense *Science* lo ha comparado con el planeta Marte. Parece vacío (*empty*), pero Atacama es muy rico en algunos minerales que dependen de la sequía. En el siglo XIX se descubrió que en el territorio había abundante salitre y guano. El salitre (o nitrato de sodio) es un tipo de sal, y el guano (del quechua *wanu*) consiste en excrementos de pájaros marinos y murciélagos (*bats*). Ambos comparten la característica principal de ser ingredientes para fertilizantes y explosivos. Estos recursos naturales, tan atractivos por su precio en el mercado internacional de la época, hicieron del desierto un oasis económico.

 Practice more at **enfoques.vhlcentral.com.**

Conexión personal Ask students to explain how the object was significant to them. Ask: **¿Fue algo que te costó mucho dinero? ¿Fue posible reemplazarlo? ¿Cuáles fueron las consecuencias de esta pérdida?**

Contexto cultural Ask students to discuss their travels. Ex: **¿Alguna vez han visitado un desierto o una tundra? ¿Dónde está ubicado/a? ¿Cómo es?**

Preview Point out Bolivia on a map. Ask students to read the title aloud and predict the content of the article.

Cómo Bolivia perdió su mar

Lago Titicaca, Bolivia

Hay países que se asocian indiscutiblemente° con un paisaje natural. Algunos son Nepal con las montañas blancas del Himalaya, Arabia Saudita con el desierto, y Bolivia con... ¿el mar? Así debería ser, piensan muchos bolivianos con nostalgia y mucho anhelo° desde que Bolivia —durante la Guerra del Pacífico (1879–1883)— cedió a Chile el desierto de Atacama con su costa, el único acceso al océano que tenían los bolivianos.

indisputably

longing

La guerra no surgió° por el acceso al mar, sino por cuestiones económicas y por el control de los depósitos de minerales en el desierto de Atacama. Sin embargo, es la desaparición de la salida al mar lo que ha dejado una cicatriz° profunda. Cuenta el escritor peruano Mario Vargas Llosa, quien vivió de niño en la ciudad boliviana de Cochabamba, que todas las semanas los estudiantes de su escuela cantaban un himno reclamando el mar. Muchos bolivianos siguen sin aceptar la pérdida de hace más de cien años. Se sienten mutilados porque se creen legítimamente un país marítimo. Así lo había decidido su fundador, Simón Bolívar, al fijar los límites del país en 1825.

surgió°: didn't arise
cicatriz°: scar

Cuando Simón Bolívar estableció las fronteras de Bolivia, incluyó parte del desierto de Atacama, que llegaba hasta el mar. Chile tenía ya el control económico de la región y, a pesar de los deseos de Bolívar, lo siguió manteniendo. Cuando se descubrieron los ricos recursos naturales del desierto de Atacama, Chile comenzó a explotar las minas de salitre y guano. La tensión sobre las exportaciones chilenas y los impuestos que Bolivia quería cobrar por la extracción de estos productos provocó un conflicto inevitable en 1878. Las fuerzas armadas de Bolivia —a pesar de la ayuda de su aliado, el Perú— no pudieron contender ni en tierra ni en mar con la moderna armada chilena. La guerra terminó en 1883 con la concesión de varios territorios a Chile. En 1904, Bolivia abandonó permanentemente el control del desierto de Atacama, con sus depósitos de minerales y su única salida al Pacífico. A cambio, Chile construyó un ferrocarril° para que Bolivia tuviera acceso al mar.

ferrocarril°: railroad

"Se sienten mutilados porque se creen legítimamente un país marítimo. Así lo había decidido su fundador, Simón Bolívar..."

No obstante, Bolivia no dio por finalizada la cuestión°. En el centenario de 2004, el presidente Carlos Mesa pidió de nuevo el acceso marítimo durante una reunión en la Cumbre de las Américas. Aunque le fue negado en aquella ocasión, en julio de 2006 los dos países decidieron reanudar las negociaciones°. Sea cual sea el resultado de las negociaciones, algo está claro: los bolivianos quieren su mar y su costa, no un viaje en tren. ■

no dio por finalizada la cuestión°: did not think that the matter was over
reanudar las negociaciones°: to resume talks

La batalla de Arica

La batalla de Arica de 1880 fue una de las más duras para los dos bandos. Las tropas chilenas subieron a una colina escarpada (*steep hill*), el Morro de Arica, para atacar al enemigo que esperaba. Los dos lados perdieron muchas vidas, incluyendo un coronel peruano que se tiró al mar desde un acantilado (*cliff*) con su caballo en un intento fallido (*failed*) de engañar a las tropas chilenas, invitándolas a caer al Pacífico.

¿Una armada en Bolivia?

A pesar de su distancia con el Pacífico, Bolivia mantiene una armada desde 1963 a la espera del día en que vuelvan a tener salida al mar. La Fuerza Naval Boliviana cuenta con doscientas embarcaciones (*boats*) y un buque de guerra (*warship*). Se entrena en el agua dulce del inmenso lago Titicaca.

Teaching option As students read, call attention to uses of **se** and the passive voice. Ex: **Cuando se descubrieron...** (line 33); **Aunque le fue negado...** (line 58).

INSTRUCTIONAL RESOURCES
Supersite: Audioscripts, Textbook/SAM AK, Textbook/Lab MP3s
SAM/WebSAM: WB, LM

Preview Take a quick survey to find out which students enjoy studying history. Ask: **¿Por qué es importante estudiar la historia? ¿Creen que debe ser obligatorio estudiarla en la escuela y la universidad?**

Audio: Vocabulary
Activities

La historia y la civilización

La historia y la civilización

De la **antigua** ciudad de Quilmes, en el norte de Argentina, sólo quedan ruinas. En el **siglo** XVII, los **habitantes** fueron obligados a **establecerse** cerca de Buenos Aires.

la civilización *civilization*
la década *decade*
la época *era; epoch; historical period*
el/la habitante *inhabitant*
la historia *history*
el/la historiador(a) *historian*
la humanidad *humankind*
el imperio *empire*
el reino *reign; kingdom*
el siglo *century*

establecer(se) *to establish (oneself)*
habitar *to inhabit*
integrarse (a) *to become part (of)*
pertenecer (a) *to belong (to)*
poblar (o:ue) *to settle; to populate*

antiguo/a *ancient*
(pre)histórico/a *(pre)historic*

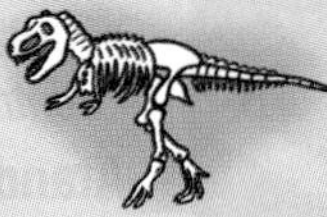

Los conceptos

el aprendizaje *learning*
el conocimiento *knowledge*
la enseñanza *teaching; lesson*
la herencia (cultural) *(cultural) heritage*
la (in)certidumbre *(un)certainty*
la (in)estabilidad *(in)stability*
la sabiduría *wisdom*

Las características

adelantado/a *advanced*
culto/a *cultured; educated; refined*
derrotado/a *defeated*
desarrollado/a *developed*
forzado/a *forced*

pacífico/a *peaceful*
poderoso/a *powerful*
victorioso/a *victorious*

Los gobernantes

el/la cacique *tribal chief*
el/la conquistador(a) *conquistador; conqueror*
el/la dictador(a) *dictator*
el emperador/la emperatriz *emperor/empress*
el/la gobernante *ruler*
el/la monarca *monarch*
el rey/la reina *king/queen*
el/la soberano/a *sovereign; ruler*

Variación léxica
integrarse ⟷ incorporarse
la herencia ⟷ el legado
la cacique ⟷ la cacica

La conquista y la independencia

Con la abolición de la **esclavitud** en 1810 por decisión de Miguel Hidalgo, México **encabeza** la lista de naciones americanas que **suprimieron** esta práctica y **liberaron** a los **esclavos**.

la batalla *battle*
la colonia *colony*
la conquista *conquest*
el ejército *army*
la esclavitud *slavery*
el/la esclavo/a *slave*
las fuerzas armadas *armed forces*
el/la guerrero/a *warrior*
la independencia *independence*
la soberanía *sovereignty*
el/la soldado *soldier*
la tribu *tribe*

colonizar *to colonize*
conquistar *to conquer*
derribar/derrocar *to overthrow*
derrotar *to defeat*
encabezar *to lead*
explotar *to exploit*
expulsar *to expel*
invadir *to invade*
liberar *to liberate*
oprimir *to oppress*
rendirse (e:i) *to surrender*
suprimir *to abolish; to suppress*

(1) For Part B, play the dialogue again and have students create two additional comprehension questions for their classmates to answer.

Práctica

(1) Escuchar

A. Escucha la conversación entre dos historiadores y completa las oraciones con la opción correcta.

1. La especialidad de Mónica es _a_.
   a. la época colonial de Hispanoamérica
   b. la Guerra de la Independencia
2. A Mónica le interesa mucho _a_.
   a. la conquista   b. la monarquía
3. El artículo que le gustó a Franco trataba de _b_.
   a. civilizaciones prehistóricas
   b. antiguas colonias
4. Franco, en sus clases, cuenta historias personales de _b_.
   a. reyes y guerreros   b. reyes y gobernantes

B. Escucha parte de una de las clases de Mónica y después contesta las preguntas.

1. ¿Quién era Álvar Núñez Cabeza de Vaca?
   un conquistador español
2. ¿A qué lugar lo llevaron las tormentas?
   a la costa de Texas
3. ¿Qué ocurrió durante los años que Cabeza de Vaca vivió con los indígenas?
   Se integró a las costumbres indígenas.
4. ¿En qué se tranformó Cabeza de Vaca después de ser soldado? en curandero
5. ¿Qué hizo después de habitar diez años en América? Regresó a España.
6. ¿En qué se basaba el gobierno que intentó establecer en el Paraguay?
   en el respeto a las comunidades indígenas

(2) Definiciones Escribe la palabra adecuada para cada definición.

1. pensamiento expresado con palabras _concepto_
2. persona que sube al poder y elimina los derechos democráticos de los ciudadanos _dictador_
3. gobernante de un imperio _emperador_
4. cien años _siglo_
5. hombre que forma parte de las fuerzas armadas _soldado_
6. tranquilo; que busca la paz _pacífico_
7. sinónimo de "vivir" _habitar_
8. conocimiento profundo _sabiduría_

(2) Assign different vocabulary headings from **Contextos** and have students create three more definitions, then exchange papers with a partner to find the right words.

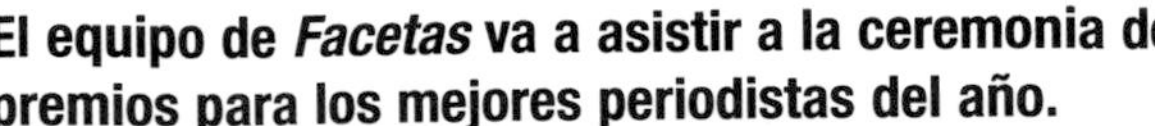

El equipo de *Facetas* va a asistir a la ceremonia de premios para los mejores periodistas del año.

Synopsis:
- Johnny arrives at the office in a suit and imagines himself receiving an award.
- Éric, Mariela, and Aguayo are nominated for journalism awards.
- Éric invites Mariela to be his date.
- Aguayo reminisces about memorable times at the office.

NATIONAL STANDARDS communication cultures

MARIELA ¿Qué haces vestido así tan temprano?

DIANA La ceremonia no comienza hasta las siete.

JOHNNY Tengo que practicar con el traje puesto.

AGUAYO ¿Practicar qué?

JOHNNY Ponerme de pie, subir las escaleras, sentarme, saludar y todo eso. Imagínense…

Johnny imagina que recibe un premio…

JOHNNY Quisiera dar las gracias a mis amigos, a mis padres, a mi compadre, a mis familiares, a Dios por este premio que me han dado. De verdad, muchas gracias, los quiero a todos. ¡Muchas gracias! ¡Gracias!

Aguayo sale corriendo de su oficina.

AGUAYO ¡Llegó la lista! ¡Llegó la lista! (*Lee.*) "En la categoría de mejor serie de fotos, por las fotos de las pirámides de Teotihuacán, Éric Vargas."

JOHNNY Felicidades.

AGUAYO (*Lee.*) "En la categoría de mejor diseño de revista, por la revista *Facetas*, Mariela Burgos."

MARIELA Gracias.

Al mismo tiempo, en la cocina…

JOHNNY ¿Con quién vas a ir esta noche?

ÉRIC ¿Estás loco? Entre boletos, comida y todo lo demás, me arruinaría. Mejor voy solo.

JOHNNY No creo que debas ir solo. ¿Y qué tal si invitas a alguien que *ya* tiene boleto?

ÉRIC ¿A quién?

JOHNNY A Mariela.

ÉRIC ¿A Mariela?

JOHNNY Éric, es esta noche o nunca. ¿En qué otra ocasión te va a ver vestido con traje? Además, tienes que aprovechar que ella está de buen humor. Creo que antes te estaba mirando de una manera diferente…

ÉRIC No sé…

Más tarde, en el escritorio de Mariela…

ÉRIC ¿Qué tal?

MARIELA Todo bien.

ÉRIC Muy bonitos zapatos.

MARIELA Gracias.

ÉRIC Y MARIELA (*al mismo tiempo*) Quería preguntarte si…

ÉRIC Disculpa, tú primero…

MARIELA No, tú primero…

INSTRUCTIONAL RESOURCES: Supersite/DVD: Fotonovela; **Supersite:** Script & Translation, SAM AK; **SAM/WebSAM:** VM

Preview Review the personality traits of each character, then have students predict which two characters might go on a date.

Personajes

AGUAYO

DIANA

ÉRIC

FABIOLA

JOHNNY

MARIELA

4

AGUAYO (*Lee.*) "En la categoría de mejor artículo, por 'Historia y civilización en América Latina', José Raúl Aguayo." No lo puedo creer. ¡Tres nominaciones!

Todos están muy contentos, pero Johnny tiene cara de triste.

DIANA Johnny, ¿cómo te van a nominar para un premio?... ¡si no presentaste ningún trabajo!

JOHNNY (*riéndose*) Claro... pues, es verdad.

5

Más tarde, en el escritorio de Mariela...

MARIELA Mira qué zapatos tan bonitos voy a llevar esta noche.

FABIOLA Pero... ¿tú sabes andar con eso?

MARIELA ¡Llevo toda mi vida andando con tacón alto!

FABIOLA Mira, de todas formas, te aconsejo que no te los pongas sin probártelos antes.

9

Esa noche...

DIANA ¡Qué nervios!

FABIOLA ¿Qué fue eso?

JOHNNY (*con una herradura en la mano*) Es todo lo que necesitamos esta noche.

10

Éric y Mariela hablan a solas.

ÉRIC ¿Estás preparada para la gran noche?

MARIELA Lista.

Todos entran al ascensor, esperando a Aguayo.

ÉRIC (*Grita.*) ¡Jefe!

Aguayo se queda solo, mirando la oficina emocionado. Por fin, apaga la luz, entra al ascensor y todos se van.

Expresiones útiles

Degrees of formality in expressing wishes

Direct
Quiero invitarte a venir conmigo a la ceremonia.
I want to ask you to come with me to the ceremony.

More formal
Quería invitarte a venir conmigo a la ceremonia.
I wanted to ask you to come with me to the ceremony.

Most formal
Quisiera invitarte a venir conmigo a la ceremonia.
I would like to invite you to come with me to the ceremony.

Expressing anticipation and excitement

¿Estás preparado/a para la gran noche?
Are you ready for the big night?

¡Qué nervios!/¡Qué emoción!
I'm so nervous!/I'm so excited!

Es hoy o nunca.
It's now or never.

¡No lo puedo creer!
I can't believe it!

Additional vocabulary

arruinarse *to go bankrupt*
de todas formas *in any case*
la herradura *horseshoe*
la nominación *nomination*
ponerse de pie *to stand up*
el premio *award; prize*
el tacón (alto) *(high) heel*

Teaching option Ask students who they think will win and how they might celebrate after the ceremony.

INSTRUCTIONAL RESOURCES
Supersite/DVD: Flash Cultura; **Supersite:** Script & Translation

En detalle

PERÚ Y ECUADOR

La herencia de los incas

El auge° del imperio inca duró sólo trescientos años (del siglo XIII al XVI). Esta civilización nunca conoció la rueda°, el hierro° o el caballo, elementos que en otras culturas estuvieron directamente relacionados con el progreso. Sin embargo, los incas dejaron huellas° indelebles° en la lengua, la cultura, la agricultura, la ingeniería, la planificación urbana y la industria textil en el Perú, el Ecuador y el resto de la región andina.

El centro del imperio inca era la ciudad de Cuzco, en el actual Perú. La red° de caminos establecida por los incas tenía una extensión de aproximadamente 20.000 kilómetros (12.500 millas), y recorría el territorio que ahora ocupan seis países: la Argentina, Bolivia, Chile, Colombia, el Ecuador y el Perú. La ruta principal, de unos 5.000 kilómetros de extensión, recorría los Andes desde el norte de Ecuador hasta el centro de Chile. No se trataba de simples caminos de tierra°: muchos eran caminos empedrados° y a veces incluían puentes colgantes° o flotantes°, puentes de piedra o terraplenes°. Miles de turistas de todo el mundo recorren el tramo más conocido de este sistema de rutas: el Camino del Inca, que llega a Machu Picchu; mientras que millones de suramericanos recorren —quizás sin saberlo— viejos caminos incas, ya que muchas rutas de Suramérica siguen el mismo trazado° marcado por los incas hace seiscientos años.

Los incas se destacaron por el uso de la ingeniería con fines agrícolas°. Convirtieron tierras altas y empinadas° en áreas productivas a través de la construcción de sistemas de terrazas de cultivo. También construyeron canales que llevaban agua para regar° plantaciones en zonas desérticas. Algunas de estas innovaciones tecnológicas siguen en uso actualmente.

El legado° cultural se aprecia principalmente en el uso de dos lenguas habladas por los incas: el aymara y el quechua. La presencia inca también se percibe en la vida cotidiana, a través de las costumbres y tradiciones que pasan de generación en generación, una de cuyas expresiones más visibles es la industria textil tradicional, que sigue usando las mismas técnicas de antaño°. ■

El correo inca

Un avanzado sistema de rutas no sería de mucha utilidad sin un sistema de comunicación eficiente. Los incas usaban un sistema de **chasquis**, o mensajeros, para llevar órdenes y noticias por todo el imperio. El sistema utilizado por los chasquis era similar al de las carreras de relevos°. Se dice que fue el sistema de mensajería más rápido hasta la invención del telégrafo. Los chasquis podían llevar un mensaje de Quito a Cuzco (aproximadamente 2.000 kilómetros) en unos cinco o seis días.

auge *peak* **rueda** *wheel* **hierro** *iron* **huellas** *marks* **indelebles** *permanent* **red** *network* **caminos de tierra** *dirt roads* **empedrados** *cobbled* **colgantes** *suspension* **flotantes** *floating* **terraplenes** *embankments* **trazado** *route* **fines agrícolas** *agricultural purposes* **empinadas** *steep* **regar** *to water* **legado** *legacy* **de antaño** *from the past; of yesteryear* **carreras de relevos** *relay races*

En detalle Ask these discussion questions: **¿Cuáles son las características de una civilización avanzada? ¿El uso de computadoras y celulares significa que vivimos en una cultura avanzada? Expliquen sus respuestas.**

En detalle and **Perfil** Point out that **Cuzco** comes from the quechua *qusqu*, which means *center* or *navel*. The official spelling according to the Peruvian constitution is **Cusco**. In official documents, the definite article is commonly used: **el Cusco**.

El mundo hispanohablante For visual learners, point out the locations on a map. Ask what physical land characteristics might have influenced the communities that inhabited those areas.

ASÍ LO DECIMOS

Palabras de lenguas indígenas

el cacao (náhuatl) *cacao; cocoa*
el charqui (quechua) *dried beef; jerky*
el chicle (náhuatl) *gum*
el chocolate (náhuatl) *chocolate*
el cóndor (quechua) *condor*
el coyote (náhuatl) *coyote*
la guagua (quechua) *baby boy/girl*
el huracán (taíno) *hurricane*
la llama (quechua) *llama*
el poncho (mapuche) *poncho*
el puma (quechua) *puma*

EL MUNDO HISPANOHABLANTE

Curiosidades

Situada en el istmo de Tehuantepec, en México, **Juchitán** es una comunidad mayoritariamente indígena cuyos mitos y creencias resisten la influencia del exterior. Se dice que aquí todavía subsiste el **matriarcado**° porque las mujeres tienen una presencia vital en la economía y en la sociedad.

La **Catedral de Sal** en Zipaquirá, cerca de Bogotá, Colombia, es una obra única de ingeniería y arte. Esta construcción subterránea fue realizada en una mina de sal que los **indígenas muiscas** de esa zona ya explotaban° antes de la llegada de los españoles al continente americano.

La sociedad **Rapa Nui**, desarrollada en condiciones de aislamiento° extremo en la Isla de Pascua, Chile, presenta numerosos interrogantes° que se resisten a ser descifrados. Sus famosas esculturas monolíticas, sus altares megalíticos y su escritura jeroglífica siguen siendo un misterio que maravilla a los investigadores.

PERFIL

MACHU PICCHU

La ciudad de Machu Picchu es el ejemplo más famoso de las sofisticadas técnicas arquitectónicas de la civilización inca. Las ruinas están ubicadas° a unos 112 kilómetros (70 millas) de Cuzco, Perú, en una zona montañosa desde la que se pueden disfrutar unas vistas espectaculares del valle del Urubamba. En el corazón de Machu Picchu está la plaza central, en la que se pueden ver los templos y los edificios del gobierno. Uno de los monumentos más famosos es el *intihuatana*, un tipo de observatorio astronómico inca, utilizado para observar el Sol y para medir° las estaciones del año y el transcurso del tiempo. También se realizaban allí ceremonias en honor al Sol, y la elevación del terreno permitía que todos los habitantes las presenciaran.

“Una cosa es continuar la historia y otra repetirla.” (Jacinto Benavente, dramaturgo español)

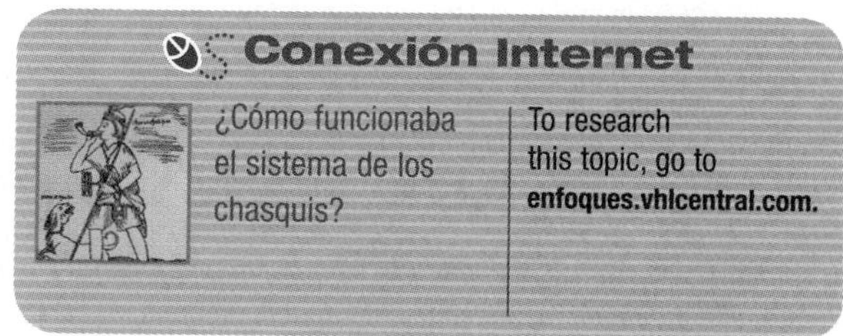

Conexión Internet

¿Cómo funcionaba el sistema de los chasquis?

To research this topic, go to **enfoques.vhlcentral.com.**

ubicadas *located* **medir** *to measure* **matriarcado** *matriarchy*
explotaban *operated* **aislamiento** *isolation* **interrogantes** *mysteries*

Teaching option Call on a volunteer to read the quote aloud. Ask: **¿Siempre es malo repetir la historia? ¿En qué casos puede ser bueno?**

③ In pairs, have students create additional comprehension questions and exchange papers with another pair to complete the exercise.

¿Qué aprendiste?

1 ¿Cierto o falso? Indica si las oraciones son **ciertas** o **falsas**. Corrige las falsas.

1. El imperio inca alcanzó su auge después de la llegada de los españoles. Falso. El auge del imperio inca comenzó antes de su llegada.
2. El imperio inca se extendía hasta Panamá. Falso. El imperio inca se extendía hasta Ecuador/Colombia.
3. La principal ruta inca recorría la costa atlántica de Suramérica. Falso. La principal ruta inca recorría la región andina.
4. Algunos caminos actuales siguen el trazado de viejas rutas incas. Cierto.
5. Los incas cultivaban las tierras bajas con un sistema de terrazas. Falso. Cultivaban las tierras altas con un sistema de terrazas.
6. Todavía se siguen utilizando algunas de las técnicas agrícolas de los incas. Cierto.
7. Todavía se usan dos idiomas hablados por los incas. Cierto.
8. Un solo chasqui se encargaba de llevar los mensajes de Quito a Cuzco. Falso. Los chasquis usaban un sistema similar al de las carreras de relevos.

2 Oraciones incompletas Elige la opción correcta.

1. Machu Picchu es (el templo inca más famoso / el ejemplo más famoso de arquitectura inca).
2. El *intihuatana* era un (templo / observatorio).
3. El charqui es (una comida / un tipo de poncho).
4. La palabra *llama* viene de la lengua (mapuche / quechua).

3 Preguntas Contesta las preguntas con oraciones completas.

1. ¿Dónde está Juchitán? Juchitán está en el istmo de Tehuantepec en México.
2. ¿Por qué se dice que en Juchitán subsiste el matriarcado? Las mujeres tienen una presencia vital en la economía y en la sociedad.
3. ¿Dónde se construyó la Catedral de Sal de Zipaquirá? La Catedral de Sal se construyó en una mina de sal.
4. ¿Qué grupo indígena explotaba la mina de sal de Zipaquirá? Los indígenas muiscas explotaban la mina de sal de Zipaquirá.
5. ¿Qué isla chilena tiene esculturas monolíticas? La Isla de Pascua tiene esculturas monolíticas.

4 Opiniones En parejas, hablen de la importancia de mantener los usos y las costumbres tradicionales y del posible efecto de las tradiciones en el desarrollo económico de las sociedades. Usen las preguntas como guía:

- ¿Es importante mantener las tradiciones? ¿Por qué?
- ¿Es posible desarrollar economías competitivas aprovechando las tradiciones?
- ¿Creen que las tradiciones pueden perderse si se explota su potencial económico?
- ¿Hay casos en los que es mejor no mantener las tradiciones? ¿En cuáles?

Contesten las preguntas, den ejemplos de sus puntos de vista y después compartan su opinión con la clase.

Practice more at **enfoques.vhlcentral.com.**

PROYECTO

Monolitos, Isla de Pascua

Monumentos antiguos

Elige uno de los lugares de la lista u otra construcción antigua importante en un país de habla hispana. Busca información sobre el lugar y prepara una presentación para tus compañeros. No olvides incluir información sobre la época en la que se construyó, quién lo hizo y, si se sabe, con qué objetivo. Incluye una fotografía o una ilustración de la obra o construcción.

- Monolitos de la Isla de Pascua
- Líneas de Nazca
- Catedral de Sal
- Monte Albán

Proyecto To help students get started, have them create a chart of information they should include in their presentation. Ex: time line of events, current tourist information, efforts to conserve cultural heritage, relevant historical figures.

Video: *Flash Cultura*

Machu Picchu: encanto y misterio

Ya has leído sobre la maravillosa herencia de los incas en Sudamérica. Este episodio de **Flash Cultura** te lleva a conocer las ruinas de Machu Picchu en Perú para descubrir sus misterios y saber qué piensan de ellas los visitantes de todo el mundo.

VOCABULARIO ÚTIL

el borde *brink*	**el depósito** *warehouse*
la bruma *mist*	**evitar** *to prevent*
la ciudadela *citadel*	**la intrepidez** *fearlessness*
la cordillera *mountain range*	**tallado/a** *carved*

Preparación ¿Te interesan las antiguas civilizaciones? ¿Te parece que es mejor visitar un lugar histórico que leer sobre él? ¿Estarías dispuesto/a a hacer un viaje de aventura a un país lejano? ¿Qué cosas pueden ser difíciles o peligrosas en un viaje así?

Comprensión Indica si estas afirmaciones son ciertas o falsas. Después, en parejas, corrijan las falsas.

1. Machu Picchu se encuentra en un lugar muy accesible a los turistas. Falso. Machu Picchu se encuentra en un lugar remoto.
2. Se sabe que Miguel Ángel vivió en la ciudadela. Falso. No se sabe quién habitó en Machu Picchu.
3. Las ruinas fueron descubiertas por un explorador estadounidense. Cierto.
4. Cada una de las piedras de Machu Picchu fue cuidadosamente tallada. Cierto.
5. Las terrazas servían como almacén de alimentos. Falso. Las terrazas servían para cultivo y para evitar la erosión.
6. La ubicación geográfica de Machu Picchu evitó que la ciudadela fuera invadida por la conquista española. Cierto.

Expansión En parejas, contesten estas preguntas.

- Si visitaran las ruinas, ¿contratarían un(a) guía local? ¿Les parece que sería importante conversar con un(a) heredero/a de la cultura andina? ¿Por qué?
- A Machu Picchu se puede llegar a pie o, en mucho menos tiempo, en tren. ¿Qué opción elegirían? ¿Por qué?
- ¿Qué les atrae más de Machu Picchu: el misterio, el entorno de la naturaleza, la maravilla de su construcción o su importancia histórica? Expliquen su elección.

Corresponsal: Omar Fuentes
País: Perú

Un lugar remoto, sagrado y misterioso que fue descubierto apenas hace cien años.

Para cuando los españoles obtuvieron el control del Perú en 1532, todos los habitantes de Machu Picchu habían desaparecido.

Esta cultura quechua hizo muchas grandes obras y, actualmente, podemos ver esta maravilla del mundo que es Machu Picchu.

 Practice more at **enfoques.vhlcentral.com.**

INSTRUCTIONAL RESOURCES
Supersite/DVD: Film Collection
Supersite: Script & Translation

Antes de ver el corto

UN PEDAZO DE TIERRA

país Arg./Méx./EE.UU.
duración 24 minutos
director Jorge Gaggero

protagonistas don Aurelio (tatarabuelo), Irene (madre), Ramiro y Agustín (hijos), Pedro

To aid comprehension, introduce this additional vocabulary from the film.
tomar el pelo *to pull someone's leg*
el mantenimiento *maintenance*
la facha *look, appearance*
aquí mismo *right here*
Point out that **reconocer** is conjugated like **conocer**.

Vocabulario

el cura *priest*
engañar *to betray*
enterrar (e:ie) *to bury*
jurar *to promise*
el rancho *ranch*
reconocer *to recognize*
sepultar *to bury*
el/la tatarabuelo/a *great-great-grandfather/great-great-grandmother*

1 Mis antepasados Completa el párrafo con las palabras apropiadas.

Mi (1) ___tatarabuelo___ está enterrado cerca del (2) ___rancho___ donde nació. Antes de morir, le hizo (3) ___jurar___ a mi (4) ___tatarabuela___ que lo iban a (5) ___sepultar/enterrar___ allí. Tuvieron dos hijos en esa vieja casa de campo. El mayor fue mi bisabuelo. El menor decidió ser (6) ___cura___.

2 Preguntas En parejas, contesten las preguntas.

1. ¿Dónde pasaron la infancia y la juventud tus abuelos y tus padres?
2. ¿Recuerdas algún lugar de tu infancia que haya cambiado o ya no exista? ¿Cómo te sentiste al ver que el lugar había cambiado?
3. ¿Escribirías un testamento (*will*)? ¿Qué instrucciones dejarías en él?
4. ¿Alguna vez ayudaste a alguien a cumplir un deseo? ¿Qué hiciste?

② Continue the discussion by asking additional questions. Ex: **¿De qué manera supiste cómo fue la vida de tus abuelos en su juventud? ¿Te han enseñado fotos? ¿Te han contado historias? ¿Crees que nuestra percepción de un lugar cambia con la edad?**

3 Otros países En parejas, imaginen que tienen que ir a vivir a otro país. Hagan una lista de tres países en los que creen que les gustaría vivir. Expliquen por qué han elegido esos países y digan qué aspectos positivos y negativos tiene vivir allí. Compartan su lista con la clase.

③ As a variant, have pairs complete the activity with the three Spanish-speaking countries that appeal to them most.

4 Personajes En parejas, observen los fotogramas y respondan a las preguntas.

- ¿Quiénes son los personajes?
- ¿Qué relación hay entre ellos?
- ¿De qué crees que trata el cortometraje?

④ As a variant, ask students: **¿Qué adjetivos usarían para describir a los personajes?** Then, calling on volunteers, make a list on the board of the adjectives they chose. After viewing the film, have students revise their descriptions.

Practice more at **enfoques.vhlcentral.com.**

Short Film

UN PEDAZO DE TIERRA

PRIMER PREMIO: *Academy of Television Arts & Sciences College Television Awards*
MEJOR CORTO: *Festival Internacional de Cortometrajes de Bilbao*
PREMIO AL MEJOR CORTOMETRAJE: *San Francisco Latino Film Fest*

Una producción de KOO KOO PRODUCTIONS Guión y Dirección JORGE GAGGERO Fotografía HILDA MERCADO
Montaje JOSÉ PULIDO Música XAVIER ASALI/MARCELO BERESTOVOY
Actores RUBÉN MORENO/ROBERTO ENTIQUE/ERICK CARRILLO/ART BONILLA

Synopsis Don Aurelio's last dying wish is to be buried in Palos Verdes, next to his wife's grave. After a long journey with his great-great-grandchildren, he discovers that the rural town of his youth is now a modern U.S. city. While Don Aurelio searches for familiar signs, his grandsons make their own decisions about place and identity.

Preview

- Explain that Texas and many parts of California, Colorado, New Mexico, Nevada, Arizona, Utah, and Wyoming once belonged to Mexico.
- Ask students: **¿Es importante cumplir con el último deseo de un pariente? ¿Por qué?**

Escenas

ARGUMENTO Don Aurelio, muy enfermo, le pide a su familia que lo entierren en el mismo lugar donde está enterrada su esposa.

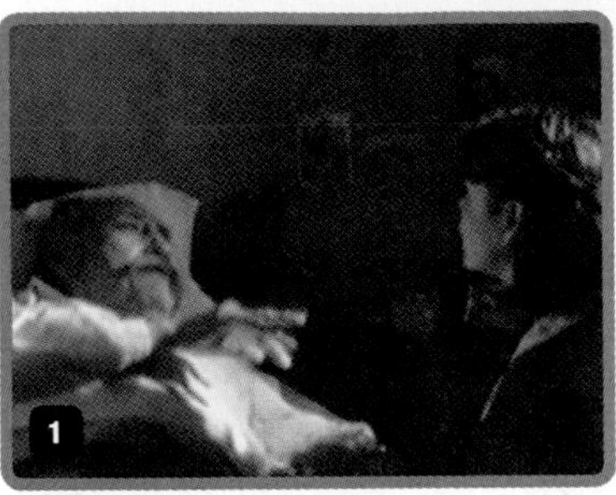

DON AURELIO Palos Verdes...
IRENE Sí.
DON AURELIO ...quiero que me entierren en Palos Verdes.
IRENE Se lo juramos. Tranquilo, tranquilo, abuelo. Ya viene el cura.

RAMIRO Oye, ¿tú crees que llegue? Son como 400 kilómetros.
AGUSTÍN Sí, le cambié las bujías°, los cables, tapa del distribuidor. Sí, quedó como nuevo.
RAMIRO ¿Y el abuelo?
AGUSTÍN Sólo Dios sabe.

DON AURELIO Esto no es Palos Verdes, no. Ustedes me quieren engañar.
RAMIRO Sí, es Palos Verdes, abuelo.
DON AURELIO No hay ranchos. Aquí no hay ranchos.

DON AURELIO Aquí mismo me casé con tu tatarabuela. Fue una linda ceremonia. Merceditas bajó del carro con su largo vestido blanco. Dos meses tardaron con las puntillas° y esas bobadas°.

PEDRO No reconozco ningún lugar.
AGUSTÍN ¿No?
PEDRO No, nada. A ver, a ver, a ver, espérenme tantito... ¡este lugar yo lo conozco! Digo, conozco el árbol. Sí, es de los más viejos de acá.
RAMIRO Ahí nació el abuelo y está sepultada la abuela Mercedes.

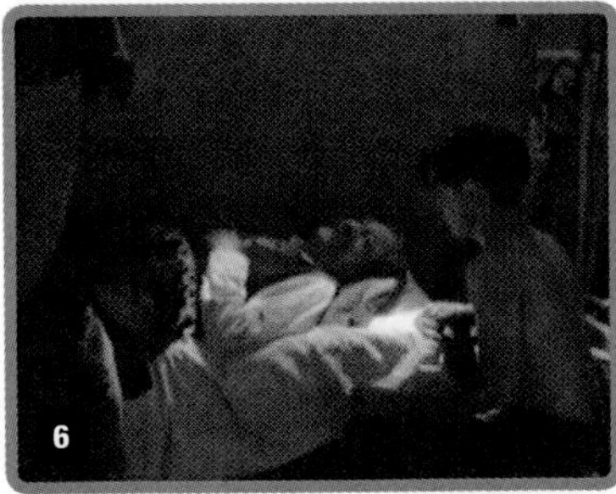

(Ramiro se acerca por el pasillo° al cuarto que está con la puerta abierta. Puede ver a su hermano de espaldas°. Al entrar, encuentra al abuelo recostado° con los ojos entreabiertos° y una sonrisa.)
AGUSTÍN Está muerto.

bujías *spark plugs* **puntillas** *lace trim* **bobadas** *nonsense* **pasillo** *hallway* **de espaldas** *from behind* **recostado** *lying down* **entreabiertos** *half-open*

Después de ver el corto

1 **Comprensión** Contesta las preguntas con oraciones completas.

1. ¿Por qué está en la cama don Aurelio? Don Aurelio está en la cama porque se está muriendo.
2. ¿Adónde van en el carro? ¿Por qué? Van a Palos Verdes, California. Don Aurelio quiere que lo entierren allí.
3. ¿Dónde está enterrada Merceditas, la esposa de don Aurelio? Está enterrada en Palos Verdes.
4. ¿En qué trabaja Pedro? Trabaja en el mantenimiento de jardines.
5. ¿Qué le ocurre al abuelo mientras duerme? El abuelo muere mientras duerme.
6. ¿Dónde lo entierran? Lo entierran debajo de un árbol, junto a su esposa.

① Have students read the comprehension questions before viewing the film. Then have them answer the questions in pairs.

2 **Interpretación** Contesta las preguntas y explica tus respuestas.

1. ¿Cuál es la actitud de Irene hacia don Aurelio al comienzo del corto? ¿Crees que la actitud inicial de los jóvenes está influenciada por Irene?
2. ¿Cambia la actitud de los jóvenes hacia su abuelo?
3. ¿Por qué crees que Ramiro se quiere quedar en Palos Verdes?
4. En tu opinión, ¿por qué se titula el corto *Un pedazo de tierra*?

② Ask these additional questions for class discussion: **¿Sería más preciso decir que Ramiro se ha ido o que ha regresado? ¿Por qué?**

3 **El pasado y el futuro** En parejas, hablen de las citas. Expliquen la importancia que tienen dentro de la historia. ¿Cuál es la actitud de cada uno de los personajes hacia el pasado? ¿Y hacia el futuro?

"Ándele, don Aurelio, déjese ir... déjese ir..." *Irene*

"Si se nos va antes, pues lo dejamos acá y con la platita que nos dieron pues disfrutamos de las playas de California." *Ramiro*

"Mire, don Aurelio, Palos Verdes cambió. Ya no es territorio mexicano y su rancho ya no existe. Mírese usted en las fotos, no es igual. Ya nada es igual." *Agustín*

"¡Quién hubiera dicho que le arreglaría la tumba en cada cambio de estación!" *Agustín*

③ Before completing the activity, replay the portions of the film that contain the quotes shown.

4 **Mensaje** Imagina que eres Ramiro. Tu hermano regresó a México y tú te quedaste en Palos Verdes. Escribe un mensaje de correo electrónico a un amigo contándole cómo es tu experiencia en Palos Verdes. Cuéntale qué cosas te gustan de vivir en los Estados Unidos, qué cosas extrañas de la vida en México, cómo va tu trabajo y qué vínculos (*connections*) estás formando con nuevas personas. Explica cómo te sientes con respecto a tu decisión de no volver a México con tu hermano.

④ As a variant, divide the class into small groups. Have some groups write an e-mail from Ramiro's perspective, and the others from Agustín's point of view.

 Practice more at **enfoques.vhlcentral.com.**

Teaching option Relate ***Un pedazo de tierra*** to students' personal lives. Ask: **¿Quieren quedarse en el lugar donde crecieron o prefieren conocer otros lugares y culturas? ¿Les interesa volver a la tierra de sus antepasados? ¿Por qué?**

El indio alcalde de Chincheros: Varayoc, 1925
José Sabogal, Perú

"Los que no creen en la inmortalidad creen en la historia."

— José Martí

Antes de leer

El milagro secreto

Sobre el autor

Jorge Luis Borges nació en Buenos Aires en 1899. En 1923 publicó su libro de poemas *Fervor de Buenos Aires*, al que seguiría una importante obra de cuentos y ensayos breves; nunca escribió una novela. Alguna vez afirmó: "El hecho central de mi vida ha sido la existencia de las palabras y la posibilidad de entretejer *(interweave)* y transformar las palabras en poesía". Sus obras fundamentales son *Ficciones* (1944) y *El Aleph* (1949), que le ganaron fama mundial. Sus temas principales son la muerte, el tiempo, el "yo", el mundo como sueño y Buenos Aires. Sus símbolos recurrentes son el laberinto, la biblioteca, los libros, los espejos, el azar y el ajedrez. En 1961 compartió el Premio del Congreso Internacional de Escritores con Samuel Beckett y en 1980 recibió el prestigioso Premio Cervantes. Viajó extensamente por Europa y murió en Ginebra en 1986. Es considerado uno de los escritores más importantes del siglo XX.

Vocabulario

el ajedrez *chess*	**disputar** *to play*	**la jugada** *move*
el azar *chance*	**fusilar** *to shoot, to execute by firing squad*	**la partida** *game*
la biblioteca *library*	**impostergable** *impossible to postpone*	**el reloj** *clock*
la demora *delay*	**inconcluso/a** *unfinished*	**el tablero** *chessboard*

Completar Completa las oraciones con el vocabulario.

1. Cuando el campeón ruso inició la __jugada__, las miradas de todos los espectadores quedaron fijas en el __tablero__. El __reloj__ marcaba el tiempo mientras la __partida__ que habían __disputado__ durante muchas horas se acercaba a su fin. El que ganara, sería el nuevo campeón de __ajedrez__.
2. El terrible incendio significó la pérdida de muchos libros valiosos. Los diarios le echaron la culpa a la __demora__ de los bomberos. Otras personas, más poéticas o más trágicas, culparon al __azar__ de haber jugado en contra de la __biblioteca__.

Conexión personal ¿Alguna vez soñaste algo que luego te ocurrió en la vida real? ¿Crees que los sueños tienen el poder para revelarnos cosas que no podemos conocer mientras estamos despiertos?

Análisis literario: la metáfora

La metáfora consiste en nombrar una cosa con el nombre de otra, más expresiva, con la que tiene semejanza real o ficticia. En la metáfora, una cosa se equipara con otra sin usar la palabra **como:** "tus labios son como rubíes" es una comparación, pero "tus labios son rubíes" es una metáfora. Éste es un recurso que Borges usa a menudo; sus metáforas a veces tienen connotaciones religiosas y mágicas. Cuando leas el cuento, presta atención para buscar ejemplos.

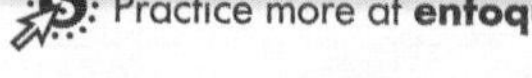

Practice more at **enfoques.vhlcentral.com.**

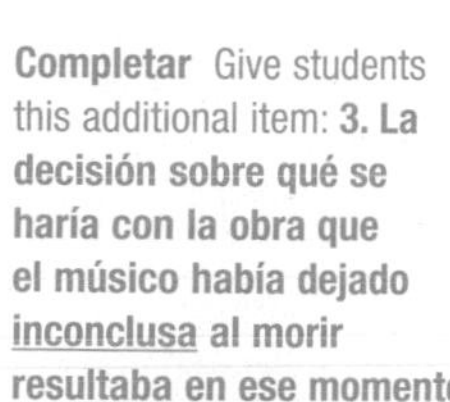

Completar Give students this additional item: **3. La decisión sobre qué se haría con la obra que el músico había dejado inconclusa al morir resultaba en ese momento un tema impostergable.**

Conexión personal Ask students: **¿Cuál es tu juego favorito? ¿Qué reglas tiene?** They might compare the rules of different games and consider whether they convey a certain philosophy, moral or ethic for life.

Análisis literario Ask students to think of some metaphors used in everyday life: **¿Pueden encontrar otros ejemplos de metáforas?** Discuss the fact that we are surrounded by metaphor-based publicity. Discuss how a well-chosen metaphor has the power to instantly communicate the essence of a message, is easy to remember, and often resonates both intellectually and emotionally. Give examples of popular book titles, such as *Chicken Soup for the Soul.*

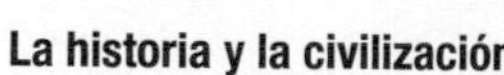

El milagro *secreto*

Jorge Luis Borges

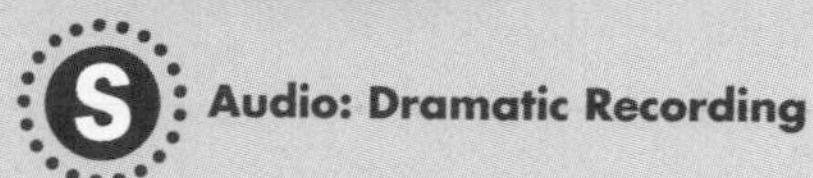

Audio: Dramatic Recording

Teaching option As students read, have them note each mention of time that appears in the story.

Y Dios lo hizo morir durante cien años
y luego lo animó y le dijo:
—¿Cuánto tiempo has estado aquí?
—Un día o parte de un día, respondió.
Alcorán, II, 261

La noche del catorce de marzo de 1939, en un departamento de la Zeltnergasse de Praga, Jaromir Hladík, autor de la inconclusa tragedia *Los enemigos*, de una *Vindicación de la eternidad* y de un examen de las indirectas fuentes° judías de Jakob Boehme, soñó con un largo ajedrez. No lo disputaban dos individuos sino dos familias ilustres; la partida había sido entablada° hace muchos siglos; nadie era capaz de nombrar el olvidado premio, pero se murmuraba que era enorme y quizá infinito; las piezas y el tablero estaban en una torre secreta; Jaromir (en el sueño) era el primogénito° de una de las familias hostiles; en los relojes resonaba la hora de la impostergable jugada; el soñador corría por las arenas de un desierto lluvioso y no lograba recordar las figuras ni las leyes del ajedrez. En ese punto, se despertó. Cesaron los estruendos° de la lluvia y de los terribles relojes. Un ruido acompasado° y unánime, cortado por algunas voces de mando, subía de la Zeltnergasse. Era el amanecer, las blindadas° vanguardias del Tercer Reich entraban en Praga.

sources · set up · firstborn child · thunder · rhythmic · armoured

El diecinueve, las autoridades recibieron una denuncia°; el mismo diecinueve, al atardecer, Jaromir Hladík fue arrestado. Lo condujeron a un cuartel° aséptico y blanco, en la ribera° opuesta del Moldau. No pudo levantar uno solo de los cargos de la Gestapo: su apellido materno era Jaroslavski, su sangre era judía, su estudio sobre Boehme era judaizante, su firma delataba el censo final de una protesta contra el Anschluss. En 1928, había traducido el *Sepher Yezirah* para la editorial Hermann Barsdorf; el efusivo catálogo de esa casa había exagerado comercialmente el renombre del traductor; ese catálogo fue hojeado° por Julius Rothe, uno de los jefes en cuyas manos estaba la suerte de Hladík. No hay hombre que, fuera de su especialidad, no sea crédulo; dos o tres adjetivos en letra gótica bastaron para que Julius Rothe admitiera la preeminencia de Hladík y dispusiera que lo condenaran a

ficial complaint · barracks · bank, riverside · leafed through

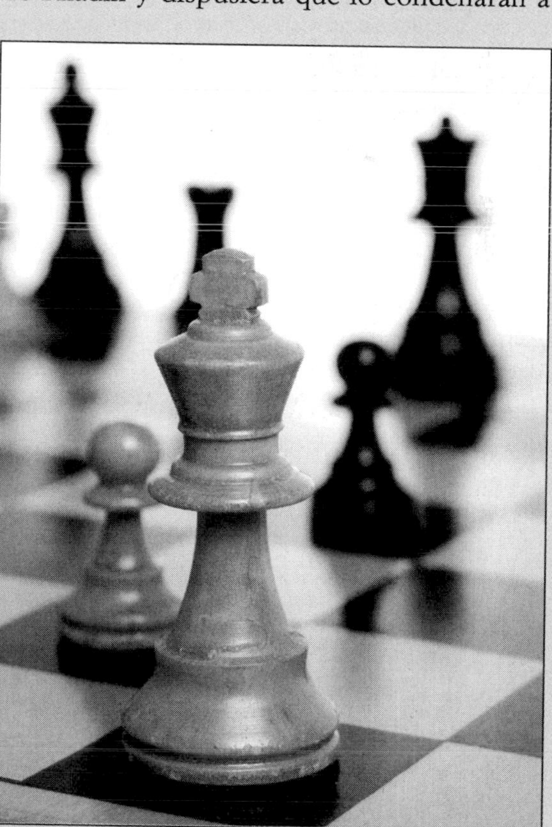

muerte, *pour encourager les autres*°. Se fijó el día veintinueve de marzo, a las nueve a.m. Esa demora (cuya importancia apreciará después el lector) se debía al deseo administrativo de obrar impersonal y pausadamente, como los vegetales y los planetas.

El primer sentimiento de Hladík fue de mero terror. Pensó que no lo hubieran arredrado° la horca°, la decapitación o el degüello°, pero que morir fusilado era intolerable. En vano se redijo que el acto puro y general de morir era lo temible, no las circunstancias concretas. No se cansaba de imaginar esas circunstancias: absurdamente procuraba agotar° todas las variaciones. Anticipaba infinitamente el proceso, desde el insomne amanecer hasta la misteriosa descarga. Antes del día prefijado por Julius Rothe, murió centenares de muertes, en patios cuyas formas y cuyos ángulos fatigaban la geometría, ametrallado° por soldados variables, en número cambiante, que a veces lo ultimaban° desde lejos; otras, desde muy cerca. Afrontaba con verdadero temor (quizá con verdadero coraje) esas ejecuciones imaginarias; cada simulacro° duraba unos pocos segundos; cerrado el círculo, Jaromir interminablemente volvía a las trémulas° vísperas de su muerte. Luego reflexionó que la realidad no suele coincidir con las previsiones°; con lógica perversa infirió que prever° un detalle circunstancial es impedir que éste suceda. Fiel a esa débil magia, inventaba, *para que no sucedieran*, rasgos atroces; naturalmente, acabó por temer que esos rasgos fueran proféticos. Miserable en la noche, procuraba afirmarse de algún modo en la sustancia fugitiva del tiempo. Sabía que éste se precipitaba hacia el alba del día veintinueve; razonaba en voz alta: *Ahora estoy en la noche del veintidós; mientras dure esta noche (y seis noches más) soy invulnerable, inmortal.* Pensaba que las noches de sueño eran piletas° hondas y oscuras en las que podía sumergirse. A veces anhelaba° con impaciencia la definitiva descarga, que lo redimiría, mal o bien, de su vana tarea de imaginar. El veintiocho, cuando el último ocaso° reverberaba en los altos barrotes°, lo desvió de esas consideraciones abyectas la imagen de su drama *Los enemigos*.

> **“Miserable en la noche, procuraba afirmarse de algún modo en la sustancia fugitiva del tiempo.”**

Hladík había rebasado° los cuarenta años. Fuera de algunas amistades y de muchas costumbres, el problemático ejercicio de la literatura constituía su vida; como todo escritor, medía las virtudes de los otros por lo ejecutado por ellos y pedía que los otros lo midieran por lo que vislumbraba o planeaba. Todos los libros que había dado a la estampa° le infundían un complejo arrepentimiento°. En sus exámenes de la obra de Boehme, de Abnesra y de Flood, había intervenido esencialmente la mera aplicación; en su traducción del *Sepher Yezirah*, la negligencia, la fatiga y la conjetura. Juzgaba menos deficiente, tal vez, la *Vindicación de la eternidad*: el primer volumen historia las diversas eternidades que han ideado los hombres, desde el inmóvil Ser de Parménides hasta el pasado modificable de Hinton; el

(French) to encourage others
frightened/gallows
throat slitting
to use up, exhaust
executed by machine gun
they killed him
simulation
quivering
predictions
to foresee
swimming pools
he yearned (for)
sunset/ bars (of a cell)
surpassed, exceeded
printer
regret

segundo niega (con Francis Bradley) que todos los hechos del universo integran una serie temporal. Arguye que no es infinita la cifra de las posibles experiencias del hombre y que basta una sola "repetición" para demostrar que el tiempo es una falacia... Desdichadamente, no son menos falaces los argumentos que demuestran esa falacia; Hladík solía recorrerlos con cierta desdeñosa° perplejidad. También había redactado una serie de poemas expresionistas; éstos, para confusión del poeta, figuraron en una antología de 1924 y no hubo antología posterior que no los heredara. De todo ese pasado equívoco y lánguido quería redimirse Hladík con el drama en verso *Los enemigos*. (Hladík preconizaba el verso, porque impide que los espectadores olviden la irrealidad, que es condición del arte.)

> **"Para llevar a término ese drama, que puede justificarme y justificarte, requiero un año más. Otórgame esos días, Tú de Quien son los siglos y el tiempo."**

Este drama observaba las unidades de tiempo, de lugar y de acción; transcurría en Hradcany, en la biblioteca del barón de Roemerstadt, en una de las últimas tardes del siglo diecinueve. En la primera escena del primer acto, un desconocido visita a Roemerstadt. (Un reloj da las siete, una vehemencia de último sol exalta los cristales, el aire trae una arrebatada y reconocible música húngara.) A esta visita siguen otras; Roemerstadt no conoce las personas que lo importunan, pero tiene la incómoda impresión de haberlos visto ya, tal vez en un sueño. Todos exageradamente lo halagan°, pero es notorio —primero para los espectadores del drama, luego para el mismo barón— que son enemigos secretos, conjurados° para perderlo. Roemerstadt logra detener o burlar sus complejas intrigas; en el diálogo, aluden a su novia, Julia de Weidenau, y a un tal Jaroslav Kubin, que alguna vez la importunó° con su amor. Éste, ahora, se ha enloquecido y cree ser Roemerstadt... Los peligros arrecian°; Roemerstadt, al cabo del segundo acto, se ve en la obligación de matar a un conspirador. Empieza el tercer acto, el último. Crecen gradualmente las incoherencias: vuelven actores que parecían descartados° ya de la trama; vuelve, por un instante, el hombre matado por Roemerstadt. Alguien hace notar que no ha atardecido: el reloj da las siete, en los altos cristales reverbera el sol occidental, el aire trae la arrebatada música húngara. Aparece el primer interlocutor° y repite las palabras que pronunció en la primera escena del primer acto. Roemerstadt le habla sin asombro; el espectador entiende que Roemerstadt es el miserable Jaroslav Kubin. El drama no ha ocurrido: es el delirio circular que interminablemente vive y revive Kubin.

Nunca se había preguntado Hladík si esa tragicomedia de errores era baladí° o admirable, rigurosa o casual. En el argumento que he bosquejado° intuía la invención más apta para disimular sus defectos y para ejercitar sus felicidades, la posibilidad de

- *disdainful* (desdeñosa)
- *flatter* (halagan)
- *conspired* (conjurados)
- *inconvenienced* (importunó)
- *get worse* (arrecian)
- *eliminated* (descartados)
- *speaker* (interlocutor)
- *trivial* (baladí)
- *outlined* (bosquejado)

rescatar° (de manera simbólica) lo fundamental de su vida. Había terminado ya el primer acto y alguna escena del tercero; el carácter métrico de la obra le permitía examinarla continuamente, rectificando los hexámetros, sin el manuscrito a la vista. Pensó que aun le faltaban dos actos y que muy pronto iba a morir. Habló con Dios en la oscuridad. *Si de algún modo existo, si no soy una de tus repeticiones y erratas, existo como autor de* Los enemigos. *Para llevar a término ese drama, que puede justificarme y justificarte, requiero un año más. Otórgame esos días, Tú de Quien son los siglos y el tiempo.* Era la última noche, la más atroz, pero diez minutos después el sueño lo anegó como un agua oscura.

Hacia el alba, soñó que se había ocultado en una de las naves de la biblioteca del Clementinum. Un bibliotecario de gafas negras le preguntó: ¿Qué busca? Hladík le replicó: *Busco a Dios.* El bibliotecario le dijo: *Dios está en una de las letras de una de las páginas de uno de los cuatrocientos mil tomos del Clementinum. Mis padres y los padres de mis padres han buscado esa letra; yo me he quedado ciego, buscándola.* Se quitó las gafas y Hladík vio los ojos, que estaban muertos. Un lector entró a devolver un atlas. Este atlas es inútil, dijo, y se lo dio a Hladík. Éste lo abrió al azar. Vio un mapa de la India, vertiginoso. Bruscamente seguro, tocó una de las mínimas letras. Una voz ubicua le dijo: *El tiempo de tu labor ha sido otorgado*. Aquí Hladík se despertó.

Recordó que los sueños de los hombres pertenecen a Dios y que Maimónides ha escrito que son divinas las palabras de un sueño, cuando son distintas y claras y no se puede ver quien las dijo. Se vistió; dos soldados entraron en la celda y le ordenaron que los siguiera.

Del otro lado de la puerta, Hladík había previsto un laberinto de galerías, escaleras y pabellones°. La realidad fue menos rica: bajaron a un traspatio por una sola escalera de fierro°. Varios soldados —alguno de uniforme desabrochado°— revisaban una motocicleta y la discutían. El sargento miró el reloj: eran las ocho y cuarenta y cuatro minutos. Había que esperar que dieran las nueve. Hladík, más insignificante que desdichado°, se sentó en un montón de leña. Advirtió° que los ojos de los soldados rehuían° los suyos. Para aliviar la espera, el sargento le entregó un cigarrillo. Hladík no fumaba; lo aceptó por cortesía o por humildad. Al encenderlo, vio que le temblaban las manos. El día se nubló; los soldados hablaban en voz baja como si él ya estuviera muerto. Vanamente, procuró recordar a la mujer cuyo símbolo era Julia de Weidenau...

> **“Una voz ubicua le dijo: *El tiempo de tu labor ha sido otorgado.*”**

El piquete° se formó, se cuadró. Hladík, de pie contra la pared del cuartel, esperó la descarga. Alguien temió que la pared quedara maculada° de sangre; entonces le ordenaron al reo° que avanzara unos pasos. Hladík, absurdamente, recordó las vacilaciones preliminares de los fotógrafos. Una pesada gota de lluvia rozó° una de las sienes° de Hladík y rodó lentamente por su mejilla; el sargento vociferó la orden final.

El universo físico se detuvo.

Las armas convergían sobre Hladík, pero los hombres que iban a matarlo estaban

rescatar *to salvage*; pabellones *pavilions*; fierro *iron*; desabrochado *undone*; desdichado *unhappy*; Advirtió *He noticed*; rehuían *avoided*; piquete *squad*; maculada *stained*; reo *convicted person*; rozó/sienes *brushed/temples* inmóviles. El brazo del sargento eternizaba un ademán° inconcluso. En una baldosa del patio una abeja proyectaba una sombra° fija. El viento había cesado, como en un cuadro. Hladík ensayó un grito, una sílaba, la torsión de una mano. Comprendió que estaba paralizado. No le llegaba ni el más tenue rumor del impedido mundo. Pensó *estoy en el infierno, estoy muerto.* Pensó *estoy loco.* Pensó *el tiempo se ha detenido.* Luego reflexionó que en tal caso, también se hubiera detenido su pensamiento. Quiso ponerlo a prueba: repitió (sin mover los labios) la misteriosa cuarta égloga de Virgilio. Imaginó que los ya remotos soldados compartían su angustia°: anheló comunicarse con ellos. Le asombró no sentir ninguna fatiga, ni siquiera el vértigo de su larga inmovilidad. Durmió, al cabo de un plazo indeterminado. Al despertar, el mundo seguía inmóvil y sordo. En su mejilla perduraba la gota de agua; en el patio, la sombra de la abeja; el humo° del cigarrillo que había tirado no acababa nunca de dispersarse. Otro "día" pasó, antes que Hladík entendiera.

gesture · *shadow* · *anguish* · *smoke*

Un año entero había solicitado de Dios para terminar su labor: un año le otorgaba su omnipotencia. Dios operaba para él un milagro secreto: lo mataría el plomo° alemán, en la hora determinada, pero en su mente un año transcurría entre la orden y la ejecución de la orden. De la perplejidad pasó al estupor, del estupor a la resignación, de la resignación a la súbita° gratitud.

lead · *sudden*

No disponía de otro documento que la memoria; el aprendizaje de cada hexámetro que agregaba le impuso un afortunado rigor que no sospechan quienes aventuran y olvidan párrafos interinos y vagos. No trabajó para la posteridad ni aun para Dios, de cuyas preferencias literarias poco sabía. Minucioso°, inmóvil, secreto, urdió° en el tiempo su alto laberinto invisible. Rehizo el tercer acto dos veces. Borró algún símbolo demasiado evidente: las repetidas campanadas, la música. Ninguna circunstancia lo importunaba. Omitió, abrevió, amplificó; en algún caso, optó por la versión primitiva. Llegó a querer el patio, el cuartel; uno de los rostros que lo enfrentaban modificó su concepción del carácter de Roemerstadt. Descubrió que las arduas cacofonías que alarmaron tanto a Flaubert son meras supersticiones visuales: debilidades y molestias de la palabra escrita, no de la palabra sonora... Dio término a su drama: no le faltaba ya resolver sino un solo epíteto. Lo encontró; la gota de agua resbaló° en su mejilla. Inició un grito enloquecido, movió la cara, la cuádruple descarga lo derribó.

Meticulous/ he devised · *slid*

Jaromir Hladík murió el veintinueve de marzo, a las nueve y dos minutos de la mañana. ■

Después de leer

communication
NATIONAL STANDARDS

El milagro secreto

Jorge Luis Borges

① After completing the activity, call on volunteers to summarize the story in their own words.

1 Comprensión Ordena los acontecimientos del cuento.

3 a. Hladík es arrestado por la Gestapo y condenado a muerte.
8 b. El tiempo se detiene.
6 c. Hladík sueña que encuentra la letra donde está Dios, quien le dice que su deseo le será concedido.
10 d. Hladík es ejecutado.
7 e. Hladík es llevado al patio del cuartel para ser fusilado.
9 f. Hladík termina de componer su obra.
2 g. El ejército del Tercer Reich entra en Praga.
4 h. Hladík imagina muchas veces su muerte.
1 i. Hladík sueña con una enorme partida de ajedrez entre dos familias.
5 j. Hladík le pide a Dios que le conceda el tiempo para terminar su obra *Los enemigos*.

2 Análisis Responde a las preguntas. Answers will vary.

1. ¿Qué sabemos sobre Jaromir Hladík por el relato? ¿A qué le teme más? ¿Por qué?
2. ¿Cuáles son las razones para condenarlo a muerte? ¿Ha cometido algún crimen contra la ley?
3. ¿Qué intenta hacer Hladík con cada simulacro imaginado de su ejecución? ¿Lo logra? ¿Por qué?
4. Para Borges la literatura es "uno de los muchos destinos del ser humano". ¿Cómo encarna (*does embody*) esto su personaje?
5. ¿Por qué es secreto el milagro del título? ¿Sirve ese milagro para salvar a Hladík?

③ For expansion, ask students additional questions: **5. En la obra de Borges, el ajedrez aparece como una partida infinita. En ella, el tablero es toda la tierra y allí se enfrentan dos ejércitos en una batalla eterna que resume la historia de la humanidad. ¿Qué relación crees que tiene el primer sueño de Jaromir con la invasión de Praga por parte del Tercer Reich y con su propio destino? 6. Si, según La *Vindicación de la eternidad*, el hombre puede idear eternidades y modificar el pasado, ¿el tiempo lineal existe o no? ¿Qué clase de tiempo hay en la obra *Los enemigos*: lineal o circular?** Discuss the different times that exist in different cultures (West vs. East, etc.) and how that affects the societies that live by them.

3 Interpretación En parejas, respondan a las preguntas. Answers will vary.

1. ¿Cuántos de los temas recurrentes de Borges se pueden encontrar en *El milagro secreto?*
2. La frase final del segundo párrafo dice: "Esa demora se debía al deseo administrativo de obrar impersonal y pausadamente, como los vegetales o los planetas". ¿Qué diferencia piensas que existe entre el tiempo de los vegetales y los planetas y el tiempo de las personas? ¿Qué puede ocurrir si las personas actúan "como los vegetales y los planetas"?
3. ¿Qué piensas que significa la metáfora "las noches de sueño eran piletas hondas y oscuras en las que podía sumergirse"? ¿Reaparece la misma imagen en alguna otra parte del cuento?
4. ¿Por qué son tan importantes las marcas temporales en el cuento (relojes, fechas, etc.)? ¿Qué indican?

4 Escribir Escribe la nota necrológica (*obituary*) de Jaromir Hladík para un periódico de Praga; incluye una breve biografía.

Antes de leer

Vocabulario

aristocrático/a *aristocratic*	**el/la mestizo/a** *person of mixed ethnicity (part indigenous)*
el/la descendiente *descendant*	**el puente** *bridge*
el dominio *rule*	**la traición** *betrayal*
erudito/a *learned*	**el/la traidor(a)** *traitor*
heroico/a *heroic*	
la lealtad *loyalty*	

 **Naufragios** Completa el párrafo con el vocabulario de la tabla.

El increíble viaje del conquistador Álvar Núñez Cabeza de Vaca al territorio que ahora forma parte de los Estados Unidos tuvo más momentos trágicos que (1) __heroicos__. (2) __Descendiente__ de una familia (3) __aristocrática__ de la nobleza española, Cabeza de Vaca salió para Florida en 1527. Algunos de sus compañeros murieron muy pronto en huracanes, mientras que otros cayeron como esclavos bajo el (4) __dominio__ de un pueblo indígena. Durante ocho años Cabeza de Vaca vivió entre los indígenas de Florida y del territorio que es ahora Texas, donde sufrió hambre, sed y más huracanes. La vida de los sobrevivientes mejoró cuando Cabeza de Vaca, el más (5) __erudito__ del grupo porque tenía conocimientos médicos, se hizo curandero. Cabeza de Vaca, uno de los sólo cinco sobrevivientes de este viaje, mostró su (6) __lealtad__ al Rey al regresar en 1537 a España, donde escribió el libro *Naufragios,* sobre las poblaciones indígenas del continente americano.

Conexión personal ¿Cuáles son las mayores influencias en tu vida? ¿Tus padres, tus amigos/as, tu comunidad? ¿Un(a) político/a o alguien de la cultura popular? ¿De qué manera han afectado otras personas tus decisiones y tu estilo?

Contexto cultural

ATAHUALLPA. INCA XIIII.

En 1532, el conquistador español **Francisco Pizarro** llegó a Cajamarca, en el norte de Perú, con unos veinticinco caballos y menos de 200 soldados para reunirse con Atahualpa, el emperador inca. Hijo del anterior emperador Huayna Cápac, Atahualpa había tomado la soberanía de los incas de su hermano Huáscar en una guerra civil. Pizarro y los españoles trataron de convertir al inca al cristianismo, pero cuando Atahualpa se negó, tirando una Biblia al suelo, Pizarro le declaró la guerra. Pizarro ejecutó al emperador inca a pesar de su consiguiente conversión al cristianismo y del legendario soborno (*bribe*) del cuarto de rescate (*ransom room*), donde Atahualpa quiso comprar su libertad llenando una habitación de oro y plata. A pesar de atreverse (*daring*) a una lucha tan desigual numéricamente, los engaños y traiciones de Pizarro frente a la valentía de Atahualpa le han traído al conquistador un nombre sombrío (*dark*) en la historia de la conquista.

 Practice more at **enfoques.vhlcentral.com.**

Conexión personal Encourage students to talk about which influences have changed throughout the years. Ask: **¿Quiénes fueron las personas que más influencia tuvieron en tu vida cuando eras niño/a? ¿Crees que tú has sido una gran influencia para alguien?**

Contexto cultural Call on volunteers to summarize the history of Pizarro. If time permits, have students work in pairs to research additional information about this historical figure.

Preview Ask bicultural students: **¿De qué manera el conocimiento de dos culturas afecta la percepción del mundo?**

El Inca Garcilaso: un puente entre dos imperios

Durante esta época de conquista y choque de culturas, existía una persona con un pie en cada mundo, un miembro de dos familias aristocráticas pero muy distintas, una figura dividida. Brillante escritor, el Inca Garcilaso de la Vega nació en 1539 con el nombre de Gómez Suárez de Figueroa. Era hijo ilegítimo del capitán Sebastián Garcilaso de la Vega, conquistador español de sangre noble de la facción de Pizarro, y de la princesa inca Isabel Chimpu Ocllo.

El Inca Garcilaso de la Vega, como quiso llamarse más tarde, combinando en su nombre sus dos vínculos°, fue miembro de la primera generación de mestizos del Perú. Aprendió a hablar primero en quechua y después en español. Sintió un gran amor por la cultura y la herencia de los incas, ya que se crio entre descendientes de los emperadores, escuchando sus relatos y fábulas°. Su madre era nieta del emperador Huayna Cápac.

> **"El Inca Garcilaso sirvió de puente entre las dos culturas, la materna y la paterna, y de modelo para gran parte de la generación que le siguió."**

Su libro más famoso, los *Comentarios reales*, tiene la intención de corregir a los historiadores españoles en muchos puntos. Desde su posición privilegiada, el Inca Garcilaso aprovechó° su conocimiento íntimo para aclarar° cuestiones sobre la lengua y cultura de los incas. El orgullo° y la inteligencia del Inca, y su identificación cultural, se revelan abiertamente en esta obra, donde hace referencia a sí mismo diciendo "como indio que soy".

Figura literaria

La obra del Inca es diversa y enormemente erudita. Consiste en tres libros mayores: una traducción de los *Diálogos de amor* de León Hebreo, que el Inca tradujo del italiano al español (1590); *La Florida* (1605), que relata las exploraciones españolas en el sureste de América del Norte, principalmente la expedición de Hernando de Soto; y los *Comentarios reales*, una descripción minuciosa del imperio y de la cultura de los incas, y también de la conquista española del Perú (1609, 1617).

No obstante, el Inca fue marcado° por no una, sino dos familias. La cultura de su madre forma sólo una parte, muy significativa por cierto, de la identidad compleja del hombre, que también sentía una enorme lealtad hacia su padre. A pesar de describir y explicar las creencias de los incas cuidadosamente, el Inca Garcilaso fue un ferviente católico que llamaba "vana religión" a aquellas creencias. También consideraba a los conquistadores españoles valientes y heroicos. A los veintiún años, salió para España para continuar sus estudios y se hizo° militar. Participó en la guerra de las Alpujarras contra los musulmanes y llegó a ser capitán como su padre. En España escribió obras literarias de gran mérito. También se presentó en la Corte del Rey para defender el nombre y el honor de su padre ante las acusaciones de que era un traidor.

Sus puntos de vista y acciones hacen del Inca un sujeto contradictorio e inusual en su época. Comprendía muy bien que los incas habían perdido su dominio y que padecían° profunda nostalgia. Cuenta que algunos de sus parientes decían con lágrimas° en los ojos: "trocósenos el reinar en vasallaje"°. Sin embargo, el Inca Garcilaso también aceptaba como suya la cultura española. La segunda parte de los *Comentarios reales*, conocida como *Historia general del Perú*, está dedicada a la Virgen María.

No ha quedado evidencia de las dificultades personales que su doble lealtad le pudo costar o de una preferencia íntima por una de ellas. El Inca Garcilaso sirvió de puente entre las dos culturas, la materna y la paterna, y de modelo para gran parte de la generación que le siguió. Vivió, como él mismo declaró, "obligado a ambas° naciones". ■

- vínculos: *family ties*
- fábulas: *tales and legends*
- aprovechó: *used*
- aclarar: *to clarify*
- orgullo: *pride*
- marcado: *marked*
- se hizo: *he became*
- padecían: *they suffered*
- lágrimas: *tears*
- trocósenos el reinar en vasallaje: *our dominance has turned into servitude*
- ambas: *both*

Después de leer

El Inca Garcilaso: un puente entre dos imperios

① For visual learners, draw two intersecting circles on the board. Write **Cultura inca** and **Cultura española** above each circle and have students write facts from the reading under each category or where the circles intersect.

1 Comprensión Responde a las preguntas con oraciones completas.

1. ¿Quiénes eran los padres del Inca Garcilaso de la Vega?
   Su padre era un conquistador español de sangre noble y su madre era una princesa inca.
2. ¿Cómo aprendió tanto el Inca Garcilaso sobre la cultura de su madre?
   Se crió entre descendientes de los emperadores incas, escuchando sus relatos y fábulas.
3. ¿Qué opinaba el Inca sobre los conquistadores españoles?
   Consideraba a los conquistadores españoles valientes y heroicos.
4. ¿Cuál es la intención del libro *Comentarios reales*?
   La intención del libro es corregir a los historiadores españoles.
5. ¿Qué temas trata el libro *Comentarios reales*?
   El libro presenta una descripción del imperio y la cultura de los incas y de la conquista española del Perú.

2 Interpretación En parejas, respondan a las preguntas. Luego compartan sus respuestas con la clase.

1. ¿Por qué tiene Pizarro un nombre sombrío en la historia de la conquista?
2. ¿Por qué prefirió Gómez Suárez de Figueroa llamarse el Inca Garcilaso de la Vega?
3. ¿Qué evidencia sugiere que el Inca se sentía miembro de dos culturas?
4. ¿Por qué es la obra literaria del Inca inusual y muy importante?
5. ¿Qué significa la frase "trocósenos el reinar en vasallaje"?

③ To help students get started, have them brainstorm a list of ten questions the mother or aunt might ask about the other culture. Then have them incorporate four of those questions into a dialogue.

3 Entre dos culturas En parejas, elijan una de las dos situaciones. Imaginen que uno/a de ustedes es el Inca Garcilaso cuando tenía veintiún años y partió rumbo a (*headed for*) España para estudiar y la otra persona es la madre o la tía paterna. Preparen la conversación entre los dos personajes y represéntenla delante de la clase.

- El Inca habla con su madre para explicarle su decisión de ir a España y su lealtad a la Corte, religión y cultura españolas. Al principio, la madre no está muy segura de la decisión de su hijo y le hace muchas preguntas.
- El Inca habla con una tía paterna en España y le explica su deseo de llamarse "Inca" y su orgullo hacia la cultura de su madre. La tía no sabe nada sobre los incas y tiene muchas preguntas.

④ Encourage heritage speakers and other bicultural students to give examples from their own lives.

④ Use the writing topic to review relevant readings and films from previous lessons. Ex: **Parejas sin fronteras (Lección 1)**; ***El rincón de Venezuela*** **(Lección 11)**.

4 Multiculturalismo El Inca Garcilaso de la Vega vivió inmerso en dos culturas. Hoy, más que nunca, ésa es la realidad de muchas personas.

A. Prepara un borrador escrito con tus opiniones sobre las ventajas y las desventajas del multiculturalismo.

B. En parejas, debatan sus opiniones. Después del debate, resuman los puntos que tienen en común y compártanlos con la clase.

MODELO

ESTUDIANTE 1 El multiculturalismo es bueno, pero también puede tener efectos negativos. Si se mezclan demasiado las culturas, terminan desapareciendo.

ESTUDIANTE 2 No estoy totalmente de acuerdo. Cuando las culturas se mezclan, la cultura en general se enriquece.

C. Utiliza las ideas surgidas en el debate para escribir un breve artículo para el periódico estudiantil en el que describas tu experiencia personal con el multiculturalismo, ya sea que se trate de una experiencia que te afecta personalmente o una experiencia de la que eres testigo en tu comunidad.

Practice more at **enfoques.vhlcentral.com.**

Atando cabos

¡A conversar!

La escritura y la civilización

A. ¿Qué pasaría si no hubiera escritura, si sólo habláramos y nunca pusiéramos nada por escrito? En grupos de cuatro, intercambien opiniones sobre estas preguntas.

- Se dice que la escritura cambió nuestra forma de vida. ¿Están de acuerdo?
- ¿Qué cosas no podríamos hacer si no existiera la escritura?

B. Imaginen que la siguiente situación ocurre en la Edad Media. Coméntenla con sus compañeros/as y contesten las preguntas.

Un hombre tiene una vaca y un vecino se la pide por un mes. Cuando el primer hombre le pide que se la devuelva, el vecino no quiere, e insiste en que él se la había regalado.

- ¿Cómo solucionarían ustedes el problema?
- ¿Cómo habría sido la situación si el acuerdo (*agreement*) se hubiera hecho por escrito?

C. En grupos pequeños, imaginen otras dos situaciones concretas en las que no se puede solucionar un problema por la falta de escritura. Intercambien las nuevas situaciones con otros grupos y compartan las soluciones a los problemas planteados.

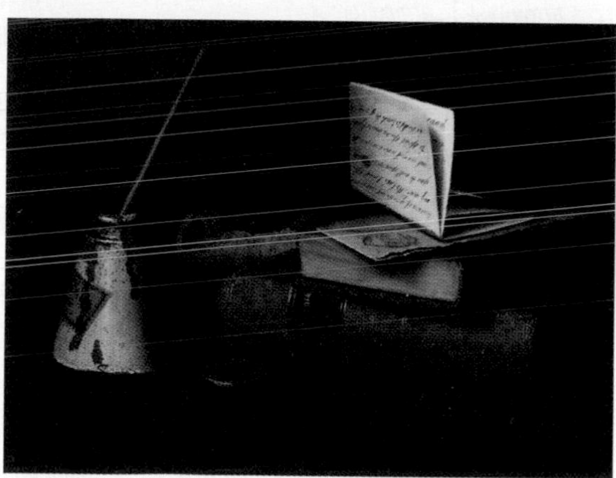

¡A escribir!

Testamento cultural Imagina que debes escribir un testamento (*will*) en el que dejas cinco elementos de tu cultura y de tu comunidad como legado (*legacy*) para las futuras generaciones. Usa las preguntas como guía:

- ¿Qué características de tu cultura y de tu comunidad vale la pena preservar?
- ¿Qué elementos prefieres no dejar como legado?

Para cada elemento, explica por qué has decidido dejarlo como legado.

MODELO Les dejo la tradición de mi barrio de hacer fiestas en la calle una vez por año. Esta tradición ayuda a que los vecinos se conozcan...

¡A conversar!

- Before assigning the activity, ask students to make a list of all of the things they write during the course of a day.
- For Part A, have students also consider how their lives would be different without e-mail and text messages. Ask: **¿Escribirías cartas a tus amigos? ¿Crees que sería difícil seguir en contacto con algunos amigos o familiares? Explica tus respuestas.**
- For Part B, have students work in pairs to draft a written agreement between the man and his neighbor.

¡A escribir!

- Before assigning the activity, ask students if they have ever participated in a time capsule project.
- To help students prepare the will, have them make two columns and list items they would and would not include.
- For each item in the will, have students write two sentences detailing what it represents for their culture or community.
- Encourage students to exchange their drafts with classmates to compare and contrast the elements they included.

12 VOCABULARIO

Audio: Vocabulary Flashcards

La historia y la civilización

la civilización	civilization
la década	decade
la época	era; epoch; historical period
el/la habitante	inhabitant
la historia	history
el/la historiador(a)	historian
la humanidad	humankind
el imperio	empire
el reino	reign; kingdom
el siglo	century
establecer(se)	to establish (oneself)
habitar	to inhabit
integrarse (a)	to become part (of)
pertenecer (a)	to belong (to)
poblar (o:ue)	to settle; to populate
antiguo/a	ancient
(pre)histórico/a	(pre)historic

Los conceptos

el aprendizaje	learning
el conocimiento	knowledge
la enseñanza	teaching; lesson
la herencia (cultural)	(cultural) heritage
la (in)certidumbre	(un)certainty
la (in)estabilidad	(in)stability
la sabiduría	wisdom

Las características

adelantado/a	advanced
culto/a	cultured; educated; refined
derrotado/a	defeated
desarrollado/a	developed
forzado/a	forced
pacífico/a	peaceful
poderoso/a	powerful
victorioso/a	victorious

INSTRUCTIONAL RESOURCES
Supersite: Testing Program

Los gobernantes

el/la cacique	tribal chief
el/la conquistador(a)	conquistador; conqueror
el/la dictador(a)	dictator
el emperador/la emperatriz	emperor/empress
el/la gobernante	ruler
el/la monarca	monarch
el rey/la reina	king/queen
el/la soberano/a	sovereign; ruler

La conquista y la independencia

la batalla	battle
la colonia	colony
la conquista	conquest
el ejército	army
la esclavitud	slavery
el/la esclavo/a	slave
las fuerzas armadas	armed forces
el/la guerrero/a	warrior
la independencia	independence
la soberanía	sovereignty
el/la soldado	soldier
la tribu	tribe
colonizar	to colonize
conquistar	to conquer
derribar/derrocar	to overthrow
derrotar	to defeat
encabezar	to lead
explotar	to exploit
expulsar	to expel
invadir	to invade
liberar	to liberate
oprimir	to oppress
rendirse (e:i)	to surrender
suprimir	to abolish; to suppress

Más vocabulario

Expresiones útiles	Ver p. 443
Estructura	Ver pp. 450–451, 454–455 y 458–460

Cinemateca

el cura	priest
el rancho	ranch
el/la tatarabuelo/a	great-great-grandfather/mother
engañar	to betray
enterrar (e:ie)	to bury
jurar	to promise
reconocer	to recognize
sepultar	to bury

Literatura

el ajedrez	chess
el azar	chance
la biblioteca	library
la demora	delay
la jugada	move
la partida	game
el reloj	clock
el tablero	chessboard
disputar	to play
fusilar	to shoot, to execute by firing squad
impostergable	impossible to postpone
inconcluso/a	unfinished

Cultura

el/la descendiente	descendant
el dominio	rule
la lealtad	loyalty
el/la mestizo/a	person of mixed ethnicity (part indigenous)
el puente	bridge
la traición	betrayal
el/la traidor(a)	traitor
aristocrático/a	aristocratic
erudito/a	learned
heroico/a	heroic

Manual de gramática

Supplementary Grammar Coverage

The **Manual de gramática** is an invaluable tool for both students and instructors of Intermediate Spanish. For each lesson of **ENFOQUES**, the **Manual** provides additional practice of the three core grammar concepts, as well as supplementary grammar instruction and practice.

The **Más práctica** pages of the **Manual** contain additional practice activities for every grammar point in **Enfoques**. The **Más gramática** pages present supplementary grammar concepts and practice. Both sections of the **Manual** are correlated to the core grammar points in **Estructura** by means of **Taller de consulta** sidebars, which provide the exact page numbers for additional practice and supplementary coverage.

This special supplement allows for great flexibility in planning and tailoring courses to suit the needs of whole classes and/or individual students. It also serves as a useful and convenient reference tool for students who wish to review previously learned material.

Contenido

Más práctica

Más gramática

Más práctica

TALLER DE CONSULTA

MÁS PRÁCTICA
To see the explanation corresponding to this additional practice, see p. 14.

1.1 The present tense

1 **Mi nuevo compañero de cuarto** Completa el párrafo con la forma apropiada de los verbos entre paréntesis.

¿Cómo es mi nuevo compañero de cuarto? (1) ___Es___ (Ser) muy simpático. Siempre que (2) ___sale___ (salir), me invita a salir con él, por lo que yo ya (3) ___conozco___ (conocer) a mucha gente en la universidad. Él siempre (4) ___parece___ (parecer) pasarlo bien, hasta cuando nosotros (5) ___estamos___ (estar) en la clase de matemáticas. Por la tarde, después de clase, él (6) ___propone___ (proponer) actividades —por ejemplo, a veces (7) ___vamos___ (ir) al parque a jugar al fútbol— así que nunca nos aburrimos. Yo ya (8) ___sé___ (saber) que nos vamos a llevar bien durante todo el año. (9) ___Pienso___ (Pensar) invitarlo a mi casa para las fiestas, así mis padres lo (10) ___pueden___ (poder) conocer también.

2 **Tus actividades** Escribe cuatro actividades que realizas normalmente en cada uno de estos momentos del día: la mañana, la tarde y la noche.

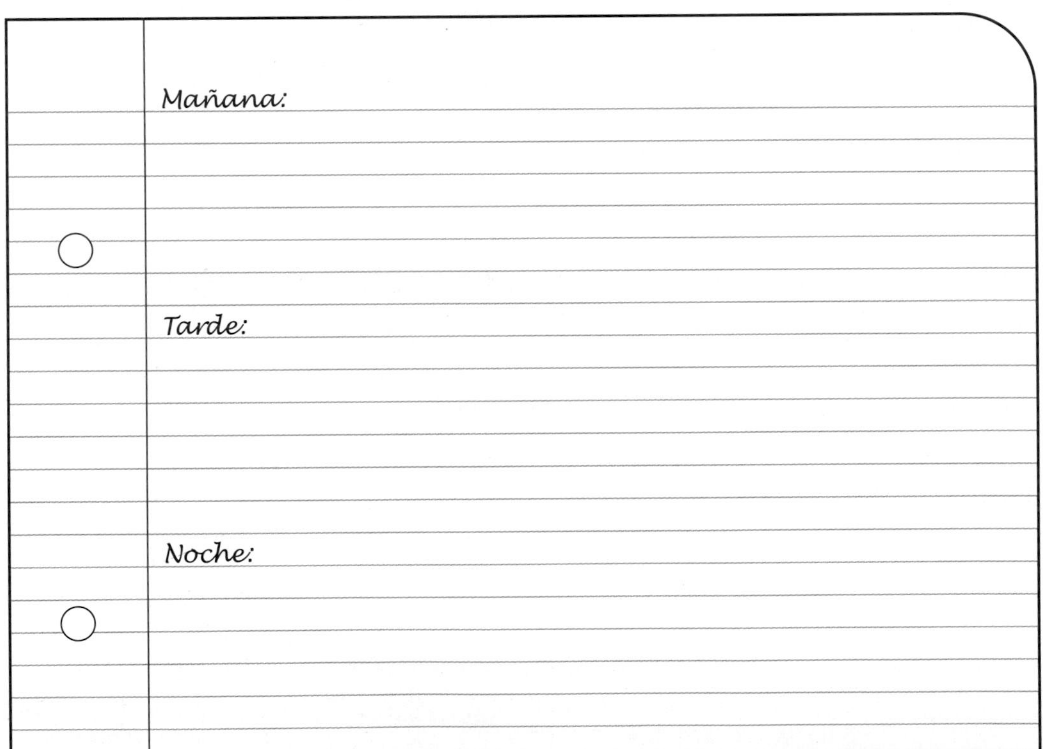

3 **Diez preguntas** Trabaja con un(a) compañero/a a quien no conozcas muy bien. Primero, cada persona debe escribir diez preguntas para conocer a su compañero/a. Luego, háganse las preguntas. Por último, intercambien sus listas y háganse las preguntas de la otra persona. Compartan sus respuestas con la clase.

Más práctica

1.2 *Ser* and *estar*

1 **Correo** Completa el mensaje de correo electrónico con la forma adecuada de **ser** o **estar**.

De: Susana <susana_cruz@estudiantil.es>
Para: Carlos <carlos_cano@estudiantil.es>
Asunto: Novedades

¡Hola, Carlos!

Yo (1) __estoy__ muy preocupada porque mañana tenemos un examen en la clase de español y el profesor (2) __es__ muy exigente. Ahora mismo mi amiga Ana (3) __está__ estudiando en la biblioteca y voy a encontrarme con ella para que me ayude. Ella (4) __es__ una estudiante muy buena y sus notas siempre (5) __son__ excelentes.

Este fin de semana hay un concierto en la universidad. Mis amigos y yo (6) __estamos__ muy contentos porque el grupo que toca (7) __es__ muy famoso. Elena también quería ir al concierto, pero no puede porque (8) __está__ enferma y debe quedarse en cama.

Bueno, antes de ir a la biblioteca voy a almorzar en la cafetería porque (9) __estoy__ muerta de hambre.

¡Hasta pronto!

Susana

2 **En el parque** Mira la ilustración y contesta las preguntas usando **ser** y **estar**. Puedes inventar las respuestas para algunas de las preguntas.

1. ¿Quién es cada una de estas personas?
2. ¿Qué están haciendo?
3. ¿Cómo están?
4. ¿Cómo son?

3 **Una cita** Mañana vas a tener una cita con una persona maravillosa. Quieres contárselo a tu mejor amigo/a y pedirle consejos. Tu amigo/a es muy curioso/a y te va a hacer muchas preguntas. En parejas, representen la conversación. Éstos son algunos de los aspectos que pueden incluir.

Tu amigo/a quiere saber:
- cómo te sientes antes de la cita
- qué crees que va a pasar
- cómo es el lugar adonde van a ir
- cómo es la persona con quien vas a tener la cita

Tú quieres consejos sobre:
- qué ropa ponerte
- los temas de los que hablar
- adónde ir
- quién debe pagar la cuenta

TALLER DE CONSULTA

MÁS PRÁCTICA
To see the explanation corresponding to this additional practice, see p. 18.

Más práctica

TALLER DE CONSULTA

MÁS PRÁCTICA
To see the explanation corresponding to this additional practice, see p. 22.

1.3 Progressive forms

1 **¿Qué están haciendo?** Escribe cinco oraciones explicando qué está haciendo cada persona. Usa elementos de las tres columnas.

MODELO David Ortiz está jugando al béisbol.

tú	(no) estar	divertirse
el presidente de los EE.UU.		viajar en avión
tus padres		comer en un restaurante
tu mejor amigo/a		asistir a un estreno (*premiere*)
Penélope Cruz		bailar en una discoteca
nosotros		hablar por teléfono
yo		estudiar física

2 **Seguimos escribiendo** Vuelve a escribir las oraciones usando los verbos **andar, continuar, ir, llevar, seguir** o **venir**. La oración resultante debe expresar la misma idea. Answers may vary.

1. José siempre dice que es tímido, pero no deja de coquetear con las chicas del trabajo.
   José siempre anda diciendo que es tímido, pero sigue coqueteando con las chicas del trabajo.
2. Mi esposa y yo llevamos diez años de casados, pero nuestro amor es tan intenso como siempre.
   Mi esposa y yo llevamos diez años de casados, pero nuestro amor continúa siendo tan intenso como siempre.
3. Hace cinco meses que Carlos se pelea con su novia todos los días y todavía habla de ella como si fuera la única mujer del planeta.
   Carlos lleva cinco meses peleándose con su novia todos los días y todavía anda hablando de ella como si fuera la única mujer del planeta.
4. Daniel siempre se queja de que los estudios lo agobian y hace meses que su mamá le dice que tiene que relajarse.
   Daniel anda quejándose de que los estudios lo agobian y su mamá lleva meses diciéndole que tiene que relajarse.
5. Mis padres repiten todos los días que pronto van a mudarse a una casa más pequeña que han visto en otro pueblo.
   Mis padres vienen repitiendo que pronto se van a mudar a una casa más pequeña que han visto en otro pueblo.
6. Conversamos todo el tiempo mientras ellos se marchaban.
   Continuamos conversando mientras ellos se iban marchando.

3 **Adivina qué estoy haciendo** En grupos de cuatro, jueguen a las adivinanzas con mímica (*charades*). Túrnense para hacer gestos que representen una acción sencilla. Adivinen cada acción usando el presente progresivo. Sigan el modelo.

MODELO
ESTUDIANTE 1 *(Sin decir nada, hace gestos para mostrar que está manejando un carro.)*
ESTUDIANTE 2 ¿Estás peleando con alguien?
ESTUDIANTE 3 ¿Estás manejando un carro?
ESTUDIANTE 1 ¡Sí! Estoy manejando un carro.

1.4 Nouns and articles

Nouns

- In Spanish, nouns (**sustantivos**) ending in **–o, –or, –l,** and **–s** are usually masculine, and nouns ending in **–a, –ora, –ión, –d,** and **–z** are usually feminine. Some nouns ending in **–ma** are masculine.

Masculine nouns	Feminine nouns
el amigo, el cuaderno	**la amiga, la palabra**
el escritor, el color	**la escritora, la computadora**
el control, el papel	**la relación, la ilusión**
el autobús, el paraguas	**la amistad, la fidelidad**
el problema, el tema	**la luz, la paz**

- Most nouns form the plural by adding **–s** to nouns ending in a vowel, and **–es** to nouns ending in a consonant. Nouns that end in **–z** change to **–c** before adding **–es**.

el hombre → los hombres | **la mujer → las mujeres**
la novia → las novias | **el lápiz → los lápices**

- If a singular noun ends in a stressed vowel, the plural form ends in **–es.** If the last syllable of a singular noun ending in **–s** is unstressed, the plural form does not change.

el tabú → los tabúes | **el lunes → los lunes**
el israelí → los israelíes | **la crisis → las crisis**

Articles

- Spanish definite and indefinite articles (**artículos definidos** e **indefinidos**) agree in gender and number with the nouns they modify.

	Definite articles		Indefinite articles	
	singular	**plural**	**singular**	**plural**
MASCULINE	**el compañero**	**los compañeros**	**un compañero**	**unos compañeros**
FEMININE	**la compañera**	**las compañeras**	**una compañera**	**unas compañeras**

- In Spanish, when an abstract noun is the subject of a sentence, a definite article is always used.

El amor es eterno.
Love is eternal.
but
Para ser modelo, necesitas belleza y altura.
In order to be a model, you need beauty and height.

- An indefinite article is not used before nouns that indicate profession or place of origin, unless they are followed by an adjective.

Juan García es profesor.
Juan García is a professor.
Juan García es **un** profesor excelente.
Juan García is an excellent professor.

Ana María es neoyorquina.
Ana María is a New Yorker.
Ana María es **una** neoyorquina orgullosa.
Ana María is a proud New Yorker.

MÁS GRAMÁTICA

This is an additional grammar point for **Lección 1 Estructura.** You may use it for review or as required by your instructor.

¡ATENCIÓN!

Some nouns may be either masculine or feminine, depending on whether they refer to a male or a female.

el/la artista *artist*
el/la estudiante *student*

Occasionally, the masculine and feminine forms have different meanings.

el capital *capital (money)*
la capital *capital (city)*

¡ATENCIÓN!

Accent marks are sometimes dropped or added to maintain the stress in the singular and plural forms.

canción → canciones
margen → márgenes

¡ATENCIÓN!

The prepositions **de** and **a** contract with the article **el**.

de + el = del

a + el = al

¡ATENCIÓN!

Singular feminine nouns that begin with a stressed **a** take **el**.

el alma → las almas
el área → las áreas

Práctica

TALLER DE CONSULTA

These activities correspond to the additional grammar point on the preceding page.

1.4 Nouns and articles

1 Cambiar Escribe en plural las palabras que están en singular y viceversa.

1. la compañera ___las compañeras___
2. unos amigos ___un amigo___
3. el novio ___los novios___
4. una crisis ___unas crisis___
5. unas parejas ___una pareja___
6. un corazón ___unos corazones___
7. las amistades ___la amistad___
8. el tabú ___los tabúes___

2 Un chiste Completa el chiste con los artículos apropiados. Recuerda que en algunos casos no debes poner ningún artículo.

(1) ___Una___ pareja se va a casar. Él tiene 90 años. Ella tiene 85. Entran en (2) ___una/la___ farmacia y (3) ___el___ novio le pregunta al farmacéutico (*pharmacist*):
—¿Tiene (4) ___x___ remedios para (5) ___el___ corazón?
—Sí —contesta (6) ___el___ farmacéutico.
—¿Tiene (7) ___x___ remedios para (8) ___la___ presión y (9) ___el___ colesterol?
—Sí —contesta nuevamente (10) ___el___ farmacéutico.
—¿Y (11) ___x___ remedios para (12) ___la___ artritis? y (13) ___el___ reumatismo?
—Sí. Ésta es (14) ___una___ farmacia completa. Tenemos de todo.
Entonces (15) ___el___ novio mira a (16) ___la___ novia y le dice:
—Querida, ¿qué te parece si hacemos aquí (17) ___la___ lista de regalos para (18) ___la___ boda?

3 La cita Completa el párrafo con la forma correcta de los artículos definidos e indefinidos.

Ayer tuve (1) ___una___ cita con Leonardo. Fuimos a (2) ___un___ restaurante muy romántico que está junto a (3) ___un___ bonito lago. Desde nuestra mesa, podíamos ver (4) ___el___ lago y (5) ___los/unos___ barcos que navegaban por allí. Comimos (6) ___unos___ platos muy originales. (7) ___El___ pescado que yo pedí estaba delicioso. Nos divertimos mucho, pero al salir tuvimos (8) ___un___ problema. Una de (9) ___las___ ruedas (*tires*) del carro estaba pinchada (*punctured*). ¿Puedes creer que tuve que cambiar (10) ___la___ rueda yo porque Leonardo no sabía hacerlo?

4 Escribir Escribe oraciones completas con las siguientes palabras; utiliza los artículos definidos e indefinidos que correspondan y haz los cambios necesarios. Answers may vary slightly.

MODELO **Elisa - ser - buena periodista**
Elisa es una buena periodista.

1. revistas del corazón - afirmar - amor -ser - eterno
   Las revistas del corazón afirman que el amor es eterno.
2. ayer - astrólogo - predecir - desgracia
   Ayer el astrólogo predijo una desgracia.
3. lunes pasado - comprar - flores - tía juanita
   El lunes pasado compré unas flores para la tía Juanita.
4. capital - venezuela - ser - caracas
   La capital de Venezuela es Caracas.
5. personas optimistas - soñar - mundo mejor
   Las personas optimistas sueñan con un mundo mejor.
6. Rodrigo - ser - alma - fiesta
   Rodrigo es el alma de la fiesta.

1.5 Adjectives

- Spanish adjectives (**adjetivos**) agree in gender and number with the nouns they modify. Most adjectives ending in **–e** or a consonant have the same masculine and feminine forms.

Adjectives						
	singular	**plural**	**singular**	**plural**	**singular**	**plural**
MASCULINE	**rojo**	**rojos**	**inteligente**	**inteligentes**	**difícil**	**difíciles**
FEMININE	**roja**	**rojas**	**inteligente**	**inteligentes**	**difícil**	**difíciles**

- Descriptive adjectives generally follow the noun they modify. If a single adjective modifies more than one noun, the plural form is used. If at least one of the nouns is masculine, then the adjective is masculine.

un libro **apasionante**
a great book

un carro y una casa **nuevos**
a new car and house

las parejas **contentas**
the happy couples

la literatura y la cultura **ecuatorianas**
Ecuadorean literature and culture

- A few adjectives have shortened forms when they precede a masculine singular noun.

bueno → buen
malo → mal
alguno → algún
ninguno → ningún
primero → primer
tercero → tercer

- Some adjectives change their meaning depending on their position. When the adjective follows the noun, the meaning is more literal. When it precedes the noun, the meaning is more figurative.

	after the noun	before the noun
antiguo/a	el edificio **antiguo** *the ancient building*	mi **antiguo** novio *my old/former boyfriend*
cierto/a	una respuesta **cierta** *a right answer*	una **cierta** actitud *a certain attitude*
grande	una ciudad **grande** *a big city*	un **gran** país *a great country*
mismo/a	el artículo **mismo** *the article itself*	el **mismo** problema *the same problem*
nuevo/a	un carro **nuevo** *a (brand) new car*	un **nuevo** profesor *a new/different professor*
pobre	los estudiantes **pobres** *the students who are poor*	los **pobres** estudiantes *the unfortunate students*
viejo/a	un libro **viejo** *an old book*	una **vieja** amiga *a long-time friend*

MÁS GRAMÁTICA

This is an additional grammar point for **Lección 1 Estructura.** You may use it for review or as required by your instructor.

¡ATENCIÓN!

Adjectives ending in **–án, –ín, ón,** and **–or**, like most others, vary in both gender and number.

dormilón → dormilona
dormilones → dormilonas

Adjectives ending in **–ior** and the comparatives **mayor, menor, mejor,** and **peor** do not vary in gender.

el **niño** mayor
la **niña** mayor

Adjectives indicating nationality vary in both gender and number (except those ending in **–a, –í,** and **–e**, which vary only in number).

español → española
españoles → españolas
marroquí → marroquí
marroquíes → marroquíes

¡ATENCIÓN!

Before any singular noun (masculine or feminine), **grande** changes to **gran**.

un gran esfuerzo
a great effort

una gran autora
a great author

Práctica

TALLER DE CONSULTA

These activities correspond to the additional grammar point on the preceding page.

1.5 Adjectives

1 Descripciones **Completa cada oración con la forma correcta de los adjetivos.**

1. Mi mejor amiga es guapa (guapo) y muy graciosa (gracioso).
2. Los novios de mis hermanas son altos (alto) y morenos (moreno).
3. Javier es buen (bueno) compañero, pero es bastante antipático (antipático).
4. Mi prima Susana es sincera (sincero), pero mi primo Luis es falso (falso).
5. Sandra es una gran (grande) amiga, pero ayer tuvimos una pelea muy fuerte (fuerte).
6. No sé por qué Marcos y María son tan inseguros (inseguro) y tímidos (tímido).

2 La vida de Marina **Completa cada oración con los cuatro adjetivos.**

1. Marina busca una compañera de cuarto tranquila, ordenada, honesta y puntual. (tranquilo, ordenado, honesto, puntual)
2. Se lleva bien con las personas sinceras, serias, alegres y trabajadoras. (sincero, serio, alegre, trabajador)
3. Los padres de Marina son maduros, simpáticos, inteligentes y conservadores. (maduro, simpático, inteligente, conservador)
4. Marina quiere ver programas de televisión más emocionantes, divertidos, dramáticos y didácticos. (emocionante, divertido, dramático, didáctico)
5. Marina tiene un novio talentoso, simpático, creativo y sensible. (talentoso, simpático, creativo, sensible)

Marina

3 Correo sentimental **La revista *Ellas y ellos* tiene una sección de anuncios personales. Completa este anuncio con la forma corta o larga de los adjetivos de la lista. Puedes usar los adjetivos más de una vez.**

buen	gran	mal	ningún	tercer
bueno/a	grande	malo/a	ninguno/a	tercero/a

Mi perrito y yo buscamos amor

Tengo 43 años y estoy viudo desde hace tres años. Soy un (1) buen hombre: tranquilo y trabajador. Me gustan las plantas y no tengo (2) ningún problema con mis vecinos. Cocino y plancho. Me gusta ir al cine y no me gusta el fútbol. Tengo (3) buen humor por las mañanas y mejor humor por las noches. Vivo en un apartamento (4) grande en el (5) tercer piso de un edificio de Montevideo. Sólo tengo un pequeño problema: mi perro. Algunos dicen que tiene (6) mal carácter. Otros dicen que es un (7) buen animal. Yo creo que es (8) bueno, pero se siente solo, como su dueño, y nos hacemos compañía. Busco una señora viuda o soltera que también se sienta sola. ¡Si tiene un perrito, mejor!

Más práctica

2.1 Object pronouns

TALLER DE CONSULTA

MÁS PRÁCTICA
To see the explanation corresponding to this additional practice, see p. 54.

1. **La televisión** **Completa la conversación con el pronombre adecuado.**

JUANITO Mamá, ¿puedo ver televisión?
MAMÁ ¿Y la tarea? ¿Ya (1) __la__ hiciste?
JUANITO Ya casi (2) __la__ termino. ¿Puedo ver el programa de dibujos animados (*cartoons*)?
MAMÁ (3) __Lo__ puedes ver hasta las siete.
JUANITO De acuerdo.
MAMÁ Pero antes de que te pongas a ver televisión, tengo algunas preguntas. ¿(4) __Le__ vas a entregar mi carta a tu profesora?
JUANITO Sí mamá, (5) __se__ (6) __la__ voy a entregar mañana.
MAMÁ ¿Quién va a trabajar contigo en el proyecto de historia?
JUANITO No sé; nadie (7) __lo__ quiere hacer conmigo.
MAMÁ Bueno, y antes de ver la tele, ¿me puedes ayudar a poner la mesa?
JUANITO ¡Cómo no, mamá! (8) __Te__ ayudo ahora mismo.

2. **Confundido** **Tu compañero/a de cuarto va a dar una fiesta este fin de semana, pero no recuerda bien algunos detalles. Contesta sus preguntas con la información que está entre paréntesis. Utiliza pronombres en tus respuestas.**

MODELO **¿Quién va a traer las sillas? (Carlos y Pedro)**
Carlos y Pedro las van a traer.

1. ¿Cuándo vamos a comprar la comida? (mañana)
Mañana vamos a comprarla./ La vamos a comprar mañana. / Vamos a comprarla mañana.
2. ¿Quién nos prepara el pastel (*cake*)? (la pastelería de la Plaza Mayor)
La pastelería de la Plaza Mayor nos lo prepara. / Nos lo prepara la pastelería de la Plaza Mayor.
3. ¿Ya enviamos todas las invitaciones? (sí)
Sí, ya las enviamos.
4. ¿Quién trae los discos compactos de música latina? (Lourdes y Sara)
Lourdes y Sara los traen. / Los traen Lourdes y Sara.
5. ¿Vamos a decorar el salón? (sí)
Sí, lo vamos a decorar./ Sí, vamos a decorarlo.

3. **Tres deseos** **En parejas, imaginen que encuentran a un genio (*genie*) en una botella. Él les va a hacer realidad tres deseos a cada uno. Haz una lista de los deseos que le vas a pedir. Después, díselos a tu compañero/a. Háganse preguntas sobre por qué quieren estos deseos. Utilicen por lo menos seis pronombres de complemento directo e indirecto.**

MODELO —Yo quiero un jeep cuatro por cuatro.
—¿Para qué lo quieres?
—Lo quiero para manejar en cualquier tipo de terreno.

Más práctica

TALLER DE CONSULTA

MÁS PRÁCTICA
To see the explanation corresponding to this additional practice, see p. 58.

2.2 *Gustar* and similar verbs

1 En otras palabras **Vuelve a escribir las frases subrayadas usando los verbos de la lista.**
Answers may vary slightly.

MODELO **Mis padres adoran las novelas de García Márquez, especialmente *Cien años de soledad.***
A mis padres les encantan las novelas de García Márquez, especialmente *Cien años de soledad.*

aburrir	**(no) gustar**
caer bien/mal	**(no) interesar**
(no) doler	**molestar**
encantar	**quedar**
faltar	

1. Estoy muy interesado en el cine y por eso veo el programa de espectáculos todas las noches. Me interesa el cine...
2. Necesito ir al médico porque tengo dolor de cabeza desde hace dos días. ...me duele la cabeza desde...
3. Pablo y Roberto son muy antipáticos. No soporto hablar con ellos. Pablo y Roberto me caen mal.
4. Nos aburrimos cuando vemos películas románticas. Nos aburren las películas románticas.
5. Detesto el boliche. No me gusta el boliche.
6. Has gastado casi todo tu dinero. Sólo tienes diez dólares. Te quedan sólo diez dólares.
7. Carlos está a punto de completar su colección de monedas españolas anteriores al euro. Necesita conseguir tres más. Le faltan tres.
8. No soporto escuchar música cuando estudio. No puedo concentrarme. Me molesta escuchar música...

2 El fin de semana **Escribe ocho oraciones sobre qué te gusta y qué te molesta hacer el fin de semana. Utiliza gustar y otros verbos parecidos, como interesar, importar y molestar.**

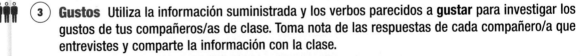

estar en casa	**hacer ejercicio**	**ir al circo**
festejar	**hacer un picnic**	**jugar al billar**
hacer cola	**ir al cine**	**salir a comer**

3 Gustos **Utiliza la información suministrada y los verbos parecidos a gustar para investigar los gustos de tus compañeros/as de clase. Toma nota de las respuestas de cada compañero/a que entrevistes y comparte la información con la clase.**

MODELO **molestar / tener clase a las ocho de la mañana**
—A Juan y a Marcela no les molesta tener clase a las ocho de la mañana. En cambio, a Carlos le molesta porque...

1. encantar / fiestas de cumpleaños
2. fascinar / el mundo de Hollywood
3. disgustar / leer las noticias
4. molestar / conocer a personas nuevas
5. interesar / saber lo que mis amigos piensan de mí
6. aburrir / escuchar música todo el día

Más práctica

2.3 Reflexive verbs

TALLER DE CONSULTA

MÁS PRÁCTICA
To see the explanation corresponding to this additional practice, see p. 62

1 **¿Qué hacen estas personas?** Escribe cinco oraciones combinando elementos de las tres columnas.

MODELO Yo me acuesto a las once de la noche.

mis padres	aburrirse	a las 6 de la mañana
yo	acostarse	a las 9 de la mañana
mis amigos y yo	afeitarse	a las 3 de la tarde
tú	divertirse	por la tarde
mi compañero/a de cuarto	dormirse	el viernes por la noche
ustedes	levantarse	a las once de la noche
mi hermano/a	maquillarse	todos los días

2 **Reflexivos** Algunos verbos cambian de significado cuando se usan en forma reflexiva. Completa las oraciones con la forma adecuada del verbo indicado.

MODELO Yo me acuesto a las once de la noche.

1. Yo siempre ___duermo___ (dormir/dormirse) bien cuando estoy en mi casa de verano.
2. Carlos, ¿___te acuerdas___ (acordar/acordarse) de cuando fuimos de vacaciones a Cancún hace dos años?
3. Si estamos tan cansados de la ciudad, ¿por qué no ___nos mudamos___ (mudar/mudarse) a una casa junto al lago?
4. No me gusta esta fiesta. Quiero ___irme___ (ir/irse) cuanto antes.
5. Cristina y Miguel ___llevan___ (llevar/llevarse) tortillas a la fiesta.
6. Mi abuela va a ___poner___ (poner/ponerse) una foto de todos sus nietos en el salón.

3 **Los sábados** Sigue los pasos para determinar si tú y tus compañeros/as participan en actividades parecidas (*similar*) los sábados. Comparte tus conclusiones con el resto de la clase. Usa verbos reflexivos en las preguntas y respuestas.

- **Paso 1** Haz una lista detallada de las cosas que normalmente haces los sábados.
- **Paso 2** Entrevista a un(a) compañero/a para ver si comparten alguna actividad.
- **Paso 3** Compara la información con el resto de la clase. ¿Siguen los estudiantes la misma rutina durante los fines de semana?

MÁS GRAMÁTICA

This is an additional grammar point for **Lección 2 Estructura.** You may use it for review or as required by your instructor.

2.4 Demonstrative adjectives and pronouns

- Demonstrative adjectives (**adjetivos demostrativos**) specify to which noun a speaker is referring. They precede the nouns they modify and agree in gender and number.

este torneo	**esa** entrenadora	**aquellos** deportistas
this tournament	*that coach*	*those athletes (over there)*

Demonstrative adjectives

singular		plural		
masculine	**feminine**	**masculine**	**feminine**	
este	**esta**	**estos**	**estas**	*this; these*
ese	**esa**	**esos**	**esas**	*that; those*
aquel	**aquella**	**aquellos**	**aquellas**	*that; those (over there)*

- Spanish has three sets of demonstrative adjectives. Forms of **este** are used to point out nouns that are close to the speaker and the listener. Forms of **ese** modify nouns that are not close to the speaker, though they may be close to the listener. Forms of **aquel** refer to nouns that are far away from both the speaker and the listener.

No me gustan **estos** zapatos.

Prefiero **esos** zapatos.

Aquel carro es de Ana.

- Demonstrative pronouns (**pronombres demostrativos**) are identical to demonstrative adjectives, except that they traditionally carry an accent mark on the stressed vowel. They agree in gender and number with the nouns they replace.

¿Quieres comprar esta **radio**?	No, no quiero **ésta**. Quiero **ésa**.
Do you want to buy this radio?	*No, I don't want this one. I want that one.*
¿Leíste estos **libros**?	No leí **éstos**, pero sí leí **aquéllos**.
Did you read these books?	*I didn't read these, but I did read those (over there).*

- There are three neuter demonstrative pronouns: **esto, eso,** and **aquello**. These forms refer to unidentified or unspecified things, situations, or ideas. They do not vary in gender or number and they never carry an accent mark.

¿Qué es **esto**?	**Eso** es interesante.	**Aquello** es bonito.
What is this?	*That's interesting.*	*That's pretty.*

Práctica

2.4 Demonstrative adjectives and pronouns

TALLER DE CONSULTA

These activities correspond to the additional grammar point on the preceding page.

1 **En el centro comercial** Completa las oraciones con la forma correcta de los adjetivos entre paréntesis.

1. Quiero comprar __ese__ (*that*) videojuego.
2. Nosotros queremos comprar __aquella__ (*that over there*) computadora.
3. __Estos__ (*These*) pantalones son muy baratos.
4. Yo voy a escoger __esta__ (*this*) falda que está a mitad de precio.
5. También quiero comprar alguna de __esas__ (*those*) películas en DVD.
6. Antes de irnos, vamos a comer algo en __aquel__ (*that over there*) restaurante.

2 **Pronombres** Completa cada oración con la forma correcta de los pronombres demostrativos de acuerdo con la traducción que aparece entre paréntesis.

1. Esta campeona es muy humilde, pero __ésa__ (*that one*) es muy arrogante.
2. Este deportista juega bien, no como __ésos__ (*those*) del otro equipo.
3. Esos dardos no tienen punta; usa __aquéllos__ (*the ones over there*).
4. No conozco a esta entrenadora, pero sí conozco a __aquélla__ (*that one over there*).
5. Aquellos asientos son muy buenos, pero de todas formas, yo prefiero sentarme en __éste__ (*this one*).
6. Esta cancha de fútbol está muy mojada. ¿Podemos jugar en __ésa__ (*that one*)?

3 **¿Adjetivos o pronombres?**

A. Elige los adjetivos o los pronombres apropiados.

A mi hermano Esteban no le gustan las películas de acción y a mí, sí. (1) __Ése__ (Ese / Ése) es el problema que siempre tenemos cuando queremos ir al cine. (2) __Este__ (Este / Éste) fin de semana, por ejemplo, estrenan la película *Persecución sin fin* en (3) __ese__ (ese / ése) cine nuevo que abrió enfrente de (4) __ese__ (ese / ése) restaurante que tanto me gusta. Cuando le mandé un mensaje por correo electrónico a mi hermano, enseguida respondió: "(5) __Ésa__ (Esa / Ésa) no la veo ni loco. (6) __Esas__ (Esas / Ésas) películas de acción son siempre iguales. El bueno y el malo pelean y el bueno siempre gana. Por (7) __eso__ (ese / ése / eso), yo prefiero las películas históricas o los dramas. Por lo menos en (8) __ésas__ (esas / ésas) suele haber diálogos inteligentes y no persecuciones tontas y peleas exageradas". ¡Cómo cambiaron los gustos de mi hermano desde (9) __aquella__ (aquella / aquélla) época en la que íbamos a ver todas las películas de superhéroes!

B. En parejas, imaginen que los dos hermanos hablan por teléfono. El hermano de Esteban todavía tiene esperanzas de convencerlo para ir a ver *Persecución sin fin*. Improvisen la conversación entre los dos hermanos. Usen por lo menos cinco adjetivos o pronombres demostrativos.

MÁS GRAMÁTICA

This is an additional grammar point for **Lección 2 Estructura.** You may use it for review or as required by your instructor.

2.5 Possessive adjectives and pronouns

- Possessive adjectives (**adjetivos posesivos**) are used to express ownership or possession. Spanish has two types: the short, or unstressed, forms and the long, or stressed, forms. Both forms agree in gender, when applicable, and number with the object owned, and not with the owner.

Possessive adjectives			
short forms (unstressed)		**long forms (stressed)**	
mi(s)	*my*	**mío/a(s)**	*my; (of) mine*
tu(s)	*your*	**tuyo/a(s)**	*your; (of) yours*
su(s)	*your; his; her; its*	**suyo/a(s)**	*your; (of) yours; his; (of) his; hers; (of) hers; its; (of) its*
nuestro/a(s)	*our*	**nuestro/a(s)**	*our; (of) ours*
vuestro/a(s)	*your*	**vuestro/a(s)**	*your; (of) yours*
su(s)	*your; their*	**suyo/a(s)**	*your; (of) yours; their; (of) theirs*

- Short possessive adjectives precede the nouns they modify.

En **mi** opinión, esa película es pésima.
In my opinion, that movie is awful.

Nuestras revistas favoritas son *Vanidades* y *Latina.*
Our favorite magazines are Vanidades *and* Latina.

¡ATENCIÓN!

After the verb **ser**, stressed possessives are used without articles.

¿Es tuya la calculadora?
Is the calculator yours?

No, no es mía.
No, it is not mine.

- Stressed possessive adjectives follow the nouns they modify. They are used for emphasis or to express the phrases of mine, of yours, etc. The nouns are usually preceded by a definite or indefinite article.

mi amigo → **el** amigo **mío**
my friend *friend of mine*

tus amigas → **las** amigas **tuyas**
your friends *friends of yours*

- Because **su(s)** and **suyo/a(s)** have multiple meanings (your, his, her, its, their), the construction [article] + [noun] + **de** + [subject pronoun] is commonly used to clarify meaning.

su casa / **la casa suya** ▶	**la casa de él/ella**	*his/her house*
	la casa de usted/ustedes	*your house*
	la casa de ellos/ellas	*their house*

¡ATENCIÓN!

The neuter form **lo** + [*singular stressed possessive*] is used to refer to abstract ideas or concepts such as *what is mine* and *what belongs to you.*

Quiero lo mío.
I want what is mine.

- Possessive pronouns (**pronombres posesivos**) have the same forms as stressed possessive adjectives and are preceded by a definite article. Possessive pronouns agree in gender and number with the nouns they replace.

No encuentro mi **libro**. ¿Me prestas **el tuyo**?
I can't find my book. Can I borrow yours?

Si la **fotógrafa** suya no llega, **la nuestra** está disponible.
If your photographer doesn't arrive, ours is available.

Práctica

2.5 Possessive adjectives and pronouns

TALLER DE CONSULTA

These activities correspond to the additional grammar point on the preceding page.

1. **¿De quién hablan?** En un programa de entrevistas, varias personas famosas hacen comentarios. Completa sus oraciones con los adjetivos posesivos que faltan.

   1. La actriz Fernanda Lora habla sobre su esposo: "__Mi__ esposo siempre me acompaña a los estrenos, aunque __su__ trabajo le exija estar en otro sitio".
   2. Los integrantes del famoso dúo Maite y Antonio hablan sobre su hijo: "__Nuestro__ hijo empezó a cantar a los dos años".
   3. El actor Saúl Mar habla de su ex esposa, la modelo Serafina: "__Mi__ ex ya no es tan guapa como antes, aunque __sus__ *fans* piensen lo contrario".

2. **¿Es tuyo...?** Escribe preguntas con **ser** y contéstalas usando el pronombre posesivo que corresponde a la(s) persona(s) indicada(s). Sigue el modelo.

   MODELO **tú / libro / yo**
   —¿Es tuyo este libro?
   —Sí, es mío.

   1. ustedes / cartas / nosotros
      ¿Son suyas estas cartas?
      Sí, son nuestras.
   2. ella / bicicleta / ella
      ¿Es suya esta bicicleta?
      Sí, es suya.
   3. yo / café / tú
      ¿Es mío este café?
      Sí, es tuyo.
   4. nosotros / periódicos / yo
      ¿Son nuestros estos periódicos?
      No, son míos.
   5. tú / disco compacto / ellos
      ¿Es tuyo este disco compacto?
      No, es suyo.
   6. él / ideas / nosotros
      ¿Son suyas estas ideas?
      No, son nuestras.

3. **Durante el almuerzo** Durante la hora del almuerzo, tres compañeros de trabajo tratan de conocerse mejor. Completa la conversación con los posesivos adecuados. Cuando sea necesario, añade también el artículo definido correspondiente.

MANUEL (1) __Mis__ películas favoritas son las de acción. ¿Y (2) __las suyas/las tuyas__?

JUAN A mí no me gusta el cine.

AGUSTÍN A mí tampoco, pero a (3) __mi__ esposa le gustan las películas clásicas. Lo mío es el deporte.

JUAN Yo detesto el deporte. (4) __Mi__ pasatiempo favorito es la música.

MANUEL ¡Ahh! ¿Es (5) __tuya__ la guitarra que vi en la oficina?

JUAN Sí, es (6) __mía__. Después del trabajo, nos reunimos en la casa de un amigo (7) __mío__ y tocamos un poco. A (8) __mis__ amigos y a mí nos gusta el rock. (9) __Nuestros__ músicos preferidos son...

AGUSTÍN ¡No te molestes en nombrarlos! No sé nada de música.

MANUEL Parece que (10) __nuestros__ gustos son muy distintos.

Más práctica

TALLER DE CONSULTA

MÁS PRÁCTICA
To see the explanation corresponding to this additional practice, see p. 94.

3.1 The preterite

1 **Conversación telefónica** La mamá de Andrés lo llama para saber cómo fue su semana. Completa la conversación con el pretérito de los verbos de la lista. Algunos verbos se repiten.

andar	dar	ir	ser
barrer	hacer	quitar	tener

MAMÁ Hola, Andrés, ¿cómo te va?

ANDRÉS Bien, mamá. ¿Y a ti?

MAMÁ También estoy bien. ¿Qué tal las clases?

ANDRÉS En la clase de historia (1) tuve/hice un examen el lunes. En la clase de química, el profesor nos (2) hizo una demostración en el laboratorio.

MAMÁ ¿Y el resto de las clases?

ANDRÉS (3) Fueron muy fáciles, pero los profesores nos (4) dieron mucha tarea.

MAMÁ ¿Cómo está tu apartamento? ¿Está muy sucio (*dirty*)?

ANDRÉS ¡Está perfecto! Ayer (5) hice la limpieza: (6) barrí el piso y (7) quité el polvo de los muebles.

MAMÁ ¿Qué hiciste con tus amigos el sábado por la noche?

ANDRÉS Nosotros (8) anduvimos por el centro de la ciudad y (9) fuimos a un restaurante. (10) Fue/Tuvimos una noche muy divertida.

2 **Vienen los abuelitos** Tus abuelos vienen a tu casa para pasar el fin de semana. Tu mamá quiere saber si ya hiciste todo lo que te pidió, pero tú ya sabes lo que te va a preguntar. Completa sus preguntas y después contéstalas.

MODELO **¿Ya... (conseguir las entradas para el concierto)?**
—¿Ya conseguiste las entradas para el concierto?
—Sí, mamá, ya conseguí las entradas para el concierto.

1. ¿Ya... (lavar los platos)? ¿Ya lavaste los platos? Sí, mamá, ya lavé los platos.
2. ¿Ya... (ir al supermercado)? ¿Ya fuiste al supermercado? Sí, mamá, ya fui al supermercado.
3. ¿Ya... (pasar la aspiradora)? ¿Ya pasaste la aspiradora? Sí, mamá, ya pasé la aspiradora.
4. ¿Ya... (quitar tus cosas de la mesa)? ¿Ya quitaste tus cosas de la mesa? Sí, mamá, ya quité mis cosas de la mesa.
5. ¿Ya... (hacer las reservaciones en el restaurante)? ¿Ya hiciste las reservaciones en el restaurante? Sí, mamá, ya hice las reservaciones.
6. ¿Ya... (limpiar el baño)? ¿Ya limpiaste el baño? Sí, mamá, ya limpié el baño.

3 **Un problema** Quieres devolver unos zapatos que te compraste hace dos semanas y pedir un reembolso, pero la zapatería no acepta cambios después de una semana. En parejas, improvisen una conversación en la que el/la cliente trata de convencer al/a la gerente (*manager*) de que le devuelva el dinero.

Más práctica

3.2 The imperfect

1 Antes Forma oraciones con estos elementos para explicar qué hacían antes estas personas.

MODELO mi tía / siempre / cocinar / una sopa deliciosa
Antes, mi tía siempre cocinaba una sopa deliciosa.

1. yo / barrer / la escalera de mi casa / a menudo
Antes, yo barría la escalera de mi casa a menudo.
2. mi hermano pequeño / casi nunca / apagar / la luz de su habitación
Antes, mi hermano pequeño casi nunca apagaba la luz de su habitación.
3. la ropa / ser / más barata
Antes, la ropa era más barata.
4. mis amigas / apenas / ir / al centro comercial.
Antes, mis amigas apenas iban al centro comercial.
5. tú / quitar / el polvo de los muebles / a veces
Antes, tú quitabas el polvo de los muebles a veces.

2 Oraciones incompletas Termina las oraciones con el imperfecto.

1. Cuando yo era niño/a, __________.
2. Todos los veranos mi familia y yo __________.
3. En la escuela primaria mis maestros nunca __________.
4. Mis hermanos y yo siempre __________.
5. Mi abuela siempre __________.

3 Un robo El sábado unos jóvenes le robaron el bolso a una anciana en el parque. Tú eres uno de los testigos. Contesta las preguntas de la policía usando el imperfecto.

1. ¿Dónde estabas alrededor de las dos de la tarde?
2. ¿Qué llevabas puesto (*were you wearing*)?
3. ¿Qué hacías en el parque?
4. ¿Quiénes estaban contigo?
5. ¿Qué otras personas había en el parque? ¿Qué hacían estas personas?

4 ¿Cómo ha cambiado tu vida? En parejas, comparen la escuela secundaria con la universidad. Escriban una lista de las responsabilidades que tienen ahora y las que tenían antes.

MODELO Cuando estaba en la escuela secundaria no tenía mucha tarea, pero ahora tengo muchísima. Me paso el día entero en la biblioteca.

TALLER DE CONSULTA

MÁS PRÁCTICA
To see the explanation corresponding to this additional practice, see p. 98.

Más práctica

TALLER DE CONSULTA

MÁS PRÁCTICA
To see the explanation corresponding to this additional practice, see p. 102.

3.3 The preterite vs. the imperfect

1 **¿Pretérito o imperfecto?** Indica si normalmente debes usar el pretérito (P) o el imperfecto (I) con estas expresiones de tiempo. Después escribe cinco oraciones completas que contengan estas expresiones. Some answers may vary.

P/I el año pasado
I todos los días
I siempre
I mientras
P ayer por la noche
P el domingo pasado
I todas las tardes
P una vez

2 **Distintos significados** Completa las oraciones con el pretérito o el imperfecto de los verbos entre paréntesis. Recuerda que cuando se usan estos verbos en el pretérito tienen un significado distinto al del imperfecto.

1. Cuando yo era niño, nunca ___quería___ (querer) limpiar mi habitación, pero mis padres me obligaban a hacerlo.
2. Mi amigo ya ___podía___ (poder) hablar chino y japonés cuando tenía siete años.
3. Finalmente, después de preguntar por todos lados, Ana ___supo___ (saber) cómo solicitar una tarjeta de crédito.
4. Mis padres ___querían___ (querer) comprarse una aspiradora. Estaban cansados de barrer.
5. Se rompió el timbre. Por suerte, mi amigo Juan Carlos ___pudo___ (poder) venir enseguida a arreglarlo.
6. Mi hermano ___conoció___ (conocer) a su novia en el centro comercial.
7. Mi abuela ___sabía___ (saber) cocinar muy bien.
8. Miguel y Roberto completaron el formulario, pero no ___quisieron___ (querer) contestar la última pregunta.

3 **Mi mejor año** ¿Cuál fue tu mejor año en la escuela? Escribe una historia breve sobre ese año especial. Recuerda que para narrar series de acciones completas debes usar el pretérito y para describir el contexto o acciones habituales en el pasado debes usar el imperfecto. Comparte tu historia con la clase.

MODELO Creo que mi mejor año fue el segundo grado. Yo vivía con mi familia en Toronto, pero ese año nos mudamos a Vancouver.

4 **Cuentos populares** En grupos de tres, escojan un cuento popular que conozcan. Escríbanlo cambiando completamente el papel (*role*) de los personajes y los hechos. Utilicen el pretérito y el imperfecto. Después, representen una escena de su cuento para la clase.

MODELO Había una vez tres cerditos muy malos que querían atacar a un lobito muy bueno…

3.4 Telling time

- The verb **ser** is used to tell time in Spanish. The construction **es + la** is used with **una,** and **son + las** is used with all other hours.

¿Qué hora es? *What time is it?*	▶	Es la **una.** *It is one o'clock.* Son las **tres.** *It is three o'clock.*

- The phrase **y +** [*minutes*] is used to tell time from the hour to the half-hour. The phrase **menos +** [*minutes*] is used to tell time from the half-hour to the hour, and is expressed by subtracting minutes from the next hour.

Son las once **y veinte.**

Es la una **menos cuarto.**

Son las doce **menos diez.**

- To ask at what time an event takes place, the phrase **¿A qué hora (...)?** is used. To state at what time something takes place, use the construction **a la(s) +** [*time*].

¿A qué hora es la fiesta?
(At) what time is the party?

La fiesta es **a las ocho.**
The party is at eight.

- The following expressions are used frequently for telling time.

Son las siete **en punto.**
It's seven o'clock on the dot/sharp.

Son **las doce del mediodía.**/Es **(el) mediodía.**
It's 12 p.m./It's noon.

Son **las doce de la noche.** /Es **(la) medianoche.**
It's 12 a.m./It's midnight.

Son las nueve **de la mañana.**
It's 9 a.m./in the morning.

Son las cuatro y cuarto **de la tarde.**
It's 4:15 p.m./in the afternoon.

Son las once y media **de la noche.**
It's 11:30 p.m./at night.

- The imperfect is generally used to tell time in the past. However, the preterite may be used to describe an action that occurred at a particular time.

¿Qué hora **era** cuando llegaste?
What time was it when you arrived?

¿A qué hora **fueron** al cine?
At what time did you go to the movies?

Eran las cuatro de la mañana.
It was four o'clock in the morning.

Fuimos a las nueve.
We went at nine o'clock.

MÁS GRAMÁTICA

This is an additional grammar point for **Lección 3 Estructura.** You may use it for review or as required by your instructor.

¡ATENCIÓN!

The phrases **y media** (*half past*) and **y/menos cuarto** (*quarter past/of*) are usually used instead of **treinta** and **quince**.

Son las doce y media.
It's 12:30/half past twelve.

Son las nueve menos cuarto.
It's 8:45/quarter to nine.

¡ATENCIÓN!

Note that **es** is used to state the time at which a single event takes place.

Son las dos.
It is two o'clock.

Mi clase es a las dos.
My class is at two o'clock.

Práctica

TALLER DE CONSULTA

These activities correspond to the additional grammar point on the preceding page.

3.4 Telling time

1 La hora Escribe la hora que aparece en cada reloj usando oraciones completas.

1. Son las siete y cuarto/quince.

2. Es la una y media/treinta.

3. Son las doce del mediodía./ Es (el) mediodía.

4. Son las dos menos cinco.

5. Son las tres y veintidós (de la tarde).

6. Son las cuatro y veinte.

2 ¿Qué hora es? Da la hora usando oraciones completas.

1. 1:10 p.m. Es la una y diez de la tarde.
2. 6:30 a.m. Son las seis y media/treinta de la mañana.
3. 8:45 p.m. Son las nueve menos cuarto/quince de la noche.
4. 11:00 a.m. Son las once (en punto) de la mañana.
5. 2:55 p.m. Son las tres menos cinco de la tarde.
6. 12:00 a.m. Son las doce de la noche./Es (la) medianoche.

3 Retraso Hoy tienes un mal día y estás atrasado/a en todo. Usa la información para explicar a qué hora hiciste cada cosa y por qué te retrasaste. Sigue el modelo.

MODELO **ir al centro comercial – 9 a.m. (15 minutos)**
Tenía que ir al centro comercial a las nueve de la mañana, pero llegué a las nueve y cuarto porque el autobús se retrasó.

1. levantarme – 7 a.m. (30 minutos)
2. desayunar – 8 a.m. (2 horas y media)
3. reunirme con la profesora de química – 11 a.m. (1 hora)
4. escribir el ensayo para la clase de literatura – 3 p.m. (2 horas y cuarto)
5. llamar a mis padres – 5 p.m. (3 horas y media)
6. limpiar mi casa – 3 p.m. (¡Todavía no has empezado!)

Más práctica

4.1 The subjunctive in noun clauses

TALLER DE CONSULTA

MÁS PRÁCTICA
To see the explanation corresponding to this additional practice, see p. 134.

1 **El doctor** El doctor González escribe informes con el diagnóstico y las recomendaciones para cada paciente. Completa los informes con el indicativo o el subjuntivo de los verbos entre paréntesis.

Informe 1

Don José, creo que usted (1) sufre (sufrir) de mucho estrés. Usted (2) trabaja (trabajar) demasiado y no (3) se cuida (cuidarse) lo suficiente. Es necesario que usted (4) duerma (dormir) más horas. No creo que usted (5) necesite (necesitar) tomar medicinas, pero es importante que (6) controle (controlar) su alimentación y (7) mantenga (mantener) una dieta más equilibrada.

Informe 2

Carlitos, no hay duda de que tú (8) tienes (tener) varicela (*chicken pox*). Es una enfermedad muy contagiosa y por eso es necesario que (9) te quedes (quedarse) en casa una semana. Como no podrás asistir a la escuela, te recomiendo que (10) hables (hablar) con uno de tus compañeros y que (11) hagas (hacer) la tarea regularmente. Quiero que (12) te apliques (aplicarse) (*to apply*) esta crema si te pica (*itches*) mucho la piel.

Informe 3

Susana y Pedro, es obvio que ustedes (13) tienen (tener) gripe. Para aliviar la tos, les recomiendo que (14) tomen (tomar) este jarabe por la mañana y estas pastillas por la noche. No creo que (15) necesiten (necesitar) quedarse en cama. Les recomiendo que (16) beban (beber) mucho líquido y que (17) coman (comer) muchas frutas y verduras. Estoy seguro de que en unos días (18) van (ir) a sentirse mejor.

2 **¿Cómo terminan?** Escribe un final original para cada oración. Recuerda usar el subjuntivo cuando sea necesario.

1. Es imposible que hoy...
2. Dudo mucho que el profesor...
3. No es cierto que mis amigos y yo...
4. Es muy probable que yo...
5. Es evidente que en el hospital...
6. Los médicos recomiendan que...

3 **Reacciones** En grupos de cinco, digan cómo reaccionarían ante estas situaciones. Deben usar el subjuntivo en sus respuestas para mostrar emoción, incredulidad, alegría, rechazo, insatisfacción, etc.

MODELO **Acabas de ganar un millón de dólares.**
¡Es imposible que sea verdad! No puedo creer que...

1. Un día vas al banco y te dicen que ya no te queda ni un centavo. No vas a poder comer esta semana.
2. Oyes que el agua que tomas del grifo (*tap*) está contaminada y que todos los habitantes de la ciudad se van a enfermar.
3. Llegas a la universidad el primer día y te dicen que no hay espacio para ti en la residencia estudiantil. Vas a tener que dormir en un hotel.
4. Tu novio/a te declara su amor e insiste en que se casen este mismo mes.
5. Tu nuevo/a compañero/a de cuarto te dice que tiene la gripe aviar (*bird flu*). Es muy contagiosa.
6. Acabas de ver a tu ex hablando mal de ti enfrente de millones de televidentes.

Más práctica

TALLER DE CONSULTA

MÁS PRÁCTICA
To see the explanation corresponding to this additional practice, see p. 140.

4.2 Commands

1 **Las indicaciones del médico** Lee los problemas de estos pacientes. Luego, completa las órdenes y recomendaciones que su médico les da.

Don Mariano y doña Teresa no duermen bien y sufren de mucha presión en el trabajo.	1. Tomen (tomar) té de manzanilla y acuéstense (acostarse) siempre a la misma hora. 2. No trabajen (trabajar) los domingos.
Juan come muchos dulces y tiene caries (*cavities*).	3. (Tú) Cepíllate (cepillarse) los dientes dos veces por día. 4. No comas (comer) más dulces.
La señora Ortenzo se lastimó jugando al tenis. Le duele el pie derecho.	5. (Usted) Quédese (quedarse) en cama dos días. 6. No mueva (mover) el pie y no camine (caminar) sin muletas (*crutches*).
Carlos y Antonio trasnochan con frecuencia y no llevan una dieta sana.	7. Duerman (dormir) por lo menos ocho horas cada noche. 8. No vayan (ir) a clase sin antes comer un desayuno saludable.

2 **Antes y ahora** ¿Te daban órdenes tus padres cuando eras niño/a? ¿Te siguen dando órdenes? Escribe cinco mandatos que te daban cuando eras niño/a y cinco que te dan ahora. Utiliza mandatos informales afirmativos y negativos.

Los mandatos de antes

____
____
____
____
____

Los mandatos de ahora

____
____
____
____
____

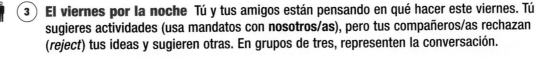

3 **El viernes por la noche** Tú y tus amigos están pensando en qué hacer este viernes. Tú sugieres actividades (usa mandatos con **nosotros/as**), pero tus compañeros/as rechazan (*reject*) tus ideas y sugieren otras. En grupos de tres, representen la conversación.

MODELO
ESTUDIANTE 1 Vayamos al cine esta noche.
ESTUDIANTE 2 No quiero porque no tengo dinero. Quedémonos en casa y veamos la tele.
ESTUDIANTE 3 Pues, alquilemos una película entonces...

Más práctica

4.3 *Por* and *para*

1 **El viaje de Carla** Carla está planeando pasar el verano en Bogotá para tomar cursos en la Universidad Nacional de Colombia. Une las frases para completar sus comentarios sobre el viaje.

b/h 1. Este verano viajaré a Bogotá
e/b 2. Es un programa de intercambio organizado
a 3. Estudiantes de varias universidades nos reuniremos en Miami y de allí saldremos
f 4. Extrañaré a mi familia, pero prometen llamarme
h 5. Quisiera pasar un año allá, pero sólo puedo ir
g 6. Antes de volver a Nueva York, espero viajar
d 7. Quiero perfeccionar el español
c 8. En el futuro, espero trabajar

a. para Bogotá.
b. para estudiar español.
c. para la embajada (*embassy*).
d. para trabajar en Latinoamérica después de graduarme.
e. por mi universidad en Nueva York.
f. por teléfono una vez por semana.
g. por todo el país.
h. por tres meses.

2 **Instrucciones para cuidar al perro** Este fin de semana te toca cuidar al perro de tus vecinos y ellos están muy preocupados. Completa su lista de instrucciones con **por** o **para**.

1. *Si el perro está muy deprimido, llama al veterinario* por *teléfono.*
2. *Si está un poco triste, haz todo lo que puedas* para *darle ánimo.*
3. *Últimamente tiene problemas de digestión y debe tomar una medicina* para *el estómago.*
4. Para *ver si el perro tiene fiebre, usa este termómetro.*
5. *No es* para *tanto si no te saluda cuando entras en la casa; cuando te conozca mejor y te tenga más confianza comenzará a saludarte.*
6. *Sácalo a pasear todos los días de la semana: el ejercicio es bueno* para *los perros.*
7. *Nuestra rutina es caminar media hora* por *el parque.*
8. *Dale su medicina tres veces* por *día.*

3 **Un acontecimiento increíble** ¿Alguna vez te ha ocurrido algo inusual o difícil de creer? Cuéntale a tu compañero/a un acontecimiento increíble que te haya ocurrido, o inventa uno. Incluye al menos cuatro expresiones de la lista.

para colmo	no estar para bromas	por casualidad	por más/mucho que
para que sepas	no ser para tanto	por fin	por supuesto

TALLER DE CONSULTA

MÁS PRÁCTICA
To see the explanation corresponding to this additional practice, see p. 144.

MÁS GRAMÁTICA

This is an additional grammar point for **Lección 4 Estructura.** You may use it for review or as required by your instructor.

4.4 The subjunctive with impersonal expressions

- The subjunctive is frequently used in subordinate clauses following impersonal expressions.

IMPERSONAL EXPRESSION	CONNECTOR	SUBORDINATE CLAUSE
Es urgente	**que**	**vayas al hospital.**

- Impersonal expressions that indicate will, desire, or emotion are usually followed by the subjunctive.

es bueno *it's good*	**es necesario** *it's necessary*
es extraño *it's strange*	**es ridículo** *it's ridiculous*
es importante *it's important*	**es terrible** *it's terrible*
es imposible *it's impossible*	**es una lástima** *it's a shame*
es malo *it's bad*	**es una pena** *it's a pity*
es mejor *it's better*	**es urgente** *it's urgent*

Es una lástima que **estés** con gripe.
It's a shame you have the flu.

Es mejor que te **acompañen.**
It's better that they go with you.

- Impersonal expressions that indicate certainty trigger the indicative in the subordinate clause. When they express doubt about the action or condition in the subordinate clause, the subjunctive is used.

indicative	subjunctive
es cierto *it's true*	**no es cierto** *it's untrue*
es obvio *it's obvious*	**no es obvio** *it's not obvious*
es seguro *it's certain*	**no es seguro** *it's not certain*
es verdad *it's true*	**no es verdad** *it's not true*

Es verdad que Juan está triste, pero **no es cierto** que **esté** deprimido.
It's true that Juan is sad, but it's not true that he is depressed.

Es obvio que usted tiene una infección, pero **es improbable** que **sea** contagiosa.
It's obvious that you have an infection, but it's unlikely that it's contagious.

- When an impersonal expression is used to make a general statement or suggestion, the infinitive is used in the subordinate clause. When a new subject is introduced, the subjunctive is used instead.

Es importante hacer ejercicio.
It's important to exercise.

No es seguro caminar solo por la noche.
It's not safe to walk around alone at night.

Es importante que los niños **hagan** ejercicio.
It's important for children to exercise.

No es seguro que **camines** solo por la noche.
It's not safe for you to walk around alone at night.

Práctica

4.4 The subjunctive with impersonal expressions

TALLER DE CONSULTA

These activities correspond to the additional grammar point on the preceding page.

1. **Pórtate bien** Los padres de Álvaro se van de viaje y le dejan una nota a su hijo con algunas cosas que tiene que hacer. Completa la nota con el presente del subjuntivo de los verbos entre paréntesis.

> ¡No te olvides!
>
> Sabemos que es imposible que (1) te acuestes (acostarse) temprano, pero es importante que (2) te levantes (levantarse) antes de las 8:00 y que (3) lleves (llevar) el carro al mecánico. El martes es necesario que (4) vayas (ir) a casa de tu tía Julia y le (5) lleves (llevar) nuestro regalo. Como la pastelería queda cerca del mecánico, es mejor que (6) pases (pasar) a recoger el pastel de cumpleaños cuando vayas a recoger el carro el lunes por la tarde. Y, bueno, hijo, es una lástima que no (7) puedas (poder) venir con nosotros.
>
> ¡Cuídate mucho!
>
> Mamá y papá

2. **Obligaciones** Piensa en las obligaciones de los padres para con los hijos y viceversa. Completa el cuadro con frases impersonales que requieran el subjuntivo.

Las obligaciones de los padres y de los hijos

padres	hijos
Es importante que los padres escuchen a sus hijos.	

3. **Pareja ideal** En grupos de cuatro, piensen en su pareja ideal y comenten cómo debe ser. Cada uno/a de ustedes debe escribir por lo menos cinco oraciones con frases impersonales.

es bueno	**es mejor**
es importante	**es necesario**
es malo	**es ridículo**

Más práctica

TALLER DE CONSULTA

MÁS PRÁCTICA
To see the explanation corresponding to this additional practice, see p. 176.

5.1 Comparatives and superlatives

1 **Los medios de transporte** Escribe seis oraciones completas para comparar los medios de transporte de la lista. Utiliza por lo menos tres comparativos y tres superlativos. Debes hacer comparaciones con respecto a estos aspectos:

- la rapidez
- la comodidad
- la diversión
- el precio

medios de transporte
autobús, avión, bicicleta, carro, metro, taxi, tren

MODELO Para viajar por la ciudad, el taxi es más caro que el autobús. / El avión es el medio más rápido de todos.

2 **El absoluto** Utiliza el superlativo absoluto (**-ísimo/a**) para escribir oraciones completas. Sigue el modelo.

MODELO **elefantes / animales / grande**
Los elefantes son unos animales grandísimos.

1. diamantes / joyas / caro Los diamantes son unas joyas carísimas.
2. avión / medio de transporte / rápido El avión es un medio de transporte rapidísimo.
3. Bill Gates / persona / rico Bill Gates es una persona riquísima.
4. el puente de Brooklyn / largo El puente de Brooklyn es larguísimo.
5. la clase de inglés / fácil La clase de inglés es facilísima.
6. Dakota Fanning / actriz / joven Dakota Fanning es una actriz jovencísima.
7. El F.C. Barcelona / equipo de fútbol español / famoso El F.C. Barcelona es un equipo de fútbol español famosísimo.
8. el Río de la Plata / ancho El Río de la Plata es anchísimo.

3 **Un pariente especial** ¿Hay alguien en tu familia que consideras especial? ¿Te pareces a esa persona? ¿Es mayor o menor que tú? ¿Qué similitudes y diferencias tienen? Trabaja con un(a) compañero/a: dile quién es tu pariente favorito y cuéntale en qué se parecen y en qué se diferencian. Usa comparativos en tu descripción. Incluye algunos de estos aspectos:

altura	**gustos**
apariencia física	**personalidad**
edad	**vida académica**

MODELO Mi primo Juan es mi primo favorito. Es mayor que yo, pero yo soy mucho más alto que él...

Más práctica

5.2 Negative, affirmative, and indefinite expressions

1 **De compras** **Has desembarcado de un crucero en una isla remota. Quieres comprar algo típico para tus amigos, pero el empleado te hace mil preguntas sobre lo que quieres. Elige las opciones correctas para completar la conversación.**

EMPLEADO ¡Hola! ¿Quieres (1) ___algo___ (algo / nada) extraordinario para tus amigos?

TÚ No, no quiero (2) ___nada___ (algo / nada) extraordinario, quiero (3) ___algo___ (algo / nada) típico de la isla.

EMPLEADO Tenemos unos recuerdos muy especiales por aquí. (4) ___Siempre___ (Siempre / Nunca) es mejor regalar (5) ___algo___ (algo / nada) que llegar con las manos vacías (*empty*)...

TÚ Sí, pero (6) ___tampoco___ (también / tampoco) es bueno comprar cosas que no quepan en la maleta. Necesito un recuerdo que no sea muy grande, pero (7) ___tampoco___ (también / tampoco) muy pequeño, por favor.

EMPLEADO Es que no tenemos (8) ___nada___ (algo / nada) así. Todo lo que tenemos (9) ___o___ (o / ni) es muy chiquito (10) ___o___ (o / ni) es muy grande. No tenemos (11) ___nada___ (algo / nada) de tamaño mediano.

TÚ Bueno, señor, el barco ya se va... Si usted no tiene (12) ___nada___ (algo / nada) que yo pueda comprar ahora mismo, me tendré que ir.

EMPLEADO Lo siento. (13) ___Nadie___ (Alguien / Nadie) compra recuerdos aquí (14) ___jamás___ (siempre / jamás). No entiendo por qué será.

2 **En el avión** **Marcos, un viajero, es un poco caprichoso; nada le viene bien. Escribe o... o, ni... ni, o ni siquiera para completar sus quejas.**

1. Le pedí una bebida al asistente de vuelo, pero no me trajo ___ni___ café ___ni___ agua.
2. ¡Qué día fatal! No pude ___ni___ empacar la última maleta ___ni___ despedirme de mis amigos.
3. Por favor, ___o___ sean puntuales ___o___ avisen si van a llegar tarde.
4. Hoy me siento enfermo. No puedo ___ni___ dormir ___ni___ hablar. ___Ni siquiera___ puedo moverme.
5. Me duele la cabeza. No quiero ___ni___ escuchar música ___ni___ ver la tele.

3 **Opiniones** **En grupos de cuatro, hablen sobre estas opiniones y digan si están de acuerdo. Por turnos, expliquen sus razones. Usen expresiones negativas, afirmativas e indefinidas.**

1. Es más costoso viajar en primera clase, pero vale la pena.
2. Conocer otros países y culturas es más importante que aprender de un libro.
3. Hacer un intercambio te abre más a otras maneras de pensar.
4. Es mejor ir de vacaciones durante el verano que durante el invierno.
5. Ir de viaje es la mejor manera de gastar los ahorros.
6. Es más peligroso viajar hoy en día. Antes era muchísimo más seguro.

TALLER DE CONSULTA

MÁS PRÁCTICA
To see the explanation corresponding to this additional practice, see p. 180.

Más práctica

TALLER DE CONSULTA

MÁS PRÁCTICA

To see the explanation corresponding to this additional practice, see p. 184.

5.3 The subjunctive in adjective clauses

1 **Unir los elementos** Escribe cinco oraciones lógicas combinando elementos de las tres columnas.

MODELO Juan busca un libro que esté escrito en español.

Juan (estudiante de español)	buscar un tutor	pagar bien
Pedro (tiene un carro viejo)	buscar un libro	ser divertida
Ana (tiene muy poco dinero)	necesitar un carro	ayudarme
mis amigos (están aburridos)	tener que ir a una fiesta	ser nuevo y rápido
yo (tengo problemas con la clase de cálculo)	querer un trabajo	poder ayudarnos
nosotros (no sabemos qué clases tomar el próximo semestre)	necesitar hablar con un consejero	estar escrito en español

2 **En el aeropuerto** Mientras esperas en el aeropuerto, escuchas todo lo que dicen los empleados de la aerolínea y los agentes de seguridad. Usa el subjuntivo para completar las oraciones de manera lógica.

1. Deben pasar por aquí las personas que ________________.
2. ¿Tiene usted algo en su bolsa que ________________?
3. Debe sacar del bolsillo todo lo que ________________.
4. No cuente chistes que ________________.
5. Pueden pasar los viajeros que ________________.
6. No se pueden llevar maletas que ________________.

 3 **Anuncios personales** En grupos de tres, escriban anuncios personales para una persona que busca novio/a. Los anuncios deben ser detallados y creativos, y deben usar el subjuntivo y el indicativo. Después, compartan el anuncio con la clase para ver si encuentran a alguien que se parezca a la persona de su anuncio.

5.4 *Pero* and *sino*

El viaje no es de excursión, sino de trabajo.

Sí, ¡pero en el Amazonas, Fabiola!

- In Spanish, both **pero** and **sino** are used to introduce a contrast or a clarification, but the two words are not interchangeable.
- **Pero** means *but* (in the sense of *however*). It may be used after either affirmative or negative clauses.

  Iré contigo a ver las ruinas, **pero** mañana quiero pasar el día entero en la playa.
  I'll go with you to see the ruins, but tomorrow I want to spend the whole day on the beach.

  La habitación del hotel es pequeña, **pero** cómoda.
  The hotel room is small, but comfortable.

- **Sino** also means *but* (in the sense of *but rather* or *on the contrary*). It is used only after negative clauses. **Sino** introduces an idea that clarifies, corrects, or excludes the previous information.

  No me gustan estos zapatos, **sino** los de la otra tienda.
  I don't like these shoes, but rather the ones from the other store.

  La casa **no** está en el centro de la ciudad, **sino** en las afueras.
  The house is not in the center of the city, but rather in the outskirts.

- When **sino** is used before a conjugated verb, the conjunction **que** is added.

  No quiero que vayas a la fiesta, **sino que** hagas tu tarea.
  I want you to do your homework rather than go to the party.

  No iba a casa, **sino que** se quedaba en la capital.
  She was not going home, but instead staying in the capital.

- *Not only... but also* is expressed with the phrase **no sólo... sino (que) también/además**.

  Quiero **no sólo** pastel, **sino también** helado.
  I want not only cake but also icecream.

  No sólo disfruté del viaje, **sino que además** hice nuevos amigos.
  Not only did I enjoy the trip; I also made new friends.

- The phrase **pero tampoco** means *but neither* or *but not either*.

  A Celia no le interesaba la excursión, **pero tampoco** quería quedarse en el crucero.
  Celia wasn't interested in the excursion, but she didn't want to stay on the cruise ship either.

MÁS GRAMÁTICA

This is an additional grammar point for **Lección 5 Estructura.** You may use it for review or as required by your instructor.

¡ATENCIÓN!

To express surprise or admiration, use **pero qué** at the beginning of a sentence.

¡Pero qué turista tan amable!
What a nice tourist!

¡ATENCIÓN!

Pero también (*But also*) is used after affirmative clauses.

Pedro es inteligente, pero también es cabezón.
Pedro is smart, but he is also stubborn.

Práctica

TALLER DE CONSULTA

These activities correspond to the additional grammar point on the preceding page.

5.4 *Pero* and *sino*

1 **Columnas** Completa cada oración con la opción correcta.

1. Sofía no quiere viajar mañana y Marta, __e__.
2. Mi compañero de cuarto no es de Madrid, __c__ de Barcelona.
3. Mis padres quieren que yo trabaje este verano, __a__ yo prefiero irme de viaje a Europa.
4. No fui al partido de fútbol, __b__ fui al concierto de rock. Tuve que estudiar para un examen.
5. No queremos que usted nos cancele la reservación, __d__ nos cambie la fecha de salida.

a. pero
b. pero tampoco
c. sino
d. sino que
e. tampoco

2 **Completar** Completa cada oración con **no sólo, pero, sino (que)** o **tampoco.**

1. Las cartas no llegaron el miércoles, __sino__ el jueves.
2. Mis amigos no quieren alojarse en el albergue y yo __tampoco__.
3. No me gusta manejar por la noche, __pero__ iré a la fiesta si tú manejas.
4. Carlos no me llamaba por teléfono, __sino que__ me enviaba mensajes de texto.
5. Yo __no sólo__ esperaba aprobar el examen, __sino__ también sacar una A.
6. Quiero aclarar que Juan no llegó temprano, __sino__ muy tarde.

3 **Oraciones incompletas** Cuando tú y tu familia llegan al lugar donde pasarán sus vacaciones, se dan cuenta de que han dejado en casa a Juan José, tu hermano menor. Utiliza frases con **pero** y **sino** para completar las oraciones.

1. Yo no hablé con Juan José esta mañana __________.
2. No vamos a poder regresar para buscarlo __________.
3. No es aconsejable que regresemos __________.
4. Me gusta la idea de llamar a un vecino __________.
5. Creo que no debemos __________.
6. Juan José no tiene cinco años __________.
7. Si tiene algún problema no va a poder avisarnos __________.
8. Está claro que Juan José __________.

4 **Opiniones contrarias** En parejas, imaginen que son dos personas totalmente diferentes. Nunca están de acuerdo en nada. Túrnense para hacer afirmaciones. Uno/a de ustedes debe usar **pero, sino, sino que** y **no sólo... sino** para contradecir lo que dice el/la otro/a. Sigan el modelo.

MODELO — Creo que hoy hace un día estupendo.
— ¡Estás equivocado! No hace un día estupendo, sino que hace mucho frío. Y no sólo hace frío, sino que también...

Más práctica

6.1 The future

1 ¿Qué pasará? Usa el futuro para explicar qué puede estar ocurriendo en cada una de las situaciones. Puedes utilizar las ideas de la lista o inventar otras.

MODELO **Hoy tu carro no arranca (*doesn't start*). Hay algo que no funciona.**
El carro no tendrá gasolina. / La batería estará descargada.

(su gato/su conejo) estar perdido	tener otros planes
(él/ella/su perro) estar enfermo/a	no tener ganas
haber un huracán	doler la pierna

1. María siempre llega a la clase de español puntualmente, pero la clase ya empezó y ella no está.
2. Carlos es el presidente del club ecologista, pero hoy no vino a la reunión.
3. Sara y María son dos personas muy alegres y optimistas, pero hoy están tristes y no quieren hablar con nadie.
4. He invitado a Juan a ir al cine con nosotros, pero no quiere ir.
5. Mañana vas a viajar a una zona tropical. Te acaban de avisar que se canceló tu vuelo.
6. Cristina tiene un partido de fútbol hoy, pero todavía no está aquí.

2 Campaña informativa En parejas, imaginen que trabajan para una organización que se dedica a proteger el medio ambiente. Les han pedido que preparen una campaña informativa para concienciar a la gente sobre (*make people aware of*) los problemas ecológicos. Contesten las preguntas y después compartan la información con la clase.

1. ¿Cómo se llamará la campaña?
2. ¿Qué problemas del medio ambiente tratará?
3. ¿Qué actividades harán?
4. ¿Qué consejos darán?
5. ¿Qué harán para distribuir la información?
6. ¿Creen que su campaña tendrá éxito? ¿Por qué?

3 Horóscopo En parejas, escriban el horóscopo de su compañero/a para el mes que viene. Utilicen verbos en futuro y algunas frases de la lista. Luego compártanlo con sus compañeros/as.

decir secretos	haber sorpresa	recibir una visita
empezar una relación	hacer daño	tener suerte
festejar	hacer un viaje	venir amigos
ganar/perder dinero	poder solucionar problemas	viajar al extranjero

TALLER DE CONSULTA

MÁS PRÁCTICA
To see the explanation corresponding to this additional practice, see p. 216.

Más práctica

TALLER DE CONSULTA

MÁS PRÁCTICA
To see the explanation corresponding to this additional practice, see p. 220.

6.2 The subjunctive in adverbial clauses

1 En el parque Javier quiere leer los carteles (*signs*) del parque nacional, pero Sol no cree que sean importantes. Completa la conversación con el subjuntivo del verbo indicado.

JAVIER Espera, Sol, quiero leer los carteles.

SOL Es que son muy obvios. No dicen nada que yo no (1) sepa (saber). "Tan pronto como usted (2) escuche (escuchar) un trueno, aléjese de las zonas altas." ¡Qué tontería! ¡Eso es obvio!

JAVIER Sí, pero son importantes para que los visitantes (3) sean (ser) conscientes de la seguridad.

SOL ¿Y qué tiene que ver este otro cartel con la seguridad? "Para que no (4) haya (haber) erosión, camine sólo por el sendero."

JAVIER Bueno, es que algunos carteles son para que la gente (5) ayude (ayudar) a cuidar el parque. Por ejemplo, este otro...

SOL Basta, Javier, estoy harta de estos carteles tan obvios. Si realmente quieren cuidar el parque, ¿por qué no ponen cestos (*bins*) para la basura?

JAVIER Bueno, justamente el cartel dice: "No tenemos cestos para la basura para que los visitantes nos (6) ayuden (ayudar) llevándose su propia basura del parque."

SOL Bueno, yo no he dicho que todos los carteles (7) sean (ser) inútiles.

2 En casa Tu hermana insiste en que tu familia colabore para proteger el medio ambiente. Tiene una lista de órdenes que quiere que ustedes cumplan. Escribe cada orden de otra forma, usando el subjuntivo y las palabras que están entre paréntesis. Haz los cambios necesarios.

Suggested answers.

MODELO **Usen el aire acondicionado lo mínimo posible. (siempre que)**
Siempre que sea posible, no usen el aire acondicionado.

1. Cierren bien el grifo (*faucet*) y no dejen escapar ni una gota de agua. (para que)
   Para que no se escape ni una gota de agua, cierren bien el grifo.
2. Apaguen las luces al salir de un cuarto. (tan pronto como)
   Tan pronto como salgan de un cuarto, apaguen las luces.
3. No boten las botellas. Hay que averiguar primero si se pueden reciclar. (antes de que)
   Antes de que boten las botellas, averigüen si se pueden reciclar.
4. Vayan a la escuela en bicicleta. Usen el carro sólo si hace mal tiempo. (a menos que)
   A menos que haga mal tiempo, vayan a la escuela en bicicleta.
5. En lugar de encender la calefacción (*heating*), pónganse otro suéter. (siempre que)
   Siempre que puedan, pónganse otro suéter en lugar de encender la calefacción.

3 Conversaciones En parejas, representen estas dos conversaciones. Usen conjunciones de la lista y recuerden que algunas de estas construcciones exigen un verbo en subjuntivo.

a menos que	aunque	cuando	hasta que	sin (que)
antes de (que)	con tal de (que)	en caso de (que)	para (que)	tan pronto como

1. Una pareja de recién casados está planeando su luna de miel (*honeymoon*): Ella quiere ir a una isla remota. Él quiere ir a París.
2. Una madre y su hijo: Él tiene su licencia de conducir y quiere una motocicleta.

Más práctica

6.3 Prepositions: *a, hacia,* and *con*

(1) **Un día horrible** Completa el texto con las preposiciones **a, hacia** o **con.**

Hola, Miguel:

Ayer tuve un día horrible. Casi prefiero no acordarme. Puse el despertador para que sonara (1) ___a___ las seis de la mañana, pero me dormí y me levanté (2) ___hacia / a___ las siete. Mi clase de ecología empezaba a las ocho, así que iba a llegar tarde. El profesor es bastante estricto y siempre se enoja (3) ___con___ los estudiantes que no llegan a tiempo.

Mi día había comenzado mal e iba a seguir peor. Salí de casa y comencé (4) ___a___ correr (5) ___hacia___ la universidad. Cuando estaba (6) ___a___ mitad de camino, algo terrible ocurrió. Una señora que estaba (7) ___a___ mi izquierda no vio la farola (*streetlight*) y chocó (8) ___con___ ella. Fue un golpe tremendo. Fui (9) ___a___ ayudarla, pues se había caído. Tuve que levantarla (10) ___con___ mucho cuidado porque estaba mareada. Cuando llegó la policía, yo comencé (11) ___a___ correr otra vez. Entré a clase muy tarde, (12) ___a / hacia___ las ocho y media. ¡Qué locura!

Un abrazo,
Lupe

(2) **Carta** Imagina que estás de vacaciones en otro país y le escribes una carta a tu familia contándoles los detalles de tu viaje. Puedes incluir información sobre el horario de las actividades, los lugares que has visitado, las cosas que has hecho y los planes para el resto del viaje. Utiliza por lo menos seis expresiones de la lista.

MODELO Al llegar a San Juan, fui al hotel con Marta.

al llegar	estaba(n) conmigo	con un guía turístico
a veinte (millas)	con cuidado/anticipación	hacia/a las (nueve y media)
ayudar a	con mi cámara	hacia la playa/el bosque

(3) **El guardaparques** Trabajen en grupos de cuatro. Una persona es el/la guardaparques (*park ranger*) y las otras tres son turistas. Algunos turistas no respetaron las reglas del parque y el/la guardaparques quiere saber quiénes fueron. Representen la situación usando la información de la lista y las preposiciones **a, hacia** y **con.**

estar / las dos de la tarde	hablar / otras personas
ir / tanta prisa	contaminar / combustible
dar de comer / los animales salvajes	ir / sacar plantas
envenenar / una sustancia tóxica	ir / otra gente
dirigir / la salida	ver / alguien sospechoso

TALLER DE CONSULTA

MÁS PRÁCTICA
To see the explanation corresponding to this additional practice, see p. 224.

MÁS GRAMÁTICA

This is an additional grammar point for **Lección 6 Estructura.** You may use it for review or as required by your instructor.

6.4 Adverbs

- Adverbs (**adverbios**) describe *how, when,* and *where* actions take place. They usually follow the verbs they modify and precede adjectives or other adverbs.

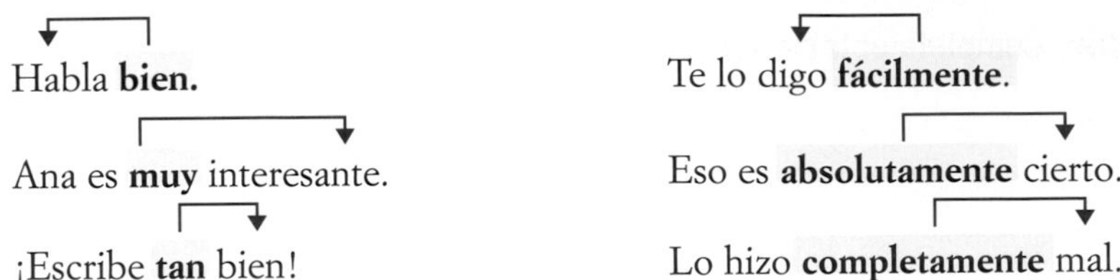

Habla **bien.** — Te lo digo **fácilmente**.

Ana es **muy** interesante. — Eso es **absolutamente** cierto.

¡Escribe **tan** bien! — Lo hizo **completamente** mal.

- Many Spanish adverbs are formed by adding the suffix **–mente** to the feminine singular form of an adjective. The **–mente** ending is equivalent to the English *-ly*.

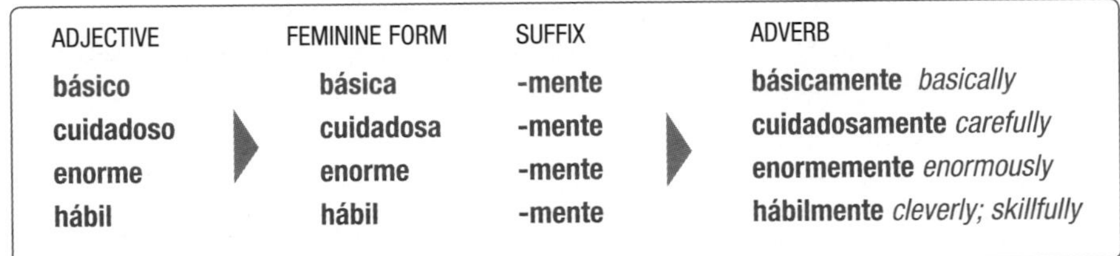

ADJECTIVE	FEMININE FORM	SUFFIX	ADVERB
básico	**básica**	**-mente**	**básicamente** *basically*
cuidadoso	**cuidadosa**	**-mente**	**cuidadosamente** *carefully*
enorme	**enorme**	**-mente**	**enormemente** *enormously*
hábil	**hábil**	**-mente**	**hábilmente** *cleverly; skillfully*

¡ATENCIÓN!

If an adjective has a written accent, it is kept when the suffix **-mente** is added.

If an adjective does not have a written accent, no accent is added to the adverb ending in **-mente**.

- If two or more adverbs modify the same verb, only the final adverb uses the suffix **–mente**.

Se marchó **lenta** y **silenciosamente**.
He left slowly and silently.

- The construction **con** + [*noun*] is often used instead of long adverbs that end in **–mente**.

cuidadosamente → con cuidado — **frecuentemente → con frecuencia**

- Here are some common adverbs and adverbial phrases:

a menudo *frequently; often*	**así** *like this; so*	**mañana** *tomorrow*
a tiempo *on time*	**ayer** *yesterday*	**más** *more*
a veces *sometimes*	**casi** *almost*	**menos** *less*
adentro *inside*	**de costumbre** *usually*	**muy** *very*
afuera *outside*	**de repente** *suddenly*	**por fin** *finally*
apenas *hardly; scarcely*	**de vez en cuando** *now and then*	**pronto** *soon*
aquí *here*		**tan** *so*

A veces salimos a tomar un café.
Sometimes we go out for coffee.

Casi terminé el libro.
I almost finished the book.

¡ATENCIÓN!

Some adverbs and adjectives have the same forms.

ADJ: **bastante dinero** *enough money*
ADV: **bastante difícil** *rather difficult*

ADJ: **poco tiempo** *little time*
ADV: **habla poco** *speaks very little*

- The adverbs **poco** and **bien** frequently modify adjectives. In these cases, **poco** is often the equivalent of the English prefix *un-*, while **bien** means *well*, *very*, *rather*, or *quite*.

La situación está **poco** clara.
The situation is unclear.

La cena estuvo **bien** rica.
Dinner was very tasty.

Práctica

6.4 Adverbs

TALLER DE CONSULTA

These activities correspond to the additional grammar point on the preceding page.

1 Adverbios Escribe el adverbio que deriva de cada adjetivo.

1. básico básicamente
2. feliz felizmente
3. fácil fácilmente
4. inteligente inteligentemente
5. alegre alegremente
6. común comúnmente
7. injusto injustamente
8. asombroso asombrosamente
9. insistente insistentemente
10. silencioso silenciosamente

2 Instrucciones para ser feliz Elige el adjetivo apropiado para cada ocasión y después completa la oración, convirtiendo ese adjetivo en el adverbio correspondiente. Hay tres adjetivos que no se usan. Answers may vary slightly.

claro	frecuente	malo	triste
cuidadoso	inmediato	tranquilo	último

1. Expresa tus opiniones claramente.
2. Tienes que salir por la noche frecuentemente.
3. Debes gastar el dinero cuidadosamente.
4. Si eres injusto/a con alguien, debes pedir perdón inmediatamente.
5. Después de almorzar, disfruta tranquilamente de la siesta.

3 Recomendaciones Los padres de Mario y Paola salieron de viaje por dos semanas. Completa las instrucciones que les dejaron pegadas en el refrigerador.

a menudo	adentro	así	mañana
a tiempo	afuera	de vez en cuando	tan

lunes, 19 de octubre

1. Pasar la aspiradora a menudo. (¡Todos los días!)
2. Llegar a la escuela a tiempo.
3. Mañana, llevar a Botitas al veterinario para su cita.
4. Dejar que el gato juegue afuera todos los días si no llueve.
5. Si llueve, meter los muebles del jardín adentro.
6. Sólo ir de vez en cuando al centro comercial.

Más práctica

TALLER DE CONSULTA

MÁS PRÁCTICA
To see the explanation corresponding to this additional practice, see p. 256.

7.1 The present perfect

① **Oraciones** Cambia las oraciones del pretérito al pretérito perfecto.

1. Juan y yo vimos una estrella fugaz. Juan y yo hemos visto una estrella fugaz.
2. Yo hice la tarea en el laboratorio. Yo he hecho la tarea en el laboratorio.
3. La científica le dijo la verdad a su colega. La científica le ha dicho la verdad a su colega.
4. El astronauta volvió de su viaje. El astronauta ha vuelto de su viaje.
5. Ustedes encontraron la solución al problema. Ustedes han encontrado la solución al problema.
6. Nosotros clonamos unas células. Nosotros hemos clonado unas células.
7. Vendiste tu computadora portátil. Has vendido tu computadora portátil.
8. Comprobaron la teoría. Han comprobado la teoría.

TALLER DE CONSULTA

To review direct object pronouns, see p. 54.

② **Primer día** Es el primer día de la clase de informática y la profesora expone las reglas del curso. Contéstale usando el pretérito perfecto.

MODELO **Abran el sitio web de la clase.**
Ya lo hemos abierto.

1. Apaguen los teléfonos celulares. Ya los hemos apagado.
2. Inventen una contraseña para su trabajo. Ya la hemos inventado.
3. Descarguen el programa de Internet que vamos a usar. Ya lo hemos descargado.
4. Guarden todo su trabajo en su archivo personal. Ya lo hemos guardado.
5. Añadan sus direcciones de correo electrónico a la lista de la clase. Ya las hemos añadido.
6. Antes de entregar su trabajo, revísenlo con el corrector ortográfico. Ya lo hemos revisado.

③ **Viaje** Imaginen que uno/a de ustedes es un(a) astronauta que acaba de volver de su primer viaje a otro planeta. El/La otro/a es reportero/a y hace preguntas sobre lo que ha visto y lo que ha hecho el/la astronauta en el viaje. Utilicen el pretérito perfecto de los verbos del recuadro.

MODELO **REPORTERO/A** ¿Que ha aprendido de la cultura de los extraterrestres?
ASTRONAUTA He aprendido que...

aprender	**explorar**
comer	**hacer**
descubrir	**ver**

④ **Extraterrestres** En grupos de tres, imaginen que son unos extraterrestres que acaban de visitar el planeta Tierra. Escriban lo que han descubierto sobre los seres humanos y sus teorías sobre esta especie. Usen el pretérito perfecto y sean creativos.

MODELO Hemos averiguado que los seres humanos se sientan enfrente de pantallas gigantes todo el día. Pensamos que es una forma de comunicarse con los espíritus de otro mundo...

Más práctica

7.2 The past perfect

TALLER DE CONSULTA

MÁS PRÁCTICA
To see the explanation corresponding to this additional practice, see p. 260.

1 **Blog del futuro** Ésta es la entrada de un blog que Rubén escribe en el año 4000. Completa su blog usando el pluscuamperfecto y escribe dos datos adicionales.

Hola, queridos amigos:

Soy Rubén, un apasionado historiador. He descubierto que antes del año 2050, los científicos ya (1) ___habían clonado___ (clonar) al ser humano. Antes de 2060, los inventores ya (2) ___habían fabricado___ (fabricar) un automóvil volador. Antes de 2070, los investigadores ya (3) ___habían descubierto___ (descubrir) una cura para todo tipo de enfermedad. Antes de 2080, un biólogo extraordinario ya (4) ___había inventado___ (inventar) una semilla (*seed*) resistente a todo tipo de insecto y que no necesita ni agua ni tierra para crecer. Antes de 2090, nuestro presidente ya (5) ___había creado___ (crear) un sistema de gobierno justo que funciona para el bien de todos. Antes del año 3000, ya (nosotros) (6) ___habíamos investigado___ (investigar) los orígenes del universo. Antes de 3005, ya (nosotros) (7) ___habíamos terminado___ (terminar) con las guerras en la Tierra. Antes de 3010, ya (nosotros) (8) ___habíamos comprobado___ (comprobar) que sí hay vida en otros planetas...

2 **¿Qué hiciste ayer?** Seguro que tienes una vida muy ocupada. Escribe oraciones completas para contar lo que ya habías hecho ayer antes de las situaciones indicadas. Utiliza el pluscuamperfecto.

MODELO **antes del desayuno**
Antes del desayuno, ya me había afeitado.

1. antes del desayuno
2. antes de ir a clase
3. antes del almuerzo
4. antes de la cena
5. antes de acostarte

3 **Tus logros** Piensa en cuatro cosas que ya habías logrado antes de ir a la universidad y cuéntaselas a tu compañero/a. También debes preguntarle por sus logros (*achievements*).

MODELO Antes de ir a la universidad, ya había conseguido mi licencia de conducir. ¿Y tú?

TALLER DE CONSULTA

MÁS PRÁCTICA
To see the explanation corresponding to this additional practice, see p. 262.

7.3 Diminutives and augmentatives

1 **Diminutivos** Carlos siempre habla usando diminutivos. Completa sus descripciones con el diminutivo (**-ito/a**) de las palabras entre paréntesis.

Ayer fui al (1) mercadito (mercado) de antigüedades que está muy (2) cerquita (cerca) de mi (3) casita (casa) y compré algunas (4) cositas (cosas) muy valiosas. En el primer puesto, un (5) hombrecito (hombre) muy simpático me aconsejó comprar un (6) librito (libro) viejo y muy bonito. Cuando regresé a casa, tenía mucho frío y me tomé un (7) cafecito (café) para calentarme. Me senté en mi (8) sillita (silla) favorita y empecé a leer. Fue una mañana muy divertida.

2 **Los cuentos infantiles**

A. El señor Ordóñez odia los diminutivos. Por eso ha cambiado todos los títulos en el libro de cuentos infantiles que le lee a su hijo. Lee el índice y escribe los títulos en su forma original. Usa el diminutivo (**-ito/a**).

Cuentos Infantiles

1. Blancanieves (*Snow White*) y los siete enanos (*dwarves*) 2
2. Caperuza (*Little Hood*) Roja 8
3. La gallina (*little hen*) colorada 16
4. El pato (*duckling*) feo 22
5. La sirena (*little mermaid*) 26
6. Los tres cerdos (*little pigs*) 34
7. El soldado de plomo (*tin soldier*) 40
8. Pulgar (*Thumb*) 46

1. enanitos
2. Caperucita
3. gallinita
4. patito
5. sirenita
6. cerditos
7. soldadito
8. Pulgarcito

B. Ahora, en parejas, escriban las primeras diez oraciones de un cuento infantil. Pueden narrar alguno de los cuentos tradicionales o inventar uno. Incluyan el mayor número posible de aumentativos y diminutivos.

3 **Opiniones** En parejas, imaginen que uno/a de ustedes cree en los ovnis. Discutan el tema. Usen aumentativos y diminutivos.

MODELO —Sé que los ovnis existen porque una noche vi unas lucecitas extrañas...
—Estás un poco loquito. Seguramente viste lucecitas en tu cabezota.

7.4 Expressions of time with *hacer*

- In Spanish, the verb **hacer** is used to describe how long something has been happening or how long ago an event occurred.

Time expressions with *hacer*	
present	**hace** + [*period of time*] + **que** + [*verb in present tense*] **Hace tres semanas que busco otro apartamento.** *I've been looking for another apartment for three weeks.*
preterite	**Hace** + [*period of time*] + **que** + [*verb in the preterite*] **Hace seis meses que fueron a Buenos Aires.** *They went to Buenos Aires six months ago.*
imperfect	**hacía** + [*period of time*] + **que** + [*verb in the imperfect*] **Hacía treinta años que trabajaba con nosotros cuando por fin se jubiló.** *He had been working with us for thirty years when he finally retired.*

- To express the duration of an event that continues into the present, Spanish uses the construction **hace** + [*period of time*] + **que** + [*present tense verb*]. Note that **hace** does not change form.

  ¿Cuánto tiempo **hace que vives** en Buenos Aires?
  How long have you lived in Buenos Aires?

  Hace siete años **que vivo** en Buenos Aires.
  I've lived in Buenos Aires for seven years.

- To make a sentence negative, add **no** before the conjugated verb. Negative time expressions with **hacer** often translate as *since* in English.

  ¿**Hace** mucho tiempo que **no** actualiza su página web?
  Has it been a long time since you updated your web page?

  ¡Uy, **hace** años que **no** consulto mi página web!
  It's been years since I checked my web page!

- To tell how long ago an event occurred, use **hace** + [*period of time*] + **que** + [*preterite tense verb*].

  ¿Cuánto tiempo **hace** que me **mandaste** el mensaje de texto?
  How long ago did you send me the text message?

  Hace cuatro días que te **mandé** el mensaje.
  I sent you the message four days ago.

- **Hacer** is occasionally used in the imperfect to describe how long an event had been happening before another event occurred. Note that both **hacer** and the conjugated verb in the **hacer** construction use the imperfect.

  Hacía dos años que no **estudiaba** español cuando decidió tomar otra clase.
  She hadn't studied Spanish for two years when she decided to take another class.

MÁS GRAMÁTICA

This is an additional grammar point for **Lección 7 Estructura.** You may use it for review or as required by your instructor.

¡ATENCIÓN!

The construction [*present tense verb*] + **desde hace** + [*period of time*] may also be used. **Desde** can be omitted.

Estudia español (desde) hace un año.
He's been studying Spanish for a year.

No come chocolate (desde) hace un mes.
It's been a month since he ate chocolate.

¡ATENCIÓN!

Expressions of time with **hacer** can also be used without **que**.

¿Hace cuánto (tiempo) me llamó Carlos?

Te llamó hace dos horas.

Práctica

TALLER DE CONSULTA

These activities correspond to the additional grammar point on the preceding page.

7.4 Expressions of time with *hacer*

1 Oraciones Escribe oraciones utilizando expresiones de tiempo con **hacer**. Usa el presente en las oraciones 1 a 3 y el pretérito en las oraciones 4 y 5.

MODELO **Ana / hablar por teléfono / veinte minutos**
Hace veinte minutos que Ana habla por teléfono. /
Ana habla por teléfono (desde) hace veinte minutos.

1. Roberto y Miguel / estudiar / tres horas
   Hace tres horas que Roberto y Miguel estudian. / Roberto y Miguel estudian (desde) hace tres horas.
2. nosotros / estar enfermos / una semana
   Hace una semana que nosotros estamos enfermos. / Nosotros estamos enfermos (desde) hace una semana.
3. tú / trabajar en el centro / seis meses
   Hace seis meses que trabajas en el centro. / Trabajas en el centro (desde) hace seis meses.
4. Sergio / visitar a sus abuelos / un mes
   Hace un mes que Sergio visitó a sus abuelos. / Sergio visitó a sus abuelos hace un mes.
5. yo / ir a la Patagonia / un año
   Hace un año que fui a la Patagonia. / Fui a la Patagonia hace un año.

2 Conversaciones Completa las conversaciones con las palabras adecuadas. Answers may vary slightly.

1. **GRACIELA** ¿_Cuánto_ tiempo hace que vives en esta ciudad?
   SUSANA Mmm... _Hace_ dos años que _vivo_ aquí.
2. **GUSTAVO** Hacía veinte años que _trabajaba_ con nosotros cuando Miguel decidió jubilarse (*to retire*), ¿verdad?
   ARMANDO No, _hacía_ quince años que trabajaba con nosotros cuando se jubiló.
3. **MARÍA** _Fuiste_ a visitar a tu novia hace dos meses, ¿no?
   PEDRO Sí, _hace_ dos meses que fui a visitar a mi novia. ¡La extraño mucho!
4. **PACO** ¿Cuánto tiempo _hace_ que _estudias_ español?
   ANA Estudio español _desde_ hace tres años.

3 Preguntas Responde a las preguntas con oraciones completas. Utiliza las palabras entre paréntesis.

1. ¿Cuánto tiempo hace que fuiste de vacaciones a la playa? (cinco años)
   Hace cinco años que fui de vacaciones a la playa./ Fui de vacaciones a la playa hace cinco años.
2. ¿Hace cuánto tiempo que estudias economía? (dos semanas)
   Hace dos semanas que estudio economía. / Estudio economía (desde) hace dos semanas.
3. ¿Cuánto tiempo hace que rompiste con Nicolás? (un mes)
   Hace un mes que rompí con Nicolás. / Rompí con Nicolás hace un mes.
4. ¿Cuánto tiempo hace que Irene y Natalia llegaron? (una hora)
   Hace una hora que llegaron. / Llegaron hace una hora.
5. ¿Hace cuánto tiempo que ustedes viven aquí? (cuatro días)
   Hace cuatro días que vivimos aquí. / Vivimos aquí (desde) hace cuatro días.

Más práctica

8.1 The conditional

TALLER DE CONSULTA

MÁS PRÁCTICA
To see the explanation corresponding to this additional practice, see p. 294.

1 **Oraciones incompletas** Completa las oraciones con el condicional del verbo entre paréntesis.

1. María saldría (salir) con Juan porque le cae muy bien.
2. Si no llevara tantos libros, todo cabría (caber) en una sola maleta.
3. La comida no tiene sabor. Nosotros le pondríamos (poner) un poco más de sal.
4. No sé cuál sería (ser) el mejor momento para llamar al gerente.
5. Le pregunté al médico cuánto valdrían (valer) los medicamentos para la tos que él me recetó la semana pasada.

2 **El futuro en el pasado** Usa el condicional para expresar el pasado de cada oración. Usa el pretérito o el imperfecto en las cláusulas principales. Sigue el modelo. Answers may vary slightly.

MODELO **Juan dice que llegará pronto.**
Juan dijo que llegaría pronto.

1. Los empleados creen que recibirán un aumento el mes que viene.
Los empleados creían que recibirían un aumento...
2. El gerente afirma que la reunión será muy breve.
El gerente afirmó que la reunión sería...
3. Carlos dice que nevará mañana y que suspenderán el viaje de negocios.
Carlos dijo que nevaría mañana y que suspenderían...
4. María nos cuenta que ella se jubilará dentro de cinco años.
María nos contó que ella se jubilaría...
5. Muchas personas piensan que la globalización crecerá en el futuro próximo.
Muchas personas pensaban que la globalización crecería...
6. Los vendedores están seguros de que venderán el doble este año.
Los vendedores estaban seguros de que venderían...

3 **Bien educado** ¿Cómo pedirías algo de manera educada en estas situaciones? Escribe una pregunta apropiada para cada situación usando el condicional. Answers will vary.

1. Estás en un restaurante y te das cuenta de que no tienes servilleta.
¿Podría usted traerme una servilleta, por favor?
2. Eres un(a) turista en Caracas y no sabes cómo llegar a la Plaza Venezuela.
¿Me podría decir cómo llegar a la Plaza Venezuela, por favor?
3. Quieres que tu profesor(a) te diga cuál es tu nota en su clase.
¿Me diría usted mi nota en esta clase, por favor?
4. Tienes un billete de $5 y necesitas monedas para hacer una llamada telefónica.
¿Me cambiaría usted este billete por monedas, por favor?
5. Estás en la biblioteca y no puedes encontrar el libro que necesitas. Le pides ayuda al bibliotecario. ¿Me ayudaría usted a encontrar un libro, por favor?

4 **Profesiones misteriosas** Elige tres profesiones interesantes. Luego reúnete con tres compañeros/as y, sin mencionar cuáles son, diles lo que harías hoy si trabajaras en cada una de esas profesiones. Tus compañeros/as deben adivinar cuáles elegiste.

MODELO
ESTUDIANTE 1 Hoy me levantaría temprano y después desayunaría con mi esposa. Por la mañana trabajaría en mi oficina y almorzaría con el presidente de Francia. Por la tarde asistiría a una sesión de la Cámara de Representantes... ¿Quién soy?
ESTUDIANTE 2 Eres el presidente de los Estados Unidos.

Más práctica

TALLER DE CONSULTA

MÁS PRÁCTICA
To see the explanation corresponding to this additional practice, see p. 298.

8.2 The past subjunctive

1 **Un robo** **Tu amiga Francisca acaba de volver del banco y te cuenta lo que le pasó: ¡alguien intentó atracar el banco! Completa su historia con el imperfecto del subjuntivo de los verbos entre paréntesis.**

Un hombre que llevaba una máscara entró al banco y nos dijo a todos que (1) ___nos pusiéramos___ (ponerse) las manos sobre la cabeza. Después les ordenó a todos los empleados que (2) ___sacaran___ (sacar) todo el dinero de la caja y que lo (3) ___metieran___ (meter) en una mochila. El gerente vino en ese momento y le pidió al ladrón que (4) ___se fuera___ (irse) del banco sin hacerle daño a nadie. El hombre empezó a gritar e insistió en que todos nosotros le (5) ___prestáramos___ (prestar) atención. Nos prohibió que (6) ___habláramos___ (hablar) entre nosotros. Empezó a quitarnos los relojes y las joyas, y nos exigió que (7) ___nos quedáramos___ (quedarse) en el piso. De repente, una mujer se paró y regañó (*scolded*) al ladrón como si él (8) ___fuera___ (ser) su propio hijo. El hombre dejó caer todo lo que tenía en la mochila y se fue para la salida. Nos sorprendió que esa mujer (9) ___tuviera___ (tener) tanto valor. ¡Ella dijo que dudaba que su hijo (10) ___volviera___ (volver) a robar de nuevo y que ella misma se encargaría de llevarlo ante un juez!

2 **Oraciones** **Completa las oraciones de manera lógica. En algunos casos, tendrás que usar el imperfecto del subjuntivo.**

1. Yo sabía que el gerente ______________________.
2. Era imposible que yo ______________________.
3. María y Penélope hicieron todo para que la reunión ______________________.
4. La empresa buscaba una persona que ______________________.
5. El vendedor estaba seguro de que el cliente ______________________.
6. En la conferencia, conociste a alguien que ______________________.
7. Sentí mucho que ustedes ______________________.
8. La empresa prohibió que sus empleados ______________________.

3 **La reunión** **En parejas, imaginen que trabajan para la misma empresa. Uno/a de sus colegas no estuvo ayer y no asistió a una reunión muy importante. Túrnense para contarle lo que se dijo en la reunión. Utilicen los verbos de la lista y el imperfecto del subjuntivo.**

aconsejar	**pedir**
estar seguro/a	**proponer**
exigir	**recomendar**
insistir en	**sugerir**

Más práctica

8.3 *Si* clauses with simple tenses

TALLER DE CONSULTA

MÁS PRÁCTICA
To see the explanation corresponding to this additional practice, see p. 302.

1 Muy mandona Tu jefa es muy mandona (*bossy*). Elige el tiempo verbal correcto para completar sus órdenes.

1. Si usted no ___termina___ (termina / terminaría) este reportaje antes de las dos, no va a cobrar su sueldo este mes.
2. Si yo no tengo en mis manos el archivo hoy mismo, usted ___quedará___ (quedará / quedaría) despedido/a.
3. Si usted ___trabajara___ (trabajara / trabajaría) un poco más y ___hablara___ (hablara / hablaría) menos, terminaría su trabajo antes de Año Nuevo.
4. Si no ___estuviera___ (estaba / estuviera) tan atrasado/a, tendría más tiempo para salir a festejar su cumpleaños esta noche.
5. Si usted no ___limpia___ (limpia / limpiara) su oficina, va a trabajar en el pasillo.
6. Si usted tiene algún problema con alguien en la oficina, no me ___diga___ (dice / diga) nada, pues no tengo tiempo.

2 Volver a vivir Imagina que puedes volver a vivir un año de tu vida. Decide qué año quieres repetir y contesta las preguntas con oraciones completas.

1. Si pudieras elegir un año para vivirlo de nuevo, ¿qué año elegirías?
2. Si tuvieras que cambiar algo de ese año, ¿qué cambios harías?
3. Si pudieras llevar a alguien contigo, ¿a quién llevarías?
4. Si pudieras hacer algo que antes no pudiste hacer, ¿qué te gustaría hacer?
5. Si pudieras decirle a alguien lo que pasaría en el futuro, ¿qué le dirías?

3 Consejos Trabajen en grupos de cuatro. Cada uno debe escoger una de estas difíciles situaciones y luego explicar su problema al grupo. Los demás deben darle al menos cinco consejos para solucionar el problema. Utilicen oraciones con **si**.

"No tengo trabajo, pero sí tengo muchas deudas. Soy muy joven para tener tantos problemas. Estoy dispuesto/a a aceptar cualquier puesto. ¿Qué puedo hacer?"

"Estoy cansado/a de trabajar más horas que un reloj y cobrar el sueldo mínimo. Tengo tres hijos pequeños. Mi esposo/a es ejecutivo/a y gana mucho dinero, pero siempre está fuera de casa. ¡Estoy muy agotado/a!"

"Soy un(a) vendedor(a) exitoso/a, pero mi trabajo consiste en vender un producto defectuoso. Odio tener que mentir a los clientes. Quiero renunciar, pero temo no poder ganarme la vida en otro trabajo."

"Ayer fui al cajero automático y me di cuenta de que todos mis ahorros habían desaparecido. Creo que alguien robó mi identidad. ¡Me iré a la bancarrota!"

> **MÁS GRAMÁTICA**
> This is an additional grammar point for **Lección 8 Estructura.** You may use it for review or as required by your instructor.

8.4 Transitional expressions

- Transitional words and phrases express the connections between ideas and details.

Antes de apagar las velas, quiero que cierren los ojos y luego pidan un deseo.

Hay tres compañías que andan detrás de mí. Por lo tanto, merezco otro aumento.

- Many transitional expressions function to narrate time and sequence.

al final *at the end; in the end*	**hoy** *today*
al mismo tiempo *at the same time*	**luego** *then; next*
al principio *in the beginning*	**mañana** *tomorrow*
anteayer *the day before yesterday*	**mientras** *while*
antes (de) *before*	**pasado mañana** *the day after tomorrow*
ayer *yesterday*	**por fin** *finally*
después (de) *after; afterward*	**primero** *first*
entonces *then; at that time*	**segundo** *second*
finalmente *finally*	**siempre** *always*

- Several other transitional expressions compare or contrast ideas and details.

además *furthermore*	**ni... ni** *neither... nor*
al contrario *on the contrary*	**o... o** *either... or*
al mismo tiempo *at the same time*	**por otra parte / otro lado** *on the other hand*
aunque *although*	**por un lado... por el otro...** *on one hand. . . on the other. . .*
con excepción de *with the exception of*	**por una parte... por la otra...** *on one hand. . . on the other. . .*
de la misma manera *similarly*	**sin embargo** *however; yet*
del mismo modo *similarly*	**también** *also*
igualmente *likewise*	
mientras que *meanwhile; whereas*	

- Transitional expressions are also used to express cause and effect relationships.

así que *so; therefore*	**por consiguiente** *therefore*
como *since*	**por eso** *therefore*
como resultado (de) *as a result (of)*	**por esta razón** *for this reason*
dado que *since*	**por lo tanto** *therefore*
debido a *due to*	**porque** *because*

Práctica

8.4 Transitional expressions

TALLER DE CONSULTA

These activities correspond to the additional grammar point on the preceding page.

1. **Ordena los hechos** Ordena cronológicamente estas seis acciones. Escribe el número correspondiente al lado de cada una. Ten en cuenta las expresiones de transición.

__1__ a. Primero envié mi currículum por correo.
__5__ b. Después de la entrevista, el gerente se despidió muy contento.
__3__ c. Antes de la entrevista, tuve que escribir una carta de presentación.
__4__ d. Durante la entrevista, él leyó la carta.
__6__ e. Mañana empiezo a trabajar.
__2__ f. Dos semanas después, me citaron para una entrevista con el gerente.

2. **Escoger** Completa las oraciones con una de las opciones entre paréntesis.

1. Tenía una entrevista de trabajo hoy, pero no llegué a la hora indicada y __por eso__ (sin embargo / por eso) no me escogieron.
2. Eres muy trabajador y, __por esta razón__, (por esta razón / por otra parte) no te importa quedarte en la oficina hasta las once de la noche.
3. Yo prefiero poder jubilarme antes de los cincuenta años; __mientras que__ (mientras que / por consiguiente) mi padre quiere seguir trabajando hasta los ochenta.
4. Me despidieron __como resultado__ (como resultado / con excepción) de mi actitud.
5. Después de dos años, __por fin__ (como / por fin) conseguí un buen puesto.
6. Nunca terminé mis estudios y, __por consiguiente__, (mientras que / por consiguiente) sólo gano el sueldo mínimo.
7. No me gusta cómo trabaja. __Además__, (Además / Tampoco) no me gusta su actitud.

3. **El viaje** Marcos acaba de regresar de un viaje por Venezuela. Completa su relato con las expresiones de la lista. Puedes usar algunas expresiones más de una vez.

además	**del mismo modo**	**por eso**
al contrario	**mientras que**	**por un lado**
debido a eso	**por el otro**	**sin embargo**

Hoy estoy muy contento; (1) __por eso/debido a eso__, ven en mi cara una sonrisa. ¡Hice un viaje maravilloso por Venezuela! (2) __Además__, no fue estresante; (3) __al contrario__, descansé mucho. Mi viaje fue muy variado; (4) __por un lado__, pasé varios días en los Andes, y (5) __por el otro__ recorrí la costa caribeña, donde hice muchos amigos. Caracas es una ciudad llena de historia, (6) __mientras que__ su carácter contemporáneo la mantiene entre las capitales más activas de Suramérica. (7) __Sin embargo__, todo lo que empieza tiene que acabar, y mi viaje terminó antes de lo que esperaba; (8) __por eso/debido a eso__, pienso volver el próximo año.

Más práctica

TALLER DE CONSULTA

MÁS PRÁCTICA
To see the explanation corresponding to this additional practice, see p. 336.

9.1 The present perfect subjunctive

1 La prensa sensacionalista Completa las oraciones con la forma adecuada del verbo entre paréntesis: el presente del subjuntivo o el pretérito perfecto del subjuntivo. Some answers may vary.

1. Dudo que los actores se hayan casado (casarse) anoche como anuncian las revistas.
2. No es posible que sea (ser) un error; todo lo que se publica es verdad.
3. Estoy seguro de que muy pronto los actores negarán que se hayan separado (separarse).
4. No puedo creer que ustedes hayan comprado (comprar) esas revistas llenas de mentiras.
5. Es necesario que nosotros nos mantengamos (mantenerse) al tanto de las noticias.
6. No pienso que las revistas publiquen (publicar) información verdadera.
7. Es poco probable que lo que sale en las revistas pase (pasar) en la vida real.
8. Es muy importante que todos tengamos (tener) la oportunidad de saber cómo vive la gente famosa.
9. No me gusta que ya hayan mostrado (mostrar) fotos de los bebés de los actores.
10. Todavía no puedo creer que Bullock y James se hayan divorciado (divorciarse).

2 Deseos Escribe tres deseos para el presente o el futuro utilizando el presente del subjuntivo, y tres deseos de que algo ya haya ocurrido utilizando el pretérito perfecto del subjuntivo. Comienza tus oraciones con **Ojalá**.

MODELO Ojalá mis padres disfruten de sus vacaciones el mes que viene.
Ojalá mi cheque haya llegado ya, pues necesito el dinero cuanto antes.

3 Noticias increíbles En parejas, inventen cuatro noticias increíbles. Luego léanselas a otra pareja y túrnense para expresar su sorpresa o incredulidad. Utilicen el pretérito perfecto del subjuntivo.

MODELO
PAREJA 1 En California han conseguido que un mono lea revistas.
PAREJA 2 No creemos que hayan logrado eso. Es imposible que los monos lean.

4 Un día fatal Piensa en el peor día que has tenido este mes. Luego, en grupos de tres, túrnense para compartir lo que les ha pasado. Deben responder a sus compañeros/as con el pretérito perfecto del subjuntivo. Utilicen frases de la lista.

Es una lástima que...	**No puedo creer que...**
Es una pena que...	**Qué terrible que...**
Espero que...	**No me digas que...**
Siento que...	**No puede ser que...**

MODELO
ESTUDIANTE 1 Hace una semana fui al dentista y me dijo que tenía que sacarme tres dientes.
ESTUDIANTE 2 ¡Qué horrible que te haya pasado eso!
ESTUDIANTE 3 Espero que no te haya dolido mucho.

Más práctica

9.2 Relative pronouns

1 En la radio **Completa este informe con las palabras apropiadas.**

¡Hola a todos mis radioyentes! Soy yo, Pancho, el hombre (1) ___que___ (el que / que) siempre está listo para ayudarlos a festejar el fin de semana. A ver… (2) ___Los que___ (El que / Los que) no conozcan a este cantante (3) ___que___ (cuyo / que) les voy a presentar ahora, escuchen bien. Se llama Matías Ruiz y apareció hace dos días en la revista *Moda*, en (4) ___la cual___ (la cual / el cual) supimos que es soltero y que está buscando… Chicas, ¡apúrense, que este guapo soltero no va a estar disponible para siempre! Matías, (5) ___cuyo___ (el cual / cuyo) nuevo álbum se titula *Rayas*, va a actuar en vivo en la plaza central el mes que viene. No se lo pierdan. (6) ___Los que___ (Los que / Quien) no puedan ir, no se preocupen, porque sin duda este cantante volverá. Y ahora, vamos a escuchar la canción *Azul* de su nuevo álbum, (7) ___del cual___ (quienes / del cual) ya se han vendido ¡un millón de copias!

2 Conexiones **Escribe cinco oraciones combinando elementos de las tres columnas y los pronombres relativos necesarios.**

el periodista	que	hablar conmigo
el lector	en la que	es ciego
el público	el cual	no tiene mucha información
la sección deportiva	en el que	no sabe nada
la crítica de cine	la cual	me molesta

3 Adivinanzas **Piensa en una persona famosa y descríbela para que tu compañero/a adivine de quién se trata. Usa pronombres relativos en tu descripción.**

MODELO —Es una mujer que es muy popular en el mundo de los deportes. Su hermana, con quien ella practica un deporte, es también muy famosa. Ella es la mayor de las dos. Su padre, quien es su entrenador (*coach*), es un hombre bastante controvertido. Los torneos que ella ha ganado son muy importantes. ¿Quién es?
—Es Venus Williams.

4 Encuesta **Entrevista a tus compañeros/as de clase y anota los nombres de los que respondan que sí a estas preguntas. Introduce cada pregunta con una oración que incluya pronombres relativos. Sigue el modelo. Al finalizar, presenta los resultados a la clase.**

MODELO **¿Tus padres son extranjeros?**
Estoy buscando a alguien cuyos padres sean extranjeros/que tenga padres extranjeros. ¿Tus padres son extranjeros?

- ¿Viajaste al extranjero recientemente?
- ¿Te gusta el cine en español?
- ¿Te gustan las películas de terror?
- ¿Te gustan los documentales?
- ¿Conoces a alguna persona famosa?
- ¿Tus hermanos/as escuchan hip hop?

TALLER DE CONSULTA

MÁS PRÁCTICA
To see the explanation corresponding to this additional practice, see p. 338.

Más práctica

TALLER DE CONSULTA

MÁS PRÁCTICA
To see the explanation corresponding to this additional practice, see p. 342.

9.3 The neuter *lo*

1 **Chisme** Dos fanáticas de Fabio, un famoso actor de telenovelas, hablan de su nuevo corte de pelo. Completa la conversación usando expresiones con **lo**. Puedes usar las opciones más de una vez.

lo bonito	lo peor
lo difícil	lo que
lo feo	lo ridículo

INÉS ¿Has leído las noticias hoy? No vas a creer (1) ___lo que___ hizo Fabio.
ANGELINA Bueno, ¡cuéntame! (2) ___Lo peor/Lo difícil___ es ser la última en saber.
INÉS ¿Recuerdas (3) ___lo bonito___ que tenía el pelo? Ahora…
ANGELINA ¿Qué hizo? (4) ___Lo que___ no soporto es un hombre rapado (*shaved*)…
INÉS Sí, lo adivinaste. Y, para colmo, ahora no sabes (5) ___lo difícil___ que es reconocerlo en las fotos.
ANGELINA Su pelo era (6) ___lo que___ más me gustaba.
INÉS (7) ___Lo que___ dicen en las noticias es que va a perder todos sus contratos por este corte de pelo. El pobre se va a quedar sin trabajo.
ANGELINA El mundo del espectáculo… Siempre me asombra (8) ___lo ridículo___ que es. ¿No saben acaso que el pelo crece enseguida?
INÉS Me pregunto si (9) ___lo que___ esto significa es que nosotras también somos unas ridículas por preocuparnos por estas cosas.

2 **Positivo y negativo** Escribe un aspecto positivo y otro negativo de cada uno de los elementos de la lista. Usa expresiones con **lo**.

la vida estudiantil	mi mejor amigo/a
el trabajo	la comida de la cafetería
mis padres	mis clases

MODELO Lo mejor de la vida estudiantil es que los estudiantes son muy simpáticos, pero lo peor es la tarea.

3 **Comentarios** En grupos de tres, preparen una lista de seis situaciones o acontecimientos que ustedes consideran extraordinarios o increíbles. Después, cada compañero/a debe reaccionar a esa situación o acontecimiento. Expresen sus opiniones usando **lo** + [*adjetivo*]. Sigan el modelo.

MODELO —El precio de la gasolina ha subido otra vez.
—Es increíble lo cara que está la gasolina. Voy a tener que dejar de usar el carro.

9.4 *Qué* vs. *cuál*

> **MÁS GRAMÁTICA**
> This is an additional grammar point for **Lección 9 Estructura.** You may use it for review or as required by your instructor.

- The interrogative words **¿qué?** and **¿cuál(es)?** can both mean *what/which*, but they are not interchangeable.
- **Qué** is used to ask for general information, explanations, or definitions.

¿**Qué** es la censura?
What is censorship?

¿**Qué** dijo?
What did she say?

- **Cuál(es)** is used to ask for specific information or to choose from a limited set of possibilities. When referring to more than one item, the plural form **cuáles** is used.

¿**Cuál** es el problema?
What is the problem?

¿**Cuál** de las dos prefieres, la radio o la televisión?
Which of these (two) do you prefer, radio or television?

¿**Cuáles** son tus revistas favoritas?
What are your favorite magazines?

¿**Cuáles** escogieron, los rojos o los azules?
Which ones did they choose, the red or the blue?

- Often, either **qué** or **cuál(es)** may be used in the same sentence, but the meaning is different.

Es hora de cenar. ¿**Qué** quieres comer de primero?
It's dinner time. What would you like as a first course?

Esta noche dan *CSI* y *Law & Order*. ¿**Cuál** quieres ver?
CSI *and* Law & Order *are on tonight. Which one do you want to watch?*

- **Qué** may be used before any noun, regardless of the type of information requested.

¿**Qué** ideas tienen ustedes?
What ideas do you have?

¿**Qué** regalo te gusta más?
Which gift do you like better?

¿Peligro? ¿**Qué** peligro?
Danger? What danger?

¿**Qué** revistas son tus favoritas?
What are your favorite magazines?

- **Qué** and **cuál(es)** are sometimes used in declarative sentences that imply a question or unknown information.

¡No sabía qué decir!

No sé cuál de las dos escoger.

Elena se pregunta **qué** pasó esta mañana.
Elena wonders what happened this morning.

Juan me preguntó **cuál** de las dos películas prefería.
Juan asked me which of the two movies I preferred.

- **Qué** is also used frequently in exclamations. In this case it means *What...!* or *How...!*

¡**Qué** niño más irresponsable!
What an irresponsible child!

¡**Qué** triste te ves!
How sad you look!

Práctica

TALLER DE CONSULTA

These activities correspond to the additional grammar point on the preceding page.

9.4 *Qué* vs. *cuál*

1 ¿Qué o cuál? Completa las preguntas con **¿qué?** o **¿cuál(es)?**, según el contexto.

1. ¿ Cuál de las dos revistas es tu favorita?
2. ¿ Qué piensas de la prensa sensacionalista?
3. ¿ Cuáles son tus canales de televisión preferidos?
4. ¿ Qué haces para estar a la moda?
5. ¿ Qué sección del periódico es más importante para ti?
6. ¿ Cuáles son tus videos, los musicales o los documentales?
7. ¿ Cuál es tu opinión sobre la censura?
8. ¿ Qué tiras cómicas lees?

2 Completar Completa estos anuncios de radio con **qué** o **cuál(es)**.

¿No sabe (1) qué hacer este fin de semana? ¿Tiene que elegir entre una cena elegante y un concierto? ¿(2) Cuál de los dos prefiere? La buena noticia es que no tiene que elegir. Lo invitamos a participar en una cena y un concierto inolvidables este viernes en la Sinfónica de San José.

Si tuviera que elegir entre el mar o la montaña, ¿con (3) cuál se quedaría? Visite el nuevo complejo Costa Brava, que le ofrece playas tranquilas y verdes montañas. ¡(4) Qué más se puede pedir para disfrutar de unas vacaciones inolvidables!

¿(5) Cuáles son sus películas favoritas? ¿Las de acción? ¿Las de misterio? ¿Las románticas? ¡Hágase socio de *La casa de las pelis* y por sólo veinte pesos al mes podrá alquilar todas las películas que quiera! ¿Y (6) qué le parece la idea de recibir las películas a domicilio? Sólo tiene que llamarnos. ¡Garantizamos la entrega en sólo treinta minutos!

3 Preguntas Usa **¿qué?** o **¿cuál(es)?** para escribir la pregunta correspondiente a cada respuesta.

1. ¿Cuál es el programa que más te gusta?
   El programa que más me gusta es *American Idol.*
2. ¿Qué quieres hacer este fin de semana?
   Este fin de semana quiero ir al cine.
3. ¿Cuáles son tus pasatiempos favoritos?
   Mis pasatiempos favoritos son nadar, leer revistas y salir con amigos.
4. ¿Qué opinas de la prensa sensacionalista?
   Opino que la prensa sensacionalista no informa a los lectores.
5. ¿Cuál es tu clase más difícil?
   Mi clase de historia es la más difícil.
6. ¿Cuáles son los libros que nos tenemos que comprar?
   Éstos son los libros que nos tenemos que comprar.

Más práctica

10.1 The future perfect

1 Oraciones Combina los elementos y haz los cambios necesarios para formar oraciones con el futuro perfecto. Sigue el modelo. Answers may vary slightly.

MODELO **septiembre / autora / publicar / novela**
Para septiembre, la autora habrá publicado su novela.

1. el año que viene / los directores / seleccionar / actor principal
   Para el año que viene, los directores habrán seleccionado al actor principal.
2. el próximo semestre / yo / estudiar / estilo realista
   Para el próximo semestre, yo habré estudiado el estilo realista.
3. mañana / el poeta y yo / terminar / estrofa final
   Para mañana el poeta y yo habremos terminado la estrofa final.
4. dentro de cinco años / tú / pintar / autorretrato famoso
   Dentro de cinco años, tú habrás pintado un autorretrato famoso.
5. finales de este año / la escultora / esculpir / obra maestra
   Para finales de este año, la escultora habrá esculpido su obra maestra.

2 Probabilidad Escribe oraciones para indicar lo que pudo haber pasado en estas situaciones. Usa el futuro perfecto y la información indicada.

MODELO **Hoy cancelaron la obra de teatro. (actriz principal / sentirse enferma)**
La actriz principal se habrá sentido enferma.

1. El novelista no pudo llegar a la conferencia. (su avión / retrasarse)
   Su avión se habrá retrasado.
2. El escultor decidió no vender la escultura. (ellos / no ofrecerle suficiente dinero)
   Ellos no le habrán ofrecido suficiente dinero.
3. La pintora estaba muy contenta. (ella / vender un cuadro)
   Ella habrá vendido un cuadro.
4. Juan no quiso seguir leyendo la novela. (no interesarle el argumento)
   No le habrá interesado el argumento.
5. Ellas se marcharon antes de que terminara la obra de teatro. (tener un problema)
   Habrán tenido un problema.
6. La gente aplaudió cuando inauguraron la exposición. (gustarles la exposición)
   Les habrá gustado la exposición.

3 ¿Qué habrás hecho? Imagina todo lo que harás entre este año y el año 2040. ¿Qué habrá sido de tu vida? ¿Qué habrás hecho? Escribe un párrafo describiendo lo que habrás hecho para entonces. Usa el futuro perfecto de seis verbos de la lista.

MODELO Para el año 2040, habré vivido en el extranjero y habré aprendido cinco idiomas.

aprender	**estar**	**publicar**	**trabajar**
celebrar	**ganar**	**ser**	**ver**
conocer	**poder**	**tener**	**vivir**

4 Predicciones En parejas, túrnense para hacer predicciones sobre lo que su compañero/a habrá logrado en cada década (*decade*) de su vida. Luego respondan a las predicciones. ¿Quién de los dos conoce mejor a su compañero/a?

MODELO —Para cuando cumplas treinta años, habrás recibido un doctorado en español.
—No creo. Habré recibido un doctorado, pero en bioquímica.

TALLER DE CONSULTA

MÁS PRÁCTICA
To see the explanation corresponding to this additional practice, see p. 374.

Más práctica

TALLER DE CONSULTA

MÁS PRÁCTICA
To see the explanation corresponding to this additional practice, see p. 376.

10.2 The conditional perfect

1 Oraciones relacionadas **Escribe los verbos de la segunda columna en el condicional perfecto para completar cada oración. Luego empareja las oraciones de manera lógica.**

__c__ 1. Carmen no logró vender ni un solo cuadro.

__e__ 2. Miguel ya se había ido cuando se anunció que él era el ganador del premio de poesía.

__d__ 3. En la fiesta, Julia puso una música muy aburrida.

__b__ 4. El videojuego era muy violento.

__a__ 5. Por fin se estrenó la película.

a. El director se preguntaba si le __habría gustado__ (gustar) al público.

b. De saberlo, Bárbara no se lo __habría comprado__ (comprar) a su nieto.

c. Yo, en su lugar, no __habría pedido__ (pedir) tanto por los cuadros.

d. Yo __habría puesto__ (poner) música bailable.

e. ¡Miguel no lo __habría creído__ (creer)!

2 Pues yo... **Eres una persona muy crítica. Escribe oraciones con el condicional perfecto explicando qué habrías hecho tú en cada situación. Sigue el modelo.** Sample answers.

MODELO **El final de la novela es demasiado cómico.**
Yo habría escrito un final trágico.

1. El pintor usó colores muy oscuros. Yo ...
habría usado colores claros.
2. La escultura es demasiado grande. Yo...
habría hecho una escultura más pequeña.
3. El cuadro no tiene mucha luz. Yo ...
habría pintado un cuadro con más luz.
4. El argumento de la novela es demasiado complicado. Yo...
habría escrito un argumento más sencillo.
5. No entiendo por qué la artista pintó con acuarela. Yo ...
habría pintado al óleo.
6. Estas esculturas son surrealistas. Yo...
habría esculpido esculturas realistas.

3 Cuidar a los niños **Tu vecina te pide que cuides a sus hijos, pero primero quiere saber qué habrías hecho tú en cada una de las situaciones que tuvieron lugar con el niñero anterior. En parejas, representen una conversación. Utilicen el condicional perfecto.**

MODELO **dejar / los platos sucios**
— El chico que cuidaba a los niños dejó todos los platos sucios en la cocina.
— Pues, yo los habría lavado antes de irme.

1. no darle de comer / el perro
2. perder / las llaves de la casa
3. mirar / la televisión toda la noche
4. escuchar / música muy fuerte
5. no jugar / los niños
6. cobrar / demasiado

Más práctica

10.3 The past perfect subjunctive

1 **Completar** Ignacio y Teresa acaban de salir de un museo. Completa su conversación con el pluscuamperfecto del subjuntivo.

IGNACIO Nunca me habría imaginado que Picasso (1) hubiera pintado (pintar) algo tan impresionista.

TERESA Esa obra no la hizo Picasso, Ignacio. Si (2) te hubieras fijado (fijarse) con más cuidado, te habrías dado cuenta de que la pintó Monet.

IGNACIO Pues, también me sorprendió que Velázquez (3) hubiera hecho (hacer) algo tan contemporáneo.

TERESA Te equivocas de nuevo, Ignacio. Si (4) hubieras escuchado (escuchar) con atención al guía del museo, habrías aprendido un poco más sobre el arte.

IGNACIO Y si tú (5) hubieras prestado (prestar) atención (*pay attention*) cuando ayer te dije que odio los museos, no estaríamos teniendo esta discusión.

TERESA Si me lo (6) hubieras dicho (decir) otra vez, me habría enterado. Ya sabes que soy muy distraída.

2 **Preocupados** Termina las oraciones de forma lógica. Utiliza el pluscuamperfecto del subjuntivo.

1. El escultor tenía miedo de que sus esculturas ________.
2. A la novelista le molestó que los críticos ________.
3. El escritor no estaba seguro de que su obra ________.
4. El ensayista dudaba que el manuscrito ________.
5. La poetisa temía que el público ________.
6. La artista no quería que ________.

3 **En otro ambiente** ¿Qué habría pasado si en vez de asistir a esta universidad hubieras escogido otra? ¿Qué cosas habrían sido diferentes? En parejas, háganse preguntas sobre este tema. Después compartan sus ideas con la clase. Utilicen el pluscuamperfecto del subjuntivo y el condicional perfecto.

MODELO
—¿Qué habría sido distinto si no hubieras estudiado aquí?
—Si hubiera escogido otra universidad, no habría conocido a mi mejor amigo y no me habría divertido tanto...

TALLER DE CONSULTA

MÁS PRÁCTICA
To see the explanation corresponding to this additional practice, see p. 378.

MÁS GRAMÁTICA

This is an additional grammar point for **Lección 10 Estructura.** You may use it as expansion or as required by your instructor.

¡ATENCIÓN!

Simple tenses include present, preterite, imperfect, imperative (commands), future, conditional, and present and past subjunctive. Compound ("perfect") tenses make use of the auxiliary verb **haber**. For detailed information about **si** clauses with simple tenses, see **Estructura 8.3,** p. 302.

¡ATENCIÓN!

The **si** clause may be the first or second clause in a sentence. A comma is used only when the **si** clause comes first.

No habríamos comprado la pintura si ella no la hubiera restaurado.

10.4 *Si* clauses with compound tenses

- **Si** clauses are used with compound tenses to describe what *would have happened* if another event or condition *had occurred.* In hypothetical statements about contrary-to-fact situations in the past, the **si** clause uses the past perfect subjunctive and the main clause uses the conditional perfect.

Si hubiera pensado que son primitivas o radicales, lo habría dicho.

Si le hubieras pedido al pintor que cambiara la obra, habría sido una falta de respeto.

Si Clause (Past Perfect Subjunctive)	Main Clause (Conditional Perfect)
Si ella no hubiera restaurado la pintura, *If she had not restored the painting,*	**no la habríamos comprado.** *we wouldn't have bought it.*
Si ellos hubieran conocido al autor, *If they had known the author,*	**la historia les habría parecido más interesante.** *they would have found the story more interesting.*

- The chart below is a summary of the **si** clauses you learned in **Lección 8** and in this grammar point.

Review of *si* clauses

Condition	Main clause	*Si* clause
Possible or likely Ella compra el cuadro si no es caro.	Present	si + present
Possible or likely Voy a comprar el cuadro si no es caro.	Near future (*ir* + a)	si + present
Possible or likely Comprará el cuadro si no es caro.	Future	si + present
Possible or likely Por favor, compra el cuadro si no es caro.	Command	si + present
Habitual in the past Compraba cuadros si no eran caros.	Imperfect	si + imperfect
Hypothetical Compraría el cuadro si no fuera caro.	Conditional	si + past subjunctive
Hypothetical / Contrary-to-fact Habría comprado el cuadro si hubiera tenido dinero.	Conditional perfect	si + past perfect subjunctive

Práctica

10.4 *Si* clauses with compound tenses

TALLER DE CONSULTA

These activities correspond to the additional grammar point on the preceding page.

1 La actriz Dos amigas conversan sobre la vida de una actriz famosa. Completa la conversación con el pluscuamperfecto del subjuntivo o el condicional perfecto de los verbos entre paréntesis.

MATILDE Si Ana Colmenar no (1) se hubiera casado (casarse) tan joven, (2) habría comenzado (comenzar) a actuar mucho antes.

ANDREA Ella (3) habría comenzado (comenzar) a actuar antes si sus padres (4) hubieran descubierto (descubrir) su talento para el teatro.

MATILDE Si sus padres lo (5) hubieran querido (querer), ella (6) habría sido (ser) una estrella a los quince años.

ANDREA Ana nunca (7) habría tenido (tener) éxito si le (8) hubieran permitido (permitir) empezar tan joven. Actuar en el teatro requiere mucha experiencia y madurez.

MATILDE Si tú (9) hubieras estado (estar) en su lugar, quizá también (10) habrías tenido (tener) mucho éxito.

2 Si el poeta... Unos amigos se reunieron en un café después de una recepción en honor de un poeta famoso. Utiliza el pluscuamperfecto del subjuntivo o el condicional perfecto para completar sus oraciones.

1. Si Juan Carlos hubiera sabido que iban a servir comida en la recepción,...
2. El poeta habría recitado más poemas si...
3. Si el poeta hubiera hablado más fuerte,...
4. Yo me habría ido de la recepción antes si...
5. Si esos dos señores no hubieran hablado tanto mientras el poeta recitaba el poema,...
6. Habría invitado a mi compañera de cuarto si...
7. Si hubiera sabido que la recepción era tan larga,...
8. Si Juan Carlos hubiera venido antes,...

3 ¿Qué habrías hecho tú? En parejas, túrnense para hacerse preguntas sobre lo que habrían hecho si hubieran sido las personas en estos dibujos. Utilicen frases con si.

MODELO Si hubiera visto al ladrón huir con el dinero, le habría sacado una foto con mi celular y se la habría entregado a la policía.

Más práctica

TALLER DE CONSULTA

MÁS PRÁCTICA
To see the explanation corresponding to this additional practice, see p. 408.

11.1 The passive voice

1 **La edición de mañana** Imagina que trabajas para un periódico. Uno/a de tus colegas tenía que escribir los titulares de la edición de mañana, pero no los terminó. Completa los titulares con la voz pasiva de cada verbo entre paréntesis.

El próximo presupuesto será anunciado **(anunciar) mañana por el ministro de economía**

Una nueva ley de inmigración será debatida **(debatir) muy pronto**

Un nuevo récord de los 800 metros fue establecido **(establecer) el domingo pasado**

La iglesia Santa María fue renovada **(renovar) el año pasado y ahora se está derrumbando**

Dos vacunas nuevas fueron descubiertas (descubrir) ayer en Japón

2 **Ayer, hoy y mañana** Escribe nueve oraciones en voz pasiva. Debes añadir artículos y preposiciones en algunos casos. Debes usar distintos tiempos verbales para las oraciones en pasado, presente y futuro.

MODELO **la nueva ley / aprobar / el senado**
La nueva ley fue aprobada por el senado.

Ayer

1. el proyecto de ley / rechazar / senado El proyecto de ley fue rechazado por el senado.
2. los informes / enviar / secretario Los informes fueron enviados por el secretario.
3. el gobernador / elegir / ciudadanos El gobernador fue elegido por los ciudadanos.

Hoy

4. los programas / presentar / candidatos Los programas son presentados/están siendo presentados por los candidatos.
5. el asunto / debatir / parlamento El asunto es debatido/está siendo debatido por el parlamento.
6. el acusado / interrogar / juez El acusado es interrogado/está siendo interrogado por el juez.

Mañana

7. la nueva iglesia / inaugurar / cura La nueva iglesia será inaugurada por el cura.
8. las fiestas religiosas / celebrar / creyentes Las fiestas religiosas serán celebradas por los creyentes.
9. el discurso / pronunciar / candidato a senador El discurso será pronunciado por el candidato a senador.

3 **Periodistas** En parejas, imaginen que trabajan para un periódico local y tienen que redactar los titulares para la edición de mañana. Utilicen la voz pasiva para escribir un titular para cada sección del periódico.

1. sección internacional
2. sección nacional
3. sección local
4. sección de espectáculos
5. sección deportiva
6. sección política

Más práctica

11.2 Uses of *se*

TALLER DE CONSULTA

MÁS PRÁCTICA
To see the explanation corresponding to this additional practice, see p. 410.

1 *Se* pasivo y *se* impersonal Elige la forma apropiada del verbo.

1. Se (estudia / estudian) varias propuestas para la reforma de la ley de empleo.
2. Se (enviará / enviarán) a un nuevo embajador a Guatemala.
3. Se (cree / creen) que la crisis económica se solucionará pronto.
4. Se (debatirá / debatirán) varias enmiendas (*amendments*) en el Senado.
5. Se (estipuló / estipularon) que no se podía fumar en edificios públicos.
6. Se (eligió / eligieron) al nuevo gobernador la semana pasada.
7. Se (vive / viven) bien en España.
8. Se (vio / vieron) que era necesario tomar medidas urgentes.

2 Oraciones Termina cada frase de la columna A con la frase más lógica de la columna B.

A	B
b/d 1. Se me cayó	a. las llaves de casa.
c/a 2. Se me rompieron	b. el bolígrafo que tenía en la bolsa.
a/c/e 3. A Juan se le perdieron	c. los anteojos.
b/f 4. Se me dañó	d. el dinero para ir a cenar.
e 5. Se te borraron	e. los archivos para tu reunión.
d 6. Se te olvidó	f. el carro nuevo.

3 Lo que me ocurrió

A. Escribe seis oraciones —tres verdaderas y tres ficticias— sobre sucesos inesperados que te han ocurrido. Utiliza expresiones con **se**.

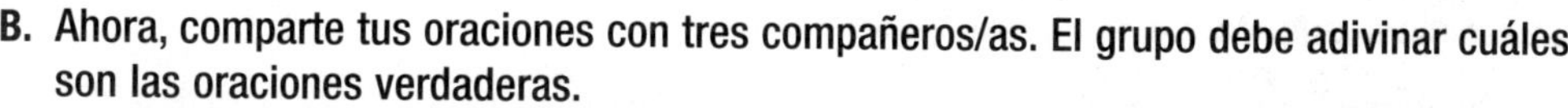

MODELO Ayer se me perdieron las llaves y tuve que romper una ventana para entrar en mi casa.

B. Ahora, comparte tus oraciones con tres compañeros/as. El grupo debe adivinar cuáles son las oraciones verdaderas.

4 Anuncios de trabajo Estas personas e instituciones necesitan contratar personal (*personnel*). En parejas, escriban los anuncios de trabajo. Recuerden que en estos casos es muy frecuente usar tanto el **se** impersonal como el **se** pasivo.

MODELO Se buscan ingenieros industriales. Se espera que los candidatos tengan experiencia previa. Se debe enviar currículum y solicitud a...

1. El partido político *Progreso ahora* busca empleados de relaciones públicas para trabajar con la campaña de su candidato a gobernador del estado.
2. La escuela *Cervantes* busca dos profesores de ciencias políticas.
3. La señora Solís busca una persona que pueda cuidar a sus hijos por las tardes.

Más práctica

TALLER DE CONSULTA

MÁS PRÁCTICA
To see the explanation corresponding to this additional practice, see p. 414

11.3 Prepositions: *de, desde, en, entre, hasta, sin*

1 **La política** Termina cada frase de la columna A con la frase más lógica de la columna B.

A

c 1. La guerra civil continuaba
d 2. El terrorismo seguirá
b 3. Los ciudadanos hablaron
a 4. Hubo una manifestación
e 5. El país ha tenido autonomía y libertad

B

a. de los obreros para protestar contra la reducción de los salarios.
b. en voz alta durante la manifestación.
c. sin parar entre el norte y el sur.
d. hasta que todos los países decidan colaborar.
e. desde que logró la independencia en 1955.

2 **Campaña** Eres un(a) estudiante nuevo/a, pero quieres ser presidente/a de tu clase. Escribe ocho oraciones completas con tus ideas para la campaña. Usa las preposiciones **de, desde, en, entre, hasta** y **sin.**

1. Creo que es buena idea no empezar las clases ________.
2. Necesitamos más variedad en la comida ________.
3. Deben contratar a profesores ________.
4. No hay que tomar clases ________.
5. Los carros se deben estacionar ________.
6. Si llegas tarde, puedes entrar a clase ________.
7. Debe haber un recreo de media hora ________.
8. Se debe permitir comida ________.

3 **Adivinanzas** En grupos de tres, cada estudiante debe escribir una descripción de tres miembros de la clase sin mencionar sus nombres. Una vez que hayan terminado, compartan las descripciones y los demás deben intentar adivinar de quiénes se tratan. Usen las preposiciones **de, desde, en, entre, hasta** y **sin.**

MODELO Esta persona siempre se sienta entre dos chicas. Le gusta sentarse cerca de la profesora y a veces hasta se sienta en primera fila. Entre los demás estudiantes tiene fama de ser una persona muy inteligente y simpática. ¿Quién es?

4 **Acontecimientos importantes** Conversa con un(a) compañero/a sobre algunos acontecimientos importantes de tu vida. Haz una lista de cinco acontecimientos que quieres compartir y trata de usar por lo menos diez preposiciones en tu conversación.

MODELO —El semestre pasado fui a Granada y me quedé en la residencia estudiantil.
—¿Y hasta cuándo te quedaste ahí?
—Me quedé desde enero hasta abril.

11.4 Past participles used as adjectives

- Past participles are used with **haber** to form compound tenses, such as the present perfect and the past perfect, and with **ser** to express the passive voice. They are also frequently used as adjectives.

aburrido/a	**confundido/a**	**enojado/a**	**muerto/a**
(des)cansado/a	**enamorado/a**	**estresado/a**	**sorprendido/a**

- When a past participle is used as an adjective, it agrees in number and gender with the noun it modifies.

un proceso **complicado**
a complicated process
los políticos **destacados**
the prominent politicians

una campaña bien **organizada**
a well-organized campaign
las reuniones **aburridas**
the boring meetings

- Past participles are often used with the verb **estar** to express a state or condition that results from the action of another verb. They frequently express physical or emotional states.

No puedo creer que se haya equivocado de nombre.

¿Felicia, **estás despierta**?
Felicia, are you awake?

No, **estoy dormida**.
No, I'm asleep.

Marco, **estoy enojado**. ¿Por qué no depositaste los cheques?
Marco, I'm furious. Why didn't you deposit the checks?

Perdón, don Humberto. Es que el banco ya **estaba cerrado**.
I'm sorry, Don Humberto. The bank was already closed.

- Past participles may be used as adjectives with other verbs, as well.

Empezó a llover y **llegué empapada** a la reunión.
It started to rain and I arrived at the meeting soaking wet.

Ese libro **es** tan **aburrido**.
That book is so boring.

Después de las vacaciones, **nos sentimos descansados**.
After the vacation, we felt rested.

¿Los documentos? Ya los **tengo corregidos**.
The documents? I already have them corrected.

MÁS GRAMÁTICA

This is an additional grammar point for **Lección 11 Estructura.** You may use it for review or as required by your instructor.

¡ATENCIÓN!

With verbs that have two participles, such as **atender** (**atento, atendido**), the irregular forms are the ones used as adjectives. With the verbs **freír, imprimir,** and **proveer,** both the regular form (**freído, imprimido, proveído**) and the irregular form (**frito, impreso, provisto**) can be used as adjectives. However, the latter is more common.

Práctica

TALLER DE CONSULTA

These activities correspond to the additional grammar point on the preceding page.

11.4 Past participles used as adjectives

1 **Entrevista de trabajo** Julieta está preparando preguntas para los candidatos que va a entrevistar para un puesto en la empresa. Completa cada pregunta de Julieta con el participio pasado del verbo entre paréntesis.

1. ¿Por qué crees que estás preparado/a (preparar) para este puesto?
2. ¿Estás informado/a (informar) sobre nuestros productos?
3. ¿Estás sorprendido/a (sorprender) de todos los beneficios que ofrecemos?
4. ¿Por qué estás interesado/a (interesar) en este puesto en particular?
5. ¿Trajiste tu currículum escrito (escribir) en español y en inglés?
6. ¿Cómo manejarás el estrés cuando ya estés contratado/a (contratar)?

2 **¿Cómo están ellos?** Mira las imágenes y relaciónalas con los verbos de la lista. Después completa cada oración usando **estar** + [*participio pasado*].

cansar	enojar	sorprender
enamorar	esconder	

1. Ellos están enojados .

2. Juanito está escondido .
3. Eva está cansada .

4. Ellos están enamorados .
5. Marta está sorprendida .

3 **De otra forma** Transforma las oraciones usando **estar** y el participio pasado del verbo correspondiente. Sigue el modelo.

MODELO Los estudiantes abrieron los libros.
Los libros están abiertos.

1. El paciente murió ayer. El paciente está muerto.
2. No abren la tienda los domingos. La tienda no está abierta los domingos.
3. Este pasaporte venció el mes pasado. Este pasaporte está vencido.
4. Los estudiantes escribieron las composiciones. Las composiciones están escritas.
5. Ya resolvieron los problemas. Los problemas están resueltos.
6. Hicieron los planes. Los planes están hechos.
7. Ellos imprimieron sus trabajos. Los trabajos están imprimidos/impresos.
8. El niño se curó de su enfermedad. El niño está curado.

Más práctica

12.1 Uses of the infinitive

TALLER DE CONSULTA

MÁS PRÁCTICA
To see the explanation corresponding to this additional practice, see p. 450.

1 **La investigación** **Completa la conversación con el infinitivo o con el presente del indicativo de los verbos entre paréntesis.**

ANTONIO ¿Cómo estás, Leopoldo? Tengo muchas ganas de (1) ___saber___ (saber) cómo va todo.

LEOPOLDO No muy bien. No sé si podremos terminar de (2) ___preparar___ (preparar) todo.

ANTONIO ¿No (3) ___hay___ (haber) suficiente tiempo para terminar la investigación?

LEOPOLDO El problema lo (4) ___tengo___ (tener) con Amelia.

ANTONIO Dicen que ella (5) ___es___ (ser) muy profesional y tiene buen conocimiento de las civilizaciones antiguas.

LEOPOLDO Es muy buena en su especialidad y creo que puede llegar a (6) ___ser___ (ser) muy importante para este proyecto. Pero no (7) ___tengo___ (tener) una buena comunicación con ella.

ANTONIO ¿Cómo puede (8) ___ser___ (ser)? ¿Le has ofrecido tu ayuda con el proyecto?

LEOPOLDO Sí, la (9) ___ayudo___ (ayudar) en todo. Le (10) ___doy___ (dar) consejos y trato de (11) ___tener___ (tener) una buena relación con ella, pero a ella le (12) ___molesta___ (molestar) todo lo que digo.

ANTONIO ¿Por qué no la invitas a (13) ___almorzar___ (almorzar)? Quizás hablando en un ambiente informal puedan (14) ___encontrar___ (encontrar) una solución.

LEOPOLDO Podría ser. Esta tarde la (15) ___llamo___ (llamar).

ANTONIO ¡Perfecto! Verás cómo se solucionan los problemas.

2 **Tu opinión** **Completa las oraciones. Utiliza verbos en infinitivo y añade tus propios detalles.**

MODELO Cuando tengo tiempo libre, prefiero...
Cuando tengo tiempo libre, prefiero leer el periódico.

1. Mi hermano/a siempre tarda en...
2. Ahora mismo, quiero...
3. En mi opinión, nunca es bueno...
4. No sé...
5. Para mí es fácil...
6. No me gusta...

3 **Historiadores** **En parejas, escriban oraciones sobre los acontecimientos del año pasado en su universidad. Usen el infinitivo.** Sample answers.

MODELO el club de ajedrez / querer
El club de ajedrez quería participar en el torneo de Florida, pero no pudo reunir el dinero suficiente para viajar.

1. los profesores / mandar El año pasado, los profesores nos mandaron hacer cinco horas de tarea cada noche.
2. los estudiantes / querer Los estudiantes querían publicar una revista escolar.
3. el equipo de fútbol / lograr El equipo de fútbol logró ganar su tercer campeonato.
4. el departamento de ciencia / pedir El departamento de ciencia pidió investigar el robo de algunos aparatos.
5. las nuevas reglas / obligar Las nuevas reglas del año pasado nos obligaron a usar uniformes horribles.

Más práctica

TALLER DE CONSULTA

MÁS PRÁCTICA
To see the explanation corresponding to this additional practice, see p. 454

12.2 Summary of the indicative

1 La narración histórica

A. Para narrar acontecimientos históricos es frecuente usar el presente del indicativo. Completa el párrafo usando el presente del indicativo de los verbos entre paréntesis.

Cuando los primeros conquistadores españoles (1) ___llegan___ (llegar) al Nuevo Mundo, (2) ___se encuentran___ (encontrarse) con numerosos problemas. La realidad del Nuevo Mundo (3) ___es___ (ser) muy distinta a la realidad que ellos (4) ___conocen___ (conocer) y pronto (5) ___descubren___ (descubrir) que no (6) ___tienen___ (tener) las palabras necesarias para designar (*to name*) esa nueva realidad. Para solucionar el problema, los españoles (7) ___deciden___ (decidir) tomar prestadas palabras que (8) ___escuchan___ (escuchar) de las lenguas nativas. Es por eso que muchas de las palabras del español actual vienen del taíno, del náhuatl o del quechua.

B. Ahora vuelve a completar el párrafo anterior, pero esta vez con el tiempo adecuado del pasado, ya sea el pretérito o el imperfecto. 1. llegaron 2. se encontraron 3. era 4. conocían 5. descubrieron 6. tenían 7. decidieron 8. escucharon/escuchaban

2 Los verbos perfectos

Elige la forma apropiada (pretérito perfecto, pluscuamperfecto, futuro perfecto o condicional perfecto) para conjugar los verbos entre paréntesis.

1. Los conquistadores ___habían aprendido___ (aprender) mucho de los nativos, pero todavía tenían problemas de comunicación.
2. El rey le ___habría construido___ (construir) un palacio a la reina, pero ella no lo quiso.
3. Para el año 2050, la mayoría de los gobiernos de Asia y África ___se habrán convertido___ (convertir) en gobiernos democráticos.
4. El pueblo ___ha derrocado___ (derrocar) al emperador y ahora hay otro gobernante que tiene el apoyo de la gente.
5. El joven ___habría sido___ (ser) un gran guerrero si no hubiera sido por su falta de disciplina.
6. Para el mes entrante, ya ___habrán expulsado___ (expulsar) al soldado de las fuerzas armadas.
7. ¡___Han liberado___ (Liberar) al pueblo! ¡Salgamos a celebrar!
8. ___Se habrían establecido___ (Establecerse) en la costa si no fuera porque odian el calor.

3 Pasado, presente y futuro

Cuéntale a un(a) compañero/a cuáles han sido los tres acontecimientos que han marcado tu pasado, los tres que están marcando tu presente y los tres acontecimientos que tú crees serán más importantes en tu futuro.

MODELO
(pasado) Fui al Perú para las vacaciones de primavera hace dos años.
(presente) Salgo con un chico de Salamanca, España.
(futuro) Trabajaré en la Ciudad de México por un año para mejorar mi español.

4 Las noticias más importantes

En grupos de cuatro, decidan cuáles han sido las tres noticias más importantes de los últimos 50 años. Piensen en otras tres noticias que creen que ocurrirán en los próximos 50 años. Escriban estas noticias en forma de titulares. Utilicen todos los tiempos verbales que sean apropiados.

Más práctica

12.3 Summary of the subjunctive

TALLER DE CONSULTA

MÁS PRÁCTICA
To see the explanation corresponding to this additional practice, see p. 458.

1 La clase de historia **Escoge la forma adecuada del subjuntivo (presente, pretérito perfecto, imperfecto o pluscuamperfecto) o del infinitivo para completar las oraciones.**

1. Los estudiantes querían que el profesor les __a__ más sobre los Incas.
   a. explicara b. explique c. hubiera explicado
2. A los chicos les gustaba __b__ las historias de los conquistadores.
   a. escuchen b. escuchar c. hayan escuchado
3. Dudaba que los españoles __c__ interesados únicamente en el oro de los Aztecas.
   a. estén b. estar c. hubieran estado
4. A los españoles les sorprendió que los Aztecas __a__ ciudades tan sofisticadas.
   a. hubieran construido b. construyan c. construyen
5. A algunas personas les parece sorprendente que el ser humano __c__ a la Luna.
   a. llegara b. llegar c. haya llegado
6. Algunas personas dudan que el ser humano __b__ vivir en otros planetas.
   a. pudiera b. pueda c. haya podido
7. Era improbable que esas piedras __b__ restos de una antigua civilización.
   a. sean b. fueran c. ser
8. En el futuro, será posible que algunos turistas __c__ al espacio.
   a. hubieran viajado b. viajaran c. viajen
9. Carlos espera __a__ a ser historiador algún día.
   a. llegar b. llegue c. llegara
10. Si el rey __a__ eso, lo habría dicho.
   a. hubiera pensado b. haya pensado c. piense

2 El mono en el espacio **Es el año 3000. Completa esta carta que un mono escribió durante su primer viaje por el espacio. Utiliza las formas apropiadas del subjuntivo.**

No puedo creer que el espacio (1) __tenga__ (tener) tantos planetas. Ahora voy a buscarme uno para establecer el planeta de los monos. Nadie pensaba que (2) __fuera/hubiera sido__ (ser) posible, pero, ahora, libres de los seres humanos, podemos desarrollar nuestra cultura. Antes, los seres humanos siempre exigían que (3) __nos quedáramos__ (quedarse) en jaulas (*cages*). Si (4) __hubieran sabido__ (saber) que somos criaturas pacíficas, no lo habrían hecho. Prefiero poblar un planeta nuevo con monos que ya (5) __hayan sido__ (ser) vacunados porque no se sabe lo que vamos a encontrar, y quiero que nosotros (6) __estemos__ (estar) listos para todo.

3 Inventos y descubrimientos **Algunos inventos y descubrimientos han sido esenciales para el desarrollo de la humanidad. En parejas, hagan una lista de los cinco inventos y descubrimientos más importantes. Después, escriban oraciones para decir qué habría ocurrido si tales inventos no se hubieran producido.**

MODELO Alexander Graham Bell inventó el teléfono. Si no hubiera inventado el teléfono, las comunicaciones serían/habrían sido mucho más complicadas.

MÁS GRAMÁTICA

This is an additional grammar point for **Lección 12 Estructura.** You may use it for review or as required by your instructor.

12.4 *Pedir/preguntar* and *conocer/saber*

- **Pedir** and **preguntar** both mean *to ask*, while **conocer** and **saber** mean *to know*. Since these verbs are frequently used in Spanish, it is important to know the circumstances in which to use them.

¿Tú sabes andar con eso?

Quería preguntarte si...

Pedir vs. *preguntar*

- **Pedir** means *to ask for/to request (something)* or *to ask (someone to do something)*.

El profesor **pidió** los resultados.
The professor asked for the results.

El director le **pide** que lo investigue.
The director asks him/her to investigate it.

- **Preguntar** means *to ask (a question)*.

Los estudiantes **preguntaron** acerca de la esclavitud.
The students asked about slavery.

Le **preguntaré** a Miguel si quiere venir.
I'll ask Miguel if he wants to come.

- **Preguntar por** means *to ask about (someone)* or *to inquire (about something)*.

¿**Preguntaste por** el historiador famoso?
Did you ask about the famous historian?

Pregunté por el anuncio.
I inquired about the ad.

Saber vs. *conocer*

- **Saber** means *to know (a fact or piece of information)*.

¿**Sabías** que el Primer Ministro fue derrocado ayer?
Did you know that the Prime Minister was overthrown yesterday?

No **sé** quién es el rey de España. ¿Lo **sabes** tú?
I don't know who the king of Spain is. Do you know?

- **Saber** + [*infinitive*] means *to know how (to do something)*.

Para el examen, lo importante es que **sepan analizar** las causas y efectos de la guerra.
For the exam, the important thing is that you know how to analyze the causes and effects of the war.

María Luisa sabe hacer investigaciones, pero aún no **sabe organizar** toda la información.
María Luisa knows how to do research, but she still doesn't know how to organize all the information.

- **Conocer** means *to know, to meet*, or *to be familiar/acquainted with (a person, place, or thing)*.

Conocen los riesgos.
They know the risks.

Conocí al científico famoso.
I met the famous scientist.

12.4 *Pedir/preguntar* and *conocer/saber*

TALLER DE CONSULTA

These activities correspond to the additional grammar point on the preceding page.

1 **Juan y la universidad** Completa el párrafo con la forma adecuada de **saber** y **conocer**. Presta atención a los tiempos verbales.

Juan es un estudiante de primer año de la universidad y por eso todavía no (1) __conoce__ muy bien el campus. Sólo (2) __sabe__ dónde están su residencia y la cafetería. Ayer (3) __conoció__ a su compañero de cuarto y le cayó bien, pero aún (*still*) no (4) __sabe__ mucho de él. Como no lleva mucho tiempo en la universidad, aún no (5) __conoce__ a mucha gente. Juan ya (6) __sabe__ qué clases va a tomar este semestre, pero no (7) __sabe__ si serán muy difíciles. Ayer (8) __conoció__ al profesor de historia y piensa que no tendrá problemas con esa clase.

2 **Alejandra en su nuevo trabajo** Completa el párrafo con la forma adecuada de **pedir**, **preguntar** y **preguntar por**. Presta atención a los tiempos verbales.

Alejandra Ruiz es licenciada en bioquímica y hoy fue su primer día de trabajo en un laboratorio farmacéutico. No conocía muy bien el camino al laboratorio, y por eso tuvo que parar para (1) __pedir__ indicaciones sobre cómo llegar. Cuando finalmente llegó, (2) __preguntó por__ el doctor Santos, el director. Alejandra le (3) __preguntó__ muchísimas cosas sobre el laboratorio y él le respondió amablemente. Finalmente, el doctor Santos le (4) __pidió__ que comenzara a trabajar en un experimento. Después de varias horas, ella (5) __preguntó__ si podía tener un rato de descanso. Cuando salió del trabajo y su novio le (6) __preguntó por__ su día, ella le respondió que le fue muy bien.

3 **Entrevista** Lee la lista y escribe tres oraciones más utilizando los verbos **saber, conocer, pedir** y **preguntar.** Luego entrevista a tus compañeros/as de clase hasta que encuentres a ocho personas diferentes que respondan afirmativamente a tus preguntas. Comparte la información con la clase.

	Nombres
1. Sabe tocar el piano.	________
2. Conoció a su novio/a recientemente.	________
3. Nunca les pide dinero a sus padres.	________
4. Le ha preguntado al/a la profesor(a) sobre el examen final.	________
5. Sabe cocinar tacos.	________
6. ________	________
7. ________	________
8. ________	________

Glossary of Grammatical Terms

ADJECTIVE A word that modifies, or describes, a noun or pronoun.

muchos libros	un hombre **rico**
many *books*	*a* ***rich*** *man*

Demonstrative adjective An adjective that specifies which noun a speaker is referring to.

esta fiesta	**ese** chico
this *party*	***that*** *boy*
aquellas flores	
those *flowers*	

Possessive adjective An adjective that indicates ownership or possession.

su mejor vestido	Éste es **mi** hermano.
her *best dress*	*This is* ***my*** *brother.*

Stressed possessive adjective A possessive adjective that emphasizes the owner or possessor.

un libro **mío**	una amiga **tuya**
a ***book of mine***	*a friend* ***of yours***

ADVERB A word that modifies, or describes, a verb, adjective, or other adverb.

Pancho escribe **rápidamente**.
Pancho writes ***quickly****.*

Este cuadro es **muy** bonito.
This picture is ***very*** *pretty.*

ANTECEDENT The noun to which a pronoun or dependent clause refers.

El **libro** que compré es interesante.
The book that I bought is interesting.

Le presté cinco dólares a **Diego**.
I loaned Diego five dollars.

ARTICLE A word that points out a noun in either a specific or a non-specific way.

Definite article An article that points out a noun in a specific way.

el libro	**la** maleta
the *book*	***the*** *suitcase*
los diccionarios	**las** palabras
the *dictionaries*	***the*** *words*

Indefinite article An article that points out a noun in a general, non-specific way.

un lápiz	**una** computadora
a *pencil*	***a*** *computer*
unos pájaros	**unas** escuelas
some *birds*	***some*** *schools*

CLAUSE A group of words that contains both a conjugated verb and a subject, either expressed or implied.

Main (or Independent) clause A clause that can stand alone as a complete sentence.

Pienso ir a cenar pronto.
I plan to go to dinner soon.

Subordinate (or Dependent) clause A clause that does not express a complete thought and therefore cannot stand alone as a sentence.

Trabajo en la cafetería **porque necesito dinero para la escuela.**
I work in the cafeteria ***because I need money for school.***

Adjective clause A dependent clause that functions to modify or describe the noun or direct object in the main clause. When the antecedent is uncertain or indefinite, the verb in the adjective clause is in the subjunctive.

Queremos contratar al candidato **que mandó su currículum ayer.**
We want to hire the candidate ***who sent his résumé yesterday.***

¿Conoce un buen restaurante **que esté cerca del teatro?**
Do you know of a good restaurant ***that's near the theater?***

Adverbial clause A dependent clause that functions to modify or describe a verb, an adjective, or another adverb. When the adverbial clause describes an action that has not yet happened or is uncertain, the verb in the adverbial clause is usually in the subjunctive.

Llamé a mi mamá **cuando me dieron la noticia.**
I called my mom ***when they gave me the news.***

El ejército está preparado **en caso de que haya un ataque.**
The army is prepared ***in case there is an attack.***

Noun clause A dependent clause that functions as a noun, often as the object of the main clause. When the main clause expresses will, emotion, doubt, or uncertainty, the verb in the noun clause is in the subjunctive (unless there is no change of subject).

José sabe **que mañana habrá un examen.**
José knows ***that tomorrow there will be an exam.***

Luisa dudaba **que la acompañáramos.**
Luisa doubted ***that we would go with her.***

COMPARATIVE A grammatical construction used with nouns, adjectives, verbs, or adverbs to compare people, objects, actions, or characteristics.

Tus clases son **menos interesantes** que las mías.
*Your classes are **less interesting** than mine.*

Como **más frutas** que verduras.
*I eat **more fruits** than vegetables.*

CONJUGATION A set of the forms of a verb for a specific tense or mood or the process by which these verb forms are presented.

PRETERITE CONJUGATION OF **CANTAR**:

cant**é**	cant**amos**
cant**aste**	cant**asteis**
cant**ó**	cant**aron**

CONJUNCTION A word used to connect words, clauses, or phrases.

Susana es de Cuba **y** Pedro es de España.
*Susana is from Cuba **and** Pedro is from Spain.*

No quiero estudiar, **pero** tengo que hacerlo.
*I don't want to study, **but** I have to.*

CONTRACTION The joining of two words into one. The only contractions in Spanish are **al** and **del**.

Mi hermano fue **al** concierto ayer.
*My brother went **to the** concert yesterday.*

Saqué dinero **del** banco.
*I took money **from the** bank.*

DIRECT OBJECT A noun or pronoun that directly receives the action of the verb.

Tomás lee **el libro**.	**La** pagó ayer.
*Tomás reads **the book**.*	*She paid **it** yesterday.*

GENDER The grammatical categorizing of certain kinds of words, such as nouns and pronouns, as masculine, feminine, or neuter.

MASCULINE
articles **el, un**
pronouns **él, lo, mío, éste, ése, aquél**
adjective **simpático**

FEMININE
articles **la, una**
pronouns **ella, la, mía, ésta, ésa, aquélla**
adjective **simpática**

IMPERSONAL EXPRESSION A third-person expression with no expressed or specific subject.

Es muy importante.	**Llueve** mucho.
It's very important.	***It's raining** hard.*

Aquí **se habla** español.
*Spanish **is spoken** here.*

INDIRECT OBJECT A noun or pronoun that receives the action of the verb indirectly; the object, often a living being, to or for whom an action is performed.

Eduardo **le** dio un libro **a Linda**.
*Eduardo gave a book **to Linda**.*

La profesora **me** puso una C en el examen.
*The professor gave **me** a C on the test.*

INFINITIVE The basic form of a verb. Infinitives in Spanish end in **-ar**, **-er**, or **-ir**.

hablar	**correr**	**abrir**
to speak	***to run***	***to open***

INTERROGATIVE An adjective or pronoun used to ask a question.

¿**Quién** habla?	¿**Cuántos** compraste?
***Who** is speaking?*	***How many** did you buy?*

¿**Qué** piensas hacer hoy?
***What** do you plan to do today?*

MOOD A grammatical distinction of verbs that indicates whether the verb is intended to make a statement or command, or to express doubt, emotion, or condition contrary to fact.

Imperative mood Verb forms used to make commands.

Di la verdad.	**Caminen** ustedes conmigo.
***Tell** the truth.*	***Walk** with me.*
¡**Comamos** ahora!	¡No lo **hagas**!
***Let's eat** now!*	***Don't do** it!*

Indicative mood Verb forms used to state facts, actions, and states considered to be real.

Sé que **tienes** el dinero.
***I know** that **you have** the money.*

Subjunctive mood Verb forms used principally in subordinate (dependent) clauses to express wishes, desires, emotions, doubts, and certain conditions, such as contrary-to-fact situations.

Prefieren que **hables** en español.
*They prefer that **you speak** in Spanish.*

NOUN A word that identifies people, animals, places, things, and ideas.

hombre	**gato**
man	***cat***
México	**casa**
Mexico	***house***
libertad	**libro**
freedom	***book***

NUMBER A grammatical term that refers to singular or plural. Nouns in Spanish and English have number. Other parts of a sentence, such as adjectives, articles, and verbs, can also have number.

SINGULAR	PLURAL
una cosa ***a** thing*	**unas** cosas ***some** things*
el profesor ***the** professor*	**los** profesor**es** ***the** professor**s***

PASSIVE VOICE A sentence construction in which the recipient of the action becomes the subject of the sentence. Passive statements emphasize the thing that was done or the person that was acted upon. They follow the pattern [*recipient*] + **ser** + [*past participle*] + **por** + [*agent*].

ACTIVE VOICE:
Juan **entregó** la tarea.
*Juan **turned in** the assignment.*

PASSIVE VOICE:
La tarea **fue entregada por** Juan.
*The assignment **was turned in by** Juan.*

PAST PARTICIPLE A past form of the verb used in compound tenses. The past participle may also be used as an adjective, but it must then agree in number and gender with the word it modifies.

Han **buscado** por todas partes.
*They have **searched** everywhere.*

Yo no había **estudiado** para el examen.
*I hadn't **studied** for the exam.*

Hay una ventana **abierta** en la sala.
*There is an **open** window in the living room.*

PERSON The form of the verb or pronoun that indicates the speaker, the one spoken to, or the one spoken about. In Spanish, as in English, there are three persons: first, second, and third.

PERSON	SINGULAR	PLURAL
1st	**yo** *I*	**nosotros/as** *we*
2nd	**tú, Ud.** *you*	**vosotros/as, Uds.** *you*
3rd	**él, ella** *he, she*	**ellos, ellas** *they*

PREPOSITION A word or words that describe(s) the relationship, most often in time or space, between two other words.

Anita es **de** California.
*Anita is **from** California.*

La chaqueta está **en** el carro.
*The jacket is **in** the car.*

PRESENT PARTICIPLE In English, a verb form that ends in *-ing*. In Spanish, the present participle ends in **-ndo**, and is often used with **estar** to form a progressive tense.

Está **hablando** por teléfono ahora mismo.
*He is **talking** on the phone right now.*

PRONOUN A word that takes the place of a noun or nouns.

Demonstrative pronoun A pronoun that takes the place of a specific noun.

Quiero **ésta**.
*I want **this one**.*

¿Vas a comprar **ése**?
*Are you going to buy **that one**?*

Juan prefirió **aquéllos**.
*Juan preferred **those** (over there).*

Object pronoun A pronoun that functions as a direct or indirect object of the verb.

Te digo la verdad.
*I'm telling **you** the truth.*

Me lo trajo Juan.
*Juan brought **it** to **me**.*

Possessive pronoun A pronoun that functions to show ownership or possession. Possessive pronouns are preceded by a definite article and agree in gender and number with the nouns they replace.

Perdí mi libro. ¿Me prestas el **tuyo**?
*I lost my book. Will you loan me **yours**?*

Las clases suyas son aburridas, pero **las nuestras** son buenísimas.
*Their classes are boring, but **ours** are great.*

Prepositional pronoun A pronoun that functions as the object of a preposition. Except for **mí, ti,** and **sí**, these pronouns are the same as subject pronouns. The adjective **mismo/a** may be added to express *myself, himself*, etc. After the preposition **con**, the forms **conmigo, contigo,** and **consigo** are used.

¿Es **para mí**?
*Is this **for me**?*

Juan habló **de ella.**
*Juan spoke **about her.***

Iré **contigo**.
*I will go **with you.***

Se lo regaló **a sí mismo.**
*He gave it **to himself.***

Reflexive pronoun A pronoun that indicates that the action of a verb is performed by the subject on itself. These pronouns are often expressed in English with *-self: myself, yourself,* etc.

Yo **me bañé**.
*I **took a bath.***

Elena **se acostó**.
*Elena **went to bed**.*

Relative pronoun A pronoun that connects a subordinate clause to a main clause.

El edificio **en el cual** vivimos es antiguo.
*The building **that** we live in is ancient.*

La mujer **de quien** te hablé acaba de renunciar.
*The woman **(whom)** I told you about just quit.*

Subject pronoun A pronoun that replaces the name or title of a person or thing, and acts as the subject of a verb.

Tú debes estudiar más.
***You** should study more.*

Él llegó primero.
***He** arrived first.*

SUBJECT A noun or pronoun that performs the action of a verb and is often implied by the verb.

María va al supermercado.
***María** goes to the supermarket.*

(Ellos) Trabajan mucho.
***They** work hard.*

Esos libros son muy caros.
***Those books** are very expensive.*

SUPERLATIVE A grammatical construction used to describe the most or the least of a quality when comparing a group of people, places, or objects.

Tina es **la menos simpática** de las chicas.
*Tina is **the least pleasant** of the girls.*

Tu coche es **el más rápido** de todos.
*Your car is **the fastest** one of all.*

Los restaurantes en Calle Ocho son **los mejores** de todo Miami.
*The restaurants on Calle Ocho are **the best** in all of Miami.*

Absolute superlatives Adjectives or adverbs combined with forms of the suffix **ísimo/a** in order to express the idea of extremely or very.

¡Lo hice **facilísimo!**
*I did it **so easily!***

Ella es **jovencísima.**
*She is **very, very young.***

TENSE A set of verb forms that indicates the time of an action or state: past, present, or future.

Compound tense A two-word tense made up of an auxiliary verb and a present or past participle. In Spanish, there are two auxiliary verbs: **estar** and **haber**.

En este momento, **estoy estudiando**.
*At this time, **I am studying**.*

El paquete no **ha llegado** todavía.
*The package **has** not **arrived** yet.*

Simple tense A tense expressed by a single verb form.

María **estaba** mal anoche.
*María **was** ill last night.*

Juana **hablará** con su mamá mañana.
*Juana **will speak** with her mom tomorrow.*

VERB A word that expresses actions or states of being.

Auxiliary verb A verb used with a present or past participle to form a compound tense. **Haber** is the most commonly used auxiliary verb in Spanish.

Los chicos **han** visto los elefantes.
*The children **have** seen the elephants.*

Espero que **hayas** comido.
*I hope you **have** eaten.*

Reflexive verb A verb that describes an action performed by the subject on itself and is always used with a reflexive pronoun.

Me compré un carro nuevo.
***I bought myself** a new car.*

Pedro y Adela **se levantan** muy temprano.
*Pedro and Adela **get (themselves) up** very early.*

Spelling-change verb A verb that undergoes a predictable change in spelling, in order to reflect its actual pronunciation in the various conjugations.

practicar	**c→qu**	practico	practi**qué**
dirigir	**g→j**	dirigí	diri**j**o
almorzar	**z→c**	almorzó	almor**c**é

Stem-changing verb A verb whose stem vowel undergoes one or more predictable changes in the various conjugations.

entender	**(e:ie)**	ent**ie**ndo
pedir	**(e:i)**	p**i**den
dormir	**(o:ue, u)**	d**ue**rmo, d**u**rmieron

Verb conjugation tables

Guide to the Verb List and Tables

Below you will find the infinitive of the verbs introduced as active vocabulary in **ENFOQUES**, as well as other common verbs. Each verb is followed by a model verb conjugated on the same pattern. The number in parentheses indicates where in the verb tables, pages A74–A81, you can find the conjugated forms of the model verb.

abrazar (z:c) like cruzar (37)
aburrir like vivir (3)
acabar like hablar (1)
acariciar like hablar (1)
acentuar (acentúo) like graduar (40)
acercar (c:qu) like tocar (43)
aclarar like hablar (1)
acompañar like hablar (1)
aconsejar like hablar (1)
acordar (o:ue) like contar (24)
acostar (o:ue) like contar (24)
acostumbrar like hablar (1)
actualizar (z:c) like cruzar (37)
adelgazar (z:c) like cruzar (37)
adjuntar like hablar (1)
adorar like hablar (1)
afeitar like hablar (1)
afligir (g:j) like proteger (42) for endings only
agotar like hablar (1)
ahorrar like hablar (1)
aislar (aíslo) like enviar (39)
alargar (g:gu) like llegar (41)
alojar like hablar (1)
amar like hablar (1)
amenazar (z:c) like cruzar (37)
anotar like hablar (1)
apagar (g:gu) like llegar (41)
aparecer (c:zc) like conocer (35)
aplaudir like vivir (3)
apreciar like hablar (1)
arreglar like hablar (1)
arrepentir (e:ie) like sentir (33)
ascender (e:ie) like entender (27)
aterrizar (z:c) like cruzar (37)
atraer like traer (21)
atrapar like hablar (1)
atrever like comer (2)
averiguar like hablar (1)
bailar like hablar (1)
bañar like hablar (1)
barrer like comer (2)
beber like comer (2)
bendecir (e:i) like decir (8)
besar like hablar (1)
borrar like hablar (1)
botar like hablar (1)
brindar like hablar (1)
caber (4)
caer (y) (5)
calentar (e:ie) like pensar (30)
cancelar like hablar (1)
cazar (z:c) like cruzar (37)
celebrar like hablar (1)
cepillar like hablar (1)
clonar like hablar (1)
cobrar like hablar (1)
cocinar like hablar (1)
colocar (c:qu) like tocar (43)
colonizar (z:c) like cruzar (37)
comer (2)
componer like poner (15)
comprobar (o:ue) like contar (24)
conducir (c:zc) (6)
congelar like hablar (1)
conocer (c:zc) (35)
conquistar like hablar (1)
conseguir (e:i) like seguir (32)
conservar like hablar (1)
contagiar like hablar (1)
contaminar like hablar (1)
contar (o:ue) (24)
contentar like hablar (1)
contraer like traer (21)
contratar like hablar (1)
contribuir (y) like destruir (38)
convertir (e:ie) like sentir (33)
coquetear like hablar (1)
crear like hablar (1)
crecer (c:zc) like conocer (35)
creer (y) (36)
criar (crío) like enviar (39)
criticar (c:qu) like tocar (43)
cruzar (z:c) (37)
cuidar like hablar (1)
cumplir like vivir (3)
curar like hablar (1)
dar (7)
deber like comer (2)
decir (e:i) (8)
delatar like hablar (1)
denunciar like hablar (1)
depositar like hablar (1)
derretir (e:i) like pedir (29)
derribar like hablar (1)
derrocar (c:qu) like tocar (43)
derrotar like hablar (1)
desafiar (desafío) like enviar (39)
desaparecer (c:zc) like conocer (35)
desarrollar like hablar (1)
descansar like hablar (1)
descargar (g:gu) like llegar (41)
descongelar like hablar (1)
descubrir like vivir (3) *except* past participle is descubierto
descuidar like hablar (1)
desear like hablar (1)
deshacer like hacer (11)
despedir (e:i) like pedir (29)
despegar (g:gu) like llegar (41)
despertar (e:ie) like pensar (30)
destruir (y) (38)
devolver (o:ue) like volver (34)
dibujar like hablar (1)
dirigir (g:j) like proteger (42) for endings only
disculpar like hablar (1)
discutir like vivir (3)
diseñar like hablar (1)
disfrutar like hablar (1)
disgustar like hablar (1)
disponer like poner (15)
disputar like hablar (1)
distinguir (gu:g) like seguir (32) for endings only
distraer like traer (21)
divertir (e:ie) like sentir (33)
doler (o:ue) like volver (34) *except* past participle is regular
dormir (o:ue) (25)
duchar like hablar (1)
echar like hablar (1)
editar like hablar (1)
educar (c:qu) like tocar (43)
elegir (e:i) (g:j) like proteger (42) for endings only
embalar like hablar (1)
emigrar like hablar (1)
empatar like hablar (1)
empeorar like hablar (1)
empezar (e:ie) (z:c) (26)
enamorar like hablar (1)
encabezar (z:c) like cruzar (37)
encantar like hablar (1)
encargar (g:gu) like llegar (41)
encender (e:ie) like entender (27)
enfermar like hablar (1)
enganchar like hablar (1)
engañar like hablar (1)
engordar like hablar (1)
ensayar like hablar (1)
entender (e:ie) (27)
enterar like hablar (1)
enterrar (e:ie) like pensar (30)
entretener (e:ie) like tener (20)
enviar (envío) (39)
esclavizar (z:c) like cruzar (37)
escoger (g:j) like proteger (42)
esculpir like vivir (3)
establecer (c:zc) like conocer (35)
estar (9)
exigir (g:j) like proteger (42) for endings only
explotar like hablar (1)
exportar like hablar (1)
expulsar like hablar (1)

extinguir like destruir (38)
fabricar (c:qu) like tocar (43)
faltar like hablar (1)
fascinar like hablar (1)
festejar like hablar (1)
fijar like hablar (1)
financiar like hablar (1)
florecer (c:zc) like conocer (35)
flotar like hablar (1)
formular like hablar (1)
freír (e:i) (frío) like reír (31)
funcionar like hablar (1)
fusilar like hablar (1)
gastar like hablar (1)
gobernar (e:ie) like pensar (30)
grabar like hablar (1)
graduar (gradúo) (40)
guardar like hablar (1)
gustar like hablar (1)
haber (10)
habitar like hablar (1)
hablar (1)
hacer (11)
herir (e: ie) like sentir (33)
hervir (e:ie) like sentir (33)
hojear like hablar (1)
huir (y) like destruir (38)
humillar like hablar (1)
importar like hablar (1)
impresionar like hablar (1)
imprimir like vivir (3)
inscribir like vivir (3)
insistir like vivir (3)
instalar like hablar (1)
integrar like hablar (1)
interesar like hablar (1)
invadir like vivir (3)
inventar like hablar (1)
invertir (e:ie) like sentir (33)
investigar (g:gu) like llegar (41)
ir (12)
jubilar like hablar (1)
jugar (u:ue) (g:gu) (28)
jurar like hablar (1)
lastimar like hablar (1)
latir like vivir (3)
lavar like hablar (1)
levantar like hablar (1)
liberar like hablar (1)
lidiar like hablar (1)
limpiar like hablar (1)
llegar (g:gu) (41)
llevar like hablar (1)
llorar like hablar (1)
lograr like hablar (1)
luchar like hablar (1)
madrugar (g:gu) like llegar (41)
malgastar like hablar (1)
manipular like hablar (1)
maquillar like hablar (1)
meditar like hablar (1)
mejorar like hablar (1)
merecer (c:zc) like conocer (35)
meter like comer (2)
molestar like hablar (1)
morder (o:ue) like volver (34)
morir (o:ue) like dormir (25) *except* past participle is muerto
mudar like hablar (1)
narrar like hablar (1)
navegar (g:gu) like llegar (41)
necesitar like hablar (1)
obedecer (c:zc) like conocer (35)
ocultar like hablar (1)
odiar like hablar (1)
oír (y) (13)
olvidar like hablar (1)
opinar like hablar (1)
oponer like poner (15)
oprimir like vivir (3)
oscurecer (c:zc) like conocer (35)
parar like hablar (1)
parecer (c:zc) like conocer (35)
patear like hablar (1)
pedir (e:i) (29)
peinar like hablar (1)
pensar (e:ie) (30)
permanecer (c:zc) like conocer (35)
pertenecer (c:zc) like conocer (35)
pillar like hablar (1)
pintar like hablar (1)
poblar (o:ue) like contar (24)
poder (o:ue) (14)
poner (15)
preferir (e:ie) like sentir (33)
preocupar like hablar (1)
prestar like hablar (1)
prevenir (e:ie) like venir (22)
prever like ver (23)
probar (o:ue) like contar (24)
producir (c:sz) like conducir (6)
prohibir (prohíbo) like enviar (39) for endings only
proponer like poner (15)
proteger (g:j) (42)
protestar like hablar (1)
publicar (c:qu) like tocar (43)
quedar like hablar (1)
quejar like hablar (1)
querer (e:ie) (16)
quitar like hablar (1)
recetar like hablar (1)
rechazar (z:c) like cruzar (37)
reciclar like hablar (1)
reclamar like hablar (1)
recomendar (e:ie) like pensar (30)
reconocer (c:zc) like conocer (35)
recorrer like comer (2)
recuperar like hablar (1)
reducir (c:zc) like conducir (6)
reflejar like hablar (1)
regresar like hablar (1)
rehacer like hacer (11)
reír (e:i) (31)
relajar like hablar (1)
rendir (e:i) like pedir (29)
renunciar like hablar (1)
reservar like hablar (1)
resolver (o:ue) like volver (34)
respirar like hablar (1)
retratar like hablar (1)
reunir like vivir (3)
rezar (z:c) like cruzar (37)
rociar like hablar (1)
rodar (o:ue) like contar (24)
rogar (o:ue) like contar (24) for stem changes; (g:gu) like llegar (41) for endings
romper like comer (2) except past participle is roto
saber (17)
sacrificar (c:qu) like tocar (43)
salir (18)
salvar like hablar (1)
sanar like hablar (1)
secar (c:qu) like tocar (43)
seguir (e:i) (gu:g) (32)
seleccionar like hablar (1)
sentir (e:ie) (33)
señalar like hablar (1)
sepultar like hablar (1)
ser (19)
soler (o:ue) like volver (34)
solicitar like hablar (1)
sonar (o:ue) like contar (24)
soñar (o:ue) like contar (24)
sorprender like comer (2)
subsistir like vivir (3)
suceder like comer (2)
sufrir like vivir (3)
sugerir (e:ie) like sentir (33)
superar like hablar (1)
suponer like poner (15)
suprimir like vivir (3)
suscribir like vivir (3)
tener (e:ie) (20)
tirar like hablar (1)
titular like hablar (1)
tocar (c:qu) (43)
tomar like hablar (1)
torear like hablar (1)
toser like comer (2)
traducir (c:zc) like conducir (6)
traer (21)
transcurrir like vivir (3)
transmitir like vivir (3)
trasnochar like hablar (1)
tratar like hablar (1)
vacunar like hablar (1)
valer like salir (18) only for endings; imperative is vale
vencer (c:z) (44)
venerar like hablar (1)
venir (e:ie) (22)
ver (23)
vestir (e:i) like pedir (29)
vivir (3)
volar (o:ue) like contar (24)
volver (o:ue) (34)
votar like hablar (1)

Verb conjugation tables

Regular verbs: simple tenses

	Infinitive	INDICATIVE					SUBJUNCTIVE		IMPERATIVE
		Present	Imperfect	Preterite	Future	Conditional	Present	Past	
1	hablar **Participles:** hablando hablado	hablo hablas habla hablamos habláis hablan	hablaba hablabas hablaba hablábamos hablabais hablaban	hablé hablaste habló hablamos hablasteis hablaron	hablaré hablarás hablará hablaremos hablaréis hablarán	hablaría hablarías hablaría hablaríamos hablaríais hablarían	hable hables hable hablemos habléis hablen	hablara hablaras hablara habláramos hablarais hablaran	habla tú (no hables) hable Ud. hablemos hablad (no habléis) hablen Uds.
2	comer **Participles:** comiendo comido	como comes come comemos coméis comen	comía comías comía comíamos comíais comían	comí comiste comió comimos comisteis comieron	comeré comerás comerá comeremos comeréis comerán	comería comerías comería comeríamos comeríais comerían	coma comas coma comamos comáis coman	comiera comieras comiera comiéramos comierais comieran	come tú (no comas) coma Ud. comamos comed (no comáis) coman Uds.
3	vivir **Participles:** viviendo vivido	vivo vives vive vivimos vivís viven	vivía vivías vivía vivíamos vivíais vivían	viví viviste vivió vivimos vivisteis vivieron	viviré vivirás vivirá viviremos viviréis vivirán	viviría vivirías viviría viviríamos viviríais vivirían	viva vivas viva vivamos viváis vivan	viviera vivieras viviera viviéramos vivierais vivieran	vive tú (no vivas) viva Ud. vivamos vivid (no viváis) vivan Uds.

All verbs: compound tenses

PERFECT TENSES											
INDICATIVE								SUBJUNCTIVE			
Present Perfect		Past Perfect		Future Perfect		Conditional Perfect		Present Perfect		Past Perfect	
he has ha hemos habéis han	hablado comido vivido	había habías había habíamos habíais habían	hablado comido vivido	habré habrás habrá habremos habréis habrán	hablado comido vivido	habría habrías habría habríamos habríais habrían	hablado comido vivido	haya hayas haya hayamos hayáis hayan	hablado comido vivido	hubiera hubieras hubiera hubiéramos hubierais hubieran	hablado comido vivido

PROGRESSIVE TENSES

INDICATIVE				SUBJUNCTIVE	
Present Progressive	**Past Progressive**	**Future Progressive**	**Conditional Progressive**	**Present Progressive**	**Past Progressive**
estoy estás está estamos estáis están } hablando, comiendo, viviendo	estaba estabas estaba estábamos estabais estaban } hablando, comiendo, viviendo	estaré estarás estará estaremos estaréis estarán } hablando, comiendo, viviendo	estaría estarías estaría estaríamos estaríais estarían } hablando, comiendo, viviendo	esté estés esté estemos estéis estén } hablando, comiendo, viviendo	estuviera estuvieras estuviera estuviéramos estuvierais estuvieran } hablando, comiendo, viviendo

Irregular verbs

	Infinitive	INDICATIVE Present	Imperfect	Preterite	Future	Conditional	SUBJUNCTIVE Present	Past	IMPERATIVE
4	caber **Participles**: cabiendo cabido	**quepo** cabes cabe cabemos cabéis caben	cabía cabías cabía cabíamos cabíais cabían	**cupe** **cupiste** **cupo** **cupimos** **cupisteis** **cupieron**	**cabré** **cabrás** **cabrá** **cabremos** **cabréis** **cabrán**	**cabría** **cabrías** **cabría** **cabríamos** **cabríais** **cabrían**	**quepa** **quepas** **quepa** **quepamos** **quepáis** **quepan**	**cupiera** **cupieras** **cupiera** **cupiéramos** **cupierais** **cupieran**	cabe tú (no **quepas**) **quepa** Ud. **quepamos** cabed (no **quepáis**) **quepan** Uds.
5	caer **Participles:** **cayendo** **caído**	**caigo** caes cae caemos caéis caen	caía caías caía caíamos caíais caían	caí **caíste** **cayó** **caímos** **caísteis** **cayeron**	caeré caerás caerá caeremos caeréis caerán	caería caerías caería caeríamos caeríais caerían	**caiga** **caigas** **caiga** **caigamos** **caigáis** **caigan**	**cayera** **cayeras** **cayera** **cayéramos** **cayerais** **cayeran**	cae tú (no **caigas**) **caiga** Ud. (no **caiga**) **caigamos** caed (no **caigáis**) **caigan** Uds.
6	conducir (c:zc) **Participles:** conduciendo conducido	**conduzco** conduces conduce conducimos conducís conducen	conducía conducías conducía conducíamos conducíais conducían	**conduje** **condujiste** **condujo** **condujimos** **condujisteis** **condujeron**	conduciré conducirás conducirá conduciremos conduciréis conducirán	conduciría conducirías conduciría conduciríamos conduciríais conducirían	**conduzca** **conduzcas** **conduzca** **conduzcamos** **conduzcáis** **conduzcan**	**condujera** **condujeras** **condujera** **condujéramos** **condujerais** **condujeran**	conduce tú (no **conduzcas**) **conduzca** Ud. (no **conduzca**) **conduzcamos** conducid (no **conduzcáis**) **conduzcan** Uds.

	Infinitive	INDICATIVE					SUBJUNCTIVE		IMPERATIVE
		Present	Imperfect	Preterite	Future	Conditional	Present	Past	
7	dar **Participles:** dando dado	**doy** das da damos **dais** dan	daba dabas daba dábamos dabais daban	**di** **diste** **dio** **dimos** **disteis** **dieron**	daré darás dará daremos daréis darán	daría darías daría daríamos daríais darían	**dé** des **dé** demos **deis** den	**diera** **dieras** **diera** **diéramos** **dierais** **dieran**	da tú (no des) **dé** Ud. demos dad (no **deis**) den Uds.
8	decir (e:i) **Participles:** **diciendo** **dicho**	**digo** **dices** **dice** decimos decís **dicen**	decía decías decía decíamos decíais decían	**dije** **dijiste** **dijo** **dijimos** **dijisteis** **dijeron**	**diré** **dirás** **dirá** **diremos** **diréis** **dirán**	**diría** **dirías** **diría** **diríamos** **diríais** **dirían**	**diga** **digas** **diga** **digamos** **digáis** **digan**	**dijera** **dijeras** **dijera** **dijéramos** **dijerais** **dijeran**	**di** tú (no **digas**) **diga** Ud. **digamos** decid (no **digáis**) **digan** Uds.
9	estar **Participles:** estando estado	**estoy** **estás** **está** estamos estáis **están**	estaba estabas estaba estábamos estabais estaban	**estuve** **estuviste** **estuvo** **estuvimos** **estuvisteis** **estuvieron**	estaré estarás estará estaremos estaréis estarán	estaría estarías estaría estaríamos estaríais estarían	**esté** **estés** **esté** estemos estéis **estén**	**estuviera** **estuvieras** **estuviera** **estuviéramos** **estuvierais** **estuvieran**	**está** tú (no **estés**) **esté** Ud. estemos estad (no estéis) **estén** Uds.
10	haber **Participles:** habiendo habido	**he** **has** **ha** **hemos** habéis **han**	había habías había habíamos habíais habían	**hube** **hubiste** **hubo** **hubimos** **hubisteis** **hubieron**	**habré** **habrás** **habrá** **habremos** **habréis** **habrán**	**habría** **habrías** **habría** **habríamos** **habríais** **habrían**	**haya** **hayas** **haya** **hayamos** **hayáis** **hayan**	**hubiera** **hubieras** **hubiera** **hubiéramos** **hubierais** **hubieran**	
11	hacer **Participles:** haciendo **hecho**	**hago** haces hace hacemos hacéis hacen	hacía hacías hacía hacíamos hacíais hacían	**hice** **hiciste** **hizo** **hicimos** **hicisteis** **hicieron**	**haré** **harás** **hará** **haremos** **haréis** **harán**	**haría** **harías** **haría** **haríamos** **haríais** **harían**	**haga** **hagas** **haga** **hagamos** **hagáis** **hagan**	**hiciera** **hicieras** **hiciera** **hiciéramos** **hicierais** **hicieran**	**haz** tú (no **hagas**) **haga** Ud. **hagamos** haced (no **hagáis**) **hagan** Uds.
12	ir **Participles:** **yendo** **ido**	**voy** **vas** **va** **vamos** **vais** **van**	**iba** **ibas** **iba** **íbamos** **ibais** **iban**	**fui** **fuiste** **fue** **fuimos** **fuisteis** **fueron**	**iré** **irás** **irá** **iremos** **iréis** **irán**	**iría** **irías** **iría** **iríamos** **iríais** **irían**	**vaya** **vayas** **vaya** **vayamos** **vayáis** **vayan**	**fuera** **fueras** **fuera** **fuéramos** **fuerais** **fueran**	**ve** tú (no **vayas**) **vaya** Ud. **vamos** (no **vayamos**) **id** (no **vayáis**) **vayan** Uds.
13	oír (y) **Participles:** **oyendo** **oído**	**oigo** **oyes** **oye** **oímos** oís **oyen**	oía oías oía oíamos oíais oían	oí **oíste** **oyó** **oímos** **oísteis** **oyeron**	oiré oirás oirá oiremos oiréis oirán	oiría oirías oiría oiríamos oiríais oirían	**oiga** **oigas** **oiga** **oigamos** **oigáis** **oigan**	**oyera** **oyeras** **oyera** **oyéramos** **oyerais** **oyeran**	**oye** tú (no **oigas**) **oiga** Ud. **oigamos** **oíd** (no **oigáis**) **oigan** Uds.

	Infinitive	INDICATIVE					SUBJUNCTIVE		IMPERATIVE
		Present	Imperfect	Preterite	Future	Conditional	Present	Past	
14	poder (o:ue) **Participles:** **pudiendo** podido	**puedo** **puedes** **puede** podemos podéis **pueden**	podía podías podía podíamos podíais podían	**pude** **pudiste** **pudo** **pudimos** **pudisteis** **pudieron**	**podré** **podrás** **podrá** **podremos** **podréis** **podrán**	**podría** **podrías** **podría** **podríamos** **podríais** **podrían**	**pueda** **puedas** **pueda** podamos podáis **puedan**	**pudiera** **pudieras** **pudiera** **pudiéramos** **pudierais** **pudieran**	**puede** tú (no **puedas**) **pueda** Ud. podamos poded (no podáis) **puedan** Uds.
15	poner **Participles:** poniendo **puesto**	**pongo** pones pone ponemos ponéis ponen	ponía ponías ponía poníamos poníais ponían	**puse** **pusiste** **puso** **pusimos** **pusisteis** **pusieron**	**pondré** **pondrás** **pondrá** **pondremos** **pondréis** **pondrán**	**pondría** **pondrías** **pondría** **pondríamos** **pondríais** **pondrían**	**ponga** **pongas** **ponga** **pongamos** **pongáis** **pongan**	**pusiera** **pusieras** **pusiera** **pusiéramos** **pusierais** **pusieran**	**pon** tú (no **pongas**) **ponga** Ud. **pongamos** poned (no **pongáis**) **pongan** Uds.
16	querer (e:ie) **Participles:** queriendo querido	**quiero** **quieres** **quiere** queremos queréis **quieren**	quería querías quería queríamos queríais querían	**quise** **quisiste** **quiso** **quisimos** **quisisteis** **quisieron**	**querré** **querrás** **querrá** **querremos** **querréis** **querrán**	**querría** **querrías** **querría** **querríamos** **querríais** **querrían**	**quiera** **quieras** **quiera** queramos queráis **quieran**	**quisiera** **quisieras** **quisiera** **quisiéramos** **quisierais** **quisieran**	**quiere** tú (no **quieras**) **quiera** Ud. queramos quered (no queráis) **quieran** Uds.
17	saber **Participles:** sabiendo sabido	**sé** sabes sabe sabemos sabéis saben	sabía sabías sabía sabíamos sabíais sabían	**supe** **supiste** **supo** **supimos** **supisteis** **supieron**	**sabré** **sabrás** **sabrá** **sabremos** **sabréis** **sabrán**	**sabría** **sabrías** **sabría** **sabríamos** **sabríais** **sabrían**	**sepa** **sepas** **sepa** **sepamos** **sepáis** **sepan**	**supiera** **supieras** **supiera** **supiéramos** **supierais** **supieran**	sabe tú (no **sepas**) **sepa** Ud. **sepamos** sabed (no **sepáis**) **sepan** Uds.
18	salir **Participles:** saliendo salido	**salgo** sales sale salimos salís salen	salía salías salía salíamos salíais salían	salí saliste salió salimos salisteis salieron	**saldré** **saldrás** **saldrá** **saldremos** **saldréis** **saldrán**	**saldría** **saldrías** **saldría** **saldríamos** **saldríais** **saldrían**	**salga** **salgas** **salga** **salgamos** **salgáis** **salgan**	saliera salieras saliera saliéramos salierais salieran	**sal** tú (no **salgas**) **salga** Ud. **salgamos** salid (no **salgáis**) **salgan** Uds.
19	ser **Participles:** siendo sido	**soy** **eres** **es** **somos** **sois** **son**	**era** **eras** **era** **éramos** **erais** **eran**	**fui** **fuiste** **fue** **fuimos** **fuisteis** **fueron**	seré serás será seremos seréis serán	sería serías sería seríamos seríais serían	**sea** **seas** **sea** **seamos** **seáis** **sean**	**fuera** **fueras** **fuera** **fuéramos** **fuerais** **fueran**	**sé** tú (no **seas**) **sea** Ud. **seamos** sed (no **seáis**) **sean** Uds.
20	tener (e:ie) **Participles:** teniendo tenido	**tengo** **tienes** **tiene** tenemos tenéis **tienen**	tenía tenías tenía teníamos teníais tenían	**tuve** **tuviste** **tuvo** **tuvimos** **tuvisteis** **tuvieron**	**tendré** **tendrás** **tendrá** **tendremos** **tendréis** **tendrán**	**tendría** **tendrías** **tendría** **tendríamos** **tendríais** **tendrían**	**tenga** **tengas** **tenga** **tengamos** **tengáis** **tengan**	**tuviera** **tuvieras** **tuviera** **tuviéramos** **tuvierais** **tuvieran**	**ten** tú (no **tengas**) **tenga** Ud. **tengamos** tened (no **tengáis**) **tengan** Uds.

	Infinitive	INDICATIVE					SUBJUNCTIVE		IMPERATIVE
		Present	Imperfect	Preterite	Future	Conditional	Present	Past	
21	traer **Participles:** **trayendo** **traído**	**traigo** traes trae traemos traéis traen	traía traías traía traíamos traíais traían	**traje** **trajiste** **trajo** **trajimos** **trajisteis** **trajeron**	traeré traerás traerá traeremos traeréis traerán	traería traerías traería traeríamos traeríais traerían	**traiga** **traigas** **traiga** **traigamos** **traigáis** **traigan**	**trajera** **trajeras** **trajera** **trajéramos** **trajerais** **trajeran**	trae tú (no **traigas**) **traiga** Ud. **traigamos** traed (no **traigáis**) **traigan** Uds.
22	venir (e:ie) **Participles:** **viniendo** venido	**vengo** **vienes** **viene** venimos venís **vienen**	venía venías venía veníamos veníais venían	**vine** **viniste** **vino** **vinimos** **vinisteis** **vinieron**	**vendré** **vendrás** **vendrá** **vendremos** **vendréis** **vendrán**	**vendría** **vendrías** **vendría** **vendríamos** **vendríais** **vendrían**	**venga** **vengas** **venga** **vengamos** **vengáis** **vengan**	**viniera** **vinieras** **viniera** **viniéramos** **vinierais** **vinieran**	**ven** tú (no **vengas**) **venga** Ud. **vengamos** venid (no **vengáis**) **vengan** Uds.
23	ver **Participles:** viendo **visto**	**veo** ves ve vemos **veis** ven	**veía** **veías** **veía** **veíamos** **veíais** **veían**	**vi** viste **vio** vimos visteis vieron	veré verás verá veremos veréis verán	vería verías vería veríamos veríais verían	**vea** **veas** **vea** **veamos** **veáis** **vean**	viera vieras viera viéramos vierais vieran	ve tú (no **veas**) **vea** Ud. **veamos** ved (no **veáis**) **vean** Uds.

Stem-changing verbs

	Infinitive	INDICATIVE					SUBJUNCTIVE		IMPERATIVE
		Present	Imperfect	Preterite	Future	Conditional	Present	Past	
24	contar (o:ue) **Participles:** contando contado	**cuento** **cuentas** **cuenta** contamos contáis **cuentan**	contaba contabas contaba contábamos contabais contaban	conté contaste contó contamos contasteis contaron	contaré contarás contará contaremos contaréis contarán	contaría contarías contaría contaríamos contaríais contarían	**cuente** **cuentes** **cuente** contemos contéis **cuenten**	contara contaras contara contáramos contarais contaran	**cuenta** tú (no **cuentes**) **cuente** Ud. contemos contad (no contéis) **cuenten** Uds.
25	dormir (o:ue) **Participles:** **durmiendo** dormido	**duermo** **duermes** **duerme** dormimos dormís **duermen**	dormía dormías dormía dormíamos dormíais dormían	dormí dormiste **durmió** dormimos dormisteis **durmieron**	dormiré dormirás dormirá dormiremos dormiréis dormirán	dormiría dormirías dormiría dormiríamos dormiríais dormirían	**duerma** **duermas** **duerma** **durmamos** **durmáis** **duerman**	**durmiera** **durmieras** **durmiera** **durmiéramos** **durmierais** **durmieran**	**duerme** tú (no **duermas**) **duerma** Ud. **durmamos** dormid (no **durmáis**) **duerman** Uds.
26	empezar (e:ie) (z:c) **Participles:** empezando empezado	**empiezo** **empiezas** **empieza** empezamos empezáis **empiezan**	empezaba empezabas empezaba empezábamos empezabais empezaban	**empecé** empezaste empezó empezamos empezasteis empezaron	empezaré empezarás empezará empezaremos empezaréis empezarán	empezaría empezarías empezaría empezaríamos empezaríais empezarían	**empiece** **empieces** **empiece** **empecemos** **empecéis** **empiecen**	empezara empezaras empezara empezáramos empezarais empezaran	**empieza** tú (no **empieces**) **empiece** Ud. **empecemos** empezad (no **empecéis**) **empiecen** Uds.

	Infinitive	INDICATIVE					SUBJUNCTIVE		IMPERATIVE
		Present	Imperfect	Preterite	Future	Conditional	Present	Past	
27	entender (e:ie) **Participles:** entendiendo entendido	**entiendo** **entiendes** **entiende** entendemos entendéis **entienden**	entendía entendías entendía entendíamos entendíais entendían	entendí entendiste entendió entendimos entendisteis entendieron	entenderé entenderás entenderá entenderemos entenderéis entenderán	entendería entenderías entendería entenderíamos entenderíais entenderían	**entienda** **entiendas** **entienda** entendamos entendáis **entiendan**	entendiera entendieras entendiera entendiéramos entendierais entendieran	**entiende** tú (no **entiendas**) **entienda** Ud. entendamos entended (no entendáis) **entiendan** Uds.
28	jugar (u:ue) (g:gu) **Participles:** jugando jugado	**juego** **juegas** **juega** jugamos jugáis **juegan**	jugaba jugabas jugaba jugábamos jugabais jugaban	**jugué** jugaste jugó jugamos jugasteis jugaron	jugaré jugarás jugará jugaremos jugaréis jugarán	jugaría jugarías jugaría jugaríamos jugaríais jugarían	**juegue** **juegues** **juegue** **juguemos** **juguéis** **jueguen**	jugara jugaras jugara jugáramos jugarais jugaran	**juega** tú (no **juegues**) **juegue** Ud. **juguemos** jugad (no **juguéis**) **jueguen** Uds.
29	pedir (e:i) **Participles:** **pidiendo** pedido	**pido** **pides** **pide** pedimos pedís **piden**	pedía pedías pedía pedíamos pedíais pedían	pedí pediste **pidió** pedimos pedisteis **pidieron**	pediré pedirás pedirá pediremos pediréis pedirán	pediría pedirías pediría pediríamos pediríais pedirían	**pida** **pidas** **pida** **pidamos** **pidáis** **pidan**	**pidiera** **pidieras** **pidiera** **pidiéramos** **pidierais** **pidieran**	**pide** tú (no **pidas**) **pida** Ud. **pidamos** pedid (no **pidáis**) **pidan** Uds.
30	pensar (e:ie) **Participles:** pensando pensado	**pienso** **piensas** **piensa** pensamos pensáis **piensan**	pensaba pensabas pensaba pensábamos pensabais pensaban	pensé pensaste pensó pensamos pensasteis pensaron	pensaré pensarás pensará pensaremos pensaréis pensarán	pensaría pensarías pensaría pensaríamos pensaríais pensarían	**piense** **pienses** **piense** pensemos penséis **piensen**	pensara pensaras pensara pensáramos pensarais pensaran	**piensa** tú (no **pienses**) **piense** Ud. pensemos pensad (no penséis) **piensen** Uds.
31	reír (e:i) **Participles:** **riendo** **reído**	**río** **ríes** **ríe** **reímos** reís **ríen**	reía reías reía reíamos reíais reían	reí **reíste** **rio** **reímos** **reísteis** **rieron**	reiré reirás reirá reiremos reiréis reirán	reiría reirías reiría reiríamos reiríais reirían	**ría** **rías** **ría** **riamos** **riáis** **rían**	**riera** **rieras** **riera** **riéramos** **rierais** **rieran**	**ríe** tú (no **rías**) **ría** Ud. **riamos** **reíd** (no **riáis**) **rían** Uds.
32	seguir (e:i) (gu:g) **Participles:** **siguiendo** seguido	**sigo** **sigues** **sigue** seguimos seguís **siguen**	seguía seguías seguía seguíamos seguíais seguían	seguí seguiste **siguió** seguimos seguisteis **siguieron**	seguiré seguirás seguirá seguiremos seguiréis seguirán	seguiría seguirías seguiría seguiríamos seguiríais seguirían	**siga** **sigas** **siga** **sigamos** **sigáis** **sigan**	**siguiera** **siguieras** **siguiera** **siguiéramos** **siguierais** **siguieran**	**sigue** tú (no **sigas**) **siga** Ud. **sigamos** seguid (no **sigáis**) **sigan** Uds.
33	sentir (e:ie) **Participles:** **sintiendo** sentido	**siento** **sientes** **siente** sentimos sentís **sienten**	sentía sentías sentía sentíamos sentíais sentían	sentí sentiste **sintió** sentimos sentisteis **sintieron**	sentiré sentirás sentirá sentiremos sentiréis sentirán	sentiría sentirías sentiría sentiríamos sentiríais sentirían	**sienta** **sientas** **sienta** **sintamos** **sintáis** **sientan**	**sintiera** **sintieras** **sintiera** **sintiéramos** **sintierais** **sintieran**	**siente** tú (no **sientas**) **sienta** Ud. **sintamos** sentid (no **sintáis**) **sientan** Uds.

	Infinitive	INDICATIVE					SUBJUNCTIVE		IMPERATIVE
		Present	Imperfect	Preterite	Future	Conditional	Present	Past	
34	volver (o:ue) **Participles:** volviendo **vuelto**	**vuelvo** **vuelves** **vuelve** volvemos volvéis **vuelven**	volvía volvías volvía volvíamos volvíais volvían	volví volviste volvió volvimos volvisteis volvieron	volveré volverás volverá volveremos volveréis volverán	volvería volverías volvería volveríamos volveríais volverían	**vuelva** **vuelvas** **vuelva** volvamos volváis **vuelvan**	volviera volvieras volviera volviéramos volvierais volvieran	**vuelve** tú (no **vuelvas**) **vuelva** Ud. volvamos volved (no volváis) **vuelvan** Uds.

Verbs with spelling changes only

	Infinitive	INDICATIVE					SUBJUNCTIVE		IMPERATIVE
		Present	Imperfect	Preterite	Future	Conditional	Present	Past	
35	conocer (c:zc) **Participles:** conociendo conocido	**conozco** conoces conoce conocemos conocéis conocen	conocía conocías conocía conocíamos conocíais conocían	conocí conociste conoció conocimos conocisteis conocieron	conoceré conocerás conocerá conoceremos conoceréis conocerán	conocería conocerías conocería conoceríamos conoceríais conocerían	**conozca** **conozcas** **conozca** **conozcamos** **conozcáis** **conozcan**	conociera conocieras conociera conociéramos conocierais conocieran	conoce tú (no **conozcas**) **conozca** Ud. **conozcamos** conoced (no **conozcáis**) **conozcan** Uds.
36	creer (y) **Participles:** **creyendo** **creído**	creo crees cree creemos creéis creen	creía creías creía creíamos creíais creían	creí **creíste** **creyó** **creímos** **creísteis** **creyeron**	creeré creerás creerá creeremos creeréis creerán	creería creerías creería creeríamos creeríais creerían	crea creas crea creamos creáis crean	**creyera** **creyeras** **creyera** **creyéramos** **creyerais** **creyeran**	cree tú (no creas) crea Ud. creamos creed (no creáis) crean Uds.
37	cruzar (z:c) **Participles:** cruzando cruzado	cruzo cruzas cruza cruzamos cruzáis cruzan	cruzaba cruzabas cruzaba cruzábamos cruzabais cruzaban	**crucé** cruzaste cruzó cruzamos cruzasteis cruzaron	cruzaré cruzarás cruzará cruzaremos cruzaréis cruzarán	cruzaría cruzarías cruzaría cruzaríamos cruzaríais cruzarían	**cruce** **cruces** **cruce** **crucemos** **crucéis** **crucen**	cruzara cruzaras cruzara cruzáramos cruzarais cruzaran	cruza tú (no **cruces**) **cruce** Ud. **crucemos** cruzad (no **crucéis**) **crucen** Uds.
38	destruir (y) **Participles:** **destruyendo** destruido	**destruyo** **destruyes** **destruye** destruimos destruís **destruyen**	destruía destruías destruía destruíamos destruíais destruían	destruí destruiste **destruyó** destruimos destruisteis **destruyeron**	destruiré destruirás destruirá destruiremos destruiréis destruirán	destruiría destruirías destruiría destruiríamos destruiríais destruirían	**destruya** **destruyas** **destruya** **destruyamos** **destruyáis** **destruyan**	**destruyera** **destruyeras** **destruyera** **destruyéramos** **destruyerais** **destruyeran**	**destruye** tú (no **destruyas**) **destruya** Ud. **destruyamos** destruid (no **destruyáis**) **destruyan** Uds.
39	enviar **Participles:** enviando enviado	**envío** **envías** **envía** enviamos enviáis **envían**	enviaba enviabas enviaba enviábamos enviabais enviaban	envié enviaste envió enviamos enviasteis enviaron	enviaré enviarás enviará enviaremos enviaréis enviarán	enviaría enviarías enviaría enviaríamos enviaríais enviarían	**envíe** **envíes** **envíe** enviemos enviéis **envíen**	enviara enviaras enviara enviáramos enviarais enviaran	**envía** tú (no **envíes**) **envíe** Ud. enviemos enviad (no enviéis) **envíen** Uds.

	Infinitive	INDICATIVE					SUBJUNCTIVE		IMPERATIVE
		Present	Imperfect	Preterite	Future	Conditional	Present	Past	
40	graduar **Participles:** graduando graduado	**gradúo** **gradúas** **gradúa** graduamos graduáis **gradúan**	graduaba graduabas graduaba graduábamos graduabais graduaban	gradué graduaste graduó graduamos graduasteis graduaron	graduaré graduarás graduará graduaremos graduaréis graduarán	graduaría graduarías graduaría graduaríamos graduaríais graduarían	**gradúe** **gradúes** **gradúe** graduemos graduéis **gradúen**	graduara graduaras graduara graduáramos graduarais graduaran	**gradúa** tú (no **gradúes**) **gradúe** Ud. graduemos graduad (no graduéis) **gradúen** Uds.
41	llegar (g:gu) **Participles:** llegando llegado	llego llegas llega llegamos llegáis llegan	llegaba llegabas llegaba llegábamos llegabais llegaban	**llegué** llegaste llegó llegamos llegasteis llegaron	llegaré llegarás llegará llegaremos llegaréis llegarán	llegaría llegarías llegaría llegaríamos llegaríais llegarían	**llegue** **llegues** **llegue** **lleguemos** **lleguéis** **lleguen**	llegara llegaras llegara llegáramos llegarais llegaran	llega tú (no **llegues**) **llegue** Ud. **lleguemos** llegad (no **lleguéis**) **lleguen** Uds.
42	proteger (g:j) **Participles:** protegiendo protegido	**protejo** proteges protege protegemos protegéis protegen	protegía protegías protegía protegíamos protegíais protegían	protegí protegiste protegió protegimos protegisteis protegieron	protegeré protegerás protegerá protegeremos protegeréis protegerán	protegería protegerías protegería protegeríamos protegeríais protegerían	**proteja** **protejas** **proteja** **protejamos** **protejáis** **protejan**	protegiera protegieras protegiera protegiéramos protegierais protegieran	protege tú (no **protejas**) **proteja** Ud. **protejamos** proteged (no **protejáis**) **protejan** Uds.
43	tocar (c:qu) **Participles:** tocando tocado	toco tocas toca tocamos tocáis tocan	tocaba tocabas tocaba tocábamos tocabais tocaban	**toqué** tocaste tocó tocamos tocasteis tocaron	tocaré tocará tocarás tocaremos tocaréis tocarán	tocaría tocarías tocaría tocaríamos tocaríais tocarían	**toque** **toques** **toque** **toquemos** **toquéis** **toquen**	tocara tocaras tocara tocáramos tocarais tocaran	toca tú (no **toques**) **toque** Ud. **toquemos** tocad (no **toquéis**) **toquen** Uds.
44	vencer (c:z) **Participles:** venciendo vencido	**venzo** vences vence vencemos vencéis vencen	vencía vencías vencía vencíamos vencíais vencían	vencí venciste venció vencimos vencisteis vencieron	venceré vencerás vencerá venceremos venceréis vencerán	vencería vencerías vencería venceríamos venceríais vencerían	**venza** **venzas** **venza** **venzamos** **venzáis** **venzan**	venciera vencieras venciera venciéramos vencierais vencieran	vence tú (no **vezas**) **venza** Ud. **venzamos** venced (no **venzáis**) **venzan** Uds.
45	esparcir (c:z) **Participles:** esparciendo esparcido	esparzo esparces esparce esparcimos esparcís esparcen	esparcía esparcías esparcía esparcíamos esparcíais esparcían	esparcí esparciste esparció esparcimos esparcisteis esparcieron	esparciré esparcirás esparcirá esparciremos esparciréis esparcirán	esparciría esparcirías esparciría esparciríamos esparciríais esparcirían	**esparza** **esparzas** **esparza** **esparzamos** **esparzáis** **esparzan**	esparciera esparcieras esparciera esparciéramos esparcierais esparcieran	esparce tú (no **esparzas**) **esparza** Ud. **esparzamos** esparcid (no **esparzáis**) **esparzan** Uds.
46	extinguir (gu:g) **Participles:** extinguiendo extinguido	**extingo** extingues extingue extinguimos extinguís extinguen	extinguía extinguías extinguía extinguíamos extinguíais extinguían	extinguí extinguiste extinguió extinguimos extinguisteis extinguieron	extinguiré extinguirás extinguirá extinguiremos extinguiréis extinguirán	extinguiría extinguirías extinguiría extinguiríamos extinguiríais extinguirían	**extinga** **extingas** **extinga** **extingamos** **extingáis** **extingan**	extinguiera extinguieras extinguiera extinguiéramos extinguierais extinguieran	extingue tú (no **extingas**) **extinga** Ud. **extingamos** extinguid (no **extingáis**) **extingan** Uds.

Guide to Vocabulary

This glossary contains the words and expressions listed on the **Vocabulario** page found at the end of each lesson in **ENFOQUES** as well as other useful vocabulary. A numeral following an entry indicates the lesson where the word or expression was introduced. Check the **Estructura** sections of each lesson for words and expressions related to those grammar topics.

Abbreviations used in this glossary

adj.	adjective	*f.*	feminine	*interj.*	interjection	*p.p.*	past participle	*sing.*	singular
adv.	adverb	*fam.*	familiar	*m.*	masculine	*prep.*	preposition	*v.*	verb
conj.	conjunction	*form.*	formal	*pl.*	plural	*pron.*	pronoun		

Note on alphabetization

For purposes of alphabetization, **ch** and **ll** are not treated as separate letters, but **ñ** follows **n.**

Español–Inglés

A

abogado/a *m., f.* lawyer
abrazar *v.* to hug; to hold **1**
abrir(se) *v.* to open; **abrirse paso** to make one's way
abrocharse *v.* to fasten; **abrocharse el cinturón de seguridad** to fasten one's seatbelt
abstracto/a *adj.* abstract **10**
aburrir *v.* to bore **2**
aburrirse *v.* to get bored **2**
acabarse *v.* to run out; to come to an end **6**
acantilado *m.* cliff
acariciar *v.* to caress **3, 10**
acaso *adv.* perhaps **3**
accidente *m.* accident; **accidente automovilístico** *m.* car accident **5**
acentuar *v.* to accentuate **10**
acercarse (a) *v.* to approach **2**
aclarar *v.* to clarify **9**
acoger *v.* to welcome; to take in; to receive
acogido/a *adj.* received; **bien acogido/a** well received **8**
acompañar *v.* to come with **10**
aconsejar *v.* to advise; to suggest **4**
acontecimiento *m.* event **9**
acordar (o:ue) *v.* to agree **2**
acordarse (o:ue) **(de)** *v.* to remember **2**
acostarse (o:ue) *v.* to go to bed **2**
acostumbrado/a *adj.* accustomed to; **estar acostumbrado/a a** *v.* to be used to
acostumbrarse (a) *v.* to get used to; to grow accustomed (to) **3**
activista *m., f.* activist **11**
acto: en el acto immediately; on the spot **3**
actor *m.* actor **9**
actriz *f.* actress **9**
actual *adj.* current **9**
actualidad *f.* current events **9**
actualizado/a *adj.* up-to-date **9**
actualizar *v.* to update **7**
actualmente *adv.* currently
acuarela *f.* watercolor **10**
adelantado/a *adj.* advanced **12**
adelanto *m.* improvement **4**
adelgazar *v.* to lose weight **4**
adinerado/a *adj.* wealthy **8**
adivinar *v.* to guess
adjuntar *v.* to attach **7; adjuntar un archivo** to attach a file **7**
administrar *v.* to manage; to run **8**
ADN (ácido desoxirribonucleico) *m.* DNA **7**
adorar *v.* to adore **1**
aduana *f.* customs; **agente de aduanas** customs agent **5**
advertencia *f.* warning **8**
afeitarse *v.* to shave **2**
aficionado/a (a) *adj.* fond of; a fan (of) **2; ser aficionado/a de** to be a fan of
afligir *v.* afflict **4**
afligirse *v.* to get upset **3**
afortunado/a *adj.* lucky
agenda *f.* datebook **3**
agente *m., f.* agent; officer; **agente de aduanas** *m., f.* customs agent **5**
agnóstico/a *adj.* agnostic **11**
agobiado/a *adj.* overwhelmed **1**
agotado/a *adj.* exhausted **4**
agotar *v.* to use up **6**
agradecimiento *m.* gratitude
¡Aguas! *interj.* Watch out! *(Méx.)* **2**
aguja *f.* needle **4**
agujero *m.* hole; **agujero en la capa de ozono** *m.* hole in the ozone layer; **agujero negro** *m.* black hole **7**; **agujerito** *m.* small hole **7**
ahogado/a *adj.* drowned **5**
ahogarse *v.* to smother; to drown
ahorrar *v.* to save **8**
ahorrarse *v.* to save oneself **7**
ahorro *m.* savings **8**
aislado/a *adj.* isolated **6**
aislar *v.* to isolate **9**
ajedrez *m.* chess **2, 12**
ala *m.* wing
alargar *v.* to drag out **1**
alba *f.* dawn; daybreak **11**
albergue *m.* hostel **5**
álbum *m.* album **2**
alcalde/alcaldesa *m., f.* mayor **11**
alcance *m.* reach **7; al alcance** within reach **10; al alcance de la mano** within reach **7**
alcanzar *v.* to reach; to achieve; to succeed in
aldea *f.* village **12**
alimentación *f.* diet (nutrition) **4**
allá *adv.* there
alma (el) *f.* soul **1**
alojamiento *m.* lodging **5**
alojarse *v.* to stay **5**
alquilar *v.* to rent; **alquilar una película** to rent a movie **2**
alta definición: de alta definición *adj.* high definition **7**
alterar *v.* to modify; to alter
altiplano *m.* high plateau **11**
altoparlante *m.* loudspeaker
alusión *f.* allusion **10**
amable *adj.* nice; kind
amado/a *m., f.* loved one; sweetheart **1**
amanecer *m.* sunrise; morning
amar *v.* to love **1**
ambiental *adj.* environmental **6**
ambos/as *pron., adj.* both
amenaza *f.* threat **8**
amenazar *v.* to threaten **3**
amor *m.* love; **amor (no) correspondido** (un)requited love
amueblado/a *adj.* furnished
analgésico *m.* painkiller **2**
anciano/a *adj.* elderly
anciano/a *m., f.* elderly gentleman/lady
andar *v.* to walk; **andar** + *pres. participle* to be (doing something)
anfitrión/anfitriona *m.* host(ess) **8**
anillo *m.* ring **5**
animado/a *adj.* lively **2**
animar *v.* to cheer up; to encourage; **¡Anímate!** Cheer up! *(sing.)* **2**; **¡Anímense!** Cheer up! *(pl.)* **2**
ánimo *m.* spirit **1**
anotar (un gol/un punto) *v.* to score (a goal/a point) **2**
ansia *f.* anxiety **1**
ansioso/a *adj.* anxious **1**
antemano: de antemano *beforehand*
antena *f.* antenna; **antena parabólica** satellite dish
anterior *adj.* previous **8**
antes que nada first and foremost
antigüedad *f.* antiquity
antiguo/a *adj.* ancient **12**
antipático/a *adj.* mean; unpleasant
anuncio *m.* advertisement; commercial **9**

añadir *v.* to add
apagado/a *adj.* turned off **7**
apagar *v.* to turn off **3; apagar las velas** to blow out the candles **8**
aparecer *v.* to appear **1**
apenas *adv.* hardly; scarcely **3**
aplaudir *v.* to applaud **2**
apogeo *m.* height; highest level **5**
aportación *f.* contribution **11**
apostar (o:ue) *v.* to bet
apoyarse (en) *v.* to lean (on)
apreciado/a *adj.* appreciated
apreciar *v.* to appreciate **1**
aprendizaje *m.* learning **12**
aprobación *f.* approval **9**
aprobar (o:ue) *v.* to approve; to pass (*a class*); **aprobar una ley** to pass a law **11**
aprovechar *v.* to make good use of; to take advantage of
apuesta *f.* bet
apuro: tener apuro to be in a hurry; to be in a rush
araña *f.* spider **6**
árbitro/a *m., f.* referee **2**
árbol *m.* tree **6**
archivo *m.* file; **bajar un archivo** to download a file
arduo *adj.* hard **3**
arepa *f.* cornmeal cake **11**
argumento *m.* plot **10**
árido/a *adj.* arid **11**
aristocrático/a *adj.* aristocratic **12**
arma *f.* weapon
armada *f.* navy **11**
armado/a *adj.* armed
arqueología *f.* archaeology
arqueólogo/a *m., f.* archaeologist
arrancar *v.* to start (*a car*)
arrastrar *v.* to drag
arrecife *m.* reef **6**
arreglarse *v.* to get ready **3**
arrepentirse (de) (e:ie) *v.* to repent **2**
arriesgado/a *adj.* risky **5**
arriesgar *v.* to risk
arriesgarse *v.* to risk; to take a risk
arroba *f.* @ symbol **7**
arroyo *m.* stream **10**
arruga *f.* wrinkle
artefacto *m.* artifact **5**
artesano/a *m., f.* artisan **10**
asaltar *v.* to rob **10**
ascender (e:ie) *v.* to rise; to be promoted **8**
asco *m.* revulsion; **dar asco** to be disgusting
asegurar *v.* to assure; to guarantee
asegurarse *v.* to make sure
aseo *m.* cleanliness; hygiene; **aseo personal** *m.* personal care
asesor(a) *m., f.* consultant; advisor **8**
así *adv.* like this; so **3**
asiento *m.* seat **2**
asombrar *v.* to amaze
asombrarse *v.* to be astonished
asombro *m.* amazement; astonishment
asombroso/a *adj.* astonishing
aspecto *m.* appearance; look; **tener buen/mal aspecto** to look healthy/sick **4**
aspirina *f.* aspirin **4**
astronauta *m., f.* astronaut **7**
astrónomo/a *m., f.* astronomer **7**
asunto *m.* matter; topic
asustado/a *adj.* frightened; scared
atar *v.* to tie (up)
ataúd *m.* casket **2**
ateísmo *m.* atheism
ateo/a *adj.* atheist **11**
aterrizar *v.* to land (an airplane) **5**
atletismo *m.* track-and-field events
atracción *f.* attraction
atraer *v.* to attract **1**
atrapar *v.* to trap; to catch **6**
atrasado/a *adj.* late **3**
atrasar *v.* to delay
atreverse (a) *v.* to dare (to) **2**
atropellar *v.* to run over
audiencia *f.* audience
aumento *m.* increase; raise; **aumento de sueldo** *m.* raise in salary **8**
auricular *m.* telephone receiver **7**
ausente *adj.* absent
auténtico/a *adj.* real; genuine **3**
autobiografía *f.* autobiography **10**
autoestima *f.* self-esteem **4**
autoritario/a *adj.* strict; authoritarian **1**
autorretrato *m.* self-portrait **3, 10**
auxiliar de vuelo *m., f.* flight attendant
auxilio *m.* help; aid; **primeros auxilios** *m. pl.* first aid **4**
avance *m.* advance; breakthrough **7**
avanzado/a *adj.* advanced **7**
avaro/a *m., f.* miser
ave *f.* bird **6**
aventura *f.* adventure **5**
aventurero/a *m., f.* adventurer **5**
avergonzado/a *adj.* ashamed; embarrassed
avergonzar *v.* to embarrass **8**
averiguar *v.* to find out **1**
avisar *v.* to inform; to warn
aviso *m.* notice; warning **5**
azar *m.* chance **5, 12**

B

bahía *f.* bay **5**
bailar *v.* to dance **1**
bailarín/bailarina *m., f.* dancer
bajar *v.* to lower
balcón *m.* balcony **3**
balón *m.* ball **2**
bancario/a *adj.* banking
bancarrota *f.* bankruptcy **8**
banda sonora *f.* soundtrack **9**
bandera *f.* flag
bañarse *v.* to take a bath **2**
barato/a *adj.* cheap; inexpensive **3**
barbaridad *f.* outrageous thing **10**
barrer *v.* to sweep **3**
barrio *m.* neighborhood
bastante *adv.* quite; enough **3**
batalla *f.* battle **12**
bautismo *m.* baptism
beber *v.* to drink **1**
bellas artes *f., pl* fine arts **10**
bendecir (e:i) *v.* to bless **11**
beneficios *m. pl.* benefits
besar *v.* to kiss **1**
biblioteca *f.* library **12**
bien acogido/a *adj.* well-received **8**
bienestar *m.* well-being **4**
bienvenida *f.* welcome **5**
bilingüe *adj.* bilingual **9**
billar *m.* billiards **2**
biografía *f.* biography **10**
biólogo/a *m., f.* biologist **7**
bioquímico/a *adj.* biochemical **7**
bitácora *f.* travel log; weblog **7**
blog *m.* blog **7**
blogonovela *f.* blognovel **7**
blogosfera *f.* blogosphere **7**
bobo/a *m., f.* silly, stupid person **7**
boleto *m.* ticket
boliche *m.* bowling **2**
bolsa *f.* bag; sack; stock market; **bolsa de valores** *f.* stock market **8**
bombardeo *m.* bombing **6**
bondad *f.* goodness; **¿Tendría usted la bondad de** + *inf.*... ? Could you please ...? *(form.)*
bordo: a bordo *adv.* on board **5**
borrar *v.* to erase **7**
bosque *m.* forest; **bosque lluvioso** *m.* rain forest **6**
bostezar *v.* to yawn
botar *v.* to throw... out **5**
botarse *v.* to outdo oneself (*P. Rico; Cuba*) **5**
bote *m.* boat **5**
brindar *v.* to make a toast **2**
broma *f.* joke
bromear *v* to joke
brújula *f.* compass **5**
buceo *m.* scuba diving **5**
budista *adj.* Buddhist **11**
bueno/a *adj.* good; **estar bueno/a** *v.* to (still) be good (i.e., *fresh*); **ser bueno/a** *v.* to be good (*by nature*); **¡Buen fin de semana!** Have a nice weekend!; **Buen provecho.** Enjoy your meal.
búfalo *m.* buffalo
burla *f.* mockery
burlarse (de) *v.* to make fun (of)
burocracia *f.* bureaucracy
buscador *m.* search engine **7**
búsqueda *f.* search
buzón *m.* mailbox

C

caber *v.* to fit **1; no caber duda** to be no doubt
cabo *m.* cape; end (*rope, string*); **al fin y al cabo** sooner or later, after all; **llevar a cabo** to carry out (*an activity*)
cabra *f.* goat
cacique *m.* tribal chief **12**
cadena *f.* network **9; cadena de televisión** *f.* television network
caducar *v* to expire
caer(se) *v.* to fall **1; caer bien/mal** to get along well/badly with **2**
caja *f.* box; **caja de herramientas** toolbox
cajero/a *m., f.* cashier; **cajero automático** *m.* ATM
calentamiento global *m.* global warming **6**
calentar (e:ie) *v.* to warm up **3**
calidad *f.* quality
callado/a *adj.* quiet/silent
callarse *v.* to be quiet, silent
calmante *m.* tranquilizer **4**

calmarse *v.* to calm down; to relax
calzoncillos *m. pl.* underwear (men's)
camarero/a *m., f.* waiter; waitress
cambiar *v* to change
cambio *m.* change; **a cambio de** in exchange for
camerino *m.* star's dressing room **9**
campamento *m.* campground **5**
campaña *f.* campaign **11**
campeón/campeona *m., f.* champion **2**
campeonato *m.* championship **2**
campo *m.* ball field **5**
campo *m.* countryside; field **6**
canal *m.* channel **9; canal de televisión** *m.* television channel
cancelar *v.* to cancel **5**
cáncer *m.* cancer
cancha *f.* field **2**
candidato/a *m., f.* candidate **11**
canon literario *m.* literary canon **10**
cansancio *m.* exhaustion **3**
cansarse *v.* to become tired
cantante *m., f.* singer **2**
capa *f.* layer; **capa de ozono** *f.* ozone layer 6
capaz *adj.* competent; capable **8**
capilla *f.* chapel **11**
capitán *m.* captain
capítulo *m.* chapter
caracterización *f.* characterization **10**
cargo *m.* position; **estar a cargo de** to be in charge of **1**
cariño *m.* affection **1**
cariñoso/a *adj.* affectionate **1**
carne *f.* meat; flesh
caro/a *adj.* expensive **3**
cartas *f. pl.* (playing) cards **2**
casado/a *adj.* married **1**
cascada *f.* cascade; waterfall **5**
casi *adv.* almost **3**
casi nunca *adv.* rarely **3**
castigo *m.* punishment
casualidad *f.* chance; coincidence **5**; **por casualidad** by chance **3**
catástrofe *f.* catastrophe; disaster; **catástrofe natural** *f.* natural disaster
categoría *f.* category **5; de buena categoría** *adj.* high quality **5**
católico/a *adj.* Catholic **11**
cazar *v.* to hunt **6**
ceder *v.* give up **11**
celda *f.* cell
celebrar *v.* to celebrate **2**
celebridad *f.* celebrity **9**
celos *m. pl.* jealousy; **tener celos de** to be jealous of **1**
celoso/a *adj.* jealous **1**
célula *f.* cell **7**
cementerio *m.* cemetery **12**
censura *f.* censorship **9**
centavo *m.* cent
centro comercial *m.* mall **3**
cepillarse *v.* to brush **2**
cerdo *m.* pig **6**
cerro *m.* hill
certeza *f.* certainty
certidumbre *f.* certainty **12**
chisme *m.* gossip **9**
chiste *m.* joke **1**
choque *m.* crash **3**
choza *f.* hut **12**
cicatriz *f.* scar
ciencia ficción *f.* science fiction **10**
científico/a *adj.* scientific
científico/a *m., f.* scientist **7**
cierto/a *adj.* certain, sure; **¡Cierto!** Sure!; **No es cierto.** That's not so.
cima *f.* height **1**
cine *m.* movie theater; cinema **2**
cinta *f.* tape **1**
cinturón *m.* belt;
cinturón de seguridad *m.* seatbelt **5**; **abrocharse el cinturón de seguridad** *v.* to fasten one's seatbelt; **ponerse (el cinturón)** *v.* to fasten (the seatbelt) **5**; **quitarse (el cinturón)** *v.* to unfasten (the seatbelt) 5
circo *m.* circus **2**
cirugía *f.* surgery **4**
cirujano/a *m., f.* surgeon **4**
cisterna *f.* cistern; underground tank **6**
cita *f.* date; quotation; **cita a ciegas** *f.* blind date **1**
ciudadano/a *m., f.* citizen **11**
civilización *f.* civilization **12**
civilizado/a *adj.* civilized
claro *interj.* of course **3**
clásico/a *adj.* classic **10**
claustro *m.* cloister **11**
clima *m.* climate
clonar *v.* to clone **7**
club *m.* club; **club deportivo** *m.* sports club **2**
coartada *f.* alibi **10**
cobrador(a) *m., f.* debt collector **8**
cobrar *v.* to charge; to receive **8**
cochinillo *m.* suckling pig **10**
cocinar *v.* to cook **3**
cocinero/a *m., f.* chef; cook
codo *m.* elbow
cohete *m.* rocket **7**
cola *f.* line; tail; **hacer cola** to wait in line **2**
coleccionar *v.* to collect
coleccionista *m., f.* collector
colgar (o:ue) *v.* to hang (up)
colina *f.* hill
colmena *f.* beehive **8**
colocar *v.* to place (*an object*) **2**
colonia *f.* colony **12**
colonizar *v.* to colonize **12**
columnista *m., f.* columnist **9**
combatiente *m., f.* combatant
combustible *m.* fuel **6**
comediante *m., f.* comedian **1**
comensal *m., f.* dinner guest **10**
comer *v.* to eat **1, 2**
comerciante *m., f.* storekeeper; trader
comercio *m.* commerce; trade **8**
comerse *v.* to eat up **2**
comestible *adj.* edible; **planta comestible** *f.* edible plant
cometa *m.* comet **7**
comida *f.* food **6; comida enlatada** *f.* canned food **6; comida rápida** *f.* fast food **4**
cómo *adv.* how; **¡Cómo no!** Of course!; **¿Cómo que son...?** What do you mean they are...?
compañía *f.* company **8**
completo/a *adj.* complete; filled up; **El hotel está completo.** The hotel is filled.
componer *v.* to compose **1**
compositor(a) *m., f.* composer
comprobar (o:ue) *v.* to prove **7**
compromiso *m.* awkward situation **10**
compromiso *m.* commitment; responsibility **1**
computación *f.* computer science
computadora portátil *f.* laptop **7**
comunidad *f.* community **4**
conciencia *f.* conscience
concierto *m.* concert **2**
conducir *v.* to drive **1**
conductor(a) *m., f.* announcer
conejo *m.* rabbit **6**
conexión de satélite *f.* satellite connection **7**
conferencia *f.* conference **8**
confesar (e:ie) *v.* to confess
confianza *f.* trust; confidence **1**
confundido/a *adj.* confused
confundir (con) *v.* to confuse (with)
confuso/a *adj.* blurred **1**
congelado/a *adj.* frozen
congelar(se) *v.* to freeze **7**
congeniar *v.* to get along
congestionado/a *adj.* congested
congestionamiento *m.* traffic jam **5**
conjunto *m.* collection; **conjunto (musical)** *m.* (musical) group, band
conmovedor(a) *adj.* moving
conocer *v.* to know **1**
conocimiento *m.* knowledge **12**
conquista *f.* conquest **12**
conquistador(a) *m., f.* conquistador; conqueror **12**
conquistar *v.* to conquer **12**
conseguir (e:i) **boletos/entradas** *v.* to get tickets **2**
conservador(a) *adj.* conservative **11**
conservador(a) *m., f.* curator
conservar *v.* to conserve; to preserve **6**
considerar *v.* to consider; **Considero que...** In my opinion, ...
consiguiente *adj.* resulting; consequent; **por consiguiente** consequently; as a result
consulado *m.* consulate **11**
consulta *f.* doctor's appointment **4**
consultorio *m.* doctor's office **4**
consumo *m.* consumption; **consumo de energía** *m.* energy consumption
contador(a) *m., f.* accountant **8**
contagiarse *v.* to become infected **4**
contaminación *f.* pollution; contamination **6**
contaminar *v.* to pollute; to contaminate **6**
contar (o:ue) *v.* to tell; to count **2; contar con** to count on
contemporáneo/a *adj.* contemporary **10**
contentarse con *v.* to be contented/ satisfied with **1**
continuación *f.* sequel
contra *prep.* against; **en contra** *prep.* against
contraer *v.* to contract **1**
contraseña *f.* password **7**
contratar *v.* to hire **8**
contrato *m.* contract **8**
contribuir (a) *v.* to contribute **6**

control remoto *m.* remote control; **control remoto universal** *m.* universal remote control **7**
controvertido/a *adj.* controversial **9**
contundente *adj.* filling; heavy **10**
convertirse (en) (e:ie) *v.* to become **2**
copa *f.* (drinking) glass; **Copa del mundo** World Cup
coquetear *v.* to flirt **1**
coraje *m.* courage
corazón *m.* heart **1**
cordillera *f.* mountain range **6**
cordura *f.* sanity **4**
coro *m.* choir; chorus
corrector ortográfico *m.* spell-checker **7**
corresponsal *m., f.* correspondent **9**
corrida *f.* bullfight **2**
corriente *f.* movement **10**
corrupción *f.* corruption
corte *m.* cut; **de corte ejecutivo** of an executive nature
corto *m.* short film
cortometraje *m.* short film
cosecha *f.* harvest
costa *f.* coast **6**
costoso/a *adj.* costly; expensive
costumbre *f.* custom; habit **3**
cotidiano/a *adj.* everyday **3**; **vida cotidiana** *f.* everyday life
crear *v.* to create **7**
creatividad *f.* creativity
crecer *v.* to grow **1**
crecimiento *m.* growth
creencia *f.* belief **11**
creer (en) *v.* to believe (in) **11**; **No creas.** Don't you believe it.
creyente *m., f.* believer **11**
criar *v.* to raise; **haber criado** to have raised **1**
criarse *v.* to grow up **1**
crisis *f.* crisis; **crisis económica** economic crisis **8**
cristiano/a *adj.* Christian **11**
criticar *v.* to critique **10**
crítico/a *m., f.* critic; *adj.* critical **crítico/a de cine** movie critic **9**
crucero *m.* cruise (ship) **5**
cruzar *v.* to cross
cuadro *m.* painting **3, 10**
cuarentón/cuarentona *adj.* forty-year-old; in her/his forties **11**
cubismo *m.* cubism **10**
cucaracha *f.* cockroach **6**
cuenta *f.* calculation, sum; bill; account; **a final de cuentas** after all; **cuenta corriente** *f.* checking account **8**; **cuenta de ahorros** *f.* savings account **8**; **tener en cuenta** to keep in mind
cuento *m.* short story
cuerpo *m.* body; **cuerpo y alma** heart and soul
cueva *f.* cave
cuidado *m.* care **1**; **bien cuidado/a** well-kept
cuidadoso/a *adj.* careful **1**
cuidar *v.* to take care of **1**
cuidarse *v.* to take care of oneself
culpa *f.* guilt
culpable *adj.* guilty **11**
cultivar *v.* to grow
culto *m.* worship
culto/a *adj.* cultured; educated; refined **12**
cultura *f.* culture; **cultura popular** *f.* pop culture
cumbre *f.* summit; peak
cumplir *v.* to carry out **8**
cura *m.* priest **12**
curarse *v.* to heal; to be cured **4**
curativo/a *adj.* healing **4**
currículum vitae *m.* résumé **8**

D

dañino/a *adj.* harmful **6**
dar *v.* to give; **dar a** to look out upon; **dar asco** to be disgusting; **dar de comer** to feed **6**; **dar el primer paso** to take the first step; **dar la gana** to feel like **9**; **dar la vuelta (al mundo)** to go around (the world); **dar paso a** to give way to; **dar un paseo** to take a stroll/walk **2**; **dar una vuelta** to take a walk/stroll; **darse cuenta** to realize **2, 9**; **darse por aludido/a** to realize/assume that one is being referred to **9**; **darse por vencido** to give up
dardos *m. pl.* darts **2**
dato *m.* piece of data
de repente *adv.* suddenly **3**
de terror *adj.* horror (*story/novel*) **10**
deber *m.* duty **8**
deber *v.* to owe **8**; **deber dinero** to owe money **2**
deber + inf. *v.* ought + *inf.*
década *f.* decade **12**
decir (e:i) *v.* to say **1**
dedicatoria *f.* dedication
deforestación *f.* deforestation **6**
dejar *v.* to leave; to allow; **dejar a alguien** to leave someone **1**; **dejar de fumar** quit smoking **4**; **dejar en paz** to leave alone **8**
delatar *v.* to denounce **3**
demás: los/las demás *pron.* others; other people
demasiado/a *adj., adv.* too; too much
democracia *f.* democracy **11**
demora *f.* delay **12**
demorar *v.* to delay
denunciar *v.* to denounce **9**
deportista *m., f.* athlete **2**
depositar *v.* to deposit **8**
depresión *f.* depression **4**
deprimido/a *adj.* depressed **1**
derecho *m.* law; right; **derechos civiles** *m.* civil rights **11**; **derechos humanos** *m.* human rights **11**
derramar *v.* to spill
derretir(se) (e:i) *v.* to melt **7**
derribar *v.* to bring down; to overthrow **12**
derrocar *v.* to overthrow **12**
derrota *f.* defeat
derrotado/a *adj.* defeated **12**
derrotar *v.* to defeat **12**
desafiante *adj.* challenging **4**
desafiar *v.* to challenge **2**
desafío *m.* challenge **7**
desanimado/a *adj.* discouraged
desanimarse *v.* to get discouraged
desánimo *m.* the state of being discouraged **1**
desaparecer *v.* to disappear **1, 6**
desarrollado/a *adj.* developed **12**
desarrollarse *v.* to take place **10**
desarrollo *m.* development **6**; **país en vías de desarrollo** *m.* developing country
desatar *v.* to untie
descansar *v.* to rest **4**
descanso *m.* rest **8**
descargar *v.* to download **7**
descendiente *m., f.* descendent **12**
descongelar(se) *v.* to defrost **7**
desconocido/a *m., f.* stranger; *adj.* unknown
descubridor(a) *m., f.* discoverer
descubrimiento *m.* discovery **7**
descubrir *v.* discover **4**
descuidar(se) *v.* to get distracted; to neglect **6**
desear *v.* to desire; to wish **4**
desechable *adj.* disposable **6**
desempleado/a *adj.* unemployed **8**
desempleo *m.* unemployment **8**
desenlace *m.* ending
deseo *m.* desire; wish; **pedir un deseo** to make a wish
deshacer *v.* to undo **1**
deshecho/a *adj.* devastated **2**
desierto *m.* desert **6**
desigual *adj.* unequal **11**
desilusión *f.* disappointment
desmayarse *v.* to faint **4**
desorden *m.* disorder; mess **7**
despacho *m.* office
despedida *f.* farewell **5**
despedido/a *adj.* fired
despedir (e:i) *v.* to fire **8**
despedirse (e:i) *v.* to say goodbye **3**
despegar *v.* to take off **5**
despertarse (e:ie) *v.* to wake up **2**
destacado/a *adj.* prominent **9**
destacar *v.* to emphasize; to point out
destino *m.* destination **5**
destrozar *v.* to destroy
destruir *v.* to destroy **6**
detestar *v.* to detest
deuda *f.* debt **8**
devolver (o:ue) *v.* to return (*items*) **3**
devoto/a *adj.* pious **11**
día *m.* day; **estar al día con las noticias** to keep up with the news
diamante *m.* diamond **5**
diario *m.* newspaper **9**
diario/a *adj.* daily **3**
dibujar *v.* to draw **10**
dictador(a) *m., f.* dictator **12**
dictadura *f.* dictatorship
didáctico/a *adj.* educational **10**
dieta *f.* diet; **estar a dieta** to be on a diet **4**
digestión *f.* digestion
digital *adj.* digital **7**
digno/a *adj.* worthy **6**
diluvio *m.* heavy rain
dinero *m.* money; **dinero en efectivo** cash **3**
Dios *m.* God **11**
dios(a) *m., f.* god/goddess **5**
diputado/a *m., f.* representative **11**
disputar *v.* to play **12**

dirección de correo electrónico *f.* e-mail address **7**
directo/a *adj.* direct; **en directo** *adj.* live **9**
director(a) *m., f.* director
dirigir *v.* to direct; to manage **1**
discoteca *f.* discotheque; dance club **2**
discriminación *f.* discrimination
discriminado/a *adj.* discriminated
disculpar *v.* to excuse
disculparse *v.* to apologize **6**
discurso *m.* speech; **pronunciar un discurso** to give a speech **11**
discutir *v.* to argue **1**
diseñar *v.* to design **8, 10**
disfraz *m.* costume
disfrazado/a *adj.* disguised; in costume
disfrutar (de) *v.* to enjoy **2**
disgustado/a *adj.* upset **1**
disgustar *v.* to upset **2**
disminuir *v* to decrease
disponerse a *v.* to be about to **6**
disponible *adj.* available
distinguido/a *adj.* honored
distinguir *v.* to distinguish **1**
distraer *v.* to distract **1**
distraído/a *adj.* distracted
disturbio *m.* riot **8**
diversidad *f.* diversity **4**
divertido/a *adj.* fun **2**
divertirse (e:ie) *v.* to have fun **2**
divorciado/a *adj.* divorced **1**
divorcio *m.* divorce **1**
doblado/a *adj.* dubbed **9**
doblaje *m.* dubbing (film)
doblar *v.* to dub (film); to fold; to turn (*a corner*)
doble *m., f.* double (*in movies*) **9**
documental *m.* documentary **9**
dolencia *f.* illness; condition **4**
doler (o:ue) *v.* to hurt; to ache **2**
dominio *m.* rule **12**
dominó *m.* dominoes
dondequiera *adv.* wherever **4**
dormir (o:ue) *v.* to sleep **2**
dormirse (o:ue) *v.* to go to sleep, to fall asleep **2**
dramaturgo/a *m., f.* playwright **10**
ducharse *v.* to take a shower **2**
dueño/a *m., f.* owner **8**
duro/a *adj.* hard; difficult **7**

E

echar *v.* to throw away **5; echar un vistazo** to take a look; **echar a correr** to take off running
ecosistema *m.* ecosystem **6**
ecoturismo *m.* ecotourism **5**
Edad Media *f.* Middle Ages
editar *v.* to publish **10**
educar *v.* to raise; to bring up **1**
efectivo *m.* cash
efectos especiales *m., pl.* special effects **9**
efectos secundarios *m.pl.* side effects **4**
eficiente *adj.* efficient
ejecutivo/a *m., f.* executive **8; de corte ejecutivo** of an executive nature **8**
ejército *m.* army **12**
electoral *adj.* electoral
electrónico/a *adj.* electronic
elegido/a *adj.* chosen; elected
elegir (e:i) *v.* to elect; to choose **11**
embajada *f.* embassy **11**
embajador(a) *m., f.* ambassador **11**
embalarse *v.* to go too fast **9**
embarcar *v.* to board
emigrar *v.* to emigrate **11**
emisión *f.* broadcast; **emisión en vivo/directo** *f.* live broadcast
emisora *f.* (radio) station
emocionado/a *adj.* excited **1**
empatar *v.* to tie (*games*) **2**
empate *m.* tie (*game*) **2**
empeorar *v.* to deteriorate; to get worse **4**
emperador *m* emperor **12**
emperatriz *f.* empress **12**
empezar (e:ie) *v.* to begin
empleado/a *adj.* employed **8**
empleado/a *m., f.* employee **8**
empleo *m.* employment; job **8**
empresa *f.* company; **empresa multinacional** *f.* multinational company **8**
empresario/a *m., f.* entrepreneur **8**
empujar *v.* to push
en línea *adj.* online **7**
enamorado/a (de) *adj.* in love (with) **1**
enamorarse (de) *v.* to fall in love (with) **1**
encabezar *v.* to lead **12**
encantar *v.* to like very much **2**
encargado/a *m., f.* person in charge; **estar encargado/a de** to be in charge of **1**
encargarse de *v.* to be in charge of **1**
encender (e:ie) *v.* to turn on **3**
encogerse *v.* shrink; **encogerse de hombros** to shrug
energía *f.* energy; **energía eólica** *f.* wind energy; wind power; **energía nuclear** *f.* nuclear energy
enérgico/a *adj.* energetic **8**
enfermarse *v.* to get sick **4**
enfermedad *f.* disease; illness **4**
enfermero/a *m., f.* nurse **4**
enfrentar *v.* to confront
enganchar *v.* to get caught **5**
engañar *v.* to betray **9, 12**
engordar *v.* to gain weight **4**
enlace *m.* link **7**
enojo *m.* anger
enrojecer *v.* to turn red; to blush
ensayar *v.* to rehearse **9**
ensayista *m., f.* essayist **10**
ensayo *m.* essay; rehearsal
enseguida right away **3**
enseñanza *f.* teaching; lesson **12**
entender (e:ie) *v.* to understand
enterarse (de) *v.* to become informed (about) **9**
enterrado/a *adj.* buried **2**
enterrar (e:ie) *v.* to bury **12**
entonces *adv.* then; **en aquel entonces** at that time **3**
entrada *f.* admission ticket
entrega *f.* delivery
entrenador(a) *m., f.* coach; trainer **2**
entretener(se) (e:ie) *v.* to entertain, to amuse (oneself); to be held up **1, 2**
entretenido/a *adj.* entertaining **2**
entrevista *f.* interview; **entrevista de trabajo** *f.* job interview **8**
envenenado/a *adj.* poisoned **6**
enviar *v.* to send
eólico/a *adj.* related to the wind; **energía eólica** *f.* wind energy; wind power
epidemia *f.* epidemic **4**
episodio *m.* episode **9; episodio final** *m.* final episode **9**
época *f.* era; epoch; historical period **12**
equipaje *m.* luggage
equipo *m.* team **2**
equivocarse *v.* to be mistaken; to make a mistake
erosión *f.* erosion **6**
erudito/a *adj.* learned **12**
esbozar *v.* to sketch
esbozo *m.* outline; sketch
escalada *f.* climb (*mountain*)
escalador(a) *m., f.* climber
escalera *f.* staircase **3**
escena *f.* scene
escenario *m.* scenery; stage **2**
esclavitud *f.* slavery **12**
esclavizar *v.* enslave **12**
esclavo/a *m., f.* slave **12**
escoba *f.* broom
escoger *v.* to choose **1**
esculpir *v.* to sculpt **10**
escultor(a) *m., f.* sculptor **10**
escultura *f.* sculpture **10**
esfuerzo *m.* effort
espacial *adj.* related to space; **transbordador espacial** *m.* space shuttle **7**
espacio *m.* space **7**
espacioso/a *adj.* spacious
espalda *f.* back; **a mis espaldas** behind my back **9; estar de espaldas a** to have one's back to
espantar *v.* to scare
especialista *m., f.* specialist
especializado/a *adj.* specialized **7**
especie *f.* species **6; especie en peligro de extinción** *f.* endangered species
espectáculo *m.* show **2**
espectador(a) *m., f.* spectator **2**
espejo retrovisor *m.* rearview mirror
espera *f.* wait
esperanza *f.* hope **6**
espiritual *adj.* spiritual **11**
estabilidad *f.* stability **12**
establecer(se) *v.* to establish (oneself) **12**
estado de ánimo *m.* mood **4**
estar *v.* to be; **estar al día** to be up-to-date **9; estar bajo presión** to be under stress/pressure; **estar bueno/a** to be good (i.e., *fresh*); **estar a cargo de** to be in charge of; **estar harto/a (de)** to be fed up (with); to be sick (of) **1; estar lleno** to be full **5; estar al tanto** to be informed **9; estar a la venta** to be for sale **10; estar resfriado/a** to have a cold **4**
estatal *adj.* public; pertaining to the state
estereotipo *m.* stereotype **10**
estético/a *adj.* aesthetic **10**
estilo *m.* style; **al estilo de...** in the style of ... **10**
estrecho/a *adj.* narrow
estrella *f.* star; **estrella fugaz** *f.* shooting star; **estrella** *f.* (movie) star [m/f]; **estrella pop** *f.* pop star [m/f] **9**
estreno *m.* premiere; debut **2**
estrofa *f.* stanza **10**

estudio *m.* studio; **estudio de grabación** *m.* recording studio
etapa *f.* stage; phase
eterno/a *adj.* eternal
ético/a *adj.* ethical **7; poco ético/a** unethical
etiqueta *f.* label; tag
excitante *adj.* exciting
excursión *f.* excursion; tour **5**
exigir *v.* to demand **1, 4, 8**
exilio político *m.* political exile **11**
éxito *m.* success
exitoso/a *adj.* successful **8**
exótico/a *adj.* exotic
experiencia *f.* experience **8**
experimentar *v.* to experience; to feel
experimento *m.* experiment **7**
exploración *f.* exploration
explorar *v.* to explore
explotación *f.* exploitation
explotar *v.* to exploit **12**
exportaciones *f., pl.* exports
exportar *v.* to export **8**
exposición *f.* exhibition
expresionismo *m.* expressionism **10**
expulsar *v.* to expel **12**
extinguir *v.* to extinguish
extinguirse *v.* to become extinct **6**
extrañar *v.* to miss; **extrañar a (alguien)** to miss (someone); **extrañarse de algo** to be surprised about something
extraterrestre *m., f.* alien **7**

F

fábrica *f.* factory
fabricar *v.* to manufacture; to make **7**
facciones *f.* facial features **3**
factor *m.* factor; **factores de riesgo** *m. pl.* risk factors
factura *f.* bill **8**
falda *f.* skirt
fallecer *v* to die
falso/a *adj.* insincere **1**
faltar *v.* to lack; to need **2**
fama *f.* fame **9; tener buena/mala fama** to have a good/bad reputation **9**
famoso/a *adj.* famous **9; hacerse famoso** *v.* to become famous **9**
farándula *f.* entertainment **1**
faro *m.* lighthouse; beacon **5**
fascinar *v.* to fascinate; to like very much **2**
fatiga *f.* fatigue; weariness **8**
fatigado/a *adj.* exhausted **3**
favor *m.* favor; **hacer el favor** to do someone the favor
favoritismo *m.* favoritism **11**
fe *f.* faith **11**
felicidad *f.* happiness; **¡Felicidades a todos!** Congratulations to all!
feliz *adj.* happy **3**
feria *f.* fair **2**
festejar *v.* to celebrate **2**
festival *m.* festival **2**
fiabilidad *f.* reliability
fiebre *f.* fever **4**
fijarse *v.* to notice **9; fijarse en** to take notice of **2**
fijo/a *adj.* permanent; fixed **8**
fin *m.* end; **al fin y al cabo** sooner or later; after all
final: al final de cuentas after all **7**
financiar *v.* to finance **8**
financiero/a *adj.* financial **8**
finanza(s) *f.* finance(s)
firma *f.* signature **11**
firmar *v.* to sign
físico/a *m., f.* physicist **7**
flexible *adj.* flexible
florecer *v.* to flower **6**
flotar *v.* to float **5**
fondo *m.* bottom; **a fondo** *adv.* thoroughly
forma *f.* form; shape; **mala forma física** *f.* bad physical shape; **de todas formas** in any case **12; ponerse en forma** *v.* to get in shape **4**
formular *v.* to formulate **7**
fortaleza *f.* strength
forzado/a *adj.* forced **12**
fraile *m.* friar **11**
frasco *m.* flask
freír (e:i) *v.* to fry **3**
frontera *f.* border **5**
fuente *f.* fountain; source; **fuente de energía** energy source **6**
fuerza *f.* force; power; **fuerza de voluntad** will power **4; fuerza laboral** labor force; **fuerzas armadas** *f., pl.* armed forces **12**
función *f.* performance (*theater/movie*) **2**
funcionar *v.* to work **7**
fusilar *v.* shoot, execute by firing squad **12**
futurístico/a *adj.* futuristic

G

galería *f.* gallery **10**
gana *f.* desire; **sentir/tener ganas de** to want to; to feel like
ganar *v.* to win; **ganarse la vida** to earn a living **8; ganar bien/mal** to be well/ poorly paid **8; ganar las elecciones** to win an election **11; ganar un partido** to win a game **2**
ganga *f.* bargain **3**
gastar *v.* to spend **8**
gen *m.* gene **7**
generar *v.* to produce; to generate
generoso/a *adj.* generous
genética *f.* genetics **4**
gerente *m, f.* manager **8**
gesto *m.* gesture
gimnasio *m.* gymnasium
globalización *f.* globalization
gobernador(a) *m., f.* governor **11**
gobernante *m., f.* ruler **12**
gobernar (e:ie) *v.* to govern **11**
grabar *v.* to record **9**
gracioso/a *adj.* funny; pleasant **1**
graduarse *v.* to graduate
gravedad *f.* gravity **7**
gripe *f.* flu **4**
gritar *v.* to shout
grupo *m.* group; **grupo musical** *m.* musical group, band
guaraní *m.* Guarani **9**
guardar *v.* to save **7**
guardarse (algo) *v.* to keep (something) to yourself **1**
guerra *f.* war; **guerra civil** civil war; **guerra mundial** world war **11**
guerrero/a *m., f.* warrior **12**
guía turístico/a *m.,f.* tour guide **5**
guión *m.* screenplay; script **9**
guita *f.* cash; dough (*Arg.*) **7**
gusano *m.* worm
gustar *v.* to like **2, 4; ¡No me gusta nada...!** I don't like ... at all!
gusto *m.* taste **10 con mucho gusto** gladly; **de buen/mal gusto** in good/bad taste **10**

H

habilidad *f.* skill
hábilmente *adv.* skillfully
habitación *f.* room **5; habitación individual/ doble** *f.* single/double room **5**
habitante *m., f.* inhabitant **12**
habitar *v.* to inhabit **12**
hablante *m., f.* speaker **9**
hablar *v.* to speak **1; Hablando de esto,...** Speaking of that,...
hacer *v.* to do; to make **1, 4; hacer algo a propósito** to do something on purpose; **hacer clic** to click **7; hacer cola** to wait in line **2; hacerle caso a alguien** to pay attention to someone **1; hacerle daño a alguien** to hurt someone; **hacer el favor** do someone the favor; **hacerle gracia a alguien** to be funny to someone; **hacerse daño** to hurt oneself; **hacer las maletas** to pack **5; hacer mandados** to run errands **3; hacer transbordo** *v.* to change (pains, trains) **5; hacer un viaje** to take a trip **5**
hallazgo *m.* finding; discovery **4**
hambriento/a *adj.* hungry
haragán/haragana *adj.* lazy; idle **8**
harto/a *adj.* tired; fed up (with); **estar harto/a (de)** to be fed up (with); to be sick (of) **1**
hasta *adv.* until; **hasta la fecha** up until now
hecho *m.* fact **3**
helar (e:ie) *v.* to freeze
heredar *v.* to inherit
herencia *f.* heritage; **herencia cultural** cultural heritage **12**
herida *f.* injury **4**
herido/a *adj.* injured
herir (e:ie) *v.* to hurt **1**
heroico/a *adj.* heroic **12**
herradura *f.* horseshoe **12**
herramienta *f.* tool; **caja de herramientas** *f.* toolbox
hervir (e:ie) *v.* to boil **3**
hierba *f.* grass
higiénico/a *adj.* hygienic
hindú *adj.* Hindu **11**
hipoteca *f.* mortgage **8**
historia *f.* history **12**
historiador(a) *m., f.* historian **12**
histórico/a *adj.* historic **12**
histórico/a *adj.* historical **10**
hogar *m.* home; fireplace **3**
hojear *v.* to skim **10**
hombre de negocios *m.* businessman **8**
hombro *m.* shoulder; **encogerse de hombros** to shrug

hondo/a *adj.* deep **2**
hora *f.* hour; **horas de visita** *f., pl.* visiting hours
horario *m.* schedule **3**
hormiga *f.* ant **6**
hospedarse *v.* to stay; to lodge
huelga *f.* strike (*labor*) **8**
huella *f.* trace; mark **8**
huerto *m.* orchard
huir *v.* to flee; to run away **3**
humanidad *f.* humankind **12**
húmedo/a *adj.* humid; damp **6**
humillar *v.* to humiliate **8**
humorístico/a *adj.* humorous **10**
hundir *v.* to sink
huracán *m.* hurricane **6**

I

ideología *f.* ideology **11**
idioma *m.* language **9**
iglesia *f.* church **11**
igual *adj.* equal **11**
igualdad *f.* equality
ilusión *f.* illusion; hope
imagen *f.* image; picture **2, 7**
imaginación *f.* imagination
imparcial *adj.* unbiased **9**
imperio *m.* empire **12**
importaciones *f., pl.* imports
importado/a *adj.* imported **8**
importante *adj.* important **4**
importar *v.* to be important (to); to matter **2, 4**; to import **8**
impostergable *adj.* impossible to put off **12**
impresionar *v.* to impress **1**
impresionismo *m.* impressionism **10**
imprevisto/a *adj.* unexpected **3**
imprimir *v.* to print **9**
improviso: de improviso *adv.* unexpectedly
impuesto *m.* tax; **impuesto de ventas** *m.* sales tax **8**
inalámbrico/a *adj.* wireless **7**
incapaz *adj.* incompetent; incapable **8**
incendio *m.* fire **6**
incertidumbre *f.* uncertainty **12**
incluido/a *adj.* included **5**
inconcluso/a *adj.* unfinished **12**
independencia *f.* independence **12**
índice *m.* index; **índice de audiencia** *m.* ratings
indígena *adj.* indigenous **9**; *m., f.* indigenous person **4**
industria *f.* industry
inesperado/a *adj.* unexpected **3**
inestabilidad *f.* instability **12**
infancia *f.* childhood
inflamado/a *adv.* inflamed **4**
inflamarse *v.* to become inflamed
inflexible *adj.* inflexible
influyente *adj.* influential **9**
informarse *v.* to get information
informática *f.* computer science **7**
informativo *m.* news bulletin **9**
ingeniero/a *m., f.* engineer **7**
ingresar *v.* to enter; to enroll in; to become a member of; **ingresar datos** to enter data
injusto/a *adj.* unjust **11**
inmaduro/a *adj.* immature **1**
inmigración *f.* immigration **11**
inmoral *adj.* immoral **11**
innovador(a) *adj.* innovative **7**
inquietante *adj.* disturbing; unsettling **10**
inscribirse *v.* to register **11**
inseguro/a *adj.* insecure **1**
insensatez *f.* folly **4**
insistir en *v.* to insist on **4**
inspirado/a *adj.* inspired
instalar *v.* to install **7**
integrarse (a) *v.* to become part (of) **12**
inteligente *adj.* intelligent
interesar *v.* to be interesting to; to interest **2**
Internet *m., f.* Internet **7**
interrogante *m.* question; doubt **7**
intrigante *adj.* intriguing **10**
inundación *f.* flood **6**
inundar *v.* to flood
inútil *adj.* useless **2**
invadir *v.* to invade **12**
inventar *v.* to invent **7**
invento *m.* invention **7**
inversión *f.* investment; **inversión extranjera** *f.* foreign investment **8**
inversor(a) *m., f.* investor
invertir (e:ie) *v.* to invest **8**
investigador(a) *m., f.* researcher **4**
investigar *v.* to investigate; to research **7**
ir *v.* to go **1, 2**; **¡Qué va!** Of course not!; **ir de compras** to go shopping **3**; **irse (de)** to go away (from) **2**; **ir(se) de vacaciones** to take a vacation **5**
irresponsable *adj.* irresponsible
isla *f.* island **5**
itinerario *m.* itinerary **5**

J

jabalí *m.* wild boar **10**
jarabe *m.* syrup **4**
jaula *f.* cage
jornada *f.* (work) day
jubilación *f.* retirement
jubilarse *v.* to retire **8**
judío/a *adj.* Jewish **11**
juego *m.* game **2**; **juego de mesa** board game **2**; **juego de pelota** *m.* ball game **5**
juez(a) *m., f.* judge **11**
jugada *f.* move **12**
jugar (u:ue) *v.* to play
juicio *m.* trial; judgment
jurar *v.* to promise **12**
justicia *f.* justice **11**
justo/a *adj.* just **11**

L

laboratorio *m.* laboratory; **laboratorio espacial** *m.* space lab
ladrillo *m.* brick
ladrón/ladrona *m., f.* thief
lágrimas *f. pl.* tears
lanzar *v.* to throw; to launch
largo/a *adj.* long; **a lo largo de** along; beside; **a largo plazo** long-term
largometraje *m.* full length film
lastimar *v.* to injure
lastimarse *v.* to get hurt **4**
latir *v.* to beat **4**
lavar *v.* to wash **3**
lavarse *v.* to wash (oneself) **2**
lealtad *f.* loyalty **12**
lector(a) *m., f.* reader **9**
lejano/a *adj.* distant **5**
lengua *f.* language; tongue **9**
león *m.* lion **6**
lesión *f.* wound **4**
levantar *v.* to pick up
levantarse *v.* to get up **2**
ley *f.* law; **aprobar una ley** to approve a law; to pass a law; **cumplir la ley** to abide by the law **11**; **proyecto de ley** *m.* bill **11**
leyenda *f.* legend **5**
liberal *adj.* liberal **11**
liberar *v.* to liberate **12**
libertad *f.* freedom **11**; **libertad de prensa** freedom of the press **9**
libre *adj.* free; **al aire libre** outdoors **6**
líder *m., f.* leader **11**
liderazgo *m.* leadership **11**
lidiar *v.* to fight bulls **2**
límite *m.* border **11**
limpiar *v.* to clean **3**
limpieza *f.* cleaning **3**
literatura *f.* literature **10**; **literatura infantil/juvenil** *f.* children's literature **10**
llamativo/a *adj.* striking **10**
llanto *m.* weeping; crying **3**
llegada *f.* arrival **5**
llegar *v.* to arrive
llevar *v.* to carry **2**; **llevar a cabo** to carry out (*an activity*); **llevar... años de (casados)** to be (married) for... years **1**; **llevarse** to carry away **2**; **llevarse bien/mal** to get along well/poorly **1**
llorar *v.* to cry **3**
loco/a: ¡Ni loco/a! *adj.* No way! **9**
locura *f.* madness; insanity
locutor(a) *m., f.* announcer
locutor(a) de radio *m., f.* radio announcer **9**
lograr *v.* to manage; to achieve **3**
loro *m.* parrot
lotería *f.* lottery
lucha *f.* struggle; fight
luchar *v.* to fight; to struggle **11**; **luchar por** to fight (for)
lucir *v.* to wear, to display **3**
lugar *m.* place
lujo *m.* luxury **8**; **de lujo** luxurious
lujoso/a *adj.* luxurious **5**
luminoso/a *adj.* bright **10**
luna *f.* moon; **luna llena** *f.* full moon
luz *f.* light **1**; power; electricity **7**

M

macho *m.* male
madera *f.* wood
madre soltera *f.* single mother
madriguera *f.* burrow; den **3**
madrugar *v.* to wake up early **4**
maduro/a *adj.* mature **1**
magia *f.* magic
maldición *f.* curse
malestar *m.* discomfort **4**
maleta *f.* suitcase **5**; **hacer las maletas** to pack **5**
maletero *m.* trunk **9**
malgastar *v.* to waste **6**

malhumorado/a *adj.* ill tempered; in a bad mood
manantial *m.* spring
mancha *f.* stain
manchar *v.* to stain
manejar *v.* to drive
manga *f.* sleeve **5**
manifestación *f.* protest; demonstration **11**
manifestante *m., f.* protester **6**
manipular *v.* to manipulate **9**
mano de obra *f.* labor
manta *f.* blanket
mantener *v.* to maintain; to keep; **mantenerse en contacto** *v.* to keep in touch **1**; **mantenerse en forma** to stay in shape **4**
manuscrito *m.* manuscript
maquillaje *m.* make-up **3**
maquillarse *v* to put on makeup **2**
mar *m.* sea **6**
maratón *m.* marathon
marca *f.* brand
marcar *v.* to mark; **marcar (un gol/punto)** to score (a goal/point) **2**
marcharse *v* to leave
marco *m.* frame
mareado/a *adj.* dizzy **4**
marido *m.* husband
marinero *m.* sailor
mariposa *f.* butterfly
marítimo/a *adj.* maritime
más *adj., adv.* more; **más allá de** beyond; **más bien** rather
masticar *v.* to chew
matador/a *m., f.* bullfighter who kills the bull **2**
matemático/a *m., f.* mathematician **7**
matiz *m.* subtlety
matrimonio *m.* marriage
mayor *m.* elder **12**
mayor de edad *adj.* of age
mayoría *f.* majority **11**
mecánico/a *adj.* mechanical
mecanismo *m.* mechanism
medicina alternativa *f.* alternative medicine
medida *f.* means; measure; **medidas de seguridad** *f. pl.* security measures **5**
medio *m.* half; middle; means; **medio ambiente** *m.* environment **6**; **medios de comunicación** *m. pl.* media **9**
medir (e:i) *v.* to measure
meditar *v.* to meditate **11**
mejilla *f.* cheek **10**
mejor *adj.* better, best; **a lo mejor** *adv.* maybe
mejorar *v.* to improve **4**
mendigo/a *m., f.* beggar
mensaje *m.* message; **mensaje de texto** *m.* text message **7**
mentira *f.* lie **1**; **de mentiras** pretend **5**
mentiroso/a *adj.* lying **1**
menudo: a menudo *adv.* frequently; often **3**
mercadeo *m.* marketing **1**
mercado *m.* market **8**
mercado al aire libre *m.* open-air market
mercancía *f.* merchandise
merecer *v.* to deserve **8**
mesero/a *m., f.* waiter; waitress
mestizo/a *m., f.* person of mixed ethnicity (part indigenous) **12**

meta *f.* finish line
meterse *v.* to break in (*to a conversation*) **1**
mezcla *f.* mixture
mezquita *f.* mosque **11**
miel *f.* honey **8**
milagro *m.* miracle **11**
militar *m., f.* military **11**
ministro/a *m., f.* minister; **ministro/a protestante** *m., f.* Protestant minister
minoría *f.* minority **11**
mirada *f.* gaze **1**
misa *f.* mass **2**
mismo/a *adj.* same; **Lo mismo digo yo.** The same here.; **él/ella mismo/a** himself; herself
mitad *f.* half
mito *m.* myth **5**
moda *f.* fashion; trend; **de moda** *adj.* popular; in fashion **9**; **moda pasajera** *f.* fad **9**
modelo *m., f.* model (*fashion*)
moderno/a *adj.* modern
modificar *v.* to modify; to reform
modo *m.* means; manner
mojar *v.* to moisten
mojarse *v.* to get wet
molestar *v.* to bother; to annoy **2**
momento *m.* moment; **de último momento** *adj.* up-to-the-minute **9**; **noticia de último momento** *f.* last-minute news
monarca *m., f.* monarch **12**
monja *f.* nun
mono *m.* monkey **6**
monolingüe *adj.* monolingual **9**
montaña *f.* mountain **6**
monte *m.* mountain **6**
moral *adj.* moral **11**
morder (o:ue) *v.* to bite **6**
morirse (o:ue) **de** *v.* to die of **2**
moroso/a *m., f.* debtor **8**
mosca *f.* fly **6**
motosierra *f.* power saw **7**
móvil *m.* cell phone **7**
movimiento *m.* movement **10**
mudar *v.* to change **2**
mudarse *v.* to move (*change residence*) **2**
mueble *m.* furniture **3**
muelle *m.* pier **5**
muerte *f.* death
muestra *f.* sample; example
mujer *f.* woman; wife; **mujer de negocios** *f.* businesswoman **8**
mujeriego *m.* womanizer **2**
multa *f.* fine
multinacional *f.* multinational company
multitud *f.* crowd
Mundial *m.* World Cup **2**
muralista *m., f.* muralist **10**
museo *m.* museum
músico/a *m., f.* musician **2**
musulmán/musulmana *adj.* Muslim **11**

N

naipes *m. pl.* playing cards **2**
narrador(a) *m., f.* narrator **10**
narrar *v.* to narrate **10**
narrativa *f.* narrative work **10**
nativo/a *adj.* native
naturaleza muerta *f.* still life **10**
nave espacial *f.* spaceship
navegante *m., f.* navigator **7**
navegar *v.* to sail **5**; **navegar en Internet** to surf the web; **navegar en la red** to surf the web **7**
necesario *adj.* necessary **4**
necesidad *f.* need **5**; **de primerísima necesidad** of utmost necessity **5**
necesitar *v.* to need **4**
necio/a *adj.* stupid
negocio *m.* business
nervioso/a *adj.* nervous
ni... ni... *conj.* neither... nor...
nido *m.* nest
niebla *f.* fog
nítido/a *adj.* sharp
nivel *m.* level; **nivel del mar** *m.* sea level
nombrar *v.* to name
nombre artístico *m.* stage name **1**
nominación *f.* nomination
nominado/a *m., f.* nominee
noticia *f.* news; **noticias locales/nacionales/internacionales** *f. pl.* local/domestic/international news **9**
novela rosa *f.* romance novel **10**
novelista *m., f.* novelist **7, 10**
nuca *f.* nape **9**
nutritivo/a *adj.* nutritious **4**

O

o... o... *conj.* either... or...
obedecer *v.* to obey **1**
obesidad *f.* obesity **4**
obra *f.* work; **obra de arte** *f.* work of art **10**; **obra de teatro** *f.* play (*theater*) **2, 10**; **obra literaria** *f.* literay play **10**; **obra maestra** *f.* masterpiece **3**
obsequio *m.* gift **11**
ocio *m.* leisure
ocultarse *v.* to hide **3**
ocurrírsele a alguien *v.* to occur to someone
odiar *v.* to hate **1**
ofensa *f.* insult **10**
oferta *f.* offer; proposal **9**
ofrecerse (a) *v.* to offer (to)
oír *v.* to hear **1**
ola *f.* wave **5**
óleo *m.* oil painting **10**
Olimpiadas *f. pl.* Olympics
olvidarse (de) *v.* to forget (about) **2**
olvido *m.* forgetfulness; oblivion **1**
ombligo *m.* navel **4**
onda *f.* wave
operación *f.* operation **4**
operar *v.* to operate
opinar *v.* to think; to be of the opinion; **Opino que es fea/o.** In my opinion, it's ugly.
oponerse a *v.* to oppose **4**
oprimir *v.* to oppress **12**
organismo público *m.* government agency **9**
orgulloso/a *adj.* proud **1**; **estar orgulloso/a de** to be proud of
orilla *f.* shore; **a orillas de** on the shore of **6**
ornamentado/a *adj.* ornate
oscurecer *v.* to darken **6**
oso *m.* bear

oveja *f.* sheep **6**
ovni *m.* UFO **7**
oyente *m., f.* listener **9**

P

pacífico/a *adj.* peaceful **12**
padre soltero *m.* single father
página *f.* page; **página web** *f.* web page **7**
país en vías de desarrollo *m.* developing country
paisaje *m.* landscape; scenery **6**
pájaro *m.* bird **6**
palmera *f.* palm tree
panfleto *m.* pamphlet **11**
pantalla *f.* screen **2; pantalla de computadora** *f.* computer screen; **pantalla de televisión** *f.* television screen **2**; **pantalla líquida** *f.* LCD screen **7**
papel *m.* role **9; desempeñar un papel** to play a role (*in a play*); to carry out
para *prep.* for **Para mí,...** In my opinion, ...; **para nada** not at all
paradoja *f.* paradox
parar el carro *v.* to hold one's horses **9**
parcial *adj.* biased **9**
parcialidad *f.* bias **9**
parecer *v.* to seem **2; A mi parecer,...** In my opinion, ...; **Al parecer, no le gustó.** It looks like he/she didn't like it. **6**; **Me parece hermosa/o.** I think it's pretty.; **Me pareció...** I thought.. **1**; **¿Qué te pareció Mariela?** What did you think of Mariela? **1**; **Parece que está triste/contento/a.** It looks like he/she is sad/happy. **6**
parecerse *v.* to look like **2, 3**
pared *f.* wall **5**
pareja *f.* couple; partner **1**
parque *m.* park; **parque de atracciones** *m.* amusement park **2**
parroquia *f.* parish **12**
parte *f.* part; **de parte de** on behalf of; **Por mi parte,...** As for me,...
particular *adj.* private; personal; particular
partida *f.* game **12**
partido *m.* party (*politics*); game (*sports*); **partido político** *m.* political party **11**; **ganar/perder un partido** to win/lose a game **2**
pasado/a de moda *adj.* out-of-date; no longer popular **9**
pasaje (de ida y vuelta) *m.* (round-trip) ticket **5**
pasajero/a *adj.* fleeting; passing
pasaporte *m.* passport **5**
pasar *v.* to pass; to make pass (*across, through, etc.*); **pasar la aspiradora** to vacuum **3**; **pasarlo bien/mal** to have a good/bad/horrible time **1**; **Son cosas que pasan.** These things happen. **11**
pasarse *v.* to go too far
pasatiempo *m.* pastime **2**
paseo *m.* stroll
paso *m.* passage; pass; step; **abrirse paso** to make one's way
pastilla *f.* pill **4**
pasto *m.* grass
pata *f.* foot/leg of an animal
patada *f.* kick **3**
patear *v.* to kick **2**
patente *f.* patent **7**
payaso/a *m., f.* clown **8**
paz *f.* peace
pecado *m.* sin
pececillo de colores *m.* goldfish
pecho *m.* chest **10**
pedir (e:i) *v* to ask **1, 4; pedir prestado/a** to borrow **8; pedir un deseo** to make a wish **8**
pegar *v.* to stick
peinarse *v.* to comb (one's hair) **2**
pelear *v.* to fight
película *f.* film
peligro *m.* danger; **en peligro de extinción** endangered **6**
peligroso/a *adj.* dangerous **5**
pena *f.* sorrow **4; ¡Qué pena!** What a pity!
pensar (e:ie) *v.* to think **1**
pensión *f.* bed and breakfast inn
perder (e:ie) *v.* to miss; to lose; **perder un vuelo** to miss a flight **5**; **perder las elecciones** to lose an election **11**; **perder un partido** to lose a game **2**
pérdida *f.* loss **11**
perdonar *v.* to forgive; **Perdona.** (*fam.*)/ **Perdone.** (*form.*) Pardon me.; Excuse me.
perfeccionar *v.* to improve; to perfect
periódico *m.* newspaper **9**
periodista *m., f.* journalist **9**
permanecer *v.* to remain; to last **4**
permisivo/a *adj.* permissive; easy-going **1**
permiso. *m.* permission; **Con permiso** Pardon me.; Excuse me.
perseguir (e:i) *v.* to pursue; to persecute
personaje *m.* character **10; personaje principal/secundario** *m.* main/secondary character
pertenecer (a) *v.* to belong (to) **12**
pesadilla *f.* nightmare
pesca *f.* fishing **5**
pesimista *m., f.* pessimist
peso *m.* weight
pez *m.* fish (*live*) **6**
picadura *f.* insect bite
picar *v.* to sting, to peck
picnic *m.* picnic
pico *m.* peak, summit
piedad *f.* mercy **8**
piedra *f.* stone **5**
pieza *f.* piece (*art*) **10**
pillar(se) *v.* to get (*catch*) **9**
piloto *m., f.* pilot
pincel *m.* paintbrush **10**
pincelada *f.* brush stroke **10**
pintar *v.* to paint **3**
pintor(a) *m., f.* painter **3, 10**
pintura *f.* paint; painting **10**
pirámide *f.* pyramid **5**
plancha *f.* iron
planear *v.* to plan
planeta *m.* planet **7**
planeta *m.* planet **7**
plata *f.* money (*L. Am.*) **7**
plaza de toros *f.* bullfighting stadium **2**
plazo: a corto/largo plazo short/long-term **8**
población *f.* population **4**
poblador(a) *m., f.* settler; inhabitant
poblar (o:ue) *v.* to settle; to populate **12**
pobreza *f.* poverty **8**
poder (o:ue) *v.* to be able to **1**
poderoso/a *adj.* powerful **12**
poesía *f.* poetry **10**
poeta *m., f.* poet **10**
polémica *f.* controversy **11**
polen *m.* pollen **8**
policíaco/a *adj.* detective (*story/novel*) **10**
política *f.* politics
político/a *m., f.* politician **11**
polvo *m.* dust **3; quitar el polvo** to dust **3**
poner *v.* to put; to place **1, 2**; **poner a prueba** to test; to challenge; **poner cara (de hambriento/a)** to make a (hungry) face; **poner un disco compacto** to play a CD **2**; **poner una inyección** to give a shot **4**
ponerse *v.* to put on (*clothing*) **2; ponerse a dieta** to go on a diet **4**; **ponerse bien/mal** to get well/ill **4**; **ponerse de pie** to stand up **12**; **poner la mesa** to set the table **3**; **ponerse el cinturón** to fasten the seatbelt **5**; **ponerse en forma** to get in shape **4**; **ponerse pesado/a** to become annoying
popa *f.* stern **5**
porquería *f.* garbage; poor quality **10**
portada *f.* front page; cover **9**
portarse bien *v.* to behave well
portátil *adj.* portable
posible *adj.* possible; **en todo lo posible** as much as possible
pozo *m.* well; **pozo petrolero** *m.* oil well
precioso/a *adj.* lovely **1**
precolombino/a *adj.* pre-Columbian
preferir (e:ie) *v.* to prefer **4**
preguntarse *v.* to wonder
prehistórico/a *adj.* prehistoric **12**
premiar *v.* to give a prize
premio *m.* prize **12**
prensa *f.* press **9; prensa sensacionalista** *f.* tabloid(s) **9; rueda de prensa** *f.* press conference **11**
preocupado/a (por) *adj.* worried (about) **1**
preocupar *v.* to worry **2**
preocuparse (por) *v.* to worry (about) **2**
presentador(a) de noticias *m., f.* news reporter
presentir (e:ie) *v.* to foresee
presionar *v.* to pressure; to stress
prestar *v.* to lend **8**
presupuesto *m.* budget **8**
prevenido/a *adj.* cautious
prevenir *v.* to prevent **4**
prever *v.* to foresee **6**
previsto/a *adj., p.p.* planned **3**
primer(a) ministro/a *m., f.* prime minister **11**
primeros auxilios *m. pl.* first aid **4**
prisa *f.* hurry; rush **6**
privilegio *m.* privilege **8**
proa *f.* bow **5**
probador *m.* dressing room **3**
probar (o:ue) **(a)** *v.* to try **3**
probarse (o:ue) *v.* to try on **3**
procesión *f.* procession **12**
producir *v.* to produce **1**
productivo/a *adj.* productive **8**
profundo/a *adj.* deep
programa (de computación) *m.* software **7**
programador(a) *m., f.* programmer
prohibido/a *adj.* prohibited **5**
prohibir *v.* to prohibit **4**
prominente *adj.* prominent **11**

promover (o:ue) *v.* to promote
pronunciar *v.* to pronounce; **pronunciar un discurso** to give a speech **11**
propaganda *f.* advertisement **9**
propensión *f.* tendency
propietario/a *m., f.* (property) owner
propio/a *adj.* own **1**
proponer *v.* to propose **1, 4**; **proponer matrimonio** to propose (marriage) **1**
proporcionar *v.* to provide; to supply
propósito: a propósito *adv.* on purpose **3**
prosa *f.* prose **10**
protagonista *m., f.* protagonist; main character **10**
proteger *v.* to protect **1, 6**
protegido/a *adj.* protected **5**
protestar *v.* to protest **11**
provecho *m.* benefit; **Buen provecho.** Enjoy your meal. **6**
proveniente (de) *adj.* originating (in); coming from
provenir (de) *v.* to come from; to originate from
proyecto *m.* project; **proyecto de ley** *m.* bill **11**
prueba *f.* proof **2**
publicar *v.* to publish **9**
publicidad *f.* advertising **9**
público *m.* public; audience **9**
pueblo *m.* people **4**
puente *m.* bridge **12**
puerta de embarque *f.* (airline) gate **5**
puerto *m.* port **5**
puesto *m.* position; job **8**
punto *m.* period **2**
punto de vista *m.* point of view **10**
pureza *f.* purity **6**
puro/a *adj.* pure; clean

Q

quedar *v.* to be left over; to fit (clothing) **2**
quedarse *v.* to stay **5**; **quedarse callado/a** to remain silent **1**; **quedarse sin** to run out of **6**; **quedarse sordo/a** to go deaf **4**; **quedarse viudo/a** to become widowed
quehacer *m.* chore **3**
queja *f.* complaint
quejarse (de) *v.* to complain (about) **2**
querer (e:ie) *v.* to love; to want **1, 4**
químico/a *adj.* chemical **7**
químico/a *m., f.* chemist **7**
quirúrgico/a *adj.* surgical
quitar *v.* to take away; to remove **2**; **quitar el polvo** to dust **3**; **quitar la mesa** to clear the table **3**
quitarse *v.* to take off (*clothing*) **2**; **quitarse (el cinturón)** to unfasten (the seatbelt) **5**

R

rabino/a *m., f.* rabbi
radiación *f.* radiation
radio *f.* radio
radioemisora *f.* radio station **9**
raíz *f.* root
rana *f.* frog **6**
rancho *m.* ranch **12**
rasgo *m.* trait; characteristic
rata *f.* rat
ratos libres *m. pl.* free time **2**
raya *f.* war paint; stripe **5**
rayo *m.* ray; lightning; **¿Qué rayos...?** What on earth...? **5**
raza *f.* race **12**
reactor *m.* reactor
realismo *m.* realism **10**
realista *adj.* realistic; realist **10**
rebeldía *f.* rebelliousness
rebuscado/a *adj.* complicated
recepción *f.* front desk **5**
receta *f.* prescription **4**
recetar *v.* prescribe **4**
rechazar *v.* to turn down; to reject **1, 11**
rechazo *m.* refusal; rejection
reciclable *adj.* recyclable
reciclar *v.* to recycle **6**
recital *m.* recital
reclamar *v.* to claim; to demand **11**
recomendable *adj.* recommendable; advisable **5**; **poco recomendable** not advisable; inadvisable
recomendar (e:ie) *v.* to recommend **4**
reconocer *v.* to recognize **1, 12**
reconocimiento *m.* recognition
recordar (o:ue) *v.* to remember
recorrer *v.* to visit; to go around **5**
recuerdo *m.* memory
recuperarse *v.* to recover **4**
recurso natural *m.* natural resource **6**
redactor(a) *m., f.* editor **9**; **redactor(a) jefe** *m., f.* editor-in-chief
redondo/a *adj.* round **2**
reducir (la velocidad) *v.* to reduce (speed) **5**
reembolso *m.* refund **3**
reflejar *v.* to reflect; to depict **10**
reforma *f.* reform; **reforma económica** *f.* economic reform
refugiarse *v* to take refuge
refugio *m.* refuge **6**
regla *f.* rule
regocijo *m.* joy **4**
regresar *v.* to return **5**
regreso *m.* return (trip)
rehacer *v.* to re-make; to re-do **1**
reina *f.* queen
reino *m.* reign; kingdom **12**
reírse (e:i) *v.* to laugh
relacionado/a *adj.* related; **estar relacionado/a** to have good connections
relajarse *v.* to relax **4**
relámpago *m.* lightning **6**
relato *m.* story; account **10**
religión *f.* religion
religioso/a *adj.* religious **11**
reloj *m.* clock **12**
remitente *m.* sender
remo *m.* oar **5**
remordimiento *m.* remorse **11**
rendimiento *m.* performance
rendirse (e:i) *v.* to surrender **12**
renovable *adj.* renewable **6**
renunciar *v.* to quit **8**; **renunciar a un cargo** to resign a post
repaso *m.* revision; review **10**
repentino/a *adj.* sudden **3**
repertorio *m.* repertoire
reportaje *m.* news report **9**
reportero/a *m., f.* reporter **9**
reposo *m.* rest; **estar en reposo** to be at rest
repostería *f.* pastry
represa *f.* dam
reproducirse *v.* to reproduce
reproductor de CD/DVD/MP3 *m.* CD/DVD/MP3 player **7**
resbaladizo/a *adj.* slippery **11**
resbalar *v.* to slip
rescatar *v.* to rescue
resentido/a *adj.* resentful **6**
reservación *f.* reservation
reservar *v.* to reserve **5**
resfriado *m.* cold **4**
residir *v* to reside
resolver (o:ue) *v.* to solve **6**
respeto *m.* respect
respiración *f.* breathing **4**
respirar *v.* to breath **1**
responsable *adj.* responsible
retrasado/a *adj.* delayed **5**
retrasar *v* to delay
retraso *m.* delay
retratar *v.* to portray **3**
retrato *m.* portrait **3**
reunión *f.* meeting **8**
reunirse (con) *v.* to get together (with) **2**
revista *f.* magazine **9**; **revista electrónica** *f.* online magazine **9**
revolucionario/a *adj.* revolutionary **7**
revolver (o:ue) *v.* to stir; to mix up
rey *m.* king **12**
rezar *v.* to pray **11**
riesgo *m.* risk
rima *f.* rhyme **10**
rincón *m.* corner; nook **11**
río *m.* river
riqueza *f.* wealth **8**
rociar *v.* to spray **6**
rodar (o:ue) *v.* to film **9**
rodeado/a *adj.* surrounded **7**
rodear *v.* to surround
rogar (o:ue) *v.* to beg; to plead **4**
romanticismo *m.* romanticism **10**
romper (con) *v.* to break up (with) **1**
rozar *v.* to brush against; to touch lightly
ruedo *m.* bull ring **2**
ruido *m.* noise
ruina *f.* ruin **5**
ruta maya *f.* Mayan Trail **5**
rutina *f.* routine **3**

S

saber *v.* to know; to taste like/of **1**; **¿Cómo sabe?** How does it taste? **4**; **¿Y sabe bien?** And does it taste good? **4**; **Sabe a ajo/menta/limón.** It tastes like garlic/mint/lemon. **4**
sabiduría *f.* wisdom **12**

sabio/a *adj.* wise
sabor *m.* taste; flavor; **¿Qué sabor tiene? ¿Chocolate?** What flavor is it? Chocolate? **4**; **Tiene un sabor dulce/agrio/amargo/agradable.** It has a sweet/sour/bitter/pleasant taste. **4**
sacerdote *m.* priest
saciar *v.* to satisfy; to quench
sacrificar *v.* to sacrifice **6**
sacrificio *m.* sacrifice
sacristán *m.* sexton **11**
sagrado/a *adj.* sacred; holy **11**
sala *f.* room; hall; **sala de conciertos** *f.* concert hall; **sala de emergencias** *f.* emergency room **4**
salida *f.* exit **6**
salir *v.* to leave; to go out **1**; **salir (a comer)** to go out (to eat) **2**; **salir con** to go out with **1**
salto *m.* jump
salud *f.* health **4**; **¡A tu salud!** To your health!; **¡Salud!** Cheers! **8**
saludable *adj.* healthy; nutritious **4**
salvaje *adj.* wild **6**
salvar *v.* to save **6**
sanar *v.* to heal **4**
sano/a *adj.* healthy **4**
satélite *m.* satellite
sátira *f.* satire
satírico/a *adj.* satirical **10**; **tono satírico/a** *m.* satirical tone
secarse *v.* to dry off **2**
sección *f.* section **9**; **sección de sociedad** *f.* lifestyle section **9**; **sección deportiva** *f.* sports page/section **9**
seco/a *adj.* dry **6**
secuestro *m.* kidnapping **11**
seguir (i:e) *v.* to follow
seguridad *f.* safety; security **5**; **cinturón de seguridad** *m.* seatbelt **5**; **medidas de seguridad** *f. pl.* security measures **5**
seguro *m.* insurance **5**
seguro/a *adj.* sure; confident **1**
seleccionar *v.* to select; to pick out **3**
sello *m.* seal; stamp
selva *f.* jungle **5**
semana *f.* week
semanal *adj.* weekly
semilla *f.* seed
senador(a) *m., f.* senator **11**
sensato/a *adj.* sensible **1**
sensible *adj.* sensitive **1**
sentido *m.* sense; **en sentido figurado** figuratively; **sentido común** *m.* common sense
sentimiento *m.* feeling; emotion **1**
sentirse (e:ie) *v.* to feel **1**
señal *f.* sign **2**
señalar *v.* to point to; to signal **2**
separado/a *adj.* separated **1**
sepultar *v.* to bury **12**
sequía *f.* drought **6**
ser *v.* to be **1**
serpiente *f.* snake **6**
servicio de habitación *m.* room service **5**
servicios *m., pl* facilities
servidumbre *f.* servants; servitude **3**
sesión *f.* showing
siglo *m.* century **12**
silbar *v.* to whistle
sillón *m.* armchair
simpático/a *adj.* nice
sin *prep.* without; **sin ti** without you (*fam.*)
sinagoga *f.* synagogue **11**
sincero/a *adj.* sincere
sindicato *m.* labor union **8**
síntoma *m.* symptom
sintonía *f.* tuning; synchronization **9**
sintonizar *v.* to tune into (radio or television)
siquiera *conj.* even; **ni siquiera** *conj.* not even
sitio web *m.* website **7**
situado/a *adj.* situated; located; **estar situado/a en** to be set in
soberanía *f.* sovereignty **12**
soberano/a *m., f.* sovereign; ruler **12**
sobre *m.* envelope
sobre todo above all **6**
sobredosis *f.* overdose
sobrevivencia *f.* survival
sobrevivir *v.* to survive
sociable *adj.* sociable
sociedad *f.* society
socio/a *m., f.* partner; member **8**
solar *adj.* solar
soldado *m.* soldier **12**
soledad *f.* solitude; loneliness **3**
soler (o:ue) *v.* to be in the habit of; to be used to **3**
solicitar *v.* to apply for **8**
solo/a *adj.* alone; lonely **1**
soltero/a *adj.* single **1**; **madre soltera** *f.* single mother; **padre soltero** *m.* single father
sonar (o:ue) *v.* to ring **7**
soñar (o:ue) **(con)** *v.* to dream (about) **1**
soplar *v.* to blow
soportar *v.* to support; **soportar a alguien** to put up with someone **1**
sordo/a *adj.* deaf; **quedarse sordo/a** to go deaf *v.* **4**
sorprender *v.* to surprise **2**
sorprenderse (de) *v.* to be surprised (about) **2**
sortija *f.* ring **5**
sospecha *f.* suspicion
sospechar *v.* to suspect
sótano *m.* basement **3**
suavidad *f.* smoothness
subasta *f.* auction **10**
subdesarrollo *m.* underdevelopment
subida *f.* ascent
subsistir *v.* to survive **11**
subtítulos *m., pl.* subtitles **9**
suburbio *m.* suburb
suceder *v.* to happen **1**
sucursal *f.* branch
sueldo *m.* salary; **aumento de sueldo** raise in salary *m.* **8**; **sueldo fijo** *m.* base salary **8**; **sueldo mínimo** *m.* minimum wage **8**
suelo *m.* floor
suelto/a *adj.* loose
sueños *m. pl.* dreams **1**
sufrimiento *m.* pain; suffering
sufrir (de) *v.* to suffer (from) **4**
sugerir (e:ie) *v.* to suggest **4**
superar *v.* to exceed, to overcome **1**
superficie *f.* surface
supermercado *m.* supermarket **3**
supervivencia *f.* survival
suponer *v.* to suppose **1**
suprimir *v.* to abolish; to suppress **12**
supuesto/a *adj.* false; so-called; supposed; **Por supuesto.** Of course.
surrealismo *m.* surrealism **10**
suscribirse (a) *v.* to subscribe (to) **9**

T

tablero *m.* chessboard **12**
tacaño/a *adj.* cheap; stingy **1**
tacón *m.* heel **12**; **tacón alto** high heel
tal como *conj.* just as
talento *m.* talent **1**
talentoso/a *adj.* talented **1**
taller *m.* workshop
tanque *m.* tank **6**
tapa *f.* lid, cover
tapón *m.* traffic jam **5**
taquilla *f.* box office **2**
tarjeta *f.* card; **tarjeta de crédito/débito** *f.* credit/debit card **3**; **tarjeta de embarque** *f.* boarding card **5**
tatarabuelo/a *m., f.* great-great-grandfather/mother **12**
teatro *m.* theater
teclado *m.* keyboard
tela *f.* canvas **10**
teléfono celular *m.* cell phone **7**
telenovela *f.* soap opera **9**
telescopio *m.* telescope **7**
televidente *m., f.* television viewer **9**
televisión *f.* television **2**
televisor *m.* television set **2**
templo *m.* temple **11**
temporada *f.* season **9** **temporada alta/baja** *f.* high/low season **5**
tendencia *f.* trend **9**; **tendencia izquierdista/derechista** *f.* left-wing/right-wing bias
tener (e:ie) *v.* to have **1**; **tener buen/mal aspecto** to look healthy/sick **4**; **tener buena/mala fama** to have a good/bad reputation **9**; **tener celos (de)** to be jealous (of) **1**; **tener fiebre** to have a fever **4**; **tener vergüenza (de)** to be ashamed (of) **1**
tensión (alta/baja) *f.* (high/low) blood pressure **4**
teoría *f.* theory **7**
terapia intensiva *f.* intensive care **4**
térmico/a *adj.* thermal
terremoto *m.* earthquake **6**
terreno *m.* land **6**
territorio *m.* territory **11**
terrorismo *m.* terrorism **11**
testigo *m., f.* witness **10**
tiburón *m.* shark **5**
tiempo *m.* time; **a tiempo** on time **3**; **tiempo libre** *m.* free time **2**
tierra *f.* land; earth **6**
tigre *m.* tiger **6**
timbre *m.* doorbell; tone; tone of voice **3**; **tocar el timbre** to ring the doorbell **3**
timidez *f.* shyness
tímido/a *adj.* shy **1**
típico/a *adj.* typical; traditional
tipo *m.* guy **2**

tira cómica *f.* comic strip **9**
tirar *v.* to throw **5**
titular *m.* headline **9**
titularse *v.* to graduate **3**
tocar + me/te/le, etc. *v.* to be my/your/his turn; **¿A quién le toca pagar la cuenta?** Whose turn is it to pay the tab? **2**; **¿Todavía no me toca?** Is it my turn yet? **2**; **A Johnny le toca hacer el café.** It's Johnny's turn to make coffee. **2**; **Siempre te toca lavar los platos.** It's always your turn to wash the dishes. **2**; **tocar el timbre** to ring the doorbell **3**
tomar *v.* to take; **tomar en cuenta** *v.* to take into consideration **1**; **tomar en serio** to take seriously **8**
torear *v.* to fight bulls in the bullring **2**
toreo *m.* bullfighting **2**
torero/a *m., f.* bullfighter **2**
tormenta *f.* storm; **tormenta tropical** *f.* tropical storm **6**
torneo *m.* tournament **2**
tos *f.* cough **4**
toser *v.* to cough **4**
tóxico/a *adj.* toxic **6**
tozudo/a *adj.* stubborn **8**
trabajador(a) *adj.* industrious; hard-working **8**
trabajar duro to work hard **8**
tradicional *adj.* traditional **1**
traducir *v.* to translate **1**
traer *v.* to bring **1**
tragar *v.* to swallow
trágico/a *adj.* tragic **10**
traición *f.* betrayal **12**
traidor(a) *m., f.* traitor **12**
traje de luces *m.* bullfighter's outfit (*lit.* costume of lights) **2**
trama *f.* plot **10**
tranquilo/a *adj.* calm **1**; **Tranquilo/a.** Be calm.; Relax.
transbordador espacial *m.* space shuttle **7**
transcurrir *v.* to take place **10**
tránsito *m.* traffic
transmisión *f.* transmission
transmitir *v.* to broadcast **9**
transplantar *v.* to transplant
transporte público *m.* public transportation
trasnochar *v.* to stay up all night **4**
trastorno *m.* disorder
tratado *m.* treaty
tratamiento *m.* treatment **4**
tratar *v.* to treat **4**; **tratar (sobre/acerca de)** to be about; to deal with **4**
tratarse de *v.* to be about; to deal with **10**
trayectoria *f.* path; history **1**
trazar *v.* to trace
tribu *f.* tribe **12**
tribunal *m.* court
tropical *adj.* tropical; **tormenta tropical** *f.* tropical storm **6**
truco *m.* trick **2**
trueno *m.* thunder **6**
trueque *m.* barter; exchange
tubería *f.* piping; plumbing **6**
turbio/a *adj.* murky **1**
turismo *m.* tourism **5**
turista *m., f.* tourist **5**
turístico/a *adj.* tourist **5**

U

ubicar *v.* to put in a place; to locate
ubicarse *v* to be located
único/a *adj.* unique
uña *f.* fingernail
urbano/a *adj.* urban
urgente *adj.* urgent **4**
usuario/a *m., f.* user **7**
útil *adj.* useful **11**

V

vaca *f.* cow **6**
vacuna *f.* vaccine **4**
vacunar(se) *v.* to vaccinate/to get vaccinated **4**
vago/a *m., f.* slacker **7**
vagón *m.* carriage; coach **7**
valer *v.* to be worth **1**
valiente brave **5**
valioso/a *adj.* valuable **6**
valor *m.* bravery; value
vándalo/a *m., f.* vandal **6**
vanguardia *f.* vanguard; **a la vanguardia** at the forefront **7**
vedado/a *adj.* forbidden **3**
vela *f.* candle
venado *m.* deer
vencer *v.* to conquer; to defeat **2, 9**
vencido/a *adj.* expired **5**
venda *f.* bandage **4**
vendedor(a) *m., f.* salesperson **8**
veneno *m.* poison **6**
venenoso/a *adj.* poisonous **6**
venerar *v.* to worship **11**
venir (e:ie) *v.* to come **1**
venta *f.* sale; **estar a la venta** to be for sale
ventaja *f.* advantage
ver *v.* to see **1**; **Yo lo/la veo muy triste.** He/She looks very sad to me. **6**
vergüenza *f.* shame; embarrassment; **tener vergüenza (de)** to be ashamed (of) **1**
verse *v.* to look; to appear; **Se ve tan feliz.** He/She looks so happy. **6**; **¡Qué guapo/a te ves!** How attractive you look! (*fam.*) **6**; **¡Qué elegante se ve usted!** How elegant you look! (*form.*) **6**
verso *m.* line (*of poetry*) **10**
vestidor *m.* fitting room
vestirse (e:i) *v.* to get dressed **2**
vez *f.* time; **a veces** *adv.* sometimes **3**; **de vez en cuando** now and then; once in a while **3**; **por primera/última vez** for the first/last time **2**; **érase una vez** once upon a time
viaje *m.* trip **5**; **hacer un viaje** to take a trip **5**
viajero/a *m., f.* traveler **5**
victoria *f.* victory
victorioso/a *adj.* victorious **12**
vida *f.* life; **vida cotidiana** *f.* everyday life
video musical *m.* music video **9**
videojuego *m.* video game **2**
vigente *adj.* valid **5**
vigilar *v.* to watch
virus *m.* virus **4**
vistazo *m.* glance; **echar un vistazo** to take a look
viudo/a *adj.* widowed **1**
viudo/a *m., f.* widower/widow
vivir *v.* to live **1**
vivo: en vivo *adj.* live **9**
volar (o:ue) *v.* to fly **8**
volver (o:ue) *v.* to come back
votar *v.* to vote **11**
vuelo *m.* flight
vuelta *f.* return (trip)

W

web *f.* (the) web **7**

Y

yeso *m.* cast **4**

Z

zaguán *m.* entrance hall; vestibule **3**
zoológico *m.* zoo **2**

English–Spanish

A

@ symbol arroba *f.* 7
abolish suprimir *v.* 12
above all sobre todo 6
absent ausente *adj.*
abstract abstracto/a *adj.* 10
accentuate acentuar *v.* 10
accident accidente *m.;* **car accident** accidente automovilístico *m.* 5
account cuenta *f.;* **(story)** relato *m.* 10; **checking account** cuenta corriente *f.* 8; **savings account** cuenta de ahorros *f.*
accountant contador(a) *m., f.* 8
accustomed to acostumbrado/a *adj.;* **to grow accustomed (to)** acostumbrarse (a) *v.* 3
ache doler (o:ue) *v.* 2
achieve lograr *v.* 3; alcanzar *v.*
activist activista *m., f.* 11
actor actor *m.* 9
actress actriz *f.* 9
add añadir *v.*
admission ticket entrada *f.*
adore adorar *v.* 1
advance avance *m.* 7
advanced adelantado/a; avanzado/a *adj.* 7, 12
advantage ventaja *f.;* **to take advantage of** aprovechar *v*
adventure aventura *f.* 5
adventurer aventurero/a *m., f.* 5
advertising publicidad *f.* 9
advertisement anuncio *m.*, propaganda *f.* 9
advisable recomendable *adj.* 5; **not advisable, inadvisable** poco recomendable *adj.*
advise aconsejar *v.* 4
advisor asesor(a) *m., f.* 8
aesthetic estético/a *m., f.* 10
affection cariño *m.* 1
affectionate cariñoso/a *adj.* 1
afflict afligir *v.* 4
after all a final de cuentas 7*;* al fin y al cabo
against contra *prep.;* **against** en contra *prep.* 1
age: of age mayor de edad
agent agente *m., f.;* **customs agent** agente de aduanas *m., f.* 5
agnostic agnóstico/a *adj.* 11
agree acordar (o:ue) *v.* 2
aid auxilio *m.;* **first aid** primeros auxilios *m. pl.* 4
album álbum *m.* 2
alibi coartada *f.* 10
alien extraterrestre *m., f.* 7
allusion alusión *f.* 10
almost casi *adv.* 3
alone solo/a *adj.* 1
alternative medicine medicina alternativa *f.*
amaze asombrar *v.*
amazement asombro *m.*
ambassador embajador(a) *m., f.* 11
amuse (oneself) entretener(se) (e:ie) *v.* 2
ancient antiguo/a *adj.* 12
anger enojo *m.*
announcer conductor(a) *m., f.;* locutor(a) *m., f.*
annoy molestar *v.* 2
ant hormiga *f.* 6
antenna antena *f.*
antiquity antigüedad *f.*
anxiety ansia *f.* 1
anxious ansioso/a *adj.* 1
apologize disculparse *v.* 6
appear aparecer *v.* 1
appearance aspecto *m.*
applaud aplaudir *v.* 2
apply for solicitar *v.* 8
appreciate apreciar *v.* 1
appreciated apreciado/a *adj.*
approach acercarse (a) *v.* 2
approval aprobación *f.* 9
approve aprobar (o:ue) *v.*
archaeologist arqueólogo/a *m., f.*
archaeology arqueología *f.*
argue discutir *v.* 1
arid árido/a *adj.* 11
aristocratic aristocrático/a *adj.* 12
armchair sillón *m.*
armed armado/a *adj.*
army ejército *m.* 12
arrival llegada *f.* 5
arrive llegar *v.*
artifact artefacto *m.* 5
artisan artesano/a *m., f.* 10
ascent subida *f.*
ashamed avergonzado/a *adj.;* **to be ashamed (of)** tener vergüenza (de) *v.* 1
ask pedir (e:i) *v* 1, 4
aspirin aspirina *f.* 4
assure asegurar *v.*
astonished: be astonished asombrarse *v.*
astonishing asombroso/a *adj.*
astonishment asombro *m.*
astronaut astronauta *m., f.* 7
astronomer astrónomo/a *m., f.* 7
atheism ateísmo *m.*
atheist ateo/a *adj.* 11
athlete deportista *m., f.* 2
ATM cajero automático *m.*
attach adjuntar *v.* 7; **to attach a file** adjuntar un archivo *v.* 7
attract atraer *v.* 1
attraction atracción *f.*
auction subasta *f.* 10
audience audiencia *f.*
audience público *m.* 9
authoritarian autoritario/a *adj.* 1
autobiography autobiografía *f.* 10
available disponible *adj.*
awkward situation compromiso *m.* 10

B

back espalda *f.;* **behind my back** a mis espaldas 9; **to have one's back to** estar de espaldas a
bag bolsa *f.*
balcony balcón *m.* 3
ball balón *m.* 2
ball field campo *m.* 5
ball game juego de pelota *m.* 5
band conjunto (musical) *m.*
bandage venda *f.* 4
banking bancario/a *adj.*
bankruptcy bancarrota *f.* 8
baptism bautismo *m.*
bargain ganga *f.* 3
barter trueque *m.*
basement sótano *m.* 3
battle batalla *f.* 12
bay bahía *f.* 5
be able to poder (o:ue) *v.* 1
be about (deal with) tratarse de *v.* 10 tratar (sobre/acerca de) *v.* 4
be about to disponerse a *v.* 6
be held up entretenerse *v.* 1
be promoted ascender (e:ie) *v.* 8
bear oso *m.*
beat latir *v.* 4
become convertirse (en) (e:ie) *v.* 1; **to become annoying** ponerse pesado/a *v.*; **to become extinct** extinguirse *v.* 6; **to become infected** contagiarse *v.* 4; **to become inflamed** inflamarse *v.*; **to become informed (about)** enterarse (de) *v.* 9; **to become part (of)** integrarse (a) *v.* 12; **to become tired** cansarse *v.*
bed and breakfast inn pensión *f.*
beehive colmena *f.* 8
beforehand de antemano
beg rogar *v.* 4
beggar mendigo/a *m., f.*
begin empezar (e:ie) *v.*
behalf: on behalf of de parte de
behave well portarse bien *v.*
belief creencia *f.* 11
believe (in) creer (en) *v.* 11; **Don't you believe it.** No creas.
believer creyente *m., f.* 11
belong (to) pertenecer (a) *v.* 12
belt cinturón *m.;* **seatbelt** cinturón de seguridad *m.* 5
benefits beneficios *m. pl.*
bet apuesta *f.*
bet apostar (o:ue) *v.*
betray engañar *v.* 9, 12
betrayal traición *f.* 12
better mejor *adj.;* **maybe** a lo mejor *adv.* 1
beyond más allá de
bias parcialidad *f.* 9; **left-wing/right-wing bias** tendencia izquierdista/derechista *f.*
biased parcial *adj.* 9
bilingual bilingüe *adj.* 9
bill factura *f.* 8; cuenta *f.*; proyecto de ley *m.* 11
billiards billar *m.* 2
biochemical bioquímico/a *adj.* 7
biography biografía *f.* 10
biologist biólogo/a *m., f.* 7
bird ave *f.* 6; pájaro *m.* 6
bite morder (o:ue) *v.* 6
blanket manta *f.*
bless bendecir *v.* 11
blog blog *m.* 7

blognovel blogonovela *f.* 7
blogosphere blogosfera *f.* 7
blood sangre *f.* 4; **(high/low) blood pressure** tensión (alta/baja) *f.* 4
blow soplar *v.;* **to blow out the candles** apagar las velas *v.* 8
blurred confuso/a *adj.* 1
blush enrojecer *v.*
board embarcar *v.;* **on board** a bordo *adj.* 5
board game juego de mesa *m.* 2
boat bote *m.* 5
body cuerpo *m.*
boil hervir (e:ie) *v.* 3
bombing bombardeo *m.* 6
border frontera *f.* 5
border límite *m.* 11
bore aburrir *v.* 2
borrow pedir prestado/a *v.* 8
both ambos/as *pron., adj.*
bother molestar *v.* 2
bottom fondo *m.*
bow proa *f.* 5
bowling boliche *m.* 2
box caja *f.;* **toolbox** caja de herramientas *f.*
box office taquilla *f.* 2
branch sucursal *f.*
brand marca *f.*
brave valiente 5
bravery valor *m.*
break in (to a conversation) meterse *v.* 1
break up (with) romper (con) *v.* 1
breakthrough avance *m.* 7
breath respirar *v.* 1
breathing respiración *f.* 4
brick ladrillo *m.*
bridge puente *m.* 12
bright luminoso/a *adj.* 10
bring traer *v.* 1; **to bring down** derribar *v.*; **to bring up (raise)** educar *v.* 1
broadcast emisión *f.;* **live broadcast** emisión en vivo/directo *f.*
broadcast transmitir *v.* 9
broom escoba *f.*
brush cepillarse *v.* 2; **to brush against** rozar *v.*
brush stroke pincelada *f.* 10
Buddhist budista *adj.* 11
budget presupuesto *m.* 8
buffalo búfalo *m.*
bull ring ruedo *m.* 2
bullfight corrida *f.* 2
bullfighter torero/a *m., f.* 2; **bullfighter who kills the bull** matador/a *m., f.* 2; **bullfighter's outfit** traje de luces *m.* 2
bullfighting toreo *m.* 2; **bullfighting stadium** plaza de toros *f.* 2
bureaucracy burocracia *f.*
buried enterrado/a *adj.* 2
burrow madriguera *f.* 3
bury enterrar (e:ie), sepultar *v.* 12
business negocio *m.*
businessman hombre de negocios *m.* 8
businesswoman mujer de negocios *f.* 8
butterfly mariposa *f.*

C

cage jaula *f.*
calculation, sum cuenta *f.*
calm tranquilo/a *adj.* 1
calm down calmarse *v.;* **Calm down.** Tranquilo/a.
campaign campaña *f.* 11
campground campamento *m.* 5
cancel cancelar *v.* 5
cancer cáncer *m.*
candidate candidato/a *m., f.* 11
candle vela *f.*
canon canon *m.* 10
canvas tela *f.* 10
capable capaz *adj.* 8
cape cabo *m.*
captain capitán *m.*
card tarjeta *f.;* **boarding card** tarjeta de embarque *f.* 5; **credit/debit card** tarjeta de crédito/débito *f.* 3; **(playing) cards** cartas, *f. pl.* 2, naipes *m. pl.* 2
care cuidado *m.* 1; **personal care** aseo personal *m.*
careful cuidadoso/a *adj.* 1
caress acariciar *v.* 3, 10
carriage vagón *m.* 7
carry llevar *v.* 2; **to carry away** llevarse *v.* 2; **to carry out** cumplir *v.* 8; **to carry out (an activity)** llevar a cabo *v.*
cascade cascada *f.* 5
case: in any case de todas formas 12
cash dinero en efectivo *m.;* (*Arg.*) guita *f.*
cashier cajero/a *m., f.*
casket ataúd *m.* 2
cast yeso *m.* 4
catastrophe catástrofe *f.*
catch atrapar *v.* 6
catch pillar *v.* 9
category categoría *f.* 5
Catholic católico/a *adj.* 11
cautious prevenido/a *adj.*
cave cueva *f.*
celebrate celebrar, festejar *v.* 2
celebrity celebridad *f.* 9
cell célula *f.* 7; celda *f.*
cell phone móvil *m.* 7, *teléfono celular* **m.** 7
cemetery cementerio *m.* 12
censorship censura *f.* 9
cent centavo *m.*
century siglo *m.* 12
certain cierto/a *adj.*
certainty certeza *f.* certidumbre *f.* 12
challenge desafío *m.* 7; desafiar *v.* 2; poner a prueba *v.*
challenging desafiante *adj.* 4
champion campeón/campeona *m., f.* 2
championship campeonato *m.* 2
chance azar, *m.* 5, 12 casualidad *f.* 5; **by chance** por casualidad 3
change cambio *m.;* cambiar; mudar *v.* 2; **to change (plains, trains)** hacer transbordo *v.* 5
channel canal *m.* 9; **television channel** canal de televisión *m.*
chapel capilla *f.* 11
chapter capítulo *m.*
character personaje *m.* 10; **main/secondary character** personaje principal/secundario *m.*
characteristic (trait) rasgo *m.*
characterization caracterización *f.* 10
charge cobrar *v.* 8
charge: be in charge of encargarse de *v.* 1; estar a cargo de; estar encargado/a de; **person in charge** encargado/a *m., f.*
cheap (stingy) tacaño/a *adj.* 1; **(inexpensive)** barato/a *adj.* 3
cheek mejilla *f.* 10
cheer up animar *v.;* **Cheer up!** ¡Anímate!(*sing.*); ¡Anímense! (*pl.*) 2
Cheers! ¡Salud! 8
chef cocinero/a *m., f.*
chemical químico/a *adj.* 7
chemist químico/a *m., f.* 7
chess ajedrez *m.* 2, 12
chessboard tablero *m.* 12
chest pecho *m.* 10
chew masticar *v.*
childhood infancia *f.*
choir coro *m.*
choose elegir (e:i) *v.;* escoger *v.* 1
chore quehacer *m.* 3
chorus coro *m.*
chosen elegido/a *adj.*
Christian cristiano/a *adj.* 11
church iglesia *f.* 11
cinema cine *m.* 2
circus circo *m.* 2
cistern cisterna *f.* 6
citizen ciudadano/a *m., f.* 11
civilization civilización *f.* 12
civilized civilizado/a *adj.*
claim reclamar *v.* 11
clarify aclarar *v.* 9
classic clásico/a *adj.* 10
clean limpiar *v.* 3
clean (pure) puro/a *adj.*
cleanliness aseo *m.*
clear (the table) quitar (la mesa) *v.* 3
clearing limpieza *f.* 3
click hacer clic 7
cliff acantilado *m.*
climate clima *m.*
climb (mountain) escalada *f.*
climber escalador(a) *m., f.*
clock reloj *m.* 12
cloister claustro *m.* 11
clone clonar *v.* 7
clown payaso/a *m., f.* 8
club club *m.;* **sports club** club deportivo *m.* 2
coach (train) vagón *m.* 7; **coach (trainer)** entrenador(a) *m., f.* 2
coast costa *f.* 6
cockroach cucaracha *f.* 6
coincidence casualidad *f.* 5
cold resfriado *m.* 4; **to have a cold** estar resfriado/a *v.* 4
collect coleccionar *v.*
colonize colonizar *v.* 12
colony colonia *f.* 12
columnist columnista *m., f.* 9
comb one's hair peinarse *v.* 2
combatant combatiente *m., f.*

come venir *v.* 1; **to come back** volver (o:ue) *v.;* **to come from** provenir (de) *v.;* **to come to an end** acabarse *v.* 6; **to come with** acompañar *v.* 10
comedian comediante *m., f.* 1
comet cometa *m.* 7
comic strip tira cómica *f.* 9
commerce comercio *m.* 8
commercial anuncio *m.* 9
commitment compromiso *m.* 1
community comunidad *f.* 4
company compañía *f.,* empresa *f.* 8; **multinational company** empresa multinacional *f.,* multinacional *f.* 8
compass brújula *f.* 5
competent capaz *adj.* 8
complain (about) quejarse (de) *v.* 2
complaint queja *f.*
complicated rebuscado/a *adj.*
compose componer *v.* 1
composer compositor(a) *m., f.*
computer science informática *f.* 7; computación *f.*
concert concierto *m.* 2
condition (illness) dolencia *f.* 4
conference conferencia *f.* 8
confess confesar (e:ie) *v.*
confidence confianza *f.* 1
confident seguro/a *adj.* 1
confront enfrentar *v.*
confuse (with) confundir (con) *v.*
confused confundido/a *adj.*
congested congestionado/a *adj.*
Congratulations! ¡Felicidades!; **Congratulations to all!** ¡Felicidades a todos!
connection conexión *f.;* **to have good connections** estar relacionado *v.*
conquer conquistar, *v.* vencer *v.* 2, 9, 12
conqueror conquistador(a) *m., f.* 12
conquest conquista *f.* 12
conscience conciencia *f.*
consequently por consiguiente *adj.*
conservative conservador(a) *adj.* 11
conserve conservar *v.* 6
consider considerar *v.*
consulate consulado *m.* 11
consultant asesor(a) *m., f.* 8
consumption consumo *m.;* **energy consumption** consumo de energía *m.*
contaminate contaminar *v.* 6
contamination contaminación *f.* 6
contemporary contemporáneo/a *adj.* 10
contented: be contented with contentarse con *v.* 1
contract contrato *m.* 8; contraer *v.* 1
contribute contribuir (a) *v.* 6
contribution aportación *f.* 11
controversial controvertido/a *adj.* 9
controversy polémica *f.* 11
cook cocinero/a *m., f.*
cook cocinar *v.* 3
corner rincón *m.* 11
cornmeal cake arepa *f.* 11
correspondent corresponsal *m., f.* 9
corruption corrupción *f.*
costly costoso/a *adj.*
costume disfraz *m.;* **in costume** disfrazado/a *adj.*
cough tos *f.* 4
cough toser *v.* 4
count contar (o:ue) *v.* 2; **to count on** contar con *v.*
countryside campo *m.* 6
couple pareja *f.* 1
courage coraje *m.*
course: of course claro *interj.* 3; por supuesto; ¡cómo no!
court tribunal *m.*
cover portada *f.* 9 tapa *f.*
cow vaca *f.* 6
crash choque *m.* 3
create crear *v.* 7
creativity creatividad *f.*
crisis crisis *f.;* **economic crisis** crisis económica *f.* 8
critic crítico/a *m., f.;* **movie critic** crítico/a de cine *m., f.* 9
critical crítico/a *adj.*
critique criticar *v.* 10
cross cruzar *v.*
crowd multitud *f.*
cruise (ship) crucero *m.* 5
cry llorar *v.* 3
crying llanto *m.* 3
cubism cubismo *m.* 10
culture cultura *f.;* **pop culture** cultura popular *f.*
cultured culto/a *adj.* 12
currently actualmente *adv.*
curse maldición *f.*
custom costumbre *f.* 3
customs aduana *f.;* **customs agent** agente de aduanas *m., f.* 5
cut corte *m.*

D

daily diario/a *adj.* 3
dam represa *f.*
damp húmedo/a *adj.* 6
dance bailar *v.* 1
dance club discoteca *f.* 2
dancer bailarín/bailarina *m., f.*
danger peligro *m.*
dangerous peligroso/a *adj.* 5
dare (to) atreverse (a) *v.* 2
darken oscurecer *v.* 6
darts dardos *m. pl.* 2
data datos *m.;* **piece of data** dato *m.*
date cita *f.;* **blind date** cita a ciegas *f.* 1
datebook agenda *f.* 3
dawn alba *f.* 11
day día *m.*
daybreak alba *f.* 11
deaf sordo/a *adj.;* **to go deaf** quedarse sordo/a *v.* 4
deal with (be about) tratarse de *v.* 10
death muerte *f.*
debt deuda *f.* 8
debt collector cobrador(a) *m., f.* 8
debtor moroso/a *m., f.* 8
debut (premiere) estreno *m.* 2
decade década *f.* 12
decrease disminuir *v.*
dedication dedicatoria *f.* 11
deep hondo/a *adj.* 2; profundo/a *adj.*
deer venado *m.*
defeat vencer *v.* 2, 9
defeat derrota *f.;* derrotar *v.* 12
defeated derrotado/a *adj.* 12
deforestation deforestación *f.* 6
defrost descongelar(se) *v.* 7
delay demora *f.* 12; retraso *m.;* atrasar *v.;* demorar *v.;* retrasar *v.*
delayed retrasado/a *adj.* 5
delivery entrega *f.*
demand reclamar *v.* 11; exigir *v.* 1, 4, 8
democracy democracia *f.* 11
demonstration manifestación *f.* 11
den madriguera *f.* 3
denounce delatar *v.* 3; denunciar *v.* 9
depict reflejar *v.* 10
deposit depositar *v.* 8
depressed deprimido/a *adj.* 1
depression depresión *f.* 4
descendent descendiente *m., f.* 12
desert desierto *m.* 6
deserve merecer *v.* 8
design diseñar *v.* 8, 10
desire deseo *m.;* gana *f.*
desire desear *v.* 4
destination destino *m.* 5
destroy destruir *v.* 6
detective (story/novel) policíaco/a *adj.* 10
deteriorate empeorar *v.* 4
detest detestar *v.*
devastated deshecho *adj.* 2
developed desarrollado/a *adj.* 12
developing en vías de desarrollo *adj.;* **developing country** país en vías de desarrollo *m.*
development desarrollo *m.* 6
diamond diamante *m.* 5
dictator dictador(a) *m., f.* 12
dictatorship dictadura *f.*
die fallecer *v.;* **to die of** morirse (o:ue) de *v.* 2
diet (nutrition) alimentación *f.* 4; dieta *f.;* **to be on a diet** estar a dieta *v.* 4; **to go on a diet** ponerse a dieta *v.* 4
difficult duro/a *adj.* 7
digestion digestión *f.*
digital digital *adj.* 7
dinner guest comensal *m., f.* 10
direct dirigir *v.* 1
director director(a) *m., f.*
disappear desaparecer *v.* 1, 6
disappointment desilusión *f.*
disaster catástrofe *f.;* **natural disaster** catástrofe natural *f.*
discomfort malestar *m.* 4
discotheque discoteca *f.* 2
discouraged desanimado/a *adj.* **to get discouraged** desanimarse *v.;* **the state of being discouraged** desánimo *m.* 1
discover descubrir *v.* 4
discoverer descubridor(a) *m., f.*
discovery descubrimiento *m.* 7; hallazgo *m.* 4
discriminated discriminado/a *adj.*
discrimination discriminación *f.*
disease enfermedad *f.* 4

disguised disfrazado/a *adj.*
disgusting: to be disgusting dar asco *v.*
disorder desorden *m.* 7; **(condition)** trastorno *m.*
display lucir *v.* 3
disposable desechable *adj.* 6
distant lejano/a *adj.* 5
distinguish distinguir *v.* 1
distract distraer *v.* 1
distracted distraído/a *adj.*; **to get distracted** descuidar(se) *v.* 6
disturbing inquietante *adj.* 10
diversity diversidad *f.* 4
divorce divorcio *m.* 1
divorced divorciado/a *adj.* 1
dizzy mareado/a *adj.* 4
DNA ADN (ácido desoxirribonucleico) *m.* 7
do hacer *v.* 1, 4; **to be (doing something)** andar + *pres. participle v.*; **to do someone the favor** hacer el favor *v.*; **to do something on purpose** hacer algo a propósito *v.*
doctor's appointment consulta *f.* 4
doctor's office consultorio *m.* 4
documentary documental *m.* 9
dominoes dominó *m.*
doorbell timbre *m.*; **to ring the doorbell** tocar el timbre *v.*
double (*in movies*) doble *m., f.* 9
doubt interrogante *m.* 7; **to be no doubt** no caber duda *v.*
download descargar *v.* 7
drag arrastrar *v.*; **drag out** alargar *v.* 1
draw dibujar *v.* 10
dream (about) soñar (o:ue) (con) *v.* 1
dreams sueños *m.* 1
dressing room probador *m.* 3; **(*star's*)** camerino *m.* 9
drink beber *v.* 1
drinking glass copa *f.*
drive conducir *v.* 1; manejar *v.*
drought sequía *f.* 6
drown ahogarse *v.*
drowned ahogado/a *adj.* 5
dry seco/a *adj.* 6; secar *v.*; **to dry off** secarse *v.* 2
dub (*film*) doblar *v.*
dubbed doblado/a *adj.* 9
dubbing doblaje *m.*
dust polvo *m.* 3; **to dust** quitar el polvo *v.* 3
duty deber *m.* 8

E

earn ganar *m.*; **to earn a living** ganarse la vida *v.* 8
earth tierra *f.* 6; **What on earth...?** ¿Qué rayos...? 5
earthquake terremoto *m.* 6
easy-going (*permissive*) permisivo/a *adj.* 1
eat comer *v.* 1, 2; **to eat up** comerse *v.* 2
ecosystem ecosistema *m.* 6
ecotourism ecoturismo *m.* 5
edible comestible *adj.*; **edible plant** planta comestible *f.*
editor redactor(a) *m., f.* 9
editor-in-chief redactor(a) jefe *m., f.*
educate educar *v.*
educated (*cultured*) culto/a *adj.* 12
educational didáctico/a *adj.* 10
efficient eficiente *adj.*
effort esfuerzo *m.*
either... or... o... o... *conj.*
elbow codo *m.*
elder mayor *m.* 12
elderly anciano/a *adj.*; **elderly gentleman/lady** anciano/a *m., f.*
elect elegir (e:i) *v.* 11
elected elegido/a *adj.*
electoral electoral *adj.*
electricity luz *f.* 7
electronic electrónico/a *adj.*
e-mail address dirección de correo electrónico *f.* 7
embarrass avergonzar *v.* 8
embarrassed avergonzado/a *adj.*
embarrassment vergüenza *f.*
embassy embajada *f.* 11
emigrate emigrar *v.* 11
emotion sentimiento *m.* 1
emperor emperador *m* 12
emphasize destacar *v.*
empire imperio *m.* 12
employed empleado/a *adj.* 8
employee empleado/a *m., f.* 8
employment empleo *m.* 8
empress emperatriz *f.* 12
encourage animar *v.*
end fin *m.*; **(*rope, string*)** cabo *m.*
endangered en peligro de extinción *adj.*; **endangered species** especie en peligro de extinción *f.*
ending desenlace *m.*
energetic enérgico/a *adj.* 8
energy energía *f.*; **nuclear energy** energía nuclear *f.*; **wind energy** energía eólica *f.*
engineer ingeniero/a *m., f.* 7
enjoy disfrutar (de) *v.* 2; **Enjoy your meal.** Buen provecho.
enough bastante *adv.* 3
enslave esclavizar *v.* 12
enter ingresar *v.*; **to enter data** ingresar datos *v.*
entertain (oneself) entretener(se) (e:ie) *v.* 2
entertaining entretenido/a *adj.* 2
entertainment farándula *f.* 1
entrance hall zaguán *m.* 3
entrepreneur empresario/a *m., f.* 8
envelope sobre *m.*
environment medio ambiente *m.* 6
environmental ambiental *adj.* 6
epidemic epidemia *f.* 4
episode episodio *m.* 9; **final episode** episodio final *m.* 9
equal igual *adj.* 11
equality igualdad *f.*
era época *f.* 12
erase borrar *v.* 7
erosion erosión *f.* 6
errands mandados *m. pl.* 3; **to run errands** hacer mandados *v.* 3
essay ensayo *m.*
essayist ensayista *m., f.* 10
establish (oneself) establecer(se) *v.* 12
eternal eterno/a *adj.*
ethical ético/a *adj.* 7; **unethical** poco ético/a *m., f.*
even siquiera *conj.*; **not even** ni siquiera *conj.*
event acontecimiento *m.* 9
everyday cotidiano/a *adj.* 3; **everyday life** vida cotidiana *f.*
example (*sample*) muestra *f.*
exchange: in exchange for a cambio de
excited emocionado/a *adj.* 1
exciting excitante *adj.*
excursion excursión *f.* 5
excuse disculpar *v.*; **Excuse me; Pardon me** Perdona (*fam.*)/Perdone (*form.*); Con permiso.
executive ejecutivo/a *m., f.* 8; **of an executive nature** de corte ejecutivo 8
exhausted agotado/a *adj.* 4; fatigado/a *adj.* 4
exhaustion cansancio *m.* 3
exhibition exposición *f.*
exile exilio *m.*; **political exile** exilio político *m.* 11
exit salida *f.* 6
exotic exótico/a *adj.*
expel expulsar *v.* 12
expensive caro/a *adj.* 3; costoso/a *adj.*
experience experiencia *f.* 8; experimentar *v.*
experiment experimento *m.* 7
expire caducar *v.*
expired vencido/a *adj.* 5
exploit explotar *v.* 12
exploitation explotación *f.*
exploration exploración *f.*
explore explorar *v.*
export exportar *v.* 8
exports exportaciones *f., pl.*
expressionism expresionismo *m.* 10
extinct: become extinct extinguirse *v.* 6
extinguish extinguir *v.*

F

facial features facciones *f., pl.* 3
facilities servicios *m., pl*
fact hecho *m.* 3
factor factor *m.*; **risk factors** factores de riesgo *m. pl.*
factory fábrica *f.*
fad moda pasajera *f.* 9
faint desmayarse *v.* 4
fair feria *f.* 2
faith fe *f.* 11
fall caer *v.* 1; **to fall in love (with)** enamorarse (de) *v.* 1
fame fama *f.* 9
famous famoso/a *adj.* 9; **to become famous** hacerse famoso *v.* 9
fan (of) aficionado/a (a) *adj.* 2; **to be a fan of** ser aficionado/a de *v.*
farewell despedida *f.* 5
fascinate fascinar *v.* 2
fashion moda *f.*; **in fashion, popular** de moda *adj.* 9

fasten abrocharse *v.;* **to fasten one's seatbelt** abrocharse el cinturón de seguridad *v.*; **to fasten (the seatbelt)** ponerse (el cinturón de seguridad) *v.* **5**
fatigue fatiga *f.* **8**
favor favor *m.;* **to do someone the favor** hacer el favor *v.*
favoritism favoritismo *m.* **11**
fed up (with) harto/a *adj.;* **to be fed up (with); to be sick (of)** estar harto/a (de) *v.* **1**
feed dar de comer *v.* **6**
feel sentirse (e:ie) *v.* **1**; **(experience)** experimentar *v.;* **to feel like** dar la gana *v.* **9**; sentir/tener ganas de *v.*
feeling sentimiento *m.* **1**
festival festival *m.* **2**
fever fiebre *f.* **4**; **to have a fever** tener fiebre *v.* **4**
field campo *m.* **6**; cancha *f.* **2**
fight lucha *f.* pelear *v.;* **to fight (for)** luchar por *v.;* **to fight bulls** lidiar *v.* **2**; **to fight bulls in the bullring** torear *v.* **2**
figuratively en sentido figurado *m.*
file archivo *m.;* **to download a file** bajar un archivo *v.*
filled up completo/a *adj.;* **The hotel is filled.** El hotel está completo.
filling contundente *adj.* **10**
film película *f.;* rodar (o:ue) *v.* **9**
finance(s) finanzas *f. pl.;* financiar *v.* **8**
financial financiero/a *adj.* **8**
find out averiguar *v.* **1**
finding hallazgo *m.* **4**
fine multa *f.*
fine arts bellas artes *f., pl.* **10**
fingernail uña *f.*
finish line meta *f.*
fire incendio *m.* **6**; despedir (e:i) *v.* **8**
fired despedido/a *adj.*
fireplace hogar *m.* **3**
first aid primeros auxilios *m., pl.* **4**
first and foremost antes que nada
fish pez *m.* **6**
fishing pesca *f.* **5**
fit caber *v.* **1**; **(clothing)** quedar *v.* **2**
fitting room vestidor *m.*
flag bandera *f.*
flask frasco *m.*
flavor sabor *m.;* **What flavor is it? Chocolate?** ¿Qué sabor tiene? ¿Chocolate? **4**
flee huir *v.* **3**
fleeting pasajero/a *adj.*
flexible flexible *adj.*
flight vuelo *m.*
flight attendant auxiliar de vuelo *m., f.*
flirt coquetear *v.* **1**
float flotar *v.* **5**
flood inundación *f.* **6**; inundar *v.*
floor suelo *m.*
flower florecer *v.* **6**
flu gripe *f.* **4**
fly mosca *f.* **6**; volar (o:ue) *v.* **8**
fog niebla *f.*
fold doblar *v.*
follow seguir (e:i) *v.*
folly insensatez *f.* **4**
fond of aficionado/a (a) *adj.* **2**
food comida *f.* **6**; alimento *m.* **canned food** comida enlatada *f.* **6**; **fast food** comida rápida *f.* **4**
foot (*of an animal*) pata *f.*
forbidden vedado/a *adj.* **3**
force fuerza *f.;* **armed forces** fuerzas armadas *f., pl.* **12**; **labor force** fuerza laboral *f.*
forced forzado/a *adj.* **12**
forefront: at the forefront a la vanguardia
foresee presentir (e:ie); prever *v.*
forest bosque *m.*
forget (about) olvidarse (de) *v.* **2**
forgetfulness; olvido *m.* **1**
forgive perdonar *v.*
form forma *f.*
formulate formular *v.* **7**
forty-year-old; in her/his forties cuarentón/cuarentona *adj.* **11**
fountain fuente *f.*
frame marco *m.*
free time tiempo libre *m.* **2**; ratos libres *m. pl.* **2**
freedom libertad *f.* **11**; **freedom of the press** libertad de prensa *f.* **9**
freeze congelar(se) *v.* **7**
freeze helar (e:ie) *v.*
frequently a menudo *adv.* **3**
friar fraile *m.* **11**
frightened asustado/a *adj.*
frog rana *f.* **6**
front desk recepción *f.* **5**
front page portada *f.* **9**
frozen congelado/a *adj.*
fry freír (e:i) *v.* **3**
fuel combustible *m.* **6**
full lleno/a *adj.;* **full-length film** largometraje *m.*
fun divertido/a *adj.* **2**
funny gracioso/a *adj.* **1**; **to be funny (to someone)** hacerle gracia (a alguien)
furnished amueblado/a *adj.*
furniture mueble *m.* **3**
futuristic futurístico/a *adj.*

G

gain weight engordar *v.* **4**
gallery galería *f.* **10**
game juego *m.* **2**; **ball game** juego de pelota *m.* **5**; **board game** juego de mesa *m.* **2**; partida *f.* **12**; **(*sports*)** partido *m.*; **to win/lose a game** ganar/perder un partido *v.* **2**
garbage (*poor quality*) porquería *f.* **10**
gate: airline gate puerta de embarque *f.* **5**
gaze mirada *f.* **1**
gene gen *m.* **7**
generate generar *v.*
generous generoso/a *adj.*
genetics genética *f.* **4**
genuine auténtico/a *adj.* **3**
gesture gesto *m.*
get obtener *v.;* **to get a movie** alquilar una película *v.* **2**; **to get a shot** poner(se) una inyección *v.* **4**; **to get along** congeniar *v.;* **to get along well/poorly** llevarse bien/mal *v.* **1**; **to get bored** aburrirse *v.* **2**; **to get caught** enganchar *v.* **5**; **to get discouraged** desanimarse *v.*; **to get distracted; neglect** descuidar(se) *v.* **6**; **to get dressed** vestirse (e:i) *v.* **2**; **to get hurt** lastimarse *v.* **4**; **to get in shape** ponerse en forma *v.* **4**; **to get information** informarse *v.*; **to get ready** arreglarse *v.* **3**; **to get sick** enfermarse *v.* **4**; **to get tickets** conseguir (e:i) boletos/entradas *v.* **2**; **to get together (with)** reunirse (con) *v.* **2**; **to get up** levantarse *v.* **2**; **to get upset** afligirse *v.* **3**; **to get used to** acostumbrarse (a) *v.* **3**; **to get vaccinated** vacunarse *v.* **4**; **to get well/ill** *v.* ponerse bien/mal **4**; **to get wet** mojarse *v.;* **to get worse** empeorar *v.* **4**
gift obsequio *m.* **11**
give dar *v.;* **to give a prize** premiar *v.*; **to give a shot** poner una inyección *v.* **4**; **to give up** darse por vencido *v.* **6**; ceder **11**; **to give way to** dar paso a *v.*
gladly con mucho gusto **10**
glance vistazo *m.*
global warming calentamiento global *m.* **6**
globalization globalización *f.*
go ir *v.* **1, 2**; **to go across** recorrer *v.* **5**; **to go around (the world)** dar la vuelta (al mundo) *v.*; **to go away (from)** irse (de) *v.* **2**; **to go out** salir *v.* **1**; **to go out (to eat)** salir (a comer) *v.* **2**; **to go out with** salir con *v.* **1**; **to go shopping** ir de compras *v.* **3**; **go to bed** acostarse (o:ue) *v.* **2**; **go to sleep** dormirse (o:ue) *v.* **2**; **go too far** pasarse *v.*; **go too fast** embalarse *v.* **9**
goat cabra *f.*
God Dios *m.* **11**
god/goddess dios(a) *m., f.* **5**
goldfish pececillo de colores *m.*
good bueno/a *adj.* **to be good (i.e. *fresh*)** estar bueno *v.*; **to be good (*by nature*)** ser bueno *v.*
goodness bondad *f.*
gossip chisme *m.* **9**
govern gobernar (e:ie) *v.* **11**
government gobierno *m.;* **government agency** organismo público *m.* **9**;
governor gobernador(a) *m., f.* **11**
graduate titularse *v.* **3**
grass hierba *f.;* **pasto** *m.*
gratitude agradecimiento *m.*
gravity gravedad *f.* **7**
great-great-grandfather/mother tatarabuelo/a *m., f.* **12**
group grupo *m.;* **musical group** grupo musical *m.*
grow crecer *v.* **1**; cultivar *v.* **to grow accustomed to;** acostumbrarse (a) *v.* **3**; **grow up** criarse v. 1
growth crecimiento *m.*
Guarani guaraní *m.* **9**
guarantee asegurar *v.*
guess adivinar *v.*
guilt culpa *f.*
guilty culpable *adj.* **11**
guy tipo *m.* **2**
gymnasium gimnasio *m.*

H

habit costumbre *f.* 3
habit: be in the habit of soler (o:ue) *v.* 3
half mitad *f.*
hall sala *f.* **concert hall** sala de conciertos *f.*
hang (up) colgar (o:ue) *v.*
happen suceder *v.* 1; **These things happen.** Son cosas que pasan. 11
happiness felicidad *f.*
happy feliz *adj.* 3
hard arduo *adj.* 3; duro/a *adj.* 7
hardly apenas *adv.* 3
hard-working trabajador(a) *adj.* 8
harmful dañino/a *adj.* 6
harvest cosecha *f.*
hate odiar *v.* 1
have tener *v.* 1; **to have fun** divertirse (e:ie) *v.* 2
headline titular *m.* 9
heal curarse; sanar *v.* 4
healing curativo/a *adj.* 4
health salud *f.* 4; **To your health!** ¡A tu salud!
healthy saludable, sano/a *adj.* 4
hear oír *v.* 1
heart corazón *m.* 1; **heart and soul** cuerpo y alma
heavy (*filling*) contundente *adj.* 10; **heavy rain** diluvio *m.*
heel tacón *m.* 12; **high heel** tacón alto *m.*
height cima *f.* 1; ***(highest level)*** apogeo m. 5
help (aid) auxilio *m.*
heritage herencia *f.*; **cultural heritage** herencia cultural *f.* 12
heroic heroico/a *adj.* 12
hide ocultarse *v.* 3
high definition de alta definición *adj.* 7
highest level apogeo *m.* 5
hill cerro *m.*; colina *f.*
Hindu hindú *adj.* 11
hire contratar *v.* 8
historian historiador(a) *m., f.* 12
historic histórico/a *adj.* 12
historical histórico/a *adj.* 10; **historical period** era *f.* 12
history historia *f.* 12
hold (*hug*) abrazar *v.* 1; **hold your horses** parar el carro *v.* 9
hole agujero *m.*; **black hole** agujero negro *m.* 7; **hole in the ozone layer** agujero en la capa de ozono *m.*; **small hole** agujerito *m.* 7
holy sagrado/a *adj.* 11
home hogar *m.* 3
honey miel *f.* 8
honored distinguido/a *adj.*
hope esperanza *f.* 6; ilusión *f.*
horror (*story/novel*) de terror *adj.* 10
horseshoe herradura *f.* 12
host(ess) anfitrión/anfitriona *m., f.* 8
hostel albergue *m.* 5
hour hora *f.*
hug abrazar *v.* 1
humankind humanidad *f.* 12
humid húmedo/a *adj.* 6
humiliate humillar *v.* 8
humorous humorístico/a *adj.* 10
hungry hambriento/a *adj.*
hunt cazar *v.* 6
hurricane huracán *m.* 6
hurry prisa *f.* 6; **to be in a hurry** tener apuro *v.*
hurt herir (e: ie) *v.* 1; doler (o:ue) *v.* 2; **to get hurt** lastimarse *v.* 4; **to hurt oneself** hacerse daño; **to hurt someone** hacerle daño a alguien
husband marido *m.*
hut choza *f.* 12
hygiene aseo *m.*
hygienic higiénico/a *adj.*

I

ideology ideología *f.* 11
illness dolencia *f.* 4; enfermedad *f.*
ill-tempered malhumorado/a *adj.*
illusion ilusión *f.*
image imagen *f.* 2, 7
imagination imaginación *f.*
immature inmaduro/a *adj.* 1
immediately en el acto 3
immigration inmigración *f.* 11
immoral inmoral *adj.* 11
import importar *v.* 8
important importante *adj.* 4; **be important (to); to matter** importar *v.* 2, 4
imported importado/a 8
imports importaciones *f., pl.*
impossible (to put off) impostergable *adj.* 12
impress impresionar *v.* 1
impressionism impresionismo *m.* 10
improve mejorar *v.* 4; perfeccionar *v.*
improvement adelanto *m.* 4
in love (with) enamorado/a (de) *adj.* 1
inadvisable poco recomendable *adj.* 5
incapable incapaz *adj.* 8
included incluido/a *adj.* 5
incompetent incapaz *adj.* 8
increase aumento *m.*
independence independencia *f.* 12
index índice *m.*
indigenous indígena *adj.* 9
indigenous person indígena *m., f.* 4
industrious trabajador(a) *adj.* 8
industry industria *f.*
inexpensive barato/a *adj.* 3
infected: become infected contagiarse *v.* 4
inflamed inflamado/a *adv.* 4; **become inflamed** inflamarse *v.*
inflexible inflexible *adj.*
influential influyente *adj.* 9
inform avisar *v.*; **to be informed** estar al tanto *v.* 9; **to become informed (about)** enterarse (de) *v.* 9
inhabit habitar *v.* 12
inhabitant habitante *m., f.* 12; poblador(a) *m., f.*
inherit heredar *v.*
injure lastimar *v.*
injured herido/a *adj.*
injury herida *f.* 4
innovative innovador(a) *adj.* 7
insanity locura *f.*
insect bite picadura *f.*
insecure inseguro/a *adj.* 1
insincere falso/a *adj.* 1
insist on insistir en *v.* 4
inspired inspirado/a *adj.*
instability inestabilidad *f.* 12
install instalar *v.* 7
insult ofensa *f.* 10
insurance seguro *m.* 5
intelligent inteligente *adj.*
intensive care terapia intensiva *f.* 4
interest interesar *v.* 2
interesting interesante *adj.*; **to be interesting** interesar *v.* 2
Internet Internet *m., f.* 7
interview entrevista *f.*; entrevistar *v.*; **job interview** entrevista de trabajo *f.* 8
intriguing intrigante *adj.* 10
invade invadir *v.* 12
invent inventar *v.* 7
invention invento *m.* 7
invest invertir (e:ie) *v.* 8
investigate investigar *v.* 7
investment inversión *f.*; **foreign investment** inversión extranjera *f.* 8
investor inversor(a) *m., f.*
iron plancha *f.*
irresponsible irresponsable *adj.*
island isla *f.* 5
isolate aislar *v.* 9
isolated aislado/a *adj.* 6
itinerary itinerario *m.* 5

J

jealous celoso/a *adj.*; **to be jealous of** tener celos de *v.* 1
jealousy celos *m. pl.*
Jewish judío/a *adj.* 11
job empleo *m.* 8; **(*position*)** puesto *m.* 8; **job interview** entrevista de trabajo *f.* 8
joke broma *f.* 1; chiste *m.* 1
joke bromear *v*
journalist periodista *m., f.* 9
joy regocijo *m.* 4
judge juez(a) *m., f.* 11
judgment juicio *m.*
jump salto *m.*
jungle selva *f.* 5
just justo/a *adj.* 11
just as tal como *conj.*
justice justicia *f.* 11

K

keep mantener *v.*; guardar *v.*; **to keep in mind** tener en cuenta *v.*; **to keep in touch** mantenerse en contacto *v.* 1; **to keep (something) to yourself** guardarse (algo) *v.* 1; **to keep up with the news** estar al día con las noticias *v.*
keyboard teclado *m.*
kick patada *f.* 3; patear *v.* 2
kidnapping secuestro *m.* 11
kind amable *adj.*
king rey *m.* 12
kingdom reino *m.* 12

kiss besar *v.* 1
know conocer *v.;* saber *v.* 1
knowledge conocimiento *m.* 12

L

label etiqueta *f.*
labor mano de obra *f.*
labor union sindicato *m.* 8
laboratory laboratorio *m.;* **space lab** laboratorio espacial *m.*
lack faltar *v.* 2
land tierra *f.* 6; terreno *m.* 6
land (*an airplane*) aterrizar *v.* 5
landscape paisaje *m.* 6
language idioma *m.* 9; lengua *f.* 9
laptop computadora portátil *f.* 7
late atrasado/a *adj.* 3
laugh reír(se) (e:i) *v.*
launch lanzar *v.*
law derecho *m.;* ley *f.*; **to abide by the law** cumplir la ley *v.* 11 ; **to approve a law; to pass a law** aprobar (o:ue) una ley *v.*
lawyer abogado/a *m., f.*
layer capa *f.;* **ozone layer** capa de ozono *f.* 6
lazy haragán/haragana 8
lead encabezar *v.* 12
leader líder *m., f.* 11
leadership liderazgo *m.* 11
lean (on) apoyarse (en) *v.*
learned erudito/a *adj.* 12
learning aprendizaje *m.* 12
leave marcharse *v.* ; dejar *v.*; **to leave alone** dejar en paz *v.* 8; **to leave someone** dejar a alguien *v.*
left over: to be left over quedar *v.* 2
leg (*of an animal*) pata *f.*
legend leyenda *f.* 5
leisure ocio *m.*
lend prestar *v.* 8
lesson (*teaching*) enseñanza *f.* 12
level nivel *m.;* **sea level** nivel del mar *m.*
liberal liberal *adj.* 11
liberate liberar *v.* 12
library biblioteca *f.* 12
lid tapa *f.*
lie mentira *f.* 1
life vida *f.;* **everyday life** vida cotidiana *f.*
light luz *f.* 1
lighthouse faro *m.* 5
lightning relámpago *m.* 6
lightning rayo *m.*
like gustar *v.* 2, 4; **I don't like ...at all!** ¡No me gusta nada... !; **to like very much** encantar, fascinar *v.* 2
like this; so así *adv.* 3
line cola *f.;* **to wait in line** hacer cola *v.* 2
line (*of poetry*) verso *m.* 10
link enlace *m.* 7
lion león *m.* 6
listener oyente *m., f.* 9
literature literatura *f.* 10; **children's literature** literatura infantil/juvenil *f.* 10
live en vivo, en directo *adj.* 9; **live broadcast** emisión en vivo/directo *f.*
live vivir *v.* 1
lively animado/a *adj.* 2
locate ubicar *v.*
located situado/a *adj.;* **to be located** ubicarse *v.*
lodge hospedarse *v.*
lodging alojamiento *m.* 5
loneliness soledad *f.* 3
lonely solo/a *adj.* 1
long largo/a *adj.;* **long-term** a largo plazo
look aspecto *m.;* **to take a look** echar un vistazo *v.*
look verse *v.;* **to look healthy/sick** tener buen/mal aspecto *v.* 4; **to look like** parecerse *v.* 2, 3; **to look out upon** dar a *v.*; **He/She looks so happy.** Se ve tan feliz. 6; **How attractive you look!** (*fam.*) ¡Qué guapo/a te ves! 6; **How elegant you look!** (*form.*) ¡Qué elegante se ve usted! 6; **It looks like he/she didn't like it.** Al parecer, no le gustó. 6; **It looks like he/she is sad/happy.** Parece que está triste/contento/a. 6; **He/She looks very sad to me.** Yo lo/la veo muy triste. 6
loose suelto/a *adj.*
lose perder (e:ie) *v.;* **to lose an election** perder las elecciones *v.* 11; **to lose a game** perder un partido *v.* 2; **to lose weight** adelgazar *v.* 4
loss pérdida *f.* 11
lottery lotería *f.*
loudspeaker altoparlante *m.*
love amor *m.;* amar; querer (e:ie) *v.* 1; **(un)requited love** amor (no) correspondido *m.*
lovely precioso/a *adj.* 1
lower bajar *v.*
loyalty lealtad *f.* 12
lucky afortunado/a *adj.*
luggage equipaje *m.*
luxurious lujoso/a 5; de lujo
luxury lujo *m.* 8
lying mentiroso/a *adj.* 1

M

madness locura *f.*
magazine revista *f.* 9; **online magazine** revista electrónica *f.* 9
magic magia *f.*
mailbox buzón *m.*
majority mayoría *f.* 11
make hacer *v.* 1, 4; **to make a (hungry) face** poner cara (de hambriento/a) *v.*; **to make a toast** brindar *v.* 2; **to make a wish** pedir un deseo *v.* 8; **to make fun of** burlarse (de) *v.*; **to make good use of** aprovechar *v.*; **to make one's way** abrirse paso *v.*; **to make sure** asegurarse *v.*; **make-up** maquillaje *f.* 3
male macho *m.*
mall centro comercial *m.* 3
manage administrar *v.* 8; dirigir *v.* 1; lograr; *v.* 3
manager gerente *m, f.* 8
manipulate manipular *v.* 9
manufacture fabricar *v.* 7
manuscript manuscrito *m.*
marathon maratón *m.*
maritime marítimo/a *adj.*
market mercado *m.* 8
marketing mercadeo *m.* 1
marriage matrimonio *m.*
married casado/a *adj.* 1
mass misa *f.* 2
masterpiece obra maestra *f.* 3
mathematician matemático/a *m., f.* 7
matter asunto *m.;* importar *v.* 2, 4
mature maduro/a *adj.* 1
Mayan Trail ruta maya *f.* 5
mayor alcalde/alcaldesa *m., f.* 11
mean antipático/a *adj.*
means medio *m.;* **media** medios de comunicación *m. pl.* 9
measure medida *f.;* medir (e:i) *v.;* **security measures** medidas de seguridad *f. pl.* 5
mechanical mecánico/a *adj.*
mechanism mecanismo *m.*
meditate meditar *v.* 11
meeting reunión *f.* 8
melt derretir(se) (e:i) *v.* 7
member socio/a *m., f.* 8
memory recuerdo *m.*
merchandise mercancía *f.*
mercy piedad *f.* 8
mess desorden *m.* 7
message mensaje *m.;* **text message** mensaje de texto *m.* 7
middle medio *m.*
Middle Ages Edad Media *f.*
military militar *m., f.* 11
minister ministro/a *m., f.;* **Protestant minister** ministro/a protestante *m., f.*
minority minoría *f.* 11
minute minuto *m.;* **last-minute news** noticia de último momento *f.*; **up-to-the-minute** de último momento *adj.* 9
miracle milagro *m.* 11
miser avaro/a *m., f.*
miss extrañar *v.;* perder (e:ie) *v.;* **to miss (someone)** extrañar a (alguien) *v.*; **to miss a flight** perder un vuelo *v.* 5
mistake: to be mistaken; to make a mistake equivocarse *v.*
mixed: person of mixed ethnicity (*part indigenous*) mestizo/a *m., f.* 12
mixture mezcla *f.*
mockery burla *f.*
model (*fashion*) modelo *m., f.*
modern moderno/a *adj.*
modify modificar, alterar *v.*
moisten mojar *v.*
moment momento *m.*
monarch monarca *m., f.* 12
money dinero *m.;* (*L. Am.*) plata *f.* 7; **cash** dinero en efectivo *m.* 3
monkey mono *m.* 6
monolingual monolingüe *adj.* 9
mood estado de ánimo *m.* 4; **in a bad mood** malhumorado/a *adj.*
moon luna *f.;* **full moon** luna llena *f.*
moral moral *adj.* 11
mortgage hipoteca *f.* 8
mosque mezquita *f.* 11
mountain montaña *f.* 6; monte *m.*; **mountain range** cordillera *f.* 6
move jugada *f.* 12; ***(change residence)*** mudarse v. 2
movement corriente *f.;* movimiento *m.* 10
movie theater cine *m.* 2

moving conmovedor(a) *adj.*
muralist muralista *m., f.* **10**
murky turbio/a *adj.* **1**
museum museo *m.*
music video video musical *m.* **9**
musician músico/a *m., f.* **2**
Muslim musulmán/musulmana *adj.* **11**
myth mito *m.* **5**

N

name nombrar *v.*
nape nuca *f.* **9**
narrate narrar *v.* **10**
narrative work narrativa *f.* **10**
narrator narrador(a) *m., f.* **10**
narrow estrecho/a *adj.*
native nativo/a *adj.*
natural resource recurso natural *m.* **6**
navel ombligo *m.* **4**
navigator navegante *m., f.* **7**
navy armada *f.* **11**
necessary necesario *adj.* **4**
necessity necesidad *f.* **5**; **of utmost necessity** de primerísima necesidad **5**
need necesidad *f.* **5**; necesitar *v.* **4**
needle aguja *f.* **4**
neglect descuidar *v.* **6**
neighborhood barrio *m.*
neither... nor... ni... ni... *conj.*
nervous nervioso/a *adj.*
nest nido *m.*
network cadena *f.* **9**; **cadena de televisión** television network *f.*
news noticia *f.*; **local/domestic/international news** noticias locales/nacionales/internacionales *f. pl.* **9**; **news bulletin** informativo *m.* **9**; **news report** reportaje *m.* **9**; **news reporter** presentador(a) de noticias *m., f.*
newspaper periódico *m.*; **diario** m. 9
nice simpático/a, amable *adj.*
nightmare pesadilla *f.*
No way! ¡Ni loco/a! **9**
noise ruido *m.*
nomination nominación *f.*
nominee nominado/a *m., f.*
nook rincón *m.* **11**
notice aviso *m.* **5**; fijarse *v.* **9 to take notice of** fijarse en *v.* **2**
novelist novelista *m., f.* **7, 10**
now and then de vez en cuando **3**
nun monja *f.*
nurse enfermero/a *m., f.* **4**
nutritious nutritivo/a *adj.* **4**; **(*healthy*)** saludable *adj.* **4**

O

oar remo *m.* **5**
obesity obesidad *f.* **4**
obey obedecer *v.* **1**
oblivion olvido *m.* **1**
occur (to someone) ocurrírsele (a alguien) *v.*
offer oferta *f.* **9**; ofrecerse (a) *v.*
office despacho *m.*
officer agente *m., f.*
often a menudo *adv.* **3**
oil painting óleo *m.* **10**
Olympics Olimpiadas *f. pl.*
on purpose a propósito *adv.* **3**
once in a while de vez en cuando **3**
online en línea *adj.* **7**
open abrir(se) *v.*
open-air market mercado al aire libre *m.*
operate operar *v.*
operation operación *f.* **4**
opinion opinión *f.*; **In my opinion, ...** A mi parecer,...; Considero que..., Opino que...; **to be of the opinion** opinar *v.*
oppose oponerse a *v.* **4**
oppress oprimir *v.* **12**
orchard huerto *m.*
originating (in) proveniente (de) *adj.*
ornate ornamentado/a *adj.*
others; other people los/las demás *pron.*
ought to deber + *inf.* *v.*
outdo oneself (*P. Rico; Cuba*) botarse *v.* **5**
outline esbozo *m.*
out-of-date pasado/a de moda *adj.* **9**
outrageous thing barbaridad *f.* **10**
overcome superar *v.*
overdose sobredosis *f.*
overthrow derribar *v.*; **derrocar** *v.* **12**
overwhelmed agobiado/a *adj.* **1**
owe deber *v.* **8**; **to owe money** deber dinero *v.* **2**
own propio/a *adj.* **1**
owner dueño/a *m., f.* **8**; propietario/a *m., f.*

P

pack hacer las maletas *v.* **5**
page página *f.*; **web page** página web **7**
pain (*suffering*) sufrimiento *m.*
painkiller analgésico *m.* **4**
paint pintura *f.* **10**; pintar *v.* 3
paintbrush pincel *m.* **10**
painter pintor(a) *m., f.* **3, 10**
painting cuadro *m.* **3, 10**; pintura *f.* **10**
palm tree palmera *f.*
pamphlet panfleto *m.* **11**
paradox paradoja *f.*
parish parroquia *f.* **12**
park parque *m.*; estacionar *v.*; **amusement park** parque de atracciones *m.* **2**
parrot loro *m.*
part parte *f.*; **to become part (of)** integrarse (a) *v.* **12**
partner
(*couple*) pareja *f.* **1**; **(*member*)** socio/a *m., f.* **8**
party (*politics*) partido *m.*; **political party** partido político *m.* **11**
pass (*a class, a law*) aprobar (o:ue) *v.*; **to pass a law** aprobar una ley *v.* **11**
passing pasajero/a *adj.*
passport pasaporte *m.* **5**
password contraseña *f.* **7**
pastime pasatiempo *m.* **2**
pastry repostería *f.*
patent patente *f.* **7**
path (*history*) trayectoria *f.* **1**; prestarle atención a alguien *v.*
pay pagar *v.*; **to be well/poorly paid** ganar bien/mal *v.* **8**; **to pay attention to someone** hacerle caso a alguien *v.* **1**; prestarle atención a alguien *v.*
peace paz *f.*
peaceful pacífico/a *adj.* **12**
peak cumbre *f.*; **pico** *m.*
peck picar *v.*
people pueblo *m.* **4**
performance rendimiento *m.*; **(*theater; movie*)** función *f.* **2**
perhaps acaso *adv.* **3**
period punto *m.* **2**
permanent fijo/a *adj.* **8**
permission permiso *m.*
permissive permisivo/a *adj.* **1**
persecute perseguir (e:i) *v.*
personal (*private*) particular *adj.*
pessimist pesimista *m., f.*
phase etapa *f.*
physicist físico/a *m. f.* **7**
pick out seleccionar *v.* **3**
pick up levantar *v.*
picnic picnic *m.*
picture imagen *f.* **2, 7**
piece (*art*) pieza *f.* **10**
pier muelle *m.* **5**
pig cerdo *m.* **6**
pill pastilla *f.* **4**
pilot piloto *m., f.*
pious devoto/a *adj.* **11**
piping tubería *f.* **6**
pity pena *f.*; **What a pity!** ¡Qué pena!
place lugar *m.*
place poner *v.* **1, 2**
place (*an object*) colocar *v.* **2**
plan planear *v.*
planet planeta *m.* **7**
planned previsto/a *adj., p.p.* **3**
plateau: high plateau altiplano *m.* **11**
play jugar *v.*; **(*theater*)** obra de teatro *f.* **10**; **(*literary*)** obra literaria *f.* **10**; **to play a CD** poner un disco compacto *v.* **2**; **to play a CD** poner un disco compacto *v.* **2**; disputar *v.* **12**
player (CD/DVD/MP3) reproductor (de CD/DVD/MP3) *m.* **7**
playing cards cartas *f. pl.* **2**; naipes *m. pl.* **2**
playwright dramaturgo/a *m., f.* **10**
plead rogar *v.* **4**
pleasant (*funny*) gracioso/a *adj.* **1**
please: Could you please...? ¿Tendría usted la bondad de + inf.... ? (*form.*)
plot trama *f.* **10**; argumento *m.* **10**
plumbing (*piping*) tubería *f.* **6**
poet poeta *m., f.* **10**
poetry poesía *f.* **10**
point (to) señalar *v.* **2**; **to point out** destacar *v.*
point of view punto de vista *m.* **10**
poison veneno *m.* **6**
poisoned envenenado/a *adj.* **6**
poisonous venenoso/a *adj.* **6**
politician político/a *m., f.* **11**
politics política *f.*
pollen polen *m.* **8**
pollute contaminar *v.* **6**
pollution contaminación *f.* **6**

poor quality (garbage) porquería *f.* 10
populate poblar *v.* 12
population población *f.* 4
port puerto *m.* 5
portable portátil *adj.*
portrait retrato *m.* 3
portray retratar *v.* 3
position puesto *m.* 8; cargo *m.* 1
possible posible *adj.*; **as much as possible** en todo lo posible
poverty pobreza *f.* 8
power fuerza *f.*; **will power** fuerza de voluntad 4
power (electricity) luz *f.* 7
power saw motosierra *f.* 7
powerful poderoso/a *adj.* 12
pray rezar *v.* 11
pre-Columbian precolombino/a *adj.*
prefer preferir *v.* 4
prehistoric prehistórico/a *adj.* 12
premiere estreno *m.* 2
prescribe recetar *v.* 4
prescription receta *f.* 4
preserve conservar *v.* 6
press prensa *f.* 9; **press conference** rueda de prensa 11
pressure (stress) presión *f.*; presionar *v.*; **to be under stress/pressure** estar bajo presión
prevent prevenir *v.* 4
previous anterior *adj.* 8
priest cura *m.* 12; sacerdote
prime minister primer(a) ministro/a *m., f.* 11
print imprimir *v.* 9
private particular *adj.*
privilege privilegio *m.* 8
prize premio *m.* 12; **to give a prize** premiar *v.*
procession procesión *f.* 12
produce producir *v.* 1; **(*generate*)** generar *v.*
productive productivo/a *adj.* 8
programmer programador(a) *m., f.*
prohibit prohibir *v.* 4
prohibited prohibido/a *adj.* 5
prominent destacado/a *adj.* 9; prominente *adj.* 11
promise jurar *v.* 12
promote promover (o:ue) *v.*
pronounce pronunciar *v.*
proof prueba *f.* 2
proposal oferta *f.* 9
propose proponer *v.* 1, 4; **to propose marriage** proponer matrimonio *v.* 1
prose prosa *f.* 10
protagonist protagonista *m., f.* 1, 10
protect proteger *v.* 1, 6
protected protegido/a *adj.* 5
protest manifestación *f.* 11; protestar *v.* 11
protester manifestante *m., f.* 6
proud orgulloso/a *adj.* 1; **to be proud of** estar orgulloso/a de
prove comprobar (o:ue) *v.* 7
provide proporcionar *v.*
public público *m.* 9; **(pertaining to the state)** estatal *adj.*
public transportation transporte público *m.*
publish editar *v.* 10; publicar *v.* 9
punishment castigo *m.*
pure puro/a *adj.*
purity pureza *f.* 6
pursue perseguir (e:i) *v.*
push empujar *v.*
put poner *v.* 1, 2; **to put in a place** ubicar *v.*; **to put on (*clothing*)** ponerse *v.*; **to put on makeup** maquillarse *v.* 2
pyramid pirámide *f.* 5

Q

quality calidad *f.*; **high quality** de buena categoría *adj.* 5
queen reina *f.*
quench saciar *v.*
question interrogante *m.* 7
quiet callado/a *adj.*; **be quiet** callarse *v.*
quit renunciar *v.* 8; **quit smoking** dejar de fumar *v.* 4
quite bastante *adv.* 3
quotation cita *f.*

R

rabbi rabino/a *m., f.*
rabbit conejo *m.* 6
race raza *f.* 12
radiation radiación *f.*
radio radio *f.*
radio announcer locutor(a) de radio *m., f.* 9
radio station (radio)emisora *f.* 9
raise aumento *m.*; **raise in salary** aumento de sueldo *m.* 8; criar *v.*; educar *v.* 1; **to have raised** haber criado 1
ranch rancho *m.* 12
rarely casi nunca *adv.* 3
rat rata *f.*
rather bastante *adv.*; más bien *adv.*
ratings índice de audiencia *m.*
ray rayo *m.*
reach alcance *m.* 7; **within reach** al alcance 10; al alcance de la mano; alcanzar *v.*
reactor reactor *m.*
reader lector(a) *m., f.* 9
real auténtico/a *adj.* 3
realism realismo *m.* 10
realist realista *adj.* 10
realistic realista *adj.* 10
realize darse cuenta *v.* 2, 9; **to realize/assume that one is being referred to** darse por aludido/a *v.* 9
rearview mirror espejo retrovisor *m.*
rebelliousness rebeldía *f.*
received acogido/a *adj.*; **well received** bien acogido/a *adj.* 8
recital recital *m.*
recognition reconocimiento *m.*
recognize reconocer *v.* 1, 12
recommend recomendar *v.* 4
recommendable recomendable *adj.* 5
record grabar *v.* 9
recover recuperarse *v.* 4
recyclable reciclable *adj.*
recycle reciclar *v.* 6
redo rehacer *v.* 1
reduce (speed) reducir (velocidad) *v.* 5
reef arrecife *m.* 6
referee árbitro/a *m., f.* 2
refined (*cultured*) culto/a *adj.* 12
reflect reflejar *v.* 10
reform reforma *f.*; **economic reform** reforma económica *f.*
refuge refugio *m.* 6
refund reembolso *m.* 3
refusal rechazo *m.*
register inscribirse *v.* 11
rehearsal ensayo *m.*
rehearse ensayar *v.* 9
reign reino *m.* 12
reject rechazar *v.* 11
rejection rechazo *m.*
relax relajarse *v.* 4; **Relax.** Tranquilo/a.
reliability fiabilidad *f.*
religion religión *f.*
religious religioso/a *adj.* 11
remain permanecer *v.* 4
remake rehacer *v.* 1
remember recordar (o:ue); acordarse (o:ue) (de) *v.* 2
remorse remordimiento *m.* 11
remote control control remoto *m.*; **universal remote control** control remoto universal *m.* 7
renewable renovable *adj.* 6
rent alquilar *v.*; **to rent a movie** alquilar una película *v.* 2
repent arrepentirse (de) (e:ie) *v.* 2
repertoire repertorio *m.*
reporter reportero/a *m., f.* 9
representative diputado/a *m., f.* 11
reproduce reproducirse *v.*
reputation reputación *f.*; **to have a good/bad reputation** tener buena/mala fama *v.* 9
rescue rescatar *v.*
research investigar *v.* 7
researcher investigador(a) *m., f.* 4
resentful resentido/a *adj.* 6
reservation reservación *f.*
reserve reservar *v.* 5
reside residir *v.*
respect respeto *m.*
responsible responsable *adj.*
rest descanso *m.* 8; reposo *m.*; **to be at rest** estar en reposo *v.*
rest descansar *v.* 4
resulting consiguiente *adj.*
résumé currículum vitae *m.* 8
retire jubilarse *v.* 8
retirement jubilación *f.*
return regresar *v.* 5; **to return (items)** devolver (o:ue) *v.* 3; **return (trip)** vuelta *f.*; regreso *m.*
review (revision) repaso *m.* 10
revision (review) repaso *m.* 10
revolutionary revolucionario/a *adj.* 7
revulsion asco *m.*
rhyme rima *f.* 10
right derecho *m.*; **civil rights** derechos civiles *m. pl.* 11; **human rights** derechos humanos *m. pl.* 11

right away enseguida 3
ring anillo *m.;* sortija *f.* 5; sonar (o:ue) *v.* 7; **to ring the doorbell** tocar el timbre *v.* 3
riot disturbio *m.* 8
rise ascender (e:ie) *v.* 8
risk riesgo *m.;* arriesgar *v.;* arriesgarse; **to take a risk** arriesgarse *v.*
risky arriesgado/a *adj.* 5
river río *m.*
rocket cohete *m.* 7
rob asaltar *v.* 10
role papel *m.* 9; **to play a role (*in a play*)** desempeñar un papel *v.*
romance novel novela rosa *f.* 10
romanticism romanticismo *m.* 10
room habitación *f.* 5; **emergency room** sala de emergencias *f.* 4; **single/double room** habitación individual/doble f. 5; **room service** servicio de habitación *m.* 5
root raíz *f.*
round redondo/a *adj.* 2
round-trip ticket pasaje de ida y vuelta *m.* 5
routine rutina *f.* 3
ruin ruina *f.* 5
rule regla *f.;* dominio *m.* 12
ruler gobernante *m., f.* 12; **(*sovereign*)** soberano/a *m., f.* 12
run correr *v.;* **to run away** huir *v.* 3; **to run out** acabarse *v.* 6; **to run out of** quedarse sin *v.* 6; **to run over** atropellar *v.*
rush prisa *f.* 6; **to be in a rush** tener apuro

S

sacred sagrado/a *adj.* 11
sacrifice sacrificio *m.;* sacrificar *v.* 6
safety seguridad *f.* 5
sail navegar *v.* 5
sailor marinero *m.*
salary sueldo *m.;* **raise in salary** aumento de sueldo *m.* 8; **base salary** sueldo fijo *m.* 8; **minimum wage** sueldo mínimo *m.* 8
sale venta *f.;* **to be for sale** estar a la venta *v.* 10
salesperson vendedor(a) *m., f.* 8
same mismo/a *adj.;* **The same here.** Lo mismo digo yo.
sample muestra *f.*
sanity cordura *f.* 4
satellite satélite *m.;* **satellite connection** conexión de satélite *f.* 7; **satellite dish** antena parabólica *f.*
satire sátira *f.*
satirical satírico/a *adj.* 10; **satirical tone** tono satírico/a *m.*
satisfied: be satisfied with contentarse con *v.* 1
satisfy (*quench*) saciar *v.*
save ahorrar *v.* 8; guardar *v.* 7; salvar *v.* 6; **save oneself** ahorrarse *v.* 7
savings ahorros *m.* 8
say decir *v.* 1; **say goodbye** despedirse (e:i) *v.* 3
scar cicatriz *f.*
scarcely apenas *adv.* 3
scare espantar *v.*
scared asustado/a *adj.*
scene escena *f.* 1
scenery paisaje *m.* 6; escenario *m.* 2
schedule horario *m.* 3
science fiction ciencia ficción *f.* 10
scientific científico/a *adj.*
scientist científico/a *m., f.* 7
score (a goal/a point) anotar (un gol/un punto) *v.* 2; marcar (un gol/punto) *v.*
screen pantalla *f.* 2; **computer screen** pantalla de computadora *f.;* **LCD screen** pantalla líquida *f.* 7; **television screen** pantalla de televisión *f.* 2
screenplay guión *m.* 9
script guión *m.* 9
scuba diving buceo *m.* 5
sculpt esculpir *v.* 10
sculptor escultor(a) *m., f.* 10
sculpture escultura *f.* 10
sea mar *m.* 6
seal sello *m.*
search búsqueda *f.;* **search engine** buscador *m.* 7
season temporada *f.* 9; **high/low season** temporada alta/baja *f.* 5
seat asiento *m.* 2
seatbelt cinturón de seguridad *m.* 5; **to fasten (the seatbelt)** abrocharse/ponerse (el cinturón de seguridad) *v.* 5; **to unfasten (the seatbelt)** quitarse (el cinturón de seguridad) *v.* 5
section sección *f.* 9; **lifestyle section** sección de sociedad *f.* 9; **sports page/section** sección deportiva *f.* 9
security seguridad *f.* 5; **security measures** medidas de seguridad *f. pl.* 5
see ver *v.* 1
seed semilla *f.*
seem parecer *v.* 2
select seleccionar *v.* 3
self-esteem autoestima *f.* 4
self-portrait autorretrato *m.* 3, 10
senator senador(a) *m., f.* 11
send enviar *v.;* mandar *v.*
sender remitente *m.*
sense sentido *m.;* **common sense** sentido común *m.*
sensible sensato/a *adj.* 1
sensitive sensible *adj.* 1
separated separado/a *adj.* 1
sequel continuación *f.*
servants servidumbre *f.* 3
servitude servidumbre *f.* 3
set (the table) poner (la mesa) *v.* 3
settle poblar *v.* 12
settler poblador(a) *m., f.*
sexton sacristán *m.* 11
shame vergüenza *f.*
shape forma *f.;* **bad physical shape** mala forma física *f.;* **to get in shape** *v.* ponerse en forma 4; **to stay in shape** mantenerse en forma *v.* 4
shark tiburón *m.* 5
sharp nítido/a *adj.*
shave afeitarse *v.* 2
sheep oveja *f.* 6
shoot fusilar *v.* 12
shore orilla *f.;* **on the shore of** a orillas de 6
short film corto, cortometraje *m.* 1
short story cuento *m.*
short/long-term a corto/largo plazo 8
shot (injection) inyección *f.;* **to give a shot** poner una inyección *v.* 4
shoulder hombro *m.*
shout gritar *v.*
show espectáculo *m.* 2
showing sesión *f.*
shrink encogerse *v.*
shrug encogerse de hombros *v.*
shy tímido/a *adj.* 1
shyness timidez *f.*
sick enfermo *adj.;* **to be sick (of); to be fed up (with)** estar harto/a (de) 1; **to get sick** enfermarse *v.* 4
sign señal *f.* 2; firmar *v.*
signal señalar *v.* 2
signature firma *f.* 11
silent callado/a *adj.* 7; **to be silent** callarse *v.;* **to remain silent** quedarse callado 1
silly person bobo/a *m., f.* 7
sin pecado *m.*
sincere sincero/a *adj.*
singer cantante *m., f.* 2
single soltero/a *adj.* 1; **single mother** madre soltera *f.;* **single father** padre soltero *m.*
sink hundir *v.*
situated situado/a *adj.*
sketch esbozo *m.;* esbozar *v*
skill habilidad *f.*
skillfully hábilmente *adv.*
skim hojear *v.* 10
skirt falda *f.*
slacker vago/a *m., f.* 7
slave esclavo/a *m., f.* 12
slavery esclavitud *f.* 12
sleep dormir *v.* 2
sleeve manga *f.* 5
slip resbalar *v.*
slippery resbaladizo/a *adj.* 11
smoothness suavidad *f.*
snake serpiente *f.* 6; culebra *f.*
soap opera telenovela *f.* 9
sociable sociable *adj.*
society sociedad *f.*
software programa (de computación) *m.* 7
solar solar *adj.*
soldier soldado *m.* 12
solitude soledad *f.* 3
solve resolver (o:ue) *v.* 6
sometimes a veces *adv.* 3
sorrow pena *f.* 4
soul alma *f.* 1
soundtrack banda sonora *f.* 9
source fuente *f.;* **energy source** fuente de energía *f.* 6
sovereign soberano/a *m., f.* 12
sovereignty soberanía *f.* 12
space espacial *adj.;* **space shuttle** transbordador espacial *m.* 7
space espacio *m.* 7
spaceship nave espacial *f.*
spacious espacioso/a *adj.*
speak hablar *v.* 1; **Speaking of that,...** Hablando de eso,...
speaker hablante *m., f.* 9

special effects efectos especiales *m., pl.* 9
specialist especialista *m., f.*
specialized especializado/a *adj.* 7
species especie *f.* 6; **endangered species** especie en peligro de extinción *f.*
spectator espectador(a) *m., f.* 2
speech discurso *m.*; **to give a speech** pronunciar un discurso *v.* 11
spell-checker corrector ortográfico *m.* 7
spend gastar *v.* 8
spider araña *f.* 6
spill derramar *v.*
spirit ánimo *m.* 1
spiritual espiritual *adj.* 11
spot: on the spot en el acto 3
spray rociar *v.* 6
spring manatial *m.*
stability estabilidad *f.* 12
stage (*theater*) escenario *m.* 2; **(*phase*)** etapa *f.*; **stage name** nombre artístico *m.* 1
stain mancha *f.*; manchar *v.*
staircase escalera *f.* 3
stamp sello *m.*
stand up ponerse de pie *v.* 12
stanza estrofa *f.* 10
star estrella *f.*; **shooting star** estrella fugaz *f.*; **(movie) star** [m/f] estrella *f.*; **pop star** [m/f] estrella pop *f.* 9
start (*a car*) arrancar *v.*
stay alojarse *v.* 5; hospedarse; quedarse *v.* 5; **stay up all night** trasnochar *v.* 4
step paso *m.*; **to take the first step** dar el primer paso *v.*
stereotype estereotipo *m.* 10
stern popa *f.* 5
stick pegar *v.*
still life naturaleza muerta *f.* 10
sting picar *v.*
stingy tacaño/a *adj.* 1
stir revolver (o:ue) *v.*
stock market bolsa de valores *f.* 8
stone piedra *f.* 5
storekeeper comerciante *m., f.*
storm tormenta *f.*; **tropical storm** tormenta tropical *f.* 6
story (account) relato *m.* 10
stranger desconocido/a *adj.*
stream arroyo *m.* 10
strength fortaleza *f.*
strict autoritario/a *adj.* 1
strike (*labor*) huelga *f.* 8
striking llamativo/a *adj.* 10
stripe raya *f.* 5
stroll paseo *m.*
struggle lucha *f.*; luchar *v.* 11
stubborn tozudo/a *adj.* 8
studio estudio *m.*; **recording studio** estudio de grabación *f.*
stupid necio/a *adj.*
stupid person bobo/a *m., f.* 7
style estilo *m.*; **in the style of ...** al estilo de... 10
subscribe (to) suscribirse (a) *v.* 9
subtitles subtítulos *m., pl.* 9
subtlety matiz *m.*
suburb suburbio *m.*
succeed in (*reach*) alcanzar *v.*
success éxito *m.*
successful exitoso/a *adj.* 8
suckling pig cochinillo *m.* 10
sudden repentino/a *adj.* 3
suddenly de repente *adv.* 3
suffer (from) sufrir (de) *v.* 4
suffering sufrimiento *m.*
suggest aconsejar; sugerir (e:ie) *v.* 4
suitcase maleta *f.* 5
summit cumbre *f.*
sunrise amanecer *m.*
supermarket supermercado *m.* 3
supply proporcionar *v.*
support soportar *v.*; **to put up with someone** soportar a alguien *v.* 1
suppose suponer *v.* 1
suppress suprimir *v.* 12
sure (*confident*) seguro/a *adj.* 1; **(*certain*)** cierto/a *adj.*; **Sure!** ¡Cierto!
surf the web navegar en la red *v.* 7; navegar en Internet
surface superficie *f.*
surgeon cirujano/a *m., f.* 4
surgery cirugía *f.* 4
surgical quirúrgico/a *adj.*
surprise sorprender *v.* 2
surprised sorprendido *adj.* 2; **be surprised (about)** sorprenderse (de) *v.* 2
surrealism surrealismo *m.* 10
surrender rendirse (e:i) *v.* 12
surround rodear *v.*
surrounded rodeado/a *adj.* 7
survival supervivencia *f.*; sobrevivencia *f.*
survive subsistir *v.* 11; sobrevivir *v.*
suspect sospechar *v.*
suspicion sospecha *f.*
swallow tragar *v.*
sweep barrer *v.* 3
sweetheart amado/a *m., f.* 1
symptom síntoma *m.*
synagogue sinagoga *f.* 11
syrup jarabe *m.* 4

T

tabloid(s) prensa sensacionalista *f.* 9
tag etiqueta *f.*
take tomar *v.*; **to take a bath** bañarse *v.* 2; **to take a look** echar un vistazo *v.*; **to take a trip** hacer un viaje *v.* 5; **to take a vacation** ir(se) de vacaciones *v.* 5; **to take away (remove)** quitar *v.* 2; **to take care of** cuidar *v.* 1; **to take care of oneself** cuidarse *v.*; **to take into consideration** tomar en cuenta *v.* 1; **to take off** despegar *v.* 5; **to take off (clothing)** quitarse *v.* 2; **to take off running** echar a correr *v.*; **to take place** desarrollarse, transcurrir *v.* 10; **to take refuge** refugiarse *v.*; **to take seriously** tomar en serio *v.* 8
talent talento *m.* 1
talented talentoso/a *adj.* 1
tank tanque *m.* 6
tape cinta *f.* 1
taste gusto *m.* 10; **in good/bad taste** de buen/mal gusto 10; sabor *m.*; **It has a sweet/sour/bitter/pleasant taste.** Tiene un sabor dulce/agrio/amargo/agradable. 4
taste like/of saber *v.* 1; **How does it taste?** ¿Cómo sabe? 4; **And does it taste good?** ¿Y sabe bien? 4; **It tastes like garlic/mint/lemon.** Sabe a ajo/menta/limón. 4
tax impuesto *m.*; **sales tax** impuesto de ventas *m.* 8
teaching enseñanza *f.* 12
team equipo *m.* 2
tears lágrimas *f. pl.*
telephone receiver auricular *m.* 7
telescope telescopio *m.* 7
television televisión *f.* 2; **television set** televisor *m.* 2; **television viewer** televidente *m., f.* 2
tell contar (o:ue) *v.* 2
temple templo *m.* 11
tendency propensión *f.*
territory territorio *m.* 11
terrorism terrorismo *m.* 11
test (*challenge*) poner a prueba *v.*
theater teatro *m.*
then entonces *adv.* 3
theory teoría *f.* 7
there allá *adv.*
thermal térmico/a *adj.*
thief ladrón/ladrona *m., f.*
think pensar (e:ie) *v.* 1; **(*to be of the opinion*)** opinar; *v.* **I think it's pretty.** Me parece hermosa/o.; **I thought...** Me pareció... 1; **What did you think of Mariela?** ¿Qué te pareció Mariela? 1
thoroughly a fondo *adv.*
threat amenaza *f.* 8
threaten amenazar *v.* 3
throw tirar *v.* 5; **throw away** echar *v.* 5; **throw out** botar *v.* 5
thunder trueno *m.* 6
ticket boleto *m.*
tie (game) empate *m.* 2; **tie (up)** atar *v.*; **(*games*)** empatar *v.* 2
tiger tigre *m.* 6
time tiempo *m.*; vez *f.*; **at that time** en aquel entonces; **for the first/last time** por primera/última vez 2; **on time** a tiempo 3; **once upon a time** érase una vez; **to have a good/bad/horrible time** pasarlo bien/mal 1
tired cansado/a *adj.*; **to become tired** cansarse *v.*
tone of voice timbre *m.* 3
tongue lengua *f.* 9
too; too much demasiado/a *adj., adv.*
tool herramienta *f.*; **toolbox** caja de herramientas *f.* 2
toolbox caja de herramientas *f.* 2
topic asunto *m.*
touch lightly rozar *v.*
tour excursión *f.* 5; **tour guide** guía turístico/a *m., f.* 5
tourism turismo *m.* 5
tourist turista *m., f.* 5; turístico/a *adj.* 5
tournament torneo *m.* 2
toxic tóxico/a *adj.* 6
trace huella *f.* 8; trazar *v.*
track-and-field events atletismo *m.*
trade comercio *m.* 8
trader comerciante *m., f.*
traditional tradicional *adj.* 1; **(typical)** típico/a *adj.*

traffic tránsito *m.*; **traffic jam** congestionamiento, tapón *m.* 5
tragic trágico/a *adj.* 10
trainer entrenador(a) *m., f.* 2
trait rasgo *m.*
traitor traidor(a) *m., f.* 12
tranquilizer calmante *m.* 4
translate traducir *v.* 1
transmission transmisión *f.*
transplant transplantar *v.*
trap atrapar *v.* 6
travel log bitácora *f.* 7
traveler viajero/a *m., f.* 5
treat tratar *v.* 4
treatment tratamiento *m.* 4
treaty tratado *m.*
tree árbol *m.* 6
trend moda *f.*; tendencia *f.* 9
trial juicio *m.*
tribal chief cacique *m.* 12
tribe tribu *f.* 12
trick truco *m.* 2
trip viaje *v.* 5; **to take a trip** hacer un viaje *v.* 5
tropical tropical *adj.*; **tropical storm** tormenta tropical *f.* 6
trunk maletero *m.* 9
trust confianza *f.* 1
try probar (o:ue) (a) *v.* 3; **try on** probarse (o:ue) *v.* 3
tune into (*radio or television*) sintonizar *v.*
tuning sintonía *f.* 9
turn: to be my/your/his turn *me/te/le, etc. + tocar v.*; **Whose turn is it to pay the tab?** ¿A quién le toca pagar la cuenta? 2; **Is it my turn yet?** ¿Todavía no me toca? 2; **It's Johnny's turn to make coffee.** A Johnny le toca hacer el café. 2; **It's always your turn to wash the dishes.** Siempre te toca lavar los platos. 2
turn (*a corner*) doblar *v.*; **to turn down** rechazar *v.* 1 **to turn off** apagar *v.* 3; **to turn on** encender (e:ie) *v.* 3; **to turn red** enrojecer *v.*
turned off apagado/a *adj.* 7

U

UFO ovni *m.* 7
unbiased imparcial *adj.* 9
uncertainty incertidumbre *f.* 12
underdevelopment subdesarrollo *m.*
underground tank cisterna *f.* 6
understand entender (e:ie) *v.*
underwear (*men's*) calzoncillos *m. pl.*
undo deshacer *v.* 1
unemployed desempleado/a *adj.* 8
unemployment desempleo *m.* 8
unequal desigual *adj.* 11
unexpected imprevisto/a *adj.*; inesperado/a *adj.* 3
unexpectedly de improviso *adv.*
unfinished inconcluso/a *adj.* 12
unique único/a *adj.*
unjust injusto/a *adj.* 11
unpleasant antipático/a *adj.*
unsettling inquietante *adj.* 10
untie desatar *v.*
until hasta *adv.*; **up until now** hasta la fecha
update actualizar *v.* 7
upset disgustado/a *adj.* 1; disgustar *v.* 2; **to get upset** afligirse *v.* 3
up-to-date actualizado/a *adj.* 9; **to be up-to-date** estar al día *v.* 9
urban urbano/a *adj.*
urgent urgente *adj.* 4
use up agotar *v.* 6
used: to be used to estar acostumbrado/a a; **I used to... (*was in the habit of*)** solía; **to get used to** acostumbrarse (a) *v.* 3
useful útil *adj.* 11
useless inútil *adj.* 2
user usuario/a *m., f.* 7

V

vacation vacaciones *f. pl.*; **to take a vacation** ir(se) de vacaciones *v.* 5
vaccinate vacunar(se) *v.* 4
vaccine vacuna *f.* 4
vacuum pasar la aspiradora *v.* 3
valid vigente *adj.* 5
valuable valioso/a *adj.* 6
value valor *m.*
vandal vándalo/a *m., f.* 6
vestibule zaguán *m.* 3
victorious victorioso/a *adj.* 12
victory victoria *f.*
video game videojuego *m.* 2
village aldea *f.* 12
virus virus *m.* 4
visit recorrer *v.* 5
visiting hours horas de visita *f., pl.*
vote votar *v.* 11

W

wage: minimum wage sueldo mínimo *m.* 8
wait espera *f.*; esperar *v.* **to wait in line** hacer cola *v.* 2
waiter/waitress camarero/a *m., f.*; mesero/a *m., f.*
wake up despertarse (e:ie) *v.* 2; **wake up early** madrugar *v.* 4
walk andar *v.*; **to take a stroll/walk** dar un paseo *v.* 2; **to take a stroll/walk** *v.* dar una vuelta
wall pared *f.* 5
want querer (e:ie) *v.* 1, 4
war guerra *f.*; **civil war** guerra civil *f.* 11; **world war** guerra mundial *f.* 11
warm up calentar (e:ie) *v.* 3
warn avisar *v.*
warning advertencia *f.* 8; aviso *m.* 5
warrior guerrero/a *m., f.* 12
wash lavar *v.* 3; **wash oneself** lavarse *v.* 2
waste malgastar *v.* 6
watch vigilar *v.*
Watch out! ¡Aguas! (Mex.) *interj.* 1
watercolor acuarela *f.* 10
waterfall cascada *f.* 5
wave ola *f.* 5; onda *f.*
wealth riqueza *f.* 8
wealthy adinerado/a *adj.* 8
weapon arma *m.*
wear llevar; lucir *v.* 3
weariness fatiga *f.* 8
web (the) web *f.* 7; red *f.*
weblog bitácora *f.* 7
website sitio web *m.* 7
week semana *f.*
weekend fin de semana; **Have a nice weekend!** ¡Buen fin de semana!
weekly semanal *adj.*
weeping llanto *m.* 3
weight peso *m.*
welcome bienvenida *f.* 5
welcome (*take in; receive*) acoger *v.*
well pozo *m.*; **oil well** pozo petrolero *m.*
well-being bienestar *m.* 4
well-received bien acogido/a *adj.* 8
wherever dondequiera *adv.* 4
whistle silbar *v.*
widowed viudo/a *adj.* 1; **to become widowed** quedarse viudo/a *v.*
widower/widow viudo/a *m., f.*
wild salvaje *adj.* 6; silvestre *adj.*
wild boar jabalí *m.* 10
win ganar *v.*; **to win an election** ganar las elecciones *v.* 11; **to win a game** ganar un partido *v.* 2
wind power energía eólica *f.*
wine vino *m.*
wing ala *m.*
wireless inalámbrico/a *adj.* 7
wisdom sabiduría *f.* 12
wise sabio/a *adj.*
wish deseo *m.*; desear *v.* 4; **to make a wish** pedir un deseo *v.* 8
without sin *prep.*; **without you** sin ti (*fam.*)
witness testigo *m., f.* 10
woman mujer *f.*; **businesswoman** mujer de negocios *f.* 8
womanizer mujeriego *m.* 2
wonder preguntarse *v.*
wood madera *f.*
work obra *f.*; **work of art** obra de arte *f.* 10; funcionar *v.* 7; trabajar; **to work hard** trabajar duro *v.* 8
work day jornada *f.*
workshop taller *m.*
World Cup Copa del Mundo *f.*, Mundial *m.* 2
worm gusano *m.*
worried (about) preocupado/a (por) *adj.* 1
worry preocupar *v.* 2; **to worry (about)** preocuparse (por) *v.* 2
worship culto *m.*; *venerar v.* 11
worth: be worth valer *v.* 1
worthy digno/a *adj.* 6
wound lesión *f.* 4
wrinkle arruga *f.*

Y

yawn bostezar *v.*

Z

zoo zoológico *m.* 2

I

L

M

N

O

P

R

S

T

Text Credits

32–33 Pablo Neruda, "Poema 20", VEINTE POEMAS DE AMOR Y UNA CANCIÓN DESESPERADA © Fundación Pablo Neruda, 2010

72–73 Mario Benedetti, *Idilio*. © Fundación Mario Benedetti, c/o Guillermo Schavelzon & Asociados, Agencia Literaria, www.schavelzon.com

112–113 Rosario Castellanos, *Autorretrato*. D.R. © (1972) FONDO DE CULTURA ECONÓMICA. Carretera Picacho-Ajusco 227, C.P. 14738, México, D.F. Esta edición consta de 20.000 ejemplares.

154–155 Ángeles Mastreta, *Mujeres de ojos grandes*. © Ángeles Mastretta

193–195 Gabriel García Márquez, "La luz es como el agua", DOCE CUENTOS PEREGRINOS © Gabriel García Márquez, 1992

234–235 Augusto Monterroso, *El Eclipse*, from *Obras Completas y Otros Cuentos*, 1959, © Herederos de Augusto Monterroso

272–273 © Arturo Pérez–Reverte, "Ese bobo del móvil", El Semanal, Madrid, 5 de marzo de 2000

318–319 © El País S.L./Isabel Piquer.

350–353 *Sueños digitales*. © Edmundo Paz Soldán

386–387 Julio Cortázar, "Continuidad de los parques", FINAL DE JUEGO © Herederos de Julio Cortázar, 2010.

470–475 "El milagro secreto" from Obras Completas by Jorge Luis Borges. Copyright © 1989, 1995 Maria Kodama, reprinted by permission of The Wylie Agency LLC

Photography Credits

All images © Vista Higher Learning unless otherwise noted.

Cover: © Peter Adams/Getty Images.

Master Art: 10–13, 50–53, 90–93, 130–133, 172–175, 212–215, 252–255, 290–293, 332–335, 370–373, 404–407, 446–449 (full pg) © marylooo/123RF; **27, 28, 67, 68, 107, 108, 149, 150, 189, 190, 229, 230, 267, 268, 307, 308, 345, 346, 381, 382, 419, 420, 465, 466** (full pg) © pn_photo/Fotolia.

Front Matter: xxii Ali Burafi.

Lesson One: 2 (tl) © Blend Images/Alamy; (tr) © Matthew Wiley/Masterfile; (bl) © Corbis; (br) © Corbis; **3** (b) © T. Ozonas/Masterfile; **9** (t) © Janie Airey/Getty Images; (m) © Elisa Locci/Shutterstock; (b) Antonio Contreras Martínez; **10** © Kapu/Shutterstock; **11** (t) © Caterina Bernardi; (ml) © Darrell Lecorre/Masterfile; (b) © Rick Gomez/Corbis; **12** (bl) © hartcreations/iStockphoto; **20** Janet Dracksdorf; **21** (tl) Ali Burafi; (tm) Janet Dracksdorf; (tr) José Blanco; (bl) Paola Rios-Schaaf; (bm) Oscar Artavia Solano; (br) Jimmy Durantes; **30** Pablo Picasso. *Los enamorados*. 1923. © Sucesión Picasso/Artists Rights Society (ARS) New York.; **31** © Jean-Régis Roustan/Roger-Viollet/The Image Works; **32** (backgound full pg) © Image Source/Corbis; (foreground full pg) © Josh Westrich/zefa/Corbis; **35** (t) © Javier Larrea/Age Fotostock; (b) © Win McNamee/Getty Images; **36** (t) © AFP/Getty Images; (b) © White House/Handout/CNP/Corbis; **37** © Jared Wickerham/Getty Images; **39** © eStock Photo/Alamy.

Lesson Two: 42 (tl) © Rasmus Rasmussen/iStockphoto; (tr) © Plush Studios/Getty Images; (bl) José Blanco; (br) © Jim Cummings/Corbis; **43** (t) © Royalty-Free/Corbis; (m) © John Lund/Drew Kelly/Age Fotostock; (b) © Royalty-Free/Corbis; **49** (t) © Royalty-Free/Corbis; (m) © Rachel Weill/Foodpix/Jupiter Images; (b) © AFP/Getty Images; **50** (l) © Robert Galbraith/Reuters/Corbis; (r) © Carlos Alvarez/Getty Images; **51** (t) © Graham Jepson/WireImage; (ml) © Victor Lerena/epa/Corbis; (mr) © Film Tour/South Fork/Senador Film/The Kobal Collection; (b) © Arau/Cinevista/Avaicsa/The Kobal Collection/The Picture-desk; **52** © Roger Viollet/Getty Images; **59** © Corbis; **60** (t) © Lester Lefkowitz/Corbis; (mm) © PM Images/Getty Images; (mr) © Stephen Welstead/Corbis; **62** (l) Martín Bernetti; (r) Martín Bernetti; **69** Maria Eugenia Corbo; **70** Aldo Severi. *Calesita en la plaza*. 1999. © Aldo Severi. Courtesy of Giuliana F. Severi.; **71** © Eduardo Longoni/Corbis; **72** (full pg) © Jason Horowitz/Corbis; **75** Anchille Beltrame. *Juanita Cruz*. 1934. © The Art Archive/Domenica del Corriere/Dagli Orti (A).; **76** © Mark L. Stehenson/Corbis.

Lesson Three: 82 (l) © James Quine/Alamy; **83** (b) © Dimmu/Dreamstime.com; **89** (t) © PhotoSpin, Inc/Alamy; (m) José Blanco; (b) © David Frazier/DanitaDelimont.com; **90** (t) © Dani Cardona/Reuters/Corbis; (m) © Pool/Corbis; (b) © Reuters/Corbis; **91** (t) © Tim Graham Picture Library/AP Photo; (mr) © TVE/Corbis; (b) © EFE/Chema Moya/AP Photo; **92** © Mark Shenley/Alamy; **99** © James W. Porter/Corbis; **100** © David C. Tomlinson/Getty Images; **110** Antonio Berni. *La siesta*. 1943. Óleo sobre tela 155 × 220 cm. Colección privada.; **111** © Lola Alvarez Bravo, courtesy of Galeria Juan Martin; **112** Frida Kahlo. *Self-portrait with Cropped Hair*. 1940. Digital Image © Museum of Modern art/Licenses by SCALA/Art Resource, NY.; **115** (t) © AFP/Getty Images; (b) Bartolomé Esteban Murillo. *Children Eating Grapes and Melon*. 17th century. © SCALA/Art Resource, New York.; **116** Diego Rodríguez Velázquez. *Old Woman Cooking Eggs*. 1618. © SCALA/Art Resource, New York.; **117** (t) Velazquez, Diego Rodriguez (1599–1660) *Triumph of Bacchus* (Los Borrachos), 1628. Oil on canvas, 165 × 225 cm. Museo del Prado, Madrid, Spain © SCALA/Art Resource, NY; (b) Velazquez, Diego Rodriguez (1599–1660) *Las Meninas* (with Velazquez' self-portrait) or the *Family of Philip IV*, 1656. Oil on canvas, 276 × 318 cm.

Museo del Prado, Madrid, Spain © Erich Lessing/Art Resource, NY; **119** © Basque Country - Mark Baynes/Alamy.

Lesson Four: 122 (b) © Marco Lensi/Fotolia; **129** (t) Paula Diez; (m) © Andrew Gombert/epa/Corbis; (b) © Esteban Felix/AP Photo; **130** Martín Bernetti; **131** (t) © David Loutzenheiser; (m) © Janet Jarman/Corbis; (b) Paula Diez; **152** © Fernando Miñarro; **153** © Jose Caruci/AP Photo; **154** © Alberto Calera; **158** © Andres Gordillo Fries.

Lesson Five: 165 (t) © Bill Brooks/Masterfile; (b) © 24BY36/Alamy; **167** © Mike Cohen/Shutterstock; **171** (t) Jeanne Drake; **172** (t) © Atlantide Phototravel/Corbis; **173** (t) © Danny Warren/Shutterstock; (m) © YinYang/iStockphoto; (b) © Cindy Miller Hopkins/DanitaDelimont; **174** © Juan Carlos Ulate/Reuters/Corbis; **179** (l) © William Berry/Shutterstock; (ml) María Eugenia Corbo; (mr) © Cmcdesigns@mac.com/Dreamstime; (r) © Vladimir Melnik/Shutterstock; **187** © SW Productions/Getty Images; **192** © Piero Pomponi/Liaison/Getty Images: **193** Garciela Rodo Boulanger. *Altamar.* 2000. © Courtesy Edmund Newman Inc.; **194** Garciela Rodo Boulanger. *Altamar.* 2000. © Courtesy Edmund Newman Inc.; **195** Garciela Rodo Boulanger. *Altamar.* 2000. © Courtesy Edmund Newman Inc.; **197** © Macduff Everton/Corbis; **198** © Warren Marr/Panoramic Images; **199** © Sergio Pitamitz/SuperStock; **200** (l) © Kevin Fleming/Corbis; (m) © Philip James Corwin/Corbis; (r) © Barry King/WireImage/Getty Images.

Lesson Six: 204 (tl) © Peter Adams Photography Ltd/Alamy; (tm) © Florida Images/Alamy; (tr) © Bruce Coleman/Alamy; (bl) Kathryn Alena Korf; (br) © Rick Fischer/Masterfile; **205** (t) © micro10x/Shutterstock; (b) © Caroline Beecham/iStockphoto; **206** © Georgette Douwma/Getty Images; **211** (t) © Hemis/Alamy; (m) © B & T Media Group Inc./Shutterstock; (b) © Atelopus/Dreamstime; **212** © Jeff Hunter/Getty Images; **213** (t) © Stephen Frink/Corbis; (bl) © david tipling/Alamy; (br) © Steve Simonson/Lonely Planet Images; **214** © Stephen Frink Collection/Alamy; **219** © AdPhoto; **221** (l) © mediacolor's/Alamy; (r) © Thinkstock/Fotosearch; **226** © Val Thoermer/Big Stock Photo; **231** © AFP/Getty Images; **232** Frida Kahlo. *Autorretrato con mono.* 1938. Oil on masonite, overall 16 × 12" (40.64 × 30.48 cm). Albright-Knox Art Gallery, Buffalo, New York. Bequest of A. Conger Goodyear, 1966.; **233** © Toni Albir/AFP/Getty Images; **234** (full pg) © Derke/O'Hara/Getty Images; **237** © MAPS.com/Corbis; **238** © Steve Simonsen/Lonely Planet Images; **239** Doug Myerscough.

Lesson Seven: 244 (tl) © SCPhotog/Big Stock Photo; (b) © LdF/iStockphoto; **245** (t) © suravid/Shutterstock; (b) © Comstock/Fotosearch; **251** (t) © Esteban Andrés Corbo; (m) © Monkey Business Images/Shutterstock; (b) © Holger Leue/Lonely Planet Images; **252** (t) © CORTESÍA PRODUCCIONES GARCÍA FERRÉ S.A.; **253** (t) © Pantalla Multitactil by Victor Suarez Rovere; (m) © Getty Images; (b) © Jim Craigmyle/Corbis; **270** Joaquín Torres García. *Composición constructiva.* 1943. © Art Museum of the Americas.; **271** © AFP/Getty Images; **272** (l) © Patrik Giardino/Corbis; (m) © Pinto/Corbis; (r) © Mark Garten/Corbis; **275** © StockLite/Shutterstock; **276** Selections from "Weblog de una mujer gorda". © Bernardo Erlich.; **277** (t) Selections from "Weblog de una mujer gorda". © Bernardo Erlich.; (b) Courtesy of Hernán Casciari; **279** Messe Bremen/www.robocup2006.org.

Lesson Eight: 282 (m) © Chabruken/Getty Images; (b) © Ana Maria Otero/AP Photo; **283** © George Doyle & Ciaran Griffin/Getty Images; **289** (m) © Claudio Edinger/Corbis; (b) Caretas magazine; **290** © Courtesy of RCTV Internacional; **291** (t) © Kabik/Retna Ltd./Corbis; (b) © Jorge Saenz/AP Photo; **292** © rebvt/Shutterstock; **295** © Janne Hämäläinen/Shutterstock; **310** Diego Rivera. *Mercado de flores.* 1949. Óleo/tela 180 × 150 cm. Colección Museo Español de Arte Contemporáneo. Madrid, España. Foto © Fondo Documental Diego Rivera. CENIDIAP.INBA. Conaculta, México.; **312** Alfredo Bedoya. Selections from "La abeja haragana" 2002. © Alfredo Bedoya. Courtesy of the Artist.; **315** Alfredo Bedoya. Selections from "La abeja haragana" 2002. © Alfredo Bedoya. Courtesy of the Artist.; **317** © WWD/Condé Nast/Corbis; **318** Andy Warhol (1928–1987). *Carolina Herrera.* 1979. 40" × 40". Synthetic polymer paint and silkscreen ink on canvas. © The Andy Warhol Foundation, Inc./Art Resource, New York.; **319** © Carlos Alvarez/Getty Images.

Lesson Nine: 324 (t) © Kristy-Anne Glubish/Design Pics/Corbis; (m) © James W. Porter/Corbis; (bl) © Phil Hunt/Getty Images; (br) © moodboard/Fotolia; **325** (t) Ali Burafi; (b) © Blend Images/Alamy; **331** (ml) © Tonatiuh Figueroa/epa/Corbis; (mr) © Paul Buck/epa/Corbis; (b) © Roger Ressmeyer/Corbis; **332** (t) © Dave G. Houser/Corbis; (b) © Emilio Ereza/Alamy; **333** (t) © Andres Stapff/Reuters/Corbis; (m) © Jeffrey Blackler/Alamy; (b) © Lindsay Hebberd/Corbis; **334** © Krzysztof Dydynski/Lonely Planet Images; **343** © Blend Images/Getty Images; **348** Salvador Dalí. *Automóvil vestido.* 1941. © 2002 Salvador Dalí, Gala-Salvador Dalí Foundation. Artists Rights Society (ARS), New York.; **349** © 2006 Dave Feiling; **350** © Lomo/Jupiter Images; **352** © Gram. Monro/Jupiter Images; **355** © Google; **356** (l) Editorial Servilibro, Paraguay; (r) Editorial Servilibro, Paraguay; **357** © Comstock.

Lesson Ten: 362 (t) © Manuel333/Shutterstock; (bl) © Dmitry Yashkin/Shutterstock; **365** (l) Andy Warhol. *Marilyn,* 1967. Silkscreen on paper, 91 × 91 cm. © The Andy Warhol Foundation for the Visual Arts/ARS, New York. Photo © Tate Gallery, London/Art Resource, New York.; (ml) Salvador Dalí. *Sofá Watch.* © 2002 Salvador Dalí, Gala-Salvador Dalí Foundation. Artists Rights Society (ARS), New York. Image © Christie's Images/Corbis.; (mr) Picasso, Pablo (1881-1973) © ARS, NY *Femme assise* (Marie-Thérèse). 1936. Oil on canvas. Object: 73.025 × 59.69 cm (28 3/4 × 23 1/2 in.). Charles B. Benenson, B.A. 1933, Collection. 2006.52.22 Location: Yale University Art Gallery, New Haven, Connecticut, U.S.A. Photo Credit: Yale University Art Gallery/Art Resource, NY; (r) Claude Monet. *The Haystacks, End of Summer.* Giverny, 1891. © Erich Lessing/Art Resource, New York.; **369** (t) © Bettmann/Corbis; (m) Gonzalo Cienfuegos. *El trofeo.* 2005. Courtesy of the artist.; (b) Museo de Arte, Latinoamericano de Buenos Aires/Colección Constantini; **370** (l) © Macduff Everton/Corbis; (tr) 2005

Fundación Pablo Neruda. Fernando Márquez de la Plata 0192, Santiago de Chile; (mr) 2005 Fundación Pablo Neruda. Fernando Márquez de la Plata 0192, Santiago de Chile; (br) Lauren Krolick; **371** (t) Guillermo Núñez. Excerpt from "Todo en ti fue naufragio".; (ml) © Rob Wilson/Shutterstock; (mr) Guillermo Núñez; **372** © vadim kozlovsky/Shutterstock; **384** Armando Barrios. *Cantata.* 1985. Óleo sobre tela. 150 × 1+B650 cm. N°. catálogo general: 868. Fundacíon Armando Barrios. Caracas, Venezuela.; **385** © AFP/Getty Images; **386** (full pg) © Images.com/Corbis; **389** © Getty Images; **390** (background) © Frans Lanting/Corbis; (foreground) © Fridmar Damm/Corbis; **391** Harper Collins.

Lesson Eleven: 396 © Jenkedco/Shutterstock; (tm) © Ocean/Corbis; (tr) © Masterfile; (bl) © Steve Raymer/Corbis; (br) © HamishBarrie/iStockphoto; **397** © Nancy Kaszerman/ZUMA Press; **403** (t) © Roberto Candia/AP Photo; (m) © Art Directors & TRIP/Alamy; **404** (t) © Gonzalo Espinoza/AFP/Getty Images; (b) © James Brunker/Magical Andes Photo; **405** (t) © Martin Alipaz/epa/Corbis; (bl) © Gustavo Gilabert/Corbis SABA; (br) © Garmendia/Biosfera/Corbis SYGM; **406** © David Pou/Shutterstock; **422** José Antonio Velásquez. *San Antonio de Oriente.* 1957. Coleccíon: Art Museum of the Americas, Organization of American States. Washington D.C.; **423** © Album/Oronoz/Newscom; **424** (full pg) © David H. Wells/ Corbis; **426** © Tibor Bognar/Corbis; **428** © O. Alamany & E. Vicens/Corbis; **431** (t) © Holger Mette/Shutterstock; (b) © Bruno Xavier/Shutterstock; **432** © FrameZero/Alamy; (inset) © David Rumsey Map Collection www.davidrumsey.com; **433** © Carlos Cazalis/Corbis.

Lesson Twelve: 438 (tl) © David Myers Photography/Alamy; (tr) Martín Bernetti; (b) © Reuters/Corbis; **439** (t) Santiago Hernandez. Lithograph print from El Libro Rojo, Publisher by Francisco Dias de Leon y White. 1870 © Instituto Nacional de Antropologia y Historia (INAH), Mexico.; (b) Diego Duran. Montezuma, 1466–1520 Last king of the Aztecs, leaving for a retretat upon being told of the Spanish disembarking. From folio 192R of the Historia de los Indios. 1579 © The Art Archive/Biblioteca Nacional Madrid/ Dagli Orti; **445** (t) © AFP/Getty Images; (m) © AFP/Getty Images; (b) © National Public Radio; **446** © imagebroker/Alamy; **447** (t) © Mick Roessler/Corbis; (m) © Philippe Eranian/Sygma/Corbis; (b) Chasquis or Inca messenger, from *History of the Inca Kingdom,* Nueva Coronica y buen Gobierno, c. 1587 manuscript with illustrations by Guaman Poma de Ayala, Peru © The Art Archive. Archaeological Museum Lima. Dagli Orti; **448** © gary yim/Shutterstock; **452** María Eugenia Corbo; **468** José Sabogal, *El indio alcalde de Chincheros: Varayoc.* 1925. Óleo sobre lienzo. Municipalidad Metropolitana de Lima. Princoteca "Ignacio Merino." Lima Perú; **469** © Bettmann/Corbis; **470** (full pg) © rook76/Shutterstock; **471** © bluestocking/iStockphoto; **475** © Outsider/Shutterstock; **477** Anonymous. 16th Century. Portrait of Atahualpa, 13th and last King of the Incas © Bildarchiv Preussischer Kulturbesitz/Art Resource, NY. Photo by Dietrich Graf.; **478** (l) © James Sparshatt/Corbis; (r) © Robert Harding Picture Library Ltd/Alamy; **479** Biblioteca Virtual Miguel de Cervantes, www.cervantesvirtual.com; **481** *Still Life with Setter to Mr. Lask* by William Michael Harnett. © Christie's Images/Corbis.

Manual de gramática: A10 Martín Bernetti; **A14** (l, m, r) Martín Bernetti; **A55** Martín Bernetti.

About the authors

José A. Blanco founded Vista Higher Learning in 1998. A native of Barranquilla, Colombia, Mr. Blanco holds degrees in Literature and Hispanic Studies from Brown University and the University of California, Santa Cruz. He has worked as a writer, editor, and translator for Houghton Mifflin and D.C. Heath and Company and has taught Spanish at the secondary and university levels. Mr. Blanco is also co-author of several other Vista Higher Learning programs: **VISTAS, VIVA, AVENTURAS,** and **PANORAMA** at the introductory level, **VENTANAS, FACETAS, IMAGINA,** and **SUEÑA** at the intermediate level, and **REVISTA** at the advanced conversation level.

María Colbert received her PhD in Hispanic Literature from Harvard University in 2005. A native of both Spain and the U.S., Dr. Colbert has taught language, film, and literature courses at both the high school and college levels. Her interests include: Basque culture, Spain's regional identities, and Spanish literature and film. Dr. Colbert's numerous publications range from travel guides to literary criticism. She is currently an Assistant Professor of Spanish at Colby College in Maine.